大学赤本シリーズ

256

慶應義塾大学

環境情報学部

JN071722

教学社

は　し　が　き

　おかげさまで，大学入試の「赤本」は，今年で創刊 70 周年を迎えました。
　これまで，入試問題や資料をご提供いただいた大学関係者各位，掲載許
可をいただいた著作権者の皆様，各科目の解答や対策の執筆にあたられた
先生方，そして，赤本を使用してくださったすべての読者の皆様に，厚く
御礼を申し上げます。
　以下に，創刊初期の「赤本」のはしがきを引用します。これからも引き
続き，受験生の目標の達成や，夢の実現を応援してまいります。
　本書を活用して，入試本番では持てる力を存分に発揮されることを心よ
り願っています。

編者しるす

＊　　　＊　　　＊

　学問の塔にあこがれのまなざしをもって，それぞれの志望する大学の門
をたたかんとしている受験生諸君！　人間として生まれてきた私たちは，
自己の欲するままに，美しく，強く，そして何よりも人間らしく生きるこ
とをねがっている。しかし，一朝一夕にして，この純粋なのぞみが達せら
れることはない。私たちの行く手には，絶えずさまざまな試練がまちかま
えている。この試練を克服していくところに，私たちのねがう真に人間的
な世界がはじめて開かれてくるのである。
　人生最初の最大の試練として，諸君の眼前に大学入試がある。この大学
入試は，精神的にも身体的にも，大きな苦痛を感ぜしめるであろう。ある
スポーツに熟達するには，たゆみなき，はげしい練習を積み重ねることが
必要であるように，私たちは，計画的・持続的な努力を払うことによって，
この試練を克服し，次の一歩を踏みだすことができる。厳しい試練を経た
のちに，はじめて満足すべき成果を獲得できるのである。
　本書は最近の入学試験の問題に，それぞれ解答を付し，さらに問題をふ
かく分析することによって，その大学独特の傾向や対策をさぐろうとした。
本書を一般の参考書とあわせて使用し，まとはずれのない，効果的な受験
勉強をされるよう期待したい。

（昭和 35 年版「赤本」はしがきより）

挑む人の、いちばんの味方

赤本創刊70周年

1954年に大学入試の過去問題集を刊行してから70年。赤本は大学に入りたいと思う受験生を応援しつづけてきました。これからも，苦しいとき落ち込むときにそばで支える存在でいたいと思います。

そして，勉強をすること，自分で道を決めること，努力が実ること，これらの喜びを読者の皆さんが感じることができるよう，伴走をつづけます。

そもそも赤本とは…

受験生のための大学入試の過去問題集！

70年の歴史を誇る赤本は，500点を超える刊行点数で全都道府県の370大学以上を網羅しており，過去問の代名詞として受験生の必須アイテムとなっています。

・・・・・・・・・ なぜ受験に過去問が必要なのか？ ・・・・・・・・・

大学入試は大学によって問題形式や頻出分野が大きく異なるからです。

赤本の掲載内容

傾向と対策

これまでの出題内容から，問題の「**傾向**」を分析し，来年度の入試に向けて具体的な「**対策**」の方法を紹介しています。

問題編・解答編

◆ 年度ごとに問題とその解答を掲載しています。

◆「**問題編**」ではその年度の試験概要を確認したうえで，実際に出題された過去問に取り組むことができます。

◆「**解答編**」には高校・予備校の先生方による解答が載っています。

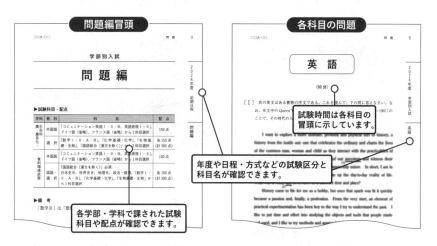

問題編冒頭

学部別入試

問題編

▶試験科目・配点

各学部・学科で課された試験科目や配点が確認できます。

各科目の問題

英語

(60分)

試験時間は各科目の冒頭に示しています。

年度や日程・方式などの試験区分と科目名が確認できます。

他にも，大学の基本情報や，先輩受験生の合格体験記，在学生からのメッセージなどが載っていることがあります。

2024年度から見やすいデザインに！ NEW

受験勉強は

過去問に始まり，

STEP 1
なにはともあれ

まずは解いてみる

しずかに…
今，自分の心と
向き合ってるんだから

ムーン

それは
問題を解いて
からだホン！

過去問は，**できるだけ早いうちに解くのがオススメ！**
実際に解くことで，**出題の傾向，問題のレベル，今の自分の実力が**つかめます。

STEP 2
じっくり具体的に

弱点を分析する

分析の結果だけど
英・数・国が苦手みたい

スリー

必須科目だホン
頑張るホン

間違いは自分の弱点を教えてくれ**る貴重な情報源。**
弱点から自己分析することで，**今の自分に足りない力や苦手な分野**が見えてくるはず！

合格者があかす
赤本の使い方

傾向と対策を熟読
（Fさん／国立大合格）

大学の出題傾向を調べるために，赤本に載っている「傾向と対策」を熟読しました。

繰り返し解く
（Tさん／国立大合格）

1周目は問題のレベル確認，2周目は苦手や頻出分野の確認に，3周目は合格点を目指して，と過去問は繰り返し解くことが大切です。

過去問に終わる。

STEP 3
> 志望校にあわせて

苦手分野の重点対策

明日からはみんなで頑張るよ！
参考書も！問題集も！
よろしくね！

呼んだ？

なにを!?
どこから!?

グッ グッ

参考書や問題集を活用して，苦手分野の**重点対策**をしていきます。**過去問を指針**に，合格へ向けた具体的な学習計画を立てましょう！

STEP 1 ▶ 2 ▶ 3
> サイクルが大事！

実践を繰り返す

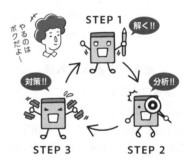

やるのはボクだよ〜

STEP 1 解く!!

対策!!

分析!!

STEP 3   STEP 2

STEP 1〜3を繰り返し，実力アップにつなげましょう！
出題形式に慣れることや，**時間配分を考える**ことも大切です。

目標点を決める
（Yさん／私立大合格）

赤本によっては合格者最低点が載っているので，それを見て目標点を決めるのもよいです。

時間配分を確認
（Kさん／私立大学合格）

赤本は時間配分や解く順番を決めるために使いました。

添削してもらう
（Sさん／私立大学合格）

記述式の問題は先生に添削してもらうことで自分の弱点に気づけると思います。

新課程も赤本で
ばっちり！

新課程入試 Q&A

2022年度から新しい学習指導要領（新課程）での授業が始まり，2025年度の入試は，新課程に基づいて行われる最初の入試となります。ここでは，赤本での新課程入試の対策について，よくある疑問にお答えします。

使える？

Q1. 赤本は新課程入試の対策に使えますか？

A. もちろん使えます！

OK

旧課程入試の過去問が新課程入試の対策に役に立つのか疑問に思う人もいるかもしれませんが，心配することはありません。旧課程入試の過去問が役立つのには次のような理由があります。

● 学習する内容はそれほど変わらない

新課程は旧課程と比べて科目名を中心とした変更はありますが，学習する内容そのものはそれほど大きく変わっていません。また，多くの大学で，既卒生が不利にならないよう「経過措置」がとられます（Q3参照）。したがって，出題内容が大きく変更されることは少ないとみられます。

● 大学ごとに出題の特徴がある

これまでに課程が変わったときも，各大学の出題の特徴は大きく変わらないことがほとんどでした。入試問題は各大学のアドミッション・ポリシーに沿って出題されており，過去問にはその特徴がよく表れています。過去問を研究してその大学に特有の傾向をつかめば，最適な対策をとることができます。

出題の特徴の例	・英作文問題の出題の有無 ・論述問題の出題（字数制限の有無や長さ） ・計算過程の記述の有無

新課程入試の対策も，赤本で過去問に取り組むところから始めましょう。

Q2. 赤本を使う上での注意点はありますか？

A. 志望大学の入試科目を確認しましょう。

　過去問を解く前に，過去の出題科目（問題編冒頭の表）と 2025 年度の募集要項とを比べて，課される内容に変更がないかを確認しましょう。ポイントは以下のとおりです。科目名が変わっていても，実際は旧課程の内容とほとんど同様のものもあります。

英語・国語	科目名は変更されているが，実質的には変更なし。 ▶▶ ただし，リスニングや古文・漢文の有無は要確認。
地歴	科目名が変更され，「歴史総合」「地理総合」が新設。 ▶▶ 新設科目の有無に注意。ただし，「経過措置」(Q3参照)により内容は大きく変わらないことも多い。
公民	「現代社会」が廃止され，「公共」が新設。 ▶▶ 「公共」は実質的には「現代社会」と大きく変わらない。
数学	科目が再編され，「数学 C」が新設。 ▶▶ 「数学」全体としての内容は大きく変わらないが，出題科目と単元の変更に注意。
理科	科目名も学習内容も大きな変更なし。

　数学については，科目名だけでなく，どの単元が含まれているかも確認が必要です。例えば，出題科目が次のように変わったとします。

旧課程	「数学 I・数学 II・数学 A・数学 B（数列・ベクトル）」
新課程	「数学 I・数学 II・数学 A・**数学 B（数列）・数学 C（ベクトル）**」

　この場合，新課程では「数学 C」が増えていますが，単元は「ベクトル」のみのため，実質的には旧課程とほぼ同じであり，過去問をそのまま役立てることができます。

Q3. 「経過措置」とは何ですか？

A. 既卒の旧課程履修者への対応です。

　多くの大学では，既卒の旧課程履修者が不利にならないように，出題において「経過措置」が実施されます。措置の有無や内容は大学によって異なるので，募集要項や大学のウェブサイトなどで確認しておきましょう。

○旧課程履修者への経過措置の例

- ●旧課程履修者にも配慮した出題を行う。
- ●新・旧課程の共通の範囲から出題する。
- ●新課程と旧課程の共通の内容を出題し，共通範囲のみでの出題が困難な場合は，旧課程の範囲からの問題を用意し，選択解答とする。

例えば，地歴の出題科目が次のように変わったとします。

旧課程	「日本史 B」「世界史 B」から 1 科目選択
新課程	**「歴史総合，日本史探究」「歴史総合，世界史探究」**から 1 科目選択※ ※旧課程履修者に不利益が生じることのないように配慮する。

　「歴史総合」は新課程で新設された科目で，旧課程履修者には見慣れないものですが，上記のような経過措置がとられた場合，新課程入試でも旧課程と同様の学習内容で受験することができます。

新課程の情報は WEB もチェック！
より詳しい解説が赤本ウェブサイトで見られます。
https://akahon.net/shinkatei/

科目名が変更される教科・科目

	旧 課 程	新 課 程
国語	国語総合 国語表現 現代文A 現代文B 古典A 古典B	現代の国語 言語文化 論理国語 文学国語 国語表現 古典探究
地歴	日本史A 日本史B 世界史A 世界史B 地理A 地理B	歴史総合 日本史探究 世界史探究 地理総合 地理探究
公民	現代社会 倫理 政治・経済	公共 倫理 政治・経済
数学	数学 I 数学 II 数学 III 数学A 数学B 数学活用	数学 I 数学 II 数学 III 数学A 数学B 数学C
外国語	コミュニケーション英語基礎 コミュニケーション英語 I コミュニケーション英語 II コミュニケーション英語 III 英語表現 I 英語表現 II 英語会話	英語コミュニケーション I 英語コミュニケーション II 英語コミュニケーション III 論理・表現 I 論理・表現 II 論理・表現 III
情報	社会と情報 情報の科学	情報 I 情報 II

大学のサイトも見よう

目　次

解答編　※問題編は別冊

基本情報

🏛 沿革

1858（安政 5）　福澤諭吉，江戸に蘭学塾を開く

1863（文久 3）　蘭学塾より英学塾に転向

1868（慶應 4）　塾を「慶應義塾」と命名，近代私学として新発足

　　　　　　　　✒1885（明治 18）このころ塾生たちがペンの記章をつけ始める

1890（明治 23）　大学部が発足し，総合大学となる

1898（明治 31）　学制を改革し，一貫教育制度を樹立

　　　　　　　　✒1903（明治 36）第 1 回早慶野球試合

1920（大正 9）　大学令による大学として新発足

　　　　　　　　文学・経済学・法学・医学部から成る総合大学となる

1944（昭和 19）　藤原工業大学が寄付され，工学部設置

1949（昭和 24）　新制大学発足，文学・経済学・法学・工学部設置

1952（昭和 27）　新制大学医学部発足

1957（昭和 32）　商学部設置

1981（昭和 56）　工学部を改組し，理工学部を設置

1990（平成 2）　総合政策・環境情報学部を設置

2001（平成 13）　　看護医療学部を設置
2008（平成 20）　　学校法人共立薬科大学との合併により薬学部設置
　　　　　　　　　　創立 150 周年

ペンマーク

　1885（明治 18）年ごろ，塾生が教科書にあった一節「ペンは剣に
勝る力あり」にヒントを得て帽章を自分たちで考案したことからはじ
まり，その後多数の塾生・塾員の支持を得て公式な形として認められ，
今日に至っています。ペンマークは，その発祥のルーツにも見られる
ように，学びの尊さを表現するシンボルであり，慶應義塾を指し示す
だけでなく，広く認知された社会的な存在と位置付けられます。

 # 学部・学科の構成

大　学

●**文学部**　1 年：日吉キャンパス／2 ～ 4 年：三田キャンパス

　人文社会学科（哲学系〈哲学専攻，倫理学専攻，美学美術史学専攻〉，
　　史学系〈日本史学専攻，東洋史学専攻，西洋史学専攻，民族学考古学
　　専攻〉，文学系〈国文学専攻，中国文学専攻，英米文学専攻，独文学
　　専攻，仏文学専攻〉，図書館・情報学系〈図書館・情報学専攻〉，人間
　　関係学系〈社会学専攻，心理学専攻，教育学専攻，人間科学専攻〉）

＊各専攻には 2 年次より分属する。

●**経済学部**　1・2 年：日吉キャンパス／3・4 年：三田キャンパス

　経済学科

●**法学部**　1・2 年：日吉キャンパス／3・4 年：三田キャンパス

　法律学科
　政治学科

●**商学部**　1・2 年：日吉キャンパス／3・4 年：三田キャンパス

　商学科

●**医学部**　1 年：日吉キャンパス／2 ～ 6 年：信濃町キャンパス

　医学科

●**理工学部** 　1・2年：日吉キャンパス／3・4年：矢上キャンパス

機械工学科

電気情報工学科

応用化学科

物理情報工学科

管理工学科

数理科学科（数学専攻，統計学専攻）

物理学科

化学科

システムデザイン工学科

情報工学科

生命情報学科

＊各学科には2年次より分属する。数理科学科の各専攻は3年次秋学期に選択する。

●**総合政策学部** 　湘南藤沢キャンパス

総合政策学科

●**環境情報学部** 　湘南藤沢キャンパス

環境情報学科

●**看護医療学部** 　1・2・4年：湘南藤沢キャンパス／3・4年：信濃町キャンパス

看護学科

●**薬学部** 　1年：日吉キャンパス／2年以降：芝共立キャンパス

薬学科［6年制］

薬科学科［4年制］

大学院

文学研究科／経済学研究科／法学研究科／社会学研究科／商学研究科／医学研究科／理工学研究科／政策・メディア研究科／健康マネジメント研究科／薬学研究科／経営管理研究科／システムデザイン・マネジメント研究科／メディアデザイン研究科／法務研究科（法科大学院）

（注）上記内容は2024年4月時点のもので，改組・新設等により変更される場合があります。

🎯 大学所在地

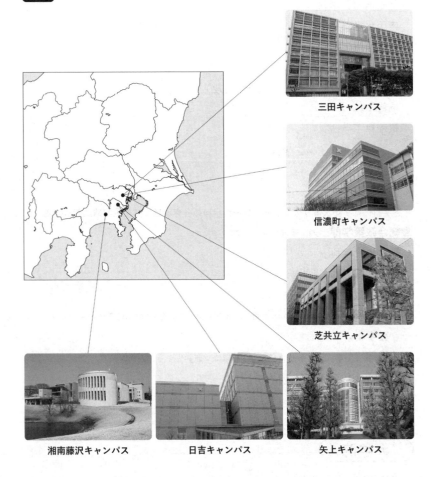

三田キャンパス

信濃町キャンパス

芝共立キャンパス

湘南藤沢キャンパス　　　　　日吉キャンパス　　　　　矢上キャンパス

三田キャンパス	〒 108-8345	東京都港区三田 2-15-45
日吉キャンパス	〒 223-8521	神奈川県横浜市港北区日吉 4-1-1
矢上キャンパス	〒 223-8522	神奈川県横浜市港北区日吉 3-14-1
信濃町キャンパス	〒 160-8582	東京都新宿区信濃町 35
湘南藤沢キャンパス	〒 252-0882	神奈川県藤沢市遠藤 5322（総合政策・環境情報学部）
	〒 252-0883	神奈川県藤沢市遠藤 4411（看護医療学部）
芝共立キャンパス	〒 105-8512	東京都港区芝公園 1-5-30

入 試 デ ー タ

　2024 年度の合格最低点につきましては，大学ホームページや大学発行資料にてご確認ください。

 ## 入試状況 （志願者数・競争率など）

○合格者数（第 2 次試験を行う学部は第 2 次試験合格者）と，補欠者許可数との合計が入学許可者数であり，実質倍率は受験者数÷入学許可者数で算出。

入試統計 （一般選抜）

●文学部

年度	募集人員	志願者数	受験者数	合格者数	補 欠 者		実質倍率
					発表数	許可数	
2024	580	4,131	3,796	1,060	251	136	3.2
2023	580	4,056	3,731	1,029	288	143	3.2
2022	580	4,162	3,849	1,010	300	179	3.2
2021	580	4,243	3,903	932	276	276	3.2
2020	580	4,351	3,978	937	335	85	3.9
2019	580	4,720	4,371	954	339	79	4.2
2018	580	4,820	4,500	980	323	43	4.4

●経済学部

方式	年度	募集人員	志願者数	受験者数	合格者数	補 欠 者 発表数	補 欠 者 許可数	実質倍率
A	2024	420	4,066	3,699	875	284	275	3.2
A	2023	420	3,621	3,286	865	278	237	3.0
A	2022	420	3,732	3,383	856	264	248	3.1
A	2021	420	3,716	3,419	855	248	248	3.1
A	2020	420	4,193	3,720	857	262	113	3.8
A	2019	420	4,743	4,309	854	286	251	3.9
A	2018	420	4,714	4,314	856	307	183	4.2
B	2024	210	1,853	1,691	381	138	52	3.9
B	2023	210	2,015	1,844	380	138	100	3.8
B	2022	210	2,086	1,905	380	130	82	4.1
B	2021	210	2,081	1,913	368	132	132	3.8
B	2020	210	1,956	1,768	367	148	39	4.4
B	2019	210	2,231	2,029	364	141	38	5.0
B	2018	210	2,417	2,217	362	143	69	5.1

●法学部

学科	年度	募集人員	志願者数	受験者数	合格者数	補 欠 者 発表数	補 欠 者 許可数	実質倍率
法律	2024	230	1,657	1,466	334	79	46	3.9
法律	2023	230	1,730	1,569	334	60	18	4.5
法律	2022	230	1,853	1,633	330	48	48	4.3
法律	2021	230	1,603	1,441	314	53	30	4.2
法律	2020	230	1,511	1,309	302	51	40	3.8
法律	2019	230	2,016	1,773	308	53	23	5.4
法律	2018	230	2,089	1,864	351	51	0	5.3
政治	2024	230	1,363	1,212	314	64	10	3.7
政治	2023	230	1,407	1,246	292	52	37	3.8
政治	2022	230	1,323	1,190	289	49	12	4.0
政治	2021	230	1,359	1,243	296	49	40	3.7
政治	2020	230	1,548	1,369	295	53	0	4.6
政治	2019	230	1,472	1,328	300	50	12	4.3
政治	2018	230	1,657	1,506	315	55	0	4.8

●商学部

方式	年度	募集人員	志願者数	受験者数	合格者数	補 欠 者		実質倍率
						発表数	許可数	
A	2024	480	4,615	4,354	1,593	417	76	2.6
	2023	480	4,189	3,947	1,484	375	137	2.4
	2022	480	4,023	3,716	1,434	376	154	2.3
	2021	480	3,641	3,404	1,312	356	244	2.2
	2020	480	3,845	3,502	1,221	322	98	2.7
	2019	480	4,105	3,698	1,202	242	142	2.8
	2018	480	4,072	3,801	1,186	311	71	3.0
B	2024	120	2,533	2,343	385	164	0	6.1
	2023	120	2,590	2,404	344	141	38	6.3
	2022	120	2,867	2,707	316	185	89	6.7
	2021	120	2,763	2,560	298	154	51	7.3
	2020	120	2,441	2,234	296	158	21	7.0
	2019	120	2,611	2,390	307	105	0	7.8
	2018	120	2,943	2,746	289	124	12	9.1

●医学部

年度	募集人員	志願者数	受験者数	合格者数		補 欠 者		実質倍率
				第1次	第2次	発表数	許可数	
2024	66	1,483	1,270	261	139	96	30	7.5
2023	66	1,412	1,219	260	141	92	27	7.3
2022	66	1,388	1,179	279	134	119	44	6.6
2021	66	1,248	1,045	266	128	114	43	6.1
2020	66	1,391	1,170	269	125	113	41	7.0
2019	68	1,528	1,296	274	132	117	27	8.2
2018	68	1,525	1,327	271	131	111	49	7.3

●理工学部

年度	募集人員	志願者数	受験者数	合格者数	補 欠 者		実質倍率
					発表数	許可数	
2024	650	8,248	7,747	2,400	601	95	3.1
2023	650	8,107	7,627	2,303	534	149	3.1
2022	650	7,847	7,324	2,286	523	355	2.8
2021	650	7,449	7,016	2,309	588	0	3.0
2020	650	8,230	7,688	2,444	415	0	3.1
2019	650	8,643	8,146	2,369	488	42	3.4
2018	650	9,050	8,569	2,384	565	148	3.4

（備考）
- 理工学部はA〜Eの5つの分野に対応した「学門」制をとっており，学門別に募集を行う。
  入学後の1年間は学門別に基礎を学び，2年次に進級する時に学科を選択する。
- 2020年度の合格者数には追加合格の81名を含む。

●総合政策学部

年度	募集人員	志願者数	受験者数	合格者数	補　欠　者		実質倍率
					発表数	許可数	
2024	225	2,609	2,351	396	101	37	5.4
2023	225	2,852	2,574	407	127	34	5.8
2022	225	3,015	2,731	436	129	82	5.3
2021	225	3,164	2,885	375	104	29	7.1
2020	275	3,323	3,000	285	108	71	8.4
2019	275	3,600	3,254	385	150	0	8.5
2018	275	3,757	3,423	351	157	0	9.8

●環境情報学部

年度	募集人員	志願者数	受験者数	合格者数	補　欠　者		実質倍率
					発表数	許可数	
2024	225	2,287	2,048	344	45	36	5.4
2023	225	2,586	2,319	296	66	66	6.4
2022	225	2,742	2,450	360	111	86	5.5
2021	225	2,864	2,586	232	142	104	7.7
2020	275	2,999	2,664	200	102	82	9.4
2019	275	3,326	3,041	302	151	0	10.1
2018	275	3,123	2,866	333	154	0	8.6

●看護医療学部

年度	募集人員	志願者数	受験者数	合格者数		補　欠　者		実質倍率
				第1次	第2次	発表数	許可数	
2024	70	514	465	231	143	55	39	2.6
2023	70	538	500	234	163	45	0	3.1
2022	70	653	601	235	152	55	8	3.8
2021	70	610	574	260	152	52	45	2.9
2020	70	565	493	249	151	53	7	3.1
2019	70	655	606	247	154	68	20	3.5
2018	70	694	637	249	146	63	10	4.1

●薬学部

学科	年度	募集人員	志願者数	受験者数	合格者数	補　欠　者		実質倍率
						発表数	許可数	
薬	2024	100	1,372	1,252	317	82	0	3.9
	2023	100	1,454	1,314	306	85	0	4.3
	2022	100	1,421	1,292	279	83	54	3.9
	2021	100	1,203	1,105	270	90	25	3.7
	2020	100	1,342	1,215	263	97	19	4.3
	2019	100	1,597	1,424	295	69	8	4.7
	2018	100	1,777	1,573	306	79	0	5.1
薬科	2024	50	869	815	290	98	0	2.8
	2023	50	854	824	247	92	48	2.8
	2022	50	782	726	209	77	63	2.7
	2021	50	737	683	203	77	16	3.1
	2020	50	759	700	204	82	27	3.0
	2019	50	628	587	187	84	42	2.6
	2018	50	663	616	201	70	41	2.5

合格最低点（一般選抜）

●文学部
(合格最低点／満点)

2023 年度	2022 年度	2021 年度	2020 年度	2019 年度	2018 年度
205／350	218／350	232／350	250／350	233／350	228／350

（備考）
• 「地理歴史」は，科目間の難易度の違いから生じる不公平をなくすため，統計的処理により得点の補正を行う場合がある。
• 「合格最低点」は，正規合格者の最低総合点である。

●経済学部
(合格最低点／満点)

年度	A　　方　　式	B　　方　　式
2023	248／420	266／420
2022	209／420	239／420
2021	231／420	262／420
2020	234／420	240／420
2019	265／420	259／420
2018	207／420	243／420

（備考）
• 採点方法について
　A方式は，「外国語」の問題の一部と「数学」の問題の一部の合計点が一定の得点に達した受験生について，「外国語」の残りの問題と「数学」の残りの問題および「小論文」を採点する。
　B方式は，「外国語」の問題の一部が一定の得点に達した受験生について，「外国語」の残りの問題と「地理歴史」および「小論文」を採点する。A・B両方式とも，最終判定は総合点によって合否を決定する。
• 「地理歴史」の科目間の難易度の違いを考慮した結果，統計的処理による得点の補正を行わなかった。
• 「合格最低点」は，正規合格者の最低総合点である。

●法学部
（合格最低点／満点）

年度	法　律　学　科	政　治　学　科
2023	247／400	252／400
2022	239／400	236／400
2021	234／400	235／400
2020	252／400	258／400
2019	227／400	224／400
2018	246／400	249／400

（備考）
- 採点方法について
 「論述力」は，「外国語」および「地理歴史」の合計点，および「地理歴史」の得点，いずれもが一定の得点に達した受験生について採点し，3科目の合計点で合否を決定する。
- 「地理歴史」は，科目間の難易度の違いから生じる不公平をなくすため，統計的処理により得点の補正を行った。
- 「合格最低点」は，正規合格者の最低総合点である。

●商学部
（合格最低点／満点）

年度	A　方　式	B　方　式
2023	237／400	278／400
2022	240／400	302／400
2021	252／400	288／400
2020	244／400	309／400
2019	258／400	288／400
2018	265／400	293／400

（備考）
- 「地理歴史」は，科目間の難易度の違いから生じる不公平をなくすため，統計的処理により得点の補正を行った。
- 「合格最低点」は，正規合格者の最低総合点である。

●医学部（第1次試験）
（合格最低点／満点）

2023 年度	2022 年度	2021 年度	2020 年度	2019 年度	2018 年度
315／500	308／500	251／500	303／500	303／500	305／500

（備考）
- 「理科」の科目間の難易度の違いを考慮した結果，統計的処理による得点の補正を行う場合がある。

●理工学部

（合格最低点／満点）

2023 年度	2022 年度	2021 年度	2020 年度	2019 年度	2018 年度
290／500	340／500	266／500	309／500	280／500	260／500

（備考）

• 「合格最低点」は，各学門における正規合格者の最低総合得点を各学門の合格者数で重み付けして平均した値である。

●総合政策学部

（合格最低点／満点）

年度	「数学」選択		「情報」選択		「外国語」選択		「数学・外国語」選択	
	数　学	小論文	情　報	小論文	外国語	小論文	数学・外国語	小論文
2023	258／400		264／400		257／400		268／400	
2022	261／400		269／400		260／400		275／400	
2021	254／400		261／400		243／400		260／400	
2020	246／400							
2019	267／400		285／400		261／400		277／400	
2018	301／400		272／400		277／400		300／400	

（備考）

• 採点方法について
  選択した受験科目（「数学または情報」あるいは「外国語」あるいは「数学および外国語」）の得点と，「小論文」の採点結果を組み合わせて，最終判定を行う。

• 合格最低点は，選択した試験科目によって異なっているが，これは4種の試験科目の難易度の違いを表すものではない。

• 「数学」「情報」「外国語」「数学および外国語」については統計的処理による得点の補正を行った。

●環境情報学部

（合格最低点／満点）

年度	「数学」選択		「情報」選択		「外国語」選択		「数学・外国語」選択	
	数　学	小論文	情　報	小論文	外国語	小論文	数学・外国語	小論文
2023	246／400		246／400		246／400		246／400	
2022	234／400		248／400		234／400		238／400	
2021	254／400		238／400		248／400		267／400	
2020	246／400							
2019	250／400		274／400		263／400		277／400	
2018	257／400		260／400		258／400		263／400	

（備考）
- 採点方法について
  選択した受験科目（「数学または情報」あるいは「外国語」あるいは「数学および外国語」）の得点と，「小論文」の採点結果を組み合わせて，最終判定を行う。
- 合格最低点は，選択した試験科目によって異なっているが，これは4種の試験科目の難易度の違いを表すものではない。
- 「数学」「情報」「外国語」「数学および外国語」については統計的処理による得点の補正を行った。

●看護医療学部（第1次試験）

（合格最低点／満点）

2023 年度	2022 年度	2021 年度	2020 年度	2019 年度	2018 年度
294／500	310／500	270／500	297／500	273／500	293／500

（備考）
- 選択科目（数学・化学・生物）は，科目間の難易度の違いから生じる不公平をなくすため，統計的処理により得点の補正を行った。
- 第1次試験で小論文を課すが，第1次試験の選考では使用せず，第2次試験の選考で使用する。

●薬学部

（合格最低点／満点）

学科	2023 年度	2022 年度	2021 年度	2020 年度	2019 年度	2018 年度
薬	169／350	204／350	196／350	196／350	208／350	204／350
薬科	171／350	209／350	195／350	195／350	207／350	204／350

（備考）
- 「合格最低点」は，正規合格者の最低総合点である。

募集要項（出願書類）の入手方法

　2025年度一般選抜要項は，大学ホームページで公開予定です。詳細については，大学ホームページでご確認ください。

一般選抜・文学部自主応募制による推薦入学者選考・法学部FIT入試に関する問い合わせ先

慶應義塾大学　入学センター
　〒108-8345　東京都港区三田2-15-45
　TEL　(03)5427-1566
　慶應義塾大学ホームページ　https://www.keio.ac.jp/

理工学部AO入試に関する問い合わせ先

慶應義塾大学
理工学部学生課学事担当内　アドミッションズ・オフィス
　〒223-8522　神奈川県横浜市港北区日吉3-14-1
　TEL　(045)566-1800

総合政策学部・環境情報学部AO入試に関する問い合わせ先

慶應義塾大学　湘南藤沢事務室　アドミッションズ・オフィス
　〒252-0882　神奈川県藤沢市遠藤5322
　TEL　(0466)49-3407
　SFCホームページ　https://www.sfc.keio.ac.jp/

看護医療学部 AO 入試に関する問い合わせ先 ··

　慶應義塾大学　湘南藤沢事務室　看護医療学部担当
　　〒252-0883　神奈川県藤沢市遠藤 4411
　　TEL　(0466)49-6200

 慶應義塾大学のテレメールによる資料請求方法

| スマートフォンから | QRコードからアクセスしガイダンスに従ってご請求ください。 |
| パソコンから | 教学社 赤本ウェブサイト(akahon.net)から請求できます。 |

合格体験記
募集

　2025年春に入学される方を対象に，本大学の「合格体験記」を募集します。お寄せいただいた合格体験記は，編集部で選考の上，小社刊行物やウェブサイト等に掲載いたします。お寄せいただいた方には小社規定の謝礼を進呈いたしますので，ふるってご応募ください。

• 応募方法 •

下記 URL または QR コードより応募サイトにアクセスできます。ウェブフォームに必要事項をご記入の上，ご応募ください。折り返し執筆要領をメールにてお送りします。

※入学が決まっている一大学のみ応募できます。

☞ http://akahon.net/exp/

• 応募の締め切り •

総合型選抜・学校推薦型選抜	2025年 2 月 23 日
私立大学の一般選抜	2025年 3 月 10 日
国公立大学の一般選抜	2025年 3 月 24 日

受験にまつわる川柳を募集します。入選者には賞品を進呈！ふるってご応募ください。

応募方法　http://akahon.net/senryu/　にアクセス！☞

気になること、聞いてみました！

在学生メッセージ

大学ってどんなところ？　大学生活ってどんな感じ？
ちょっと気になることを，在学生に聞いてみました。

以下の内容は 2020〜2023 年度入学生のアンケート回答に基づくものです。ここ
で触れられている内容は今後変更となる場合もありますのでご注意ください。

Message from current students

メッセージを書いてくれた先輩　［経済学部］R.S. さん　M.Y. さん　島田優也さん
　　　　　　　　　　　　　　　　［法学部］関口康太さん　［総合政策学部］T.N. さん
　　　　　　　　　　　　　　　　［理工学部］M.H. さん

 ## 大学生になったと実感！

　大きく言うと自由と責任が増えました。大学生になるとどの授業を取る
かもすべて自分で決めることができます。一見自由で素晴らしいことかも
しれませんが，これは誰も決めてくれないということでもあります。高校
のときより，どれがどのような内容や難易度の授業なのかといった正確な
情報を得るということがより重要になったと感じました。また，高校まで
はバイトをしていなかったので，大学生になってからは金銭的な自由と責
任も増えたと感じています。少しずつ大人になっていく感覚を嬉しく思い
つつも，少しだけ寂しいです（笑）。（R.S. さん／経済）

　出会う人の幅が大きく変わったと思います。高校までは地元の子が集ま
ったり，遠くても隣の県まででしたが，慶應に入り，全国からはもちろん
帰国子女や留学生など，そのまま地元にいれば絶対に会えないだろう人材
に多く出会えたことが，高校までとは比べものにならないほど変わったこ
とだと感じました。全員が様々なバックグラウンドをもっているので，話

を聞いていて本当に楽しいです！（関口さん／法）

 ## 大学生活に必要なもの

　タッチペンで書き込みが可能なタブレットやパソコンです。授業形態は教授によって様々ではありますが，多くの授業はアップロードされたレジュメに自分たちで書き込んでいくスタイルです。なかには印刷して書き込む学生もいますが，大半はタブレットやパソコンに直接タッチペンで板書を取っています。自分は基本的にタブレットだけを大学に持って行き，プログラミングやプレゼンのスライドを作成するときにパソコンを持って行くようにしています。タブレットのみだと若干心細いので，両方購入することにためらいがある人はタッチペン付きのパソコンにしておくのが無難だと思います。（R.S. さん／経済）

　パソコンは必須。他には私服。高校までは制服があったので私服を着る頻度が低かったが，大学からはそういうわけにもいかないので春休みに何着か新調した。（M.H. さん／理工）

 ## この授業がおもしろい！

　マクロ経済学です。経済学を勉強したくて経済学部に入学したということもあって以前から楽しみにしていました。身の回りの金銭の流通について，モデル化した図を用いて説明されると改めて経済が合理性をもった動きをしているとわかります。（R.S. さん／経済）

　理工学概論。毎回異なる大学内外の講師が，自身のお仕事や研究内容を話してくださり，今後携わることになるであろう学問や業界の実情を知ることができる。また，あまり関心をもっていなかった分野についても，教養として目を配る必要性に気づくことができた。（M.H. さん／理工）

　自分が最もおもしろいと思った授業は，「生活者の社会参加」という授業です。この授業では，自分が提案した様々なプロジェクトについて実際にNPO法人や行政と協力していき，その成果を発表するという，究極のフィールドワーク型の授業です。教授からは実際の進捗に対してのアドバイスくらいしか言われることはなく，学生が主体的に学べる授業になっています。SFCではこういった授業が他の学部や大学に比べて多く開講されており，SFCに入らなければ経験できない学びを多く得ることができます。（T.N.さん／総合政策）

 ## 大学の学びで困ったこと＆対処法

　履修登録です。先輩などの知り合いがほとんどいない入学前から考え始めないといけないので大変でした。自分はSNSを用いて履修の仕組みを調べたり，興味深い授業や比較的単位の取得がしやすい授業を聞いたりしました。先輩方も同じ道を辿ってきているので，入ったら先輩方が受けたい授業の情報を共有してくれるというサークルも多いです。また，ただ単に授業をたくさん取ればよいわけではなく，進級条件や卒業条件でいくつ単位が必要か変わってくる点も考慮する必要があります。1年生では自分がどうしても受けたい授業が必修科目と被ってしまうということが多々あります。（R.S.さん／経済）

 ## 部活・サークル活動

　ダンスサークルと，行事企画の立案・運営を行う委員会に所属しています。ダンスサークルでは三田祭やサークルのイベント公演に向けて週3，4回の頻度で練習しています。委員会は，立案した企画が承認されると大学の資金で活動ができるので規模の大きいものが運営できます。例年ではスキーハウスの運営をして塾生に還元するといったこともしています。公的な活動にもなるので就職の実績にも役立つと思います。（R.S.さん／経済）

謎解きをしたり作ったりするサークルに所属している。新入生は春学期の新入生公演に向け制作を行う。経験を積むと外部向けに販売も行う活動に関われる。単に謎を作るだけでなく，ストーリーやデザインなども本格的であり，やりがいを感じる。（M.H. さん／理工）

体育会の部活のマネージャーをしています。シフト制のため，週2回ほど稽古に参加し，学業やアルバイトと両立しています。稽古中の業務は主に，洗濯，掃除，動画撮影，勝敗の記録などです。時々，週末に大会が行われることもあり，選手と同行します。大会では，動画撮影と勝敗の記録，OB へのメール作成を行います。夏季休暇中には合宿があり，料理をしました。慶應には多くの部やサークルがありますので，自分に合った居場所を見つけることができると思います。（M.Y. さん／経済）

交友関係は？

クラスやサークルで築きました。特に入学当初はほとんどの人が新たに友達を作ることになるので，話しかけたら仲良くしてくれる人が多いです。また，初回の一般教養の授業では隣に座った人に話しかけたりして友達を作りました。サークルの新歓時期に話が弾んだ相手と時間割を見せ合って，同じ授業があれば一緒に受けたりして仲を深めました。みんな最初は大体同じようなことを思っているので，そこまで不安になる必要はないと思います。（R.S. さん／経済）

第二外国語のクラスが必修の授業においても一緒になるので，そこで仲良くなった。私は入学前に SNS などで友達探しをしなかったが，友達はできた。私もそうだが内気な人は勇気を出して話しかけることが大事。1人でも知り合いがいると心のもちようが全く違うと思う。（M.H. さん／理工）

Message from current students

 ## いま「これ」を頑張っています

　サークル活動です。ダンスサークルに所属しているのですが，公演前などは毎日練習があったりとハードなスケジュールになることが多いです。しかし，そんな日々を乗り越えた後は仲間たちとより親密になった気がして頑張るモチベーションになります。受験勉強はどうしても孤独のなか頑張らなければいけない場面が多いですが，大学に入学した後は仲間と団体で何かを成し遂げる経験を積むのもよいかもしれません。(R.S. さん／経済)

　免許の取得とアルバイト。大学生は高校生よりも一般的に夏休みが長いので，こうした時間がかかるようなこともやりやすい。その一方で支出も増えるので，お金の使い方はより一層考えるようになった。高校までは勉強一本であったが，こうしたことを考えるようになったのも大学生であるという自覚をもつきっかけの1つだと思う。(M.H. さん／理工)

　大学生活を無為に過ごさないために，公認会計士の資格の取得を目指しています。オンライン授業やバイトと資格の勉強の両立はかなりハードですが，自分のペースでコツコツと続けていきたいと思います。(島田さん／経済)

 ## 普段の生活で気をつけていることや心掛けていること

　時間や期限を守ることです。当たり前のことではありますが，大学はレポートや課題の提出締め切りを自分で把握し，それまでに仕上げなくてはなりません。前日にリマインドしてくれる人もおらず，ほとんどの場合，どんな理由であっても締め切り期限を過ぎたものは受理してもらえません。欠席や遅刻が一定の回数に達するとテストの点が良くても単位をもらえないこともあります。また，時間を守るということは他人から信頼されるために必要なことでもあります。このように大学は社会に出るにあたって身につけなくてはならないことを少しずつ培っていく場でもあります。(R.S. さん／経済)

　大学に入学した意義を忘れないように心掛けている。大学生は人生の夏休みと揶揄されることもあるが，自分では賄えない額を両親に学費として払ってもらっていることを忘れず，学生の本分をわきまえて行動するようにしている。（M.H. さん／理工）

 ## おススメ・お気に入りスポット

　メディアセンターという勉強やグループワークができる図書館です。塾生からはメディセンという愛称で親しまれています。テスト前や課題をやる際に友達と一緒に勉強する場所として活用しています。メディセンで共に頑張った後は，日吉駅の商店街，通称「ひようら」でご飯やデザートを楽しむ人も多いです。（R.S. さん／経済）

　私が大学で気に入っている場所は，「鴨池ラウンジ」と呼ばれる施設です。ここはたくさんの椅子が並べられた多目的スペースになっています。一部の座席は半個室のような形になっていて，様々なことに 1 人で集中することができます。窓からは SFC のトレードマークである鴨池を一望することができ，リラックスすることも可能です。また，ローソンと学食の隣にあるので，利便性も高い施設になっています。（T.N. さん／総合政策）

 ## 入学してよかった！

　慶應義塾大学の強みは人脈と言われるだけあり，人数も多ければ様々なバックグラウンドをもつ人々が存在します。起業をしている人や留学生，芸能人もいます。そのような人たちと話すと，自分の価値観が変わったりインスピレーションを受けたりすることが多くあります。在籍してる間になるべく多くの人々と交流をしたいと考えています。（R.S. さん／経済）

Message from current students

　総合大学なのでいろいろな人がいる。外交的な人が多いというイメージが世間的にはあるだろうが，それだけでなく，問題意識であったり意見であったりをもったうえで自分の目標をしっかりもっている人が多いと感じる。極論すれば，入試は勉強だけでも突破可能だが，プラスアルファでその人の強みというものをそれぞれが備えているのは互いに良い刺激になっている。（M.H. さん／理工）

 ## 高校生のときに「これ」をやっておけばよかった

　英会話の勉強をもっとしておきたかったです。慶應義塾大学には留学生もたくさんいるので外国人の友達も作りたいと思っていました。しかし，受験で英語の読み書きは上達したものの，実際に海外の人と交流するには話す・聞く技術が重要になってきます。大学からでも決して遅いわけではありませんが，やはり早くからやっておくに越したことはないと思います。（R.S. さん／経済）

　自分にとって後悔のない高校生活を送るのが一番だと思う。私個人は小学校，中学校，高校と，節目で過去を振り返るたびにそれまでの環境が一番であったと思っているので，後に大切な思い出になるであろうその一瞬を大事にしてほしいと思う。（M.H. さん／理工）

　体育祭や修学旅行といった行事をもっと楽しめばよかったと思いました。こんな言い方はよくないかもしれませんが，勉強はいつでもできます。でも，高校の行事はもう一生ないので，そのような貴重な体験を無駄にしてほしくないと思います。（関口さん／法）

合格体験記

みごと合格を手にした先輩に，入試突破のためのカギを伺いました。
入試までの限られた時間を有効に活用するために，ぜひ役立ててください。

（注）ここでの内容は，先輩方が受験された当時のものです。2025年
度入試では当てはまらないこともありますのでご注意ください。

・アドバイスをお寄せいただいた先輩・

○ **M.T. さん**　環境情報学部
○ 一般選抜 2024 年度合格，山口県出身

　合格のポイントは，メンタルです。過去問で点数が取れていても，
本番のプレッシャーから全然うまくいかないこともありました。だけ
ど，そこで立ち直って小論文に全力で取り組んだからこそ，今の私が
あります。だから絶対にあきらめないメンタルを貫いてください。

○ **H.Y. さん**　総合政策学部
一般選抜 2023 年度合格，東京都出身

　一番大切なことは勉強を楽しむことです。勉強は大学に合格するために必要な単なる手段などではなく，自分を高いレベルに引き上げてくれる，いわば人間力を上げるものです。「あー，めんどくさいなぁ」とネガティブに勉強するのではなく，勉強を楽しんでほしいと思います。

○ **T.N. さん**　総合政策学部
一般選抜 2022 年度合格，東京都出身

　受験生は，さまざまな要因で大きなストレスがたまります。それを発散するために，OFF の時間をしっかり確保することが大切です。私は OFF の時間に YouTube をずっと見ていました。その代わり，ON の時間をしっかりと確保して，その間は勉強の効率を意識しながら，とにかく机に向かっていました。塾や学校は ON の場所，家は OFF の場所としてはっきりと切り替えることで，ストレスをあまりためずに勉強を続けることができました。ストレスをためすぎないようにするにはどうしたらよいかを考えることは合格への近道だと思います。受験生の皆さん，応援しています。

その他の合格大学　早稲田大（人間科学），横浜国立大（都市科），法政大（人間環境），青山学院大（社会情報）

入試なんでも Q & A

受験生のみなさんからよく寄せられる，
入試に関する疑問・質問に答えていただきました。

Ｑ 「赤本」の効果的な使い方を教えてください。

A 赤本は，過去の問題がどれくらいのレベルなのかを知るためと，自分の弱点を知るために使っていました。敵を知り己を知る，です。受験は志望校と自分との戦いです。まずは敵を知らないと対策が打てませんし，対策が打てないと勝てるわけがありません。自分の弱点と過去問とのギャップを知り，そこを参考書で埋めていくイメージです。まずは赤本を解いて弱点を見つけて，対策を練ってまた赤本にトライする。この繰り返しで絶対に点数は上がります。　　　　　　　　　　　　（M.T. さん／環境情報）

A 赤本は主に解答と解法の確認のために使用していました。特に情報科目は過去問の解答が入手しにくかったので，赤本には非常にお世話になりました。また，小論文に関しても，SFC は非常に独特な出題であるため，赤本の解答例は非常に参考になりました。なお，演習の際は赤本を拡大コピーして，それに書き込む形式で使っていました。

（H.Y. さん／総合政策）

Ｑ 1年間のスケジュールはどのようなものでしたか？

A 夏までは基礎固めを主にしていました。共通テストの過去問で基礎力をチェックし，把握した弱点を参考書で埋めてからまたトライする，の繰り返しでした。基礎は絶対に裏切りません。逆に，ぐらぐらしている状態で応用を積んでも，あまり点数には結びつきません。

夏以降は MARCH の過去問をやっていました。最初はボコボコにされて，やっぱり難しいなんて思っていましたが，弱点を把握して対策をしてまたトライしてを繰り返すうちに完成度が高くなりました。

11 月あたりからは SFC の過去問をやりました。最初はビビり散らかして難しいというバイアスにとらわれていたような気がします。ですが，あきらめずに食らいつき，解説を見てわかったなら実質解けたってことで，それを含めたら 7 割取れるから，解けなかった原因を特定して対策を打てば解けるようになるじゃんというマインドをもっていました。そこから年数と解き直しを重ねるうちに，だんだん安定していきました。

　　　　　　　　　　　　　　　　　　　　　　（M.T. さん／環境情報）

Q どのように学習計画を立て，受験勉強を進めていましたか？

A 月初めに，今月はこれをして来月はこれと月単位では考えていましたが，そこまで細かく計画を立てていませんでした。毎日必ずやらなきゃいけないことはあるはずなので，それが本当に今やるべきことなのかとか日々の学習ペースに迷ったときに計画を立てるようにしていました。計画は崩れても当たり前なので，失敗したと落ち込む必要なんてありません。あんまりカツカツに予定を組んだり，計画を立てることに時間をかけすぎたりしないことがポイントだと思います。

　　　　　　　　　　　　　　　　　　　　　　（M.T. さん／環境情報）

Q 時間をうまく使うために，どのような工夫をしていましたか？

A 私は食事中や移動時間などの隙間時間にスマホでニュースを見るようにしていました。SFC の小論文は非常に特徴的で，ふだんどれだけ物事を多角的に見ているか，ということが問われるため，経済や政治に限らずロボットや科学技術といったテック系の知識など幅広い知見が必要とされます。そのため隙間時間には必ずニュースを見ていました。

　　　　　　　　　　　　　　　　　　　　　　（H.Y. さん／総合政策）

慶應の SFC を受験する上で，特に重要な科目は何ですか？

A　小論文です。ネットの受験掲示板などで合格者・不合格者の英語の自己採点を見ていて，英語がどんなにできても落とされるのがSFC だと思います。私の自己採点でいうと，英語で 6 割取るより小論文で 6 割取るほうが簡単だったので，絶対に小論文はちゃんと勉強してください。私がした対策は，過去問と小論文の基礎的な参考書 1 冊のみです。SFC は SFC らしい学生を歓迎しているため，他の一般的な小論文とは違って，アドミッションポリシーに沿って書くことが非常に大切だと思います。過去問を繰り返し解いて，違う分野から書けないか？など，SFC の意図を汲み取り次に活かすことを意識していました。本番では，どうしても時間が足りなかったり論理性に納得がいかないものになったりするのは仕方がないと思います。高校生が制限時間内に完璧な答案を書くのは無理がありますし，模範解答のように綺麗な答案を書くことを意識しすぎないことも大切だと思います。実際に，私も小論文では前半の 1 つは主張までしかできなかったし，論理性に関してはある程度通っていればいいやと割り切って，SFC らしい学生だとアピールすることに全振りし，そこをアピールしたことが高得点につながった要因だと思っています。

（M.T. さん／環境情報）

A　SFC に合格するために最も重要な科目は，やはり小論文です。他大学とは大きく異なり，処理する情報が非常に多かったり図示問題が出題されたりもします。確かにレベルが高いのですが，情報量の多さゆえに論の展開をある程度自由にすることができます。本番において重視されているのは発想力と論述力です。テーマから少し外れても，ある程度は評価されます。だから，対策としては，小論文を繰り返し書いて説得力のある文章を書けるようにすることが大切です。また，政治・経済の知識があれば有利になるような題材が SFC の小論文では多く出題されています。学校の政治・経済の授業をまじめに受けるだけでいいので，ある程度の知識をもっておくことも大切です。　　　　（T.N. さん／総合政策）

苦手な科目はどのように克服しましたか？

A 　私は最後まで英語に苦手意識がありました。なぜ苦手なのか原因を分析してみたところ，安定しないから苦手だと感じているだけで，その安定しない原因はできなかった問題に対しての対策不足でした。だいたいにおいて苦手というのは，演習の回数が足りていなかったり対策がうまく回っていなかったりするだけで，そこを直せば絶対に点数は上がると思います。苦手だからといって逃げるのが一番よくないので，絶対に苦手から逃げないでください。　　　　　　　　　　　（M.T. さん／環境情報）

 模試の上手な活用法を教えてください。

A 　模試は弱点発見のためのツールであり，本番のような環境下でどれだけ実力を発揮できるかの練習場だと思います。判定や偏差値にとらわれないことが大切です。それらはおまけでしかありません。模試で問われるということは入試でも問われやすいポイントだと思うので，できなかった問題はちゃんとなぜできなかったかを分析して，弱点を潰す行動を心がけてください。　　　　　　　　　　　（M.T. さん／環境情報）

 スランプに陥ったとき，どのように抜け出しましたか？

A 　スランプのときは自分を追い込むのではなく，まず自分自身に対して優しくするように心がけました。調子が悪いときに勉強しても身が入りません。まずは焦らず一度立ち止まって，必要ならば休息をとることが大切だと感じました。メンタルケアに関しては，受験前だからといって何か特別なことはしないようにしました。受験前日にハチマキをまいて円陣を組んだりするとかえって緊張してしまうので，ふだんと同じ生活をして，とにかく平常心で試験に臨むといいです。

　　　　　　　　　　　　　　　　　　　　　　　　（H.Y. さん／総合政策）

Q 普段の生活の中で気をつけていたことを教えてください。

A もちろん日頃から，健康のためにバランスのよい食事や十分な睡眠時間の確保などには努めていましたが，私がとても大事にしていたのは体を動かすことです。受験生は長時間椅子に座っているので血流が悪くなったり，筋肉が固まったりします。そのため，風邪をひきやすくなったり，思わぬ場面での怪我につながったりします。だから私は，いつもはバスを使っているところを歩いたり，昼間少し散歩をしてみたりといったことを実践していました。体を動かすことはストレス発散にもつながるので，とてもおすすめです。　　　　　　　　　　　　　（T.N. さん／総合政策）

科目別攻略アドバイス

みごと入試を突破された先輩に，独自の攻略法や
おすすめの参考書・問題集を，科目ごとに紹介していただきました。

英　語

絶対ブレない基礎力を固めることがポイント。（M.T. さん／環境情報）
📖 **おすすめ参考書　『速読英熟語』**（Z会）

　長文読解で最も大切なことは文脈を読むことです。これは経験を積んで
いけば自然と身につくことです。最初のうちはディスコースマーカーと呼
ばれる，接続詞や接続詞句などに注意しながら読む訓練をすることが有効
です。文脈読みができるようになれば，文全体の論の構成がわかり，意味
の汲めない文や単語に執着することなく読み進めていくことができるため，
速読につながります。さらに内容真偽問題の正答率も上がり，合格がぐっ
と近づいてきます。　　　　　　　　　　　　　　（T.N. さん／総合政策）
📖 **おすすめ参考書　『システム英単語』**（駿台文庫）

数　学

　数学の問題を解くときに「どうやって解こう」と考えていると問題と解
法が一対一対応になってしまい，応用問題に対応しづらくなってしまいま
す。そこで考えるべきなのは，どのように変形したいかや，何を求めたい
かといった「目的」です。目的に対する解法はいくつかに絞られ，そこで
初めて「どれで解こう」と考えるのです。この考え方は数学を勉強してい
く上での近道になります。　　　　　　　　　　　（T.N. さん／総合政策）
📖 **おすすめ参考書　『チャート式 基礎からの数学』シリーズ**（数研出版）
『合格る計算』シリーズ（文英堂）

情　報

　まず基本的な知識は IT パスポートと基本情報技術者試験の参考書で学習しました。これらで基礎をおさえたあと，情報法に関しては文化庁が出している著作権テキストや，個人情報保護委員会のウェブページが参考になります。後半にあるアルゴリズム問題に関してはいったん自分でPython や Java などのプログラミング言語を習得し，会津大学の運営するAOJ でコードを書いてみることをお勧めします。（H.Y. さん／総合政策）
📖 **おすすめ参考書　『イメージ＆クレバー方式でよくわかる　かやのき先生の IT パスポート教室』**（技術評論社）
『イメージ＆クレバー方式でよくわかる　かやのき先生の基本情報技術者教室』（技術評論社）

小論文

　SFC の小論文はとにかく「問題発見と解決」が重視されています。だからこそふだんからニュースを多く見て，何か課題があったら「自分だったらこんな解決方法がとれるんじゃないかな」などといったことを常に考えてください。また，ニュースを見るだけでなく，例えば交通機関を利用している間に SNS などを見てしまう人はいったんスマホをポケットの中にしまって，「このバス停車ボタンは手すり上部や壁際に設置されていることが多いけれど，立って乗車している腕が上がらない高齢者にはどんなデザインが適しているだろうか」といったようなことを日常的に考える癖をつけてほしいと思います。　　　　　　　　　　（H.Y. さん／総合政策）

TREND & STEPS

傾向 と 対策

　科目ごとに問題の「傾向」を分析し，具体的にどのような「対策」をすればよいか紹介しています。まずは出題内容をまとめた分析表を見て，試験の概要を把握しましょう。

━━━ 注　意 ━━━

　「傾向と対策」で示している，出題科目・出題範囲・試験時間等については，2024年度までに実施された入試の内容に基づいています。2025年度入試の選抜方法については，各大学が発表する学生募集要項を必ずご確認ください。

━━━ 来年度の変更点 ━━━

　2025年度入試では，第1時限の選択科目が変更になる予定である（本書編集時点）。

2024年度		▶	2025年度	
第1時限	「数学または情報」 あるいは 「外国語」 あるいは 「数学および外国語」		第1時限	「数学」 あるいは 「情報および数学」 あるいは 「外国語」 あるいは 「外国語および数学」
第2時限	小論文		第2時限	小論文

英　語

年度	番号	項　目	内　　　容
2024 ●	〔1〕	読　　解	空所補充, 内容説明, 内容真偽
	〔2〕	読　　解	空所補充, 内容説明, 内容真偽, 主題
	〔3〕	読　　解	空所補充, 内容説明
2023 ●	〔1〕	読　　解	空所補充, 内容説明, 内容真偽
	〔2〕	読　　解	空所補充, 内容説明, 内容真偽, 主題
	〔3〕	読　　解	空所補充, 内容説明, 内容真偽, 同意表現, 主題
2022 ●	〔1〕	読　　解	空所補充, 内容真偽, 内容説明
	〔2〕	読　　解	空所補充, 内容説明, 内容真偽, 主題
	〔3〕	読　　解	空所補充, 内容説明, 内容真偽
2021 ●	〔1〕	読　　解	空所補充, 内容説明, 内容真偽
	〔2〕	読　　解	空所補充, 内容説明, 内容真偽
	〔3〕	読　　解	空所補充, 内容真偽, 内容説明, 主題
2020 ●	〔1〕	読　　解	空所補充, 内容説明, 内容真偽
	〔2〕	読　　解	空所補充, 内容説明
	〔3〕	読　　解	空所補充, 内容説明, 内容真偽, 主題

(注)　●印は全問, ◑印は一部マークシート法採用であることを表す。
　　　「外国語選択者」は全問を,「数学および外国語選択者」は〔1〕〔2〕を解答。

読解英文の主題

年度	番号	類　別	主　　題	語　数
2024	〔1〕	社　会	自分の誤字を発見する難しさ	約 680 語
	〔2〕	社　会	手つかずの大自然が逆襲する	約 540 語
	〔3〕	社　会	我々の寿命の上限	約 1,290 語
2023	〔1〕	科学技術	3D プリンターの活用と知的な影響力	約 600 語
	〔2〕	社　会	再考すべきロビン=フッドの原則	約 790 語
	〔3〕	社　会	起業時の精神を維持することが企業成長の秘訣	約 1,340 語

2022	〔1〕	科学技術	拡張現実（AR）装置の問題点	約 570 語
	〔2〕	社　　会	南極の領有権・利用権	約 810 語
	〔3〕	社　　会	国による都市政策の重要性	約 1,120 語
2021	〔1〕	社　　会	米国の実業界は教育改革に力を入れるべきである	約 660 語
	〔2〕	社　　会	テックラッシュ－テクノロジーと倫理	約 640 語
	〔3〕	社　　会	アテンションエコノミーの問題点とその対応	約 1,280 語
2020	〔1〕	社　　会	自動運転車の普及と歩行者	約 730 語
	〔2〕	科学技術	脳の神経適応と失読症の研究	約 750 語
	〔3〕	社　　会	子供が数学の授業で指を使うべき理由	約 1,170 語

 高度な語彙力を要する空所補充と内容把握

01　基本情報

試験時間：「外国語選択者」は大問 3 題で 120 分，「数学および外国語選択者」は大問 2 題と数学の問題を合わせて 120 分。

大問構成：大問 3 題。

解答形式：全問選択式（マークシート法）。〔1〕〔2〕はそれぞれ本文中の空所補充 10 問と内容に関する設問 5 問，〔3〕は空所補充 20 問と内容に関する設問 10 問となっている。

02　出題内容

　長文の総語数は 2,500 語程度である。内容に関する設問については設問文も英文であり，読むべき英文量は非常に多い。英文の内容は社会論・科学技術論が中心で，かなり本格的な評論も出題されている。空所補充と内容把握問題のみというシンプルな形であるが，速読・精読両面において高度な読解力・語彙力が必要である。

03　難易度と時間配分

　全般的に語彙・内容ともハイレベルで，深い読みを要求する難問もある

が，議論の流れをおさえ，英文の概要を捉えられれば解ける問題が多い。設問別では，空所補充に難しい問題がみられる。

　設問内容はシンプルであるので，英文をスピーディーかつ正確に読み，難問や差のつきやすい内容把握の問題に時間の余裕をもって取り組みたい。

01　読解力の徹底的強化を

　高校の英語教科書をまず完全に消化したい。そこに出てくる単語・熟語・構文などを完全に自分のものにすること。さらに，英文解釈の参考書，たとえば，『英文標準問題精講』（旺文社）や『大学入試　ひと目でわかる英文読解』（教学社）などを，初めから終わりまで 1 冊きちんと仕上げること。次に，市販の入試英語長文問題集を，標準レベルのものでよいから早めに 2，3 冊程度こなしておくこと。「一日一長文」の読破を習慣づけ，慣れるに従って上級レベルの問題集に当たるようにしたい。

02　語彙・文法力をつける

　語彙・文法は読解の基礎となるだけでなく，長文中の空所補充問題によって，その力があるかどうかが試されている。語彙については，普段の英語学習の際，辞書を引くのではなく，読む習慣を身につけ，語の意味だけでなく，同意語・反意語，類義語，成句，語法などについて詳しく研究する態度を養うとよい。文法については，文法の教科書を 1 冊丹念に学習したのち，『Next Stage 英文法・語法問題』（桐原書店），『UPGRADE 英文法・語法問題』（数研出版）などの問題集に当たって応用力をつけるようにしよう。

03　長い英文に慣れる

　『ジャパンタイムズ』などの日刊英字新聞，『朝日ウイークリー』や『毎

日ウィークリー』などの週刊英字新聞,『ニューズウィーク 英語版』など
の英文雑誌, 副読本などにできるだけ多く接して, 英文に慣れておくこと
が大切である。出題される英文の中には, 社会学や生物学などの学術的な
内容を含むものもあるので, そのような文章にも積極的にふれるようにし
たい。

04 　常識を幅広く

03 にプラスして, 日本語の新聞・雑誌・書籍も多読して幅広い常識と
知識を身につけておくこと。政治・経済から自然科学まで, 深い知識があ
れば強力な武器となろう。

05 　過去問を用いた実戦練習を

環境情報学部と総合政策学部の問題には類似性があるので, この2学部
の過去問をできるだけたくさん利用しよう。早い時期から実戦練習をして,
自分の実力と同時に不足している力も認識することによって, 無駄のない
学習を心がけよう。

慶應「英語」におすすめの参考書

- ✓ 『英文標準問題精講』(旺文社)
- ✓ 『大学入試 ひと目でわかる英文読解』(教学社)
- ✓ 『Next Stage 英文法・語法問題』(桐原書店)
- ✓ 『UPGRADE 英文法・語法問題』(数研出版)
- ✓ 『慶應の英語』(教学社)

赤本チャンネルで慶應特別講座を公開中

実力派講師による傾向分析・解説・勉強法をチェック ⊖

数　学

年度	番号	項　目	内　容
2024 ●	〔1〕	式 と 証 明	(1)相加平均と相乗平均の関係を使った分数式の最小値　(2)対数関数と連立不等式
	〔2〕	数　　列,場 合 の 数	2の累乗を用いて表される整数
	〔3〕	ベ ク ト ル	四面体と空間ベクトル
	〔4〕	積 分 法	球の体積，2球が共有点をもつときの半径の最大値
	〔5〕	確　　率	総当たり戦の確率
2023 ●	〔1〕	整数の性質	ユークリッドの互除法，不等式を満たす有理数
	〔2〕	微・積分法	定積分で表された関数，2つの放物線の共通接線
	〔3〕	整数の性質,確　　率	魔方陣で決められたサイコロを使った確率の大小比較
	〔4〕	場 合 の 数,確　　率	格子点を移動する2点が接触しない確率
	〔5〕	図形と方程式	立方体の辺に接する球の中心と半径
	〔6〕	2 次 関 数	利益を最大とする方法（2次関数の最大値）
2022 ●	〔1〕	場 合 の 数	順列・組合せ
	〔2〕	三 角 関 数,微 分 法	加法定理，3倍角の公式，3次関数の極大・極小
	〔3〕	数 と 式,積 分 法	4次関数の接線，接線と曲線が囲む部分の面積
	〔4〕	図形と方程式	空間座標と領域，立体図形の体積
	〔5〕	確　　率	3人・4人で行うジャンケンの確率
	〔6〕	空 間 座 標	空間座標と領域，平面の方程式，期待値　　　☑選択
2021 ●	〔1〕	三 角 関 数	三角比，加法定理，円および三角形が接する条件
	〔2〕	場 合 の 数	順列・組合せ
	〔3〕	確　　率	確率の乗法公式，試行の流れの処理
	〔4〕	数　　列	集合と場合の数，数列の漸化式
	〔5〕	図形と方程式	空間図形と空間座標，図形成立の条件
	〔6〕	微 分 法	領域，関数の増減

2020 ●	〔1〕	小問 3 問	(1) 2 変数関数の最大値　(2)部分集合の個数　(3)大きい自然数の桁数
	〔2〕	微・積分法，極限	放物線と直線で囲まれた部分の面積，無限等比級数
	〔3〕	数　　　列	等差数列，等比数列，一般項
	〔4〕	高次方程式，整数の性質	3 次方程式と整数解
	〔5〕	図形と計量	立方体の切断，体積と表面積
	〔6〕	確　　　率	血液型の遺伝に関する確率，条件付き確率

(注)　●印は全問，◑印は一部マークシート法採用であることを表す。

2024 年度：「数学選択者」は全問を，「数学および外国語選択者」は 5 題のうち
　　　　　　3 題（〔1〕〔2〕〔4〕〔5〕）を解答すること。

2023 年度：「数学選択者」は全問を，「数学および外国語選択者」は 6 題のうち
　　　　　　3 題（〔2〕〔5〕〔6〕）を解答すること。

2022 年度：「数学選択者」は全問を，「数学および外国語選択者」は 6 題のうち
　　　　　　3 題（〔1〕〔4〕〔6〕）を解答すること。

2021 年度：「数学選択者」は全問を，「数学および外国語選択者」は 6 題のうち
　　　　　　3 題（〔3〕〔5〕〔6〕）を解答すること。

2020 年度：「数学選択者」は全問を，「数学および外国語選択者」は 6 題のうち
　　　　　　3 題（〔1〕〔3〕〔6〕）を解答すること。

出題範囲の変更

　2025 年度入試より，数学は新教育課程での実施となります。詳細については，大学から発表される募集要項等で必ずご確認ください（以下は本書編集時点の情報）。

	2024 年度（旧教育課程）	2025 年度（新教育課程）
「数学選択者」	数学 I・II・A（場合の数と確率，整数の性質，図形の性質）・B（確率分布と統計的な推測，数列，ベクトル）	数学 I・II・III・A（図形の性質，場合の数と確率，数学と人間の活動）・B（数列，統計的な推測）・C（ベクトル，平面上の曲線と複素数平面）
「情報および数学選択者」「外国語および数学選択者」		数学 I・II・A（図形の性質，場合の数と確率，数学と人間の活動）・B（数列，統計的な推測）

旧教育課程履修者への経過措置

　2025 年度については，旧教育課程履修者を考慮するものの，特別な経過措置はとらない。

思考力を試す問題が全範囲から出題
総合力・応用力を身につけよう

01 基本情報

試験時間：「数学選択者」は大問5題または6題で120分，「数学および外国語選択者」は大問3題と英語の問題を合わせて120分。なお，2025年度は「情報および数学」が選択できるようになり，情報の問題を合わせて120分となる予定。

大問構成：大問5題または6題。

解答形式：全問空所補充形式で，空欄にあてはまる0〜9の数字またはマイナス符号をマークする形式（マークシート法）である。選択肢が設けられている場合もある（表中「⊘選択」と表示した問題が選択肢あり）。

02 出題内容

頻出項目：すべての分野について満遍なく出題されているが，微・積分法を中心に，図形に関する問題と，数列，確率，整数の性質に関する問題が比較的多い。「数学選択者」は2025年度は，出題範囲が「数学Ⅰ・Ⅱ・Ⅲ・A（図形の性質，場合の数と確率，数学と人間の活動）・B（数列，統計的な推測）・C（ベクトル，平面上の曲線と複素数平面）」となる予定なので，数学Ⅲや数学C（平面上の曲線と複素数平面）からの出題に注意したい。

内　　容：数学的な思考力や理解力，計算力を試す問題や，型にはまらないユニークな問題も出題されており，公式の暗記に頼った学習は禁物である。また，設問は誘導されていることが多いので，全体の流れをつかむことが大切である。空所補充形式ではケアレスミス（たとえば，分数の分母と分子を反対にしてしまうなど）が合否を左右しかねない。十分に注意したいところである。

03　難易度と時間配分

　よく工夫された問題が多く，きちんとした推論ができるかどうかを試す問題や計算力を要する問題も多い。標準以上の問題集で応用力を養っておくことが大切である。

　定型的な易しい問題も含まれているので，最初にすべての問題に目を通し，難易を見極めることが重要である。解けるものから確実に解いていこう。

対　策

01　基本事項の学習

　教科書にある定理や公式などの基本事項をさまざまな場面に応じて自由に使いこなせるようにしておくこと。また，代表的なものについては，証明の仕方や導き方も身につけておきたい。

02　総合力・応用力の養成

　問題を単に解くだけではなく，一つ一つの事項の理解を深めるとともに，どのような事項がどのように組み合わされているかを分析し，模範解答や別解などを参考にして，工夫された解き方や異なる視点からの考え方なども丁寧に学習することで，総合力・応用力を養うことが大切である。

03　計算力の養成

　かなりの計算力を要する問題も多く，迅速かつ正確な計算力が必要である。日常の学習の中で，丁寧に計算していくことを心がけるとともに，特に複雑な計算においては，先の見通しを立てながら要領よく処理できるように十分に練習しておきたい。

04　実戦力の養成

　『実戦 数学重要問題集』シリーズ（数研出版）などの標準以上の参考書・問題集を使って，よく出題される項目はもちろんのこと，出題範囲全体にわたって数多くの問題に当たり，いろいろな解法を身につけ，実戦的な力を養っておくこと。

05　空所補充問題対策

　空所補充形式の問題では，出題者の考え方や意図するところを理解し，それに沿って解かなければならないものも多い。また，どのように式変形すれば空所を含む次の式になるか，結果から途中経過を把握していくことは重要である。共通テストの過去問などを利用して，こうした形式に慣れておきたい。なお，空所補充形式では記述式と異なり，結果がすべてであるから，ケアレスミスのないよう検算をする習慣を日常の学習の中でつけておくこと。

06　過去問の研究

　教科書の型にはまらないユニークな問題が多い。また，問題解決までに相当な思考力を要する問題もある。問題の趣旨をよく理解し，誘導に従った柔軟な思考ができるよう，過去問をよく研究して，これらの問題に慣れておきたい。また，マークの仕方が独特なので，注意が必要である。同じ形式の総合政策学部の過去問も利用して練習しておきたい。

情　報

年度	番号	内　容
2024 ●	〔1〕	コンピュータ創作物の著作権
	〔2〕	窓口にやって来る人の人数とそのモデル化
	〔3〕	進数計算，検索回数の平均，確率計算
	〔4〕	算術論理演算装置の設計
	〔5〕	フィボナッチ数列の項の値を計算するアルゴリズム
2023 ●	〔1〕	知的財産法（著作権法，産業財産権法），個人情報保護法
	〔2〕	記号列を1つの数値に変換して表現する方法
	〔3〕	論理演算を実現するニューラルネットワークの決定
	〔4〕	オドメトリで得られるロボットの位置情報と障害物の位置の関係式
	〔5〕	数列の中から循環列や代表循環列を抜き出すアルゴリズム
2022 ●	〔1〕	知的財産法（著作権法，産業財産権法），個人情報保護法
	〔2〕	プログラム言語による剰余計算の相違
	〔3〕	計算式の自然記法と逆ポーランド記法
	〔4〕	サイコロの目を表示させる論理式
	〔5〕	パーティー参加者が属すグループを判定するアルゴリズム
2021 ●	〔1〕	知的財産法（著作権法，特許法），個人情報保護法
	〔2〕	待ち行列モデルにおけるリトルの公式
	〔3〕	ネットワークの経路表
	〔4〕	マイクロマウスの探索アルゴリズム
	〔5〕	トーナメント図を均等な配置にするアルゴリズム
2020 ●	〔1〕	知的財産法（著作権法，産業財産権法），個人情報保護法，プロバイダ責任制限法
	〔2〕	川渡のパズルの状態推移
	〔3〕	ハッシュ値の計算回数の期待値
	〔4〕	ロボットアームの制御方法
	〔5〕	辞書順で次に現れる順列を求めるアルゴリズム

（注）　●印は全問，◑印は一部マークシート法採用であることを表す。

傾 向　基本事項をしっかりと

01　基本情報

出題範囲：2024 年度までは「社会と情報，情報の科学」であった。2025
年度は「情報Ⅰ・Ⅱ」となる予定（本書編集時点）。

試験時間：120 分。なお，2025 年度は「情報および数学」での選択となり，
数学の問題を合わせて 120 分となる予定（本書編集時点）。

大問構成：大問 5 題。

解答形式：全問マークシート法。〔1〕は空所補充や正文あるいは誤文を選
ぶ選択問題。そのほかの大問では主に計算問題が出題されている。

02　出題内容

2024 年度の出題内容は次のようなものであった。

〔1〕は，AI などにより創作されたコンピュータ創作物の著作権につい
ての問題であった。文化庁「著作権審議会第 9 小委員会報告書」（1993 年）
の文章が出題され，(ア)ではどのような場合にコンピュータ創作物の著作権
が認められるかについての空所補充問題が，(イ)ではコンピュータ創作物の
著作物性が認められる場合，コンピュータ・システムの使用者が著作者と
認められる場合，(ウ)では素材の作成者がコンピュータ創作物の著作者とな
り得ない理由について選択肢の文章から選ぶ問題が出題された。教科書に
載っている基本的な知識だけでなく，法律の趣旨や内容など詳細な知識も
求められている。

〔2〕は，窓口にやって来る人の人数とそのモデル化についての問題であ
った。問題中で説明された通りに式変形や数値計算をするだけである。

〔3〕は，小問集合形式であった。(ア)は進数計算するだけである。(イ)は線
形探索における検索回数の平均についての問題であった。検索回数につい
て考えることは大事である。(ウ)・(エ)は確率問題であった。両方とも有名問
題であるが，経験の差が出たかもしれない。

〔4〕は，算術論理演算装置の設計についての問題であった。論理式を導

いたり，論理式から論理回路を設計するなど「情報」らしい問題である。

〔5〕は，フィボナッチ数列の項の値を計算するアルゴリズムについての問題であった。具体例を考えるとアルゴリズムの理解がしやすい。2021年度まではアルゴリズムが正しいことの証明が紹介され，証明の理解に数学的考察が必要であったが，2022～2024年度はそうではなかった。

03 難易度と時間配分

　全体的に基本的な知識（法律，知的財産権，情報通信ネットワークなど）はもちろん必要であるが，問題文に書かれていることをしっかり読み解くことができれば解答できる問題も多い。ただし，高校の学習内容だけでは対応しにくい発展的な内容もみられるので注意が必要である。また，数学的知識を要する問題も多い。

　時間配分については，最初に問題を見極め，見直しの時間も含めて配分をコントロールすることが求められる。

対　策

01 参考試験・過去問を解こう

　どのような問題が出題され，どのような知識が必要かを理解するために，過去問に取り組み，同じ傾向の問題については確実に解答できるようにしておく必要がある。「情報」についての問題集は少ないため，情報入試研究会（https://jnsg.jp/）実施の模擬試験・過去問，共通テストやセンター試験の「情報関係基礎」の過去問なども参考になる。また，河合塾「キミのミライ発見」（https://www.wakuwaku-catch.net/）は「情報」の入試に関する情報が充実しており，対策の参考になる。

02 知的財産権と情報セキュリティの学習をしておこう

　情報社会に関わる法律（知的財産権に関する法律，個人情報保護法，プ

ロバイダ責任制限法など）については例年出題されており，対策が必須である。教科書の知的財産権，情報セキュリティ，これらに関する法律だけでなく，各省庁の法律に関する解説・Ｑ＆Ａなどの公的機関のサイトで，法律の趣旨や内容も確認しておくとよい。

03 「数学」の教科書も学習しておこう

　例年，情報通信ネットワーク，データベース，アルゴリズム，モデル化とシミュレーションについての理解や，情報量の換算，2進数とその補数表現などの計算が多く問われている。過去問や総合政策学部の出題も参考にして，学習を進める必要がある。また，漸化式，集合，合同式など数学分野の出題も多いので，「情報」の教科書だけでなく「数学」の教科書で関連する箇所を学習しておこう。

　また，高校の学習内容だけでは対応しにくい出題もみられるので，アルゴリズムやグラフ理論の入門書に目を通しておくことも有効な対策となるだろう。

04 読解力をつけよう

　問題文に手順が説明されていたり，正解を求めるための式が書かれていたりするので，問題文を読み解くことができれば，知識がなくても解答できる問題もみられる。問題文に書かれている条件を抜き出したり，自分で図を描くなどして，文章を読み解く力を身につけよう。

小 論 文

年度	番号	内　容
2024	〔1〕	**過去問題から見る環境情報学部で求められる知的能力** (1)小論文の過去問題から受験生に求められている知的能力を論じる（300字） (2)数学の過去問題から受験生に求められている知的能力を論じる（300字） (3)1)①(1)で解答した知的能力（20字） 　　　②(2)で解答した知的能力（20字） 　　　③自分自身の思考の特徴（20字） 　　　④考案したミニ試験の出題意図（300字） 　　2)考案したミニ試験の内容説明（描図を用いても可）
2023	〔1〕	**郊外移住による住まいかた・暮らしかたの変化と調査** (1)文献1と文献2に通底すること（150字） (2)文献1と文献3に通底すること（200字） (3)定性的研究の重要性（250字） (4)文献2と文献5に通底すること（150字） (5)「生きることに向きあうための学問的態度」と定性的研究（250字） (6)(a)郊外に移住した夫妻の住まいかた・暮らしかたの変化（300字） 　　(b)夫妻の住まいかた・暮らしかたの変化を調査する手法（500字）
2022	〔1〕	**日本で購入されるシャープペンシルの本数の推定**　　⊘統計表 (1)2021年に日本国内で購入されたシャープペンシルの本数の推定 (2)推定の根拠の説明
2022	〔2〕	**過去への「留学」によって問題を解決する** (1)解決したい問題の名称 (2)問題解決に取り組む意義の説明（200字） (3)問題を解決する方法の具体的アイデア（描図を用いても可） (4)活動の具体的手順（描図を用いても可）
2021	〔1〕	**世の中の「不条理」と向かい合う** (1)数的処理（数式の大小，整数の因数，指数の計算） (2)指定された3つの課題ジャンルに関わって，世の中で不条理だと感じていることを15個挙げ，内容と理由を記述する (3) (2)で挙げた不条理のうち3つを取り上げ，その解決の方向性と方法について，具体的，定量的，かつヴィジュアルに説明する
2020	〔1〕	**「環境」と「情報」の中心としての「人間性」について考える** (1)4つの資料において論じられている「人間性」についてまとめる（描図を用いても可） (2)今後の社会システムの変容で「人間性」はどう影響されるかを論じ，未来社会をよく生きるための考えを述べる（1000字）

問題発見・問題解決の実践
発想を具体化する能力を問う

01 基本情報

試験時間：120 分。

大問構成：例年，大問 1 題の中に複数の小問がまとめられる構成となって
いるが，2022 年度は大問 2 題が出題された。

解答形式：2022 年度までは字数制限のない論述問題が中心であったが，
2023 年度はすべて字数制限付きの論述問題で，2024 年度も字数制限付
きのものが多く出題された。描図が求められたり，説明において描図を
用いてもよいとされたりすることもある。

02 出題内容

　複数の資料文（図表や英文などを含む場合もある）を参照させ，論述を
求める出題が多い。設問にはそれぞれ詳細な条件が付されるのが通例で，
図解が認められる場合もある。設問は，資料文の前にすべての小問がまと
めて示される場合と，資料の合間に挿入されている場合とがある。2024
年度は資料として環境情報学部と総合政策学部の過去問題が提示され，求
められている知的能力を述べたうえで新しい試験の形式を考案するという
ユニークな出題であった。

　問われるテーマは環境情報学部の研究領域の広さを反映して多様だが，
大学での研究のあり方，情報技術（コンピュータ科学，デジタル技術，ネ
ットワーク技術等を含む）の社会への応用，モノやサービス，コンテンツ
のデザイン等について，受験生の具体的なアイデアを求める問題が多い。
これは環境情報学部の基本理念である問題発見・問題解決（与えられた問
題を既存の方法で解決しようとするだけでなく，自ら問題を発見し，最適
と考えられる解決方法を探究すること）を実践させ，受験生の発想と表現
の能力を測ろうとしているからだと考えられる。

03　難易度と時間配分

　2024 年度は 2023 年度に引き続き大問 1 題であったが，試験内容と評価の仕組みの考案という，2022 年度以前に近い内容の出題となった。毎年ユニークな出題だが，要求の軸は変わっていないため，出題傾向をよく知っておくことが大事になる。

　2023 年度は時間配分がシビアな問題構成であったが，2024 年度は資料となった過去問題から読み取るべきことが比較的わかりやすかったこともあり，最後の(3)にある程度余裕をもって取り組めたものと思われる。ただし，最後の設問の試験の考案は難しく，難度は例年並みで非常に高い。それでもまずは焦ることなく，設問を分析し（〔対策〕01 03 参照），資料やリード文を通して議論の枠組みを把握し，それを具体的な事例に適用した場合の論点を整理しよう（もちろん，それらに時間をかけすぎてはならない）。そのうえで，いきなり書き出すのではなく，まずは文章の構成やメモ書きにしっかり時間をかけて，内容がまとまったら書く作業に移ろう。

対　策

01　設問と資料を分析する力を養う

　環境情報学部の小論文が，第一に受験生の問題発見の力（一般的な言い方をすれば発想力）を求めていることは間違いないだろう。しかし，よい発想はひらめきを待っているだけでは獲得できない。一定時間内に発想を言葉にするためには，アイデアを生むきっかけとなるヒントやデータをそろえ，自分の思考を一定の範囲内に集中させる必要がある。そのために最も大切なのは，設問の指示を正しく把握することと，資料の中から自分の発想を導くために参考になる事柄を探し出すことである。

　日頃どんなによいひらめきに恵まれた人でも，設問の求めるところからそれた思考経路をたどっている限り，的確な解答はできない。反対に自分の発想にあまり自信のない人でも，資料からヒントを見つけるトレーニングによって，試験場で発想をつかむ確率を高めることができる。この意味

で設問と資料を読解する力の養成は非常に重要である。そのようなスキルアップの題材として過去問以上にふさわしいものはない。

02　知識やものの見方を身につける

　過去の出題で用いられている資料が，大学での学問研究，情報ネットワーク化の現状，私たちを取り巻くモノやサービスのデザインなどについて知るための，貴重な素材であることは間違いない。しかし，それらは断片的な素材の集積であり，体系的な手本とはなりにくい。そこで，ものの見方や考え方を教えてくれる書籍を読んでおくことをすすめる。例えば，戸田山和久『「科学的思考」のレッスン』（NHK 出版新書）はあらゆる学問分野に求められる科学リテラシーを身につけるうえで最適の入門書である。

03　効果的な過去問の演習法

　過去問を見て，当初は難しく感じる人も多いだろうが，場当たり的に答案を書く前に，まずは設問文の核心となる問いかけと論述条件に下線を引き，通し番号を付すなどして，自分は何についてどういう順序で考えていくべきかをノートに整理してみるとよい。そのうえで資料を読み，先にメモしておいた考察ポイントと照合して，具体的なアイデアをさらにメモ書きする。このように設問と資料をふまえて発想する練習を重ねておくと，自分の思考の道筋を整理することができ，結果としてよい発想をつかめるようになる。

　図解の問題の練習も，発想メモの段階で，自分のアイデアをわかりやすく図式化することを通じて行うのが効果的である。図解の問題は，決して美的な描画能力を求めるものではない。言葉で表しにくい内容を記号やイラストなどの助けによって視覚化する能力を測ることが主たる目的である。したがって，文章にすると全体像が捉えにくくなる構成要素間の関係や，図に描いたほうが直観的に把握しやすい発想の道筋などを，簡潔に図解する作業をしておくことが効果的である。そのためにも，発想メモの片隅に，ときどき自分のアイデアを要素に分解してその構造を示したり，思考の筋道を流れ図にしたものなどを書きとめたりしておくとよい。

　文章表現力のブラッシュアップのためには，いきなり過去問に当たるより，はじめは少し易しいオーソドックスな小論文の問題に取り組むという方法がよいかもしれない。ただ，文章表現力には個人差があるので，日頃長めの文章を書くことが苦にならないという人や，今まで小論文のトレーニングを一定程度してきたという人は，もちろんいきなり過去問に取り組んでよい。無理なく文章を書く練習をしたいという人には，慶應義塾大学の経済学部の小論文をすすめる。経済学部の小論文は経済学系に特化したものではなく，広く現代社会についての考察を求めるものであり，制限字数が少なく設問が明快だからである。

04 試験本番での取り組み方

　以上のアドバイスを読んだうえで，本書に収録されている過去問を解き，たとえ未知のテーマが出たとしても，設問と資料を冷静に分析し，落ち着いてアイデアを導けば解答できるという手ごたえが得られれば，試験本番で焦ることはないだろう。また，事前に準備していた内容がたまたま出題されたとしても，設問の条件や資料との関連で，簡単に解答が作成できるわけではない。したがって，試験場では資料からその場で学ぶという意識も大切である。自分がそれまでに仕入れてきた知識だけに頼ろうとするのではなく，設問や資料から必要な情報を吸収し，思考の的を絞り込むことに集中すべきである。その過程で練習してきた成果がはじめて現れるのである。

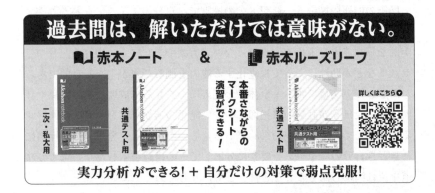

一般選抜

解 答 編

英 語

Ⅰ　**解答**　[31]—3　[32]—2　[33]—2　[34]—1　[35]—1
[36]—3　[37]—3　[38]—3　[39]—3　[40]—1
[41]—4　[42]—2　[43]—1　[44]—1　[45]—3

・・・・・・・・・・・・・・・・・・・・・・・・・・・・・・・・・・・・　全 訳　・・・・・・・・・・・・・・・・・・・・・・・・・・・・・・・・・・・・

《自分の誤字を発見する難しさ》

1　あなたはついに記事を書き終えた。間違いを徹底的に探し，公表する時までには，あなたは誤字が一つも残っていないことを絶対に確信している。しかし，読者が最初に気づくのは，慎重に作成されたあなたのメッセージではなく，第4番目の文中にあるスペルミスの単語だ。誤字は最悪だ。それらは妨害する存在であり，あなたの意図を台無しにし，あなたの書いた履歴書を「パス」の山に落としたり，大勢の衒学的な批評家に糧を与えたりする。もどかしいことに，これらの単語は普通，そのつづり方は知っていても，編集中にどういうわけか読み流された単語である。我々が自分自身の最も手厳しい批評家だとしたら，なぜそれらの腹立たしい細部を見逃してしまうのだろうか？

2　誤字がすり抜ける理由は，我々が愚かだからだとか不注意だからというのではなく，我々がやっていることが実際には非常に高度なことだからだ，と英国のシェフィールド大学で誤字を研究している心理学者のトム＝スタッフォードは説明する。「文章を書いているとき，人は意味を表現しようとしているのです。それは非常にハイレベルな仕事です」と彼は語った。すべてのハイレベルの仕事と同様に，脳は，より複雑な仕事に集中できるように，単純な構成要素を一般化する。「我々はすべての細部を把握

できるわけではありません。我々はコンピュータやデータベースとは異なるのです」とスタッフォードは述べた。「むしろ，我々は感覚情報を取り入れ，それを我々が予期しているものと組み合わせて，意味を抽出するのです」

3　これによって，我々は他の人の書いたものを読んでいるとき，より少ない脳力でより早く意味に到達することができるのだ。自分の書いたものを校正しているとき，我々は自分が伝えたい意味を知っている。我々はその意味がそこにあると期待しているため，その一部が欠けているときに，我々は見逃しやすくなる。我々が自分の誤字に気づかないのは，画面上に表示されているものが我々の頭の中に存在するバージョンと競合しているためなのだ。これは，「the」の中の文字を誤って「hte」と置き換えてしまうといったささいなことでもありうるし，自分が書いている記事の中核的説明をうっかり入れ忘れるといった重大なことでもありうる。

4　一般化は，すべての高次の脳機能の特徴である。これは，我々の脳がある道順の光景，匂い，感触を編集して，なじみのある場所の地図を作り上げる方法に似ている。このメンタルマップにより，脳は解放され，他のことを考えることができるようになる。時としてこれが不利に働く場合もある。例えば，友人の家までの道順に毎日の通勤区間が含まれていたために，バーベキューに行く途中でうっかり車で職場に向かってしまうといった場合である。我々の脳は本能に従って機能しているため，細部に気づかなくなることがあるのである。自分の書いたものを校正する時点までに，あなたの脳はすでに目的地を知っているのである。

5　しかし，たとえ慣れによって結局は間違いを見つける能力が妨げられるとしても，実際，我々はその行為の中で自分自身のしていることに気づくのが非常に得意だ。実際，ブラインドタッチで文字を打つ人たちは，間違いが画面に表示される前から，間違いを犯したことに気づいている。彼らの脳は思考を文字に変換することに非常に慣れているため，間違ったキーを押したり，2つの文字を入れ替えたりするなど，小さな間違いを犯したときでさえ警告を発する。今年初めに発表された研究では，スタッフォードと同僚は文字を打つ人の画面とキーボードの両方をカバーし，彼らの単語速度を監視した。これらのブラインドタッチで文字を打つ人たちは，間違いを犯す直前に単語速度を落とした。脳がエラーを感知すると，指に

信号を送り，指の速度を低下させて調整する時間を増やしているのだ。

6　タイピングをする人なら誰でも知っているように，キーを打つ速度が速すぎるので，指がミスをしかけているときにその指の方向をそらすことはできない。しかし，スタッフォードは，これは我々の祖先が槍を投げているときに脳が微調整するのを助けたのと同じ精神メカニズムから進化したと述べている。残念ながら，そのような本能的なフィードバックは編集過程には存在しない。校正しているときは，脳をだまして，初めてその文章を読んでいるふりをさせようとしているのだ。スタッフォードは，自分自身の間違いを見つけたい場合は，自分の書いたものをできるだけ見覚えのないものにするように努めるべきだと提案している。背景色を変更するか，印刷して手で編集するかしなさい，ということである。「何かを特定の方法で学習すると，視覚的な形式を変えずに細部を確認するのは困難なのです」と彼は述べた。

==== 解　説 ====

[31]　1.「～を誇張する」　2.「～を明確にする」　3.「～を台無しにする」

　They are saboteurs「それらは妨害するものである」の They は直前の文の Typos「誤字，タイプミス」を指している。誤字があると表現者の意図は読み手に伝わりにくくなるので，「～を台無しにする」が適切。

[32]　1.「満足するほどの，満足して」　2.「イライラすることに，もどかしいほど」　3.「時代を超えて」

　空所直後の they are usually … の they は2文前（Typos suck.）の Typos「誤字，タイプミス」を指している。誤字が残ってしまうのは，つづりは知ってはいるのに，編集中にどういうわけか読み流される単語であるので，書き手としてはイライラするものだと考えられる。

[33]　1.「～（感情や意図など）を隠す」　2.「～を伝達する」　3.「～を阻害する」

　通常人は文章において，「意味」をどうしたいと思っているかを考えると，2が正解。我々は自らの書いた文章を校正するとき，読み手に伝えたいと思っている意味を頭の中ですでに認識してしまっている状態なのである。

[34]　1.「ささいな」　2.「重大な」　3.「無神経な」

　空所を含む文に something as ～ as …「…のような〔と同じくらい〕～
（な）こと」という表現があることに注目する。「the」を「hte」と打って
しまうといった誤字は「ささいな」ミスである。

[35]　1.「特徴」　2.「しおり」　3.「あばた」

　「一般化は，すべての高次の脳機能の（　　　）である」の空所に入れ
る言葉として，2や3では意味不明であろう。よって，1が正解。

[36]　work に各選択肢をつなげた場合の意味は，1.「～に有利に働く」，
2.「～なしで働く」，3.「～に不利に働く」である。

　Sometimes this works の this は直前の文（That mental map …）の内
容，つまり，「我々の脳が作り上げたメンタルマップのおかげで，脳は解
放され，他のことを考えることができるようになる」ことを指している。
このメンタルマップによる脳の負担軽減がルーティン化による細部の見落
としというマイナス効果を生むこともある事例として，空所の後の like
以下では「友人の家までの道順に毎日の通勤区間が含まれていたために，
バーベキューに行く途中でうっかり車で職場に向かってしまう」ケースが
取り上げられていると考えられる。よって，3が正解。

[37]　1.「混乱」　2.「尋問」　3.「慣れ（させること）」

　「間違いを見つける能力を妨げる」（空所直後）のは，第4段に説明され
ている「脳機能の一般化・メンタルマップ作り」である。これを言い換え
ると，脳による「慣れ」である。

[38]　1.「遠慮なく言う」　2.「鎮静化する，落ち着く」　3.「現れる」

　「ブラインドタッチで文字を打つ人たちは，間違いが画面に（　　　）
前から，間違いを犯したことに気づいている」の空所に入れる言葉として，
1や2では意味不明であろう。よって，3が正解。

[39]　1.「問題」　2.「障害（物），妨害」　3.「メカニズム」

　キーを打つのが速すぎて途中で指の方向を変えることができないといっ
た現象を起こしたり，我々の祖先が槍を投げる際に脳が微調整を行う助け
になったりしたのは，精神的な何なのかを考える。「精神メカニズム」と
いう意味の語をつくることができる3が正解。

[40]　1.「フィードバック，反響，（生物学などで）結果を受けて次の行
動を調整すること」　2.「アメフトの後衛，車の渋滞の列」　3.「見返り，
払い戻し（金）」

　空所部分は，直前文（However, Stafford says …）に書かれている「脳の微調整」を言い換えたものと考えられるので，「本能的なフィードバック」という意味になる1が適切である。

[41]　「本文で説明されている間違いの例として考えられるのは次のうちどれか？」

1．「データを捏造あるいは改ざんすること」

2．「他の著者の文章を誤解すること」

3．「反証を排除する決定をすること」

4．「自分の名前を大文字で始めるのを忘れること」

　第1段第3・4文（But, the first … Typos suck.）に「読者が最初に気づくのは，…スペルミスの単語だ。誤字は最悪だ」とあるように，書いた本人がうっかりしてしまうタイプミスがテーマである。したがって，4が適切。

[42]　「第1段の『pass』という単語の意味として最も可能性の高いものはどれか？」

1．「試験の要件を満たすこと」

2．「選択肢の範囲から排除されること」

3．「ある人から別の人に伝えられること」

4．「競争に先んじて前進すること」

　第1段第5文（They are saboteurs, …）で述べられているのは，誤字がもたらす悪影響である。せっかく書いた履歴書（resume）も誤字があれば，採用してもらえない可能性が高まるだろう。したがって，本文のpassとは，「履歴書が選ばれないこと，不採用として扱われること」といった内容を表すと思われる2が適する。

[43]　「本文によると，…ので，我々は自分の文章の間違いを見落としがちだ」

1．「我々の脳は，見直し中の文章のイメージをすでに持っている」

2．「我々の脳には，テキストを注意深くチェックするのに十分な能力がない」

3．「我々は自分自身ではなく他人が書いたものを読むことに慣れている」

4．「我々は自分が書いたものを読み直すのに十分な時間を費やしていない」

　第3段第2・3文（When we're proofreading … are absent.）に「自分の書いたものを校正するときは，自分が伝えたい意味を認知していて，その意味がそこにあると期待しているため，誤字を見逃しやすくなる」とあるので，1が適切。

[44]「スタッフォードと彼の共同研究者による研究は，ブラインドタッチで文字を打つ人たちに関して何を示したか？」

1.「彼らは間違いを犯しそうになると，無意識のうちにタイプ速度が遅くなる」

2.「彼らはキーボードや画面が見えない状態の場合に誤字が増える」

3.「彼らは入力中に指の動きを適度に修正できる」

4.「彼らは時には，目的地ではなく，よく知っている場所へ車で向かうこともあるかもしれない」

　第5段最終2文（These touch typists … to adjust.）に「これらのブラインドタッチで文字を打つ人たちは，間違いを犯す直前に単語速度を落とした。脳がエラーを感知すると，指に信号を送り，指の速度を低下させて調整する時間を増やしているのだ」とあるので，1が適切。

[45]「校正の有効性を向上させる次の方法のうち，第6段でのアドバイスと一致するものはどれか？」

1.「すでにテキストを繰り返し読んでいると想像すること」

2.「難しい単語やフレーズのブラインドタッチのタイピングを練習すること」

3.「文書内のすべてのテキストの書体を変更すること」

4.「テキストの草案を確認しながら単語を声に出して読み上げること」

　第6段第5・6文（Stafford suggests that … by hand.）に「スタッフォードは，自分自身の間違いを見つけたい場合には，自分の書いた文章をできるだけ見覚えのないものにするように努めるべきだと提案する。背景色を変更するか，印刷して手で編集するかしなさい，ということである」とあるので，3が適切。

～～～～～～～～～　**語句・構文**　～～～～～～～～～

（第1段） comb for ～「～を徹底的に捜す，～をくまなく捜す」　not a single ～「一つの～もない」　typo「タイプミス，誤字」　craft「～を巧妙に作り上げる」　suck「最悪である，うんざりするものである」　saboteur

「妨害工作を行う人」 resume「履歴書，概要」 land in ～「～に着地する，～に入る」 an army of ～「大勢の～」 pedantic「衒学的な，学者ぶった」 skim over ～「～をザッと見る〔読む，調べる〕，～を読み流す」 rounds of ～「一連の～」 editing「編集」 harsh「手厳しい，辛辣な」 annoying「人を悩ます，うっとうしい」

（第2段） get through「通り抜ける」 As with ～「～の場合のように，～と同様に」 focus on ～「～に焦点を合わせる，～に重点的に取り組む」 extract「～を引き出す，～を抜き出す」

（第3段） proofread「～を校正する」 compete with ～「～と競争する，～と張り合う」 transpose「～を入れ替える，～を置き換える」 omit「～を除外する，（ミスによって）～を抜かす」 core「中心，中核」

（第4段） similar to ～「～と似ている，～と同類である」 compile「～を編集する，～（情報など）をまとめる」 feel「感触，気配」 accidentally「偶然に，うっかり」 include「～を含める，～を包含する」 commute「通学，通勤」 on instinct「本能に基づいて，直感で」

（第5段） interfere with ～「～を妨げる，～に干渉する」 pick out ～「～を拾い出す，～を選び出す」 in the long run「長い目で見れば，長期的には，結局は」 awesome「すばらしい，すごい」 touch typist「ブラインドタッチ（＝キーボードを見ない）で文字を打つ（ことができる）人」 be used to ～「～に慣れている」 alert「～に警告する，～に注意を喚起する」 swap「（場所やもの）を交換する〔置き換える〕」 slow down ～「～の速度を落とす，～を減速させる」

（第6段） divert「～をそらす，～を方向転換させる」 micro adjustment「微調整」 trick A into *doing*「A をだまして～させる」 Once …「いったん…すると」

Ⅱ　解答　[46]—2　[47]—3　[48]—3　[49]—2　[50]—1
[51]—2　[52]—2　[53]—2　[54]—3　[55]—1
[56]—3　[57]—2　[58]—4　[59]—4　[60]—1

········· 全訳 ·········

《手つかずの大自然が逆襲する》

1　気候変動で生じる目に見えない損失は，自然地域の損失である。本物

の気候変動のせいで，手つかずの大自然を保護し保存するための20世紀の多くの闘いは意味のないものになる。温室状態の地球に真の「手つかずの大自然」は存在しない。すべての生き物は同じ灰色の空の下にいる。避難所はなく，手つかずのままのものは何一つない。「自然」は終わった。守るべき神聖さは全く残っていない。呼吸しているものはすべて不自然な空気を吸っている。

2　しかし，21世紀には自然が存在しないかもしれないが，それは未開状態が存在しないことを意味するものではない。それどころか，科学技術的手段としての価値が失われる地球上の地域は広く，また，広がり続けるだろう。利益の中心地としては放棄され，これらの地域は，定住し開発するにはあまりにも不安定である。スラム街になるかもしれない。あるいは，かなり大きな二酸化炭素のたまり場になる場合もあるかもしれない。

3　次のシナリオを考えてみよう。急速な気候変動に追い詰められて，熱帯雨林や国有の大自然は洪水によって深刻な被害を受け，そして定期的に火災が発生するだろう。二酸化炭素は恐ろしい脅威であり，どこかに委ねなければならない。自然は打ち負かされ，もはやその任に適さなくなったため，人間が介入しなければならない。我々は，厳しく権威主義的な政府が全般的状況を大規模に作り変えている様を想像できる。彼らは，（国民と先祖伝来の土地とのつながりを強調するような）熱狂的な血と土のイデオロギー的色合いを伴う二酸化炭素の分配状態を作り出すかもしれない。祖国は目に見えて危険にさらされているため，全国民がサイバネティックスによって人民戦争に匹敵する道徳的活動に参加するよう徴兵されることになるだろう。大量の人口の国外追放，国内ビザ，居住空間の問題が政治的に日常化する。手つかずの大自然の残骸と新たに水没しつつある地域は，赤外線やDNA探知機を使って密猟者や不法滞在者を狩る入国管理局によって神経質にパトロールされる。

4　このような地域は経済的に利用できないため，政府の命令によって意図的に雑草が伸び放題になっている。これは理にかなっている。二酸化炭素をより早く吸収できるほど，気候変動をそれだけ鈍化させることができるからだ。したがって，この国の危険にさらされた地域は，非自発的公園という新しい種類の風景になる。これらは，森林管理官によって守られる政府所有の地域である20世紀の国立公園と若干の類似点がある。例えば，

そこは緑が多く，おそらく野生動物でいっぱいである。しかし，種の混合はもはや自然ではない。それらのほとんどは成長の早い雑草であり，国際色豊かなクズと竹のジャングルであり，おそらくしみ込んだ塩水に対処できる多くの遺伝子組み換え種が存在するだろう。スクラップとして破壊することができない水没した都市は，不自然な植生の中に消えてしまうだろう。この考えはとっぴではあるが，前例がないわけではない。非自発的公園の現代的な例をいくつか紹介する。

- チェルノブイリの風下にある非常に広大でわずかに毒された地域。イノシシや少し変形した野菜や昆虫が生息しているといった特徴があることが報告されている。
- トルコ領キプロスとギリシャ領キプロスとの間のグリーンライン。侵入者はそこで射殺されるか逮捕され，長年かけてその地域は森林に戻された。
- 米国の非常に古く朽ち果てた鉄道路線。逆説的だが，そこには北米最後の手つかずのプレーリーの生態系の一部が残っている。

5　非自発的公園は，手つかずの大自然を代表するものではなく，復讐に満ちた自然を代表し，政治的および科学技術的に崩壊した地域で再び存在感を示す自然のプロセスを代表するものである。20世紀には困惑の種だった非自発的公園も，21世紀には地味な必需品になる可能性があるかもしれない。非自発的公園の世界地図は，新たに保険が適用されなくなった世界の新たな地図への，興味深く，そしておそらくは啓発的な追加物となるだろう。

=========== 解　説 ===========

[46]　1.「容易な」　2.「真の」　3.「役に立つ」

　第1段最終2文（There can be … unnatural air.）に「手つかずのままのものは何一つない。『自然』は終わった」とあるので，「真の」手つかずの大自然（wilderness）は，もはやないということである。

[47]　1.「投資」　2.「体制」　3.「神聖さ」

　前文（There can be …）の nothing can go untouched「手つかずのままのものは何一つない」を言い換えた部分と考えられるので，3を選んで「守るべき『神聖さ』は全く残っていない」とするのが適切である。

[48]　1.「結果として」　2.「当面は」　3.「それどころか」

前文（But though the …）の「21世紀には未開状態が存在しないというわけではない」と空所直後の「地球上の広範なますます多くの地域が科学技術に利用できる手段としての価値を失うだろう」という内容との関係は〈逆接〉の関係である。したがって，3が適切。

[49]　step につなげた場合の各選択肢の意味は，1.「～を徐々に減らす，降りる，辞任する」，2.「介入する」，3.「ちょっと外へ出る」である。

自然の回復力では太刀打ちできないほどの脅威となった二酸化炭素問題は，人間が介入して対処しなければならないのである。したがって，2が適切。

[50]　各選択肢の原形の意味は，1. draft「～を徴兵する，～を起草する」，2. guard「～を保護する，～を監視する」，3. scan「～を精査する，～を見通す」。

後続部分に for the moral equivalent of a people's war「人民戦争と同等の道徳的活動のために」とあるので1が適切。

[51]　各選択肢の原形の意味は，1. assess「～を評価する，～を査定する」，2. patrol「～を巡回する，～をパトロールする」，3. rebuild「～を再建する，～を再構築する」。

空所直後の by immigration authorities who hunt poachers and illegal aliens に注目する。密猟者や不法滞在者を狩る入国管理局の業務は2である。

[52]　各選択肢の原形の意味は，1. overestimate「～を過大評価する」，2. overgrow「(雑草が)～にはびこる」，3. overexpose「～をさらしすぎる」。

such areas「このような地域」とは前段最終文中の The remains of wilderness, and the newly drowning areas「手つかずの自然の残骸と新たに沈没しつつある地域」を指している。こうした地域は経済的に利用できないため，政府の命令によって放置され，雑草が伸び放題になっているのである。直後の2つの文（This makes sense. … climate change.）の「これは理にかなっている。二酸化炭素をより早く吸収できるほど，気候変動をそれだけ鈍化させることができるからだ」という内容もヒントになるだろう。

[53]　1.「脱線した」　2.「とっぴな，牽強付会の，現実的でない」　3.

「（人が）快活な」

　主語の The idea「この考え」（の性質）を説明するものとして 1 や 3 では意味をなさない。よって，2 が適切。

[54]　1.「意図的に」　2.「明らかに」　3.「逆説的に」

　自然破壊の先兵となっていた鉄道路線が朽ち果てて，そこに手つかずの生態系の一部が残っているのは，まさに逆説的である。

[55]　1.「困惑, 恥ずかしさ」　2.「資格, 権利」　3.「歓待, 娯楽」

　An（　　　）during the 20th century, は Though they（= Involuntary Parks) were an（　　　）during the 20th century, が分詞構文化されて Being an（　　　）during the 20th century, となり，さらに Being が省略されたもの。意味としては，「（非自発的公園は）20 世紀には（　　　）だったが」といった内容になる。空所を含む文の Involuntary Parks 以下の「21 世紀には地味な必需品になる可能性があるかもしれない」という記述もふまえると，ここで Involuntary Parks「非自発的公園」を描写するものとしては 2 や 3 は意味をなさない。

[56]　「本文で述べられている現代の『自然』に対する著者の見解を最もよく表しているものは次のうちどれか？」

1.「我々の暮らしを支えるために『自然』は無制限に利用できないかもしれない」

2.「権力者は利益を上げるためにもはや『自然』を利用しなくなった」

3.「『自然』には，人間によって変形された風景が必ず含まれるようになった」

4.「『自然』に見えるものは，用意周到に計画された風景である」

　第 1 段では，気候変動に起因する自然地域の損失を説き，もはや「手つかずの大自然」など残されていないということが述べられている。さらに第 4 段では，かつて人によって手を加えられた地域に実際に現在いくつか出現している，「非自発的公園」という新しい種類の風景に言及している。したがって，3 が適切。

[57]　「第 3 段の記述に基づくと，『国内ビザ』導入の目的は…である」

1.「新規移民の数を制御すること」

2.「国民の国内旅行の自由を制限すること」

3.「経済再生のため観光を促進すること」

4．「国民の国外逃亡を防ぐこと」

「国内ビザ」とは，第3段第1文の Consider the following scenario. 以下に書かれている著者の想像したシナリオにおいて，強権主義的な政府がこれまでの世の中の在り方を大規模に作り直している様の具体例として筆者が作り出した架空の言葉だと思われる。通常，ビザとは入国査証，つまり国が外国人の入国申請に対し，旅券・入国目的・滞在期間などを調べたうえで与える入国許可のことである。したがって，「国内ビザ」の目的としては自国民の国内移動の自由の制限・管理といったものが考えられるだろう。したがって，2が適切。

[58]　「著者が第4段の『国際色豊かなジャングル』という言葉によって意味しているのはどのような状況か？」

1．「この地域は政府ではなく国際機関によって監督されている」

2．「都市生活は，多文化主義の実験をするための新しい実験室として機能する」

3．「遺伝子組み換え植物が二酸化炭素を吸収するために行政によって導入されている」

4．「さまざまな場所から新たに導入された種と並んで，土地固有の生命体が存在する」

　第4段第6・7文（They are, for … longer natural.）から，非自発的公園は緑が多く，おそらく野生動物でいっぱいであるが，種の混合はもはや自然なものではないことがわかる。その例として，続く第4段第8文（They are mostly …）で a cosmopolitan jungle of kudzu and bamboo「国際色豊かなクズと竹のジャングル」が取り上げられている。したがって，4が最も意味が近い。

[59]　「『非自発的公園』の例として考えられるのは…である」

1．「シベリアのウソリエキンプロム化学工場。現在は放棄されているが，その有毒廃棄物はすべての動植物の生存を妨げている」

2．「サハラ砂漠のような広大な砂漠にあるオアシス。旅行者はさまざまな国の植物の種を落とし，意図せずして異国風の植生を作り出す」

3．「ロサンゼルスのような大都市にある小さな区画で，緑地の手入れをするために人々が集い合う。彼らは指示を受けてではなく自発的にそうしている」

４．「朝鮮半島非武装地帯。幅は約１マイルで朝鮮半島全体を横切るように広がっている。そこでは外来種が発見されている」

　第４段第６・７文（They are, for … longer natural.）に「非自発的公園は緑が多く，おそらく野生動物でいっぱいであるが，種の混合はもはや自然なものではない」とあることに注目する。また，第５段第１文（Involuntary Parks are …）から，「非自発的公園」とは（かつては人の手が加わることで栄えていたものの）政治的・科学技術的な崩壊が起こった地域に生まれるものとわかるので，政治的な理由により長い間放置されてきた地域での外来種の発見に言及した４が適切。２も「さまざまな国の植物の種」との記述があるが，人の手で開発されたのちに政治的あるいは科学技術的理由で荒廃した土地というわけではないので不適。

[60]　「本文の副題として最適なものは次のうちどれか？」

１．「手つかずの大自然が逆襲する」

２．「我々の運命を変えるチャンス」

３．「スケープゴートとしての都市景観」

４．「自然を守り，尊厳を守れ」

　第１段で気候変動による自然の損失を取り上げ，第４段で非自発的公園という21世紀型の新しい自然の在り方に言及し，第５段で非自発的公園は，復讐に満ちた自然を代表していると述べていることから考えると，１が適する。

～～～～～～～～～　**語句・構文**　～～～～～～～～～

（第１段）　invisible「目に見えない」　render O C「（第５文型で）OをCにする」　renders moot the 20th century's … conserve the wilderness はOが長いので render C O の語順をとっている。moot「非現実的な，意味のない」　wilderness「（手つかずの）荒野，原始の自然」　go untouched「手つかずのままである」

（第２段）　imply「～を暗示する，～を含意する」　savagery「野蛮，未開の状態」　instrumentalism「道具主義」　abdicate「～を捨てる，～を放棄する」　sump「たまり場」

（第３段）　outflank「～を側面から包囲する，～を出し抜く，～を（敵など）を背後から突く」　menace「脅威」　envision「～を想像する，～を心に描く」　authoritarian「権威主義の，独裁政治の」　wholesale「大規模に」

ration「分配，配給」 zealous「熱心な，熱狂的な」 overtone「含み，含意」 imperil「〜を危うくする，〜を危険にさらす」 cybernetically「サイバネティックスによって」 サイバネティックスとは，機械や生物に関する制御や情報伝達の問題を統一的に扱う学問。equivalent「同等のもの」 deportation「国外退去，国外追放」 commonplace「ありきたりなこと，陳腐なもの」 immigration authorities「入国管理局，入国監査官」 poacher「侵入者，密入国者」 illegal alien「不法在留外国人，不法入国者」 infra-red「赤外線（の）」 sniffer「嗅覚性探知機」

(第4段) financially「お金の面で，経済的に」 exploit「〜を利用する，〜を有効に使う」 deliberately「故意に，丹念に」 make sense「意味をなす，道理にかなう」 suck up「〜を吸い上げる」 slow down〜「〜の速度を落とす，〜を鈍化させる」 Involuntary Park「非自発的公園（＝SF作家のブルース＝スターリングが作った用語で，以前は人が住んでいたが，環境的，経済的，または政治的な理由により科学技術的手段としての価値が失われ，生い茂った野生の状態に戻ってしまった地域を指す。例としては，チェルノブイリ立入禁止区域，ロッキーマウンテン兵器庫などがある）」 bear「〜を有する，〜を持っている」 resemblance to〜「〜に似ているもの，〜との類似点」 forest ranger「森林管理官」 species mix「種の混合」 cosmopolitan「国際色豊かな」 kudzu「葛，クズ」 genetically「遺伝子学的に」 alter「〜を変える，〜を修正する」 seep「しみ出る，浸透する」 demolish「〜を破壊する，〜を解体する」 scrap「くず，スクラップ」 vanish into〜「〜に姿を消す」 vegetation「草木，植生」 precedent「前例，先例」 contemporary「同時代の，現代の」 poisonous「有毒な，毒を含む」 downwind of〜「〜から風下の」 boar「イノシシ」 distorted「ゆがめられた，ゆがんだ」 intruder「侵入者」 reforest「〜の地域の森林を（植林して）再生させる」 decay「崩壊する，衰える」 paradoxically「逆説的に」 untouched「手つかずの，未踏の」 prairie「（北米の）プレーリー，大草原」

(第5段) representative「典型，代表」 vengeful「復讐心に燃えた」 reassert「再び断言する」 reassert *oneself*「再び自己主張する，再び存在感を示す」 collapse「崩壊，破綻」 somber「地味な，陰鬱な」 enlightening「啓発的な」 uninsurable「保険をかけられない」

Ⅲ　解答　　[61]—1　[62]—3　[63]—2　[64]—3　[65]—2
　　　　　　　　[66]—3　[67]—1　[68]—2　[69]—3　[70]—3
[71]—2　[72]—3　[73]—1　[74]—2　[75]—3　[76]—2
[77]—2　[78]—3　[79]—2　[80]—3　[81]—2　[82]—2
[83]—1　[84]—4　[85]—3　[86]—1　[87]—4　[88]—4
[89]—1　[90]—3

············· 全訳 ·············

《我々の寿命の上限》

1　1875年,『ハーパーズ・ウィークリー』誌は,オハイオ州ローディに
住むローマー=グリフィンが,(南北戦争時代の)アメリカ合衆国の中で
「十中八九」最高齢男性であると明らかにした。彼の年齢は116歳という
ことになっていた。疑う人たちもいた。例えば,ローマー自身の妻は,ロー
マーはまだ103歳にすぎないと言っていた。そして,人類の寿命に関す
る本を書いたばかりだった英国の作家で人口統計学者のウィリアム=ジョ
ン=トムズは,そのような100歳以上だという主張すべてに懐疑的な見方
を表明した。人間の最大寿命は約100歳だとトムズは主張した。確かに,
110歳を超えているという主張でそれまでに証明されたものは一つもなか
った。

2　「人間が130歳や140歳ではなく,110歳に達したという証拠は,調
べてみればすぐに全く価値のないものであることがわかるだろう」と彼は
書いている。何世紀にもわたる専門家の証言(保険会社のデータは言うま
でもない)は,人間の寿命は100年が考えうる最長であることを証明して
いる――ただし,いくつかの「極めてまれな」例外は別だが――と,ト
ムズは主張した。同氏は,医学当局者の中に寿命は自然が厳しく課した限
界を超える可能性があるといまだに信じている者がいることに当惑を表明
した。

3　しかし,1878年のローマー=グリフィンの死(一部の説明では119歳
で)からほぼ1世紀半が経った今日でも,科学者たちは人類の最高齢が何
歳なのか――そしてそもそも限界があるのかどうかについて議論をして
いる。なにしろ,現在,110歳を超える年齢が確認されている人々が十数
人以上生きている(そして,記録されてはいないが,そういった年齢の人
がまだもっとたくさんいる)のだから。しかし,120歳を超えて生きた人

が確認された事例は，1997年に122歳で亡くなったフランス人女性ジャンヌ=カルマンさんだけである。「人間の寿命に厳然とした上限，すなわちキャップが存在する可能性については，激しく議論されている」と『統計とその応用の年次見直し』に掲載される論文の中でレオ=ベルザイルと共著者たちは書いている。「人間の寿命に限界があるとすれば，その限界を理解することには持続的かつ広範な関心が存在する」とのことだ。

4　これは，単にギネス世界記録に認定されるために人々が自分の年齢を偽るかどうかということを超えた重要な問題だ。まず，年齢の上限がなければ，社会保障制度や年金制度の実行可能性に影響を与える可能性がある。そして，人間の寿命に不可侵の上限があるかどうかを判断することは，寿命を延ばす研究に役立つだけでなく，老化を理解する手がかりを提供してくれるかもしれない。しかし，最近の研究ではまだこの問題は解決されておらず，むしろ競合する主張から生じる論争を引き起こしている，とカナダのビジネス大学HECモントリオールの統計学者ベルザイルとその同僚たちは指摘する。彼らは，その論争の原因の一部は統計分析の間違った方法であると示唆している。彼らは極端な寿命に関するデータを独自に再分析して，あらゆる寿命の上限は少なくとも130歳，ことによると180歳を超えるだろうと示している。また，一部のデータセットは「人間の寿命に制限を設けていない」と著者たちは報告している。これらの分析は，「人間の寿命が，これまで観察された，あるいは医学の大きな進歩がない場合に観察された可能性のある個人の寿命を優に超えることを示唆している」。

5　このような結論は，自然が寿命に厳しい制限を課したというトムズやその他の人々の古い主張に矛盾する。トムズは，18世紀のフランスの博物学者ジョルジュ=ルイ=ルクレール（ビュフォン伯爵）の言葉を引用してその見解を裏付けた。ライフスタイルや食生活の違いにもかかわらず，寿命の制限は文化によってあまり変わらないようだとビュフォンは指摘した。「人生の長さは習慣にも慣習にも食べ物の質にも左右されないし，また，何ものも我々の寿命の年数を規定する不変の法則を変えることはできないことがすぐにわかるだろう」と彼は書いている。超長寿に関する報告書をトムズが独自に調査したところ，どの事例でも間違いがあったことが判明した——例えば，父親が息子と混同されたり，出生記録が間違った子供と特定されたりしていた。そしてもちろん，なかには単にうそをついた人

もいた。

6　現在でも，高品質のデータが不足しているため，最長寿命を推定する統計的な試みを混乱させている。「非常に長生きすることは高く敬われているため，年齢の誇張はあまりにも頻繁に行われている。したがって，報告されている死亡年齢が正しいかどうかを確認するために，110歳以上の人に関するデータは慎重かつ個別に検証しなければならない」とベルザイルと共著者たちは書いている。幸いなことに，一部の収集データは，高齢中の最高齢の人に関する検証済みのデータを提供してくれる。そのような収集データの一つである国際長寿データベースには，スーパーセンテナリアン（110歳以上まで生きる人々）に関する13カ国の情報と，準スーパーセンテナリアン（105歳に達するが110歳に到達しない人々）に関する10カ国の情報が含まれている。

7　このようなデータセットを分析するには，最大寿命を推測するために多数の統計ツールを巧みに使用する必要がある。この点で鍵となる概念は，「死力」または「ハザード関数」と呼ばれ，特定の年齢に達した人がそこからさらに1年長く生きる可能性を示す尺度である。（例えば，70歳のアメリカ人男性が71歳になる前に死亡する確率は約2％である）　もちろん，死亡の危険性は時間の経過とともに変化する——例えば，一般に，若者は100歳以上の人よりもさらにもう1年生きる可能性がはるかに高い。死亡率が年齢とともにどのように変化するかを証明することによって，最長可能寿命を推定するために統計的手法を適用することができる。

8　統計によると，50歳頃から死亡リスクは年々増加することが示されている。実際，死亡率は成人の生涯のほとんどにわたって指数関数的に増加する。しかし，80歳頃を過ぎると，死亡率の増加が鈍化し始める（晩年における死亡率の減速と呼ばれる効果）。ハザード関数の変化を数値化する方程式は，それが105歳から110歳の間のある年齢で横ばいになることを示している。つまり，それより低い年齢グループから導き出された方程式は，寿命の限界を見積もるうえでは信頼できないということだ。適切な分析には，105歳以上の人々から導き出された統計が必要なのだ。そうしたグループの分析によると，110歳頃までに，その後の1年ごとの死亡率はおよそ50パーセントになる（男性も女性とほぼ同じである）。そしてこれまでのデータでは，その後の年間死亡率がさらに低くなる可能性も排

除できない。

9 データセットの詳細（どの年齢層が含まれているか，どの国が含まれているかなど）次第で，考えられる寿命の上限は 130 歳から 180 歳の範囲であると推定されている。しかし，一部の事例では，それは少ない場合で 130 歳であり，上限はないと示唆する統計もある。数学的にいえば，このことは，十分に大きな規模の人口における最高年齢が無限であることを意味している——つまり，不死を意味する。しかし実際には，メトセラの聖書に記されている 969 歳の高齢記録を破る人がいる可能性はない。数学的な上限がないからといって，実際には潜在的に無限の寿命が可能になるわけではない。「観察されたすべての生涯はこれまでも有限だったし，そしてこれからも常にそうである。したがって，数学的真理を日常の言語に注意深く翻訳することが必要である」とベルザイルと共著者たちは書いている。

10 まず一例を挙げると，来年まで生きる見込みが 50 パーセントであるとすると，110 歳の人が 130 歳まで生きる可能性はかなり低くなる——およそ 100 万分の 1 の見込みである。これは，コインを投げて 20 回連続で表が出るのに等しい。それにもかかわらず，数学が真の寿命の上限はないと示すのが正しい場合，高齢者の記録は現在では想像もできない年齢まで上昇し続ける可能性もある。他にも，110 歳を超える人の数が増えているため，今世紀中に 130 歳に達する人が出ることも考えうると指摘している研究者もいる。「しかし，これをはるかに上回る記録が出る可能性は依然として非常に低いだろう」とベルザイルらは指摘する。

11 ローマー＝グリフィンに関しては，119 歳に達したという主張は明らかに誇張されていた。彼の（3 人目の）妻の計算によれば，彼は亡くなったとき 106 歳で，墓石もそれと一致しており，彼の生没年は 1772～1878 であると記されている。悲しいことに，彼の出生記録（コネチカット州シムズベリーに記録されている）によれば，ローマー（出生名チェドルラオマーの略）は実際には 106 歳には全く達しなかったことが示されている。彼は 1774 年 4 月 22 日に生まれ，享年わずか 104 歳だった。しかし，彼が米国最高齢の国民であった可能性は依然として十分高い，なぜならば，彼より年長であると主張する人もまた，自分の年齢についてうそをついていたのはほぼ確実だからである。

========== 解　説 ==========

[61]　1.「～への懐疑的態度〔見方〕」　2.「～への支持」　3.「～を不思議に思う気持ち」

　第1段第3文（There were doubters.）の「疑う人たちもいた」や，空所を含む文の後続文（A human's maximum …）に「人間の最大寿命は約100歳だとトムズは主張した」とあることをふまえると，トムズは，ローマー=グリフィンが116歳だという主張には懐疑的だったはずである。

[62]　1.「助言」　2.「交渉」　3.「証言，証拠」

　1や2は述語である「証明している」の主語として適さない。よって，3が正解。establish A as B「A を B であると証明する〔明らかにする〕」

[63]　1.「～を無視する」　2.「～を議論する」　3.「～を受け入れる」

　第3段最終2文（"The possible existence … life span."）からは，人類の寿命に上限が存在するかについて議論がされており，あるとすればその限界年齢は何歳かについて絶えず広く興味が持たれていることが読み取れる。したがって，2が適する。

[64]　1.「温かく」　2.「冷静に」　3.「熱く」

　debate は「（白黒つけるように）～を論争する」の意なので，1や2とは共起しないだろう。3の hotly や heatedly と共起する。また，第3段最終文（"There is sustained …"）の内容もヒントになるだろう。

[65]　1.「不純物の混じった」　2.「不可侵の」　3.「時代遅れの」

　第2段最終文（He expressed bewilderment …）の nature's rigorously imposed limit「自然が厳しく課した限界」という表現や，第3段の空所[64]を含む文の The possible existence of a hard upper limit「厳然とした上限が存在する可能性」といった表現を言い換えたものと考えられるので，2が適切。

[66]　1.「移住する」　2.「分岐する」　3.「生じる」

　controversy「論争」は from competing claims「競合する主張から」「生じる」ものであって，1の「移住する」や2の「分岐する」では意味をなさない。よって，3が正解。

[67]　1.「極端な」　2.「中断された」　3.「正統な，一般的に認められた」

　第1段第6文（A human's maximum …）で示されたような，人間の

最大寿命は約100歳だとするトムズの立場などをふまえると，110歳を超えるような寿命は「度を越えた」寿命と表現することができるだろう。したがって，1が適切。

[68]　1.「～を強化する」　2.「～と矛盾する」　3.「～を相殺する」

Such conclusions「このような結論」とは，第4段で述べられた「寿命の上限は短くても130歳，ことによると180歳を超える」や，「寿命には制限がない」といった主張を指している。これは人間の最大寿命は約100歳だとするトムズの主張とは対立するものである。したがって，2が適切。

[69]　1.「～を支える」　2.「～を上回る，～より大切である」　3.「～を混乱させる」

高品質のデータが不足すると，統計的な試みはうまくいかないはずである。したがって，3が適切。

[70]　1.「～に反論する」　2.「～を隠す」　3.「～を確かめる」

年齢の誇張があまりにも頻繁に行われているということをふまえると，報告されている死亡年齢が正しいかどうかをどうするために，110歳以上の人に関するデータを慎重かつ個別に検証しなければならないのかを考える。よって，3が正解。ちなみに1のrefuteは，一般的にはthat節を目的語にとらない。

[71]　1.「～を取り除く」　2.「～を提供する」　3.「～を見えなくする，～をわかりにくくさせる」

前文（"Age overstatement is …）で「110歳以上の人に関するデータは慎重かつ個別に検証しなければならない」と述べられていることを受けて，空所を含む文で「幸いなことに」と述べられていることに注目すると，一部の収集データは，再検証しなくてよい検証済みのデータ「を提供して」くれると考えるのが自然である。

[72]　Inにつなげた場合の各選択肢の意味は，1.「対照的に」，2.「要するに」，3.「実際のところ」である。

前文（From age 50 …）で「50歳頃から死亡リスクは年々増加する」と述べた内容を具体化して「死亡率は成人の生涯のほとんどにわたって指数関数的に増加する」と述べているので，3が適切。

[73]　動詞levelにつなげた場合の各選択肢の意味は，1.「横ばい状態になる」，2.「～を引き下げる」，3.「～を引き上げる」。

自動詞表現が必要なので，他動詞表現の2と3は適さない。

[74]　1．「〜を閉じ込める，〜を固定する」　2．「〜（可能性など）を排除する〔除外する〕」　3．「〜を引き起こす，〜を誘発する」

　前文（Analyses of those …）で「それらのグループ（＝105歳以上の人々）に関する分析によると，110歳頃までに，その後の1年ごとの死亡率はおよそ50パーセントになる」と述べられている。この50パーセントが110歳以降さらに低くなる可能性があるかないかだが，後続する第9段第1文（Depending on the …）で「考えられる寿命の上限は130歳から180歳の範囲であると推定される」とあるので，「可能性がある」つまり「可能性は排除できない」といえるだろう。

[75]　1．「不道徳，ふしだら」　2．「未熟さ，未完成」　3．「不死，永遠」

　「最高年齢が無限であることを意味している」ということは「不死を意味する」と，コンパクトに言い換えることができる。したがって，3が適切。

[76]　1．「十分な」　2．「低い」　3．「五分五分の」

　ダッシュ（——）以降に「およそ100万分の1の見込みである」とあるので，the odds「可能性，確率」は低いといえる。

[77]　in a につなげた場合の各選択肢の意味は，1．「一列になって，整列して」，2．「連続して，一列になって」，3．「波〔高まり〕の中で」である。

　コイン投げの試行と整合性のある表現は2である。110歳の人が130歳まで生きる可能性はかなり低く，コインを投げて20回連続で表が出るのに等しい確率であるということ。

[78]　1．「ありえない，信じられない」　2．「疑いの余地のない」　3．「考えられる」

　第10段最終文（"But a record …）に「『しかし，これ（＝130歳）をはるかに上回る記録が出る可能性は依然として非常に低いだろう』とベルザイルらは指摘する」とあるので，逆にいえば「130歳に達する人が出る」可能性はあることになる。したがって，3が適切。

[79]　1．「宝石」　2．「墓石」　3．「かなめ石」

　直後の giving his dates as 1772 to 1878 に注目する。生没年が記され

るのは 2 である。

[80] 1.「今までのところ」 2.「それゆえに」 3.「悲しいかな」

　直前の 2 文（As for Lomer … to 1878.）では，亡くなったときに自称 119 歳だった男性が実際は 106 歳だったのではないかといった話がされており，空所直後では，それに対し，本当は 106 歳にすら至っていなかったことが明らかになったという主旨の内容が続いていることから，3 が適する。

[81]「ほぼ同時期の彼の著作に基づくと，ウィリアム＝ジョン＝トムズはローマー＝グリフィンの長寿についての『ハーパーズ・ウィークリー』誌の記事にどのように反応する可能性が最も高いだろうか？」

1.「彼は，そのような年齢に達することは可能であるということに用心深く同意するだろう」

2.「彼はその情報をばかげているとして心から否定するだろう」

3.「彼はグリフィンのライフスタイルを直ちに調査するよう要求するだろう」

4.「彼はグリフィンの物語を彼自身の研究を証明するものとして見るだろう」

　第 1 段第 5 文（And William John …）に「人類の寿命に関する本を書いたばかりだったトムズは，そのような 100 歳以上だという主張すべてに懐疑的な見方を表明した」とあり，続く第 1 段第 6 文（A human's maximum …）からは，トムズが人類の最長の寿命を約 100 歳と考えていたことがわかるので，2 が適切。

[82]「1800 年代後半，ウィリアム＝ジョン＝トムズを最も混乱させたのは誰の立場だろうか？」

1.「人間は 110 歳に達することはできないと考えた医師」

2.「より健康的なライフスタイルで寿命が 100 年を超えるだろうと考えた医師」

3.「既存のデータが，厳しく制限された人間の寿命を示唆していると感じた医師」

4.「『ハーパーズ・ウィークリー』誌のローマー＝グリフィンの記事の正当性に疑問を呈した医師」

　第 2 段最終 2 文（Centuries of expert … imposed limit.）に「何世紀に

もわたる専門家の証言は，人間の寿命は100年が考えうる最長であること
を証明していると，トムズは主張した。同氏は，医学当局者の中に寿命は
自然が厳しく課した限界を超える可能性があると依然として信じている者
がいることに当惑を表明した」とあるので，2が適する。

[83]「著者は…するためにギネス世界記録に言及している」

1．「誰かが虚偽の個人情報を提供しているかもしれない事例を示唆する」

2．「世界記録のために収集される情報は常に変化していることを指摘す
る」

3．「ギネス世界記録は現代の『ハーパーズ・ウィークリー』誌のような
機能を果たしていると主張する」

4．「人間の寿命が今後も延び続ける可能性を例証する」

　第4段第1文（It's a question …）に「ギネス世界記録に認定されるた
めに人々が自分の年齢を偽るかどうかといった…問題」とあるので，1が
適する。

[84]「レオ=ベルザイルと共著者たちが人間の寿命の上限を再考したとき，
彼らが到達した数字は…」

1．「1875年に主張されたローマー=グリフィンの年齢に近い」

2．「最終的にはウィリアム=ジョン=トムズの信念を支持する」

3．「現在の標準よりも延長されているが，大幅にではない」

4．「前例のない進展の可能性を示唆する」

　第4段第6文（Their own reanalysis …）に「彼ら（＝レオ=ベルザイ
ルと共著者たち）は極端な寿命に関するデータを独自に再分析して，あら
ゆる寿命の上限は少なくとも130歳，ことによると180歳を超えるだろう
と示している」とあるので，4が適する。

[85]「ビュフォンの著作に関して，多数の文化の長寿を比較する際にラ
イフスタイルのどの側面が言及されていないか？」

1．「栄養の適切さ」

2．「日常の行動」

3．「国内法」

4．「文化的慣習」

　第5段第3・4文（Lifetime limits did … he wrote.）に「ライフスタ
イルや<u>食生活</u>の違いにもかかわらず，寿命の制限は文化によってあまり変

わらないようだとビュフォンは指摘した。『人生の長さは習慣にも慣習にも食べ物の質にも左右されない…ことがすぐにわかるだろう』と彼は書いている」とあるので，1・2・4には言及されているが3には言及されていないとわかる。

[86]「本文によると，ウィリアム=ジョン=トムズが研究中に出くわしたタイプの取り違えを描写しているものは次のうちどれか?」

1.「出生証明書で，ジョージ=ジョンソンが彼の弟であると誤って特定されている」

2.「役所がマーガレット=ブラウンの重要な個人記録を置き違えた」

3.「メアリー=A. デイビスと言われている女性は，実はメアリー=B. デイビスである(血縁関係はない)」

4.「出生証明書に，ウィリアム=ミラーは実年齢より10歳年上であると記載されている」

　第5段最後から2つめの文(Thoms' own investigation …)の a birth record identified with the wrong child に対応する表現(a birth certificate と identify A as B)を使っている1が正解。

[87]「著者によれば，『ハザード関数』は何を研究者がより深く理解する助けになるのだろうか?」

1.「特定の年齢における特定の種類の死亡の可能性」

2.「米国の70代男性の主な死因」

3.「青少年の生活が比較的安全である理由」

4.「ある人が次の誕生日までに亡くなる確率」

　ハザード関数に関しては，第7段第2文(A key concept …)に「特定の年齢に達した人がそこからさらに1年長く生きる可能性を示す尺度である」とあるので，4が適する。

[88]「晩年の死亡率の減速を考慮すると，可能性のある寿命の上限を示そうとする努力において，どの個人のデータが最も役立つだろうか?」

1.「87歳の男性」

2.「97歳の女性」

3.「57歳男性」

4.「107歳の女性」

　第8段第5文(That means equations …)に「適切な分析には，105

歳以上の人々から導き出された統計が必要だ」とあるので，4が適する。

[89]「レオ=ベルザイルと共著者たちが『数学的真理を日常言語に注意深く翻訳すること』を求めるとき，彼らはどのような問題について取り上げているのか？」

1.「理論上の発見を現実に適用する際には，慎重な判断が必要である」

2.「彼らの研究に基づいて，人間の日常的な行動は変わる必要がある」

3.「魅力的なクリックベイトを生み出すために，科学的な計算を活用すべきである」

4.「高齢であるという主張は通常，厳しく精査する必要がある」

　第9段第5文（The lack of …）に「数学的な上限がないからといって，実際には潜在的に無限の寿命があるわけではない」とあり，続く第9段最終文（"Every observed lifetime …）で「したがって，数学的真理を日常の言語に注意深く翻訳することが必要である」とある。したがって，1が最も近い。ちなみに，3のclickbait「クリックベイト」とは，閲覧者にリンクをクリックする気にさせて別ページに誘導することを目的とした，ウェブサイト上の広告コンテンツのことである。

[90]「著者は，寿命の延長に関する計算が信頼できるのであれば，…と感じている」

1.「人々にとって130歳に達することがごくありふれたことになるだろう」

2.「110歳を超える人の数は最終的には安定するだろう」

3.「『最高齢の人類』の記録は定期的に調整する必要があるだろう」

4.「ローマー=グリフィンの誇張された長寿はさらなる調査が予定されている」

　第10段第3文（Nevertheless, if the …）に「数学が真の寿命の上限はないと示すのが正しい場合，高齢者の記録は現在では想像もできない年齢まで上昇し続ける可能性もある」とあることから，3が適する。第10段第4文（Other researchers have …）には「110歳を超える長寿者の数が増えているため，今世紀中に130歳に達する人が出ることも考えうると指摘している研究者もいる」とあるものの，130歳という年齢は，あくまでそういう人も出てくる可能性があるということであって，130歳が「当たり前」となるといったことは本文では述べられていないので，1は不適だ

ろう。

～～～～～～～～～～～～━ **語句・構文** ━～～～～～～～～～～～～

（第1段） declare「～を明らかにする, ～と断言する」 in all probability「十中八九, ほぼ間違いなく」 union「（南北戦争時代の）アメリカ合衆国, 北部諸州」 allegedly「伝えられるところによると, ～と言われている」 doubter「疑い深い人, 懐疑的な人」 demographer「人口統計学者」 longevity「寿命」 centenarian「100歳以上の人」 life span「寿命」 assert「～と断言する, ～と言い張る」 verify「～を確かめる, ～を検証する, ～（の真実性）を証明する」

（第2段） not A, but B「A ではなくて B」 upon examination「調べてみると, 調査のうえで」 utterly「全く, 完全に」 not to mention ～「～は言うまでもなく」 insurance company「保険会社」 apart from ～「～は別として, ～はさておき」 bewilderment「困惑, とまどい」 exceed「～を超える, ～を上回る」

（第3段） validate「～を認証する, ～の正当性を立証する」 be around「存在している」 document「文書〔音声, 写真, 映像〕で～を記録する」 Yet in only one verified case has anyone lived beyond 120 は準否定語句である in only one verified case を文頭に出したため, 後続部分が has が主語の前に出た疑問文のような語順をとっている。cap「上限」 coauthor「共著者」 sustained「持続した, 息の長い」

（第4段） get recognized「認めてもらう」 For one thing「一つには～, まず理由を挙げると～」 viability「実行可能性」 social security system「社会保障制度」 pension system「年金制度」 clue to ～「～の手がかり」 A as well as B「B ばかりでなく A もまた（＝not only B but (also) A）」 prolong「～を長くする, ～を引き延ばす」 controversy「論争, 議論」 stem from ～「～から生じる, ～が原因である」 indicate「～を指し示す」

（第5段） quote「～を引用する」 naturalist「博物学者」 vary from A to A「A 次第でさまざまである」 point out「～と指摘する」 duration「継続時間, 期間」 fixed「固定した, 不変の, 決められた」 最後から2つめの文の a father 以下は, a father (who was) confused with a son, for instance, or a birth record (which was) identified with the wrong child と（　　　）内を補うとわかりやすい。

（第6段） statistical「統計の，統計に基づく」 overstatement「誇張（した表現），誇張して言うこと」 all too～「あまりにも～すぎる」 supercentenarian「110歳以上の人」

（第7段） multiple「多数の」 infer「～を推論する」 force of mortality「死力（＝特定の年齢に達した人が次の瞬間に死亡する確率のこと）」 hazard function「ハザード関数」 given「特定の，ある～」 over time「時間とともに」

（第8段） ～ or so「～かそこら，約～」 year by year「年を追うごとに，年々」 exponentially「指数関数的に」 the rate of mortality「死亡率」 referred to as ～「～と言われる，～と呼ばれている」 deceleration「減速（※ acceleration の反意語）」 equation「方程式」 quantify「～を定量化する，～を数字で示す」 some「（可算名詞の単数形につけて）ある，何らかの」 derived from ～「～に由来する，～から得られる」 succeeding「続いて起こる，その次の」 even「（比較級の前）さらにいっそう」

（第9段） in reality「実は，実際には」 Methuselah「メトセラ（＝旧約聖書に登場する伝説的な族長）」 upper bound「上限，上界」

（第10段） makes the odds pretty slim <u>that a 110-year-old will live to 130</u> は，makes the odds <u>that a 110-year-old will live to 130</u> pretty slim といった形で，odds の直後にあった <u>that 節</u>を後置したもの。head「コインの表」 ちなみに，裏は tail である。

（第11段） as for ～「～に関しては」 exaggerate「～を誇張する」 reckoning「計算，見積もり」 may very well「十分に可能性がある」 ～ as well「～もまた」

講 評

　2024年度も例年通り読解問題3題の構成だった。設問数が60問である点も変わりない。問題英文全体の総語数は2023年度と比べるとやや減少している（2,730語→2,510語）。

　レベル的には，ⅠとⅢは標準的，Ⅱはやや難度が高い。

　Ⅰは文章を書く際に自分の誤字を発見する難しさを述べた英文で，Ⅱは気候変動による自然の損失と21世紀の新たな「自然」に関する英文である。Ⅰ，Ⅱは10問の空所補充問題と5問の内容に関する質問（Ⅱではサブタイトルを問う設問を含む）で構成されている。Ⅲは我々の寿命の上限に関する英文で，20問の空所補充問題と10問の内容に関する質問で構成されている。

　空所補充問題では，文脈的つながりを理解していないと解けない問題もあるが，語彙・語法の知識だけで解ける問題も少なくない。ただし，選択肢に難単語が含まれているものがあり，2024年度は正解にたどり着きにくいものがある。

　内容説明・内容真偽問題では，英文全体の流れを大づかみにしたうえで，それを個別の設問に当てはめて考える必要がある。ただし，Ⅱは内容が専門的で語彙レベルも高く，背景となる基礎知識がないとわかりにくい英文である。しかし，仮に細部まで完全に理解できなくとも部分的な理解でも正解できることもあるので，あきらめることなく取り組みたい。

　120分の試験時間を考えると，速読・速解力，豊かな語彙力，迅速な問題処理能力とともに，社会科学，人文科学，自然科学を問わず科学一般に関する基礎知識も磨いておく必要がある。

数　学

═══════════ ＼ 発 想 ／ ～～～～～～～～～～

(1)は分母に y^2 があることから，$\dfrac{2y}{x}$ を2つの項に分けてから相

加平均と相乗平均の関係を使えばよい。(2)は連立不等式を解くだ

けでは等号が成り立たないことに注意する。$\log_x y$ と $\log_y x$,

$\log_y z$ と $\log_z y$ がそれぞれ逆数の関係にあることから，相加平均

と相乗平均の関係を使って等式を導く。

～～～～～～～～～～～～～～～～～～～～～～～～～

解 答　(1)　(1)(2) 01　(3)(4) 09　(5)(6) 01　(7)(8) 03　(9)(10) 12

　　　　　 (2)　(11)(12) 05　(13)(14) 04　(15)(16) 05　(17)(18) 04　(19)(20) 25　(21)(22) 16

════════════ 解 説 ════════════

《相加平均と相乗平均の関係を使った分数式の最小値，対数関数と連立不等式》

(1)　a, b, c, d が正の実数であるとき，相加平均と相乗平均の関係から

$$a+b+c+d \geqq 2\sqrt{ab}+2\sqrt{cd} \geqq 2\sqrt{2\sqrt{ab}\cdot 2\sqrt{cd}} = 4\sqrt[4]{abcd} \quad \cdots\cdots ①$$

が成り立つ。すべての等号が成立するための条件は

$$a=b \quad かつ \quad c=d \quad かつ \quad ab=cd$$

　∴　$a=b=c=d$ （∵　a, b, c, d が正の実数）　……②

x, y は正の実数であるから

$$27x>0, \ \frac{3x}{y^2}>0, \ \frac{y}{x}>0$$

したがって，①から

$$27x+\frac{3x}{y^2}+\frac{2y}{x} = 27x+\frac{3x}{y^2}+\frac{y}{x}+\frac{y}{x} \geqq 4\sqrt[4]{27x\cdot\frac{3x}{y^2}\cdot\frac{y}{x}\cdot\frac{y}{x}} = 12$$

等号が成立するための条件は，②より

$$27x=\frac{3x}{y^2}=\frac{y}{x}$$

$27x=\dfrac{3x}{y^2}$ より　　$y=\dfrac{1}{3}$　（∵　$x\neq 0$, $y>0$）

$27x = \dfrac{y}{x}$ と $y = \dfrac{1}{3}$ より　　$x = \dfrac{1}{9}$

したがって，$27x + \dfrac{3x}{y^2} + \dfrac{2y}{x}$ は，$x = \dfrac{1}{9}$, $y = \dfrac{1}{3}$ において最小値 12 をとる。

→(1)〜(10)

(2)　$x>1$, $y>1$, $z>1$ より

$\log_x y > 0$, $\log_y x > 0$, $\log_y z > 0$, $\log_z y > 0$

(1)の①より，相加平均と相乗平均の関係から

$$\log_x y + \log_y x + \log_y z + 4\log_z y \geqq 2\sqrt{\log_x y \cdot \log_y x} + 2\sqrt{\log_y z \cdot 4\log_z y}$$
$$= 2\sqrt{\log_x y \cdot \dfrac{1}{\log_x y}} + 2\sqrt{\log_y z \cdot \dfrac{4}{\log_y z}}$$
$$= 6$$

したがって

$6 \leqq \log_x y + \log_y x + \log_y z + 4\log_z y \leqq 6$

∴　$\log_x y + \log_y x + \log_y z + 4\log_z y = 6$

等号が成立するための条件は

$\log_x y = \log_y x$　かつ　$\log_y z = 4\log_z y$

$\log_x y = \dfrac{1}{\log_x y}$　かつ　$\log_y z = \dfrac{4}{\log_y z}$

$(\log_x y)^2 = 1$　かつ　$(\log_y z)^2 = 4$

$\log_x y = 1$　かつ　$\log_y z = 2$　（$\log_x y > 0$, $\log_y z > 0$ より）

$y = x$　かつ　$z = y^2$　……③

このとき，③から

$y = x$　かつ　$z = x^2$　……④

④を $4xz + 3x - 7y - 5z = -5$ に代入して

$4x^3 + 3x - 7x - 5x^2 = -5$

$4x^3 - 5x^2 - 4x + 5 = 0$

$4x(x^2-1) - 5(x^2-1) = 0$

$(x^2-1)(4x-5) = 0$

$(x+1)(x-1)(4x-5) = 0$

$x = \dfrac{5}{4}$　（$x>1$ より）

④より

$$y = x = \frac{5}{4} \quad \rightarrow (11) \sim (18)$$

$$z = x^2 = \left(\frac{5}{4}\right)^2 = \frac{25}{16} \quad \rightarrow (19) \sim (22)$$

２０２４年度　一般選抜　数学

Ⅱ

＼　**発　想**　／

与えられた条件に従い，小さい数から書き出すことで，規則性を見つけて何通りあるかを考える。また，数列の和を，Σ を用いて表し，その和を求める。

解答

(1)　(23) 1　(24) 1

(2)　(25)(26) 17

(3)　(27)(28) 01　(29)(30) -1　(31)(32) -2

(4)　(33)(34) 04　(35)(36) 04　(37)(38) 06　(39)(40) 14　(41)(42) 60

=== **解説** ===

《２の累乗を用いて表される整数》

(1)　$b_2, b_3, \cdots, b_k$ $(k \geqq 2)$ のうち少なくとも１つが１以上の整数とすると

$$2^k b_k + 2^{k-1} b_{k-1} + \cdots + 2^2 b_2 + 2b_1 + b_0 \geqq 4 > n$$

となるので

$$b_2 = b_3 = \cdots = b_k = 0 \quad (k \geqq 2)$$

ゆえに

$$2b_1 + b_0 = 3 \quad \cdots\cdots① \quad (b_0,\ b_1\ は0以上の整数\quad\cdots\cdots②)$$

①，②より　　$b_1 = 0,\ 1$

$b_1 = 0$ のとき，①に代入して　　$b_0 = 3$

このときの２べき乗表現は　　$\langle 3 \rangle$

$b_1 = 1$ のとき，①に代入して　　$b_0 = 1$

このときの２べき乗表現は　　$\langle 1,\ 1 \rangle$　→(23), (24)

(2)　$\langle 3,\ 2,\ 1 \rangle$ は，$b_2 = 3,\ b_1 = 2,\ b_0 = 1$ であるから

$$n = 2^2 \cdot 3 + 2 \cdot 2 + 1 = 17 \quad \rightarrow (25)(26)$$

(3)　$\langle 1,\ 2,\ \cdots,\ m \rangle = 2^{m-1} \cdot 1 + 2^{m-2} \cdot 2 + \cdots + 2 \cdot (m-1) + m$

$$= \sum_{i=1}^{m} 2^{m-i} \cdot i = 2^m \sum_{i=1}^{m} \frac{i}{2^i}$$

ここで，$S_m = \sum_{i=1}^{m} \dfrac{i}{2^i}$ とおくと

$$S_m = \frac{1}{2} + \frac{2}{2^2} + \frac{3}{2^3} + \cdots + \frac{m}{2^m}$$

$$\frac{1}{2} S_m = \frac{1}{2^2} + \frac{2}{2^3} + \cdots + \frac{m-1}{2^m} + \frac{m}{2^{m+1}}$$

$$S_m - \frac{1}{2} S_m = \frac{1}{2} + \frac{1}{2^2} + \frac{1}{2^3} + \cdots + \frac{1}{2^m} - \frac{m}{2^{m+1}}$$

$$\frac{1}{2} S_m = \frac{\frac{1}{2}\left(1 - \frac{1}{2^m}\right)}{1 - \frac{1}{2}} - \frac{m}{2^{m+1}}$$

$$\frac{1}{2} S_m = 1 - \frac{1}{2^m} - \frac{m}{2^{m+1}}$$

よって

$$S_m = 2 - \frac{1}{2^{m-1}} - \frac{m}{2^m}$$

これより

$$\langle 1, 2, \cdots, m \rangle = 2^m \cdot \left(2 - \frac{1}{2^{m-1}} - \frac{m}{2^m}\right)$$

$$= 2^{m+1} - m - 2 \quad \rightarrow(27)\sim(32)$$

(4) $b_3, b_4, \cdots, b_k \,(k \geq 3)$ のうち少なくとも 1 つが 1 以上の整数とすると

$$2^k b_k + 2^{k-1} b_{k-1} + \cdots + 2^2 b_2 + 2 b_1 + b_0 \geq 8$$

となるので，$4 \leq n \leq 6$ のとき

$$b_3 = b_4 = \cdots = b_k = 0 \,(k \geq 3)$$

ゆえに，$4 \leq n \leq 6$ のとき

$$4 b_2 + 2 b_1 + b_0 = n \quad \cdots\cdots ③ \quad (b_0, b_1, b_2 \text{ は 0 以上の整数} \quad \cdots\cdots ④)$$

③，④より　　$b_2 = 0, 1$

・a_4　$n = 4$ において，$b_2 = 0$ のとき，③に代入して

$$2 b_1 + b_0 = 4$$

このときの 2 べき乗表現は，$\langle 0, 2, 0 \rangle$, $\langle 0, 1, 2 \rangle$, $\langle 0, 0, 4 \rangle$ の 3 通

り。

$b_2=1$ のとき，③に代入して　　$2b_1+b_0=0$

このときの2べき乗表現は，$\langle 1,\ 0,\ 0\rangle$ の1通り。

ゆえに，$n=4$ の2べき乗表現は全部で4通りあるから

　　$a_4=4$　→(33)(34)

・a_5　$n=5$ において，$b_2=0$ のとき，③に代入して

　　$2b_1+b_0=5$

このときの2べき乗表現は，$\langle 0,\ 2,\ 1\rangle$，$\langle 0,\ 1,\ 3\rangle$，$\langle 0,\ 0,\ 5\rangle$ の3通り。

$b_2=1$ のとき，③に代入して　　$2b_1+b_0=1$

このときの2べき乗表現は，$\langle 1,\ 0,\ 1\rangle$ の1通り。

ゆえに，$n=5$ の2べき乗表現は全部で4通りあるから

　　$a_5=4$　→(35)(36)

・a_6　$n=6$ において，$b_2=0$ のとき，③に代入して

　　$2b_1+b_0=6$

このときの2べき乗表現は，$\langle 0,\ 3,\ 0\rangle$，$\langle 0,\ 2,\ 2\rangle$，$\langle 0,\ 1,\ 4\rangle$，$\langle 0,\ 0,\ 6\rangle$ の4通り。

$b_2=1$ のとき，③に代入して　　$2b_1+b_0=2$

このときの2べき乗表現は，$\langle 1,\ 1,\ 0\rangle$，$\langle 1,\ 0,\ 2\rangle$ の2通り。

ゆえに，$n=6$ の2べき乗表現は全部で6通りあるから

　　$a_6=6$　→(37)(38)

・a_{10}　$b_4,\ b_5,\ \cdots,\ b_k\ (k\geqq4)$ のうち少なくとも1つが1以上の整数とすると

　　$2^k b_k+2^{k-1}b_{k-1}+\ \cdots\ +2^2 b_2+2b_1+b_0\geqq16$

となるので，$n=10$ のとき

　　$b_4=b_5=\cdots=b_k=0\ (k\geqq4)$

このとき

　　$8b_3+4b_2+2b_1+b_0=10$　……⑤

　　　　　　　　　　$(b_0,\ b_1,\ b_2,\ b_3$ は0以上の整数　……⑥)

⑤，⑥より　　$b_3=0,\ 1$

$b_3=0$ のとき，⑤に代入して　　$4b_2+2b_1+b_0=10$

⑥より　　$b_2=0,\ 1,\ 2$

$b_3=0$，$b_2=0$ のとき，b_1 は 0 から 5 の整数値をとり，その値によって b_0 の値も決まるから，このときの 2 べき乗表現は 6 通り。

$b_3=0$，$b_2=1$ のとき，b_1 は 0 から 3 の整数値をとり，その値によって b_0 の値も決まるから，このときの 2 べき乗表現は 4 通り。

$b_3=0$，$b_2=2$ のとき，b_1 は 0 または 1 の整数値をとり，その値によって b_0 の値も決まるから，このときの 2 べき乗表現は 2 通り。

$b_3=1$ のとき，⑤に代入して　　$4b_2+2b_1+b_0=2$

⑥より　　$b_2=0$

$b_3=1$，$b_2=0$ のとき，b_1 は 0 または 1 の整数値をとり，その値によって b_0 の値も決まるから，このときの 2 べき乗表現は 2 通り。

以上より，$n=10$ の 2 べき乗表現は全部で

　　$6+4+2+2=14$ 通り

あるから　　$a_{10}=14$　　→(39)(40)

・a_{20}　$2^4<20<2^5$ より

　　$20=2^4b_4+2^3b_3+2^2b_2+2b_1+b_0$　　……⑦

を満たす $(b_4,\ b_3,\ b_2,\ b_1,\ b_0)$ の組数を求めるとよい。

　$2^4=16$ より　　$b_4=1$ または 0

（i）　$b_4=1$ のとき

　　$4=8b_3+4b_2+2b_1+b_0$

$b_3=0$ となるので

　　$4=4b_2+2b_1+b_0$

このとき，$(b_2,\ b_1,\ b_0)$ の組数は，$a_4=4$ より，4 通り。

（ii）　$b_4=0$ のとき

　　$20=8b_3+4b_2+2b_1+b_0$

ア）　$b_3=2$ のとき　　$4=4b_2+2b_1+b_0$

（i）と同じであるから，4 通り。

イ）　$b_3=1$ のとき　　$12=4b_2+2b_1+b_0$

$(b_2,\ b_1,\ b_0)=(3,\ 0,\ 0),\ (2,\ 2,\ 0),\ (2,\ 1,\ 2),\ (2,\ 0,\ 4),$
$(1,\ 4,\ 0),\ (1,\ 3,\ 2),\ (1,\ 2,\ 4),\ (1,\ 1,\ 6),$
$(1,\ 0,\ 8),\ (0,\ 6,\ 0),\ (0,\ 5,\ 2),\ (0,\ 4,\ 4),$
$(0,\ 3,\ 6),\ (0,\ 2,\ 8),\ (0,\ 1,\ 10),\ (0,\ 0,\ 12)$

の 16 通り。

ウ）　$b_3 = 0$ のとき　　$20 = 4b_2 + 2b_1 + b_0$

　　　$(b_2,\ b_1,\ b_0) = (5,\ 0,\ 0),\ (4,\ 2,\ 0),\ (4,\ 1,\ 2),\ (4,\ 0,\ 4),$
　　　　　　　　　　　$(3,\ 4,\ 0),\ (3,\ 3,\ 2),\ (3,\ 2,\ 4),\ (3,\ 1,\ 6),$
　　　　　　　　　　　$(3,\ 0,\ 8),\ (2,\ 6,\ 0),\ (2,\ 5,\ 2),\ (2,\ 4,\ 4),$
　　　　　　　　　　　$(2,\ 3,\ 6),\ (2,\ 2,\ 8),\ (2,\ 1,\ 10),$
　　　　　　　　　　　$(2,\ 0,\ 12),\ (1,\ 8,\ 0),\ (1,\ 7,\ 2),\ (1,\ 6,\ 4),$
　　　　　　　　　　　$(1,\ 5,\ 6),\ (1,\ 4,\ 8),\ (1,\ 3,\ 10),$
　　　　　　　　　　　$(1,\ 2,\ 12),\ (1,\ 1,\ 14),\ (1,\ 0,\ 16),$
　　　　　　　　　　　$(0,\ 10,\ 0),\ (0,\ 9,\ 2),\ (0,\ 8,\ 4),\ (0,\ 7,\ 6),$
　　　　　　　　　　　$(0,\ 6,\ 8),\ (0,\ 5,\ 10),\ (0,\ 4,\ 12),$
　　　　　　　　　　　$(0,\ 3,\ 14),\ (0,\ 2,\ 16),\ (0,\ 1,\ 18),$
　　　　　　　　　　　$(0,\ 0,\ 20)$

の 36 通り。

以上より，$n = 20$ の 2 べき乗表現は全部で

　　　$4 + 4 + 16 + 36 = 60$ 通り

あるから　　$a_{20} = 60$　　→(41)(42)

＼　発想　／

誘導に従い内積，垂線の足の位置ベクトルを求めることで，三角形 ABC の面積，垂線の長さを，ベクトルを使って求めることができる。それらを用いて四面体の体積を求めればよい。

(43)(44) 09　　(45)(46) 02　　(47)(48) 07　　(49)(50) 02　　(51)(52) -1　　(53)(54) 05

(55)(56) 11　　(57)(58) 01　　(59)(60) 11　　(61)(62) 05　　(63)(64) 11　　(65)(66) 66

(67)(68) 05　　(69)(70) 04　　(71)(72) 30

＝＝＝＝＝＝＝＝＝＝＝＝　解　説　＝＝＝＝＝＝＝＝＝＝＝＝＝

《四面体と空間ベクトル》

　$|\overrightarrow{AB}| = 3,\ |\overrightarrow{AC}| = |\overrightarrow{BC}| = 4$ より

　　　$|\overrightarrow{BC}|^2 = 16$

　　　$|\overrightarrow{AC} - \overrightarrow{AB}|^2 = 16$

　　　$|\overrightarrow{AC}|^2 - 2\overrightarrow{AC} \cdot \overrightarrow{AB} + |\overrightarrow{AB}|^2 = 16$

　　　$16 - 2\overrightarrow{AC} \cdot \overrightarrow{AB} + 9 = 16$

$$\therefore \quad \overrightarrow{AB}\cdot\overrightarrow{AC}=\frac{9}{2} \quad \rightarrow(43)\sim(46) \quad \cdots\cdots ①$$

$|\overrightarrow{CD}|=5,\ |\overrightarrow{AC}|=|\overrightarrow{AD}|=4$ より

$$|\overrightarrow{CD}|^2=25$$
$$|\overrightarrow{AD}-\overrightarrow{AC}|^2=25$$
$$|\overrightarrow{AD}|^2-2\overrightarrow{AD}\cdot\overrightarrow{AC}+|\overrightarrow{AC}|^2=25$$
$$16-2\overrightarrow{AD}\cdot\overrightarrow{AC}+16=25$$

$$\therefore \quad \overrightarrow{AC}\cdot\overrightarrow{AD}=\frac{7}{2} \quad \rightarrow(47)\sim(50) \quad \cdots\cdots ②$$

①，②より
$$\overrightarrow{AC}\cdot\overrightarrow{BD}=\overrightarrow{AC}\cdot(\overrightarrow{AD}-\overrightarrow{AB})=\overrightarrow{AC}\cdot\overrightarrow{AD}-\overrightarrow{AC}\cdot\overrightarrow{AB}$$
$$=\frac{7}{2}-\frac{9}{2}=-1 \quad \rightarrow(51)(52) \quad \cdots\cdots ③$$

点Hは平面 ABC 上にあることから，実数 $s,\ t$ を用いて
$$\overrightarrow{AH}=s\overrightarrow{AB}+t\overrightarrow{AC}$$
と表すことができる。頂点Dから△ABC に下ろした垂線の足がHであるから，DH⊥平面 ABC であり，$\overrightarrow{DH}\perp\overrightarrow{AB}$ かつ $\overrightarrow{DH}\perp\overrightarrow{AC}$ を得るから
$$\overrightarrow{DH}\cdot\overrightarrow{AB}=0 \quad \cdots\cdots④ \quad かつ \quad \overrightarrow{DH}\cdot\overrightarrow{AC}=0 \quad \cdots\cdots⑤$$

ここで，△ABC と△ABD は 3 辺がそれぞれ等しいことより，△ABC ≡△ABD であるから
$$\overrightarrow{AB}\cdot\overrightarrow{AC}=\overrightarrow{AB}\cdot\overrightarrow{AD}=\frac{9}{2}$$

④より
$$(\overrightarrow{AH}-\overrightarrow{AD})\cdot\overrightarrow{AB}=0$$
$$(s\overrightarrow{AB}+t\overrightarrow{AC}-\overrightarrow{AD})\cdot\overrightarrow{AB}=0$$
$$s|\overrightarrow{AB}|^2+t\overrightarrow{AB}\cdot\overrightarrow{AC}-\overrightarrow{AB}\cdot\overrightarrow{AD}=0$$
$$9s+\frac{9}{2}t-\frac{9}{2}=0$$
$$\therefore \quad 2s+t-1=0 \quad \cdots\cdots⑥$$

⑤より
$$(\overrightarrow{AH}-\overrightarrow{AD})\cdot\overrightarrow{AC}=0$$
$$(s\overrightarrow{AB}+t\overrightarrow{AC}-\overrightarrow{AD})\cdot\overrightarrow{AC}=0$$
$$s\overrightarrow{AB}\cdot\overrightarrow{AC}+t|\overrightarrow{AC}|^2-\overrightarrow{AC}\cdot\overrightarrow{AD}=0$$

$$\frac{9}{2}s + 16t - \frac{7}{2} = 0$$

$$\therefore \quad 9s + 32t - 7 = 0 \quad \cdots\cdots ⑦$$

⑥，⑦を解くと

$$s = \frac{5}{11}, \quad t = \frac{1}{11}$$

ゆえに

$$\overrightarrow{AH} = \frac{5}{11}\overrightarrow{AB} + \frac{1}{11}\overrightarrow{AC} \quad \rightarrow ⑸\sim⑹$$

垂線 DH の長さは

$$|\overrightarrow{DH}|^2 = |\overrightarrow{AH} - \overrightarrow{AD}|^2$$

$$= \left| \frac{5}{11}\overrightarrow{AB} + \frac{1}{11}\overrightarrow{AC} - \overrightarrow{AD} \right|^2$$

$$= \frac{25}{121}|\overrightarrow{AB}|^2 + \frac{1}{121}|\overrightarrow{AC}|^2 + |\overrightarrow{AD}|^2 + \frac{10}{121}\overrightarrow{AB}\cdot\overrightarrow{AC} - \frac{2}{11}\overrightarrow{AC}\cdot\overrightarrow{AD}$$

$$\qquad\qquad - \frac{10}{11}\overrightarrow{AB}\cdot\overrightarrow{AD}$$

$$= \frac{225}{121} + \frac{16}{121} + 16 + \frac{45}{121} - \frac{77}{121} - \frac{495}{121}$$

$$= \frac{1650}{121}$$

$|\overrightarrow{DH}| > 0$ より　　$|\overrightarrow{DH}| = \dfrac{5\sqrt{66}}{11}$ 　→⑹~⑹

△ABC の面積は

$$\triangle ABC = \frac{1}{2}\sqrt{|\overrightarrow{AB}|^2|\overrightarrow{AC}|^2 - (\overrightarrow{AB}\cdot\overrightarrow{AC})^2}$$

$$= \frac{1}{2}\sqrt{9\cdot16 - \frac{81}{4}}$$

$$= \frac{3\sqrt{55}}{4}$$

であるから，四面体 ABCD の体積は

$$\frac{1}{3}\cdot\triangle ABC\cdot|\overrightarrow{DH}| = \frac{1}{3}\cdot\frac{3\sqrt{55}}{4}\cdot\frac{5\sqrt{66}}{11} = \frac{5\sqrt{30}}{4} \quad \rightarrow ⑹~⑺$$

別解 ⑹~⑺　線分 AB の中点をMとする。

CA＝CB より　　　CM⊥AB　かつ　AM＝BM

DA＝DB より　　　DM⊥AB　かつ　AM＝BM

CM⊥AB かつ DM⊥AB より，平面 DCM⊥AB である。

　以上のことから，この四面体は平面 DCM に関して対称である。ここで△CAB において

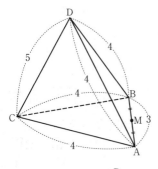

$$CM = \sqrt{4^2 - \left(\frac{3}{2}\right)^2} = \frac{\sqrt{55}}{2}$$

同様に，△DAB において

$$DM = \sqrt{4^2 - \left(\frac{3}{2}\right)^2} = \frac{\sqrt{55}}{2}$$

△DCM において

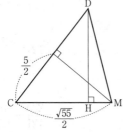

$$\cos\angle DCM = \frac{\frac{5}{2}}{\frac{\sqrt{55}}{2}} = \frac{5}{\sqrt{55}}$$

$\cos^2\angle DCM + \sin^2\angle DCM = 1$ より

$$\sin^2\angle DCM = 1 - \cos^2\angle DCM = \frac{6}{11}$$

$0° < \angle DCM < 90°$ より，$\sin\angle DCM > 0$ だから

$$\sin\angle DCM = \frac{\sqrt{6}}{\sqrt{11}}$$

よって

$$DH = BD\sin\angle DCM = 5 \cdot \frac{\sqrt{6}}{\sqrt{11}} = \frac{5\sqrt{66}}{11}$$

また，△ABC の面積は

$$\triangle ABC = \frac{1}{2} \cdot AB \cdot CM = \frac{1}{2} \cdot 3 \cdot \frac{\sqrt{55}}{2} = \frac{3\sqrt{55}}{4}$$

であるから，四面体 ABCD の体積は

$$\frac{1}{3} \cdot \triangle ABC \cdot DH = \frac{1}{3} \cdot \frac{3\sqrt{55}}{4} \cdot \frac{5\sqrt{66}}{11} = \frac{5\sqrt{30}}{4}$$

=　発　想　＝

　　対称な立体であることに注目できると，場合分けが少なくてすむ。球体の一部の体積は回転体を考えることで，積分による計算で求められることに注目したい。原点からの距離は外接球の考え方を用いて解けばよい。

解答

(1) (73)(74) 01　(75)(76) 03　(77)(78) 01

(2) (79)(80) 05　(81)(82) 03　(83)(84) 02

(3) (85)(86) 05　(87)(88) −4　(89)(90) 03　(91)(92) 02　(93)(94) 01　(95)(96) 02　(97)(98) 02

(99)(100) 01　(101)(102) 02　(103)(104) 03

＝＝＝＝＝＝ 解説 ＝＝＝＝＝＝

《球の体積，2球が共有点をもつときの半径の最大値》

(1)　$x \geqq 0$ のとき，$|x| = x$ であるから

$$x^2 + y^2 + z^2 \leqq x$$

$$\left(x - \frac{1}{2}\right)^2 + y^2 + z^2 \leqq \frac{1}{4}$$

これは，中心 $\left(\frac{1}{2},\ 0,\ 0\right)$，半径 $\frac{1}{2}$ の球を表す。

$x < 0$ のとき，$|x| = -x$ であるから

$$x^2 + y^2 + z^2 \leqq -x$$

$$\left(x + \frac{1}{2}\right)^2 + y^2 + z^2 \leqq \frac{1}{4}$$

これは，中心 $\left(-\frac{1}{2},\ 0,\ 0\right)$，半径 $\frac{1}{2}$ の球を表す。

　したがって，$x^2 + y^2 + z^2 \leqq |x|$ が定める立体の体積は，半径 $\frac{1}{2}$ の球2個分であるから

$$2 \cdot \frac{4}{3} \cdot \pi \left(\frac{1}{2}\right)^3 = \frac{1}{3}\pi \quad \rightarrow \text{(73)} \sim \text{(76)}$$

　また，この立体は yz 平面に関して対称であるから，$x \geqq 0$ の部分で考えても一般性を失わない。原点を中心とする球面がこの立体と共有点をもつとき，その半径が最大となるのは，原点を中心とする球面が，中心

$\left(\dfrac{1}{2},\ 0,\ 0\right)$, 半径 $\dfrac{1}{2}$ の球に外接するときである。そのときの半径の最大値は

$$\dfrac{1}{2}+\dfrac{1}{2}=1 \quad \rightarrow (77)(78)$$

(2)　$x \geqq 0$ かつ $y \geqq 0$ のとき,
$|x|=x$, $|y|=y$ であるから

$$x^2+y^2+z^2 \leqq x+y$$

$$\left(x-\dfrac{1}{2}\right)^2+\left(y-\dfrac{1}{2}\right)^2+z^2 \leqq \dfrac{1}{2}$$

これは, 中心 $\left(\dfrac{1}{2},\ \dfrac{1}{2},\ 0\right)$, 半径 $\dfrac{\sqrt{2}}{2}$ の球から, $x \leqq 0$ の部分と $y \leqq 0$ の部分を除いた立体である。

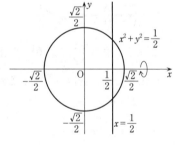

xy 平面 $z=0$ で見た図

中心 $\left(\dfrac{1}{2},\ \dfrac{1}{2},\ 0\right)$, 半径 $\dfrac{\sqrt{2}}{2}$ の球の $x \leqq 0$ の部分の体積は, 円孤 $x^2+y^2=\dfrac{1}{2}$ $\left(\dfrac{1}{2} \leqq x \leqq \dfrac{\sqrt{2}}{2}\right)$, 直線 $x=\dfrac{1}{2}$, x 軸で囲まれた部分を x 軸で1回転してできる立体に等しいから, その体積は

$$\int_{\frac{1}{2}}^{\frac{\sqrt{2}}{2}} \pi y^2 dx = \pi \int_{\frac{1}{2}}^{\frac{\sqrt{2}}{2}} \left(\dfrac{1}{2}-x^2\right) dx$$

$$= \pi \left[\dfrac{1}{2}x-\dfrac{1}{3}x^3\right]_{\frac{1}{2}}^{\frac{\sqrt{2}}{2}}$$

$$= \pi \left[\dfrac{1}{2}\left(\dfrac{\sqrt{2}}{2}-\dfrac{1}{2}\right)-\dfrac{1}{3}\left\{\left(\dfrac{\sqrt{2}}{2}\right)^3-\left(\dfrac{1}{2}\right)^3\right\}\right]$$

$$= \pi \left\{\dfrac{1}{2}\left(\dfrac{\sqrt{2}}{2}-\dfrac{1}{2}\right)-\dfrac{1}{3}\left(\dfrac{\sqrt{2}}{4}-\dfrac{1}{8}\right)\right\}$$

$$= \pi \left(\dfrac{\sqrt{2}}{6}-\dfrac{5}{24}\right)$$

よって，中心 $\left(\dfrac{1}{2},\ \dfrac{1}{2},\ 0\right)$，半径 $\dfrac{\sqrt{2}}{2}$ の球から，$x\leqq 0$ の部分と $y\leqq 0$ の部分を除いた立体の体積は

$$\dfrac{4}{3}\pi\left(\dfrac{\sqrt{2}}{2}\right)^3 - 2\times\pi\left(\dfrac{\sqrt{2}}{6}-\dfrac{5}{24}\right)=\dfrac{5}{12}\pi \quad\cdots\cdots①$$

同様にして，$x<0$ かつ $y\geqq 0$ のとき，$|x|=-x$，$|y|=y$ であるから

$$x^2+y^2+z^2\leqq -x+y$$
$$\left(x+\dfrac{1}{2}\right)^2+\left(y-\dfrac{1}{2}\right)^2+z^2\leqq\dfrac{1}{2}$$

これは，中心 $\left(-\dfrac{1}{2},\ \dfrac{1}{2},\ 0\right)$，半径 $\dfrac{\sqrt{2}}{2}$ の球から，$x\geqq 0$ の部分と $y<0$ の部分を除いた立体　……② である。

$x\geqq 0$ かつ $y<0$ のとき，$|x|=x$，$|y|=-y$ であるから

$$x^2+y^2+z^2\leqq x-y$$
$$\left(x-\dfrac{1}{2}\right)^2+\left(y+\dfrac{1}{2}\right)^2+z^2\leqq\dfrac{1}{2}$$

これは，中心 $\left(\dfrac{1}{2},\ -\dfrac{1}{2},\ 0\right)$，半径 $\dfrac{\sqrt{2}}{2}$ の球から，$x\leqq 0$ の部分と $y\geqq 0$ の部分を除いた立体　……③ である。

$x<0$ かつ $y<0$ のとき，$|x|=-x$，$|y|=-y$ であるから

$$x^2+y^2+z^2\leqq -x-y$$
$$\left(x+\dfrac{1}{2}\right)^2+\left(y+\dfrac{1}{2}\right)^2+z^2\leqq\dfrac{1}{2}$$

これは，中心 $\left(-\dfrac{1}{2},\ -\dfrac{1}{2},\ 0\right)$，半径 $\dfrac{\sqrt{2}}{2}$ の球から，$x\geqq 0$ の部分と $y\geqq 0$ の部分を除いた立体　……④ である。

②，③，④の立体は①の立体と同じ体積となる。

ゆえに，求める立体の体積は，①～④より

$$\dfrac{5}{12}\pi\times 4=\dfrac{5}{3}\pi \quad\rightarrow\!(79)\!\sim\!(82)$$

また，この立体は xy 平面および yz 平面に関して対称であるから，$x\geqq 0$ かつ $y\geqq 0$ の部分で考えても一般性を失わない。原点を中心とする球面がこの立体と共有点をもつとき，その半径が最大となるのは，原点を中心と

する球面が，中心 $\left(\dfrac{1}{2},\ \dfrac{1}{2},\ 0\right)$，半径 $\dfrac{\sqrt{2}}{2}$ の球に外接するときである。そのときの半径の最大値は

$$\sqrt{\left(\dfrac{1}{2}\right)^2+\left(\dfrac{1}{2}\right)^2+0^2}+\dfrac{\sqrt{2}}{2}=\sqrt{2} \quad \rightarrow \text{(83)(84)}$$

(3) (ⅰ) $x\geqq 0$ かつ $y\geqq 0$ かつ $z\geqq 0$ のとき，$|x|=x$，$|y|=y$，$|z|=z$ であるから

$$x^2+y^2+z^2\leqq x+y+z-\dfrac{1}{4}$$

$$\left(x-\dfrac{1}{2}\right)^2+\left(y-\dfrac{1}{2}\right)^2+\left(z-\dfrac{1}{2}\right)^2\leqq \dfrac{1}{2}$$

これは，中心 $\left(\dfrac{1}{2},\ \dfrac{1}{2},\ \dfrac{1}{2}\right)$，半径 $\dfrac{\sqrt{2}}{2}$ の球から，$x\leqq 0$ の部分，$y\leqq 0$ の部分，$z\leqq 0$ の部分を除いた立体である。中心 $\left(\dfrac{1}{2},\ \dfrac{1}{2},\ \dfrac{1}{2}\right)$，半径 $\dfrac{\sqrt{2}}{2}$ の球の $x\leqq 0$ の部分の体積は，円弧 $x^2+y^2=1$ $\left(\dfrac{1}{2}\leqq x\leqq \dfrac{\sqrt{2}}{2}\right)$，直線 $x=\dfrac{1}{2}$，x 軸で囲まれた部分を x 軸で 1 回転してできる立体に等しいから，その体積は

$$\int_{\frac{1}{2}}^{\frac{\sqrt{2}}{2}}\pi y^2 dx=\pi\int_{\frac{1}{2}}^{\frac{\sqrt{2}}{2}}\left(\dfrac{1}{2}-x^2\right)dx=\pi\left(\dfrac{\sqrt{2}}{6}-\dfrac{5}{24}\right)$$

よって，中心 $\left(\dfrac{1}{2},\ \dfrac{1}{2},\ \dfrac{1}{2}\right)$，半径 $\dfrac{\sqrt{2}}{2}$ の球から，$x\leqq 0$ の部分，$y\leqq 0$ の部分，$z\leqq 0$ の部分を除いた立体の体積は

$$\dfrac{4}{3}\pi\cdot\left(\dfrac{\sqrt{2}}{2}\right)^3-3\times\pi\left(\dfrac{\sqrt{2}}{6}-\dfrac{5}{24}\right)=\left(\dfrac{5}{8}-\dfrac{\sqrt{2}}{6}\right)\pi \quad \cdots\cdots⑤$$

同様にして

(ⅱ) $x<0$ かつ $y\geqq 0$ かつ $z\geqq 0$ のとき，中心 $\left(-\dfrac{1}{2},\ \dfrac{1}{2},\ \dfrac{1}{2}\right)$，半径 $\dfrac{\sqrt{2}}{2}$ の球から，$x\geqq 0$ の部分，$y<0$ の部分，$z<0$ の部分を除いた立体である。

(ⅲ) $x\geqq 0$ かつ $y<0$ かつ $z\geqq 0$ のとき，中心 $\left(\dfrac{1}{2},\ -\dfrac{1}{2},\ \dfrac{1}{2}\right)$，半径 $\dfrac{\sqrt{2}}{2}$ の球から，$x<0$ の部分，$y\geqq 0$ の部分，$z<0$ の部分を除いた立体である。

(ⅳ) $x\geqq 0$ かつ $y\geqq 0$ かつ $z<0$ のとき，中心 $\left(\dfrac{1}{2},\ \dfrac{1}{2},\ -\dfrac{1}{2}\right)$，半径 $\dfrac{\sqrt{2}}{2}$ の球

から，$x<0$ の部分，$y<0$ の部分，$z\geqq0$ の部分を除いた立体である。

(v)　$x<0$ かつ $y<0$ かつ $z\geqq0$ のとき，中心 $\left(-\dfrac{1}{2},\ -\dfrac{1}{2},\ \dfrac{1}{2}\right)$，半径 $\dfrac{\sqrt{2}}{2}$ の球から，$x\geqq0$ の部分，$y\geqq0$ の部分，$z<0$ の部分を除いた立体である。

(vi)　$x\geqq0$ かつ $y<0$ かつ $z<0$ のとき，中心 $\left(\dfrac{1}{2},\ -\dfrac{1}{2},\ -\dfrac{1}{2}\right)$，半径 $\dfrac{\sqrt{2}}{2}$ の球から，$x<0$ の部分，$y\geqq0$ の部分，$z\geqq0$ の部分を除いた立体である。

(vii)　$x<0$ かつ $y\geqq0$ かつ $z<0$ のとき，中心 $\left(-\dfrac{1}{2},\ \dfrac{1}{2},\ -\dfrac{1}{2}\right)$，半径 $\dfrac{\sqrt{2}}{2}$ の球から，$x\geqq0$ の部分，$y<0$ の部分，$z\geqq0$ の部分を除いた立体である。

(viii)　$x<0$ かつ $y<0$ かつ $z<0$ のとき，中心 $\left(-\dfrac{1}{2},\ -\dfrac{1}{2},\ -\dfrac{1}{2}\right)$，半径 $\dfrac{\sqrt{2}}{2}$ の球から，$x\geqq0$ の部分，$y\geqq0$ の部分，$z\geqq0$ の部分を除いた立体である。

　以上より，(i)〜(viii)はすべて同じ体積となるから，求める立体の体積は

$$8\times\left(\dfrac{5}{8}-\dfrac{\sqrt{2}}{6}\right)\pi=\left(5-\dfrac{4\sqrt{2}}{3}\right)\pi \quad \rightarrow\text{(85)}\sim\text{(92)}$$

　また，この立体は xy 平面，yz 平面および zx 平面に関して対称であるから，$x\geqq0$ かつ $y\geqq0$ かつ $z\geqq0$ の部分で考えても一般性を失わない。原点を中心とする球面がこの立体と共有点をもつとき，その半径が最大となるのは，原点を中心とする球面が，中心 $\left(\dfrac{1}{2},\ \dfrac{1}{2},\ \dfrac{1}{2}\right)$，半径 $\dfrac{\sqrt{2}}{2}$ の球に外接するときである。そのときの半径の最大値は

$$\sqrt{\left(\dfrac{1}{2}\right)^2+\left(\dfrac{1}{2}\right)^2+\left(\dfrac{1}{2}\right)^2}+\dfrac{\sqrt{2}}{2}=\dfrac{\sqrt{2}}{2}+\dfrac{\sqrt{3}}{2} \quad \rightarrow\text{(93)}\sim\text{(104)}$$

Ⅴ　～～～～～～　＼ 発 想 ／　～～～～～～

　大学に名前をつけると考えやすい。和事象や余事象を使うと解きやすくなるので，事象を文字で置くと解きやすくなる。
～～～～～～～～～～～～～～～～～～～～～～～～～～

解答　(1)　(105)(106) 03　(107)(108) 16　(109)(110)(111) 015　(112)(113)(114) 256　(115)(116)(117) 175
　　　　　(118)(119)(120) 256

(2)　(121)(122) 39　(123)(124) 64　(125)(126) 15　(127)(128) 32　(129)(130) 09　(131)(132) 32

=== **解 説** ===

《総当たり戦の確率》

⑴　6つの大学をA大学，B大学，C大学，D大学，E大学，F大学とする。

A大学が全勝するのは5試合とも勝つときであり，その確率は

$$\left(\frac{1}{2}\right)^5 = \frac{1}{32}$$

同様に，B大学，C大学，D大学，E大学，F大学が全勝するとき，そのそれぞれの確率は　$\dfrac{1}{32}$

それぞれの大学が全勝する事象はそれぞれが互いに排反であるから，求める確率は

$$\frac{1}{32} + \frac{1}{32} + \frac{1}{32} + \frac{1}{32} + \frac{1}{32} + \frac{1}{32} = \frac{3}{16} \quad \rightarrow(105)\sim(108)$$

次に，A大学が全勝かつB大学が全敗となる確率を考える。

A大学が全勝するのは，5試合とも勝つときであり，その確率は

$$\left(\frac{1}{2}\right)^5 = \frac{1}{32}$$

このとき，B大学が全敗するのはすでにA大学に負けていて，さらに，C大学，D大学，E大学，F大学に負けるときであるから，その確率は

$$\left(\frac{1}{2}\right)^4 = \frac{1}{16}$$

ゆえに，A大学が全勝かつB大学が全敗となる確率は

$$\frac{1}{32} \cdot \frac{1}{16} = \frac{1}{512}$$

また，全勝する大学と全敗する大学の組の総数は

6×5＝30 通り

よって，全勝する大学と全敗する大学が両方存在する確率は

$$30 \times \frac{1}{512} = \frac{15}{256} \quad \rightarrow(109)\sim(114)$$

全勝する大学が存在する事象を X，全敗する大学が存在する事象を Y とすると，全勝する大学と全敗する大学が少なくとも一方存在する確率 $P(X \cup Y)$ は

$$P(X \cup Y) = P(X) + P(Y) - P(X \cap Y)$$
$$= \frac{3}{16} + \frac{3}{16} - \frac{15}{256}$$
$$= \frac{81}{256}$$

どの大学も1試合は勝って1試合は負ける確率は$X \cup Y$の余事象であるから，求める確率は

$$1 - P(X \cup Y) = 1 - \frac{81}{256} = \frac{175}{256} \quad \rightarrow (115) \sim (120)$$

(2)　K大学以外の3つの大学をG大学，H大学，I大学とする。K大学が全勝するのはG大学，H大学，I大学すべてに勝つときであり，その確率は

$$\left(\frac{3}{4}\right)^3 = \frac{27}{64}$$

また，G大学が全勝するのはH大学，I大学，K大学すべてに勝つときであり，その確率は

$$\left(\frac{1}{2}\right)^2 \cdot \frac{1}{4} = \frac{1}{16}$$

同様に，H大学，I大学が全勝するとき，そのそれぞれの確率は

$$\frac{1}{16}$$

それぞれの大学が全勝する事象はそれぞれが互いに排反であるから，求める確率は

$$\frac{27}{64} + \frac{1}{16} + \frac{1}{16} + \frac{1}{16} = \frac{39}{64} \quad \rightarrow (121) \sim (124)$$

次に，K大学が全勝かつG大学が全敗となる確率を考える。

K大学が全勝するのはG大学，H大学，I大学すべてに勝つときであり，その確率は

$$\left(\frac{3}{4}\right)^3 = \frac{27}{64}$$

このとき，G大学が全敗するのはすでにK大学に負けていて，さらに，H大学，I大学に負けるときであるから，その確率は

$$\left(\frac{1}{2}\right)^2 = \frac{1}{4}$$

ゆえに，K大学が全勝かつG大学が全敗となる確率は

$$\frac{27}{64} \cdot \frac{1}{4} = \frac{27}{256}$$

同様に，K大学が全勝かつH大学が全敗，K大学が全勝かつI大学が全敗となる確率は

$$\frac{27}{256}$$

G大学が全勝かつK大学が全敗となる確率を考える。

G大学が全勝するのはK大学，H大学，I大学すべてに勝つときであり，その確率は

$$\frac{1}{4} \cdot \left(\frac{1}{2}\right)^2 = \frac{1}{16}$$

このとき，K大学が全敗するのはすでにG大学に負けていて，さらに，H大学，I大学に負けるときであるから，その確率は

$$\left(\frac{1}{4}\right)^2 = \frac{1}{16}$$

ゆえに，G大学が全勝かつK大学が全敗となる確率は

$$\frac{1}{16} \cdot \frac{1}{16} = \frac{1}{256}$$

同様に，H大学が全勝かつK大学が全敗，I大学が全勝かつK大学が全敗となる確率は $\dfrac{1}{256}$

G大学が全勝かつH大学が全敗となる確率を考える。

G大学が全勝するのはK大学，H大学，I大学すべてに勝つときであり，その確率は

$$\frac{1}{4} \cdot \left(\frac{1}{2}\right)^2 = \frac{1}{16}$$

このとき，H大学が全敗するのはすでにG大学に負けていて，さらに，K大学，I大学に負けるときであるから，その確率は

$$\frac{1}{2} \cdot \frac{3}{4} = \frac{3}{8}$$

ゆえに，G大学が全勝かつK大学が全敗となる確率は

$$\frac{1}{16} \cdot \frac{3}{8} = \frac{3}{128}$$

同様に，G大学，H大学，I大学の3大学の中から，全勝する大学と全敗する大学の組の総数は

$3 \times 2 = 6$ 通り

以上より，全勝する大学と全敗する大学が両方存在する確率は

$$\frac{27}{256} \times 3 + \frac{1}{256} \times 3 + \frac{3}{128} \times 6 = \frac{81 + 3 + 36}{256} = \frac{120}{256} = \frac{15}{32} \quad \to \text{(125)} \sim \text{(128)}$$

K大学が全敗するのはG大学，H大学，I大学すべてに負けるときであり，その確率は

$$\left(\frac{1}{4}\right)^3 = \frac{1}{64}$$

また，G大学が全敗するのはH大学，I大学，K大学すべてに負けるときであり，その確率は

$$\left(\frac{1}{2}\right)^2 \cdot \frac{3}{4} = \frac{3}{16}$$

同様に，H大学，I大学が全敗するとき，そのそれぞれの確率は

$$\frac{3}{16}$$

したがって，全敗する大学が存在する確率は

$$\frac{1}{64} + \frac{3}{16} + \frac{3}{16} + \frac{3}{16} = \frac{37}{64}$$

全勝する大学が存在する事象を Z，全敗する大学が存在する事象を W とすると，全勝する大学と全敗する大学が少なくとも一方存在する確率 $P(Z \cup W)$ は

$$P(Z \cup W) = P(Z) + P(W) - P(Z \cap W)$$

$$= \frac{39}{64} + \frac{37}{64} - \frac{15}{32}$$

$$= \frac{23}{32}$$

どの大学も1試合は勝って1試合は負ける確率は $Z \cup W$ の余事象であるから，求める確率は

$$1 - P(Z \cup W) = 1 - \frac{23}{32} = \frac{9}{32} \quad \to \text{(129)} \sim \text{(132)}$$

講 評

　2024年度は2023年度から大問が1題減り，大問5題の出題であった。

　Ⅰは相加平均・相乗平均の関係を使って，最小値や連立不等式の解を求める問題であった。公式を当てはめるだけでは解けず，(1)は項を2つに分ける工夫が必要だった。(2)は相加平均・相乗平均の関係が思いつきにくいが，逆数の関係に気づいて使ってみようと思う必要があった。

　Ⅱは2の累乗を用いて整数を表現する問題であった。数列や場合の数の知識を要する問題であり，一見すると難しそうな問題であるが，調べていくと規則性に気づきやすい問題である。(4)は規則性に気づいても場合分けが多いため，丁寧に調べ上げる必要がある。

　Ⅲは四面体の体積を求める問題である。誘導に従ってベクトルの計算をするだけで解くことが可能で，やや計算量が多いものの大学入試ではよく出る問題である。対称性のある四面体であり，ベクトルを使わなくても解くことができるため，検算することもできる。

　Ⅳは球に関する問題で，体積や2球が共有点をもつときの半径の最大値を求める内容である。体積に関しては，対称性や球の一部の体積を求める必要があったため，難しく感じる内容であった。2球が共有点をもつときに半径が最大となるのが，2球が外接するときであることに気づければすぐに求められる。

　Ⅴは総当たり戦に関する確率の問題であった。(1)は一つひとつの確率を求めていけばよいのだが，(2)では場合分けが複雑になるため，慎重に計算をしていく必要がある。

　典型的な問題が出題されることも多いので確実に正解までたどり着きたい。計算が複雑になることもあるので，計算ミスがないようにしておきたい。標準的な大学入試の問題を解くことも有効である。また，一見すると解きにくそうな問題もあるが，書き出してみるなどの実験をすることで解法の糸口を見つけられることもある。

Ⅰ　解答　(ア)(1)—(7)　(2)—(4)　(3)—(3)　(4)—(9)　(5)—(8)
　　　　　(イ)(6)—(4)　(ウ)(7)—(1)

=========================== 解説 ===========================

《コンピュータ創作物の著作権》

(ア)(1)　(7)対話が正解。この文章で述べられているコンピュータ創作物とは、コンピュータ・システムを使用して作成された創作物をいう。コンピュータ創作物でコンピュータ・システムの使用者に著作権が認められるのは、使用者に「創作的寄与が認められる」場合である。したがって、使用者は単に情報を入力しただけで、後は AI によって自動的に生成されたような場合では、使用者に著作権は認められない。そこからさらに AI との「対話」形式などにより各種処理を行って、使用者が主体的に選択して作品としたものが著作権を認められると考えられる。

(2)　(4)道具が正解。空欄(2)の前に「創作行為のための」とあり、後に「として用いられる」とあるので、「道具」と判断できる。著作物は「人が思想感情を創作的に表現したもの」である必要があり、そのために AI などのコンピュータ・システムやプログラムを道具として利用した場合は、著作者の著作権が認められる。

(3)　(3)操作が正解。文章中に空欄(3)は 2 回出てくることに注目する。1 回目には「…プログラムを作成し、使用者は単なる　(3)　者にとどまる…」とあり、2 回目には「…プログラム及び素材を作成していると認められ、使用者は単なる　(3)　者であるに留まる…」とある。どちらも、使用者は作成者ではないとされ、「単なる　(3)　者」となっている。ゆえに、使用者の役割は作成者や創作者ではない「操作」者と判断できる。

(4)・(5)　それぞれ(9)著作、(8)二次的が正解。文章に「…素材の作成者は、素材自体が　(4)　物であり、コンピュータ創作物がその　(5)　著作物に当たる場合には、原著作物の著作者たる地位を有する」とあるので、コンピュータ創作物が「　(5)　著作物」であるのに対して、素材自体は「原著作物」であることがわかる。よって、空欄(4)は「著作」が正解となる。

コンピュータ創作物は原著作物である素材自体を元にして作成されるのだ
から，「二次的」著作物だと判断できる。

(イ)(6)　(4)が正解。下線部①に続く段落に「一般に使用者の行為には…最
終的に一定の出力がなされたものを選択して作品として固定するという段
階があり，これらの一連の過程を総合的に評価する必要がある」と書かれ
ているので(4)が正解となる。

(ウ)(7)　(1)が正解。前問の下線部①に「コンピュータ創作物に著作物性が
認められる場合，その著作者は具体的な結果物の作成に創作的に寄与した
者と考えられる…」とある。この文中の「具体的な結果物の作成に創作的
に寄与」は，(1)の「コンピュータ創作物の生成に際して付加される属性の
内容に寄与」と同義と判断できる。文章によれば，素材の作成者は素材と
いう原著作物の著作権者となったり，コンピュータ・システムの使用者や
プログラムの作成者とともにコンピュータ創作物の共同著作者になること
はありうるが，単独で「具体的な結果物の作成に創作的に寄与」すること
は，ほとんど考えられないので，単独でコンピュータ創作物の著作者とな
ることはないと考えられる。ゆえに，(1)が正解である。(2)のシステムの所
有権や，(3)の対価の受け取り，(4)の認識の有無は著作権の発生に直接関係
はない。(5)については，作成者と共同で作業すれば，共同著作者となる場
合はありうるが，問われているのは，単独で著作者となる場合なので，当
てはまらない。

Ⅱ　**解答**　(8)(9)—(27)　(10)(11)—(29)　(12)(13)—(30)
　　　　　　(14)(15)—(16)　(16)(17)—(21)　(18)(19)—(30)
(20)(21)(22) 135　(23)(24)(25) 271

========================== 解　説 ==========================

《窓口にやって来る人の人数とそのモデル化》

• 十分短い時間 Δt の間に窓口に人が来る確率は $\lambda\Delta t$ であるから，n 個の
中の特定の k 個で窓口に人が来て，残りの $(n-k)$ 個で窓口に人が来な
い確率は

$$(\lambda\Delta t)^k(1-\lambda\Delta t)^{n-k} \quad \rightarrow(8)\sim(11)$$

• $\Delta t=\dfrac{t}{n}$ であるから

$$p_k(t) = {}_nC_k(\lambda \Delta t)^k(1-\lambda \Delta t)^{n-k}$$

$$= \frac{n!}{k!\,(n-k)!}\left(\frac{\lambda t}{n}\right)^k\left(1-\frac{\lambda t}{n}\right)^{n-k}$$

$$= \frac{n!}{k!\,(n-k)!}\frac{(\lambda t)^k}{n^k}\left(1-\frac{\lambda t}{n}\right)^n\left(1-\frac{\lambda t}{n}\right)^{-k}$$

$$= \left(1-\frac{\lambda t}{n}\right)^n\frac{(\lambda t)^k}{k!}\left(1-\frac{\lambda t}{n}\right)^{-k}\frac{n!}{n^k(n-k)!}\quad \rightarrow(12)\sim(17)$$

- $\displaystyle\sum_{k=0}^{\infty}p_k(t)\,k$ の値は，時間 t の間に来る人の数の期待値 λt に等しいから

$$\sum_{k=0}^{\infty}p_k(t)\,k = \lambda t \quad \rightarrow(18)(19)$$

- $\lambda = \dfrac{2}{10}$，$t=10$ のとき　　$\lambda t = 2$

  よって，ある 10 分間に 1 人も来ない確率は

$$p_0(10) = \frac{2^0}{0!}e^{-2} = e^{-2} = 0.1353$$

  この値の小数第 4 位を四捨五入して小数第 3 位まで求めると

　　$0.135\quad \rightarrow(20)\sim(22)$

  また，ある 10 分間に 1 人だけ来る確率は

$$p_1(10) = \frac{2^1}{1!}e^{-2} = 2e^{-2} = 2\times 0.1353 = 0.2706$$

  この値の小数第 4 位を四捨五入して小数第 3 位まで求めると

　　$0.271\quad \rightarrow(23)\sim(25)$

III **解答**　(ア)(26)(27)(28) 324　(29)(30)(31) 043

　　　　　　　(イ)(32)(33)(34) 275　(35)(36) 45

(ウ)(37)(38)(39) 364　(40)(41)(42) 365　(43)(44)(45) 029

(エ)(46) 1　(47) 3　(48) 2　(49) 3

══════════════════ 解説 ══════════════════

《進数計算，検索回数の平均，確率計算》

(ア)　$CD_{(16)} = 12\times 16 + 13 = 205$，$0111_{(2)} = 2^2 + 2 + 1 = 7$

　これらの和は 212 であり，8 進数で表すと

　　$212 = 3\times 8^2 + 2\times 8 + 4 = 324_{(8)}\quad \rightarrow(26)\sim(28)$

また

$$57_{(8)} = 5 \times 8 + 7 = 47 = 2^5 + 2^3 + 2^2 + 2 + 1 = 101111_{(2)}$$
$$3B_{(16)} = 3 \times 16 + 11 = 59 = 2^5 + 2^4 + 2^3 + 2 + 1 = 111011_{(2)}$$

これらの各桁ごとに論理積（0を偽，1を真とする）を計算すると $101011_{(2)}$ であり，10進数で表すと

$$101011_{(2)} = 2^5 + 2^3 + 2 + 1 = 43 \quad \rightarrow (29) \sim (31)$$

(イ)　線形探索の場合であるから，与えられる生徒番号が必ずデータセットに存在する場合，検索回数の平均は

$$\frac{1 + 500}{2} = 250.5 \text{ 回}$$

一方，与えられる生徒番号がデータセットに存在しない場合，検索回数は必ず500回になる。よって，与えられる生徒番号が0.1の確率でデータセットに存在しない場合において，検索回数の平均は

$$250.5 \times 0.9 + 500 \times 0.1 = 275.45 \text{ 回} \quad \rightarrow (32) \sim (36)$$

(ウ)　30人全員が異なる誕生日であるのは，1人目はいつでもよく，2人目は1人目と異なる日，3人目は2人目までと異なる日，…，30人目は29人目までと異なる日となるときであるから，その確率は

$$\frac{365}{365} \times \frac{365-1}{365} \times \frac{365-2}{365} \times \cdots \times \frac{365-29}{365}$$

$$= 1 \times \frac{364}{365} \times \frac{364-1}{365} \times \cdots \times \frac{364-29+1}{365}$$

$$= \frac{{}_{364}\mathrm{P}_{29}}{365^{29}}$$

よって，求める確率は

$$1 - \frac{{}_{364}\mathrm{P}_{29}}{365^{29}} \quad \rightarrow (37) \sim (45)$$

(エ)　箱A，B，Cに賞品が入っている事象をそれぞれ A, B, C とする。また，参加者が箱Aを選択し，正解を知っているスタッフが箱Cのふたを開けて賞品が入っていないことを示す事象を X とする。

A のもとで X となるのは，スタッフが賞品の入っていない箱B，Cのうち箱Cのふたを開けるときであるから

$$P(A \cap X) = P(A) \times P_A(X) = \frac{1}{3} \times \frac{1}{2} = \frac{1}{6}$$

また，BのもとでXとなるのは，スタッフが賞品の入っていない箱C
のふたを必ず開けるときであるから

$$P(B \cap X) = P(B) \times P_B(X) = \frac{1}{3} \times 1 = \frac{1}{3}$$

そして，CのもとでXとはならないから

$$P(X) = P(A \cap X) + P(B \cap X) = \frac{1}{6} + \frac{1}{3} = \frac{1}{2}$$

よって，XのもとでAとなる確率は

$$P_X(A) = \frac{P(X \cap A)}{P(X)} = \frac{P(A \cap X)}{P(X)} = \frac{\frac{1}{6}}{\frac{1}{2}} = \frac{1}{3} \quad \rightarrow \text{(46), (47)}$$

また，XのもとでBとなる確率は

$$P_X(B) = \frac{P(X \cap B)}{P(X)} = \frac{P(B \cap X)}{P(X)} = \frac{\frac{1}{3}}{\frac{1}{2}} = \frac{2}{3} \quad \rightarrow \text{(48), (49)}$$

Ⅳ 解答

(ア)(50)—(1)

(イ)(51)—(3)　(52)—(0)　(53)—(2)　(54)—(1)　(55)—(2)

(56)—(2)　(57)—(0)　(58)—(2)　(59)—(1)

(60)(61)・(62)(63)—(20)・(18)（順不同）

(64)(65)・(66)(67)・(68)(69)—(38)・(36)・(16)（順不同）

(70)(71)(72) 044

―――――――― 解 説 ――――――――

《算術論理演算装置の設計》

(ア)　1ビットの制御信号（$subc$）が1のとき減算（SUB），0のとき加算
（ADD）がそれぞれ実行されるから， ｜ ア ｜ は$c0$である。 →(50)

(イ)　・2ビットの制御信号$mc[1..0]$により，動作表（表1）に示すよ
うに出力が制御されるから， ｜ イ ｜ は$c[1..0]$である。 →(51)

・制御信号MCが0のとき$A0$が選択され，MCが1のときは$A1$が選択
される動作を真理値表にすると次のようになる。 →(52)〜(59)

MC	A0	A1	Y
0	0	ϕ	0
0	1	ϕ	1
1	ϕ	0	0
1	ϕ	1	1

　この真理値表より，1 ビット 2-to-1 マルチプレクサの論理式は次のようになることがわかる。

$$Y = \overline{MC} \cdot A0 + MC \cdot A1 \quad \rightarrow (60) \sim (63)$$

・表 1 の mc0, mc1, u, v, w, y を，それぞれ MC0, MC1, A0, A1, A2, Y に変更すると次のようになる。

MC1	MC0	Y
0	0	A0
0	1	A1
1	0	A2
1	1	A2

　この動作表より，表 2 と同様の真理値表は次のようになる。

MC1	MC0	A0	A1	A2	Y
0	0	0	ϕ	ϕ	0
0	0	1	ϕ	ϕ	1
0	1	ϕ	0	ϕ	0
0	1	ϕ	1	ϕ	1
1	ϕ	ϕ	ϕ	0	0
1	ϕ	ϕ	ϕ	1	1

　この真理値表より，1 ビット 3-to-1 マルチプレクサの論理式は次のようになることがわかる。

$$Y = \overline{MC1} \cdot \overline{MC0} \cdot A0 + \overline{MC1} \cdot MC0 \cdot A1 + MC1 \cdot A2 \quad \rightarrow (64) \sim (69)$$

　そして，これを論理回路にすると次のようになる。ただし，スペースの関係で AND，OR，NOT 回路をそれぞれ A，O，N で表している。

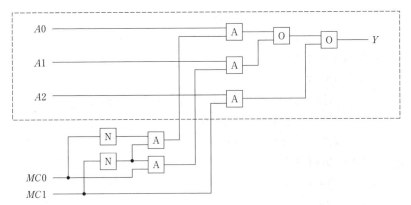

図 1 の ALU で必要となる 8 ビット 3-to-1 マルチプレクサでは，上図
の点線部分は 8 組必要になるから，AND，OR，NOT 回路の合計は

$$8 \times 5 + 4 = 44 \text{ 個} \quad \rightarrow (70) \sim (72)$$

 解答　(ア)(73)(74)—(13)　(75)(76)—(29)　(77)(78)—(12)　(79)(80)—(19)
(81)(82)—(21)　(83)(84)—(23)　(85)(86)—(15)　(87)(88)—(28)

(89)(90)—(12)　(91)(92)—(17)

(イ)(93)(94) 13　(95)(96) 61　(97)(98) 05　(99)(100) 08

=========== 解 説 ===========

《フィボナッチ数列の項の値を計算するアルゴリズム》

(ア)　リード文中の具体例（$m=4$ の場合）を参考にすると，リード文中の
アルゴリズムは次のようになる。

$\{i, s_1, s_2, s_3, \cdots\}$, $\{j, v_1, v_2, v_3, \cdots\}$ はスタックである。

s_1 の値を入力された整数 m，i の値を 1，j の値を 0 とする。

$i > 0$ である間，処理Aを繰り返す。　→(73)(74)

処理Aの始め

　もし s_i の値が整数なら処理Bを，記号 '+' なら処理Eを，それぞれ
　実行する。

　処理Bの始め

　　もし $s_i < 3$ なら処理Cを，そうでなければ処理Dを，それぞれ実行
　する。

　　処理Cの始め

---

v_{j+1} の値を 1 とする。　→(75)(76)

i の値を $i-1$, j の値を $j+1$ とする。　→(77)〜(80)

処理Cの終わり

処理Dの始め

s_{i+1} の値を s_i-1, s_{i+2} の値を s_i-2 とする。　→(81)(82)

s_i の値を '+' とする。　→(83)(84)

i の値を $i+2$ とする。　→(85)(86)

処理Dの終わり

処理Bの終わり

処理Eの始め

v_{j-1} の値を $v_{j-1}+v_j$ とする。　→(87)(88)

i の値を $i-1$, j の値を $j-1$ とする。　→(89)〜(92)

処理Eの終わり

処理Aの終わり

v_1 の値を出力する。

(イ)　・$m=5$ のとき，リード文中と同様の表は次のようになる。

行	s_1	s_2	s_3	s_4	s_5	v_1	v_2	v_3	v_4
1	5								
2	'+'	4	3						
3	'+'	4	'+'	2	1				
4	'+'	4	'+'	2		1			
5	'+'	4	'+'			1	1		
6	'+'	4				2			
7	'+'	'+'	3	2		2			
8	'+'	'+'	3			2	1		
9	'+'	'+'	'+'	2	1	2	1		
10	'+'	'+'	'+'	2		2	1	1	
11	'+'	'+'	'+'			2	1	1	1
12	'+'	'+'				2	1	2	
13	'+'					2	3		
14						5			

　　よって，処理Aの実行回数は　　13回　　→(93)(94)

　　アルゴリズム実行中の i の最大値は　　5　　→(97)(98)

・$m=5$ のときの表において

(i) 2行目から6行目のうち s_3 より右側の部分は，$m=3$ のときの表である。

　　よって，$m=3$ のとき処理Aの実行回数は　　4回

　　アルゴリズム実行中の i の最大値は　　3

(ii) 6行目から13行目のうち s_2 より右側の部分は，$m=4$ のときの表である。

　　よって，$m=4$ のとき処理Aの実行回数は　　7回

　　アルゴリズム実行中の i の最大値は　　4

以上，(i)，(ii)と $m=5$ のときの表から，次の表が得られる。

m	処理Aの実行回数	アルゴリズム実行中の i の最大値
3	4回	3
4	7回	4
5	$1+4+7+1=13$ 回	5
6	$1+7+13+1=22$ 回	6
7	$1+13+22+1=37$ 回	7
8	$1+22+37+1=61$ 回	8

→(95)(96)，(99)(100)

小　論　文

解答例　**設問 1.** 過去問題 1 では，西欧近代の「科学の知」が揺さぶりをかけられている中で，それに代わる未来の知をどう考えるかが問われている。過去問題 2 では，情報化社会の到来を目前に控え，21 世紀の社会における「知識」と「情報」の関係について問われている。過去問題 3 では，時代の節目に既存の秩序が崩れていく「不確定性の時代」の中での知的な心構えが問われている。これらに共通するのは，この先待ち受ける社会の変動に対処するために，知をどう捉えるかという論点である。それぞれの資料を読み取り，共通点と違いを把握する能力，そしてそれを参考に論述する能力とともに，既存の知の枠組みにとらわれずに考察を巡らせる能力が求められている。（300 字以内）

設問 2. 過去問題 4 は，オープンキャンパスの説明役の所属と出身地の組み合わせから，空欄を埋めることを求める問題である。解法の例から， 4 日目の ε の説明役の所属に着目すればよいことがわかる。過去問題 5 は，道路でつながれた 16 都市を一筆書きで結ぶ順番を問う問題である。同じく，接続する道路が 2 本のみの都市に着目すればよい。過去問題 6 は，複数の水槽間の水の移動量を問う問題である。水槽⑤から流出する水量が毎秒 12l であることから解答できる。これらの問題は，適切な点に着目すれば解答が導き出せることが共通している。着目すべき点を発見する能力と，そこから論理を積み重ねられる知的能力が求められている。（300 字以内）

設問 3 - 1. ①既存の知の枠組みにとらわれない考察能力

②適切な点に着目し論理を積み重ねる能力

③論理的推論に裏打ちされた想像力

④試験内容は，日吉キャンパスおよびその周辺の問題を見つけ，その改善策をプレゼンテーションするというものである。この試験により，まずは基本となる問題発見の実践能力を測ることができる。単純な観察力だけではなく，時間が限られていることから，違った条件下，例えば季節や天候や日時が違ったらどうであるか，という想像力が試される。また，改善策を提案する着眼点の適切さや，改善された結果どうなるかという論理的な

推論と想像の力をも測ることができる。さらに，それを実現可能な形にまとめてプレゼンテーションを行い，試験官を説得するという，論理的に説明する力とコミュニケーションの力が求められる試験である。(300字以内)

設問3-2. 実際に日吉キャンパス内およびその周辺を歩き，学生や教職員並びに周辺の人々にとって改善すべき点を見つけ，その改善策を試験官の前でプレゼンテーションする。プレゼンテーションは午後5時開始とし，それまでの時間配分は自由とする。評価は，①改善策の視点の新しさ，②改善策の想定される効果と実現可能性，③プレゼンテーションの説得力を重視し，この順に15点，10点，5点の点数配分とする。①では，誰にでも目につく問題や，誰にでも考えつく改善策ではなく，従来とは異なる視点からの問題の発見とその解決の能力を測る。②では，時間や予算の許す範囲での最適な改善策を提案する判断能力と，改善によってどのような効果が生まれるのかを想像する能力を評価する。また，社会における問題解決は，一人の力では難しいものも多いため，③では，それをどう説得力をもって提案し，賛同を得ることができるかを評価する。試験官は教員，職員，大学院生で構成され，日吉キャンパスの利用者も採用する。それぞれの評価ポイントについて，まず各自が点数化し，その後に協議した上で評点を付けるものとし，試験官の観点の偏りを除き，評価の公平性を担保する。(40マス×13行＝520字以内)

===== 解　説 =====

《過去問題から見る環境情報学部で求められる知的能力》

設問1. 設問の要求は，環境情報学部または総合政策学部の過去の入学試験で出題された小論文の問題の抜粋とその解答例から，それらの問題に共通する領域と構造，そして受験生のどんな知的能力を測ろうとする出題であったのかを記述することである。

　取り上げられている過去問題は，過去問題1が西欧近代の「科学の知」の問題点と「未来の知はどうあるべきか」について考えを述べる問題，過去問題2が21世紀の社会における「知識」と「情報」の関係について論じる問題，過去問題3が"不確定性の時代"に大学で学び社会に出ていく受験生自身の知的心構えを述べる問題である。それぞれ出題時には資料が付されていたが，本試験では資料名のみの紹介で本文は省略されている。

　一見してわかることは，問われているのが「知」の在り様だということである。また，過去問題1では西欧近代の「科学の知」が揺らいでいること，過去問題2ではインターネットの普及による情報化社会の到来，過去問題3では"不確定性の時代"といったように，社会の変革を目前にし，既存の知の枠組みが揺らいでおり，その中で新たな知の形をどのように考えるかを論じた問題となっている。この点を共通する領域と構造とすることができる。また，受験生に求められているのは，資料を読み取り論述する力と，既存の知にとらわれない新たな知の形を考察する能力であると言える。これらをまとめればよい。

設問2. 設問の要求は，環境情報学部または総合政策学部の過去の入学試験で出題された数学の問題とその解法の例から，それらの問題に共通する構造，そして受験生のどんな知的能力を測ろうとする出題であったのかを記述することである。今度は数学であるが，高度な数学能力は必要ない。

　過去問題4は，オープンキャンパスの説明役のSFC生の所属と出身地を組み合わせて，一定の条件で配置し，空欄に当てはまる組み合わせを答える問題，過去問題5は，道路でつながっている16都市を一筆書きのように，ちょうど一度ずつ訪ねる場合の順番を答える問題，過去問題6は，9つの水槽の水の移動量を答える問題である。

　こちらは問題の《解答例》を参考にすると，数学の力というよりも最初に着目すべき点を見つけ出せば，順次，正答を導き出せる構造になっていることがわかるだろう。求められているのは，その着目すべき点を見つけ出す力と，そこから論理的な積み重ねを行える知的能力である。これらをまとめればよい。

設問3. 設問は以下のような想定で進む。湘南藤沢キャンパスで新しい大学入試のあり方を問うコンテストが開催されることになり，自身の思考の特徴が評価され，そのコンテストの出場者に選ばれた。そのコンテストでは，新しい大学入試の土台となるようなプロトタイプとしてミニ試験を提案する。コンテストの当日にはそれぞれのミニ試験を環境情報学部の1年生5名ずつが受験する。

　また，ミニ試験の要件として，設問1および設問2で解答した知的能力に加えて，自身の思考の特徴（設問3-1の③で解答する）を発揮できること，受験者の知的能力を数値化・相対化できること，第三者が採点や評

価をしたり，受験者がお互いに比較できること，環境情報学部が実施する一般選抜や総合選抜とは異なる形式であることが求められている。試験は日吉キャンパスの敷地内で実施し，午後1時に開始して遅くとも午後7時に終わるものとする。

設問3-1． 設問の要求は，①設問1および②設問2で解答した知的能力，③自身の思考の特徴を書いた上で，④そのミニ試験の出題意図を述べることである。

　①〜③はそれぞれ20字程度であるため，簡潔に述べよう。③はミニ試験の内容が固まった上で解答するのがよい。④は設問3-2とセットで考えよう。実際の解答の流れは，①・②の知的能力をうまく落とし込める試験の内容を考え，その内容に沿ったもう1つの知的能力を③で答え，その上で④で，①〜③の知的能力をどのポイントで評価しうるかを説明する，というものになるだろう。

設問3-2． 設問の要求は，ミニ試験の内容を具体的に説明することである。その際，どのような分野のどのような資料や問題や実技を組み合わせてどのような知的能力を測り，どのような仕組みでその能力を数値化もしくは相対化するのかを述べることを求められている。設問3-1の④と連動した設問となるため，合わせて考える必要がある。ミニ試験の内容は，設問3-1の①・②を出発点にして考案しよう。特に①から，解法と解答が1つに決まった科目試験がそぐわないことがわかるだろう。また，②の着眼点を問う問題として，過去問題4〜6のような設問が考えられるが，その場で自分で作問するのも，①と③の能力を盛り込むのも難しい。つまり，本設問と同じく，小論文や総合問題形式の試験とするほうが解答しやすい。しかし一方で，どのような仕組みで知的能力を数値化もしくは相対化するのかについては，当然，解答が1つに決まった試験のほうが考えやすい。小論文・総合問題形式の試験を考案した受験生は，ここに工夫を凝らす必要がある。減点方式，加点方式なども考えられるが，問われている知的能力が1つではないことから，評価のポイントを複数設定しておくのがよいと思われる。

講 評

　2024年度は，環境情報学部および総合政策学部の過去問題を題材に，その出題意図を推論し，自分で新しい試験を考案するという，環境情報学部らしいユニークな出題であった。設問1では小論文の過去問題が，設問2では数学の過去問題が提示され，それぞれに共通するものを見つけ出して論じるという問題で，これまでにも出題されてきた，複数資料の読み取りとも通底する。これまで環境情報学部が受験生にどのような知的能力を求めてきたかについては，過去問に取り組んでいれば，十分につかめることであり，そうした取り組みを行ってきた受験生にとっては，決して突飛な出題ではなかったと思われる。

　設問3のミニ試験の考案は難問であったが，これも発想のヒントは過去問題にある。設問1と設問2で解答した，知的能力を測るために長年工夫を凝らして出題されてきたのが，環境情報学部の入試問題だからである。もちろん，設問3-1の③で解答した自分の思考の特徴を盛り込むなど，独自の点が求められるが，出発点として利用することはできたであろう。最も難しいのは，設問3-2で要求された「知的能力を数値化・相対化する仕組み」であり，ここにうまく落とし込める試験形式を考える必要があった。総じて，対策をしっかり行ってきた受験生にとっては，解答しやすい出題であったと言える。

/////////////// · **memo** · ///////////////

//////////////// · **memo** · ////////////////

////////////////// · **memo** · //////////////////

/////////////////// · **memo** · ///////////////////

2023
年度

解 答 編

解答編

■英語■

I　**解答**　[31]－1　[32]－2　[33]－2　[34]－3　[35]－1
　　　　　[36]－3　[37]－3　[38]－3　[39]－1　[40]－2
[41]－3　[42]－2　[43]－2　[44]－2　[45]－2

◆全　訳◆

≪3D プリンターの活用と知的な影響力≫

1　エドワード゠スミス医師は，非常に難しい手術をいくつか行っている。ボストン小児病院の小児神経外科医である彼は，曲がりくねってもつれた形に成長した腫瘍や血管を切除することが少なくない。「非常に複雑で，爆弾の信管を取り除くタイプの手術です」と彼は言う。それで，スミスは最近，珍しい道具，つまり 3D プリンターを使用して仕事の準備をしている。病院の技術者は，数日前に標準的な画像処理を使用して，子供の脳，腫瘍，その他すべての高解像度の模型をプリントする。スミスはそれを何時間も調べて，課題に対する微妙な触覚をゆっくりと高めてゆく。「問題を自分の手でつかむことができる」とスミスは言う。「手術のリハーサルを好きなだけ何度でもできる。」

2　手術中，スミスは，プリントされた脳を参照するために自分の隣に置いている。模型は視覚化ツールとして非常に強力なため，彼の手術時間は平均 12％短縮された。スミスの仕事ぶりは素晴らしい——だから，3D プリンターの見方も一新するはずだ。ほとんどの場合，3D プリンターは小さな職人用工場として市場に出され，1 回限りの製品やニッチな物品を生み出すのに役立つ。つまり，デスクトップサイズの産業革命というわけだ。

3　しかし，それ以上だったら？　3D プリンターが思考ツールとして同等に——あるいはそれ以上に——役立ちそうだとしたらどうだろうか？その知的な影響力は，インクジェットプリンターのそれのようなものにな

りそうだと私は信じるようになった。我々はプリンターを産業用印刷機の代替品とは（正しくは）考えていない。新聞や本を丸ごと印刷する人はほとんどいない。そうだ，我々は認識を補助する道具としてプリンターを使用している。我々は文書を机の上に並べ，熟考し，他の人に見せることができるように印刷しているのだ。

4　スミスが3Dプリンターを使用する方法はまさにそれだ。彼は製作物を手に入れるために脳をプリントしているのではない。彼は，電子メールを印刷するようにプリントするのだ——そう，文書として，だが，データを理解し問題を解決する方法として，と言ったほうがよい。もちろん，医師は腫瘍を視覚化するためにMRIやCTスキャンを長い間使用してきた。しかし，視覚化が三次元的なものである場合，画面にはない触覚的な影響力がある。新しいことがいろいろ学べる。建築家が建物の縮尺模型を作成するのはそのためだ。建物を周りからのぞき込むことによってのみ，何が起こっているのかを「把握」できるのだ。「画面上では不可能なこれらの空間的な関係と被写界深度を見ることができる」とスミスは言う。それは脳以外にも機能する。昨年の冬，NASAの天文学者は2連星系のモデルを印刷して，その複雑な恒星風を視覚化するのに利用したが，「これまで十分には理解できていなかった多くのことを発見した」と，NASAの客員研究員であるトーマス=マドゥラは述べている。

5　3Dプリントは利用のしやすさにも優れており，視覚障害者にも天文学を理解する新しい方法を提供してくれる。（数学もそうだ。サンディエゴの進取の気性に富んだ父親が，目の見えない娘が学べるように分数を印刷した。）ただし，3Dプリンターの能力を実際に解き放つためには，技術を改善する必要がある。3Dの「文書」を紙の文書と同じように使用する——つまり，1時間あるいはおそらくはほんの一瞬ちらっと見てからポイと投げ捨てる——つもりならば，印刷素材はリサイクル可能で，さらには生分解性である必要がある。付箋に相当する3Dプリンティングを想像してみてください！

6　さらに，我々は知的文化を進化させる必要がある。現在，我々は空間的推論を十分に評価したり，教えたりしていない。「リテラシー」とは一般的に読み書きだけを意味する。そんな必要はないのだ。私には，3Dデータのあらゆる種類の楽しく興味深い用途が思い浮かぶ。裁判所は，陪審

員が処理できる法医学的証拠をプリントできる。売上報告書を図表ではなく，操作可能な彫刻として提示できる。3D プリンターは単なる製品の工場ではない——思考の工場でもあるのだ。

■■■■■■■■■■ ◀解　説▶ ■■■■■■■■■■

▶[31]　1．「事前に」　2．「事後に」　3．「その中間に」

　困難な手術を行う前に，3D プリンターを使って下準備をしておくのだから，「前もって」の 1 が適切。

▶[32]　1．「非物質的」　2．「触覚的」　3．「抽象的」

　実際の手術に備えて 3D プリンターで作成した患部の模型で感覚をつかんでおくのである。tactile feel で「触覚」である。

▶[33]　1．「抑えること」　2．「生み出すこと」　3．「上向かせること」

　one-off products and niche objects「1 回限りの製品やニッチな物品」を目的語にするには 2 が適切。

▶[34]　1．「再現する」　2．「取り戻す」　3．「見なす」

　as 句が後続しているのがヒント。regard *A* as *B* で「*A* を *B* と見なす〔考える〕」の意。

▶[35]　1．「並べる」　2．「見落とす」　3．「隠す」

　目的語の them は印刷した文書を指している。思考ツールとして印刷した文書を使う，という文脈なので，2 や 3 では意味を成さない。

▶[36]　それぞれの選択肢を around につなげた意味は，1．「くんくん嗅ぎ回る」，2．「回避する」，3．「周りからじっと見る」。

　建物の縮尺模型は三次元の立体モデルなので周りからのぞき込むことによって，スクリーンという二次元平面からは得られない情報が把握できるわけである。

▶[37]　1．「蓄積した」　2．「疎外した」　3．「理解した」

　新たな思考ツールとしての 3D プリンターが，新たな学びを可能にしている例を示す文脈。「これまで十分には（　　　　）なかった多くのことを発見した」は要するに「十分にはわからなかったことがわかった」ということである。この空所に 1 や 2 を入れたのでは意味を成さない。

▶[38]　1．「持続する」　2．「抑制する」　3．「解き放つ」

　「3D プリントは利用のしやすさにも優れている」と述べられている一方で，「技術改善が必要である」とも述べられている。ということは，3D

プリントの能力はまだ十分に活用されていないことがわかる。したがって，3 が適切。

▶[39]　1.「さらに」　2.「逆に」　3.「比較的」

3D プリントに関して，第 5 段第 4 文（If we're going …）で「印刷材料はリサイクル可能で，さらには生分解性である必要がある」と述べられているのに対して，空所直後で「我々は知的文化を進化させる必要がある」と述べられている。前者と後者は追加の関係である。したがって，1 が適切。

▶[40]　1.「操作している」　2.「操作可能な」　3.「操作がうまい」

直後の sculpture「彫刻（作品）」と manipulate には操作されるという受動の関係がある（A sculpture can be manipulated.）。これを句で表現すると，a manipulable sculpture となる。

▶[41]「第 1 段によると，スミス医師は手術前に 3D プリンターを使用して…をつくり出している」

1.「患者の脳が完全に健康である場合にどう見えるかの模型」

2.「手術の指針として使用するための，以前の患者の血管の模型」

3.「切除される腫瘍を含む患者の脳の模型」

4.「患者から除去する予定の血管の模型」

第 5 文に copy of the child's brain, tumor and all「脳，腫瘍，その他すべての模型」とあるので，3 が適切。

▶[42]「3D 印刷技術の使用によって影響を受けていると言及されていないのは，スミス医師の仕事のどの側面か？」

1.「彼は，手術にかかる時間を短縮することができてきた」

2.「彼は，自身の過去の手術について，より詳細な記録を残すことができる」

3.「彼は，手術の準備をするためにもっと洗練されたツールを使用することができる」

4.「彼は，手術中に相談できるもっと優れたモデルを利用できる」

1 は第 2 段第 2 文（As a visualization …）に「手術時間は平均 12 ％短縮された」と言及されている。3 は第 1 段第 4 文（So these days, …）に「スミスは最近，珍しい道具，つまり 3D プリンターを使用して仕事の準備をしている」と言及されている。4 は第 2 段第 1 文（During the

operation, …）に「手術中，スミスは参照するために，プリントされた脳を自分の隣に置いている」と言及されている。

▶[43]「なぜ筆者は 3D プリンターをインクジェットプリンターと比較するのか？」

1．「場合によっては，インクジェットプリンターが依然として好ましいことを指摘するため」

2．「3D プリンターがインクジェットプリンターと同様の有用性を提供する可能性があることを示唆するため」

3．「画期的な技術としての 3D プリンティングの重要性を軽視するため」

4．「インクジェットプリンターは高度な作業には不十分であることを例証するため」

　第 3 段第 3 文（I've come to …）に「3D プリンターの知的な影響力は，インクジェットプリンターのようなものになりそうだ」とあるので，2 が適切。

▶[44]「筆者は，3D プリントの使用方法を促進するためにどのような要件を提案しているか？」

1．「印刷装置は過度に高価であってはならない」

2．「印刷素材は，1 回の使用で使い捨てにしてはならない」

3．「生産される物品は，よりきめ細かく正確である必要がある」

4．「印刷物は，現在よりも耐久性が高い必要がある」

　第 5 段第 4 文（If we're going …）に「印刷素材はリサイクル可能で，さらには生分解性である必要がある」とあるので 2 が適切。

▶[45]「3D プリンティングの理解を促進するために，筆者は教育的焦点のどんな変化を示唆しているか？」

1．「より広く教えられる 3D の設計技術」

2．「幾何学的な理解への一層の配慮」

3．「リテラシーの一層伝統的な概念への回帰」

4．「応用科学・技術へより重点を置くこと」

　最終段第 2 文（Right now, we …）で「現在，我々は空間的推論を十分に評価したり，教えたりしていない」と批判している。2 の geometric understanding「幾何学的な理解」は，幾何学が空間の図形や性質を扱う数学分野であることからすれば，「空間的推論」とほぼ同義である。した

がって，2 が適切。

◆━◆━◆━◆　●語句・構文●　◆━◆━◆━◆━◆━◆━◆━◆━◆━◆

（第1段）　fiendishly「すごく，非常に」　pediatric「小児科の」 neurosurgeon「神経外科医」　tumor「腫瘍」　blood vessel「血管」 gnarled「ゴツゴツした，節だらけの」　tangled「絡んだ，もつれた」 defuse a bomb「爆弾の信管を取り除く，爆弾処理をする」　high-resolution「高解像度」　nuanced「微妙な，繊細な」

（第2段）　reference「参照，参考」　most of the time「大体の場合，ほとんど常に」　pitch「市場に出す，売り込む」　artisanal「職人の」　niche 「隙間市場，ニッチ」　industrial revolution「産業革命」

（第3段）　What if …?「もし…としたらどうなるだろうか」　cognitive 「認識の，認知に関する」　ponder「熟考する，沈思する」

（第4段）　the way …「（接続詞の as 的に用いて）…のように」　MRI 「磁気共鳴映像法（＝Magnetic Resonance Imaging)」　CT scan「コンピューター断層撮影（＝Computed〔Computerized〕Tomography scan)」 haptic「触覚の」　scale model「縮尺模型」　Only by … do you "get" what's going on. は否定辞〈Only by …〉を前置したため，後続部分が疑問文の語順をとっている。spatial relation「空間的関係」　depth of field 「被写界深度（写真撮影で被写体の奥や手前にどれだけピントが合っているかを示すもの）」　binary-star「連星」　solar wind「太陽風，恒星風」 visiting scientist「客員研究員」

（第5段）　accessibility「利用可能性，可触性」　enterprising「進取の気性に富んだ」　fraction「分数，比，割合」　toss aside ～「～をポイと投げ捨てる」　biodegradable「生（物）分解可能な」　equivalent「同等のもの」

（第6段）　spatial reasoning「空間的推論」　It doesn't have to. は It doesn't have to (mean writing and reading). とカッコ内を補うとよい。 envision「心に描く，思いを巡らす」　forensic「法医学の」　jury「陪審員団」　render「提示する」　not as A but as B「A としてではなく B として」　sculpture「彫刻作品」　not just A──B「単に A ではなく B でもある（＝not only A but (also) B)」

Ⅱ　解答　　[46]－2　[47]－1　[48]－2　[49]－2　[50]－3
　　　　　　　　[51]－3　[52]－3　[53]－2　[54]－1　[55]－3
[56]－3　[57]－3　[58]－1　[59]－3　[60]－1

━━━━━━━◆全　訳◆━━━━━━━━━━━━

≪再考すべきロビン=フッドの原則≫

1　国際開発援助は，金持ちから取って貧乏人に与えるというロビン=フッドの原則に基づいている。国の開発機関，多国間組織，および NGO は現在，この考えを念頭に置いて，豊かな国から貧しい国に年間 1,350 億ドル以上を送金している。ロビン=フッドの原則をもっと正式に表した用語は「世界主義的優先主義」で，これは，どこに住んでいようと，世界中のすべての人を同じように考えるべきであり，その援助が最も役立つところに支援を集中するべきであるという倫理規則である。多く持っている人よりも少ない人のほうが優先されるのである。この哲学は，暗にであれあからさまにであれ，経済発展のための援助，健康のための援助，および人道上の緊急事態のための援助を導くものである。

2　表面的には，世界主義的優先主義は理にかなっている。貧しい国の人々はより差し迫ったニーズを抱えており，貧しい国では物価水準がはるかに低いため，1ドルや1ユーロが母国での2倍または3倍の価値を持つのである。母国で使ってもそれはぜいたくであるだけでなく，すでに裕福な人々（少なくとも相対的に，世界的な基準で判断した場合）にまで及ぶため，あまり効果がない。

3　海外からの援助よりも，成長とグローバリゼーションを通じてのほうが，世界の貧困削減に大きな進歩があったことは間違いない。貧困層の数は，過去 40 年間で 20 億人以上から 10 億人弱に減少した——これは，世界人口の増加と，特に 2008 年以降における世界の経済成長の長期的な減速を考えると，驚くべき偉業である。貧困の削減は感動的で大歓迎だが，それは代償なしでは達成できなかった。貧しい国で非常に多くの人々を救ったグローバリゼーションは，豊かな国の一部の人々に害を及ぼした。工場や仕事が労働力のより安い場所に移動したからである。これは倫理的に許容できる代償だと思われた。なぜならば，損をしている人々は，得をしている人々よりもすでにはるかに裕福（かつ健康）だったからである。

4　長年にわたる不快感の原因は，これらの判断を行う我々がその代償を

評価するのに適切な立場にないということだ。学界や開発産業の多くの人と同じように，私はグローバリゼーションの最大の受益者の１人である——受益者とは，我々の親たちが夢見ていたよりも大きく豊かな市場でサービスを販売できる人々のことだ。グローバリゼーションは，その見返りを享受できないだけでなく，その影響に苦しむ人々にとっては，それほど素晴らしいものではない。たとえば，以前から知られていたことだが，教育を受けていない低所得のアメリカ人は40年間ほとんど経済的利益を得られなかったし，アメリカの労働市場の底辺が過酷な環境になる可能性はあったのだ。しかし，これらのアメリカ人はグローバリゼーションによって一体どれほど苦しんでいるのだろうか？　彼らは，以前は自分たちの故郷にあった工場で現在働いているアジア人よりもはるかに暮らし向きがいいだろうか？

5　たいていのアメリカ人は間違いなくそうだ。しかし，数百万人のアメリカ人——黒人，白人，ヒスパニック系——は現在，１人当たりの収入が１日２ドル未満の世帯に住んでいるが，これは，世界銀行がインドやアフリカにおける極貧レベルの貧困を定義するために使用する基準と本質的に同じである。この収入で米国内で住居を見つけることは非常に困難であるため，インドやアフリカにおける１日２ドルの貧困よりも，米国における１日２ドルの貧困のほうがほぼ間違いなく深刻である。

6　そのうえ，アメリカが誇る機会の平等は脅威にさらされている。グローバリゼーションによって工場を失った町や都市は，課税ベースも失い，質の高い学校——次世代のための逃げ道——を維持するのが難しくなっている。エリート学校は，支払いのために裕福な人たちを募集し，何世紀にもわたる差別を是正するために少数派の機嫌をとる。しかし，これは間違いなく，白人労働者階級の間で憤慨を助長する。彼らの子供たちは，この素晴らしい新世界で居場所を見つけられないのだ。

7　市民権には，我々が他の国の人々と分かち合うことのない一連の権利と責任が伴う。しかし，倫理ガイドラインの「世界主義的」の部分は，我々が同胞の市民に対して持つ特別な義務を無視している。我々は，これらの権利と義務を一種の相互保険契約と考えることができる。つまり，我々は，同胞の市民に対するある種の不平等を黙認することを拒否し，集団的脅威に直面した場合，私たち一人一人が支援する責任——および，

支援を期待する権利——を持っているのだ。これらの責任は，世界の他の場所で苦しんでいる人々に対する我々の責任を無効にしたり上書きしたりするものではないが，物質的な必要性だけで判断すると，重要な考慮事項を除外する危険を冒してしまうことを意味している。

8　エリートが線路の向こう側よりも海の向こう側にいる人々のことを気にかけていると市民が信じると，保険は崩壊し，我々は派閥に分断し，取り残された人々は怒り，もはや役に立たない政治に幻滅する。我々は彼らが求める救済策には同意しないかもしれないが，彼らと我々の危険を覚悟のうえで，彼らの本当の不満を無視しているのだ。

出典追記：Rethinking Robin Hood, Project Syndicate on June 13, 2016 by Angus Deaton

━━━━◀解　説▶━━━━

▶[46]　1．「矛盾する」　2．「役立つ」　3．「邪魔する」

　直前の it は 2 語前の help「援助」を指している。同じ援助でもそれが最も効果的なところに集中的に支援するのである。1 や 3 では支援が意味を成さない。直後の文（Those who have less …）で，持たない者が多くを持つ者より優先される，と述べられていることも参照。

▶[47]　選択肢はすべて「なる」の意であるが，further（原級は far）につながって意味を成すのは 1 のみ。go far で「役立つ，価値が大きい」の意である。

▶[48]　1．「一層〜ある」　2．「一層〜ない」　3．「幾分か」

　do good で「役立つ，効果がある」の意である。前文で，同じ 1 ドル・1 ユーロでも，貧しい国では大きな効果があると述べられている。空所を含む文では，ドルやユーロによる支援が at home，すなわちドルやユーロを自国通貨とする先進国だとどうなるかについて述べられていることに注意。空所より前の部分では，より費用がかさむことや，すでに裕福な人々にも支援の効果が及んでしまうなど，否定的な評価が並んでいることから，空所内も同様の評価が続くと考えるのが妥当。2 が適切。

▶[49]　1．「衰退」　2．「偉業」　3．「急上昇」

　「貧困層の数は，過去 40 年間で 20 億人以上から 10 億人弱に減少した」ことを説明するのが——（ダッシュ）以下である。世界の貧困層の半減は驚くべき偉業に他ならない。

▶[50]　1．「理由」　2．「ボーナス」　3．「代償」

　後続文で「貧しい国で非常に多くの人々を救ったグローバリゼーションは，豊かな国の一部の人々に害を及ぼした」と述べられ，貧困の削減には豊かな国の代償が伴ったことが説明されている。3 が適切。

▶[51]　1.「犠牲者」　2.「敵対者」　3.「受益者」

　——（ダッシュ）以下に同格の説明句「我々の親たちが夢見ていたよりも大きく豊かな市場でサービスを販売できる人々」があるので 3 が適切。

▶[52]　1.「心から」　2.「疑い深く」　3.「間違いなく」

　Most は Most of these Americans の省略形で，are の次には much better off … in their hometowns が省略されている。後続文で「1 人当たりの収入が 1 日 2 ドル未満のアメリカ人も数百万人いる」と述べられているが，その先頭に But「しかし」があるので，大半は暮らし向きがいいのは間違いないといえる。

▶[53]　1.「～の上方で」　2.「～の下で」　3.「～を超えて」

　under threat で「危機にひんして，脅威にさらされて」の意である。後続部分で「質の高い学校を維持するのが難しくなり，エリート学校は富裕層を入学させ少数派を優遇するために，白人労働者階級の間で憤慨を助長している」と説明されているので，アメリカが誇る機会の平等が脅威にさらされていることがわかる。

▶[54]　with につながるのは 1 と 3 で，それぞれ 1.「随伴する」，3.「味方する」という意味になる。2 はつながらない。市民権に，権利・責任は付きものである。3 の「市民権が権利・責任を味方する」では意味を成さない。

▶[55]　1.「～に従って」　2.「～と真っ逆さまに」　3.「～に直面して」

　相互保険契約とは，集団的脅威に直面した場合，一人一人が支援し合う仕組みである。1 や 2 の「～」に collective threats「集団的脅威」を入れても意味を成さない。

▶[56]　「第 6 段で，筆者はどんな『脱出ルート』に言及しているか？」
1.「不法入国国境検問所」
2.「アメリカからの移民への近道」
3.「若者のキャリアアップへの道」
4.「米国の福祉への迅速なアクセス」

the escape route for the next generation「次世代のための逃げ道」は，――（ダッシュ）の直前の quality schools「質の高い学校」を説明する同格語句である。学校で学習すれば upward mobility「社会的地位の上昇」の道が開かれる。したがって，3 が適切。

▶[57]「第 7 段で，筆者は『相互保険契約』という言葉で何を意味しているか？」

1．「豊かな国から援助を受ける貧しい国には，果たすべき特別な義務がある」

2．「緊急支援は，すべての国で困っている人々の間で共有されるべきだ」

3．「豊かな国の人々は，同じ国の他の人々から支援を受けることができるべきだ」

4．「我々は第一に，貧しい国で苦しんでいる人々への支援を確保することを優先すべきだ」

倫理ガイドラインの「世界主義的」の部分を強調するあまりに，同じアメリカの同胞市民に対して持つべき支援義務を無視している現状を批判して，支援は一種の相互保険契約と考えるべきだと提言している。困ったときには互いに助け合うことが相互保険契約の本質である。つまり，海外の貧困層支援ばかりに目を向けるのではなく，足元のアメリカ国内の貧困層への支援の必要性を強調しているのである。したがって，3 が適切。

▶[58]「最後の段落で，『彼ら』とは誰を指しているか？」

1．「米国の恵まれない人々」

2．「発展途上国の飢えた人々」

3．「先進国の影響力のあるエリート」

4．「人道支援を提供する NGO スタッフ」

they を含む文の前文の them，その前の those who are left behind「取り残された人々」を指す。この「取り残された人々」とは，第 4 段第 4 文（We have long …）の less-educated and lower-income Americans「教育を受けていない低所得のアメリカ人」，the bottom end of the US labor market「アメリカの労働市場の底辺」，第 5 段第 2 文の several million Americans――black, white, and Hispanic「（1 人当たりの収入が 1 日 2 ドル未満の世帯に住んでいる）数百万人のアメリカ人――黒人，白人，ヒスパニック系」を指している。したがって，1 が適切。

▶[59] 「筆者によれば，正しくないのは次のうちどれか？」

1．「ブルーカラー労働者は，発展途上国の貧しい人々に比べて，自分たちの要求が無視されていると感じるかもしれない」

2．「ロビン=フッドの原則には，発展途上国が優先して支援を受けるべきだという考えが含まれている」

3．「ロビン=フッドの原則により，先進国の貧困層は発展途上国の貧困層よりも暮らし向きがいい」

4．「発展途上国の貧しい人々を救おうとする試みは，米国で困窮している人々に悪影響を及ぼす」

　　1・4 は第 8 段第 1 文（When citizens …）より推測できる。2 は第 1 段第 3・4 文（A more formal … who have more.）に合致する。3 は第 5 段第 2 文（But several million …）に「数百万人のアメリカ人——黒人，白人，ヒスパニック系——は現在，1 人当たりの収入が 1 日 2 ドル未満の世帯に住んでいるが，これは，世界銀行がインドやアフリカの極貧レベルの貧困を定義するために使用する基準と本質的に同じである」とあるのに反する。

▶[60] 「本文のタイトルとして最も適切なものは次のうちどれか？」

1．「ロビン=フッドの再考」

2．「ロビン=フッドの再起動」

3．「ロビン=フッドの救出」

4．「ロビン=フッドの逆転」

　　第 5 段でアメリカ国内の貧困はインドやアフリカの貧困よりむしろ深刻であると述べ，第 7 段では海外支援に焦点を当ててきたロビン=フッド原則の世界主義的な見方を批判し，最終段で，国内の貧困問題へ目を向けないと政治に対する幻滅を生みかねないと警鐘を鳴らしている。したがって，1 が適切。

◆━◆━◆━◆━◆━◆　●語句・構文●　◆━◆━◆━◆━◆━◆

（第 1 段）Robin Hood「ロビン=フッド（中世イングランドの伝説上の人物で，シャーウッドの森に住み，部下のリトル=ジョンやタック坊主などとともに悪政に苦しむ民衆を助けた義賊とされている）」 multilateral「多国間の」 transfer「移動させる，送金する」 cosmopolitan「世界主義的な」 prioritarianism「優先主義」 ethical「倫理的な，道徳的な」

priority「優先度」　implicitly「黙示的に」　explicitly「明示的に」
humanitarian「人道（主義）的な」　emergency「緊急事態」

（第 2 段）　pressing「緊急の，差し迫った」　well off「裕福である，暮らし向きがいい」

（第 3 段）　stride「歩み」　given ～「～を考えると」　migrate「移住する」

（第 4 段）　long-standing「長年にわたる，積年の」　dream of ～「～の夢を見る，～を夢想する」　reap its reward「成果を得る」　used to ～「（現在は違うが）昔は～だった」

（第 5 段）　per capita「1 人当たりの」　destitution-level poverty「極貧レベルの貧困（世界銀行は 1 日 1.9 ドル未満での生活を強いられる層と定義している）」

（第 6 段）　much-vaunted「大言壮語の，大げさに称賛されている」　equality of opportunity「機会均等〔平等〕」　recruit「募集する」　court「機嫌をとる」　redress「是正する」　discrimination「差別」　foster「助長する」　resentment「恨み，憤慨」　brave new world「素晴らしい新世界」

（第 7 段）　a set of ～「一連の～」　ignore「無視する」　obligation「義務（感），責任」　mutual insurance「相互保険」　contract「契約」　tolerate「寛大に取り扱う，許容する」　invalidate「無効にする」　override「覆す」　material need「物質的要求」　risk *doing*「～する危険を冒す」

（第 8 段）　care about ～「～を大事に思う，～を気にかける」　train tracks「線路」　divide into ～「～に分かれる」　faction「派閥，党派」　be left behind「取り残される，置いていかれる」　disillusion「幻滅させる」　remedy「救済策，改善措置」　grievance「不平のもと，腹立ち」　at *one's* peril「危険を覚悟で，自分の危険負担で」

Ⅲ　**解答**　[61]－1　[62]－2　[63]－3　[64]－3　[65]－1
　　　　　　　　[66]－3　[67]－2　[68]－2　[69]－1　[70]－2
[71]－1　[72]－2　[73]－2　[74]－1　[75]－3　[76]－3
[77]－3　[78]－1　[79]－1　[80]－2　[81]－4　[82]－4

[83]－2　　[84]－4　　[85]－2　　[86]－1　　[87]－4　　[88]－3

[89]－3　　[90]－1

~~~~~~~~~~~~~~◆全　訳◆~~~~~~~~~~~~~~

≪起業時の精神を維持することが企業成長の秘訣≫

1　スタートアップ企業には本質的で触れることのできないもの――つまりエネルギー，魂がある。会社の創設者たちはその存在を感じる。初期の従業員や顧客もそうだ。それは，才能，お金，熱意を捧げるように人々を鼓舞し，深いつながりと相互目的の感覚を育む。この精神が続く限り，仕事への没頭度は高く，スタートアップ企業は俊敏性と革新性を維持し，成長に拍車をかける。しかし，それがなくなると，ベンチャー企業は失敗する可能性があり，誰もがそれがなくなったことを認識する――何か特別なものがなくなったのだ。

2　「スタートアップ企業の魂」について話すのを私が最初に聞いた人は，『フォーチュン』誌の選ぶ 500 人の CEO の 1 人で，彼は自分の組織内でその魂を復活させようとしていた。多くの大企業がこのような「捜索と救助」の取り組みを行っているが，この取り組みは残念な真実を反映している。ビジネスが成熟するにつれて，元の精神を維持することは困難になる。創業者や従業員は，魂を文化と混同することが多い。特に，徹夜の仕事，柔軟な職務明細，Tシャツ，ピザ，無料のソーダ飲料，家族のような雰囲気といった自由な気風と混同するのだ。彼らは，それが衰退してようやく，それに気づき，感傷的になるのだ。投資家は時々，企業の感情的な核心を完全に無視し，企業を「専門化」させ，市場の要求に応じて方向転換するよう強要する。また，「起業家精神」を取り戻そうとする組織は，表面的な取り組みをする傾向があり，行動規範に注意を向けるものの，本当に重要なことに焦点を合わせそこなうのだ。

3　過去 10 年間にわたって，私はこの問題とそれをどのように克服できるかをよりよく理解しようと試みて，10 を超える急成長ベンチャー企業を研究し，その創業者や幹部に 200 以上のインタヴューを行ってきた。多くの企業が当初の本質，創造性，革新性を保持するのに苦労している一方で，一部の企業は極めて効果的にそれを保持し，それによって出資者との強力な関係を維持し，ベンチャー企業を確実に繁栄させ続けていることを知った。起業家，コンサルタント，そして私のような学者は，企業が成長

するにつれて組織と体制を整える必要性をしばしば強調するが，その精神を維持することの重要性を見逃している。我々はその両方に焦点を当てることができるし，また，そうすべきである。リーダーは，努力して決然と，自分の組織内で正しく真実であることを育み，守ることができる。

4　対照的に，ほとんどの創業者は，たとえ自分ではそれを正確に表現できなくても，彼らのスタートアップ企業はその使命，ビジネスモデル，および才能以上の何かに関わっていると信じていた。たとえば，ハワード=シュルツは著書『Onward』の中で，スターバックスの精神を次のように説明している。「我々の店舗とパートナー〔従業員〕は，我々がサービスを提供するコーヒーとコミュニティに対する深い敬意は言うまでもなく，安らぎの場所，高揚感のある快適さ，つながりを協力して提供するときに，最高の状態になる。」私は別の創業者にもインタヴューしたが，彼は「顧客と会社への忠誠」が自分のビジネスを素晴らしいものにした「核心」だと見なしていた。3 人目の人は，この本質について「大胆な目標と一連の共通の価値観を中心に構築された共通の目的」と述べた。初期の従業員たちは私に次のように語った。自分の企業に強く一体感を感じたし，セバスチャン=ユンガーがその著書『Tribe』で「忠誠心と帰属意識，そして意味に対する人間の永遠なる探求」と呼んでいるものを感じていた，と。

5　私の調査では，ビジネスの意図，顧客とのつながり，従業員の経験という 3 つの要素が組み合わさって，ユニークで刺激的な仕事の背景が生み出されることがわかった。これらの要素は，行動を形成することを目的とした文化的規範にとどまるものではない。それらの効果はもっと根深く，別のより熱心な関与と仕事ぶりを引き起こす。それらは仕事の意味を形成し，仕事を単なる取引ではなく相関的なものにする。従業員は，活気に満ちたアイデア，エンドユーザーへのサービスという観念，および職業生活の独特で本質的な見返りと結びつく。人々は会社と感情的なつながりを形成し，そのつながりが組織に活力を与えるのだ。

6　私が研究したすべてのベンチャー企業は，その企業独自の，人を活気づけるような目的を持っていた。通常，この「ビジネス上の意図」は起業家に端を発しており，起業家はそれを従業員に伝えて，長時間低賃金と引き換えに安定した仕事をするよう説得した。私がインタヴューした人々は，多くの要因――最終的な利益を得たいという欲求を含め――によって，

その会社に入社するようになったが，全員が何らかの形で「歴史的な偉業を成し遂げ」，より大きな何かの一部になりたいというより高い願望を持っていた。彼らは，製品やサービスを作り，広め，消費する方法を変えることで，人々の生活を改善するビジネスを構築したいと考えていた。多くのベンチャー企業は，その使命や事業範囲を定義しているが，私が明らかにした意図はさらに踏み込んでいて，ほぼ実存的な重要性——つまり存在理由を持つようになっている。

7　数十億ドル規模の情報サービスおよび人材派遣会社であるリクルートホールディングス内で 2011 年に開始された日本企業，スタディサプリについて考えてみよう。衰退していたリクルートの教育事業を立て直そうとして，当時比較的入社して日の浅い山口文洋氏は，生徒が大学受験の学習ガイドに無料でアクセスできるようにすることで，生徒を支援するウェブサイトを生み出す計画を立てた。社内ベンチャー企業の立ち上げを担当する社内グループにこのアイデアを提示したとき，彼は，ウェブサイトがより多くの人々に学習教材へのアクセスを提供することによって，日本の教育の不平等に取り組むだろうと説明した——この意図は，社会に新たな価値を創造するというリクルートの長年の使命に合致するものだった。

8　開始以来，スタディサプリは進化を続けてきたが，常に当初の意図を尊重してきた。他の動きとして，スタディサプリは大学の入学準備サービスや高校の教師が補習生に使用するツールとしてサービスを売り込み，コンテンツを拡大し，小中学校の教材や大学での教育指導を含めるまでになった。2015 年 4 月には親会社を通じて，主に東南アジア市場で同様のサービスを提供していたクイッパー社を買収した。クイッパーの創設者である渡辺雅之は，スタディサプリが持つ意図のために，この取引を気に入ったと述べた。「私たちは，学習は特権ではなく権利であると信じていました。私たちは同じビジョンを共有しました。」 優秀な社員も同じように感じた。「私はこれらの問題に対処するというアイデアに引かれた」とある従業員は私に語った。「私が参加した動機は，顧客に真の価値を提供することだった。ユーザーとその保護者は，自分の学力が向上していることを実際に見ることができる。」 2019 年初頭までに，スタディサプリは598,000 人の有料加入者を抱えるリクルート教育事業の中心的なブランドとして浮上した。

9　多くの場合，企業の魂が消えつつあったり，消失してしまっていることに人々が気づくには，危機が必要である。最近，フェイスブックとウーバーはともに，道に迷ったことに対して公に顧客に謝罪した。2018 年，何百人ものグーグルの従業員が，中国での反対意見の鎮圧を促進すると思われる検索エンジンの開発計画を棚上げするよう，このハイテクの巨大企業に要求した。「我々の多くは，会社の価値観を念頭に置いてグーグルでの雇用を受け入れたのだ」と，彼らは会社へ宛てた手紙の中で指摘した。「グーグルは利益よりも価値観を優先するのに前向きの企業であるという理解を含めて。」

10　魂へのダメージが特に深刻な場合，創業者はそれを回復するために元に戻ることがある。2008 年，ハワード＝シュルツがスターバックスでCEO の役割を再開した理由は，彼がその著書で説明したように，「スターバックスブランドに固有の何かがなくなっていると感じた」からである。その後の数カ月で，彼は会社の精神を復活させるために多くの措置を講じた。とりわけ，彼は社外会議を招集し，そこでリーダーたちがブランドについて広く考え，特に顧客関係に焦点を当てた。彼はチームに次のように語っている。「我々の思考に対する唯一のフィルターは，次のようなものであるべきだ。我が社の従業員がプライドを持てるだろうか？　顧客満足体験が向上するだろうか？　お客様の気持ちや心の中でスターバックスが高められるだろうか？」　数週間後，投資家たちに改革案を提示したとき，彼は会社の当初の事業目的への回帰を思い起こさせ，次のように述べた。「この聴衆の中には，コーヒーを中心とする全国的なブランドをつくり，社会的良識のある会社をつくることもできるかもしれないという若い起業家の夢を信じている方々がいらっしゃいます。みなさまや他の多くの方々を説得すべき時なのです…もう一度スターバックスを信じてください。」

11　組織の魂を守ることは，創業メンバーによる仕事のうちほとんど評価されていない部分だとしても，経営や株式分割などの重要な意思決定分野と同じく非常に重要なのだ。スタディサプリとスターバックスはどちらも，起業から大企業へと成長させた魔力を維持するために創業者がなした慎重な努力のおかげで，スタートアップ企業として開花した。長期的には，強い魂はさまざまな出資者を引き込み，刺激するだろう。企業は変化，規律，および専門化を確立するとともに，ビジネスの目的，顧客とのつながり，

および従業員の経験という精神的三位一体を持ち続けるよう努める必要が
ある。それが成長だけでなく，偉大さの秘訣でもあるのだ。

━━━━◀解　説▶━━━━

▶[61]　1.「拍車をかける」　2.「減らす」　3.「抑える」

　仕事への没頭度が高く，俊敏性と革新性を維持していれば，成長は続く
はずである。したがって，1が適切。

▶[62]　1.「アップグレードする」　2.「混同する」　3.「抱く」

　with が後続しているのがヒント。confuse *A* with *B* で「*A* と *B* を混同
する」の意。

▶[63]　1.「(カメラが) 画像を徐々に遠ざけて縮小する」　2.「収支が
合う，損得なしになる」　3.「(ミサイルなどが目標などに) 向かう，狙
いを定める」

　空所は，直前で述べられている，組織が起業家精神を取り戻そうとする
試みは表面的な取り組みに陥りがちだ，という主節に続く，分詞構文内に
ある。この分詞構文は，結果的用法。表面的な取り組みとは，本当に重要
なことには触れないものである。したがって，3が適切。2も3も難度が
高い語。

▶[64]　1.「ぶらぶらする，とりとめもなく話す」　2.「撤回する，同
じ道を引き返す」　3.「繁栄する，成功する」

　効果的に起業時の精神を保持し，出資者との強力な関係を維持していれ
ば，そのベンチャー企業は存続し繁栄し続けるはずである。3が適切。

▶[65]　1.「対照的に」　2.「結果として」　3.「時々」

　第3段に注目。第3文 (So often entrepreneurs, …) では，しばしば
起業家やコンサルタントや学者はビジネスの枠組みを重視するあまり精神
性を維持することの価値を見逃しがちだ，という趣旨が述べられている。
空所を含む第4段第1文は，多くの創業者は，自分たちのスタートアップ
はビジネスの使命や枠組みなど以上の何かに関わっていると信じていた，
という趣旨。これらは対になる内容なので，1を選択すれば，文脈にかな
う。

▶[66]　1.「(be 動詞を伴った受身形で) ～に注目を奪われた」　2.
「立ち上げ段階の」　3.「気持ちを高めさせる」

　スターバックスが提供するものとして，安らぎの場所，つながりと並べ

て適切なのは，快適さの高揚感である。1 や 2 を提供するはずがない。

▶[67]　1.「時代遅れの」　2.「大胆な」　3.「常軌を逸した，不規則な」

　企業の従業員共通の目的としてふさわしいものは，大胆な目標である。1 や 3 では，求心力のある目標たりえない。

▶[68]　1.「無効にする」　2.「火付け役となる」　3.「脱線させる」

　前文に「これら（ビジネスの意図・顧客とのつながり・従業員の経験）は，単に行動を形成することを目的とした文化規範ではない」とある。空所を含む文の前半部では，ビジネスの意図・顧客とのつながり・従業員の経験が行動形成以上の効果を発揮すると述べられている。空所を含む節は，and で接続されているので，2 を選び，熱心な関与と仕事ぶりを引き起こす，という趣旨にすればよい。

▶[69]　1.「活気づける，奮い立たせるような」　2.「恩着せがましい，人を見下したような」　3.「士気をくじく，やる気をなくさせるような」

　空所を含む文の with ～, with ～, and with ～ と述べられている箇所は，3 つの要素，ビジネスの意図・顧客とのつながり・従業員の経験に対応している。これらが職場に生み出すポジティブな効果を述べている段落なので，2 や 3 のようなネガティブな表現はふさわしくない。

▶[70]　1.「防火壁」　2.「思いがけなく手に入った大金，棚ぼた」　3.「水位線，海岸線」

　人々を会社に入社するように仕向けた要因の一つはお金であろう。1 や 3 は入社の要因とは無関係である。

▶[71]　1.「明らかにした」　2.「取り外した」　3.「解き放った」

　第 6 段第 1 文にあるように，筆者はベンチャー企業を研究してきたのであるから，筆者が企業の持つ意図をどうしたのか，と考えれば 2 や 3 はありえない。

▶[72]　1.「反論した」　2.「ふ化させた」　3.「回避した」

　hatch「ふ化させる」は目的語に a plan をとって「（計画などを）立てる」の意でも使われる。

▶[73]　1.「逮捕すること」　2.「立ち上げること」　3.「防ぐこと」

　起業プランの持ち込み先であること，また，目的語が in-house ventures「社内ベンチャー」であることから 2 が適切。

▶[74]　1.「敬意」　2.「暴露」　3.「抵抗」

　its original intent「当初の意図」とは第 7 段最終文（When he presented …）にある「学習教材へのアクセスを提供し，日本教育の不平等に取り組む（意図）」である。空所を含む文の次の文に「スタディサプリは大学入試の準備サービスや高校補習用サービス，さらには小中学校の教材や大学での教育指導を含めるようにした」とあり，スタディサプリは当初の意図を持ち続けていることがわかる。したがって，1 が適切。

▶[75]　1.「契約した」　2.「停滞した」　3.「現れた」

　スタディサプリは 598,000 人もの有料加入者がいるのだから，リクルート教育事業の中心的なブランドになっているのである。したがって，3 が適切。emerge as ～ で「～として現れる，～として浮上する」の意。

▶[76]　1.「実行する」　2.「策定する」　3.「棚上げする」

　「中国での反対意見の鎮圧を促進すると思われる検索エンジンの開発計画」は「利益よりも価値観を優先する」というグーグルの企業精神に反するから，その開発計画を中止するよう何百人ものグーグルの従業員が要求したのである。したがって，3 が適切。

▶[77]　1.「棄却〔解雇・解散〕可能な」　2.「温和な」　3.「深刻な」

　創業者が企業精神を修復するために戻るのは，どんな場合かを考えればよい。3 を選び，ダメージが修復できないほどの場合，とすれば文脈にかなう。続く第 2 文に具体的な例が述べられている。「ブランドに固有の何かが失われた」とある。

▶[78]　1.「看護する」　2.「取り締まる」　3.「治療する」

　the company's spirit back to life と組み合わせるのに適切なのは 1 である。nurse ～ back to life は nurse ～ back to health「綿密な医療と注意を払い，人を完全な健康状態に戻す」という表現を下敷きにして health を life にしたものである。

▶[79]　1.「思い起こさせた」　2.「無視した」　3.「放棄した」

　第 10 段の書き出しの「創業者はそれ（企業精神）を回復するために元に戻ることがある」の実例として，スターバックスのハワード＝シュルツに言及しているのである。したがって，1 が適切。

▶[80]　各選択肢を draw につなげた意味は，1.「取り除く，注意をそらせる」，2.「誘引する，引き込む」，3.「引き離す，切り離す」。

起業時に抱いた創業者の強い魂を維持していれば,「さまざまな出資者を（　　　），刺激するだろう」の空所に入れるのに「刺激する」と親和性があるのは2である。1や3では正反対である。

▶[81]「次の文のうち, 第2段の下線を引いた文に含まれる重要な情報を最もよく表しているのはどれか？」

1.「大企業は, 年齢を重ねて大きくなるにつれて, その魂を維持することがより困難になる」

2.「創業者と従業員は, 自社の魂を復活させるために外部からの投資に目を向ける傾向がある」

3.「大企業は, 企業魂の低下に対する答えとして, さまざまな取り組みを導入している」

4.「創業者と従業員は, その組織の魂が衰退し始めると, その魂について回想し始める」

　下線部 They notice and wax nostalgic about it only when it wanes. に含まれる2つの it は前文の soul（創業時の起業家精神）を指している。wax nostalgic は「感傷的になる, 郷愁に浸り始める」, wane は「衰える, 徐々に弱まる」の意。「魂が衰退してようやく, それに気づき, 感傷的になる」の同義は4である。

▶[82]「次のうち, 第3段で言及されていないものはどれか？」

1.「筆者は, システムの実装と魂の保存の二重の取り組みを推進している」

2.「筆者は, 企業における魂の喪失と保持についての数多くのケーススタディを行ってきた」

3.「筆者は, 学者は企業の魂の保全を見落とす傾向があると考えている」

4.「筆者は衰退するスタートアップ企業の魂に関する広範な研究に携わってきた」

　1は第4文（We can and …）に述べられている。2は第1文（Over the past …）に述べられている。3は第3文（So often entrepreneurs, …）に述べられている。4には言及がない。

▶[83]「なぜ筆者は第4段でセバスチャン=ユンガーの言及に触れているのか？」

1.「初期の従業員は, ビジネスの成功の本質として相互の協力を重視し

ていることを説明するため」

２．「成功した企業の初期の従業員は，自分の組織との密接なつながりを感じているという概念を支援するため」

３．「初期の従業員に付随する忠誠心は，集団に属する人間の基本的欲求に不可欠であると主張するため」

４．「スターバックスの初期の従業員は，地域社会の顧客とのつながりをより重視しているという考えに反論するため」

　最終文（Early employees told …）で，「初期の従業員たちは自分の企業に強く一体感を感じていた」と述べられ，それを補強するためにセバスチャン＝ユンガーの「忠誠心と帰属意識，そして人間の永遠の意味の探求」に触れているのである。したがって，２が適切。

▶[84]　「第６段の下線部『loftier』という言葉と意味が最も近いものは…」

１．「優勢な，支配的な」

２．「持ち上げられた，元気づけられた」

３．「もったいぶった，うぬぼれた」

４．「先見の明のある，幻想の」

　loftier は lofty の比較級。lofty は，物質的な高さを表す意味のほかに，高遠な・気高い・理想主義的な，というように，ある考えや観念について形容する用法がある。ここでは，直後に desire to "make history"「歴史を作ろうという望み」という語が来ていることから，後者の用法。先見の明のある・理想主義的な，等の意味を持つ４の visionary が最も近い。２の upraised と迷ったかもしれないが，この語は，たとえば手や腕などを上方に上げる（*cf.* an upraised arm）というように，具体的なものを対象とする用例が主。

▶[85]　「次の記述のうち，日本企業のスタディサプリについて正しくないものはどれか？」

１．「その創設の原則は，基本的に少数ではなくすべての人に教育を提供することである」

２．「サービスを開始して以来，その商品構成は固定されたままである」

３．「国内外の学生に対応している」

４．「中等教育と高等教育の両方のレベルに合わせたサービスを提供する」

　1 は第 7 段最終文（When he presented …）に「より多くの人々に学習教材へのアクセスを提供することによって，日本の教育の不平等に取り組む」とあるのに合致する。2 は第 8 段第 2 文（Among other moves, …）に反する。大学受験対策だけではなく大学入学の準備サービスや高校の補習用ツール，小中学校の教材や大学での教育指導へとサービス範囲を拡大している。3 は第 8 段第 3 文（In April 2015, …）に「主に東南アジア市場で同様のサービスを提供していたクイッパー社を買収した」とあるのに合致する。4 は第 8 段第 2 文に合致する。

▶[86]「筆者は，…の目的でフェイスブックとウーバーについて言及している」

1．「過ちを犯したことを認めた大企業の例を挙げるため」

2．「苦労している企業から成功している企業への物語の中にリンクを張るため」

3．「企業内の危機が管理過失につながる可能性があることを説明するため」

4．「これらの企業が魂とエネルギーを失う危険にさらされていなかったことを示すため」

　第 9 段第 1 文（Often, it takes …）に「企業の魂の消失に気づくには，危機が必要である」とあり，第 2 文（Recently, Facebook and …）でフェイスブックとウーバーが魂をなくしかけたことに対して公に顧客に謝罪したことに言及している。したがって，1 が適切。

▶[87]「次のうち，ハワード=シュルツの見解を最もよく表しているのはどれか？」

1．「全国的に急速な拡大期を迎えたことで，スターバックスは従業員と顧客の両方からの信頼を取り戻すことができた」

2．「スターバックスを市場で強い地位に戻すために，スターバックスの本来の精神に大規模な変更を加える必要があった」

3．「スターバックスは，組織の魂と利益率を活性化するために，経営体制に小さな修正を加える必要があった」

4．「スターバックスは，社の製品と顧客の両方と密接な関係を築き，その両者を称賛するときに最適なパフォーマンスを発揮する」

　第 10 段第 5 文（As he told …）にハワード=シュルツが仲間に語った

言葉「我々の思考に対する唯一のフィルターは，次のようなものであるべきだ。我が社の従業員がプライドを持てるだろうか？　顧客満足体験が向上するだろうか？　お客様の気持ちや心の中でスターバックスが高められるだろうか？」が引用されている。この発言に合致するのは 4 である。

▶[88]　「次の記述のうち，筆者が最も支持する可能性が高いのはどれか？」

1．「従業員の経験は，効果的な関係構築と強力な販売実績とを関連づけるのに役立つ重要な側面だ」

2．「グーグルの従業員間の緊密なつながりは，企業価値を促進しながら利益を最大化する必要性を従業員が理解できることを確かにする」

3．「会社との情熱的なつながりを形成する従業員は，会社の業績を強化し，刺激するのに役立つ」

4．「従業員の専門化構想は，ビジネスの目的よりも，会社の精神を形作り，保護するために多くのことを行いうる」

　最終段第 4 文（Even as companies …）で筆者は，企業を成長させる秘訣として，「ビジネスの目的，顧客とのつながり，および従業員の経験」の三位一体を持ち続けることを提言している。したがって，3 が適切。

▶[89]　「組織の魂を守ることについて，筆者はどんな結論を下しているか？」

1．「それは，成功する企業の運用ルールとプロセスを設定し維持するうえで不可欠な機能として役立つ」

2．「それは，企業の急速な成長を確保するために，他の主要な意思決定領域よりもはるかに大きな重要性を持つ」

3．「それは初期の従業員の重要な役割であり，他の基本的なビジネス要素と同等に重要だ」

4．「スタディサプリとスターバックスの経営政策と海外展開の原動力であったし，今もそうである」

　safeguarding the soul of organization については，最終段第 1 文（Safeguarding the organization's …）で触れられている。「組織の魂を守ることは，創業メンバーたちの仕事のうちほとんど評価されてないものだとしても，経営や株式分割などの重要な意思決定分野と同じく非常に重要である」が当該文の趣旨。

　これと合致するのは3。最終段第1文をほぼパラフレーズしたものとなっている。4については safeguarding the soul of organization の重要さを論じる際の例示として触れられているものであり，筆者の conclusion そのものを表すものではないので不適。

▶[90]「次の要約のうち，筆者によって提示された中心的なアイデアはどれか？」

1.「会社の永続的な成功を確実にするために，スタートアップ企業の魂は保存されなければならない」

2.「スタートアップ企業の創業者は，その魂が従業員と投資家のニーズを確実に満たすようにしなければならない」

3.「意図，つながり，経験の三角関係は，スタートアップ企業の魂の保護を制限する」

4.「スタートアップ企業の本来の魂が失われると，経営体制が弱体化する可能性がある」

　筆者は，起業時の精神を持ち続けて成功した企業例としてスタディサプリとスターバックスを取り上げ，最終段で起業時の精神の維持が企業の成長・偉大さの秘訣であると述べている。1が適切。

━━━━━●語句・構文●━━━━━

（第1段）intangible「不可解な，触れることのできない」 So do early employees and customers. は "So＋助動詞＋主語." の構文で「〜もまたそうだ」の意。inspire「鼓舞する，動機づける」 As long as …「…限りは」 agile「敏捷な，機敏な」 innovative「革新的な，創造力に富む」 falter「よろめく，低迷する」 be gone「なくなる，消失する」

（第2段）Fortune『フォーチュン（雑誌名）』 CEO「最高経営責任者（＝Chief Executive Officer）」 initiative「新たな取り組み，戦略」 in particular「特に，とりわけ」 freewheeling「気ままな」 ethos「気風，精神」 all-nighter「徹夜の仕事」 job description「職務明細」 investor「投資家（者）」 run roughshod over ～「～を完全に無視する」 push *A* to *do*「*A* に～するように強要する」 professionalize「専門化する」 pivot「旋回する，方向転換する」 in response to ～「～に応えて」 entrepreneurial mindset「起業家精神」 address「注意を向ける」 behavioral norm「行動基準」 fail to *do*「～しそこなう，～できない」

（第 3 段）　thereby「それによって（＝by that）」　stakeholder「出資者」
implement「実装する，実行に移す」　nurture「育てる，助長する」

（第 4 段）　articulate「明確に話す，はっきり表現する」　at *one's* best
「全盛期で，一番いい時期で」　collaborate「協力する，共同する」
oasis「安らぎの場所」　*A* as well as *B*「*B* ばかりでなく *A* までも」
identify *A* as *B*「*A* を *B* と確認する」　identify with ～「～と一体感を持
つ，～に共感する」　refer to *A* as *B*「*A* を *B* と呼ぶ」　belonging「帰属
意識」　quest for ～「～を探求すること」

（第 5 段）　point to ～「～を指摘する」　run deep「根深い」　render「～
にする（＝make）」　transactional「取引の」　connect with ～「～と結び
つく，～とつながる」　intrinsic「固有の，本質的な」　energize「活気づ
ける」

（第 6 段）　animating「元気づけるような，鼓舞するような」　originate
with ～「～に端を発する，出どころは～である」　drive *A* to *do*「*A* を
駆り立てて～させる」　make history「歴史的な偉業を成し遂げる」　go
further「さらに推し進める，もっと踏み込む」　take on ～「～を持つよ
うになる，～を獲得する」　existential「存在の，存在に関する」　reason
for being「存在理由，生きる理由」

（第 7 段）　staffing company「人材派遣会社」　seek to *do*「～しようと
（努力）する」　turn *A* around「*A* を方向転換する，好転させる」
charged with ～「～を担当している」　in-house venture「社内起業」
inequity「不公平」　learning materials「学習教材」　aligned with ～「～
に足並みをそろえる，～と連携している」

（第 8 段）　among other moves「その他の動きとして」　market「市場に
出す，売り込む」　remedial「補習の」　expand「拡張する」　academic
coaching「大学での指導」　*A* and not *B*「*B* ではなくて *A*（＝not *B* but
A）」　privilege「特権，特典」　academic ability「学力」　by early 2019
「2019 年初頭までに（by は期限を示す）」　paid「有料の」　subscriber
「予約購読者，加入者」

（第 9 段）　it takes *A* for *B* to *do*「*B* が～するには *A* が必要である」
disappearing「消失途中」　gone「消失済み」　apologize to *A* for *B*「B
のことでAに陳謝する」　facilitate「手助けする，促進する」　stifle「息の

根を止める，鎮圧する」 dissent「反対意見，異議」 place A above B
「B より A を優先する」 values「価値観」

(第 10 段) restore「元の状態に戻す」 resume「再開する」 ensuing
「次 の（＝following ／ next）」 notably「特 に，と り わ け」 convene
「招集する，開催する」 off-site session「社外会議」 enhance「高める，
よく見せる」 social conscience「社会的良心」 convince A to do「A が
〜するよう説得する」

(第 11 段) safeguard「守る，保護する」 if little … job は（even) if (it
is) little appreciated part of the founding cohort's job と （　　）内を
補う（it は Safeguarding the organization's soul を指す)。on par with
〜「〜と同等で，〜に比肩する」 equity split「株式分割」 blossom「開
花する，盛んになる」 alchemy「魔術，魔力」 over the long term「長
期的に見ると」 fire up「点火する，活性化させる」 even as …「…と同
時に，…とともに」 strive to do「〜するよう努力する」 retain「持ち続
ける」 trinity「三つ組，三位一体」 not only A but also B「A ばかりで
なく B もまた」

❖講　評

　2023 年度も例年通り読解問題 3 題の構成だった。設問数が 60 問であ
る点は変わりないが，問題英文全体の総語数は 2022 年度と比べると増
加している。

　レベル的には，ⅠとⅢは標準的，Ⅱはやや難度が高い。

　Ⅰは 3D プリンターの活用をテーマとする英文で，Ⅱはロビン＝フッ
ドの原則の再考に関する英文である。Ⅰ，Ⅱは 10 問の空所補充問題と
5 問の内容説明・内容真偽問題，主題問題で構成されている。Ⅲは起業
時の精神を維持することが企業成長の秘訣であるとする英文で，20 問
の空所補充問題と 10 問の内容に関する問題で構成されている。

　空所補充問題では，文脈的つながりを理解していないと解けない問題
もあるが，語彙・語法の知識だけで解ける問題も少なくない。ただし，
選択肢に難単語が含まれているものがあり，2023 年度は消去法でも正
解にたどり着きにくいものがある。

　内容説明・内容真偽問題では，英文全体の流れを大づかみにしたうえ

で，それを個別の設問に当てはめて考える必要がある。ただし，ⅠとⅡは内容が専門的で語彙レベルも高く，背景となる基礎知識がないとわかりにくい英文である。しかし，仮に細部まで完全に理解できなくとも部分的な理解でも正解できることもあるので，あきらめることなく取り組みたい。

　120 分の試験時間を考えると，速読・速解力，豊かな語彙力，迅速な問題処理能力とともに，社会科学，人文科学，自然科学を問わず科学一般に関する基礎知識も磨いておく必要がある。

数学

Ⅰ

◇発想◇　(1)(b)は余りを求める計算の回数を多くするために，余りや商が最小の自然数になることに注目する。(2)は分母・分子を 2 倍した形を意識すると答えを予測しやすい。

解答　(1)(1)(2)(3) 139　　(4)(5) 89　　(6)(7) 55
　　　　(2)(8)(9)(10)(11) 4045　　(12)(13)(14)(15) 4047

◀解　説▶

≪ユークリッドの互除法，不等式を満たす有理数≫

▶(1)　(a)　$20711 = 15151 \times 1 + 5560$
　　　　　$15151 = 5560 \times 2 + 4031$
　　　　　$5560 = 4031 \times 1 + 1529$
　　　　　$4031 = 1529 \times 2 + 973$
　　　　　$1529 = 973 \times 1 + 556$
　　　　　$973 = 556 \times 1 + 417$
　　　　　$556 = 417 \times 1 + 139$
　　　　　$417 = 139 \times 3$

よって，求める最大公約数は　　139　→(1)～(3)

(b)　m と n の最大公約数が求まるまでの割り算の回数を k とする。
m と n の最大公約数を求める割り算は次のようになる。

$$m = n \times q_k + r_k$$
$$n = r_k \times q_{k-1} + r_{k-1}$$
$$r_k = r_{k-1} \times q_{k-2} + r_{k-2}$$
$$\vdots$$
$$r_3 = r_2 \times q_1 + r_1$$
$$r_2 = r_1 \times q_0$$

このとき，m と n の最大公約数は r_1 であり

$$1 \leqq r_1 < r_2 < \cdots < r_k < n < m \leqq 100$$
$$q_0 \geqq 2, \ q_1 \geqq 1, \ q_2 \geqq 1, \ \cdots, \ q_k \geqq 1$$

である。余りを求める回数，すなわち，k を大きくするためには，q_0, q_1, …, q_k を最小とすればよく，すなわち

$$q_0 = 2, \quad q_1 = q_2 = \cdots = q_k = 1$$

とすればよい。このとき

$$m = n + r_k$$
$$n = r_k + r_{k-1}$$
$$r_k = r_{k-1} + r_{k-2}$$
$$\vdots$$
$$r_3 = r_2 + r_1$$
$$r_2 = 2r_1$$

このとき，r_1 も最小とすればよく，$1 < n < m < 100$ に注意して

$$r_2 = 2 \cdot 1 = 2, \quad r_3 = 2 + 1 = 3, \quad r_4 = 3 + 2 = 5, \quad r_5 = 5 + 3 = 8,$$
$$r_6 = 8 + 5 = 13, \quad r_7 = 13 + 8 = 21, \quad r_8 = 21 + 13 = 34, \quad r_9 = 34 + 21 = 55,$$
$$r_{10} = 55 + 34 = 89$$

$r_{11} > 100$ となるから

$$n = r_9 = 55 \quad \rightarrow (6)(7)$$
$$m = r_{10} = 89 \quad \rightarrow (4)(5)$$

▶(2) $\dfrac{2022}{2023} = 1 - \dfrac{1}{2023}$, $\dfrac{2023}{2024} = 1 - \dfrac{1}{2024}$

であるから

$$1 - \frac{1}{2023} < \frac{m}{n} < 1 - \frac{1}{2024}$$

$$\frac{1}{2024} < 1 - \frac{m}{n} < \frac{1}{2023}$$

$$\frac{2}{4048} < \frac{n-m}{n} < \frac{2}{4046}$$

これを満たす n で最小の整数となるとき

$$\frac{n-m}{n} = \frac{2}{4047}$$

よって

$$m = 4045 \quad \rightarrow (8) \sim (11)$$
$$n = 4047 \quad \rightarrow (12) \sim (15)$$

II

◇発想◇　定積分が定数となることに注目し，その定数を文字式で表す。共通接線は一方の放物線の接線が他方の放物線に接する条件を考えればよい。

解答　(16)(17) 03　(18)(19) 02　(20)(21) 03　(22)(23) 00　(24)(25) -5　(26)(27)(28) -25
(29)(30)(31) 012

■■■■■■　◀解　説▶　■■■■■■

≪定積分で表された関数，2 つの放物線の共通接線≫

$\int_0^1 f(t)\,dt = a,\ \int_{-1}^0 f(t)\,dt = b$ とおくと

$$f(x) = -ax^2 - 12x + \frac{2}{9}b \quad \cdots\cdots ①$$

と表される。$\int_0^1 f(t)\,dt = a$ より

$$a = \int_0^1 \left(-at^2 - 12t + \frac{2}{9}b \right) dt$$

$$= \left[-\frac{a}{3}t^3 - 6t^2 + \frac{2}{9}bt \right]_0^1$$

$$= -\frac{a}{3} - 6 + \frac{2}{9}b$$

よって　　$6a - b + 27 = 0$　　$\cdots\cdots ②$

$\int_{-1}^0 f(t)\,dt = b$ より

$$b = \int_{-1}^0 \left(-at^2 - 12t + \frac{2}{9}b \right) dt$$

$$= \left[-\frac{a}{3}t^3 - 6t^2 + \frac{2}{9}bt \right]_{-1}^0$$

$$= -\frac{a}{3} + 6 + \frac{2}{9}b$$

よって　　$3a + 7b - 54 = 0$　　$\cdots\cdots ③$

②，③より　　$a = -3,\ b = 9$

①に代入して

$$f(x) = 3x^2 - 12x + 2 \quad \rightarrow (16)\sim(19)$$

次に

$$g(x) = 3x^2 \int_0^1 g(t)\, dt + \int_0^1 t g(t)\, dt - \frac{3}{4}$$

と変形でき，$\int_0^1 g(t)\, dt = c$，$\int_0^1 t g(t)\, dt = d$ とおくと

$$g(x) = 3cx^2 + d - \frac{3}{4} \quad \cdots\cdots ④$$

と表される。$\int_0^1 g(t)\, dt = c$ より

$$c = \int_0^1 \left(3ct^2 + d - \frac{3}{4}\right) dt$$

$$= \left[ct^3 + dt - \frac{3}{4} t \right]_0^1$$

$$= c + d - \frac{3}{4}$$

よって　　$d = \frac{3}{4}$

④ より，$g(x) = 3cx^2$ となり，$\int_0^1 t g(t)\, dt = d$ より

$$d = \int_0^1 3ct^3 dt$$

$$= \left[\frac{3}{4} ct^4 \right]_0^1$$

$$= \frac{3}{4} c$$

$d = \dfrac{3}{4}$ より　　$c = 1$

ゆえに　　$g(x) = 3x^2$　　→⑳〜㉓

$y = f(x)$ と $y = g(x)$ の共通接線について考える。

$g'(x) = 6x$ より，$y = g(x)$ 上の点 $(t,\ 3t^2)$ における接線の方程式は

$$y = 6t(x - t) + 3t^2 \quad \cdots\cdots ⑤$$

これが，$y = f(x)$ と接するとき，共通接線となる。それはすなわち，方程式

$$3x^2 - 12x + 2 = 6t(x - t) + 3t^2$$

が重解をもつときである。方程式を整理すると

$$3x^2 - 6(t + 2)x + 3t^2 + 2 = 0 \quad \cdots\cdots ⑥$$

⑥の判別式が 0 となるときを考えればよい。

$$\{-3(t+2)\}^2 - 3(3t^2+2) = 0$$

$$36t + 30 = 0 \qquad t = -\frac{5}{6}$$

⑤に代入して整理すると，共通接線の方程式は

$$y = -5x - \frac{25}{12} \quad \rightarrow(24)\sim(31)$$

III　◆発想◆　(1)はすべてのマスの数を文字でおき，条件を満たす整数の組を求めればよい。(2)はそれぞれの場合で勝つ確率を正確に求めていけばよい。

解答　(1)(32)(33) 02　(34)(35) 12　(36)(37) 06

(2)(38) 7

━━━━━◀解　説▶━━━━━

≪魔方陣で決められたサイコロを使った確率の大小比較≫

▶(1)　右図のように各マスの正の整数を A, B, C, D, E, F, G とおく。縦，横，斜めにならんだ 3 つの数の積を X とすると

A	C	F
9	D	4
B	E	G

$$A \cdot D \cdot G = C \cdot D \cdot E = B \cdot D \cdot F = 9 \cdot D \cdot 4 = X \quad \cdots\cdots①$$

また

$$A \cdot 9 \cdot B = C \cdot D \cdot E = F \cdot 4 \cdot G = X \quad \cdots\cdots②$$

である。①より

$$X^4 = 4 \cdot 9 \cdot A \cdot B \cdot C \cdot D^4 \cdot E \cdot F \cdot G \quad \cdots\cdots③$$

②より

$$X^3 = 4 \cdot 9 \cdot A \cdot B \cdot C \cdot D \cdot E \cdot F \cdot G \quad \cdots\cdots④$$

③÷④ より

$$X = D^3 \quad \cdots\cdots⑤$$

①より，$9 \cdot D \cdot 4 = X$ であり，⑤を代入すると

$$36D = D^3$$

D は正の整数であるから　$D = 6$

②より，$A \cdot 9 \cdot B = X$ であるから

$9 \cdot A \cdot B = 216$

$A \cdot B = 24$

A, B, C, 6, E, F, G, 4, 9 はすべて異なる整数であり，$A < B$ を満たす A, B の組は

$$(A, B) = (1, 24), (2, 12), (3, 8)$$

に限られる。

(i)　$(A, B) = (1, 24)$ のとき

①より，$B \cdot D \cdot F = X$ だから

$$24 \cdot 6 \cdot F = 216 \quad \therefore \quad F = \frac{3}{2}$$

となり，F が正の整数であることに反する。

(ii)　$(A, B) = (2, 12)$ のとき

①より，$B \cdot D \cdot F = X$ だから

$$12 \cdot 6 \cdot F = 216 \quad \therefore \quad F = 3$$

①，②より，残りの数を求めると

$$(A, B, C, D, E, F, G) = (2, 12, 36, 6, 1, 3, 18)$$

となり，題意を満たす。

(iii)　$(A, B) = (3, 8)$ のとき

①より，$B \cdot D \cdot F = X$ だから

$$8 \cdot 6 \cdot F = 216 \quad \therefore \quad F = \frac{9}{2}$$

となり，F が正の整数であることに反する。

(i)〜(iii)より，求める数は

　　　2，12，6　→(32)〜(37)

▶(2)　縦，横，斜めにならんだ３つの数の和は

$$\frac{1+2+3+ \cdots +9}{3} = 15$$

であるから，9 を含む列の残りの 2 数は

　　　1，5　または　2，4

のいずれかである。

(i)　対戦相手が選んだサイコロの３つの数が 1，5，9 であるとき

残るサイコロの３つの数は

　　　2，6，7　または　3，4，8

からなる。

2，6，7からなるサイコロを選んだとき，勝つ確率は

$$\frac{1}{3}\cdot\frac{1}{3}+\frac{1}{3}\cdot\frac{2}{3}+\frac{1}{3}\cdot\frac{2}{3}=\frac{5}{9}$$

3，4，8からなるサイコロを選んだとき，勝つ確率は

$$\frac{1}{3}\cdot\frac{1}{3}+\frac{1}{3}\cdot\frac{1}{3}+\frac{1}{3}\cdot\frac{2}{3}=\frac{4}{9}$$

ゆえに，2，6，7からなるサイコロを選べばよい。

(ii)　対戦相手が選んだサイコロの3つの数が2，4，9であるとき
残るサイコロの3つの数は

　　　1，6，8　または　3，5，7

からなる。

1，6，8からなるサイコロを選んだとき，勝つ確率は

$$\frac{1}{3}\cdot 0+\frac{1}{3}\cdot\frac{2}{3}+\frac{1}{3}\cdot\frac{2}{3}=\frac{4}{9}$$

3，5，7からなるサイコロを選んだとき，勝つ確率は

$$\frac{1}{3}\cdot\frac{1}{3}+\frac{1}{3}\cdot\frac{2}{3}+\frac{1}{3}\cdot\frac{2}{3}=\frac{5}{9}$$

ゆえに，3，5，7からなるサイコロを選べばよい。

(i)，(ii)の両方で，より高確率に勝つために選ぶべきサイコロは

　　　7　　→(38)

を含むものである。

Ⅳ　◆発想◆　2点が接触しない場合を考えると場合分けが多くなる。接触する場合を考えて，余事象の確率を求めることで効率的に計算していきたい。

解答　　(1)(39)(40) 03　(41)(42) 04　(43)(44) 05　(45)(46) 08

　　　　　(2)(47)(48) 01　(49)(50) 20　(51)(52) 06　(53)(54) 20　(55)(56) 04　(57)(58) 28

(59)(60) 05　(61)(62) 28　(63)(64)(65) 009　(66)(67)(68) 016

◀━━━━━━ ▶解　説◀ ━━━━━━▶

≪格子点を移動する 2 点が接触しない確率≫

▶(1)　$k=1$ のとき，$t=1$ で初めて 2 点が接触する場合を考えると，下表のように 2 点 A，B が動いたときである。

t	0 → 1
A	$(0,\ 0) \to (1,\ 0)$
B	$(1,\ 1) \to (1,\ 0)$

t	0 → 1
A	$(0,\ 0) \to (0,\ 1)$
B	$(1,\ 1) \to (0,\ 1)$

このときの確率は

$$1 \cdot \frac{1}{2} \cdot \frac{1}{4} + 1 \cdot \frac{1}{2} \cdot \frac{1}{4} = \frac{1}{4}$$

よって　　$P(1) = 1 - \dfrac{1}{4} = \dfrac{3}{4}$　　→(39)〜(42)

$k=2$ のとき，$t=2$ で初めて 2 点が接触する場合を考えると，下表のように 2 点 A，B が動いたときである。

t	0 → 1 → 2
A	$(0,\ 0) \to (1,\ 0) \to (2,\ 0)$
B	$(1,\ 1) \to (2,\ 1) \to (2,\ 0)$

t	0 →	1	→ 2
A	$(0,\ 0) \to$	$(1,\ 0)$	$\to (1,\ 1)$
B	$(1,\ 1) \to$	$(0,\ 1),\ (1,\ 2),\ (2,\ 1)$	$\to (1,\ 1)$

t	0 →	1	→ 2
A	$(0,\ 0) \to$	$(0,\ 1)$	$\to (1,\ 1)$
B	$(1,\ 1) \to$	$(1,\ 0),\ (1,\ 2),\ (2,\ 1)$	$\to (1,\ 1)$

t	0 → 1 → 2
A	$(0,\ 0) \to (0,\ 1) \to (0,\ 2)$
B	$(1,\ 1) \to (1,\ 2) \to (0,\ 2)$

このときの確率は

$$\left(\frac{1}{2}\right)^2 \cdot \left(\frac{1}{4}\right)^2 + 3 \cdot \left(\frac{1}{2}\right)^2 \cdot \left(\frac{1}{4}\right)^2 + 3 \cdot \left(\frac{1}{2}\right)^2 \cdot \left(\frac{1}{4}\right)^2 + \left(\frac{1}{2}\right)^2 \cdot \left(\frac{1}{4}\right)^2 = \frac{1}{8}$$

よって　　$P(2) = 1 - \left(\dfrac{1}{4} + \dfrac{1}{8}\right) = \dfrac{5}{8}$　　→(43)〜(46)

▶(2)　(a)　点Aが点 (1, 0) と点 (2, 0) を経由して点 (3, 0) に移動するとき

$t=3$ で初めて 2 点が接触する場合は下表のように 2 点A，Bが動いたときである。

t	0 → 1 → 2 → 3
A	$(0, 0) \to (1, 0) \to (2, 0) \to (3, 0)$
B	$(1, 1) \to (2, 1) \to (3, 1) \to (3, 0)$

したがって，　1 通り　→(47)(48)

$t=3$ より前に点Aと点Bが少なくとも一度は接触するのは

・$t=1$ で初めて接触するとき

・$t=2$ で初めて接触するとき

t	0 → 1
A	$(0, 0) \to (1, 0)$
B	$(1, 1) \to (1, 0)$

の 2 つの場合がある。$t=1$ で初めて接触した後は，点Bはどのように動いてもよいので，その総数は

$4 \times 4 = 16$ 通り

$t=2$ で初めて接触した後は，点Bはどのように動いてもよいので，その総数は

t	0 → 1 → 2
A	$(0, 0) \to (1, 0) \to (2, 0)$
B	$(1, 1) \to (2, 1) \to (2, 0)$

4 通り

したがって

$16 + 4 = 20$ 通り　→(49)(50)

(b)　点Aが点 (1, 0) と点 (2, 0) を経由して点 (2, 1) に移動するとき

$t=3$ で初めて 2 点が接触する場合は下表のように 2 点A，Bが動いたときである。

t	0 → 1 → 2 → 3
A	$(0, 0) \to (1, 0) \to (2, 0) \to (2, 1)$
B	$(1, 1) \to (2, 1) \to (1, 1) \to (2, 1)$
	$(1, 1) \to (1, 2) \to (1, 1) \to (2, 1)$
	$(1, 1) \to (0, 1) \to (1, 1) \to (2, 1)$
	$(1, 1) \to (2, 1) \to (3, 1) \to (2, 1)$
	$(1, 1) \to (2, 1) \to (2, 2) \to (2, 1)$
	$(1, 1) \to (1, 2) \to (2, 2) \to (2, 1)$

したがって　　6 通り　→(51)(52)

$t=3$ より前に点Aと点Bが少なくとも一度は接触するのは

　　・$t=1$ で初めて接触するとき

　　・$t=2$ で初めて接触するとき

の2つの場合がある。$t=1$ で初めて接触した後は，点Bはどのように動いてもよいので，その総数は

t	0	$\to$	1
A	$(0,\ 0)$	$\to$	$(1,\ 0)$
B	$(1,\ 1)$	$\to$	$(1,\ 0)$

　　$4 \times 4 = 16$ 通り

$t=2$ で初めて接触した後は，点Bはどのように動いてもよいので，その総数は

t	0	$\to$	1	$\to$	2
A	$(0,\ 0)$	$\to$	$(1,\ 0)$	$\to$	$(2,\ 0)$
B	$(1,\ 1)$	$\to$	$(2,\ 1)$	$\to$	$(2,\ 0)$

　　4 通り

したがって

　　$16 + 4 = 20$ 通り　　→(53)(54)

(c)　点Aが点 $(1,\ 0)$ と点 $(1,\ 1)$ を経由して点 $(2,\ 1)$ に移動するとき $t=3$ で初めて2点が接触する場合は下表のように2点A，Bが動いたときである。

t	0	$\to$	1	$\to$	2	$\to$	3
A	$(0,\ 0)$	$\to$	$(1,\ 0)$	$\to$	$(1,\ 1)$	$\to$	$(2,\ 1)$
B	$(1,\ 1)$	$\to$	$(2,\ 1)$	$\to$	$(3,\ 1)$	$\to$	$(2,\ 1)$
	$(1,\ 1)$	$\to$	$(2,\ 1)$	$\to$	$(2,\ 2)$	$\to$	$(2,\ 1)$
	$(1,\ 1)$	$\to$	$(2,\ 1)$	$\to$	$(2,\ 0)$	$\to$	$(2,\ 1)$
	$(1,\ 1)$	$\to$	$(1,\ 2)$	$\to$	$(2,\ 2)$	$\to$	$(2,\ 1)$

したがって　　4 通り　　→(55)(56)

$t=3$ より前に点Aと点Bが少なくとも一度は接触するのは

　　・$t=1$ で初めて接触するとき

　　・$t=2$ で初めて接触するとき

の2つの場合がある。$t=1$ で初めて接触した後は，点Bはどのように動いてもよいので，その総数は

t	0	$\to$	1
A	$(0,\ 0)$	$\to$	$(1,\ 0)$
B	$(1,\ 1)$	$\to$	$(1,\ 0)$

　　$4 \times 4 = 16$ 通り

$t=2$ で初めて接触した後は，点Bはどのように動いてもよいので，その総数は

　　$3 \times 4 = 12$ 通り

したがって

$16+12=28$ 通り　　→(57)(58)

(d)　点Aが点 $(0, 1)$ と点 $(1, 1)$ を経由
して点 $(2, 1)$ に移動するとき
$t=3$ で初めて 2 点が接触する場合は下表
のように 2 点A，Bが動いたときである。

t	0	$\rightarrow$	1	$\rightarrow$	2
A	$(0, 0)$	$\rightarrow$	$(1, 0)$	$\rightarrow$	$(1, 1)$
	$(1, 1)$	$\rightarrow$	$(2, 1)$	$\rightarrow$	$(1, 1)$
B	$(1, 1)$	$\rightarrow$	$(1, 2)$	$\rightarrow$	$(1, 1)$
	$(1, 1)$	$\rightarrow$	$(0, 1)$	$\rightarrow$	$(1, 1)$

t	0	$\rightarrow$	1	$\rightarrow$	2	$\rightarrow$	3
A	$(0, 0)$	$\rightarrow$	$(0, 1)$	$\rightarrow$	$(1, 1)$	$\rightarrow$	$(2, 1)$
	$(1, 1)$	$\rightarrow$	$(2, 1)$	$\rightarrow$	$(3, 1)$	$\rightarrow$	$(2, 1)$
	$(1, 1)$	$\rightarrow$	$(2, 1)$	$\rightarrow$	$(2, 2)$	$\rightarrow$	$(2, 1)$
B	$(1, 1)$	$\rightarrow$	$(2, 1)$	$\rightarrow$	$(2, 0)$	$\rightarrow$	$(2, 1)$
	$(1, 1)$	$\rightarrow$	$(1, 2)$	$\rightarrow$	$(2, 2)$	$\rightarrow$	$(2, 1)$
	$(1, 1)$	$\rightarrow$	$(1, 0)$	$\rightarrow$	$(2, 0)$	$\rightarrow$	$(2, 1)$

したがって　　5 通り　　→(59)(60)

$t=3$ より前に点Aと点Bが少なくとも一度は接触するのは

- $t=1$ で初めて接触するとき
- $t=2$ で初めて接触するとき

の 2 つの場合がある。$t=1$ で初めて接触した後は，
点Bはどのように動いてもよいので，その総数は

$4 \times 4 = 16$ 通り

t	0	$\rightarrow$	1
A	$(0, 0)$	$\rightarrow$	$(0, 1)$
B	$(1, 1)$	$\rightarrow$	$(0, 1)$

$t=2$ で初めて接触した後は，点Bはどの
ように動いてもよいので，その総数は

$3 \times 4 = 12$ 通り

したがって

$16+12=28$ 通り　　→(61)(62)

t	0	$\rightarrow$	1	$\rightarrow$	2
A	$(0, 0)$	$\rightarrow$	$(0, 1)$	$\rightarrow$	$(1, 1)$
	$(1, 1)$	$\rightarrow$	$(2, 1)$	$\rightarrow$	$(1, 1)$
B	$(1, 1)$	$\rightarrow$	$(1, 2)$	$\rightarrow$	$(1, 1)$
	$(1, 1)$	$\rightarrow$	$(1, 0)$	$\rightarrow$	$(1, 1)$

以上より，$y=x$ に関しての対称性を考え
ることで

$$P(3) = 1 - 2 \times \{(1+20) + (6+20) + (4+28) + (5+28)\} \cdot \left(\frac{1}{2}\right)^3 \cdot \left(\frac{1}{4}\right)^3$$

$$= 1 - 2 \times 112 \times \left(\frac{1}{2}\right)^9$$

$$= \frac{9}{16} \quad →(63)〜(68)$$

V

◇**発想**◇　球の中心から接点までの距離と半径が等しいことに注目して立式すればよい。対称性に注目すると計算量を減らすことができる。

解答

(1)(69) 3　(70) 2　(71) 2　(72) 3　(73) 6　(74) 2　(75) 6　(76) 2　(77) 6　(78) 2

(2)(79) 6　(80) 3　(81) 2　(82) 1　(83) 2　(84) 1　(85) 2　(86) 1

(3)(87)(88) 25　(89)(90) 16　(91)(92) 02　(93)(94) 02　(95) 2　(96) 1　(97) 2　(98) 1　(99) 1　(100) 2

(4)(101)(102) 41　(103)(104) 08　(105) 1　(106) 2　(107) 1　(108) 2　(109) 3　(110) 8

◀**解　説**▶

≪**立方体の辺に接する球の中心と半径**≫

球 S の中心を $P(x, y, z)$ とする。

▶(1)　点 P から辺 BF, EF, FG に下ろした垂線の足を H_1, H_2, H_3 とすると

$H_1(1, 1, z)$, $H_2(1, y, 1)$, $H_3(x, 1, 1)$

$$(0<x<1, \ 0<y<1, \ 0<z<1)$$

である。球 S と辺 BF, EF, FG が接することと S の球面が原点を通ることから

$$PH_1{}^2 = PH_2{}^2 = PH_3{}^2 = OP^2$$

$PH_1{}^2 = PH_2{}^2$ より

$$(x-1)^2 + (y-1)^2 = (x-1)^2 + (z-1)^2$$
$$(y-1)^2 - (z-1)^2 = 0$$
$$(y+z-2)(y-z) = 0$$

$0<y<1$, $0<z<1$ より，$y+z-2<0$ だから

$$y-z=0 \quad すなわち \quad y=z \quad \cdots\cdots①$$

$PH_2{}^2 = PH_3{}^2$ からも同様にして　$x=y$ $\cdots\cdots②$ を得る。

$OP^2 = PH_1{}^2$ より

$$(x-1)^2 + (y-1)^2 = x^2 + y^2 + z^2$$
$$(x-1)^2 + (x-1)^2 = x^2 + x^2 + x^2 \quad (①, ②より)$$
$$x^2 + 4x - 2 = 0$$

$0<x<1$ より

$$x = -2 + \sqrt{6}$$

よって，球 S の半径は

$$\sqrt{x^2 + y^2 + z^2} = \sqrt{3x^2} = \sqrt{3}\,(\sqrt{6} - 2)$$
$$= 3\sqrt{2} - 2\sqrt{3} \quad \rightarrow\!(69)\!\sim\!(72)$$

中心の座標は，①，②より

$$(\sqrt{6} - 2, \ \sqrt{6} - 2, \ \sqrt{6} - 2) \quad \rightarrow\!(73)\!\sim\!(78)$$

▶**(2)** 点 P から辺 AB，AE，BC，CG，DE，DG に下ろした垂線の足を I_1, I_2, I_3, I_4, I_5, I_6 とすると

$$I_1(1, \ y, \ 0), \ I_2(1, \ 0, \ z), \ I_3(x, \ 1, \ 0), \ I_4(0, \ 1, \ z), \ I_5(x, \ 0, \ 1)$$
$$I_6(0, \ y, \ 1)$$

である。球 S と辺 AB，AE，BC，CG，DE，DG が接することと S の球面が原点を通ることから

$$PI_1{}^2 = PI_2{}^2 = PI_3{}^2 = PI_4{}^2 = PI_5{}^2 = PI_6{}^2 = OP^2$$

$PI_1{}^2 = PI_6{}^2$ より

$$(x-1)^2 + z^2 = x^2 + (z-1)^2$$
$$x^2 - 2x + 1 + z^2 = x^2 + z^2 - 2z + 1$$
$$x = z \quad \cdots\cdots ③$$

$PI_2{}^2 = PI_4{}^2$ からも同様にして　　$x = y$　……④ を得る。

$PI_1{}^2 = OP^2$ より

$$(x-1)^2 + z^2 = x^2 + y^2 + z^2$$
$$(x-1)^2 + x^2 = x^2 + x^2 + x^2 \quad (③, \ ④ より)$$
$$x^2 + 2x - 1 = 0$$

$0 < x < 1$ より

$$x = -1 + \sqrt{2}$$

よって，球 S の半径は

$$\sqrt{x^2 + y^2 + z^2} = \sqrt{3x^2} = \sqrt{3}\,(\sqrt{2} - 1)$$
$$= \sqrt{6} - \sqrt{3} \quad \rightarrow\!(79), \ (80)$$

中心の座標は，③，④より

$$(\sqrt{2} - 1, \ \sqrt{2} - 1, \ \sqrt{2} - 1) \quad \rightarrow\!(81)\!\sim\!(86)$$

▶**(3)** 点 P から辺 AB，BC，EF，FG に下ろした垂線の足を J_1, J_2, J_3, J_4 とすると

$$J_1(1, \ y, \ 0), \ J_2(x, \ 1, \ 0), \ J_3(1, \ y, \ 1), \ J_4(x, \ 1, \ 1)$$

である。球 S と辺 AB，BC，EF，FG が接することと S の球面が原点を通ることから

$$PJ_1{}^2 = PJ_2{}^2 = PJ_3{}^2 = PJ_4{}^2 = OP^2$$

$PJ_1{}^2 = PJ_2{}^2$ より

$$(x-1)^2 + z^2 = (y-1)^2 + z^2$$
$$(x-1)^2 - (y-1)^2 = 0$$
$$(x+y-2)(x-y) = 0$$

$0<x<1$，$0<y<1$ より，$x+y-2<0$ だから

$$x-y=0 \quad \text{すなわち} \quad x=y \quad \cdots\cdots ⑤$$

$PJ_1{}^2 = PJ_3{}^2$ より

$$(x-1)^2 + z^2 = (x-1)^2 + (z-1)^2$$
$$z = \frac{1}{2}$$

$PJ_1{}^2 = OP^2$ より

$$(x-1)^2 + z^2 = x^2 + y^2 + z^2$$
$$(x-1)^2 + \left(\frac{1}{2}\right)^2 = x^2 + x^2 + \left(\frac{1}{2}\right)^2 \quad (⑤より)$$
$$x^2 + 2x - 1 = 0$$

$0<x<1$ より

$$x = -1 + \sqrt{2}$$

よって，球 S の半径は

$$\sqrt{x^2+y^2+z^2} = \sqrt{2x^2 + \frac{1}{4}} = \frac{\sqrt{8x^2+1}}{2}$$
$$= \frac{\sqrt{25-16\sqrt{2}}}{2} \quad \rightarrow (87)\sim(94)$$

中心の座標は $\left(\sqrt{2}-1,\ \sqrt{2}-1,\ \dfrac{1}{2}\right)$ →(95)~(100)

▶(4)　点 P から辺 DE，EF，FG，DG に下ろした垂線の足をそれぞれ K_1，K_2，K_3，K_4 とすると

$$K_1(x,\ 0,\ 1),\ K_2(1,\ y,\ 1),\ K_3(x,\ 1,\ 1),\ K_4(0,\ y,\ 1)$$

である。球 S と辺 DE，EF，FG，DG が接することと S の球面が原点を通ることから

$$PK_1{}^2 = PK_2{}^2 = PK_3{}^2 = PK_4{}^2 = OP^2$$

$PK_1{}^2 = PK_3{}^2$ より

$$y^2 + (z-1)^2 = (y-1)^2 + (z-1)^2$$

$$y^2 = y^2 - 2y + 1$$

$$y = \frac{1}{2}$$

$PK_2{}^2 = PK_4{}^2$ からも同様にして　　$x = \frac{1}{2}$ を得る。

$PK_1{}^2 = OP^2$ より

$$y^2 + (z-1)^2 = x^2 + y^2 + z^2$$

$$\left(\frac{1}{2}\right)^2 + (z-1)^2 = \left(\frac{1}{2}\right)^2 + \left(\frac{1}{2}\right)^2 + z^2$$

$$z = \frac{3}{8}$$

よって，球 S の半径は

$$\sqrt{x^2 + y^2 + z^2} = \sqrt{\left(\frac{1}{2}\right)^2 + \left(\frac{1}{2}\right)^2 + \left(\frac{3}{8}\right)^2} = \frac{\sqrt{41}}{8} \quad \rightarrow\text{(101)}\sim\text{(104)}$$

中心の座標は　　　$\left(\dfrac{1}{2},\ \dfrac{1}{2},\ \dfrac{3}{8}\right)$ 　$\rightarrow$(105)$\sim$(110)

VI

◇発想◇　A 社の純利益と B 社の純利益の積が最大となるような p の値を考える。そのような p に対して，A 社の利益が最大となる x の値を求めればよい。

解答　(**1**)(111)(112) 32　　(113)(114)(115) 114
　　　　　(**2**)(116)(117) 36　　(118)(119)(120) 265

(121)(122)(123) 153

━━━━━━━━━◀解　説▶━━━━━━━━━

≪利益を最大とする方法（2 次関数の最大値）≫

▶(**1**)　A 社の純利益は

$$(p - c - x) - (-x) = p - c$$

B 社の純利益は

$$\left(308 - \frac{11}{10}p\right) - 88 = 220 - \frac{11}{10}p$$

A社の純利益とB社の純利益の積を最大化するような p を考える。

$$(p-c)\left(220-\frac{11}{10}p\right)=-\frac{11}{10}(p-c)(p-200)$$

$$=-\frac{11}{10}\left\{p^2-(c+200)p+200c\right\}$$

$$=-\frac{11}{10}\left\{\left(p-\frac{c+200}{2}\right)^2-\left(\frac{c+200}{2}\right)^2+200c\right\}$$

であるから，$p=\dfrac{c+200}{2}$ のとき，A社の純利益とB社の純利益の積は最大

となる。このときのA社の利益 $p-c-x$ を最大にすることを考えると

$$p-c-x=\frac{c+200}{2}-c-x$$

$$=100-\frac{c}{2}-x$$

$$=100-\frac{1}{2}\left(\frac{1}{8}x^2-10x+220\right)-x$$

$$=-\frac{1}{16}x^2+4x-10$$

$$=-\frac{1}{16}(x-32)^2+54 \quad\cdots\cdots\text{①}$$

であるから，利益は $x=32$ のとき最大となる。　→(111)(112)

また，このときの価格 p は

$$p=\frac{c+200}{2}=\frac{1}{2}\left(\frac{1}{8}\cdot32^2-10\cdot32+220\right)+100$$

$$=114 \quad\rightarrow\text{(113)}\sim\text{(115)}$$

▶**(2)**　A社の純利益は

$$(p-c-x)-(250-c-x)=p-250$$

B社の純利益は

$$308-\frac{11}{10}p$$

A社の純利益とB社の純利益の積を最大化するような p を考えると

$$(p-250)\left(308-\frac{11}{10}p\right)=-\frac{11}{10}(p-250)(p-280)$$

$$=-\frac{11}{10}\{(p-265)^2-265^2+250\cdot280\}$$

であるから，$p = 265$ のとき，A社の純利益とB社の純利益の積は最大となる。このときのA社の利益 $p - c - x$ を最大にすることを考えると

$$p - c - x = 265 - \left(\frac{1}{8}x^2 - 10x + 220 \right) - x$$

$$= -\frac{1}{8}x^2 + 9x + 45$$

$$= -\frac{1}{8}(x - 36)^2 + 207 \quad \cdots\cdots ②$$

であるから，利益は $x = 36$ のとき最大となる。　→(116)(117)

また，このときの価格 p は　　　$p = 265$　→(118)〜(120)

▶　交渉が成立した場合の(1)のA社の利益は，①より，54 であり，(2)のA社の利益は，②より，207 であるから

　　　「(2)のA社の利益」 − 「(1)のA社の利益」 = 207 − 54

$$= 153 \quad →(121)〜(123)$$

❖講　評

　2023 年度も例年通りの形式で，大問 6 題の出題であった。

　Ⅰはユークリッドの互除法の問題と不等式を満たす有理数を決定する問題であった。割り算の回数に注目する問題は見慣れない形式であったが，商と余りが小さくなることに気づけば，答えを簡単に求められる。

　Ⅱは定積分で表された 2 つの関数を求め，それらの共通接線を求める問題であった。複雑に見えるが，定数となる定積分に注目をし，その定数を文字でおけば連立方程式を立てることができる。共通接線は一方の放物線の接線がもう一方の放物線に接する条件から求められる。

　Ⅲは魔方陣に関する問題であった。(1)は中央の数の 3 乗が縦，横，斜めにならんだ 3 つの数の積に等しくなることに気づくことが肝心である。(2)は魔方陣で決められたサイコロの目を丁寧に場合分けし，勝つ確率をそれぞれ求めればよい。

　Ⅳは格子点を移動する 2 点が接触しない確率を求める問題であった。2 点が接触する確率を考え，余事象の確率を求めればよい。(2)は場合分けが複雑になるので，条件を満たすような場合を丁寧に求める必要がある。

　Ⅴは立方体の各辺に接する球の中心と半径を求める問題であった。一見すると立体図形の問題のように見えるが，球の中心と接点を結ぶ線分の長さと半径が等しいことを利用すると，連立方程式を解くだけの問題となるので，立体図形に苦手意識を持ちすぎないことが大切である。なお，図形の対称性などを考えれば計算量を削減することができる。

　ⅥはA社の純利益とB社の純利益の積を最大とするような価格 p の値を考え，その後，A社の利益を最大にする投資額 x の値を考える問題であった。A社の純利益とB社の純利益の積を p の 2 次関数とみて最大値を考えると，A社の利益を x の 2 次関数として表せるので，その最大値を考えればよい。

　典型的な問題がある一方，見慣れない問題も出題される。典型的な問題は確実に正解までたどり着きたい。見慣れない問題も少し考えれば解けるように誘導がついている。長い文章題は読み慣れていないと難しく感じてしまうため，過去問などで解き慣れるようにしておきたい。

情報

Ⅰ　解答

(ア)(1)—(5)　(2)—(8)　(3)—(0)　(4)—(2)　(5)—(7)
(イ)(6)—(1)　(ウ)(7)—(5)　(エ)(8)—(5)

◀解　説▶

≪知的財産法（著作権法，産業財産権法），個人情報保護法≫

▶(ア)(1)　(5)プライバシーが正解。「｜　(1)　｜の保護」とあるのと，「逮捕歴」
などから，個人情報をコントロールする権利であるプライバシーが入る。

(2)　(8)検索が正解。「｜　(2)　｜サイト」とあるのと，最終段第 1 文に「膨大
な情報から必要なものを入手することを支援」とあるので，検索サイトで
あることがわかる。

(3)　(0)拡散が正解。「書き込みや個人情報などは｜　(3)　｜されると消し去る
ことが困難」とあるので，情報が人から人へと広がる拡散が入る。

(4)　(2)基盤が正解。「情報流通の｜　(4)　｜」とあり，検索サイトの社会での
役割の大きさについて書いていることから，基盤が入る。

(5)　(7)表現が正解。「削除は…｜　(5)　｜行為の制約」，「｜　(5)　｜の自由よりプ
ライバシーの保護」とある。「〜の自由」から(1)「信仰」と(7)「表現」が
考えられるが，「プライバシーの保護」と対立するものであるから，「表
現」になる。

▶(イ)(6)　(1)が正解。商標法第 6 条に「商標登録出願は，商標の使用をす
る一又は二以上の商品又は役務を指定して，商標ごとにしなければならな
い。」とある。(2)は「意匠」ではなく，「特許」の対象となる「発明」に関
する説明。意匠はデザインなど「物品の形状，模様若しくは色彩若しくは
これらの結合」（意匠法第 2 条）のこと。(3)の意匠登録を行うのは文化庁
ではなく特許庁。(4)の「営業秘密の不正取得」を禁じているのは特許法で
はなく不正競争防止法。(5)は特許については「容易に考案することができ
る」ものは対象とならないが，実用新案や商標の登録については関係がな
いので誤り。

▶(ウ)(7)　(5)が正しい。公衆送信権として著作者が持つ権利に含まれる。
(1)のデータベースは「情報の選択又は体系的な構成によって創作性を有す

るもの」については著作権が認められる（著作権法第 12 条の 2）。(2)の講演も著作物に当たり著作権に該当する。(3)は複製の説明である。翻案とは元の著作物に創作性のある内容を加えて改変すること（外国語の小説の翻訳，小説の映画化など）を言う。(4)の公衆は不特定少数・不特定多数・特定多数を指すので「含まれない」は誤り。つまり，家族・友人などの特定少数以外はすべて「公衆」となる。

▶(エ)(8)　(5)が正しい。個人情報保護法が対象としている「個人情報」は，「生存する個人に関する情報」（同法第 2 条）なので，法人等の団体そのものに関する情報は個人情報には該当しない。(1)は個人情報の目的外利用に当たる。(2)は原則的には本人の同意が必要だが，同法第 18 条 3 項に定める「人の生命，身体又は財産の保護のために必要がある場合」などは，本人の同意は不要。(3)はコンピュータ利用の有無にかかわらず，個人情報を扱う事業者は法律の対象となる。(4)の防犯カメラの顔の映像は特定の個人を識別できる場合は個人情報に当たるとされているので誤り。

II　解答

(9)(10)(11) 010　(12)(13) 16　(14) 4　(15) 4　(16) 7　(17) 9　(18) 3　(19)(20)(21)(22) 5200　(23)(24)(25)(26) 4840　(27)(28)(29)(30) 5080　(31) 7　(32) 9　(33)—(3)　(34)—(2)　(35)—(1)

◀解　説▶

≪記号列を 1 つの数値に変換して表現する方法≫

- $0.25 = \dfrac{1}{4} = \dfrac{1}{2^2} = 0.01_{(2)}$　→(9)〜(11)

- 4 種類の記号を 2 個使って構成される記号列は，全部で

　　$4^2 = 16$ 通り　→(12)(13)

ある。そして

　　$\dfrac{1}{16} = \dfrac{1}{2^4} = 0.0001_{(2)}$

であるから，少なくとも 2 進法の小数第 4 位までが必要になる。　→(14)

- 頻度表 X より，次の表が得られる。　→(15)〜(18)

記号	A	B	C	D
区間	[0, 0.4)	[0.4, 0.7)	[0.7, 0.9)	[0.9, 1)
区間幅	0.4	0.3	0.2	0.1

・BAC に対応する区間について

Bには区間 [0.4, 0.7) が対応する。

次に

$$0.4 + 0.3 \times 0.4 = 0.4 + 0.12 = 0.52$$

であるから，BA には区間 [0.4, 0.52) が対応する。　→(19)～(22)

そして

$$0.4 + 0.12 \times (0.4 + 0.3) = 0.4 + 0.084 = 0.484$$

$$0.484 + 0.12 \times 0.2 = 0.484 + 0.024 = 0.508$$

であるから，BAC には区間 [0.484, 0.508) が対応する。　→(23)～(30)

・0.8 から記号列への復元について

0.8 は区間 [0.7, 0.9) に含まれるから，最初の記号はCである。

→(31)～(33)

次に

$$0.7 + 0.2 \times 0.4 = 0.7 + 0.08 = 0.78 < 0.8$$

$$0.78 + 0.2 \times 0.3 = 0.78 + 0.06 = 0.84 > 0.8$$

より，0.8 は区間 [0.7, 0.9) を 4 分割したときの 2 番目の区間 [0.78, 0.84) に含まれるから，2 個目までの記号はCBである。　→(34)

そして

$$0.78 + 0.06 \times 0.4 = 0.78 + 0.024 = 0.804 > 0.8$$

より，0.8 は区間 [0.78, 0.84) を 4 分割したときの 1 番目の区間 [0.78, 0.804) に含まれるから，3 個目までの記号はCBAである。

→(35)

参考　頻度表Xを用いた区間の分割のうち，問題に関係しているものは次のようになる。

・BAC に関係するもの

記号	A	B	C	D
区間	[0, 0.4)	[0.4, 0.7)	[0.7, 0.9)	[0.9, 1)
区間幅	0.4	0.3	0.2	0.1

記号	BA	BB	BC	BD
区間	[0.4, 0.52)	[0.52, 0.61)	[0.61, 0.67)	[0.67, 0.7)
区間幅	0.12	0.09	0.06	0.03

記号	BAA	BAB	BAC	BAD
区間	$[0.4,\ 0.448)$	$[0.448,\ 0.484)$	$[0.484,\ 0.508)$	$[0.508,\ 0.52)$
区間幅	0.048	0.036	0.024	0.012

• 0.8 に関係するもの

記号	A	B	C	D
区間	$[0,\ 0.4)$	$[0.4,\ 0.7)$	$[0.7,\ 0.9)$	$[0.9,\ 1)$
区間幅	0.4	0.3	0.2	0.1

記号	CA	CB	CC	CD
区間	$[0.7,\ 0.78)$	$[0.78,\ 0.84)$	$[0.84,\ 0.88)$	$[0.88,\ 0.9)$
区間幅	0.08	0.06	0.04	0.02

記号	CBA	CBB	CBC	CBD
区間	$[0.78,\ 0.804)$	$[0.804,\ 0.822)$	$[0.822,\ 0.834)$	$[0.834,\ 0.84)$
区間幅	0.024	0.018	0.012	0.006

III 解答

(ア)(36)(37) −1 (38)(39) 00 (40)(41) 03 (42)(43) 03

(イ)(44)(45) −1 (46)(47) 03 (48)(49) −1 (50)(51) 03

◀解 説▶

≪論理演算を実現するニューラルネットワークの決定≫

▶(ア) • $w_1=1$, $w_2=2$, $b=-2$ のとき, $x_1=1$, $x_2=0$ を入力として与えると

$$y=1\cdot1+0\cdot2-2=-1 \quad →(36)(37)$$

$y\leqq0$ より $z=0$ →(38)(39)

• $b=-2$ のとき, x_1, x_2 の各入力に対して, $y=x_1w_1+x_2w_2-2$ の値と, 出力させたい z の値は右のようになる。

x_1	x_2	y	z
0	0	-2	0
0	1	w_2-2	1
1	0	w_1-2	1
1	1	w_1+w_2-2	1

よって, z の値を正しく出力できる条件は

$$w_2-2>0 \quad かつ \quad w_1-2>0 \quad かつ \quad w_1+w_2-2>0$$

である。そして, w_1, w_2 は -3, -2, -1, 0, 1, 2, 3 のいずれかの値をとるから

$$w_1=3, \quad w_2=3 \quad →(40)〜(43)$$

▶(イ)　$b_1 = 2$, $b_2 = -2$, $b_3 = -3$, $w_{22} = 3$, $w_{32} = 1$ のとき

$$y_1 = x_1 w_{11} + x_2 w_{21} + 2$$
$$y_2 = x_1 w_{12} + 3x_2 - 2$$
$$y_3 = z_1 w_{31} + z_2 - 3$$

である。そして，w_{11}, w_{12}, w_{21}, w_{31} は -3，-2，-1，0，1，2，3 のいずれかの値をとる。

・$x_1 = 0$, $x_2 = 0$ のとき

$$y_1 = 2, \quad y_2 = -2, \quad y_3 = z_1 w_{31} + z_2 - 3$$

$y_1 > 0$, $y_2 \leqq 0$ より，$z_1 = 1$, $z_2 = 0$ となるから

$$y_3 = w_{31} - 3 \leqq 0$$

よって，$z_3 = 0$ が出力される。

・$x_1 = 0$, $x_2 = 1$ のとき

$$y_1 = w_{21} + 2, \quad y_2 = 1, \quad y_3 = z_1 w_{31} + z_2 - 3$$

$y_2 > 0$ より，$z_2 = 1$ となるから

$$y_3 = z_1 w_{31} - 2$$

$z_3 = 1$ を出力させるためには，$y_3 > 0$ でなければいけないから

$$z_1 w_{31} > 2$$

$z_1 = 0$ のとき，これは成り立たないから，$z_1 = 1$ より

$$w_{31} > 2 \quad \therefore \quad w_{31} = 3 \quad →(50)(51)$$

$z_1 = 1$ より，$y_1 > 0$ であるから

$$w_{21} + 2 > 0 \quad \therefore \quad w_{21} = -1, \ 0, \ 1, \ 2, \ 3 \quad \cdots\cdots①$$

・$x_1 = 1$, $x_2 = 0$ のとき

$w_{31} = 3$ より

$$y_1 = w_{11} + 2, \quad y_2 = w_{12} - 2, \quad y_3 = 3z_1 + z_2 - 3$$

$z_3 = 1$ を出力させるためには，$y_3 > 0$ でなければいけないから

$$3z_1 + z_2 > 3$$

$(z_1, z_2) = (0, 0)$，$(0, 1)$，$(1, 0)$，$(1, 1)$ のうち，これを満たすのは $(z_1, z_2) = (1, 1)$ だけである。

$z_1 = 1$ より，$y_1 > 0$ であるから

$$w_{11} + 2 > 0 \quad \therefore \quad w_{11} = -1, \ 0, \ 1, \ 2, \ 3 \quad \cdots\cdots②$$

$z_2 = 1$ より，$y_2 > 0$ であるから

$$w_{12} - 2 > 0 \quad \therefore \quad w_{12} = 3 \quad →(46)(47)$$

- $x_1=1$, $x_2=1$ のとき

$w_{31}=3$, $w_{12}=3$ より

$$y_1=w_{11}+w_{21}+2, \quad y_2=4, \quad y_3=3z_1+z_2-3$$

$y_2>0$ より，$z_2=1$ となるから

$$y_3=3z_1-2$$

$z_3=0$ を出力させるためには，$y_3 \leqq 0$ でなければいけないから

$$3z_1 \leqq 2$$

$z_1=0$, 1 のうち，これを満たすのは $z_1=0$ だけである。

$z_1=0$ より，$y_1 \leqq 0$ であるから

$$w_{11}+w_{21}+2 \leqq 0$$

①，②の組み合わせのうち，これを満たすのは

$$w_{11}=-1 \quad \rightarrow \text{(44)(45)}$$
$$w_{21}=-1 \quad \rightarrow \text{(48)(49)}$$

だけである。

IV 解答

(ア)(52)(53)—(15)　(54)(55)—(16)

(イ)(56)(57)—(23)　(58)(59)—(24)　(60)(61)—(29)　(62)(63)—(30)

◀解　説▶

≪オドメトリで得られるロボットの位置情報と障害物の位置の関係式≫

▶(ア)　ロボットを「黒丸」で表し，ロボットを始点とする「矢印」でロボットの進行方向を表すことにすると，拡大図は右図のようになる。

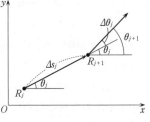

よって，地図座標系では

$$(Rx_{j+1}, \ Ry_{j+1})=\overrightarrow{OR_{j+1}}$$
$$=\overrightarrow{OR_j}+\overrightarrow{R_jR_{j+1}}$$
$$=(Rx_j, \ Ry_j)+(\Delta s_j \cdot \cos\theta_j, \ \Delta s_j \cdot \sin\theta_j)$$
$$=(\cos\theta_j \cdot \Delta s_j+Rx_j, \ \sin\theta_j \cdot \Delta s_j+Ry_j)$$

となるから

$$Rx_{j+1}=\cos\theta_j \cdot \Delta s_j+Rx_j \quad \rightarrow \text{(52)(53)}$$
$$Ry_{j+1}=\sin\theta_j \cdot \Delta s_j+Ry_j \quad \rightarrow \text{(54)(55)}$$

▶(イ)　ロボットの位置 R_j とスキャンデータ $(\phi_{j,i}, \ d_{j,i})$ に対応する点

$Q_{j,i}$ を図示すると下左図のようになる。

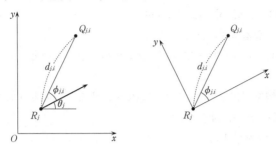

$Q_{j,i}$ のロボット座標系での座標 $(Qx_{j,i},\ Qy_{j,i})$ は，上右図において R_j を原点と考えたときの座標であるから

$$Qx_{j,i} = d_{j,i} \cdot \cos\phi_{j,i} = \cos\phi_{j,i} \cdot d_{j,i} \quad \rightarrow(56)(57)$$

$$Qy_{j,i} = d_{j,i} \cdot \sin\phi_{j,i} = \sin\phi_{j,i} \cdot d_{j,i} \quad \rightarrow(58)(59)$$

また，$Q_{j,i}$ の地図座標系の座標 $(Px_{j,i},\ Py_{j,i})$ は

$$
\begin{aligned}
(Px_{j,i},\ Py_{j,i}) &= \overrightarrow{OQ_{j,i}} = \overrightarrow{OR_j} + \overrightarrow{R_jQ_{j,i}} \\
&= (Rx_j,\ Ry_j) + (d_{j,i}\cdot\cos(\theta_j+\phi_{j,i}),\ d_{j,i}\cdot\sin(\theta_j+\phi_{j,i})) \\
&= (Rx_j + d_{j,i}\cdot\cos(\theta_j+\phi_{j,i}),\ Ry_j + d_{j,i}\cdot\sin(\theta_j+\phi_{j,i}))
\end{aligned}
$$

により求められる。よって，加法定理とロボット座標系の関係式より

$$
\begin{aligned}
Px_{j,i} &= Rx_j + d_{j,i}\cdot\cos(\theta_j+\phi_{j,i}) \\
&= Rx_j + d_{j,i}\cdot(\cos\theta_j\cdot\cos\phi_{j,i} - \sin\theta_j\cdot\sin\phi_{j,i}) \\
&= Rx_j + d_{j,i}\cdot\cos\theta_j\cdot\cos\phi_{j,i} - d_{j,i}\cdot\sin\theta_j\cdot\sin\phi_{j,i} \\
&= \cos\theta_j\cdot Qx_{j,i} - \sin\theta_j\cdot Qy_{j,i} + Rx_j \quad \rightarrow(60)(61) \\
Py_{j,i} &= Ry_j + d_{j,i}\cdot\sin(\theta_j+\phi_{j,i}) \\
&= Ry_j + d_{j,i}\cdot(\sin\theta_j\cdot\cos\phi_{j,i} + \cos\theta_j\cdot\sin\phi_{j,i}) \\
&= Ry_j + d_{j,i}\cdot\sin\theta_j\cdot\cos\phi_{j,i} + d_{j,i}\cdot\cos\theta_j\cdot\sin\phi_{j,i} \\
&= \sin\theta_j\cdot Qx_{j,i} + \cos\theta_j\cdot Qy_{j,i} + Ry_j \quad \rightarrow(62)(63)
\end{aligned}
$$

Ⅴ　解答

(ア)(64)—(4)　(65)—(7)　(66)—(2)

(イ)(67)—(5)　(68)—(5)　(69)—(2)　(70)—(5)　(71)—(4)　(72)—(1)

◀解　説▶

≪数列の中から循環列や代表循環列を抜き出すアルゴリズム≫

具体例：$m=7$, $f(1)=5$, $f(2)=4$, $f(3)=7$, $f(4)=5$, $f(5)=2$, $f(6)=6$, $f(7)=3$ では

循環列：{2, 4, 5}, {4, 5, 2}, {5, 2, 4}, {3, 7}, {7, 3}, {6}

代表循環列：{2, 4, 5}, {3, 7}, {6}

という結果になるはずである。

以降，この具体例を用いてアルゴリズムの修正点について考えることにする。

▶(ア)　具体例を問題中のアルゴリズムで処理すると次のようになる。

[1] $a=1$ から始めた場合

具体例の関数 f を与える。

$a=1$ を与える。

$b=f(1)=5$ とする。

$c=\{1\}$ とする。

$a \neq b$ であるから，処理Aを実行する。

$c=\{1, 5\}$ とする。

$b=f(5)=2$ とする。

$a \neq b$ であるから，処理Aを実行する。

$c=\{1, 5, 2\}$ とする。

$b=f(2)=4$ とする。

$a \neq b$ であるから，処理Aを実行する。

$c=\{1, 5, 2, 4\}$ とする。

$b=f(4)=5$ とする。

$a \neq b$ であるから，処理Aを実行する。　⟹無限ループ

[2] $a=5$ から始めた場合

具体例の関数 f を与える。

$a=5$ を与える。

$b=f(5)=2$ とする。

$c=\{5\}$ とする。

$a \neq b$ であるから，処理Aを実行する。

$c=\{5, 2\}$ とする。

$b=f(2)=4$ とする。

$a \neq b$ であるから，処理Aを実行する。

$c=\{5, 2, 4\}$ とする。

$b=f(4)=5$ とする。

$a=b$ であるから，処理Aを実行しないで $\{5,\ 2,\ 4\}$ を出力する。

　　　　　　　　　　　　　　　⟹代表でない循環列の出力

• ［1］より，このアルゴリズムは正しくないことがわかる。その理由は，処理Aを無限に繰り返して，実行が終了しない場合があるからである。

　　　　　　　　　　　　　　　　　　　　　　　　　　　　→(64)

処理Aが無限に繰り返されるのは，$a=1$ から始まる循環列がないことに原因があるから，この欠点を解消するためには，6 行目の次に『もし b が c の中に含まれているならば「a から始まる循環列はない」と出力してアルゴリズムを終了する。』という命令を追加すればよい。　→(65)

修正後，［1］の場合の処理は次のようになる。

具体例の関数 f を与える。

$a=1$ を与える。

$b=f(1)=5$ とする。

$c=\{1\}$ とする。

$a\neq b$ であるから，処理Aを実行する。

b は c の中に含まれていないから，次に進む。

$c=\{1,\ 5\}$ とする。

$b=f(5)=2$ とする。

$a\neq b$ であるから，処理Aを実行する。

b は c の中に含まれていないから，次に進む。

$c=\{1,\ 5,\ 2\}$ とする。

$b=f(2)=4$ とする。

$a\neq b$ であるから，処理Aを実行する。

b は c の中に含まれていないから，次に進む。

$c=\{1,\ 5,\ 2,\ 4\}$ とする。

$b=f(4)=5$ とする。

$a\neq b$ であるから，処理Aを実行する。

b は c の中に含まれているから，「1 から始まる循環列はない」と出力する。

• ［2］の場合，代表でない循環列が出力されるのは，処理の途中に $a=5$ より小さい $b=2$ が現れることに原因がある。よって，代表でない循環列を出力しないように変更するには，上で追加した行の次にさらに『も

し$a>b$ならば「aから始まる代表循環列はない」と出力してアルゴリズムを終了する。』という命令を追加すればよい。　→(66)

変更後，〔2〕の場合の処理は次のようになる。

具体例の関数fを与える。

$a=5$を与える。

$b=f(5)=2$とする。

$c=\{5\}$とする。

$a\neq b$であるから，処理Aを実行する。

bはcの中に含まれていないから，次に進む。

$a>b$であるから，「5から始まる代表循環列はない」と出力する。

▶(イ)　具体例や(ア)での修正を考慮すれば，問題中のアルゴリズムは次のようになる。

1：	関数fと定数mは与えられているものとする。
2：	変数aの値を最初は1とし，1ずつ増やしながらmになるまで処理Bを繰り返す。
3：	処理Bの始め
4：	変数bの値を$f(a)$とする。
5：	変数cの値を長さ1の数列$\{a\}$とする。
6：	$a\neq b$である間，処理Cを繰り返し実行する。
7：	処理Cの始め
8：	もしbがcの中に含まれているならば処理Bの残りの部分は実行せず，「処理Bの始め」から次の繰り返しを実行する。　　　　　　　　　　　　　　　　　→(67)
9：	もし$a>b$ならば処理Bの残りの部分は実行せず，「処理Bの始め」から次の繰り返しを実行する。　→(68)
10：	cの値を，cの末尾にbを付け加えた数列とする。
11：	bの値を$f(b)$とする。
12：	処理Cの終わり
13：	cの値を出力する。
14：	処理Bの終わり

さらに，処理Bについて無駄な実行を減らすためには，次のように変更す

ればよい。その理由は，すでに得られている代表循環列 c の中に含まれる i について $d_i=1$ とし，$d_a=1$ である a については処理Bを実行しないようにすれば，無駄な実行を減らせるからである。

・3 行目の後に『もし $d_a=1$ ならば処理Bの残りの部分は実行せず，「処理Bの始め」から次の繰り返しを実行する。』という命令を追加する。

→(69)，(70)

・12 行目の後に『c に含まれるすべての数 i について d_i の値を 1 とする。』という命令を追加する。　→(71)

・1 行目の後に『変数 d_1, …, d_m の値を 0 とする。』という命令を追加する。　→(72)

変更後，具体例の処理は次のようになる。

具体例の関数 f と定数 $m=7$ を与える。

$d_1=0$, $d_2=0$, $d_3=0$, $d_4=0$, $d_5=0$, $d_6=0$, $d_7=0$ とする。

$a=1$ とし，処理Bを実行する。

$d_a=1$ でないから，次に進む。

$b=f(1)=5$ とする。

$c=\{1\}$ とする。

$a\neq b$ であるから，処理Cを実行する。

b は c の中に含まれていないから，次に進む。

$a>b$ でないから，次に進む。

$c=\{1, 5\}$ とする。

$b=f(5)=2$ とする。

$a\neq b$ であるから，処理Cを実行する。

b は c の中に含まれていないから，次に進む。

$a>b$ でないから，次に進む。

$c=\{1, 5, 2\}$ とする。

$b=f(2)=4$ とする。

$a\neq b$ であるから，処理Cを実行する。

b は c の中に含まれていないから，次に進む。

$a>b$ でないから，次に進む。

$c=\{1, 5, 2, 4\}$ とする。

$b=f(4)=5$ とする。

$a \neq b$ であるから，処理 C を実行する。

b は c の中に含まれているから，処理 B の残りの部分は実行しない。

$a = 2$ とし，処理 B を実行する。

$d_a = 1$ でないから，次に進む。

$b = f(2) = 4$ とする。

$c = \{2\}$ とする。

$a \neq b$ であるから，処理 C を実行する。

b は c の中に含まれていないから，次に進む。

$a > b$ でないから，次に進む。

$c = \{2, 4\}$ とする。

$b = f(4) = 5$ とする。

$a \neq b$ であるから，処理 C を実行する。

b は c の中に含まれていないから，次に進む。

$a > b$ でないから，次に進む。

$c = \{2, 4, 5\}$ とする。

$b = f(5) = 2$ とする。

$a = b$ であるから，処理 C を実行しないで $d_2 = 1$, $d_4 = 1$, $d_5 = 1$ とする。

$\{2, 4, 5\}$ を出力する。

$a = 3$ とし，処理 B を実行する。

$d_a = 1$ でないから，次に進む。

$b = f(3) = 7$ とする。

$c = \{3\}$ とする。

$a \neq b$ であるから，処理 C を実行する。

b は c の中に含まれていないから，次に進む。

$a > b$ でないから，次に進む。

$c = \{3, 7\}$ とする。

$b = f(7) = 3$ とする。

$a = b$ であるから，処理 C を実行しないで $d_3 = 1$, $d_7 = 1$ とする。

$\{3, 7\}$ を出力する。

$a = 4$ とし，処理 B を実行する。

$d_a = 1$ であるから，処理 B の残りの部分は実行しない。

$a = 5$ とし，処理 B を実行する。

$d_a=1$ であるから，処理Bの残りの部分は実行しない。

$a=6$ とし，処理Bを実行する。

$d_a=1$ でないから，次に進む。

$b=f(6)=6$ とする。

$c=\{6\}$ とする。

$a=b$ であるから，処理Cを実行しないで $d_6=1$ とする。

$\{6\}$ を出力する。

$a=7$ とし，処理Bを実行する。

$d_a=1$ であるから，処理Bの残りの部分は実行しない。

$a=m$ まで処理Bを繰り返したから，アルゴリズムを終了する。

結果として，代表循環列 $\{2,\ 4,\ 5\}$，$\{3,\ 7\}$，$\{6\}$ が出力されている。

小論文

解答例 　設問1．文献1と文献2に通底しているのは，我々の生の根底を成す身体と，自然とのつながりである。文献1ではレシピどおりの料理ではなく，身体を通して得られる感覚所与としての自然に沿う料理を推奨し，文献2では身体を使ってものを作り，土地とつながることで生成されていた社会のリアルが，喪失しつつあることを嘆いている。（150字以内）

設問2．文献1と文献3に通底しているのは，社会的に認められた価値ではなく，自分自身が価値を見出そうとする姿勢である。文献1では社会的に認められたレシピどおりの料理ではなく，自然に沿った自分の感覚に美を見出すあり方が語られている。一方の文献3では，社会的に価値があるとされているものを短歌の中に持ち込むことを戒め，むしろ価値がないとされているものに直感的に価値を認めて詠むところに短歌の美があるとしている。（200字以内）

設問3．定量的研究の測定で得られる値が何を指しているかは，物や現象の性質の定性的研究が不十分であれば言えず，測定が無意味なことすらありうる。したがって，複雑で未解明の領域を多く含む自然現象の定性的研究は，科学研究の基礎を成す大変重要なものであると言える。これは文献3の「生きる」ことと「生きのびる」ことの関係に通じる。「生きのびる」ことは究極的にはその手段であるお金などの数で測ることができるが，「生きる」ことの意味を各人が探究し続けなければ，「生きのびる」ことの意味も見出しえない。（250字以内）

設問4．文献5では，染色の桜を例に，外から手段として観察するだけでは足りず，その中に入って，生物として桜とともに生き，考え，その気持ちを理解するようになって初めて，手段としての桜の本質が見えるとする。身体のリアルを論じる文献2と通底するのは，その根底にある，自然とのつながりを感じ取る感覚の重視である。（150字以内）

設問5．文献5では，生きることに向きあうための学問的態度について，物を手段として考え，手段として見るかぎり，手段としても役に立たない

とされ，むしろ対象を外から調査するだけではなく，中へ入って調査しなければ見えてこないものがあると述べられている。対象を手段として見ることは，対象の関わりあう生の側面を切り捨てることであり，全体的な性質としての本質が把握できないということである。文献4では，定量的研究では測れない自然の実態を観察する定性的研究は，研究の全期間を通じて大切なこととされており，この態度に通じる。（250字以内）

設問6．(a)Bさん夫妻が感銘を受けた文献はいずれも身体的・感性的なものの重視と自然とのつながり，そして社会的に認められた価値からの離脱について述べられている。郊外の住宅地に移ったBさん夫妻は，都心とは異なる豊かな自然環境の中で，文献から受けた感銘に基づいた暮らしかたを模索していくと考えられる。自然とつながりその土地に根づくために，在宅ワーク可能なBさん夫妻は日中の時間が使いやすく，山林や農村などを歩き，周囲の景観に親しもうとするだろう。また，農家の人々との交流も積極的に行い，自分でも可能な範囲で作物を育てようとするだろう。もちろん二人の創作にも，こうした体験と価値観の変化が反映していくものと考える。（300字以内）

(b)Aさんは文献1～6に感銘を受けているため，文献4で主張されている定性的研究の重要性を意識している。また，文献6で述べられているとおり，表層に現れるBさん夫妻の住まいかた・暮らしかただけでは，その底にある深い根を認識できないことも理解している。そのため，まずは文献5で述べられているような，その場に分け入って観察する手法をとるものと私は考える。

　例えば，長期休みなどに物件を借りて滞在し，Bさん夫妻と交流しながら，現地での暮らしをその一端なりとも身をもって経験しようとするだろう。同時に，生活の背景であり基盤である自然を体感するため，積極的に周囲を歩く。そうして調査対象の性質を把握してから，定期的にBさん夫妻を訪問するとともに，地域の住人とコンタクトをとって，以前からそこで暮らす人々の住まいかたをつかんでいく。一方で，都心に住む人々の暮らしについても見なければ，Bさん夫妻の変化を真に観察することはできない。滞在で得た実感を基に，周囲の学生や教職員にアンケートや面談で調査協力を依頼する。並行して，定量的研究に移れるものは数値化していく。睡眠時間などの生活リズムや出費項目などがこれに当たるだろう。

（500 字以内）

━━━━━━━ ◀解　説▶ ━━━━━━━

≪郊外移住による住まいかた・暮らしかたの変化と調査≫

▶設問1．設問の要求は，文献1と文献2に通底することを論じることである。文献1は料理研究家と政治学者の対話であり，家庭料理について，レシピどおりに作った「力まかせの」料理よりも，そのときそのときの自然から受けた感覚所与に沿った料理が推奨されるということが述べられている。一方，文献2では身体を動かしてものを作ることがなくなり，お金でものを買うことが当たり前になったこと，身体と自然とのつながりが失われていることが批判的に言及されている。身体的・感性的なものを重視し，自然とのつながりの回復を主張するという共通の論旨を読み取り，これらをシンプルにまとめればよい。

▶設問2．設問の要求は，文献1と文献3に通底することを論じることである。文献3は短歌についての文章であるが，その中で「昨日までいた世界の価値観」にひっぱられた短歌を評価せず，「社会的に価値のないもの，換金できないもの……」のほうが短歌としては優れているということが，2首の短歌およびその改悪例によって述べられている。また，文献1の最終節では，レシピどおりに作ると，自分の感覚所与を使わなくなり，自然に沿ったちょうどよい加減という美が見えなくなるということが語られている。この点をまとめればよい。

▶設問3．設問の要求は，文献4のいう定性的研究の重要さを，文献3の著者の主張と関係づけて論じることである。定性的研究については文献4の後半の3段落に述べられている。自然現象自身を注意深く観察することで，その性質を見極めていく研究である。一方，定量的研究は，その性質を測定することによってそれを数であらわし，数学を使って，知識を整理統合していく。科学研究としては定量的研究の方が一歩進んでいるが，測定したものの性質がはっきりしない場合には，それに全く意味がない場合もあるとされる。したがって，定性的研究は研究の全期間を通じて常に大切なことだと述べられる。文献3の中でこれに対応するのは，第(2)節にある，「生きる」ことと「生きのびる」ことである。文献3の著者は，「生きのびる」ためにすることは，ご飯を食べる，睡眠をとる，お金を稼ぐなどはっきりしているが，「生きる」ことははっきりしない不明瞭なものであ

るとしつつ，しかし我々が生まれてきたのは「生きる」ためであると主張
している。この点を関係づけて論じればよい。

▶設問 4．設問の要求は，文献 2 と文献 5 に通底することを論じることで
ある。文献 5 では，桜染の材料集めの難しさとコツについて紹介された後，
製品そのものもしくは製品にごく近い部分を見ただけでは製品を見たこと
にはならないと述べられている。そして，染織を例に，その根っこにある
自然との交感が語られ，「物を外から，手段として考え，手段として見る
かぎり，手段としても役に立たない。手段としてではなく，その中に入っ
て，（中略）その気持ちを理解するようになって初めて，染織の手段とし
ても役に立つ」と述べ，そこから学問的態度を自省している。文献 2 もも
のを作ることについて述べ，身体と自然とのつながりの回復を主張してい
るところが通底している。字数があまりないので，論点を 1 つに絞ってま
とめよう。

▶設問 5．文献 5 が論じる「生きることに向きあうための学問的態度」は，
文献 4 の主張する定性的研究のやりかたにも相通じるものがあり，それに
ついて論じることが求められている。文献 5 は染織の話から，学問的態度
に移る。まず，桜の幹を色の材料を出すための手段として外から観察する
のではなく，桜とともに生き，桜とともに考えるようになったことで初め
て深い観察ができ，それによって真に美しい布を染め出す材料が取れるよ
うになった，と述べられている。この態度は学問にも応用でき，調査を単
に外から行うのではなく，中へ入って一緒にそこで暮らしながらでなけれ
ば見えてこないものがあり，「物を外から，手段として考え，手段として
見るかぎり，手段としても役に立たない」というのが著者の主張である。
定性的研究と相通じるのは，この最後の点である。ある物をある事の手段
としてしか見ないかぎり，その対象の別の側面である「深い」ところ，つ
まり，「いまあるところの状態」「そのもの」「ものの奥」といった，対象
の関わりあう生の側面や，全体的な性質としての本質が捨て去られること
になる。そして，定量的研究で測定された数がその対象の実態をあらわし
ているかどうか，実態のごく一部しかあらわしていないものではないかど
うか，定性的研究の観察によって常にその性質を見守らなければならない
と述べられている。この点を軸に論じる。

▶設問 6．(a)・(b)の解説に入る前に設問の設定を確認しておこう。

　建築を専門とする大学院生Ａさんと，その年上の知り合いＢさん夫妻が登場人物である。Ｂさん夫妻は都心を離れて郊外に家を建てた。その背景には，文献１〜３に出逢って感銘を受けたことがあった。Ｂさんの職業は小説家，妻は彫刻家である。Ａさんはこの話を聞いて文献１〜３を読み，さらに文献４〜６も読んだ。そして，これまでは室内環境だけに目を向けた研究をしてきたが，より広い視座や多様な着眼点から，ひとの住まいかた・暮らしかたを探究しようと考えた。

(a)　設問の要求は，新しい土地で，Ｂさん夫妻の住まいかた・暮らしかたはどのようなものになりつつある，あるいはこれからなっていくと考えるか，できるだけ具体的に記述することである。Ｂさん夫妻の移住した先は，以下のように述べられている。最寄り駅までバスで15分の閑静な住宅地で，一級河川の支流がさらに枝分かれするように入りこむアップダウンの多い丘陵地帯であり，近所には農家が多く，３〜4km 歩けば里山風景や未開拓の自然山林もある。こうした舞台と，文献１〜３に述べられている内容に基づいて記述する必要がある。文献に通底するものをまず述べ，それから，それに基づいた住まいかた・暮らしかたの変化を書いていくとよいだろう。別解として，郊外への移住によって想像できる不便な点を付け加えることもできる。300字の字数制限に収まるように，取り上げる内容には取捨選択が必要である。

(b)　設問の要求は，Ｂさん夫妻の住まいかた・暮らしかたがどう変化していくのかに興味を抱いたＡさんが，そのありさまを調査するために，どのような工夫を盛り込んだ研究方法を考案すると考えるかを，できるだけ具体的に記述することである。Ａさんは文献４〜６にも触れているため，文献４の定性的研究や，文献５で述べられているような，外からだけではなく中へ入って一緒にそこで暮らしながらの調査，文献６で述べられているような，前提となる世界の理解の仕方などが，調査手法にも反映されると思われる。まずはそのことについて述べよう。手法はまず定性的研究が考えられるが，もちろん観察で研究が完結することはないので，その後につながる方向性も盛り込むとよい。

❖講　評

　環境情報学部では例年個性的な出題がなされるが，2023 年度は，複数の文章を読んで内容を総括的に論じることが中心という点で，オーソドックスとも言える小論文の設問であった。特に設問 1 〜 5 は，2 つの文献に通じるものを論じるというもので，例年のような個性的な出題に身構えていた受験生の中には意外に思った者もいると思われる。ただし，複数の設問に重複する文献もあるため，思いついたことを盛り込めばよいというわけではない。また，リード文や問題文に解答の方向性があまり示されておらず，自分で発見しなければならないのも，環境情報学部らしい出題と言える。

　設問 6 は，これらを踏まえた上で，文献に触発されて郊外に引っ越した夫妻の住まいかた・暮らしかたの変化とそれを調査する手法を論じるという，ユニークな出題だった。設問 1 〜 5 までの解答で文献の内容はある程度つかめているはずであり，それを活かした論述が求められている。

　論述の総字数は 1,800 字だが，2023 年度は例年と比べて，やや細かい設問に分割されているのが特徴である。設問 1 〜 5 は，字数制限がタイトな上に，相互に独立した文献を何度も読み返す必要もあり，120 分の解答時間はかなり厳しかったと言える。

解 答 編

解答編

■英語■

Ⅰ　解答　[31]—3　[32]—1　[33]—2　[34]—2　[35]—2
　　　　　[36]—2　[37]—1　[38]—3　[39]—3　[40]—1
[41]—1　[42]—2　[43]—1　[44]—2　[45]—3

◆全　訳◆

≪拡張現実（AR）装置の問題点≫

1　「究極のディスプレイ」と題された，アイバン=サザランドによる 1965 年の政府白書で初めて明言された拡張現実（AR）は，50 年間我々の技術的能力を超えていた。それが変わったのは，スマートフォンが人々に，安価なセンサー，強力なプロセッサー，高帯域幅ネットワークという組み合わせ——AR がその空間イリュージョンを生み出すために必要となる 3 点セット——を提供し始めたときであった。今日新しく出現してくるテクノロジーの中で，AR は特に——処理能力，感知されたデータ，さらに，私が言いたいのは，それがもたらす危険性への注意を要することで——際立っている。

2　ユーザーに完全な合成体験を創り出すバーチャルリアリティ（VR）装置とは異なり，AR 装置はユーザーの環境認識を増加させる。これを効果的に行うためには，AR システムはユーザーが空間のどの位置にいるかを知る必要がある。元々 VR システムは，ユーザーの動きを外部から追跡するために，高価で不安定なシステムを使用しており，しばしば，部屋に外部センサーを設置する必要があった。しかし，新世代の VR は，同時位置特定および地図作成（SLAM）と総称される一連の技術を通じて，これをクリアしている。これらのシステムは，豊富な観測データの流れ——大半はユーザーのヘッドギアに取り付けられたカメラからだが，時にはソナー，ライダー，ストラクチャードライト，飛行時間センサーからのデータ——を収集する。これらの測定値を使用して，ユーザーの空間環境の

絶えず進展するモデルを更新するのである。

3　安全のため，VR システムは特定の厳しく制限されたエリアに限定する必要がある。VR ゴーグルで周りが見えなくなった人が階段を転がり落ちないようにするためである。しかし，AR は現実の世界を隠すものではないため，どこででも使用できる。これは重要なことだ，なぜならば AR の目的は，役立つ（または単に面白いだけかもしれない）デジタルの幻影をユーザーの知覚に追加することだからである。しかし，AR には，あまり評価されていない 2 つ目の側面がある。それは，高度なモバイル監視システムとしても機能するということである。

4　この 2 番目の性質のせいで，フェイスブック社の最近のプロジェクト・アリアの実験は非常にこわいことになっているのである。4 年近く前，マーク＝ザッカーバーグは，AR の「眼鏡」を作成するというフェイスブック社の目標を発表した。これは，いつの日か実用性とユビキタス性でスマートフォンに匹敵する可能性を秘めた消費者向けデバイスだ。目標実現にはかなりの技術が要求されるので，フェイスブック社の開発チームは段階的な取り組みを採用してきた。プロジェクト・アリアは，SLAM に必要なセンサーを，サングラスに似たフォームファクター内部に詰め込んでいる。着用者は大量のデータを収集するが，そのデータはフェイスブック社にフィードバックされ，分析される。そうして得られた情報は，おそらくこの会社が最終的なフェイスブック社の AR 製品のデザインを改良するのに役立つことだろう。

5　ここでの懸念は明らかだ。それが数年後に市場に出た場合，これらの眼鏡はそのユーザーをフェイスブック社のデータ収集の手先に変えることだろう。数千万，そして数億の AR 眼鏡は，世界の人々，ペット，所有物，および小さな過ち，これらすべてとともに，世界の輪郭をマッピングする。惑星規模でのそのような集中的な監視が行われる見通しは，誰がこのすべての監視を行うのか，および，その理由についていくつかの難しい疑問を提示する。

6　うまく機能するためには，AR は我々の目を通して見て，我々がそうするように世間を見て，見ているものを記録する必要がある。AR 技術の，この難しい現実を回避する方法はないようだ。したがって，我々が自問する必要があるのは，このような広範囲にわたる監視を我々が本当に歓迎す

るのかどうか，なぜ我々は AR プロバイダーが収集した情報を悪用しない
と信頼しなければならないのか，AR プロバイダーはどのようにして我々
の信頼を得ることができるのか，ということである。残念ながら，テクノ
ロジーの，次の大きなものを我々が性急に受け入れる中で，このような疑
問はあまり考慮されてこなかった。しかし，そのような監視をいつ許可す
るかを決定すること——そして，必要な場合にのみ許可すること——は
依然として我々の力の及ぶところにある。

━━━━━━◀解　説▶━━━━━━

▶[31]　1.「後れを取る，立ち遅れる」　2.「うまくいかない，通用し
ない」　3.「突出する，際立つ」
stand out as ～ で「～として突出している」の意。stands out as を is に
交換してみると AR is particularly demanding. となり内容が簡易になる。
1 や 2 は意味的にも成り立たないが，そもそも as にはつながらない。
▶[32]　1.「効果的に，効率的に」　2.「手作業で，手動で」　3.「偶
然に，ちなみに」
do that は adds to the user's perception of her environment（ユーザー
の環境認識を高める）を指示している。また，do that の意味上の主語は
AR である。AR がユーザーの環境認識を高める様子として 2 や 3 では意
味を成さない。
▶[33]　1.「小さくする，減少させる」　2.「収穫する，取り入れる」
3.「推奨する，唱道する」
These systems は a set of techniques collectively known as
simultaneous localization and mapping (SLAM)「同時位置特定および地
図作成 (SLAM) と総称される一連の技術」を指している。主語が
「SLAM という一連の技術」で目的語が a rich stream of observational
data「豊富な観測データの流れ」なので 1 や 3 では意味を成さない。
▶[34]　1.「計算，説明」　2.「目的，利益」　3.「部分，役割」
for one's sake で「～の利益〔目的〕のために」の意の定型表現。
▶[35]　1.「起源，端緒」　2.「側面，様相」　3.「分派，派閥」
コロン（：）に後続する説明語句（It (＝AR) also functions as a
sophisticated mobile surveillance system「それ（AR）は高度なモバイ
ル監視システムとしても機能する」）から判断すると 2 が適切。

▶[36]　1.「達成不可能な，及ばない」　2.「やる気をなくさせる，狼狽させる」　3.「素朴な，世慣れない」

AR 眼鏡はスマートフォンに匹敵するデバイスで，その着用者は大量のデータをフェイスブック社にフィードバックすることになる。このような集中的な監視には人々が大きな不安感を抱くのである。したがって，2が適切。

▶[37]　1.「段階的な，漸進的な」　2.「基本的な，要素の」　3.「静止した，固定された」

so「それで」の前後の因果関係に着目する。That's a substantial technical ask「これはかなりの技術的な要求である」が原因なので，「フェイスブック社の調査チームが採用してきた取り組み」は一歩一歩徐々に進められたことが推測できる。したがって，1が適切。

▶[38]　1.「競争相手，争う人」　2.「提案者，支持者」　3.「手先，寵児」

AR 眼鏡の着用者は大量のデータをフェイスブック社にフィードバックすることになるので，AR 眼鏡の着用者はフェイスブック社のデータ収集の手先となる恐れがあるのである。minion は難単語だが，1と2が不適なことから，消去法で正解が出るはずである。

▶[39]　1.「確固たる伝統」　2.「楽な方の選択」　3.「厳しい現実」

前文で述べられているように「AR がうまく機能するには，我々のように目で世間を見て，見たものを記録する必要がある」のだが，人間に匹敵する認知行動は AR にとってはハードルが高い課題なのである。したがって，3が適切。

▶[40]　1.「抱き締める，受け入れる」　2.「まねる，張り合う」　3.「装飾する，潤色する」

名詞構文 our rush to (　　　) technology's next big thing を文に書き換えてみると，We rush to (　　　) technology's next big thing「我々は性急にテクノロジーの次の大きなものを (　　　)」となる。2や3では意味を成さない。1は受験生誰もが知っている単語で，正攻法でいけば正解にたどり着ける。

▶[41]　「次のうち，第1段落に述べられていない<u>もの</u>はどれか？」

1.「固有の課題にもかかわらず，AR は現在確立されたテクノロジーで

ある」

２．「AR は完全に安全な技術ではないという懸念がある」

３．「その構想以来，AR の可能性を実現するまでには長い時間がかかった」

４．「スマートフォンは AR の開発に特別に役立った」

１が正解。第３文（Among today's emerging …）に「AR は特に…を要する」とあり，「AR は現在確立されたテクノロジーである」とは述べられていない。２は同文に合致し，３は第１文（First articulated in …）に合致し，４は第２文（That changed when …）に合致する。

▶[42]「第２段落によると，…という点で，AR は VR とは異なる」

１．「VR は，ユーザーの姿勢や位置を入手する必要はない」

２．「AR は，代替の模擬世界をユーザーに提示しない」

３．「VR は，仮想体験を外部世界と継ぎ目なく統合する」

４．「AR は，より高度なテクノロジーを採用して，リアルな体験を創出する」

正解は２。第１文（Unlike virtual-reality（VR）gear,…）に「ユーザーに完全に合成された体験をさせる VR 装置とは異なり，AR 装置はユーザーの周囲の状況に関する認識を高める」とある。１は第３文（VR systems originally …）以下に反する。３・４は本文に記述がない。

▶[43]「第３段落で，筆者は…と述べている」

１．「VR システムは，AR システムよりも限られたスペースで使用すべきである」

２．「VR システムは，ほとんどの状況で AR システムよりも安全である」

３．「AR システムは，VR よりも公共空間の監視に使用される可能性が低い」

４．「AR システムは，一般ユーザーによって VR システムほど高くは評価されていない」

正解は１。第１文（For safety's …）に「安全のため，VR システムは特定の厳しく制限されたエリアに限定する必要がある」とある。２は第１文に反する。３は最終文（But AR has a …）に反する。「可能性が低い」ではなく「可能性が高い」が正しい。４は本文に記述がない。

▶[44]「第 5 段落で,『それ』は何を指すか？」

1.「フェイスブック社」

2.「プロジェクト・アリア」

3.「SLAM」

4.「VR テクノロジー」

come to market「市場に出る, 発売される」の主語として適するのは, 第 4 段にある AR "spectacles"「AR 眼鏡」であるが, これを研究開発するプロジェクトが Project Aria である。1・3・4 はそれ自体を市場で発売するものではない。

▶[45]「次のうち, 第 6 段落の目的を最もよく捉えているのはどれか？」

1.「前段落で提示された AR に関する情報に反論すること」

2.「我々の生活における AR の持続可能性と実用性を疑問視すること」

3.「AR がどのように使用され, 人々の生活に受け入れられるかに関する注意を喚起すること」

4.「AR テクノロジーの使用に関する追加情報を提供すること」

第 3 文（So, we need …）で AR に関して我々が自問する必要がある事項が 3 点述べられていて, 最終文（But it still …）では我々にその決定権があることが述べられている。したがって, 3 が正解である。

◆━◆━◆━◆━◆　●語句・構文●　◆━◆━◆━◆━◆

（第 1 段）articulate「明確にする, はっきりと発音する」 white paper「政府の公式報告書, 白書」 augmented reality「拡張現実（現実世界にコンピュータで構築した仮想現実を付加して拡張された現実を見せてくれる技術）」 lie beyond 〜「〜の向こうにある, 〜を超えている」 provide A with B「A に B を与える」 combination of A, B, and C「A, B, C の組み合わせ［統合］」 high-bandwidth「高帯域（通信）」 trifecta「3 つの偉業, 三冠達成」 spatial「空間的な, 空間に存在する」 demanding「要求が厳しい, 必要とする」 pose「提示する, 提起する」

（第 2 段）virtual-reality「仮想現実（AR が現実＋仮想現実なのに対して, VR はすべて仮想現実である）」 gear「装置, 道具」 synthetic experience「合成体験」 be located「位置している」 fragile「脆弱な, 不安定な」 track「追跡する, 監視する」 simultaneous localization and mapping「同時位置特定および地図作成」 affix「添付する, 添える」

sonar「(超) 音波探知機 (sound navigation and ranging)」 lidar「ライダー (レーザー光による検知と測距：light detection and ranging)」 time-of-flight「飛行時間型の」

(第3段) restricted to ～「～に限定されている，～を制限される」 constrained「強いられた，窮屈な」 lest「～するといけないから，～しないように」 tumble down「倒れる，転がり落ちる」 appreciated「高く評価された，好評である」 function as ～「～として機能する，～の役割を果たす」 sophisticated「洗練された，しゃれた」 surveillance system「監視システム」

(第4段) Project Aria「プロジェクト・アリア (AR 眼鏡の研究開発プロジェクト)」 Mark Zuckerberg「マーク゠ザッカーバーグ (Facebook 社の会長兼 CEO)」 utility「実用性，有用性」 ubiquity「遍在性，どこにでもあること」 substantial「かなりの，相当な」 form factor「形状因子」 feed back to ～「～にフィードバックする，～に返す」 presumably「たぶん，恐らく」 help *A* to *do*「*A* を支援して～させる」 refine「磨きをかける，改善する」 eventual「最終的な，終局の」

(第5段) transform *A* into *B*「*A* を *B* に変える」 tens, then hundreds of millions ～「何千万，何億もの～」 map「はっきり描く，位置を決める」 contour「輪郭，外形」 along with ～「～と共に，～に加えて」 peccadilloes＝peccadillo「小さな過ち，微罪」の複数形

(第6段) pervasive「行き渡った，まん延した」 misuse「誤用する，悪用する」 But it still remains within our power の "it" は後続する to decide when we might allow such surveillance─and to permit it only when necessary を指す。"and" は2つの to 不定詞句 to decide … such surveillance と to permit … when necessary をつないでいる。when necessary は when (it is) necessary と補う (it は such surveillance を指す)。

II 解答 [46]－1 [47]－3 [48]－2 [49]－3 [50]－1
[51]－1 [52]－2 [53]－3 [54]－2 [55]－1
[56]－1 [57]－2 [58]－1 [59]－4 [60]－3

━━━━━━━━━━◆全　訳◆━━━━━━━━━━

≪南極の領有権・利用権≫

1　7か国が南極の一部の領有権を主張しており，さらに多くの国がそこに観測基地を有している。なぜこれらの国は皆，この凍った荒れ地の一部をほしがるのだろうか？　私は潮溜りの間の小道を選び，大きな岩の上に腰を下ろす。壮大で静かな景色が山に縁取られた湾の向こうへ広がっている。すると，足元の浅瀬に閃光が走る──白と黒の矢のようだ。あの魚は一体何だろうか？　私の脳はゆっくりと熟考する，このとき私の目の前で1羽のジェンツーペンギンが水から滑り出て，岩の上でバランスをとり，私を生意気そうに見つめ，クアッ，クアッと鳴いて，パタパタと音を立てて雪の中へと去っていく。

2　南極大陸は私の知っている中で，書く題材としては最も難しい場所である。そこにいた経験を正確に説明しようとすると，いつも決まって言葉が指の下で消えていってしまう。書けることは何もない。最も文字通りの意味で，南極大陸は人間的ではないのである。アラビアからアリゾナまで，他の不毛の地には人が住んでいる。人間はその内部あるいは周辺に住み，そこに食べ物を見出し，想像力と創意工夫で不毛の地を言葉で表現する。南極を表現できる人はいない。そこは世界で最も乾燥し，最も寒く，最も風が強い場所である。

3　では，なぜイギリス，フランス，ノルウェー，オーストラリア，ニュージーランド，チリ，アルゼンチンは南極大陸の地図に線を引き，領有権の主張をして無人の氷原を分割してきたのだろうか？　南極大陸は国ではない。政府も先住民もいない。代わりに，大陸全体が科学的保護区として確保されている。1961年に発効した南極条約が，知的交流という理想をうたっている。鉱物探査と同様に，軍事活動は禁止されている。ロシア，中国，米国を含む50の国家が，現在，この条約とそれに関連する協定を批准している。しかし，イギリスの探検家アーネスト＝シャクルトン（1874-1922）その他が，自国の旗を立てるために吹雪と戦っていた際の帝国による初期の遠征の遺産の1つは，国家としての欲望である。

4　今日，科学は南極大陸での人間による調査を推進しているが，地質学者が主役になることが多いのには理由がある。各国政府は氷の下に何があるかを本当に知りたがっている。その言葉をそっと教えよう──石油だ。

南極における石油の量が，クウェートやアブダビよりはるかに多い，
2,000 億バレルになる可能性があることを示唆する予測もある。南極の石
油は利用するのが非常に困難で，現時点では採掘に法外な費用がかかるが，
南極の探鉱を禁止する議定書が更新される 2048 年に，世界経済がどうな
っているかを予測することは不可能である。その段階までに，エネルギー
に飢えた世界が死にもの狂いになっているかもしれない。

5　南極条約はすべての領有権の主張を凍結状態にしてきたが，それは規
則を曲げることを妨げてはいない。地下にあるかもしれないものの足掛か
りをつかむための最良の方法は，その場所を所有しているかのように振る
舞うことである。国民国家が行うことの 1 つは，パスポートにスタンプを
押すことである——南極にきた観光客がポート・ロックロイの英国の基
地を訪れると，パスポートにスタンプを押してもらうことができる。国際
法が英国の南極領の存在を認めていないという事実にもかかわらず，であ
る——実際，チリとアルゼンチンの両国が同じ土地の領有権を主張して
おり，自国のパスポートスタンプを用意している。国家が行うもう 1 つの
こと——または行っていたこと——は，郵便業務を行うことである。

6　ウクライナのベルナツキー基地で，私は自分にハガキを書き，牛が描
かれた装飾的なウクライナの切手を購入し，そこの郵便ポストに投函した。
到着するのに 2 か月かかった——地球の果てからなので，悪くはない。
しかし，観光客の楽しみは国旗を振る行為すべてを隠してしまう。ロシア
は，南極大陸のいたるところに基地を建設することを重視してきた。米国
は南極点に基地があるが，これは都合よくすべての国の領有権の主張区域
にまたがっている。今年，中国は 4 番目の基地を建設した。来年は 5 番目
を建設する予定だ。

7　南極大陸の 68 の基地はすべて，うわべでは平和な研究基地で，科学
目的で設立されたものだが，軍事化の禁止は広く無視されている。たとえ
ば，チリとアルゼンチンはどちらも南極本土に常備軍の駐留を維持してい
る。一部の国は軍事配備を報告していないか，代わりに，本質的には軍事
的と言える任務のために民間軍事会社を採用しているかもしれない，とい
う懸念がある。南極の空は非常に澄んでいて，妨害電波もない——大気
圏外探査や衛星追跡には理想的である。しかし同時に，秘密監視ネットワ
ークの設立や攻撃用兵器システムの遠隔制御にも理想的なのだ。

8　南極大陸の現状を拒否している政府も多い，この現状はヨーロッパの努力に基づいて構築され，一部の人の言葉を借りると，過去の超大国に過度の影響力を与える冷戦の地政学によって固定されたものである。イランは，南極大陸に建設をする意向であると述べており，トルコも同様である。インドは南極に関わってきた長い歴史を有し，パキスタンは南極への領土拡大を承認した——すべて科学的協力の名の下である。しかし，現状は自主規制に依存している。南極条約は名ばかりで実効性がない。豊富な天然資源と思いがけない情報収集の機会をめぐる競争の激化に直面して，この条約ができることのすべては——私のペンギンのように——一声鳴いて，パタパタと音を立てて雪の中へ去っていくことだけである。

━━━━◀解　説▶━━━━

▶[46]　1.「熟考する，思案する」　2.「真っ逆さまに落ちる，急落する」　3.「突き出る，飛び出る」

My slow brain「私のゆっくりとした脳」が主語なので，2や3では意味を成さない。

▶[47]　各選択肢を pin につなげた意味は，1.「（人に）責任を負わせる，（人に）罪を着せる」，2.「画鋲で留める」，3.「特定する，はっきりと説明する」

目的語が the experience of being there「そこ（南極）にいる経験」なので，1や2では意味を成さない。

▶[48]　1.「～を突き破る，～を突き抜ける」　2.「～を分割する，～を切り分ける」　3.「～を横断して薄く切る」

7か国が南極大陸の領有権を主張していることを，drawn lines on Antarctica's map「南極大陸の地図に線を引く」と表現し，carve up the empty ice with territorial claims「領有権の主張で無人の氷原を分割する」と表現し直しているのである。

▶[49]　1.「それにもかかわらず，とはいえ」　2.「同様に，その上」　3.「代わりに，それよりむしろ」

空所の前後の It has no government and no indigenous population「（南極大陸には）政府も先住民もいない」と the entire continent is set aside as a scientific preserve「大陸全体が科学的保護区として確保されている」の関係は，1の逆接や，2の追加ではなく，別の側面を導入する3で

ある。

▶[50]　1.「法外に，ひどく」　2.「たぶん，恐らく」　3.「実利的に，実際的に」

直前に Antarctic oil is extremely difficult「南極の石油は非常に困難である」とあるので，採掘にかかる費用は「法外に高い」ことが推測できる。

▶[51]　1.「(期限を示して)〜までに」　2.「〜の間」　3.「〜とともに」

that stage「その段階」とは南極の探鉱を禁止する議定書が更新される2048 年を指している。2 や 3 では意味を成さない。

▶[52]　1.「背景，状況」　2.「足掛かり，(岩の上などの) つま先をかけるわずかな場所」　3.「人材の引き抜き，人材スカウト」

ある土地を占有することは，その土地の地下にある鉱物資源の所有権を主張する足掛かりになるのである。

▶[53]　1.「意味する，表す」　2.「明け渡す，捨てる」　3.「またぐ，またがる」

南極点に基地を設営すれば，南極点から放射線状に分かれている，7 か国が領有権を主張する区域全部にまたがっていることになり，特定の国と争いが起こる可能性がないことを言っている。

▶[54]　1.「対照的に，その一方」　2.「例えば，例として」　3.「もちろん，言うまでもなく」

空所の前後のつながりを考える。「南極大陸の 68 の基地では，軍事化の禁止は広く無視されている」ということの具体例が「チリとアルゼンチンはどちらも南極本土に常備軍の駐留を維持している」である。

▶[55]　1.「〜に頼る，〜によって決まる」　2.「〜を包み隠す，〜を糊塗する」　3.「〜を徐々にやめる」

後続文に「南極条約は名ばかりで実効性がない」とあるように，南極条約には外部規制や制裁措置がないため，自主規制に頼るしかないのである。

▶[56]「筆者は，第 2 段で南極大陸と他の不毛の地をどのように比較しているか？」

1.「人々は，他の不毛の地の方が，栄養をとるための食べ物や飲み物を見つけることができる」

2.「前者の気象条件の方が，より持続可能な生活環境を提供してくれる」

3．「人々は後者に惹かれる，なぜならば住民がより創造的で革新的であるから」

4．「人口密度が低いため，南極大陸での開発は確実に絶えず不足する」

第5文（Other deserts, from …）に「アラビアからアリゾナまで，他の不毛の地には人が住んでいて，そこで食べ物を見出している」とあるので，1が適切。

▶[57]　「以下の要約のうち，第5段第1文の情報を最もよく表しているのはどれか？」

1．「各国は，大半が領有権の主張に関する条約の規則に従っている。しかしながら，将来的には制限に対する柔軟性が必要になるであろう」

2．「条約による領有権の主張の一時停止にもかかわらず，各国は依然として影響力を求めて戦略をとっている」

3．「条約は，限定された領有権の主張を認めている。それにもかかわらず，これらの制限を遵守すると，国家間の摩擦が生じがちである」

4．「条約は領有権の主張を永久に禁止しているが，規制はその地域での国家の協力を妨げるものではない」

The Antarctic Treaty has put all territorial claims into suspension「南極条約はすべての領有権の主張を停止状態にしてきた」が，that hasn't stopped rule-bending「それは規則を曲げることを妨げてはいない」というのは「規則があるにもかかわらずそれをないがしろにする行動が続いている」ということである。したがって，2が適切。

▶[58]　「次のうち，第7段に含まれる情報を反映してい<u>ない</u>ものはどれか？」

1．「数か国は，南極における軍事活動の禁止を大々的に無視している」

2．「おそらく，南極のすべての入植地は科学研究のためのものだ」

3．「南極の大気は，軍事システムの展開に完璧な環境を提供する」

4．「一部の国家は，南極の民間人によって行われている業務について，正直でない」

1は第1文（All Antarctica's 68 bases …）後半 but 以下に「軍事化の禁止は広く無視されている」とあり，「数か国」が無視しているとする選択肢の内容と不一致。2は同文に「南極大陸の68の基地はすべて，うわべでは平和な研究基地で，科学目的で設立されたものだ」とあるのに合致，

3 は最終文（But they are …）に「南極の空は秘密監視ネットワークの設立や攻撃兵器システムの遠隔制御にも理想的なのだ」とあるのに合致する。4 は，第 2 文（Chile and Argentina, …）後半に，「一部の国は軍事配備を報告していないか…民間軍事会社を採用しているかもしれない」とあるのに合致する。

▶[59]　「筆者は南極条約について何を主張しているか？」

1．「条約は，伝統的に支配的な権力の利益を意図的に無視している」

2．「条約は，この地域の軍事的またはスパイ活動の意図を予測できていない」

3．「条約は，地域資源をめぐる国家間の過度の競争を助長している」

4．「条約には権限がなく，本質的に効果がない」

第 8 段第 5 文 The Antarctic Treaty has no teeth.「南極条約は名ばかりで実効性がない」に集約されている。南極条約の形骸化を問題視している 4 が適切。

▶[60]　「本文に最適な表題は次のうちどれか？」

1．「南極の生態系の多様性はあなたが思うよりも豊か」

2．「人類は南極で最後のフロンティアの開発を開始」

3．「なぜこんなにも多くの国家が南極の一部を欲しがるのか？」

4．「どうすれば南極大陸を国際科学研究所に変えることができるのか？」

第 3 段で「南極条約は鉱物探査も軍事活動も禁止し，50 か国が批准しているのに，領有の意図は今もなお変わっていない」ことが紹介され，第 4 段で膨大な埋蔵量が想定される南極の石油を求めて世界の注目が集まっていることが述べられ，第 7 段では科学目的で設立された基地が実態は軍事利用されている懸念が表明され，第 8 段では，過去の超大国中心に出来上がった南極大陸の現状を拒否している国家も多いことが紹介され，南極条約は形骸化していることが指摘されている。以上から考えて 3 が適する。

◆━◆━◆━◆━◆━　●語句・構文●　━◆━◆━◆━◆━◆━◆

（第 1 段）lay claim to ～「～の権利を主張する」 many more (countries) と（　　　）内を補う。have a presence in ～「～に出先がある」本文での「出先」は「観測基地」のこと。pick「選ぶ」 rock pool「潮溜り」 boulder「大きな岩石」 unfold「広がる，展開する」 flash「閃光，ひらめき」 on earth「（疑問詞の後ろに置いて）一体（全体）」

steady「固定する（させる）」 cheekily「生意気に，無礼にも」 squawk「（鳥などが）ガーガー鳴く，わめき立てる」 patter「パタパタ歩く」

（第2段）dissolve「溶解する，消失する」 literal「文字通りの，言葉に忠実な」 inhuman「人が住めない，非人間的な」 desert「不毛の地」本文では「砂漠」ではない。people「人を住まわせる」 sustenance「栄養，食物」 ingenuity「創意工夫，創造力」

（第3段）drawn a line「線を引く」 empty「無人の，何もない」 territorial claim「領有権の主張」 indigenous「土着の，先住の」 preserve「自然保護地域」 the Antarctic Treaty「南極条約」 come into force「施行される，発効する」 enshrine「正式に記す」 ban「禁止する」 prospecting for minerals「鉱物探査」 ratify「批准する」 associated「関連した」 Yet one legacy of earlier imperial expeditions is national greed.「しかし，帝国による初期の遠征の遺産の1つは，国家の欲望である」帝国による初期の遠征を支えていた領土的欲望は今もなお変わっていない，ということ。blizzard「猛吹雪，ブリザード」

（第4段）geologist「地質学者」 take centre-stage「主役になる，注目を集める」 whisper「ささやく，耳打ちする」 protocol「議定書，協約」 come up for renewal「更新される」

（第5段）suspension「保留，未決状態」 nation-state「国民国家，民族国家」言語・伝統・歴史の国民的同一性を基盤とする国家。at the ready「準備完了で，すぐ使える状態で」 used to (do) と（　　　）内を補う。postal services「郵便業務，郵便事業」

（第6段）decorative「装飾的な」 But tourist fun hides all the flag-waving.「しかし，観光客の楽しみは国旗を振る行為すべてを隠してしまう」「観光客の楽しみ」とは南極観光をして南極から郵便を出すことを指している。「国旗を振る行為」とは南極の領有権を主張することを指している。make a point of *doing*「決まって～する，～することにしている」

（第7段）professedly「公言するところでは，うわべでは」 flout「軽蔑する，無視する」 deployment「（軍隊などの）配置，展開」 recruit「採用する，募集する」 covert「秘密の，隠された」 surveillance network「監視網」 offensive weapon「攻撃用兵器」

（第8段）status quo「現状，現体制」 entrench「定着させる，固定させ

る」　geopolitics「地政学」　undue「過度の，不当な」　superpower「超
大国」　expansion「拡大，展開」　have no teeth「実効がない，名前ばか
りだ」

Ⅲ　**解答**　[61]－1　[62]－2　[63]－1　[64]－3　[65]－2
　　　　　　　　[66]－3　[67]－2　[68]－3　[69]－1　[70]－2
[71]－1　[72]－3　[73]－3　[74]－3　[75]－1　[76]－2
[77]－2　[78]－1　[79]－2　[80]－1　[81]－3　[82]－4
[83]－2　[84]－2　[85]－1　[86]－3　[87]－3　[88]－1
[89]－4　[90]－4

～～～～～～◆全　訳◆～～～～～～～～～～～～～～～～～～～～

≪国による都市政策の重要性≫

1　1950 年，地球上でニューヨークと東京だけが，人口が 1 千万人を超
える人口凝集都市だった。2030 年までに，メガシティの数は 40 を超え，
メガシティの上位 10 のうち 7 つがアジアにあることになると予測されて
いる。約 200 万人から 500 万人の都市もはるかに一般的になりつつあり，
政策立案者に課題と機会をもたらすことだろう。

2　今は大都市の世紀だ。今日すでに，世界人口の 50 ％以上が都市に住
んでいる。この数字は 2100 年までに 85 ％に達すると予測されている。
150 年以内に，都市人口は 1950 年の 10 億人未満から 2100 年までに 90 億
人に増加していることだろう。ヨーロッパと北アメリカの多くでは，都市
化と基本的な都市形態のほとんどがすでに定まっている。しかしながら，
発展途上国と新興国は，都市の未来を形作るこれまでにない絶好の機会を
有している。

3　世界が野心的な目標を達成したいのであれば，都市と一緒に取り組む
必要がある。地球温暖化を制限するという国連の目標を達成するためであ
ろうと，17 の持続可能な開発目標を達成するためであろうと，都市は
我々の取り組みの最前線であり中心でなければならない。現在はこれまで
以上に，世界は都市化と，それが経済，社会，環境的成果に及ぼす影響を
理解する必要があり，2016 年 10 月に開催された第 3 回国連人間居住会議
で採択されたニューアーバンアジェンダは，次の 20 年間の方針を設定す
ることによって，道しるべになるだろう。

4　都市は，地方の人々だけでなく，都市住民の繁栄と幸福にも強く影響する。したがって，都市は国の政策の優先事項であるべきだ。都市の労働者は生産性と賃金がより高く，都市の規模に比例して大きくなる影響力をもつ。したがって，適切な取り組みをすれば，先進国でなくても，都市は生産性の向上に貢献できる。非都市地域，特に大都市に近い地域は，それより遠隔にある地域よりも繁栄し，高い経済成長を記録する傾向がある。これには多くの理由があるが，小さな都市でさえ，市場町やサービス提供の中心地として機能することによって，地方にとって重要なのである。

5　都市は孤立して運営されているのではない。都市は都市システムの一部なのだ。ドイツのように，1つか2つの主要な都市に人口が集中せず，複数の大都市をもつ OECD（経済協力開発機構）の国々は，1人当たりの GDP が高くなる傾向がある。要するに，主要な大都市圏の数が多いということは，国土の大部分が主要都市に近いことから恩恵を受け得るということを意味する。さらに，いくつかの大都市が存在することで，ある場所での衝撃的な出来事が国の業績に深刻な打撃を与える可能性を減らすかもしれないのだ。さらには，都市が小さくなる傾向にあるヨーロッパでは，代わりに都市とうまくつながることで，大都市の臨時ボーナスの一部を再現することができるのだ。したがって，現代の大都市時代では，相互につながりあった都市が重要なのである。

6　それでも，繁栄，革新，幸福の観点で，その可能性を実現するのに苦労している都市もある。バーミンガムやデトロイトなどのように，OECD の大都市でさえ，国の経済には及ばない都市もある。世界的な金融危機までの 12 年間，成長の点で最も成績の悪かった OECD の 15 地域は，主に都市部だった。都市内部の不平等に対処するという，特有の課題もある。大都市は多くの場合，非常に成功したビジネスセンターと隣り合わせに，失業率の高い地区，貧困地区さえ抱えているのが特徴的である。大都市では富裕層と貧困層の不平等が大きくなる傾向があり，この格差はここ数十年で拡大しているようだ。言い換えれば，不平等に対処するための政策は，都市にも焦点を当てねばならないのである。しかし，政策はこの問題に焦点を当てるだけでなく，都市の潜在的な力をも考慮しなければならない。また，多くの場合，政策はすべて，特に「問題のある」都市またはその近隣地域とみなされるもののみを対象としている。都市の抱えるより広範な

ニーズは，都市が国内（そして実際，国際）経済で果たすことができる役
割を含めて，十分に応えられていないことが多い。

7　国家政策は都市に大きな影響を及ぼすため，ますます「都市のレン
ズ」を通して見なければならない。国の都市政策の枠組みでは，「都会」
に分類されるものだけでなく，都市一般にとって重要な幅広い政策を考慮
する必要がある。都市開発に影響を与える，大臣をもつ省庁の数が多いこ
とを考えて，多くの国には，都市問題に関する意見交換を改善するための
省庁間委員会がある。通常，これらの問題には，輸送，住宅，経済，金融，
および，環境が含まれる。

8　各国政府は，都市に関する基本ルールのほとんどを規定している。国
の（および一部の連邦制度では州や省の）法律は，通常，市の責任，権限，
および，重要なことに，収入源を定義している。都市に関する基本的な立
法の枠組みに注意を払うことは不可欠である。しかし，これらの枠組みが，
市長に何ができるかおよび市長がどのような刺激策を実施すべきかを，決
定するとは言えないまでも，それに影響を与えるにもかかわらず，これら
の枠組みは見過ごされがちである。困ったことに，さまざまな立場の政策
が機能する際，相互に行き違いがあることが多いのである。たとえば，多
くの OECD 諸国の固定資産税制度は，集合住宅よりも一軒家を，賃貸住
宅よりも持ち家を優遇する場合がある。一軒家志向は高価な一軒家の無秩
序な拡大を刺激する一方で，持ち家優遇措置は労働市場の効率を低下させ
る傾向がある，ということは立証されている。どちらも不平等に影響を与
える。さらに，そのような税制は，スプロール現象を抑制し，労働市場の
効率を改善し，不平等を減らすことを目的とした，国や都市レベルの他の
政策を弱体化させる可能性がある。

9　もう 1 つの問題は政府の細分化だ。パリ地区では，有名ないくつもの
層からなるカスタードペストリーにちなんで，「ミルフィーユ」と呼ばれ
ている。または，たとえば，さまざまな種類の 1,700 もの行政官庁が存在
するシカゴの隣接 3 州からなる大都市圏を例にとってみよう。比較的小規
模な大都市圏でさえ，細分化されていることが多い。これは政策立案を困
難にするだけでなく，生産性と包括性の両方を損なう。なぜなら，私利私
欲の方が公益よりも優先されることが多く，弱い利益は容易に見落とされ
るからだ。一定の人口規模に対して，自治体の数が 2 倍の大都市圏では，

毎年，潜在的な経済生産性の 6 ％を逃していることがわかっている。大都市圏当局などの機関が，大都市圏全体の利益のために特定の重要な決定を確実に行うことができれば，この損失の一部を軽減することができる。しかしながら，そのような管轄区域を越えた機関を設立するには，新しい法律またはより広範な行政による奨励策とサポートが必要になるかもしれない。

10　したがって，各国政府は，都市を支援するための首尾一貫した枠組みがきちんとしていれば，都市のためのより良い政策を考案する際に重要な役割を果たすことができる。都市や国が異なれば，開発レベル，構造，何を優先するかに応じて要求も異なるが，すべての国は，国の交通インフラ計画や環境などの分野だけでなく，住宅のように，都市に任されることが多いが通常は国の政府が介入する政策領域においても，少なくとも政策が都市に与える影響を検討するべきである。要するに，国の首尾一貫した都市政策は，我々の都市ばかりでなく我々の国とこの惑星をも繁栄させ，住みやすく，包括的で持続可能なものにするのに役立つことができるのだ。

━━━━━━━━◀解　説▶━━━━━━━━

▶[61]　1.「ありふれた，普通の」　2.「周辺的な，重要でない」　3.「停滞気味の，活気のない」

前文に「2030 年までに，メガシティ（人口が 1 千万人以上の大都市）の数は 40 を超える」とあるのに追加して also と述べているので，約 200 万から 500 万人の都市もありふれたものとなることが予想できる。

▶[62]　文尾に期限を限る by 2100「2100 年までに」があるので，未来完了「～してしまっていることだろう」が適切。また，「増える」の increase は自動詞であり，受動態にはならない。

▶[63]　1.「（目的を達成するための）絶好の機会」　2.「苦しい戦い（上り坂で下りてくる敵と戦火を交えることが原義）」　3.「作戦，行動計画」

都市計画がすでに定められているヨーロッパと北アメリカの多くとはちがって，発展途上国と新興国の都市計画はこれからの課題なのである。したがって，1 が適切。

▶[64]　of our efforts につないだ意味は，1.「我々の取り組みから除外される」，2.「我々の取り組みの場に導入される」，3.「我々の取り組み

の最前線かつ中心」

空所のある段落の第 1 文に「都市と一緒に取り組む必要がある」とあるの
で「都市は我々の取り組みの最前線であり中心でなければならない」とな
る 3 が適切。

▶[65]　1．「経営，管理」　2．「優先事項，重要度の高いもの」　3．
「委員会，委員会の委員たち」

前文に「都市は，地方の人々だけでなく，都市住民の繁栄と幸福にも強く
影響する」とあるので，都市は国の政策でも優先されるべき重要度の高い
ものなのである。

▶[66]　1．「機能性，実用性」　2．「連携，協力」　3．「孤立，隔離」

セミコロン（；）以下に「都市は都市システムの一部なのだ」とあるので，
都市はそれ単独で運営されているのではないことがわかる。したがって 3
が適切。

▶[67]　1．「要約すると，簡単に言うと」　2．「その上，さらに」　3．
「しかしながら，けれども」

空所の前に「主要な大都市圏の数が多いということは，国土の大部分が主
要都市に近いことから恩恵を受け得る」と都市の効能が述べられており，
後ろは「いくつかの大都市が存在することで，ある場所での衝撃的な出来
事が国全体の業績に深刻な打撃を与える可能性を減らす」と都市の効能が
追加されているので 2 が適する。

▶[68]　1．「一般に，概して」　2．「結果として，結果的に」　3．「そ
れでも，とはいえ」

第 5 段で都市の果たし得る役割が紹介されたのに対して，空所の後で「そ
の可能性を実現するのに苦労している都市もある」と，その役割が実現で
きていない都市もある現実に言及されている。したがって，逆接の 3 が適
切。

▶[69]　1．「主に，大部分は」　2．「時期尚早に，時間的に早く」　3．
「可能性として，潜在的に」

「経済成長の点で最も成績の悪い OECD の 15 地域は，（　　）都市部だ
った」の（　　）に 2 や 3 では意味を成さない。また，ここまでの部分は，
なかなか発展できずにいる都市のことを言っているので，1 の「主に（都
市部だった）」が適切。

▶[70] 1.「磁石」 2.「地区」 3.「落とし穴」

pocket of ～ で「～の地区」の意。空所の後続部分に of very high unemployment and even poverty「非常に高い失業率と貧困」があり，非常に成功したビジネスの中心地域と問題を抱えた地域が併存していることが示されている。

▶[71] have an impact on ～ で「～に影響を与える」の意。前置詞 on は「～との接触」が基本的意味だが，「～の上に」→「～への圧力」も意味し，「～への影響」(impact on ～, influence on ～, effect on ～) に使われる。

▶[72] 1.「もともとは，本来は」 2.「最終的に，結局は」 3.「典型的には，通常は」

空所の次の，主語 these は前文の urban issues「都市問題」を指し，輸送，住宅，経済，金融，および，環境は典型的都市問題である。

▶[73] 1.「評価する，見積もる」 2.「除外する，取り除く」 3.「制定する，規定する」

後続する第2文は空所のある第1文をより具体的に説明しており，「国の法律は，通常，市の責任，権限，および，重要なことに，収入源を定義している」とあるので，第2文の動詞 define とほぼ同義の3，establish が適切。

▶[74] 1.「同様に」 2.「その上」 3.「たとえば」

空所の前で，政策相互の行き違いに言及し，後ろではその行き違いの具体例として，一軒家や持ち家を優遇する固定資産税制度が挙げられている。

▶[75] 1.「減らす，縮小する」 2.「保護する，守る」 3.「定義する，明らかにする」

国や都市レベルの他の政策の目的として適するのは，不平等を是正することであるはずだから，1が適切。不平等を「保護」したり，「定義」したりすることは政策目的ではありえない。

▶[76] 1.「滅多に～ない」 2.「しばしば」 3.「散発的に」

直前の第3文で，行政の細分化の例として 1,700 もの行政官庁が存在するシカゴ大都市圏が紹介され，それを受けて，比較的小規模な大都市圏でさえ，行政が細分化されていると述べているのであるから，否定的な意味の1や3では不適切。

▶[77]　out につなげた意味は，1.「次第に消える，徐々になくなる」，2.「見逃す，取り損なう」，3.「線を引いて消す，抹消する」さらに，miss out on ～ で「～を逃す」であり，1，3 は on と共には用いない。「潜在的な経済生産性…を逃している」で意味が通る。

▶[78]　1.「和らげる，軽減する」　2.「高める，増進する」　3.「曲げる，歪める」this loss「この損失」とは取り損ねた経済生産性を指しており，大都市圏当局などの機関が適切な対策を立てれば，この損失は減らせるはずなのである。

▶[79]　1.「秘密の，部外秘の」　2.「極めて重要な，決定的な」　3.「魅惑的な，人の心を捉える」各国政府が都市のための首尾一貫した枠組みを整えていれば，より良い政策を考案する際に果たすことのできる役割を形容する言葉として適切なのは，2 である。

▶[80]　「すべての国は，少なくとも政策が都市に与える影響を検討する（　　）」の空所に選択肢を順に入れていくと「1.…検討すべきである，2.…ことによると検討するだろう，3.…検討するだろう」となるが，都市政策を立てる際の国の態様として適切なのは，義務を示す 1 である。

▶[81]　「ニューヨークと東京は…ために本文の冒頭で言及されている」1.「これらの都市人口の急速な増加の歴史的背景を提供する」2.「アメリカと日本の都市の中心部の対比を示す」3.「人口の多い都市部の継続的な急増を強調する」4.「20 世紀における都市化の複雑なグローバルな性質を説明する」第 1 段第 2 文（By 2030, the …）以降に「2030 年までに，メガシティの数は 40 を超え，約 200 万人から 500 万人の都市もありふれたものになる」と続くので，冒頭部分は巨大都市の増加の導入として使われていることがわかる。

▶[82]　「筆者は，…ために，第 2 段落で『今は大都市の世紀だ』というフレーズを使用している」1.「ヨーロッパと北米の国際色豊かな人口を対比する」2.「貧しい国々は都市人口の大幅な増加を経験するだろうと主張する」3.「都市化は先進国の方が速い速度で起こっているという事実を補強す

る」

4．「今日大多数の人々が都市に住んでいることを明確にする」

続く第2文（Already today, more …）に「今日すでに，世界人口の50％以上が都市に住んでいる」とあるので，4が適切。

▶[83]「第3段落で，『道しるべ』とはどういう意味か？」

1．「新時代を祝うランドマーク（陸標，画期的な出来事）」

2．「都市計画のターニングポイント（転機，岐路）」

3．「都市が拡大するメカニズム」

4．「都会人が賞賛する記念碑」

milestone「マイル標石」は，元来道端などに立てる里程を記した標識のことで「道しるべ」の意で使われる。本文では，ハビタットⅢ（第3回国連人間居住会議）のニューアーバンアジェンダが，次の会議までの20年間の都市計画を方向付けるという意味なので，2が適する。

▶[84]「以下の文のうち，第4段落に含まれる情報を最もよく要約しているのはどれか？」

1．「大都市の経済的生産性は，国の都市政策の主要な焦点であるべきだ」

2．「都市部と非都市部の両方の住人の豊かさと福祉は，都市に影響される」

3．「人里離れた地域に住む人々は，サービス産業で働く機会が少なくなる」

4．「大都市には，地方よりも給与が大幅に高い労働者が多くいる」

第1文（Cities strongly influence …）に「都市は，地方の人々だけでなく，都市住民の繁栄と幸福にも強く影響する」とあるので2が適切。1，3は記述がない。4は「大幅に高い」とは述べられていないし，都市の果たす機能の重要性を説く第4段落の要旨には適さない。

▶[85]「第5段落から…と推測することができる」

1．「ネットワーク化された都市をもつ国は，経済がより強く，より安定する傾向がある」

2．「ヨーロッパの小さな都市は，大きな都市よりも優れた経済的成果を示す傾向がある」

3．「ドイツは，他の OECD 加盟国と比べて，国民1人当たりの GDP が最も高い」

4．「EU 経済は，主要都市の協調的な経済活動によって支配されている」
第 1 文（Cities do not …）で「都市は孤立して運営されているのではな
い」と述べられ，第 2 ～ 5 文（OECD countries with … well connected
instead.）で大都市が数多くあることのメリットが述べられ，最終文（In
our metropolitan …）で「現代の大都市時代では，相互につながりあった
都市は重要なのである」と都市間のつながりの大切さが強調されている。
したがって，1 が適切。

▶[86]「第 6 段落によると，都市について言及されていない<u>ない</u>のは次のう
ちどれか？」

1．「規模の大きい都市では，経済格差が拡大している」

2．「主要な都市部の中には，その国の経済的成果に匹敵していないもの
もある」

3．「富の格差が大きい都市は，都市政策の立案者によって見過ごされて
きた」

4．「都市の中には，経済活動を橋渡しすることの利点を実現していない
ものもある」

1 は第 6 文（Inequality between rich …）に，2 は第 2 文（Even some
large …）に言及されている。4 は第 8 文（But policies should …）に述
べられている。同文中の the potential of cities「都市の潜在的な力」とは
第 4 段にあるように，都市は生産性の向上に貢献でき，大都市に近い地域
を繁栄させ，高い経済成長を促すことのできる力を指している。最終文
（The broader needs …）にも，「都市が国内（そして実際，国際）経済
で果たすことができる役割…十分に応えられていない」とあり，「都市の
力をも考慮しなければならない」というのは，この都市のもつ効用が考慮
されていないことを指している。3 については，富の格差が「見過ごされ
てきた」という記述はないので，これが解答。

▶[87]「第 7 段落で，筆者が『都市のレンズ』という用語を使っている
のはなぜか？」

1．「国の政策都市の枠組みから政府の意思決定への移行を提供するため」

2．「政府の省庁は都心部に拠点を置く必要があることを強調するため」

3．「都市の観点から国の政策に焦点を当てることの重要性を指摘するた
め」

４．「都市計画の立案者が取り組む必要のあるさまざまな問題を紹介するため」

第２文（National urban policy …）で「国の都市政策の枠組みでは，都市にとって重要な幅広い政策を考慮する必要がある」と述べられている。「都市のレンズ」は「都市の観点」を意味している。３が適する。

▶[88]　「第９段落で『ミルフィーユ』という用語を使っている筆者の目的は…ことである」

１．「行政機関構造の分散化され，階層化された性質を示す」

２．「経済的生産性と都市人口の関係がしばしば階層化されていることを示す」

３．「フランスとアメリカの政府組織が非常に異なることを示す」

４．「大都市圏の効果的管理に関連する問題の実例を提供する」

「ミルフィーユ」とは大都市圏での行政の細分化をたとえた表現であり，第３文（Or take the …）以降でこの細分化が詳述されている。したがって，１が適する。

▶[89]　「筆者は，最後の段落で『coherent』という言葉を２回使用している。両方の用法に一致するのは次のどれか？」

１．「構造的に複雑な」

２．「合理的に認識している」

３．「審美的にバランスが取れている」

４．「論理的にしっかりしている」

coherent は語源的には co は "together（一緒に）" の意，*herent* は "adhere（接着する），stick（くっつく）" の意なので，複数の物事がくっついている様を指している。そこから「理路整然とした，首尾一貫した」の意が生じている。４が適する。

▶[90]　「筆者が最も支持するであろうと思われるのは次のどれか？」

１．「国の政策立案者ではなく，地方の政策立案者が都市住宅計画について決定を下さなければならない」

２．「都市間の協力と協調は，地域の緊張を生み出す可能性が高くなる」

３．「各国は，地方よりも都市での雇用創出策を優先すべきである」

４．「効果的な国の都市政策は，都市だけでなく国全体にも利益をもたらす」

1は最終段第2文（Different cities and …）に反する。国の政府が都市住宅プロジェクトについても関与しなければならないと考えている。2は第5段第5・6文（Furthermore, in Europe … are therefore key.）に合わない。筆者は都市間の相互のつながりを肯定的に捉えている。3は第6段第7文（In other words,…）に合わない。「富裕層と貧困層の不平等に対処するための政策は都市にも焦点を当てねばならない」と述べているので，地方と都市の両方での雇用創出策を重視するはずである。4は最終段最終文（In short, coherent …）の主旨と合致する。

◆━●語句・構文●━◆

（第1段）agglomeration「集塊，凝集」 megacity「メガシティ（人口が1千万人以上の大都市）」 project「見積もる，推定する」 surpass「上回る，超える」 with seven of the world's top ten megacities in Asia は付帯状況の with 構文で and seven of the world's top ten megacities will be in Asia と書き直せる。policy maker「政策立案者，為政者」

（第2段）metropolitan「大都市の，大都市に固有の」 urbanisation「都市化（現象）」 unprecedented「前例のない，未曽有の」

（第3段）Sustainable Development Goals「SDGs, 持続可能な開発目標」 more than ever「これまで以上に，かつてないほどに」 agenda「課題，議題，予定」 Habitat Ⅲ「ハビタットⅢ，第3回国連人間居住会議」住宅と持続可能な都市開発に関する国連会議。ポスト2015開発アジェンダの採択後の最初の国連グローバルサミットの1つで，持続可能な開発のために都市，町，村をどのように計画し管理するかなど，重要な都市の課題や質問についての議論を開く機会を与えた。

（第4段）A as well as B「Bばかりでなく A もまた」 As such「したがって，というわけで」 contribute to ～「～に貢献する，～の一因となる」 serve as ～「～としての機能を果たす，～として役立つ」

（第5段）dominant「支配的な，主要な」 per capita GDP「一人当たり国内総生産」 proximity「近いこと，近接性」 likelihood that …「…という可能性〔見込み〕」 replicate「複製する，再現する」 productivity bonus「臨時ボーナス（雇用者が時間給労働者に生産性を高めるために支給するもの）」比喩として使われている。

（第6段）struggle to do「～しようと四苦八苦する」 in terms of ～「～

に関して，～の観点から」 underperform「～に及ばない，～を下回る」 global financial crisis「世界的な金融危機」ここでは特に 2007 年のリーマン・ショックと，それに連鎖した一連の国際的な金融危機。business districts「主要なビジネス，商業地域」 alongside「～と同時に，～に並んで」 cater to ～「～に応じる，～に応える」

(第 7 段) profound「深い，深刻な」 not only those labelled "urban" の those は cities の繰り返しを避けるための代名詞。given「～を考えると，～と仮定して」 ministry「省，庁」 portfolio「大臣の職」 inter-ministerial「省庁間の」

(第 8 段) provincial「省の，県の」 legislation「法律」 revenue source「財源」 if not ～「～とは言わないまでも」 strand「より糸，房，要素，一部」 at cross-purposes「行き違いがあって，互いに誤解して」 favour「好意を示す，優遇する」 single-family home「一戸建て住宅」 multi-occupancy dwelling「集合住宅」 owner-occupied housing「持ち家住宅」 rental accommodation「賃貸住宅」 sprawl「不規則に広がる，無秩序に伸びる」 privilege「特権を与える」 undermine「土台を壊す，弱体化させる」 curb「抑制する，食い止める」 sprawl「(＝urban sprawl)〔都市の〕スプロール現象」地価の安いところから虫食い状に宅地が都市郊外に無秩序に広がってゆく現象。

(第 9 段) fragmentation「細分化，断片化」 mille-feuille「ミルフィーユ」薄くて軽いパイとクリームを幾重にも重ねて焼いたフランス風ケーキ。multi-layered「多層構造の，重層的な」 tri-state「隣接 3 州の，3 州にまたがる」 home to ～「～が存在する，～の所在地である」 no fewer than ～「～もの (＝as many as ～)」 modest-sized「控えめな規模の」 inclusiveness「包括性」 narrow interests「私利私欲」 common good「公益」 municipality「地方自治体」 ensure「～を確保する，確実に～させる」 cross-jurisdictional「管轄区域を越えた」

(第 10 段) have ～ in place「～を整える」 depending on ～「～次第で，～に応じて」 not just A but B「A だけでなく B もまた (＝not only A but B)」 intervene「介在する」 such as ～「例えば～など」 in short「要するに，手短に言えば」 help to do「～するのに役立つ」 but (help to make) our countries and our planet (prosperous, livable, inclusive and sustainable）too と（　　）内を補う。

❖講　評

　2022 年度も例年通り読解問題 3 題の構成だった。設問数が 60 問である点は変わりなく，問題英文全体の総語数は 2020・2021 年度と比べるとやや減少している。

　レベル的には，Ⅰは難度が高く，Ⅱはやや難度が高く，Ⅲは標準的である。

　内容的には，Ⅰは AR（拡張現実）の危険性をテーマとする英文だが，VR（仮想現実）との違いが認識できていないとかなり難しい，Ⅱは南極の領有権をテーマとする英文で，南極条約の知識があれば読みやすくなる。Ⅰ，Ⅱは 10 問の空所補充問題と 5 問の内容説明・内容真偽問題で構成されている。Ⅱには主題問題も出されている。Ⅲは国レベルでの都市政策の重要性をテーマとする英文で，20 問の空所補充問題と 10 問の内容説明・内容真偽問題で構成されている。

　空所補充問題では，文脈的つながりを理解していないと解けない問題もあるが，語彙・語法の知識だけで解ける問題も少なくない。また，選択肢に難単語が含まれている場合もあるが，消去法で正解にたどり着ける配慮がなされているので，あまり気にしなくてよい。

　内容説明・内容真偽問題では，英文全体の流れを大づかみにした上で，それを個別の設問に当てはめて考える必要がある。ただし，ⅠとⅡは内容が専門的で語彙レベルも高く，背景となる基礎知識がないとわかりにくい英文である。しかし，仮に細部まで完全に理解できなくとも部分的な理解でも正解できることもあるので，あきらめることなく取り組みたい。

　120 分の試験時間を考えると，速読・速解力，豊かな語彙力，迅速な問題処理能力とともに，社会科学，人文科学，自然科学を問わず科学一般に関する基礎知識も磨いておく必要がある。

数学

I ◇発想◇　基本的な順列の問題である。(2)が比較的難しいが，連続する音が何か，どこで連続するかに注目すればよい。

解答　(1)(1)(2)(3) 024　(2)(4)(5)(6) 096　(3)(7)(8)(9) 100

━━◀解　説▶━━

≪順列・組合せ≫

▶(1)　ドミソシの4つの音を1列に並べたものの個数と同じであるから

$_4P_4 = 4 \cdot 3 \cdot 2 \cdot 1 = 24$ 通り　→(1)〜(3)

▶(2)　連続する音を何にするかで　　4通り

どこの箇所で連続させるか（右の下線）で　　3通り

残り2箇所の音の決め方で　　$_3P_2 = 6$ 通り

したがって，1度だけ同じ音が連続して2回繰り返されるのは

$4 \cdot 3 \cdot 6 = 72$ 通り

これに(1)の結果を加えて　　$72 + 24 = 96$ 通り　→(4)〜(6)

▶(3)　同じ音を連続して4回繰り返すのは，その音が何かを考えて，4通りである。これに(2)の結果を加えて

$4 + 96 = 100$ 通り　→(7)〜(9)

II ◇発想◇　$\sin 3\theta$ を $\cos\left(\theta - \dfrac{\pi}{6}\right)$ で表せばよい。そのためにはまず $\sin 3\theta$ を $\cos\boxed{}$ の表現に変えることを目標とする。

解答　(1)(10)(11) 04　(12)(13) 00　(14)(15) −6　(16)(17) 00

(2)(18)(19) 11　(20)(21) 12　(22)(23) 02　(24)(25) 02　(26)(27) 05　(28)(29) 12

(30)(31) −2　(32)(33) 02

━━━━━━ ◀解　説▶ ━━━━━━

≪加法定理，３倍角の公式，３次関数の極大・極小≫

▶(1)　　$\sin 3\theta = \cos\left(\dfrac{\pi}{2} - 3\theta\right) = \cos\left(3\theta - \dfrac{\pi}{2}\right)$

$$= \cos 3\left(\theta - \dfrac{\pi}{6}\right) = 4\cos^3\left(\theta - \dfrac{\pi}{6}\right) - 3\cos\left(\theta - \dfrac{\pi}{6}\right)$$

したがって

$$y = (4x^3 - 3x) - 3x = 4x^3 - 6x \quad →(10)\sim(17)$$

▶(2)　　$y' = 12x^2 - 6 = 6(2x^2 - 1)$

$0 \leqq \theta < \pi$ より

$$-\dfrac{\pi}{6} \leqq \theta - \dfrac{\pi}{6} < \dfrac{5}{6}\pi$$

$$\therefore \quad -\dfrac{\sqrt{3}}{2} < x \leqq 1$$

このことから，y の増減表は右のようになる。

$x = -\dfrac{1}{\sqrt{2}}$ のとき，y は最大値 $2\sqrt{2}$ をとり　$(→(22)\sim(25))$，

x	$-\dfrac{\sqrt{3}}{2}$	$\cdots$	$-\dfrac{1}{\sqrt{2}}$	$\cdots$	$\dfrac{1}{\sqrt{2}}$	$\cdots$	1
y'		$+$	0	$-$	0	$+$	
y	$\dfrac{3\sqrt{3}}{2}$	↗	$2\sqrt{2}$	↘	$-2\sqrt{2}$	↗	-2

$x = \dfrac{1}{\sqrt{2}}$ のとき，y は最小値 $-2\sqrt{2}$ をとる。　$→(30)\sim(33)$

また，$x = -\dfrac{1}{\sqrt{2}}$ のとき

$$\theta - \dfrac{\pi}{6} = \dfrac{3}{4}\pi$$

$$\therefore \quad \theta = \dfrac{11}{12}\pi \quad →(18)\sim(21)$$

$x = \dfrac{1}{\sqrt{2}}$ のとき

$$\theta - \dfrac{\pi}{6} = \dfrac{\pi}{4}$$

$$\therefore \quad \theta = \dfrac{5}{12}\pi \quad →(26)\sim(29)$$

III ◆発想◆　L の方程式を $y = ax + b$ としたとき，$x^2(x-1)(x+2)$ $- (ax+b) = (x-\alpha)^2(x-\beta)^2$ の形になればよい。

解答 (1)(34)(35)(36) 009　(37)(38)(39) 008　(40)(41)(42) -81　(43)(44)(45) 064

(2)(46)(47)(48) 361　(49)(50)(51) 019　(52)(53)(54) 960

◀解　説▶

≪4次関数の接線，接線と曲線が囲む部分の面積≫

▶(1)　直線 L の方程式を $y = ax + b$ とおくと

$$x^2(x-1)(x+2) - (ax+b) = (x-\alpha)^2(x-\beta)^2 \quad \cdots\cdots①$$

となる異なる実数 α, β $(\alpha < \beta)$ が存在する。α, β は L と C の接点の x 座標である。

①を展開して

$$x^4 + x^3 - 2x^2 - ax - b$$
$$= x^4 - 2(\alpha+\beta)x^3 + (\alpha^2 + 4\alpha\beta + \beta^2)x^2 - 2\alpha\beta(\alpha+\beta)x + (\alpha\beta)^2$$

両辺の係数を比較して

$$-2(\alpha+\beta) = 1, \quad \alpha^2 + 4\alpha\beta + \beta^2 = -2, \quad 2\alpha\beta(\alpha+\beta) = a, \quad (\alpha\beta)^2 = -b$$

ここで，$\alpha + \beta = u$, $\alpha\beta = v$ とおくと

$$-2u = 1, \quad u^2 + 2v = -2, \quad 2uv = a, \quad v^2 = -b$$

これを解いて

$$u = -\frac{1}{2}, \quad v = -\frac{9}{8}, \quad a = \frac{9}{8}, \quad b = -\frac{81}{64}$$

そして

$$(\alpha-\beta)^2 = (\alpha+\beta)^2 - 4\alpha\beta = u^2 - 4v = \frac{1}{4} + \frac{9}{2} = \frac{19}{4} \neq 0$$

よって，$\alpha \neq \beta$ である。

以上から，L の方程式は　$y = \dfrac{9}{8}x - \dfrac{81}{64}$　→(34)〜(45)

別解　$y = x^2(x-1)(x+2) = x^4 + x^3 - 2x^2 \quad \cdots\cdots㋐$

$$y' = 4x^3 + 3x^2 - 4x$$

接点の x 座標を α とすると，接線の方程式は

$$y - (\alpha^4 + \alpha^3 - 2\alpha^2) = (4\alpha^3 + 3\alpha^2 - 4\alpha)(x - \alpha)$$

$$\therefore \quad y = (4\alpha^3 + 3\alpha^2 - 4\alpha)x - 3\alpha^4 - 2\alpha^3 + 2\alpha^2 \quad \cdots\cdots㋑$$

⑦, ⑦から y を消去して

$$x^4 + x^3 - 2x^2 - (4\alpha^3 + 3\alpha^2 - 4\alpha)\, x + 3\alpha^4 + 2\alpha^3 - 2\alpha^2 = 0$$

$$(x-\alpha)^2 \{x^2 + (2\alpha+1)\, x + 3\alpha^2 + 2\alpha - 2\} = 0 \quad \cdots\cdots ⑦$$

もう 1 つの接点を $x = \beta$ とすると, ⑦は $(x-\alpha)^2 (x-\beta)^2 = 0$ に一致するので, 係数を比較して

$$2\alpha + 1 = -2\beta, \quad 3\alpha^2 + 2\alpha - 2 = \beta^2$$

これを解くと

$$3\alpha^2 + 2\alpha - 2 = \left(-\frac{2\alpha+1}{2} \right)^2$$

よって

$$8\alpha^2 + 4\alpha - 9 = 0 \qquad \alpha = \frac{-1 \pm \sqrt{19}}{4}$$

ゆえに

$$(\alpha,\ \beta) = \left(\frac{-1 \pm \sqrt{19}}{4},\ \frac{-1 \mp \sqrt{19}}{4} \right) \quad (複号同順)$$

実際に割り算を行って

$$4\alpha^3 + 3\alpha^2 - 4\alpha = (8\alpha^2 + 4\alpha - 9)\left(\frac{1}{2}\alpha + \frac{1}{8} \right) + \frac{9}{8}$$

$$= \frac{9}{8}$$

$$-3\alpha^4 - 2\alpha^3 + 2\alpha^2 = (8\alpha^2 + 4\alpha - 9)\left(-\frac{3}{8}\alpha^2 - \frac{1}{16}\alpha - \frac{9}{64} \right) - \frac{81}{64}$$

$$= -\frac{81}{64}$$

直線 L の方程式は⑦より

$$L : y = \frac{9}{8}x - \frac{81}{64}$$

▶(2) 求める面積は①より

$$\int_\alpha^\beta (x-\alpha)^2 (x-\beta)^2\, dx = \frac{(-1)^2 2!\, 2!}{(2+2+1)!}\, (\beta - \alpha)^{2+2+1}$$

$$= \frac{2!\, 2!}{5!} \left(\sqrt{\frac{19}{4}} \right)^5 = \frac{1}{30} \cdot \frac{19^2 \sqrt{19}}{2^5}$$

$$= \frac{361 \sqrt{19}}{960} \quad \rightarrow (46) \sim (54)$$

Ⅳ

◇発想◇　(2)の図形は(1)の図形を x 軸，y 軸，z 軸方向のそれぞれに a，a，0 だけ平行移動したものである。

解答

(1)(55)(56) 04　　(57)(58) 03

(2)(59)(60) -1　(61)(62) 02　(63)(64) 08　(65)(66) 12　(67)(68) 06　(69)(70) 01

(71)(72) 06　(73)(74) 01　(75)(76) 02　(77)(78) -4　(79)(80) 06　(81)(82) 01　(83)(84) 06

(85)(86) 01　(87)(88) 02　(89)(90) -6　(91)(92) 06　(93)(94) 03　(95)(96) 02　(97)(98) 03

◀解　　説▶

≪空間座標と領域，立体図形の体積≫

▶(1)　　　$|x|+|y|+|z|\leqq 1$　……①

$x\geqq 0$，$y\geqq 0$，$z\geqq 0$ のとき，①は

　　　$x+y+z\leqq 1$

となり，これは右図のような四面体を表す。

x，y，z が 0 以下になる他の 7 つの場合も

全く同様であるから，①は右図の四面体が

8 個合わさったものを表す。よって，その

体積は

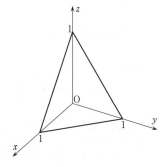

$$\frac{1}{3}\left(\frac{1}{2}\cdot 1\cdot 1\right)\cdot 1\times 8=\frac{4}{3}\quad\rightarrow(55)\sim(58)$$

▶(2)　　　$|x-a|+|y-a|+|z|\leqq 1$　……②

②が表す立体は①が表す立体をベクトル $(a, a, 0)$ 方向に平行移動したものと考えられる。ただし，$z\geqq 0$ なので，xy 平面の上部にあるものに限る。さらに $x\geqq 0$，$y\geqq 0$ も加わるので，次のように場合を分けて考える。ただし，図は真上から見た図である。

(a)　$a<-\dfrac{1}{2}$　($\rightarrow(59)\sim(62)$) のとき

立体は $x\geqq 0$，$y\geqq 0$ 部分には全く入らない。

よって　　$V(a)=0$

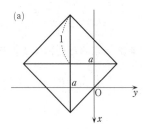

(b)　$-\dfrac{1}{2}\leqq a<0$ のとき

右図の網掛け部分を底面とする四面体が該当の
立体となる。
よって

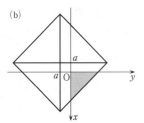
(b)

$$V(a)=\frac{1}{6}(1-2|a|)^3=\frac{1}{6}(1+2a)^3$$

$$=\frac{1}{6}(8a^3+12a^2+6a+1)\quad\rightarrow\text{(63)}\sim\text{(72)}$$

(c)　$0\leqq a<\dfrac{1}{2}$　（→(73)〜(76)）のとき

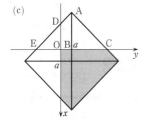
(c)

全体の正四角錐から，$x\leqq0$ または $y\leqq0$ の部分
を引いていく。まず△ABC を底面とする四面
体を 4 個分引く。すると△DEO を底面とする
四面体が 2 回重複して引かれてしまうので，1
個分加える。よって

$$V(a)=\frac{2}{3}-\frac{1}{6}(1-a)^3\times4+\frac{1}{6}(1-2a)^3$$

$$=\frac{1}{6}(-4a^3+6a+1)\quad\rightarrow\text{(77)}\sim\text{(84)}$$

(d)　$\dfrac{1}{2}\leqq a<1$　（→(85)(86)）のとき

全体の正四角錐から，はみ出した部分を引
けばよい。

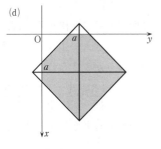
(d)

$$V(a)=\frac{2}{3}-\frac{1}{6}(1-a)^3\times4$$

$$=\frac{1}{3}(2a^3-6a^2+6a)\quad\rightarrow\text{(87)}\sim\text{(94)}$$

(e)　$1 \leqq a$ のとき

正四角錐全体が $x \geqq 0$, $y \geqq 0$ の部分に入る
ので

$$V(a) = \frac{2}{3} \quad \to (95) \sim (98)$$

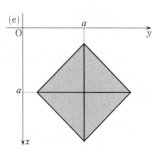

V

◇発想◇　2回以上のジャンケンで勝者が決まる場合を調べるには，各回で残った人数に注目して場合分けする。

解答　(1)(99)(100) 01　(101)(102) 03　(103)(104) 01　(105)(106) 03　(107)(108) 05　(109)(110) 27

(2)(111)(112)(113) 004　(114)(115)(116) 027　(117)(118)(119) 196　(120)(121)(122) 729

◀解　説▶

≪3人・4人で行うジャンケンの確率≫

▶(1)　全体の場合の数は　　3^3 通り

1回目で勝者が決まる場合は，誰が何を出したかによって完全に決定されるので，求める確率は

$$\frac{3 \times 3}{3^3} = \frac{1}{3} \quad \to (99) \sim (102)$$

2回目で勝者が決まるのは，1回目，2回目で残った人数を考えると

　(i) 3人 → 1人　　　(ii) 2人 → 1人

の2通りが考えられる。したがって，求める確率は

$$\frac{3 + 3!}{3^3} \times \frac{1}{3} + \frac{1}{3} \times \frac{3^2 - 3}{3^2} = \frac{1}{9} + \frac{2}{9} = \frac{1}{3} \quad \to (103) \sim (106)$$

3回目で勝者が決まるのは，同様にして

　(i) 3人 → 3人 → 1人　　　(ii) 3人 → 2人 → 1人

　(iii) 2人 → 2人 → 1人

の3通りが考えられる。したがって，求める確率は

$$\left(\frac{3 + 3!}{3^3} \right)^2 \times \frac{1}{3} + \frac{3 + 3!}{3^3} \times \frac{1}{3} \times \frac{3^2 - 3}{3^2} + \frac{1}{3} \times \frac{3}{3^2} \times \frac{3^2 - 3}{3^2}$$

$$= \left(\frac{1}{3} \right)^2 \cdot \frac{1}{3} + \frac{1}{3} \cdot \frac{1}{3} \cdot \frac{2}{3} + \frac{1}{3} \cdot \frac{1}{3} \cdot \frac{2}{3} = \frac{5}{27} \quad \to (107) \sim (110)$$

▶(2)　全体の場合の数は　　3^4 通り

1 回目で勝者が決まる場合は，誰が何を出したかによって完全に決定されるので，決まる確率は

$$\frac{4 \times 3}{3^4} = \frac{4}{27} \quad \rightarrow \text{(111)} \sim \text{(116)}$$

2 回目で勝者が決まるのは，1 回目，2 回目で残った人数を考えると

　　(i) 4 人 → 1 人　　　(ii) 3 人 → 1 人　　　(iii) 2 人 → 1 人

の 3 通りが考えられる。それぞれの場合の確率を求めると

(i) $\dfrac{3 + {}_4C_2 \times 3 \times 2}{3^4} \times \dfrac{4}{27} = \dfrac{39}{3^4} \times \dfrac{4}{3^3} = \dfrac{13 \times 4}{3^6}$

(ii) $\dfrac{4}{27} \times \dfrac{1}{3} = \dfrac{4}{3^4}$

(iii) $\dfrac{{}_4C_2 \times 3}{3^4} \times \dfrac{3^2 - 3}{3^2} = \dfrac{2}{3^2} \times \dfrac{2}{3} = \dfrac{4}{3^3}$

以上から，求める確率は

$$\frac{13 \times 4}{3^6} + \frac{4}{3^4} + \frac{4}{3^3} = \frac{13 \cdot 4 + 4 \cdot 9 + 4 \cdot 27}{3^6} = \frac{196}{729} \quad \rightarrow \text{(117)} \sim \text{(122)}$$

VI

◆発想◆　授業形式 u, v, w の評価の期待値をそれぞれ u, v, w で表すと $u = v$, $v = w$, $w = u$ を満たす点 p の領域はいずれも xyz 空間内の平面を表す。

解答　(1)(123)(124) 06　　(125)(126) 03

(2)(127)—(1)　　(128)—(1)　　(129)—(4)　　(130)—(1)　　(131)—(3)　　(132)—(1)　　(133)—(5)

(134)—(1)　　(135)—(4)　　(136)—(5)　　(137)—(3)　　(138)—(4)　　(139)—(6)　　(140)—(2)　　(141)—(3)

(142)—(5)　　(143)—(6)

━━━━━━━━━━ ◀解　説▶ ━━━━━━━━━━

≪空間座標と領域，平面の方程式，期待値≫

▶(1)　点 p から 2 点 $(0, 0, 1)$，$(0, 1, 0)$ を結ぶ線分に下ろした垂線の足を $h(a, b, c)$ とおくと

$$a = 0, \quad b + c = 1$$

また

$$\vec{ph} = (-p_x, \ b - p_y, \ c - p_z), \quad \vec{YZ} = (0, \ -1, \ 1)$$

$$(\text{ただし } Y(0, 1, 0), \ Z(0, 0, 1))$$

$$\vec{ph} \cdot \overrightarrow{YZ} = -(b-p_y) + c - p_z = 0$$

$$-b+c = -p_y + p_z$$

よって

$$b = \frac{1}{2}(1 + p_y - p_z), \quad c = \frac{1}{2}(1 - p_y + p_z)$$

$$l_x = \sqrt{(-p_x)^2 + (b-p_y)^2 + (c-p_z)^2}$$

$$= \sqrt{(p_x)^2 + \left\{\frac{1}{2}(1 - p_y - p_z)\right\}^2 + \left\{\frac{1}{2}(1 - p_y - p_z)\right\}^2}$$

$$= \sqrt{(p_x)^2 + \left(\frac{1}{2}p_x\right)^2 + \left(\frac{1}{2}p_x\right)^2} \quad (\because \quad p_x + p_y + p_z = 1)$$

$$= \frac{\sqrt{6}}{2}p_x$$

$$\therefore \quad p_x = \frac{2}{\sqrt{6}}l_x = \frac{\sqrt{6}}{3}l_x \quad \rightarrow (123) \sim (126)$$

p_y, p_z についても同様である。

別解　点 p から yz 平面に下ろした垂線の足は $(0, p_y, p_z)$ である。この点と 2 点 $(0, 0, 1)$, $(0, 1, 0)$ を結んだ線分との距離は

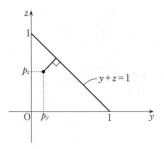

$$\frac{|p_y + p_z - 1|}{\sqrt{1^2 + 1^2}} = \frac{p_x}{\sqrt{2}}$$

よって

$$l_x = \sqrt{(p_x)^2 + \left(\frac{p_x}{\sqrt{2}}\right)^2} = \sqrt{\frac{3}{2}}p_x$$

$$\therefore \quad p_x = \sqrt{\frac{2}{3}}l_x = \frac{\sqrt{6}}{3}l_x$$

▶(2)　正三角形の面上の x, y, z に関するラベルは右図のようになる。

授業形式 u, v, w の評価の期待値をそれぞれ u, v, w で表すと

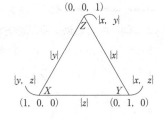

$$u = 2p_y + 5p_z$$

$$v = 3p_x$$

$$w = 3p_x + 2p_y + 2p_z$$

これらを簡単に

$$u = 2y + 5z, \quad v = 3x, \quad w = 3x + 2y + 2z$$

と書く。ここで

$$u - v = 2y + 5z - 3x = 0 \quad \cdots\cdots ①$$
$$v - w = -2(y + z) = 0 \quad \cdots\cdots ②$$
$$w - u = 3(x - z) = 0 \quad \cdots\cdots ③$$

を考えると，①，②，③はいずれも xyz 空間における平面を表す。正三角形の辺と各平面①，②，③との交点を計算して，次の図が得られる。

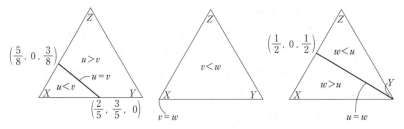

以上の 4 つの図をすべて考慮して，最終的には次の図が得られる。

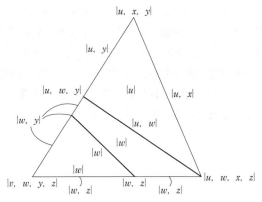

単一のラベル　　　$\{u\}$, $\{w\}$　→(127)

2 つのラベル　　　$\{u, w\}$, $\{u, x\}$, $\{u, y\}$, $\{w, y\}$, $\{w, z\}$　→(128)〜(131)

3 つのラベル　　　$\{u, w, y\}$, $\{u, x, y\}$　→(132)〜(136)

4 つのラベル　　　$\{u, w, x, z\}$, $\{v, w, y, z\}$　→(137)〜(143)

❖講　評

　2022 年度も例年どおりの形式で，大問 6 題の出題であった。

　Ⅰは順列・組合せの基本問題である。これは完璧に解いてほしい。

　Ⅱは三角関数と微分法の融合問題。微分法の問題としては基本レベルである。問題は(1)の方であり，こちらは三角関数の公式をただ覚えているだけでは対応できない。

　Ⅲは 4 次関数の 2 点で接する接線についての問題。直線 L の方程式は恒等式の考え方で求めるのがよい。微分して接線の方程式を作って解く方法もあるので〔別解〕で示した。(2)は容易である。

　Ⅳは空間の領域および立体図形の切断に関する問題。(1)は基本である。(2)は(1)を平行移動して得られる領域であることに気がつかなければならない。あとは立体の切断の問題である。最後に $V(a)$ の値が場合分けの境界のところで連続していることを確認してほしい。

　Ⅴはジャンケンの確率を求める問題。各回ごとのジャンケンで何人が残るのかに注目して場合分けすればよい。標準問題である。

　Ⅵは期待値，空間における平面，領域等の融合問題である。6 題の中では最も取り組みにくい問題であろう。決して難しいわけではないが，ラベルのつけ方をきちんと理解するのは手間取るであろう。

　問題により難易度にかなりのばらつきがある。易しい問題，典型的な問題は短時間で正確に解いてほしい。難し目の問題も決して奇問ではなく，思考力が試されている良問と言ってよい。

情報

I **解答** (ｱ)(1)―(9)　(2)―(3)　(3)―(5)　(4)―(0)　(5)―(2)
　　　　　　 (ｲ)(6)―(3)　(ｳ)(7)―(2)　(ｴ)(8)―(3)

◀解　説▶

≪知的財産法（著作権法，産業財産権法），個人情報保護法≫

▶(ｱ)(1)　(9)レッスンが正しい。文章からここに入るのは「レッスン」か「発表会」しかない。裁判では音楽教室での楽曲演奏で著作権料が発生するかが争われたとあるので，従来から著作権料が発生するとされてきた「発表会」ではなく，解釈が定まっていなかった「レッスン」が入る。

(2)・(3)　「(3)の演奏について『自らの技術の向上が目的』とし，本質は『(2)に演奏を聞かせ，指導を受けることにある』」とあるので，(2)は講師，(3)に生徒が入る。

(4)　(0)日本音楽著作権協会が正しい。日本音楽著作権協会(JASRAC)とは，日本国内において音楽の著作権を集中的に管理する団体である。

(5)　(2)公衆が正しい。前後の文脈から，著作権法が規定する「(5)に直接聞かせることを目的とする演奏」とは，著作権が及んで著作権料の請求権が発生する演奏なので，著作者が専有する上演権と演奏権の規定（著作権法第 22 条）に照らして「公衆」が入る。

▶(ｲ)(6)　(3)が正解。(3)のプログラム等の発明は 2002 年の特許法改正で「物」の発明に含められた。(1)の意匠とは「視覚を通じて美感を起こさせるもの」のこと，(2)の意匠権の行使には特許庁に意匠登録出願を行い，意匠登録を受けることが必要である，(4)の特許権は譲渡可能である，(5)の音の商標は 2015 年 4 月から認められるようになったので，それぞれ誤り。

▶(ｳ)(7)　(2)が正解。(2)のプログラム自体は著作権による保護の対象となるが，プログラム言語は対象とならない（著作権法第 10 条 1 項および 3 項）。(1)のバレエの振り付けも著作権法による保護の対象である，(3)の美術工芸品も著作権による保護の対象である，(4)の著作者は個人だけでなく株式会社などの法人もなることができる，(5)の創作性を有するデータベースは著作物として保護されるので，それぞれ誤り。

▶(エ)(8)　(3)が誤り。法令に基づく等の特定の場合（個人情報保護法第 16 条 3 項）を除き，「個人情報取扱事業者は，合併その他の事由により他の個人情報取扱事業者から事業を承継することに伴って個人情報を取得した場合は，あらかじめ本人の同意を得ないで，承継前における当該個人情報の利用目的の達成に必要な範囲を超えて，当該個人情報を取り扱ってはならない。」（同法同条 2 項）とあるので誤り。

II 解答

(9)(10)－2　(11)(12)－1　(13)(14) 01　(15)(16)－1
(17)—(2)　(18)—(3)　(19)—(4)

◀解　説▶

≪プログラム言語による剰余計算の相違≫

• Python の剰余演算子％の場合

$$7 = (-3) \times (-3) - 2, \quad -3 < -2 \leqq 0$$

であるから，7 ％（-3）の式の値は　　-2　→(9)(10)

$$-7 = (-3) \times 2 - 1, \quad -3 < -1 \leqq 0$$

であるから，（-7）％（-3）の式の値は　　-1　→(11)(12)

• C 言語の剰余演算子％の場合

$$7 = (-3) \times (-2) + 1, \quad 0 \leqq 1 < |-3|$$

であるから，7 ％（-3）の式の値は　　1　→(13)(14)

$$-7 = (-3) \times 2 - 1, \quad -|-3| < -1 \leqq 0$$

であるから，（-7）％（-3）の式の値は　　-1　→(15)(16)

• 定義から

Python の剰余演算子％の場合，剰余の符号は，除数と同一である。　→(17)

C 言語の剰余演算子％の場合，剰余の符号は，被除数と同一である。→(18)

よって，整数 n が奇数のとき，Python だと n%2 の式の値は 1 となり必ず調べられるが，C 言語だと n%2 の式の値は

$$\begin{cases} 1 & (n>0 \text{ のとき}) \\ -1 & (n<0 \text{ のとき}) \end{cases}$$

となるから，$n<0$ のときは調べられない。　→(19)

III 解答

(ア)(20)—(1) (21)—(2) (22)—(3) (23)—(7) (24)—(5) (25)—(5)

(26)—(1) (27)—(2) (28)—(3) (29)—(4) (30)—(5) (31)—(7)

(32)—(5) (33)—(1) (34)—(2) (35)—(5) (36)—(3) (37)—(4) (38)—(5) (39)—(7)

(40)—(1) (41)—(2) (42)—(7) (43)—(8) (44)—(4) (45)—(5)

(イ)(46)—(2) (47)—(1) (48)—(3) (49)—(5) (50)—(1) (51)—(5) (52)—(1) (53)—(5)

(54)—(1)

━━━━◀解 説▶━━━━

≪計算式の自然記法と逆ポーランド記法≫

▶(ア) 計算の優先順に，自然記法の「数値１・演算子・数値２」を「数値１・数値２・演算子」に書き換えていけば逆ポーランド記法が得られる。

• $a+b*c+d \Rightarrow a+(bc*)+d$

$\Rightarrow (a(bc*)+)+d$

$\Rightarrow (a(bc*)+)d+$

と書き換えていき，括弧を省略すれば

$a+b*c+d \Rightarrow abc*+d+$ →(20)～(25)

• $a+b*(c+d) \Rightarrow a+b*(cd+)$

$\Rightarrow a+(b(cd+)*)$

$\Rightarrow a(b(cd+)*)+$

と書き換えていき，括弧を省略すれば

$a+b*(c+d) \Rightarrow abcd+*+$ →(26)～(32)

• $(a+b)*(c+d) \Rightarrow (ab+)*(c+d)$

$\Rightarrow (ab+)*(cd+)$

$\Rightarrow (ab+)(cd+)*$

と書き換えていき，括弧を省略すれば

$(a+b)*(c+d) \Rightarrow ab+cd+*$ →(33)～(39)

• $a*b/c+d \Rightarrow (ab*)/c+d$

$\Rightarrow ((ab*)c/)+d$

$\Rightarrow ((ab*)c/)d+$

と書き換えていき，括弧を省略すれば

$a*b/c+d \Rightarrow ab*c/d+$ →(40)～(45)

▶(イ)　処理Ａの説明と(ア)の具体例に適用して考えると，次の表が得られる。

→(46)〜(54)

条件	処理
x が数値の場合	x を出力する
x が (の場合	x を push する
x が)，かつ p が (の場合	p を pop して廃棄し，x を廃棄する
x が)，かつ p が (でない場合	p を pop して出力する
x が演算子，かつスタックが空の場合	x を push する
x が * あるいは /，かつ p が * あるいは / の場合	p を pop して出力する
x が * あるいは /，かつ p が * や / でない場合	x を push する
x が + あるいは −，かつ p が演算子の場合	p を pop して出力する
x が + あるいは −，かつ p が演算子でない場合	x を push する

IV 解答

(ア)(55)(56)—(25)

(イ)(57) 0　(58) 0　(59) 0　(60) 1　(61) 1　(62) 0　(63) 0　(64) 0

(65) 1　(66) 0　(67) 0　(68) 1　(69) 1　(70) 0　(71) 1　(72) 0　(73) 1　(74) 0　(75) 1

(76) 1　(77) 1　(78) 1　(79) 1　(80) 0

(81)(82)—(30)　(83)(84)—(18)　(85)(86)—(33)　(87)(88)—(12)　(89)(90)—(33)　(91)(92)—(18)

(93)(94)—(30)

━━━◀解　説▶━━━

≪サイコロの目を表示させる論理式≫

▶(ア)　8 進カウンタ回路の動作表から，信号 C_P は右図のようになる。C_P が 6，7 のものをリセットさせるから

$$R = A_1 \cdot A_2 \quad →(55)(56)$$

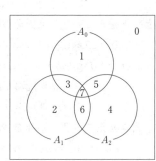

C_P

▶(イ)　LED の配置と表示パターンの図から読み取ると，次の真理値表が得られる。　→(57)〜(80)

目	A_2	A_1	A_0	F_6	F_5	F_4	F_3	F_2	F_1	F_0
1	0	0	0	0	0	0	1	0	0	0
2	0	0	1	1	0	0	0	0	0	1
3	0	1	0	1	0	0	1	0	0	1
4	0	1	1	1	0	1	0	1	0	1
5	1	0	0	1	0	1	1	1	0	1
6	1	0	1	1	1	1	0	1	1	1
未使用	1	1	0	ϕ (don't care)						
	1	1	1							

そして，この真理値表をベン図（値が 1 の部分が網掛け部）で表すと下図
のようになる。

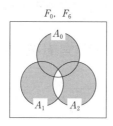

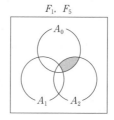

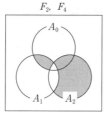

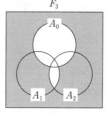

$A_1 \cdot A_2 = 1$ の部分はリセットされるから考えないことにすると，これらの
ベン図から $F_0 \sim F_6$ に関する論理式が得られる。

$$F_0 = A_0 + A_1 + A_2 \quad \rightarrow (81)(82)$$

$$F_1 = A_0 \cdot A_2 \quad \rightarrow (83)(84)$$

$$F_2 = A_2 + A_0 \cdot A_1 \quad \rightarrow (85)(86)$$

$$F_3 = \overline{A_0} \quad \rightarrow (87)(88)$$

$$F_4 = A_2 + A_0 \cdot A_1 \quad \rightarrow (89)(90)$$

$$F_5 = A_0 \cdot A_2 \quad \rightarrow (91)(92)$$

$$F_6 = A_0 + A_1 + A_2 \quad \rightarrow (93)(94)$$

V　解答

(ア)(95)—(6)　(96)—(3)　(97)—(8)
(イ)(98)—(4)　(99)—(6)　(100)—(2)

(ウ)(101)(102) 31　(103)(104) 31　(105)(106) 01

━━━━◀解　説▶━━━━

≪パーティー参加者が属すグループを判定するアルゴリズム≫

▶(ア)　アルゴリズム 1a において，処理Aは，握手をした人が同じグループ番号になるように，グループ番号を書き換えるという処理である。最初は $g_a = a$，$g_b = b$ であるが，$g_b = a$ に書き換える方法を考えれば，問題で与えられたアルゴリズム 1a を完成させることができる。

変数 n の値を参加者の数，変数 g_1，…，g_n の値をそれぞれ 1，…，n とする。

握手記録列を先頭から順に読み込み，各握手記録に対して処理Aを実行する。

処理Aの始め

　変数 a，b の値を，握手した2人の番号とする。

　変数 c の値を g_b とする。　→(95)

　変数 i の値を最初1とし，1ずつ増やしながら n まで処理Bを繰り返す。

　処理Bの始め

　　もし $g_i = c$ なら処理Cを実行する。　→(96)

　　処理Cの始め

　　　g_i の値を g_a とする。　→(97)

　　処理Cの終わり

　処理Bの終わり

処理Aの終わり

▶(イ)　アルゴリズム 2c は，任意の参加者に対してその代理人を求めるアルゴリズムである。ある参加者が自分自身の代理人でなければ，必ず誰かを指しているから，次々と指している参加者をたどっていけば代理人に行き着く。このことを問題で与えられたアルゴリズム 2c に当てはめると，以下のようになる（下で考える具体例も参照）。

変数 p_1, …, p_n は，アルゴリズム 2a と共有している。

変数 i の値を，入力された番号とする。

$p_i \neq 0$ が成り立つ間，処理 C を繰り返す。　→(98)

処理 C の始め

　　i の値を p_i とする。　→(99)

処理 C の終わり

i の値を出力する。　→(100)

▶(ウ)　最初に具体例を考える。

ここでは，握手した 2 人の番号が a, b であるとき，握手記録を (a, b) で表すことにする。

[1] $n = 4$，$H : (1, 4)$，$(2, 4)$，$(3, 4)$ のとき

アルゴリズム 2a

最初は $p_1 = 0$, $p_2 = 0$, $p_3 = 0$, $p_4 = 0$ である。

● 握手記録 $(1, 4)$ を読み込み，処理 A を実行する。

$a = 1$ に対してアルゴリズム 2c を実行する。

$p_1 = 0$ であるから，1 が出力されて　　$c = 1$

$b = 4$ に対してアルゴリズム 2c を実行する。

$p_4 = 0$ であるから，4 が出力されて　　$d = 4$

$c \neq d$ であるから，処理 B を実行して　　$p_1 = 4$

● 握手記録 $(2, 4)$ を読み込み，処理 A を実行する。

$a = 2$ に対してアルゴリズム 2c を実行する。

$p_2 = 0$ であるから，2 が出力されて　　$c = 2$

$b = 4$ に対してアルゴリズム 2c を実行する。

$p_4 = 0$ であるから，4 が出力されて　　$d = 4$

$c \neq d$ であるから，処理 B を実行して　　$p_2 = 4$

● 握手記録 $(3, 4)$ を読み込み，処理 A を実行する。

$a = 3$ に対してアルゴリズム 2c を実行する。

$p_3 = 0$ であるから，3 が出力されて　　$c = 3$

$b = 4$ に対してアルゴリズム 2c を実行する。

$p_4 = 0$ であるから，4 が出力されて　　$d = 4$

$c \neq d$ であるから，処理 B を実行して　　$p_3 = 4$

以上でアルゴリズム 2a が終了し，$p_1 = 4$，$p_2 = 4$，$p_3 = 4$，$p_4 = 0$ となる。

アルゴリズム 2b

例えば，指定された 2 人の番号が 1，3 であるとする。

$e = 1$ に対してアルゴリズム 2c を実行する。

$p_1 = 4$ であるから，$p_i = 0$ になるまで処理 C を実行する。

$$p_1 = 4 \longrightarrow p_4 = 0$$

であるから，4 が出力されて　　$g = 4$

$f = 3$ に対してアルゴリズム 2c を実行する。

$p_3 = 4$ であるから，$p_i = 0$ になるまで処理 C を実行する。

$$p_3 = 4 \longrightarrow p_4 = 0$$

であるから，4 が出力されて　　$h = 4$

$g = h$ であるから，番号が 1，3 の 2 人は「同じグループに属している」

と出力される。

$t(H)$ の計算

・$x = 1$ に対してアルゴリズム 2c を実行する。

$p_1 = 4$ であるから，$p_i = 0$ になるまで処理 C を実行する。

$$p_1 = 4 \longrightarrow p_4 = 0$$

であるから，処理 C の実行回数は 1 回。よって　　$s(H, 1) = 1$

・$x = 2$ に対してアルゴリズム 2c を実行する。

$p_2 = 4$ であるから，$p_i = 0$ になるまで処理 C を実行する。

$$p_2 = 4 \longrightarrow p_4 = 0$$

であるから，処理 C の実行回数は 1 回。よって　　$s(H, 2) = 1$

・$x = 3$ に対してアルゴリズム 2c を実行する。

$p_3 = 4$ であるから，$p_i = 0$ になるまで処理 C を実行する。

$$p_3 = 4 \longrightarrow p_4 = 0$$

であるから，処理 C の実行回数は 1 回。よって　　$s(H, 3) = 1$

・$x = 4$ に対してアルゴリズム 2c を実行する。

$p_4 = 0$ であるから，処理 C は実行されない。よって　　$s(H, 4) = 0$

以上より，$1 \leq x \leq 4$ の範囲での $s(H, x)$ の最大値は 1 である。

よって　　$t(H) = 1$

[2] $n = 4$，$H:(1, 2)$，$(1, 3)$，$(1, 4)$ のとき

アルゴリズム 2a

最初は $p_1=0$, $p_2=0$, $p_3=0$, $p_4=0$ である。

• 握手記録 (1, 2) を読み込み，処理Aを実行する。

$a=1$ に対してアルゴリズム 2c を実行する。

$p_1=0$ であるから，1 が出力されて　　　$c=1$

$b=2$ に対してアルゴリズム 2c を実行する。

$p_2=0$ であるから，2 が出力されて　　　$d=2$

$c \neq d$ であるから，処理Bを実行して　　　$p_1=2$

• 握手記録 (1, 3) を読み込み，処理Aを実行する。

$a=1$ に対してアルゴリズム 2c を実行する。

$p_1=2$ であるから，$p_i=0$ になるまで処理Cを実行する。

$$p_1=2 \longrightarrow p_2=0$$

であるから，2 が出力されて　　　$c=2$

$b=3$ に対してアルゴリズム 2c を実行する。

$p_3=0$ であるから，3 が出力されて　　　$d=3$

$c \neq d$ であるから，処理Bを実行して　　　$p_2=3$

• 握手記録 (1, 4) を読み込み，処理Aを実行する。

$a=1$ に対してアルゴリズム 2c を実行する。

$p_1=2$ であるから，$p_i=0$ になるまで処理Cを実行する。

$$p_1=2 \longrightarrow p_2=3 \longrightarrow p_3=0$$

であるから，3 が出力されて　　　$c=3$

$b=4$ に対してアルゴリズム 2c を実行する。

$p_4=0$ であるから，4 が出力されて　　　$d=4$

$c \neq d$ であるから，処理Bを実行して　　　$p_3=4$

以上でアルゴリズム 2a が終了し，$p_1=2$, $p_2=3$, $p_3=4$, $p_4=0$ となる。

アルゴリズム 2b

例えば，指定された 2 人の番号が 2，4 であるとする。

$e=2$ に対してアルゴリズム 2c を実行する。

$p_2=3$ であるから，$p_i=0$ になるまで処理Cを実行する。

$$p_2=3 \longrightarrow p_3=4 \longrightarrow p_4=0$$

であるから，4 が出力されて　　　$g=4$

$f=4$ に対してアルゴリズム 2c を実行する。

$p_4 = 0$ であるから，4 が出力されて $h = 4$

$g = h$ であるから，番号が 2，4 の 2 人は「同じグループに属している」
と出力される。

$t(H)$ の計算

• $x = 1$ に対してアルゴリズム 2c を実行する。

$p_1 = 2$ であるから，$p_i = 0$ になるまで処理 C を実行する。

$$p_1 = 2 \longrightarrow p_2 = 3 \longrightarrow p_3 = 4 \longrightarrow p_4 = 0$$

であるから，処理 C の実行回数は 3 回。よって $s(H, 1) = 3$

• $x = 2$ に対してアルゴリズム 2c を実行する。

$p_2 = 3$ であるから，$p_i = 0$ になるまで処理 C を実行する。

$$p_2 = 3 \longrightarrow p_3 = 4 \longrightarrow p_4 = 0$$

であるから，処理 C の実行回数は 2 回。よって $s(H, 2) = 2$

• $x = 3$ に対してアルゴリズム 2c を実行する。

$p_3 = 4$ であるから，$p_i = 0$ になるまで処理 C を実行する。

$$p_3 = 4 \longrightarrow p_4 = 0$$

であるから，処理 C の実行回数は 1 回。よって $s(H, 3) = 1$

• $x = 4$ に対してアルゴリズム 2c を実行する。

$p_4 = 0$ であるから，処理 C は実行されない。よって $s(H, 4) = 0$

以上より，$1 \leqq x \leqq 4$ の範囲での $s(H, x)$ の最大値は 3 である。

よって $t(H) = 3$

以上の具体例の考察から，一般の n に対して次のことがわかる。

• アルゴリズム 2b がどの 2 人に対しても「同じグループに属している」
と出力するためには，代理人が 1 人に決まっていないといけない。そこで，
アルゴリズム 2a では全員が自分自身の代理人と仮定した状態から始め，
握手記録を用いて代理人を絞り込んでいく。よって，「十分大きい」握手
記録列は最低でも $n-1$ 個の握手記録を含まなければいけない。

• 十分大きい握手記録列 H をアルゴリズム 2a が読み取って処理したあと，
$p_1, \cdots, p_n$ の値のどれかは 0 ではないから，x を入力としてアルゴリズム
2c を実行するとき，処理 C の実行回数は 1 回以上である。また，$p_1, \cdots,$
p_n の値のどれかは 0 のままであるから，x を入力としてアルゴリズム 2c
を実行するとき，処理 C の実行回数は $n-1$ 回以下である。よって，

$1 \leq t(H) \leq n-1$ であり，等号が成り立つ H の具体例も存在する。

［1］$H : (1, n), (2, n), \cdots, (n-1, n)$ のとき

$\qquad p_1 = n, p_2 = n, \cdots, p_{n-1} = n, p_n = 0$

であるから

$\qquad s(H, 1) = 1, s(H, 2) = 1, \cdots, s(H, n-1) = 1, s(H, n) = 0$

よって　　$t(H) = 1$

［2］$H : (1, 2), (1, 3), \cdots, (1, n)$ のとき

$\qquad p_1 = 2, p_2 = 3, \cdots, p_{n-1} = n, p_n = 0$

であるから

$\qquad s(H, 1) = n-1, s(H, 2) = n-2, \cdots, s(H, n-1) = 1,$

$\qquad s(H, n) = 0$

よって　　$t(H) = n-1$

さて，問題は $n = 32$ のときを考えているから

(101)(102)は　　31

(103)(104)は　　31

(105)(106)は　　01

である。

小論文

1 解答例

1．約 8662 万本

2．日本におけるシャープペンシルの需要を考える。まず，幼稚園以下の子供が使うことは考えづらいので，この年代は無視してもよい。小学校ではシャープペンシルの使用が推奨されないことも多いが，高学年になると特に家ではシャープペンシルを使うことも増えてくる。注意不足による紛失や破損を考慮すると，7 歳から 9 歳までは 1 人当たり年に 1 本，10 歳から 12 歳までは年に 2 本買うとする。中学生と高校生は最も需要の高い年齢層と考えられ，13 歳から 18 歳までは 1 人当たり年に 3 本買うとする。大学生はペンなど他の筆記用具を使うことが増え，ノートをとることもやや減るため，19 歳から 22 歳までは 1 人当たり年に 2 本買うとする。社会人になると仕事ではコンピュータなどを使用するようになり，手書きの場合もボールペンを使うと考えられる。23 歳から 65 歳までは 1 人当たり年 0.5 本買うとする。66 歳以上の高齢者がシャープペンシルを使って細く小さな文字を書く機会は限られてくると思われるので，この年代も無視する。結果，7 歳から 9 歳までの年齢層は年間概数（以下全て概数）311 万 4 千本，10 歳から 12 歳までの年齢層は年間 643 万 2 千本，13 歳から 18 歳までの年齢層は年間 2013 万 6 千本，19 歳から 22 歳までの年齢層は年間 1012 万 8 千本，23 歳から 65 歳までの年齢層は年間 3349 万 1 千本買うと考えられる。また，法人企業は備品，支給品，景品などとしてシャープペンシルを買うことも考えられる。その数を，企業規模ごとに，資本金 1000 万円以下で年 1 本とし，以下資本金階級が 1 つ上がるごとに 10 倍になるとする。資本金階級 1000 万円以下の企業で 238 万 3 千本，1000 万円超 1 億円以下の企業で 354 万本，1 億円超 10 億円以下の企業で 151 万 9 千本，10 億円超の企業で 587 万 8 千本。以上を合計して約 8662 万本と推定した。

◀解　説▶

≪日本で購入されるシャープペンシルの本数の推定≫

▶1．2021 年に日本国内で購入されたシャープペンシルの本数を推定す

ることが求められている。ただ，説得力のある根拠のもとでの解答にしなければならないので，2 を先に解答し，そのうえで導出された数を書けばよい。

▶2．1で解答した推定値を算出した根拠を説明することが求められている。受験生自身がもっている知識を用いることを前提としているとあるので，参考データと照らし合わせつつ，自分や周囲の体験などを踏まえて書こう。大学以後の年齢層については推測で書くしかないが，中学生や高校生ほど多用することはないという予測はできるはずだ。あくまでも推定であり，数字の正しさを求められているわけではないので，突飛な数にならない限り，根拠を十分に示せればよいだろう。

2　解答例

1．危機の中明らかになった日本の公助の脆弱性

2．2020 年以降日本でも本格的に流行した新型コロナウイルスは，公的支援の手は最も必要としている人々に最も届きにくいという事実をも浮き彫りにした。しかし，2022 年の現時点から見ると，喉元過ぎれば熱さを忘れるかのように，結局のところ公助の仕組みは変わっていない。予想外の出来事で誰もが貧困に陥りかねない，しかし社会はそれに対応しないという状況を知る私だからこそ，公助の仕組みを改革するきっかけを作ることができる。（200 字以内）

3．以下の論述においては，次の5点を前提とする。①環境情報学部が「未来からの留学生派遣制度」の導入に取り組んでいることが，2020 年の時点で一般的に知られている。②未来の自分と過去の自分が接触することによる問題は起こらない。③環境情報学部は私の目的に賛同してくれている。④過去の変化は 2022 年 4 月に私が留学した後も，人々の意識にデジャヴのようにわずかに残る。⑤意識以外には影響を残さない。

　新型コロナウイルス感染症の実情がまだ十分に把握されていない 2020 年 4 月に戻り，まずは今から自分が行うことへの同意を環境情報学部にとりつけ，またメモしておく。このメモは当時高校生の私自身に託し，自分の行動への協力を要請する。

　新型コロナウイルスの影響に不安を覚える 2020 年 4 月の人々は，未来を知る私を放ってはおかないだろう。心苦しいが，それを利用することになる。そして，誰もが公的支援を頼る状況に陥りかねないことを身をもっ

て実感してもらうことで，制度見直しの議論を巻き起こすことが目的である。

　日本でも感染者が出始めた 2020 年 4 月，公の場で感染症の脅威を多少の誇張を交えて発言し，さらに，業種を絞って「ここから感染爆発が起こった」と知らせる。例えば，現実に営業自粛が要請された飲食店のほか，「鉄道から」「コンビニから」「通信販売の配達から」「テレビの収録から」「フードデリバリーから」「建設の現場から」などである。当時の社会的な不安を知る私は，このような情報がもたらされたとしたら，その業界がすぐさま自粛に踏み切ることを確信している。同時にこれは，「その業界が自粛したおかげで感染が爆発せずに済んだ」ことになるため，なかなか破綻しない。業務がストップし，困窮の兆しが見え始めた段になって，「公的支援のおかげでその業務の従事者は 2022 年時点でもどうにか生活できている」と支援を訴える。留学の終了まで，いくつかの業種に自粛してもらい，支援を受けてもらうことができるだろう。

　その結末を見届けた高校生の私は，2022 年 4 月に環境情報学部に入学し，また過去へと留学する。前と同様の手続きを踏み，しかし今度は「前に留学した私」が行ったことも加えて 2020 年 4 月時点の自分に説明する。そして前とは別の業種や現場を対象にし，自粛を呼びかける。新たな業種やその従事者を巻き込むことができるだろう。

　これを何度か繰り返し，切り上げる。最後に留学する私は，ただ 2020 年以降の歴史をなぞるように行動してよい。

　私が困窮対策を完了し 2022 年に戻った後，人々の意識には存在しなかった過去，すなわち職が奪われて困窮し，公的支援によって生活を維持してきた 2 年間がわずかに残る。その上で，環境情報学部から，公助見直しの議論を起こしてもらう。「自分にも覚えがある」ことゆえ，この議論はよりスムーズに多くの人々の参加を得，身近な問題と感じた人々による社会の動きになるはずだ。

4.

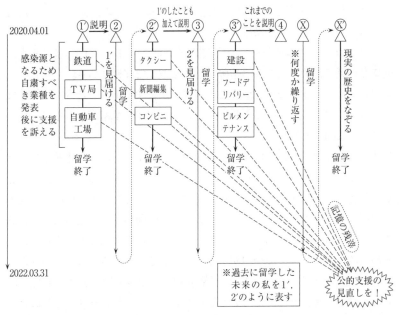

━━━━■ ◀解　説▶ ■━━━━

≪過去への「留学」によって問題を解決する≫

　本問は架空の設定である環境情報学部の「未来からの留学生派遣制度」を利用して 2022 年の 4 月の自分が 2020 年 4 月 1 日に向かい，解決したい問題について論じるものである。

▶1．設問の要求は「未来からの留学生派遣制度」への参加を機会として解決したい，あるいは解決できると考える問題について，わかりやすく印象的な名称を考えることである。2 以降を解答したあとで，印象的な見出しを考えて書こう。

▶2．設問の要求は，1 で記述した問題の解決について，過去に移動できる「未来からの留学生派遣制度」という特別な機会を通じて取り組むことの意義を記述することである。過去に戻ることで解決しうる問題を取り出し，そのうえで意義を説明する必要があるが，課題を何にするか悩むところである。取り上げたい課題であっても解決策が明確に書けないものや，解決策があったとしてもその意義が弱いものは，説得力ある解答にはならない。

　2年間で最も大きい出来事は，新型コロナウイルスに関連したものだろう。医療体制の脆弱さの表面化，ICT 活用の他国との比較，子どもたちの学習機会の喪失などが挙げられる。

　コロナウイルス関連以外では，SNS での誹謗中傷の激化，遅々として進まない災害対策，東アジア情勢などさまざまな課題がある。しかし，2年間の知識しか使えないということ，自分が経験し実感した事例であるほうが書きやすいことをふまえると，コロナ禍で考え学んだことを述べていくことが妥当だろう。

▶3．設問の要求は，1で記述した問題を解決する方法の具体的なアイデアを記述することである。本問の中心となる設問と考えられる。まず，2とも並行して，解決する意義のある問題を考え，それが過去に戻る個人の力で解決可能か検討しよう。ただしこの際，時間移動の設定の厳密さにあまりこだわると，特に高く評価すると言われている「他の人と異なる視点や創造的なアイデア」の発想が窮屈になるおそれがあるため，かなり都合のよい設定を考えてよいだろう。〔解答例〕では最大限都合よく設定している。厳密に考えればおかしいと思っても，まずは膨らませてみることだ。必要に応じて図や絵を用いてもよいとされているので，4との重複を避けつつ盛り込んでもよい。

▶4．設問の要求は，その問題解決の実現に向け2年間にどのような活動を行うのか，具体的な手順を記述することである。解答欄の左端に用意された時系列を示す直線を利用する。特に，時間移動を都合よく設定した場合は，手順が複雑になりかねないので，この設問の下書きを作りながら3を解答するのがいいだろう。また，この設問も図や絵を使用してもよいとされているので，時系列を示す直線を大いに使ってわかりやすく書こう。

❖講　評

　環境情報学部では例年個性的な出題がなされるが，2022 年度は，2021 年度までに比しても独創性の高い出題であった。大問が2つに分かれ，これまでとは異なり相互に関連していないため，時間配分には十分気をつけたい。

　問1は，日本で1年間に購入されたシャープペンシルの本数を推定し，その根拠を示すというものであった。もちろん，正確な数字を出すとい

うものではないが，それでも根拠を十分に示そうとすると時間をとられる。問 2 の難度を考え，細部にあまりこだわることなく概数の根拠を示したい。

　問 2 は，2020 年 4 月に戻って解決しうる問題を考えるというものである。問題発見・問題解決という点ではこれまでの出題から大きく外れるものではないが，その解決に向けた取り組みの考え方に創造力を要する。本問では，受験生の問題意識の高さと解決に向けての広い視野が試されている。何が問題か，そしてその解決のために自分に何ができるかについて，日頃から考えを深めている受験生であれば解答できるだろう。また，その解決に当たっての思考の柔軟さも，解答のために重要である。自分がその問題の当事者ならばどうするかという点まで考察できるかが期待される。

　総じて，2022 年度は環境情報学部らしい出題ではあるものの，時間配分にも気を遣う必要があり，これまでよりも難度は高いと言える。

////////////////// · memo · //////////////////

2021
年度

解答編

解答編

■英語■

Ⅰ 　**解答**　　[31]－2　[32]－3　[33]－1　[34]－2　[35]－2
　　　　　　[36]－1　[37]－2　[38]－3　[39]－1　[40]－2
[41]－2　[42]－3　[43]－4　[44]－2　[45]－2

◆全　訳◆

≪米国の実業界は教育改革に力を入れるべきである≫

1　これは極端な認知的不協和の一例である。全米で教師たちがストライキを行っている。過去数年間にわたって，何千人もの教育者が公的予算の大幅な削減に抗議して仕事を辞めている。これらの削減により，彼らは低賃金で過重労働をし，また，わずかな予算を補うのに自腹を切っている。予算削減のせいで，本は粘着テープで補修され，天井の穴から教室に雨が降り注いでいるのだ。

2　その一方で，過去1年間を費やして税制「改革」のロビー活動に成功した実業界のリーダーたちは，政治家がアメリカの学校の嘆かわしい状況について何かをしなければならないと不満を漏らしている。彼らは，アメリカの教育制度の失敗により，国際舞台で競争力を維持するのに必要となる労働者を見つけることができなくなったと不平を言っている。

3　それに関して彼らは正しい。米国はおそらく 2020 年までの 10 年間で約 1500 万人の新しい雇用を創出するだろうが，65％は高校を超えた高等教育と訓練を必要とする。一方，高等教育に入るアメリカ人の 54％しか6年以内に学位を取得していない。この割合は，学費のインフレと，多くのアメリカ人が学位プログラムに入学する際の準備不足の両方を反映している。

4　しかし，ここには大きな皮肉がある。実業界は減税と教育改革の両方を望んでいる。しかし，実業界は直視したくない重要問題，つまり，それら2つのものの間の両立不能性を認めることを拒むのである。最近の減税

は州の教師のストライキを引き起こさなかった。教育は主に州政府と地方政府によって資金提供されている。しかし，この減税は，主に実業界のロビイストの要請で行われた公共部門における数十年間の削減パターンの一部であり，米国社会の偉大な平衡装置であり常にそうあり続けてきた公教育に打撃を与えてきた。

5　教育に対する州の資金は 1980 年代にピークに達し，それ以来減少してきた。この減少は，いうまでもなく，社会階級と技能の大きな格差を生み出した。学位を取得する費用は誰にとっても上昇したが，それは社会経済的分布の最も低い方の 4 分の 1 に属する世帯に最も大きな打撃を与えた。彼らは 1990 年に収入の 44.6％を学位取得に支払っていたが，現在は 84％である。米連邦準備制度理事会によると，多くの人が卒業証書を持たずに巨額の債務を抱えて中退していくのも不思議ではないが，この状況は，経済成長の「向かい風」になっている，とのことだ。

6　これは，米国の教育が何十年にもわたって改革されておらず，デジタル経済で競争する能力のある卒業生を量産していないという事実と相まって，不完全雇用および未熟練のアメリカ人労働者の大規模な階層があることを意味する。多くの最高経営責任者，経済学者，市民社会のリーダーによると，これはビジネスにとって最も差し迫ったただひとつの問題になっている。

7　「技能の格差に対処するために，ビジネスの側で行う個別の努力が多くある」と，フォード財団の会長であるダレン=ウォーカーは言う。「それでも，他のすべての政策よりも減税を優先させると，公共部門を飢えさせるリスクがあり，最終的には教育成果の低下，不平等の拡大，政治の二極化につながることを認識しなければならない」

8　これを変えることは，国家安全保障の問題にほかならない。経済調査によると，教育がテクノロジーよりも進んでいる場合にのみ，国は繁栄することができる。しかし，米国では，システムが壊れていて，教育の探求自体が不平等の拡大と 1.3 兆ドルの学生の借金の山につながっている。これは，非熟練で低賃金の労働者は個人消費に支配された経済の成長を促進できないという事実から，教育水準の低い人々がポピュリストの政治家に投票するという現実にいたるまで，さまざまな点でビジネスにとってひどいものだ。

9　企業は，この認知的不協和を認めなければならない。アメリカの主要な企業のロビー活動グループは，税制改革に取り組んだのと同様に，国の競争力の問題として教育改革にも取り組むべきだ。ロビー活動のメンバーたちは，国レベルで独自の最善の行動を展開するためのプロジェクトチームを作り，教育から資金を奪う減税を支持しないことを宣言すべきである。それはビジネスにとって良いことである──そして社会にとっても。

■━━━━━━━━━◀解　説▶━━━━━━━━━■

▶[31]　1.「浪費の，過度な」　2.「極めて小さい」　3.「バランスのとれた」

第 1 段第 3 文（Thousands of educators …）で「公的予算の大幅な削減」とあるので，予算規模が小さくなったことが伺える。

▶[32]　1.「苦味」　2.「折衷案」　3.「嘆かわしい状況」

第 1 段最終文（These cuts have …）に，教育への公的予算の削減により学校で「本は粘着テープで補修され，天井の穴から教室に雨が降り注いでいる」といった状況が起こっていると述べられている。こうした内容を表すのには 3 が適切。

▶[33]　1.「重要問題」　2.「草むらのヘビ，潜在的危険」　3.「羊の皮を被ったオオカミ」

the elephant in the room とは「部屋の中の象」→「誰もが認識しているが無視している事実・問題点」をあらわしている。コロン（：）の後に「それら 2 つのものの間の両立不能性」と説明されているが，この「それら 2 つのもの」とは実業界が同時に望んでいる「減税と教育改革」のことである。

▶[34]　1.「大混乱」　2.「要請」　3.「熟読」

公共部門における予算削減は，実業界の利益を代弁するロビイストの要求によるものである。2 の behest は難単語であるが，消去法で 1 と 3 が消えるだろう。

▶[35]　1.「それにもかかわらず」　2.「いうまでもなく」　3.「不可解にも」

教育資金の減少が，社会階級と技能の大きな格差を生み出すのは，自明のことである。

▶[36]　1.「分布，（変動の）範囲」　2.「プリズム」　3.「連続性」

空所を含む部分は,「社会経済的 (　　　) の最も低い方の 4 分の 1 に属する世帯」という意味。消去法でも正解できるだろう。

▶[37]　1.「(大きい釘を) 突き刺すこと」　2.「飢えさせること」　3.「刺激すること」

第 4 段最終文 (However, they are …) に「公共部門における予算削減は公教育に<u>打撃を与えてきた</u>」とあることから,「減税は公共部門を<u>飢えさせる</u>リスクがある」と考えられる。

▶[38]　1.「〜以外の何か」　2.「〜以外の一切のもの」　3.「〜以外の何ものでもない」

教育成果の低下, 不平等の拡大, 政治の二極化を放置することは, 国家安全保障をゆるがすことになるわけだから, こうした状況を変えることは, 国家安全保障の問題そのものなのである。

▶[39]　1.「推進する」　2.「向上させる」　3.「伸ばす」

目的語が growth「成長」なので, 意味を成すのは 1 である。

▶[40]　1.「打ち倒す」　2.「展開する」　3.「引き込む」

educational reform「教育改革」のために, their own best practices「独自の最善の実践行動」を「展開する」のである。1 と 3 では意味を成さない。

▶[41]　「第 3 段にある,『彼ら』は誰を指しているか?」

1.「ストライキ中の教師」

2.「実業界のリーダーたち」

3.「政治家」

4.「アメリカの学校」

第 2 段第 2 文 (They complain that …) の主語の They を指し, さらにそれは同段第 1 文 (At the same …) の主語 business leaders を指している。

▶[42]　「公教育への資金削減の結果として与えられて<u>いない</u>のは, 次のうちどれか?」

1.「熟練労働者と非熟練労働者の間に大きな格差が形成されている」

2.「ポピュリストの政治家が選出され権力を握っている」

3.「大学の学位取得の費用は誰にとっても上昇し続けている」

4.「企業は国際的に競争することができない」

1 は，第 5 段第 1 文（State funding for …）にある「社会階級と技能の大きな格差を生み出した」という部分を指していると考えられる。

2 は，第 8 段最終文（This is terrible …）で「教育水準の低い人々がポピュリストの政治家に投票するという現実」に言及されているのに合致する。

3 は，第 5 段第 2 文（While the cost …）に「学位を取得する費用は誰にとっても上昇した」とあるが，このこと自体は公教育への資金削減と因果関係にはない。同文で述べられているのは「学位取得費用が全体的に上昇する中，公教育への補助金が少なくなってしまったことで，低所得者層に特に大きな打撃が加わった」ということである。したがって，これが正解となる。

4 は，第 2 段第 2 文（They complain that …）で「（実業界のリーダーたちは）国際舞台で競争力を維持するのに必要な労働者を見つけることができない」とあるのと合致する。

▶[43]「第 5 段にある『向かい風』とはどういう意味か？」
1.「利点」　2.「罰」　3.「指針」　4.「障害物」
headwind とは船で言えば船首の方から吹いてくる風で，「向かい風」の意であり，「障害物」に他ならない。なお，「追い風」は船尾の方から吹いてくる風なので tailwind という。

▶[44]「次のうち，第 6 段の全体的な意味を最もよく表しているのはどれか？」
1.「アメリカの大学制度は，教育よりも学位を与えることに関心がある」
2.「アメリカの教育は，学生をテクノロジー業界で働く準備をさせることに関しては，遅れをとっている」
3.「アメリカの大学の卒業生は，他の国の熟練労働者よりも収入が少ない」
4.「企業は，幹部，経済学者，社会のリーダーの多さに異議を唱えている」
第 6 段第 1 文（This, combined with …）で「米国の教育は，デジタル経済で競争する能力のある卒業生を生み出していない」とあるので，2 が適切。1，3，4 は本文に記述がない。

▶[45]「本文が言及している認知的不協和とは何か？」

１．「米国での教師のストライキは，税制改革の結果ではない」

２．「減税を求めるアメリカの企業は，教育の改善を不可能にしている」

３．「米国が国際的に競争するためには，教育は技術よりも優先されるべきである」

４．「アメリカには，世界で最も強力な経済と最も弱い教育システムの両方がある」

cognitive は「認知に関する」，dissonance は「不一致，不協和音」の意で，cognitive dissonance「認知的不協和」は，人が矛盾する認知を同時に抱えた状態を表す社会心理学の術語である。本文では，企業の求める減税と教育改革は両立しえないことを表現したものである。したがって，2が適切。第8段第2文（Economic research shows …）に「教育がテクノロジーよりも進んでいる場合にのみ，国は繁栄することができる」とあるが，これは「認知的不協和」ではない。1，4は本文に記述がない。

◆━◆━◆━◆━◆　●語句・構文●　◆━◆━◆━◆━◆━◆━◆

（第1段）　strike「ストライキをする」　walk off「立ち去る」　in protest「抗議して」　budget cut「予算削減」　under-paid「低賃金の」　result in ～「結果として～に終わる」　duct tape「粘着テープ」　rain pouring into classrooms through ceiling holes は rain が pouring の意味上の主語となる動名詞の構文で「雨が天井の穴から教室に降り注ぐこと」の意。

（第2段）　at the same time「それと同時に，その一方で」　tax reform「税制改革」　competitiveness「競争力」

（第3段）　lead up to ～「～につながる」　post-secondary「中等教育後の」　meanwhile「その一方で」　tertiary education「高等教育」　degree「学位」　preparedness「準備」

（第4段）　irony「皮肉」　incompatibility「両立し難いこと」　public sector「公共部門」　batter「打ちのめす」　equalizer「等しくするもの，平衡装置」

（第5段）　quartile「四分位数」　compared with ～「～に比べて」　No wonder S V.「S が V するのも不思議ではない［当然である］」（＝There is no wonder that S V.）　diploma「卒業証書」　US Federal Reserve「米連邦準備制度理事会」

（第6段）　combined with ～「～と相まって」　retool「改革する」

churn out「量産する」　graduate「（大学の）卒業生」　equipped to *do*
「～する力を備えている」　under-employed「不完全雇用の」　under-
skilled「未熟練の」　chief executive「最高（経営）責任者」　pressing
「差し迫った，喫緊の」

（第7段）　on the part of ～「～の側の，～の側で」　address「対処する，
取り組む」　prioritize「優先させる」　risk *doing*「～する危険を冒す，あ
えて～する」　ultimately「究極的には」　polarized「二極化した」

（第8段）　national security「国の安全保障」　only when S V「S が V し
てようやく」否定の副詞語句が文頭に出ると後続部分は疑問文の語順を取
る。本文でも can countries prosper と can が主語の前に出ている。
quest for ～「～の探求」　in a number of ways「多くの点で」これを説
明するために from *A* to *B*「*A* から *B* にいたるまで」が後続している。
unskilled「非熟練の」　low-paid「低賃金の」　dominate「支配する」
consumer spending「個人消費」　vote for ～「～に投票する」　populist
「大衆迎合主義者」

（第9段）　take on「引き受ける」　just as ～「～と全く同じように」
task force「プロジェクトチーム，特殊任務遂行班」　strip *A* of *B*「*B* か
ら *A* を取り除く［はぎ取る］」

II 解答

[46]－3　[47]－2　[48]－1　[49]－1　[50]－2
[51]－2　[52]－2　[53]－1　[54]－3　[55]－3
[56]－1　[57]－3　[58]－2　[59]－1　[60]－3

◆全　訳◆

≪テックラッシュ―テクノロジーと倫理≫

1　「テックラッシュ」とは，大規模なテクノロジー企業やそれらの企業
が社会に与える影響に対する敵意の高まりのことである。政府の指導者た
ちは，伝統的な政策立案が変化の速度と規模に追いつくことができないこ
とに憤慨している。そうした制御の空白の中で，企業のリーダーたちは，
より積極的な自主規制を要求する国民との信頼感に対する危機の高まりを
認識している。

2　これに応じて，一部の企業では，倫理的考慮事項が製品の開発と展開
を通して確実に統合されるようにするために，最高倫理責任者などの新し

い役員職を創設している。これらの幹部は，世間の目にさらされて最も論議を呼んでいる問題の一部，および「機敏に動き，現状を打開する」意欲に誇りを持つ組織内での文化的変化を推進する方法に取り組んでいる。

3　有害な製品に対する説明責任は重役レベルで発生することが多いが，それらの製品につながる決定は，製品担当チームのエンジニアや開発者によって行われることが少なくない。最近の技術スキャンダルを見ると，ほとんどの場合，製品がどのように悪用される可能性があるかを知っているにもかかわらず，誰かがその製品開発を続行することを決定したということはなかった。むしろ，こうしたスキャンダルは通常，意図しない影響を与えてしまった設計上の決定から生じるのだ。

4　ほとんどの技術開発者は，自社の製品が社会にどのように役立つかを想像することの方に自然と偏ってしまう。これを中和するために，従業員は，差別からテクノロジー中毒にいたるまで，さまざまな危害を予測し，その結果を軽減するための戦略を開発するのに役立つツールを必要としている。

5　危険信号を確認することは，最初のステップにすぎない。その信号が適切な年長の上役にまで上げられ，わかりやすくかつ一貫して判断されることを確保するためのプロセスが必要だ。倫理担当幹部の中には，これらの「倫理的検問所」のための新しいプロセスの作成を試みる者もいたが，これが余裕のない製品開発サイクルに負担をかけ，つまりは完全に無視されていることにすぐに気づいた。

6　より効果的であることが証明されているのは，サイバーセキュリティ，環境の持続可能性，アクセスしやすさに関連して近年作成されたプロセスなどのように，製品開発の行程表にすでに組み込まれているプロセスに便乗することだ。これにより，単純な懸念事項には迅速に対処でき，より複雑または機密性の高い懸念事項は上に上げて詳細な再検討を行うことができる。

7　新しい「倫理担当部門」を企業が抱える問題の万能薬と見なしたくなるかもしれないが，倫理担当重役は，新しい部門がどれほど大きくなっても，会社全体からなされる支援の要求に追いつくことができないことに気づいた。倫理担当チーム全体をいくつかの議論の的になっている話題や複雑な新製品に数カ月間専念させることは，最初に方法論を洗練するのに役

立つ。ただし，すべての製品と機能にわたって注意と検討が必要な場合，そうしたアプローチは釣り合わない。

8　代わりに，マイクロソフトのような企業は，チームに組み込まれた「アンバサダー（特命代表）」または「チャンピオン（闘士）」を教育して，意図しない影響に対する感度を高め，チームが惹起してくる問題点や懸念事項の舵取りするのを支援することで成功を収めている。チーム内の人々に権限を与えることで，彼らは信頼され効果を上げるために必要となるコンテクスチュアル・インテリジェンスと信頼性を確実に得ることができる。

9　最もうまく設計されたプロセスを作成することはできるが，動機付けがなければ誰もそれには従わないだろう，あるいは，チェックボックスにチェックマークを付けるだけの表面的な演習になってしまうだろう。ほとんどのエンジニアにとっての優先事項は，製品を迅速に出荷することだ。責任ある技術革新を実現するために，企業はこれらの慣行を，昇進，昇給，ボーナス，および雇用の基準としてだけではなく，個人およびチームの目標と勤務評定にも組み込む必要がある。

10　これらのハードインセンティブは，さまざまなソフトインセンティブで補完する必要がある。あなたの会社が新製品や新機能の発売をどのように祝うかを考えてほしい。たぶん，チームは電子メールまたは週会で祝福されるだろう。倫理的な懸念が表面化したために新製品が発売されない場合，どうすれば何か同様のことができるだろうか？　従業員は組織で何が評価されるかを鋭敏に理解しており，倫理担当重役は，このような微妙な合図が，さらなる「テックラッシュ」を回避するための行動変容に大いに役立つ可能性があると考えている。

■━━━━━━ ◀解　説▶ ━━━━━━■

▶[46]　1.「管理，方向」　2.「泡，わずかな変化」　3.「空白，真空」直前に「伝統的な政策立案では変化の速度と規模に追いつけない」ことが述べられている。これは，管理ができなくなっている状態，つまり，制御の空白状態である。

▶[47]　1.「率直でない，不誠実な」　2.「異論の多い，議論を引き起こす」　3.「無害の，無難な」取り組む（work through）対象は2である。1は人の行為や性質について述べる形容詞で，物事には使わない。3の「無害な」問題では，取り組

む必要はない。

▶[48]　1.「対抗する，中和する」　2.「標準化する，正常化する」　3.「隠す，秘密にする」

後続する this は前文の内容，つまり，「技術開発者は，自社製品が社会にどう役立つかを想像することに偏ってしまう」ことを指している。これに対抗するためのツールが必要だという文脈である。

▶[49]　1.「判断される」　2.「実行される」　3.「受け入れられる」

they are につながる部分であり，they は red flags「危険信号」，つまり開発中の製品が将来引き起こすかもしれない危険な事態を指しているのだから，2や3では意味を成さない。

▶[50]　1.「～とは無関係な」　2.「～に深く根づいている」　3.「～から独立している」

第5段で新しいプロセスの作成はうまくいかないことが述べられているし，続く同文中の such as 以下に列挙してあるものは，すでに行われているプロセスであるので，2が適切。2は難単語だが，1や3を消去法で外せば正解が得られる。

▶[51]　1.「偽薬」　2.「万能薬」　3.「調停者」

後続部分に「新しい部門も，会社全体からの支援の要求には追いつけない」とあるので，新設の倫理担当部門も万能ではないことが伺える。

▶[52]　1.「論破する」　2.「洗練する」　3.「引退させる」

開発中の製品の問題点を初期のうちに倫理担当部門に再検討させておけば，その問題点回避の a methodology「方法論，手順」は洗練されたものとなりうるのである。手遅れになってからの対策ではうまくいかない。

▶[53]　1.「そうしないで，その代わりに」　2.「さもなければ，その他の点で」　3.「それにもかかわらず，とは言っても」

第7段で「倫理担当チームの初期投入といったアプローチは，すべての製品と機能にわたって注意と検討が必要な場合には釣り合わない」とあり，これに対して，マイクロソフト社のような企業が行っているチーム内の人々に権限を与える取り組みが紹介されている。したがって，前言との対比として用いられる1が適切。

▶[54]　1.「つまらぬあら探し」　2.「プログラムのバグ修正」　3.「チェックボックスにチェックマークを付けること」

危険回避に真剣に取り組もうとする従業員の動機がなければ，どんなにうまく設計された危険回避プロセスを作成しても，単に□欄に✓（チェックマーク）を付けるだけの表面的なものになってしまうのである。そもそも，superficial「表面的な」に修飾される語として1や2は不適切である。

▶[55]　1.「競われる」　2.「反論される」　3.「補完される」

第9段で「昇進，昇給，ボーナス」というハードインセンティブに言及して，第10段第2文（Think about how …）以降では電子メールや週会するといったソフトインセンティブの重要性にも言及している。したがって，3が適切。

▶[56]　「第3段で，著者は何がテクノロジー企業を巻き込んだ最近のスキャンダルを引き起こしたと考えているか？」

1.「悪意ではなく不十分な先見性」

2.「最大の経済的利益を追求したいという願望」

3.「危険な製品を発売する意図的な決定」

4.「厳しいスケジュールとひどい過労の従業員」

第3段第2文（If you look …）で悪意はなかったことが述べられ，同段最終文（Rather, they usually …）で「設計上の決定から生じる」と述べられている。設計上の決定に起因するというのは，製品の危険性を察知する先見性の欠如と同義である。

▶[57]　「本文によると，倫理的な問題に対処するために作成されたプロセスの問題は何か？」

1.「従業員に実行する追加の義務を与えることは不合理だ」

2.「解決しようとしている問題を防ぐのに効果的ではない」

3.「実行に時間がかかりすぎるので，従われない」

4.「開発者は，自社の製品に好意を抱きすぎているので，倫理的な問題に焦点を合わせることができない」

第5段第3文（Some ethics executives …）に「これが余裕のない製品開発サイクルに負担をかける，つまりは完全に無視されている」とある。tight には「スケジュールが詰まっていて余裕がない」という意味があり，「tight な製品開発にとって負担」ということは「時間がかかる」とほぼ同じと考えられる。したがって，3が適切。

▶[58]　「著者によると，倫理の『アンバサダー』または『チャンピオン』

が遂行する義務ではない可能性が高いのは次のうちどれか？」

1.「新しいユーザーインターフェイスが障害を持つ人々にどのように不利になるかを検討すること」

2.「広告主が会社の顔認証システムを使用して盗難を防ぐのを支援すること」

3.「経営重役向けのＡＩアルゴリズムにおける潜在的な人種的偏見に関するレポートを準備すること」

4.「会社の他のテクノロジー製品で発生したプライバシーの問題を分析すること」

「アンバサダー」や「チャンピオン」の任務は，自社製品が引き起こすかもしれない問題点に対処することなので，2はそれに当たらない。

▶[59]「著者は，自社のテクノロジー製品が倫理的な方法で開発されることを，企業がどのようにして確実にすべきだと考えているか？」

1.「倫理的行動に対して，具体的および抽象的な報酬の両方を一貫して提供することによって」

2.「従業員が倫理的に行動する場合，ボーナスなどの金銭的インセンティブを与えることによって」

3.「会社全体の倫理的な問題を処理するための倫理部門を創設することによって」

4.「倫理のチャンピオンやアンバサダーに，開発プロジェクトの管理を任せることによって」

第10段第1文（These hard incentives …）で「これらのハードインセンティブは，さまざまなソフトインセンティブで補完する必要がある」と述べていることから，1が適切。

▶[60]「本文に基づいて考えると，『テックラッシュ』の例に当たるのは次のうちどれか？」

1.「政府が国の政策上の理由で外国の申請を禁止すること」

2.「テクノロジー企業が他の企業を独占的慣行を理由に批判すること」

3.「ユーザーが，ネットいじめを引き起こすと考えているため，ソーシャルメディアアプリをボイコットすること」

4.「アーティストが，自分の知的財産を許可なく使用したとして会社を訴えること」

「テックラッシュ」とは，テクノロジー企業やその製品などへの反発なので，3 が適切。他の選択肢はテックラッシュとは無関係である。

━━━━━━━ ●語句・構文● ━━━━━━━━━━━━━

（第 1 段）　techlash「テックラッシュ」technology と backlash を合成した造語で「速すぎるテクノロジーの変化への戸惑い，テクノロジー（企業の活動）への反発」を表す。animosity「敵意，憎悪」　*A's* impact on *B*「*A* が *B* に与える影響」　exasperated「憤慨して」　the inability of traditional policymaking to keep up with the speed and scale of change は Traditional policymaking is unable to keep up with the speed and scale of change. の名詞構文。keep up with 〜「〜に遅れずについていく」　aggressive「攻撃的な，積極果敢な」　self-regulation「自主規制」

（第 2 段）　in response「これに応じて」　executive「重役，幹部」ethics「倫理，道義」　ensure that S V「S が V することを保証する，確実に S が V するようにする」　ethical「倫理の，道徳上の」consideration「考慮すべき事柄，検討事項」　integrated「統合された，完全な」　deployment「展開」　work through「取り組む，対処する」work through の目的語は some と the ways の 2 つ。in the public eye「世間の目にさらされて，人目に付いて」　pride *oneself* on 〜「〜を自慢する，〜を誇る」（＝take pride in 〜 ／ be proud of 〜）their willingness to "move fast and break things" は They are willing to "move fast and break things." の名詞構文。

（第 3 段）　accountability「説明責任」　most は most of the scandals の省略形。proceed with 〜「〜を進める，〜を続行する」　abuse「悪用する，乱用する」　emanate from 〜「〜から発する，〜から生じる」unintended「意図的でない，故意でない」

（第 4 段）　bias「偏見，先入観，傾向」　benefit「利益になる」　help *A do*「*A* が〜するのを支援する」この *do* に当たるのが predict と develop の 2 つである。discrimination「差別」　addiction「中毒，依存」strategy「戦略，策略」　mitigate「軽減する，和らげる」

（第 5 段）　red flag「赤旗，危険信号」　seniority「年長の上位者」transparently「わかりやすく，率直に」　consistently「首尾一貫して」

experiment with ～「～を試みる」　checkpoint「検問所」　burden「重い
荷物を担わせる，重い責任を負わせる」

（第6段）　piggy-back「肩に乗る」　road map「行程表，計画図」
sustainability「持続可能性」　accessibility「近づきやすさ，利用可能性」
straightforward「容易な，単純な」　address「対処する，取り組む」
sensitive「微妙な，慎重に扱うべき」　escalate「（問題を，上司など）上
に上げる」　review「検閲する，再調査する」

（第7段）　as+形容詞+as S be「Sは～だけれども」最初の as は省略され
ることが多い。*e. g.*（As）poor as he was, he was happy.「彼は貧乏だ
ったが幸福だった」　no matter how ～「たとえ～でも」（＝however ～）
devote *A* to *B*「*A* を *B* にささげる」　initially「最初に」　scale「釣り合
う」

（第8段）　embedded in ～「～に組み込まれている」　heighten「高くす
る，上げる」　navigate「舵取りする」　empower「権限を持たせる」
contextual intelligence「コンテクスチュアル・インテリジェンス（知識
と情報を実際の状況に応じて適用する能力）」

（第9段）　incentivize「動機を与える」　priority「優先事項」　ship「出
荷する」　get real「実現する，本気でやる」　innovation「技術革新」
build *A* into *B*「*A* を *B* に組み込む」　objective「目的，目標」
performance review「勤務評定」　*A* as well as *B*「*B* ばかりでなく *A* も
また」　criteria「基準」　promotion「昇進，昇格」　raise「昇給，賃上げ」

（第10段）　incentive「刺激，動機」　launch「発売，売り出し」　surface
「表面に浮上する，明るみに出る」　have a keen sense of ～「～に対す
る鋭い感覚を持っている」　see that S V「SがVすることを知る［理解
する］」　go a long way「大いに役立つ，大きな役割を果たす」

Ⅲ　**解答**　[61]―1　[62]―2　[63]―2　[64]―1　[65]―3
　　　　　[66]―2　[67]―1　[68]―3　[69]―1　[70]―2
[71]―1　[72]―2　[73]―3　[74]―3　[75]―3　[76]―2
[77]―1　[78]―1　[79]―3　[80]―1　[81]―2　[82]―2
[83]―4　[84]―2　[85]―1　[86]―1　[87]―1　[88]―4
[89]―4　[90]―3

━━━━━━━━━◆全　訳◆━━━━━━━━━━━━━━━

≪アテンションエコノミーの問題点とその対応≫

1　「我々は，知恵に飢えている一方で，情報に溺れている」　これは世紀の変わり目にアメリカの生物学者 E. O. ウィルソンが言った言葉だ。スマートフォンの時代へと早送りすると，我々の精神生活は今まで以上に断片的になり散在していると考えるのは容易である。「アテンションエコノミー」は，何が起こっているのかを理解するためによく使われる言い回しである。これは我々の注意を限られた資源として，情報エコシステムの中心に置く，そして，我々のさまざまな警告と通知は，それを勝ち取るための絶え間ない戦いの中に閉じ込められている。

2　これは，情報過多の世界で役立つ物語であり，その物語の中では我々のデバイスやアプリが我々を夢中にさせるように意図的に設計されているのだ。さらに，我々自身の精神的幸福に加えて，アテンションエコノミーはいくつかの重要な社会問題——共感の度合いの憂慮すべき衰退からソーシャルメディアの「武器化」まで——を見る方法を提供している。しかし，問題は，この物語がある特定の種類の注意を前提としていることである。畢竟するに，経済とは，特定の目的（利益の最大化など）のために資源を効率的に割り当てる方法を扱うものである。アテンションエコノミーの話は，「資源としての注意」という概念に依存している。我々の注意は何らかの目標のために注がれるが，ソーシャルメディアや他の害悪は，我々をその目標からそらすことに夢中になっている。我々の注意は，我々自身の目的のためにそれを使用し損なうと，他者によって使用され悪用されるツールになるのだ。

3　しかし，注意を資源として考えることは，注意は「単に」役立つだけではないという事実を見逃している。それよりも根本的なのだ。つまり，注意は我々を外の世界と結びつけるものなのだ。「手段として」注意することは確かに重要である。しかし，我々には，より「探索的」な方法で注意する能力もある。つまり，我々の眼前に何があろうとそれを何ら特別な協議事項もなしに，真に進んで受け入れることもできるのだ。

4　たとえば，最近の日本への旅行中に，東京で予定もなく過ごす時間が数時間あることに気づいた。渋谷のにぎやかな地区に足を踏み入れると，ネオンサインと人だかりの中をあてもなくぶらぶらとさまよった。にぎわ

っているパチンコ店を通り抜けると，私の五感は煙の壁と耳障りな音に出くわした。午前中ずっと，私の注意は「探索的」モードにあった。それは，たとえば，その日遅くに地下鉄網を通り抜けるのに集中しなければならなかったときとは対照的だった。

5　アテンションエコノミーの物語が示唆するように，注意を資源として扱うことは，全体の話の半分，具体的には左半分しか教えてくれていない。英国の精神科医で哲学者のイアン=マクギリストによれば，脳の左半球と右半球は，根本的に異なる２つの方法で世界を我々に「届けてくれる」のだ。手段的注意モードは脳の左半球の主力であり，提示されたものは何であれ構成要素に分割する傾向がある。つまり，物事を分析して分類し，いくつかの目的に利用できるようにするのである，とマクギリストは強く主張している。対照的に，脳の右半球は自然に探索的注意モードを採用している。つまり，より統合された気づきであり，我々の眼前に存在するものが何であれ，それをまるごと進んで受け入れるのだ。この注意モードは，たとえば，他の人，自然界，芸術作品に注意を向けるときに役立つ。我々が目的を達成するための手段としてそれらに注意を払うならば，それらのどれもうまくはいかない。そして，我々に世界の可能な限り幅広い経験を提供してくれるのは，このモードの注意の払い方であるとマクギリストは主張している。

6　したがって，資源としての注意だけでなく，「経験としての注意」についてはっきりした意識を持っておくことが重要である。そのことが，アメリカの哲学者ウィリアム=ジェームズが1890年に「我々が注意を払うのは現実である」と書いたとき，彼の頭の中にあったものだと思う。この考えは，我々が注意を向けるもの，および，注意の向け方が，瞬間瞬間に，日々に，などなどに，我々の現実を形作るのであるという単純だが深遠な考えである。また，我々を自分の最も深い目的意識に結びつけることができるのも，探索的注意モードである。どれほど多くの非手段的な注意の実践が多くの精神的伝統の中心にあるかに注意していただきたい。『縛られた意識と縛られない意識』（2009）で，アメリカの禅の導師であるデイヴィッド=ロイは，悟りのない存在（samsara）を，自らの注意が，常に次につかむべきものを探しながら，次から次へと物象をつかもうとして「捕らわれて」しまっている状態にすぎないと特徴づけている。ロイにとって，

解脱とは単に，そのような執着から完全に解放された，自由で開かれた注意のことだ。一方，フランスのキリスト教神秘主義者であるシモーヌ=ヴェイユは，祈りを「純粋な形での」注意と見なした。彼女は，真，美，善など，人間の活動における「本物で純粋な」価値観はすべて，特定の細心の注意を払うことから生じる，と書いている。

7　したがって，問題は2つある。まず，我々の注意を引こうと競合する大量の刺激は，ほぼ確実に我々を即座の満足の方へ傾ける。これにより，探索的注意モードのための余地を押し出してしまう。今バス停に着くと，空間をじっと見つめるのではなく，自動的に携帯電話に手を伸ばす。私の仲間の通勤者も（私が頭を上げると）同じことをしているようだ。第二に，これに加えて，アテンションエコノミーの物語は，そのすべての有用性のために，経験としての注意ではなく，資源としての注意の概念を強化してしまう。極端な例として，経験としての注意を徐々に完全に失ってしまうシナリオを想像することができる。注意は，単に利用するためのもの，物事を成し遂げる手段，価値を引き出すことができる源になる。このシナリオは，おそらく，アメリカの文化批評家ジョナサン=ベラーが彼のエッセイの『注意を払うこと』（2006）の中で，「人類がそれ自らの亡霊になった」世界を描写したときに語っている類の，肉体のない非人間的なディストピアを伴うのだ。

8　そのような結果は極端だが，現代の精神がこの方向に進んでいるという兆しがある。たとえば，ある研究によると，ほとんどの男性は，自分の勝手にさせておかれるよりも，電気ショックを受けることを選択した。つまり，注意を向ける娯楽がなかった場合は電気ショックを選ぶ，ということである。または，「ライフロガー」が自己知識を蓄積するために，スマートデバイスを使用して日々の何千もの動きや行動を追跡する，「定量化された自己」運動の出現を採り上げよう。そのような考え方を採用する場合，データが唯一の有効な入力である。人が直接感じた世界の経験は，まったく計算されないのだ。

9　ありがたいことに，このディストピアに到達した社会はない——今のところは。しかし，我々の注意に対する一連の主張と，それを利用するための資源として扱うように我々を誘う物語に直面して，我々は手段的注意モードと探索的注意モードのバランスを保つように取り組む必要がある。

これをどうやったら行うことができるだろうか？　まず，注意について話すとき，それを何か他の目的への単なる手段や道具ではなく，経験として表現することを擁護する必要がある。次に，我々は自分の時間をどのように過ごしているかを振り返ることができる。「デジタル衛生」に関する専門家のアドバイスに加えて，散歩，ギャラリーへの訪問，レコードを聴くことなど，オープンで受容的で方向性のない方法で我々に栄養を与えてくれる活動のために，毎週かなりの時間をさくことで事前対策を講じることができる。

10　しかし，おそらくすべての中で最も効果的なのは，1日を通してできるだけ頻繁に，ほんの少しの間，統合された探索的注意モードにただ戻るだけのことだ。たとえば，何の意図もなく自分の呼吸を見つめることである。ペースの速いテクノロジーと，物事がすぐにヒットする時代では，それは少し…迫力に欠けることに聞こえるかもしれない。しかし，飾りのない「体験」という行為には，美と驚嘆がある。これは，ヴェイユが，注意を正しく適用することは「永遠への入り口…一瞬のうちの無限」につながる可能性がある，と言ったときに，彼女が心に留めていたことかもしれない。

━━━━━━━━━━◀解　説▶━━━━━━━━━━

▶[61]　at the turn of the century で「世紀の変わり目に」の意である。世紀の変わり目を点のイメージで捉えた表現である。

▶[62]　fragmentary と scattered をつなぐには等位接続詞が必要である。1．yet は逆接の等位接続詞か逆接の副詞，2．and は順接の等位接続詞，3．although は逆接・譲歩の従属接続詞。fragmentary「断片的な」と scattered「散在した」は逆接の関係ではない。

▶[63]　1．「それにもかかわらず」は逆接の関係，2．「その上に」は追加の関係，3．「その（当然の）結果として」は因果の関係。直前の内容（アテンションエコノミーが我々の注意を資源として扱うことは，情報過多の世界で役立つ話であり，我々のデバイスやアプリは我々を夢中にさせるように意図的に設計されている）と，後続する内容（アテンションエコノミーはいくつかの重要な社会問題を見る方法を提供している）は，どちらもアテンションエコノミーの機能を説明しているので追加の関係である。よって，2が適切。

▶[64]　1.「前提とする」　2.「否定する」　3.「要求する」

アテンションエコノミーは，我々の注意・関心を経済資源と見る考えなのだから，アテンションエコノミーの話は我々の注意・関心を前提として成り立つのである。

▶[65]　put *A* to use で「*A* を利用する，*A* を役立てる」の意の定型表現である。

▶[66]　1.「奨励する，促す」　2.「見逃す，見落とす」　3.「つかむ，理解する」

後続部分に「注意は単に役立つだけではなく，もっと根本的なのだ」とあるので，注意を資源として考えるのは狭い捉え方であり，もっと大局的な見方を見逃していることになる。

▶[67]　1.「〜に囲まれて，〜の真っただ中に」　2.「〜の内部に，〜の内側で」　3.「〜の下に，〜の真下に」

the neon signs and crowds of people（ネオンサインと人だかり）が目的語としてふさわしい前置詞は1である。内部や真下では意味を成さない。

▶[68]　in と to に挟まれた場合の意味は，1.「〜に関して」，2.「〜に加えて」，3.「〜と対照的に」。

That は午前中の渋谷の雑踏の中を散策したときの筆者の注意力の状態が探索的であったことを指している。その日の後になって，複雑な東京の地下鉄網を移動しようとしたときの集中した注意の払い方とはまるで対照的だったと言える。

▶[69]　1.「根本的に」　2.「伝えられるところによると」　3.「辛うじて」

後続部分で手段的注意モードと探索的注意モードが左脳と右脳との関連で説明され，両者がまったく異なった機能を果たしていることに言及されている。したがって，1が適切。

▶[70]　1.「土壇場で勝利を収める」　2.「順調に行く」　3.「我々の希望を粉々に打ち砕く」

他の人，自然界，芸術作品に目的を達成するための手段として注意を払うということは，たとえば，絵画を鑑賞する際に，その絵画を鑑賞以外の何か別の目的のためにそれと対峙するということだから，とても鑑賞とは呼べないものとなる。したがって，2が適切。

▶[71]　1.「～の中心に」　2.「～の瀬戸際で」　3.「～のてっぺんから」

後続する many spiritual traditions「多くの精神的伝統」につながるものとして，2や3では意味を成さない。

▶[72]　to につなげた場合の意味は，1.「～に譲歩する」，2.「～をしっかりつかむ」，3.「～に取り入る」。

looking for the next thing to (　　　) to は grasps from one thing to another「次から次へと物象をつかもうとする」を言い換えた部分である。2は難しい表現であるが，1や3が明らかに不適切なので，消去法で解答できる。

▶[73]　from につなげた場合の意味は，1.「～から分岐する，～からそれる」，2.「～を慎む，～を控える」，3.「～から生じる，～に由来する」。

主語の values「価値観」に対応する述語なので，「価値観は，注意を払うことから生じる」とするのが自然な流れ。1や2では意味を成さない。

▶[74]　1.「不幸，悲惨」　2.「不満，不平」　3.「満足させること」

情報過多の現代では，我々は大量の刺激に翻弄されて瞬間的満足・快楽へと誘われる傾向があるのである。したがって，3が適切。そもそも，instant「瞬間的な」という形容詞と1や2はミスマッチである。

▶[75]　something (　　　) which value can be extracted を関係詞を使わないで書き改めると，value can be extracted (　　　) something となる。be extracted from ～ で「～から引き出される［抽出される・摘出される］」の意である。

▶[76]　entertainment (　　　) which to fix their attention の to を they should に交換して，関係詞を使わないで書き換えると，they should fix their attention (　　　) entertainment となる。fix A on B で「B に A をつける，A を B に固定する」の意である。

▶[77]　1.「蓄積する，収集する」　2.「配分する，割り振る」　3.「まき散らす，普及させる」

"life loggers" とは，デジタル機器を使って，自分の日々の行動や出来事をデジタルデータとして記録・蓄積している人たちのことである。したがって，1が適切。log を「記録をつける」の意で使うのは日常化している

ので類推できるだろう。

▶[78]　a と of で挟んだ場合の意味は，1.「絶え間なく続く～，次々と来る～」，2.「～の欠如，～の欠落」，3.「～の平価，同等の～」。本文中で，claims on our attention「注意に対する主張」はさまざま紹介されている。したがって，1が適切。

▶[79]　1.「反作用を示す，反応の早い」　2.「内省的な，内観的な」3.「先を見越した，事前対策を講じた」

in making … a record に述べられていることは，要するに，手段的注意モードに傾きがちな日常生活を見直して，探索的注意モードの時間をつくるように心がけることで，両者のバランスを保とうということである。したがって，3が適切。

▶[80]　1.「つまらない，迫力に欠ける」　2.「圧倒的な，抗えない」3.「圧倒的な」

2は3の強調形で，基本的には同義であるので解答になり得ないことから考えても，1が正解であることは推測できる。

▶[81]　「次のうち，第2段で論じた『アテンションエコノミー』の特徴として挙げられていないものはどれか？」

1.「それには，常に我々を取り巻く大量の情報を管理する方法が含まれる」

第2段第1文（That's a helpful …）に「これは情報過多の世界で役立つ物語」だと書かれている。つまり，我々の注意という限られた資源を多くの情報が奪い合おうとしているというのが，アテンションエコノミーの考え方であり，その重要な資源を守るためには，そうした情報をうまく取捨選択する必要があるということなので，本文に合致していると言える。

2.「それは，注意という資源の割り当てと，それがどのように使われるかについての選択の幻想の両方に基づいている」

選択肢前半は第2段第5文（Talk of the …）に合致すると考えられるが，後半部分が何を表しているか曖昧であり，本文に合致していると判断できる部分がないので，これが正解。

3.「それは，最も有益で経済的な方法で資源を分配する方法に関係している」

第2段第4文（An economy, after …）に合致する。

4．「それは，我々自身の目標に利用されないとすぐに，我々の注意が他の誰かによって使用されるということを説明している」

第2段最終文（Our attention, when …）に合致する。

▶[82]　「第4段では，筆者は…を示すために，渋谷にいたことについての彼の話を使った」

1．「人通りの多い場所で人ごみの中を目的なしに歩くのはややこしい」

2．「注意は，功利主義的であるのと同じくらい探索的でありうる」

3．「異なる注意モード間の関係に筆者が気づき損ねた経緯」

4．「大きな騒音と混雑した場所が絶え間ない注意を要求したさま」

第3段最終文（But we also …）に「しかし，我々には，より『探索的』な方法で注意する能力もある」と述べられ，その実例として第4段で筆者の実体験を紹介しているのである。したがって，2が適する。

▶[83]　「マクギリスト博士によると，第5段で正しくないのは次のうちどれか？」

1．「探索的注意モードにより，我々は包括的な人生の出会いを体験することができる」

第5段最終文（And it is …）に合致する。

2．「出来事の分析とカタログ化は，注意を資源として扱うことに匹敵する」

第5段第3文（An instrumental mode …）に合致する。

3．「探索的注意モードは，脳の右半球で処理される」

第5段第4文（By contrast, the …）に合致する。

4．「資源としての注意モードと経験としての注意モードとのバランスが必要だ」

これは第9段第2文（But faced with …）に述べられている筆者の主張である。よって，これが正解。

▶[84]　「次のうち，第6段に示されている探索的注意モードについて，筆者が考えていることを最もよく表しているのはどれか？」

1．「それは我々に機能的な目標を探すように促す」

2．「それは我々が世界の中の自分の位置をどう認識するかに影響を与える」

3．「それは社会で本物と見なされるものを我々が特定するのに役立つ」

４．「それは我々の生活の中で純粋さを探す手段と見なされている」
第６段第２文（I believe that's …）に，「（経験としての注意についての
はっきりした意識，つまり探索的注意モードを持っておけば）我々が注意
を向けるもの，および，注意の向け方が，瞬間瞬間に，日々に，我々の現
実を形作るのである」とあるので，探索的注意モードは我々の世界認識に
影響を与えることが読み取れる。したがって，２が適切。

▶［85］「なぜ筆者は，第７段で論じているように，資源としての注意に
は問題があると考えているのか？」
１．「人々を感覚過負荷にさらすことは，探索しようとする余地を残さな
い」
２．「探索モードが効力を生じると，注意を資源として利用できなくなる」
３．「それは我々の精神世界とのつながりを弱める」
４．「それはアテンションエコノミー理論を支持するには不十分である」
第７段第２・３文（First, the deluge …）に「大量の刺激は，我々をその
場限りの満足の方へ向かわせ，探索的注意モードを働かせる余地を押しの
けてしまう」と述べられているので，１が適切。２，３，４は本文で触れ
られていない。

▶［86］「ジョナサン=ベラーは，第７段中の『人類がそれ自らの亡霊にな
った』という表現で何を意味しているか？」
１．「人々が周囲の世界に注意を払うのをやめるにつれて，社会はますま
す孤立している」
２．「個人主義がゆっくりと消えていく結果，人間は機械のように振る舞
っている」
３．「グローバルなインターネット企業は，人々にゾンビのようなインタ
ーネット中毒になるように奨励している」
４．「人間は，意思決定プロセスにおいて主にデジタルメディアの影響を
受けている」
第７段最終文（This scenario entails, …）で，ジョナサン=ベラーの述べ
た「人類がそれ自らの亡霊になった」世界というものを，筆者は解釈して
「肉体のない非人間的なディストピア」と述べている。同段第４文
（When I get …）にある，バス停で誰もが周りに注意を払うことなく自
分の携帯電話に没頭している様子や，第８段第３文（Or take the …）の

ように，自分の行動をデジタルの数値へと置き換えそれを集積することに夢中になる異様な状況に当てはまるのは，1である。

▶[87]「第8段中の表現『人が直接感じた世界の経験は，まったく計算されない』はどういう意味か？」

1．「感情は定量化できない」

2．「感覚データは予測できない」

3．「経験は共有できない」

4．「行動は追跡できない」

「人が直接感じた世界の経験」とは我々が世界に抱く感情のことであり，「まったく計算されない」とは数値化されないことを述べている。したがって，1が適切。

▶[88]「第9段で述べられた『デジタル衛生』の例に当たると思われるものはどれか？」

1．「毎週コンピューターを消毒すること」

2．「閲覧履歴を削除すること」

3．「オペレーティングシステムを定期的に更新すること」

4．「携帯電話の通知をオフにすること」

「デジタル衛生」の「デジタル」とは，スマホやパソコン等のデジタル機器を指しており，「衛生」とはそうしたデジタル機器に熱中しすぎずに精神衛生を良好に保つことを意味している。これに当てはまるのは4である。

▶[89]「第10段のヴェイユの引用句を筆者はどう解釈しているか？」

1．「自分自身に注意を払うことは，精神的悟りへと導いてくれる可能性がある」

2．「情報が殺到すると，雑念を払って新しい洞察に向かうことは困難となる」

3．「絶え間ない気晴らしと中断は，細心の注意を達成することを不可能にする」

4．「体験することで，身の回りの世界の良さがよくわかるようになる」

筆者は，ヴェイユの言葉の背景には「飾りのない『体験』という行為には，美と驚嘆がある」という考えがあるのではないかと考えている。ヴェイユについては第6段最終文（Meanwhile, Simone Weil, …）に「真，美，善など，人間の本物で純粋な価値観はすべて，特定の細心の注意を払うこと

から生じる」と考えていると書かれており，その「特定の細心の注意」とは筆者の言う「経験としての注意」に当たる。また筆者自身は「手段としての注意のみに偏らず，経験としての注意を実践することが人間にとって重要」「そうした注意を払うことで，周りの物事をあるがままに受け入れることができる」と主張していて，そのために，ただ自分の呼吸に集中するだけの時間を持つといった，何の意図もないシンプルな体験をすることを第 10 段で勧めているのである。以上のことを考え合わせると，4 がふさわしいと判断できる。

▶[90] 「本文に最適なタイトルは次のうちどれか？」
1．「注意を特定することは，充実した人生を達成するためのレシピだ」
2．「社会の要求を満たす手段としての注意の探求」
3．「注意は資源ではなく，世界に対して敏感でいる方法だ」
4．「デジタル世界でデータを整理するための資源としての注意の役割」
筆者の主張は，終始一貫してアテンションエコノミーへの危惧である。人々の注意を経済的価値という観点にたって，資源として考える見方に疑問を呈しているのである。したがって，主題として適するのは 3 である。

━━━━━ ●語句・構文● ━━━━━

（第 1 段）drown「溺れ死ぬ」 while (we are) starving と（ ）内を補う。starve「飢える」 fast-forward「早送りする」 attention economy「アテンションエコノミー（人々のアテンション（＝関心・注目）が経済的価値を持ち，交換財となりえるという概念）」 make sense of ～「～の意味を理解する」 <u>with</u> our various alerts and notifications locked in a constant battle to capture it は付帯状況の with 構文で，<u>and</u> our various alerts and notifications <u>are locked</u> in a constant battle to capture it と書き直すとよい。

（第 2 段）narrative「物語，話」 information overload「情報過多，過剰な情報」 app「アプリ（＝application の略）」 get *A* hooked「*A* をとりこにさせる，*A* を夢中にさせる」 wellbeing「健康，幸福」 measure「大きさ，量」 empathy「共感」 weaponization「兵器化」 allocate「配分する，割り振る」 rely on ～「～を頼りにする，～を信頼する」 be bent on ～「～に夢中になっている，～を決意している」 divert *A* from *B*「*A* を *B* からそらす」 exploit「悪用する，つけ込む」

（第3段）　conceive of *A* as *B*「*A* を *B* と考える」　instrumentally「手段として，有益なものとして」　exploratory「探索の，調査の」　be open to ～「～に開かれている，～を進んで取り入れる」　agenda「予定表，行動日程，協議事項」

（第4段）　step out「外出する，ちょっと出掛ける」　wander「歩き回る，ぶらつく」　cacophony「耳障りな音，不快な音」　navigate「舵取りする，通り抜ける」

（第5段）　as（it is）implied と（　）内を補う。overall「全体の，全般的な」　psychiatrist「精神科医，精神分析医」　hemisphere「半球，脳半球」　contend「強く主張する」　mainstay「主力，頼みの綱」　present *A* with *B*「*A* に *B* を与える［提示する］」　categorize「分類する」　by contrast「それに反して」　embodied「具体化された，統合された」　come into play「関与する，作用し始める」　a means to an end「目的を達成するための手段」（＝a method to a goal）

（第6段）　profound「深遠な，深い」　note「注意する，気づく」　unenlightened「啓発されていない，悟りをひらいていない」　samsara「輪廻転生」　Nirvana「涅槃，解脱の境地」　fixation「執着，強迫観念」　mystic「神秘主義者，神秘家」　prayer「祈り，祈りの言葉」　authentic「本物の，信頼のおける」

（第7段）　twofold「二重の，2要素から成る」　deluge of ～「～の氾濫，大量の～」　grab「つかむ」　crowd out「押しのける，締め出す」　space「空間，余地」　on top of ～「～に加えて」　reinforce「強化する，補強する」　lose touch with ～「～との関わりがなくなる，～と乖離する」　entail「伴う，必要とする」　disembodied「肉体のない」　inhuman「非人間的な，人間味のない」　dystopia「ディストピア，暗黒郷」utopia「ユートピア，理想郷」の対義語。

（第8段）　hint「気配，兆し」　psyche「精神，プシケ」　quantify「定量化する，数値で表す」　mindset「考え方，物の見方」　valid「有効な，正当な」

（第9段）　thankfully「ありがたいことに」　invite *A* to *do*「*A* に～するように勧める，*A* を誘って～させる」　mine「掘り出す，利用する」　keep ～ in balance「～を適切なバランスに保つ」　to begin with「初めに，

手始めとして」 defend「防御する，擁護する」 frame「組み立てる，構成する，〜と表現する」 implement「道具，手段」 reflect on 〜「〜を熟考する，〜を検討する」 nourish「栄養を与える，養う」 take a stroll「散歩する」

（第 10 段）　most effective of all「すべての中で最も効果的なもの」形容詞の限定用法の最上級でも the が付いていないことに注意。unadorned「飾りのない，簡素な」 gateway「入り口，門」

❖ 講　評

　2021 年度も例年どおり読解問題 3 題の構成だった。設問数が 60 問である点も変わりなく，問題英文全体の総語数も 2020 年度までと大差はない。

　レベル的には，Ⅰは標準的だが，Ⅱは難度が高く，Ⅲはやや難度が高い。認知的不協和，テックラッシュ，アテンションエコノミーといった，いずれも受験生にはなじみのない先進的テーマなので，文脈に乗れるまでは自分の持てる知識をフル稼働して根気よく読み進める必要がある。

　内容的には，Ⅰは米国の実業界と教育改革をテーマとする英文で，Ⅱはテクノロジーのめざましい発展と倫理との関係をテーマとしている。Ⅰ，Ⅱは 10 問の空所補充問題と 5 問の内容説明，内容真偽問題で構成されている。Ⅲは人の注意・関心を経済的財貨とみなすことの問題点に関する英文で，20 問の空所補充問題と 10 問の内容説明，内容真偽，主題問題で構成されている。

　空所補充問題では，文脈的つながりを理解していないと解けない問題もあるが，語彙・語法の知識だけで解ける問題もある。

　内容説明問題・内容真偽問題では，英文全体の流れを大づかみにした上で，それを個別の設問に当てはめて考える必要がある。ただし，ⅡとⅢは内容が専門的で語彙レベルも高く，背景となる基礎知識がないとわかりにくい英文である。しかし，仮に細部まで完全に理解できなくとも，部分的な理解でも正解できることがあるので，あきらめずに取り組みたい。

　120 分の試験時間を考えると，速読・速解力，豊かな語彙力，迅速な問題処理能力とともに，社会科学，人文科学，自然科学を問わず科学一般に関する基礎知識も磨いておく必要がある。

数学

I

◇発想◇　全体の形を決定してしまう三角形を見つけることが第一である。円の中心，接点から構成される三角形の中から探す。

解答　(1)(2) 07　　(3)(4) 03　　(5)(6) 01　　(7)(8) 03　　(9)(10) 18　　(11)(12) 08
(13)(14) 03　　(15)(16) 02　　(17)(18) 21　　(19)(20) 03

◀解　説▶

≪三角比，加法定理，円および三角形が接する条件≫

円の中心D，E，F，G，また接点K，L，Mを下図のようにとる。

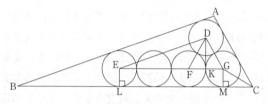

△DFG は正三角形であり，FG∥BC，DG∥AC であるから

$$\angle C = \frac{\pi}{3}$$

DE∥AB，EK∥BC であるから　　$\angle B = \angle DEK$

よって　　$\tan B = \dfrac{DK}{EK} = \dfrac{\sqrt{3}}{5}$　　∴　$\sin B = \dfrac{\sqrt{3}}{2\sqrt{7}}$，$\cos B = \dfrac{5}{2\sqrt{7}}$

$\tan \dfrac{B}{2} = x$ とおくと，$\tan B = \dfrac{2x}{1-x^2}$ なので

$$\frac{2x}{1-x^2} = \frac{\sqrt{3}}{5}$$

$$\sqrt{3}x^2 + 10x - \sqrt{3} = 0 \quad \therefore \quad x = \frac{-5+\sqrt{28}}{\sqrt{3}} = \frac{2\sqrt{21}-5\sqrt{3}}{3}$$

$\angle EBL = \dfrac{\angle B}{2}$ であるから　　$\dfrac{EL}{BL} = \dfrac{2\sqrt{21}-5\sqrt{3}}{3}$

$$\therefore \quad BL = \frac{3}{2\sqrt{21}-5\sqrt{3}} = \frac{3(2\sqrt{21}+5\sqrt{3})}{2^2 \cdot 21 - 5^2 \cdot 3} = \frac{2\sqrt{21}+5\sqrt{3}}{3}$$

よって

$$BC = BL + LM + MC = \frac{2\sqrt{21} + 5\sqrt{3}}{3} + 6 + \sqrt{3}$$

$$= \frac{18 + 8\sqrt{3} + 2\sqrt{21}}{3} \quad \rightarrow(9)\sim(20)$$

また

$$AB\sin B = AC\sin C, \quad AB\cos B + AC\cos C = BC$$

であるから

$$\frac{\sqrt{3}}{2\sqrt{7}}AB = \frac{\sqrt{3}}{2}AC, \quad \frac{5}{2\sqrt{7}}AB + \frac{1}{2}AC = BC$$

$$\therefore \quad AB = \sqrt{7}\,AC, \quad 5AB + \sqrt{7}\,AC = 2\sqrt{7}\,BC$$

よって　　$6AB = 2\sqrt{7}\,BC$　　$\therefore \quad AB = \frac{\sqrt{7}}{3}BC$　→(1)～(4)

ゆえに　　$AC = \frac{1}{\sqrt{7}}AB = \frac{1}{3}BC$　→(5)～(8)

Ⅱ

◇発想◇　数の決め方とスートの決め方を分けて考える。2 つの決め方の間には積の法則が成り立つ。

解答　(21)(22) 10　　(23)(24) 40　　(25)(26)(27)(28)(29) 10200　　(30)(31) 13

(32)(33) 12　　(34)(35)(36)(37) 3744

◀解　説▶

≪順列・組合せ≫

ストレートフラッシュの 5 枚のカードの最小の数は，1，2，…，10 のどれかであるから，それぞれのスートごとに 10 通り考えられる。よって，$4 \times 10 = 40$ 通りのストレートフラッシュの組合せがある。→(21)～(24)

また，ストレートについては，5 枚のカードそれぞれのスートは何でもよいので，全部で $10 \times 4^5 = 10240$ 通り考えられるが，この中にストレートフラッシュも含まれているので，ストレートは，$10240 - 40 = 10200$ 通りである。→(25)～(29)

フルハウスについては，3 枚のカードの数の選び方が 13 通りあり，それらのスートに関しては $_4C_3$ 通りの選び方がある。また，2 枚のカードの数

については，3 枚のカードとは異なる数なので，12 通りであり，スート
に関しては，$_4C_2$ 通りである。

したがって，フルハウスとなる組合せの数は

$$13\times{}_4C_3\times12\times{}_4C_2=13\times4\times12\times6=3744\ \text{通り}\quad\rightarrow\text{(30)}\sim\text{(37)}$$

III ◇発想◇　白面と黒面の個数が，1 回の操作ごとにどのように変
化するのかを追いかける流れ図のようなものを考える。

解答 (1)(38)(39) 02　(40)(41) 03　(42)(43) 04　(44)(45) 04　(46)(47) 03
(48)(49) 32

(2)(50)(51) 03　(52)(53) 05　(54)(55) 09　(56)(57) 06　(58)(59)(60) 005　(61)(62)(63) 324

━━━━━◀解　説▶━━━━━

≪確率の乗法公式，試行の流れの処理≫

▶(1)　(a)　白面の個数を上に，黒面の個数を下に書き，1 回の操作で白面
を選択したときと黒面を選択したときとで，それぞれの面の個数がどのよ
うに変化するのかを追いかけると，次のような図が描ける。

上に伸びる矢印は白面を選択した場合を示し，下に伸びる矢印は黒面を選
択した場合を示す。以前と同じ状態に戻った場合はそこで止めてある。

この図から，白面と黒面が 2 個ずつになる最小の試行回数は 2 回であり，

その確率は，$1\times\dfrac{3}{4}=\dfrac{3}{4}$ であることがわかる。→(38)〜(43)

(b)　すべての面が黒面になるための最小の試行回数は 4 回である。

$$\rightarrow\text{(44)(45)}$$

その確率は　　$1\times\dfrac{3}{4}\times\dfrac{2}{4}\times\dfrac{1}{4}=\dfrac{3}{32}$　→(46)〜(49)

▶(2)　(a)　(1)と同様にして，次のような図が描ける。

$$\binom{6}{0}\xrightarrow{1}\binom{1}{5}\xrightarrow[\frac{5}{6}]{\frac{1}{6}}\begin{array}{l}\binom{6}{0}\\[4pt]\binom{4}{2}\end{array}\xrightarrow[\frac{2}{6}]{\frac{4}{6}}\begin{array}{l}\binom{3}{3}\\[4pt]\binom{1}{5}\end{array}\xrightarrow[\frac{3}{6}]{\frac{3}{6}}\begin{array}{l}\binom{4}{2}\\[4pt]\binom{2}{4}\end{array}\xrightarrow[\frac{4}{6}]{\frac{2}{6}}\begin{array}{l}\binom{5}{1}\\[4pt]\binom{3}{3}\end{array}\xrightarrow[\frac{1}{6}]{\frac{5}{6}}\begin{array}{l}\binom{2}{4}\\[4pt]\binom{0}{6}\end{array}$$

白面，黒面が 3 個ずつになるための最小の試行回数は 3 回であり，その確率は

$$1\times\frac{5}{6}\times\frac{4}{6}=\frac{5}{9}\quad\to(50)\sim(55)$$

(b)　すべての面が黒面になるための最小の試行回数は 6 回であり，その確率は

$$1\times\frac{5}{6}\times\frac{4}{6}\times\frac{3}{6}\times\frac{2}{6}\times\frac{1}{6}=\frac{5}{324}\quad\to(56)\sim(63)$$

Ⅳ

◆発想◆　S に属さなければならない要素，属してはいけない要素をまずおさえる。次に $\{a_n\}$ が満たす漸化式を導く。

解答

(1)(64) 3

(2)(65)(66) 03　　(67)(68) 05　　(69)(70) 08　　(71)(72) 13

(73)(74)(75) 610

(3)(76) 2

(4)(77)(78) 01　　(79)(80) 01　　(81)(82) 02　　(83)(84) 04　　(85)(86)(87) 169

◀解　説▶

≪集合と場合の数，数列の漸化式≫

▶(1)　$1\notin S'$ なので，$1\in S$ である。また，$4\in S\Rightarrow 5\in S'$ となるので，$4\notin S$ である。

したがって，$3\notin S\Rightarrow 4\notin S'$，$4\notin S\cup S'$ となるので，$3\in S$ である。

以上から，$S=\{1,\ 2,\ 3\}$ または $\{1,\ 3\}$ が，$S\cup S'=A_4$ となる。 →(64)

▶(2)　$A_n=\{1,\ 2,\ \cdots,\ n\}$ に対し，(1)と同様にして，$1\in S$，$n-1\in S$，$n\notin S$ であることがわかる。$2\leqq i\leqq n-3$ を満たす i については，$S\cup S'=A_n$ となるためには

$$i-1\in S\Rightarrow i\in S,\ i\notin S\ \text{のどちらでもよい}$$

$i \notin S \Rightarrow i+1 \in S$ でなければならない

が成り立つ。このことから，S の要素について次の樹形図が描ける。

$n = 4$ のとき

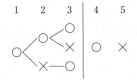

$\therefore \quad a_4 = 2$

$n = 5$ のとき

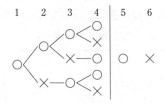

$\therefore \quad a_5 = 3 \quad \rightarrow$ ⑥⑥

$n = 6$ のとき

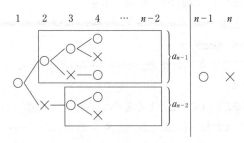

$\therefore \quad a_6 = 5 \quad \rightarrow$ ⑥⑧

一般に

1 2 3 4 ⋯ $n-2$ $n-1$ n

つまり，$a_n = a_{n-1} + a_{n-2} \quad (n \geqq 6)$ が成り立つ。

したがって

$a_4 = 2, \ a_5 = 3, \ a_6 = 5, \ a_7 = 8, \ a_8 = 13, \ a_9 = 21,$

$a_{10} = 34, \ a_{11} = 55, \ a_{12} = 89, \ a_{13} = 144, \ a_{14} = 233,$

$a_{15} = 377$, $a_{16} = 610$　→(69)〜(75)

▶(3)　S'' の要素は S の要素に 2 を加えたものなので,

$A_n = \{1, 2, 3, 4, \cdots, n\}$ に対しては, $\{1, 3, 5, \cdots\}$ の系列と $\{2, 4, 6, \cdots\}$ の系列のそれぞれについて, (2)と同様の考察を行わなければならない。

$A_4 = \{1, 2, 3, 4\}$ に対しては, $\{1, 3\}$ については $\{1\}$, $\{2, 4\}$ については $\{2\}$ のみが可能であるので　$S = \{1, 2\}$　→(76)

▶(4)　$a_2 = 1$, $a_3 = 1$ である。よって

$b_5 = a_3 \times a_2 = 1 \times 1 = 1$　→(77)(78)

$b_6 = a_3 \times a_3 = 1 \times 1 = 1$　→(79)(80)

$b_7 = a_4 \times a_3 = 2 \times 1 = 2$　→(81)(82)

$b_8 = a_4 \times a_4 = 2 \times 2 = 4$　→(83)(84)

$b_{16} = a_8 \times a_8 = 13 \times 13 = 169$　→(85)〜(87)

V

◆発想◆　頂点 A, B, E の座標に注目して, 問題の条件が成り立つときの a, b, c の満たす条件式を考える。

解答　(1)(88)(89) 02　(90)(91) −1　(92)(93) 02　(94)(95) 01

(2)(96)(97) −2　(98)(99) 02　(100)(101) 02　(102)(103) −1　(104)(105) −4

(106)(107) 04

(3)(108)(109) −1　(110)(111) 03　(112)(113)(114) −10　(115)(116) 06　(117)(118) 03

◀解　説▶

≪空間図形と空間座標, 図形成立の条件≫

▶(1)　辺 AB は x 軸に, 辺 AD は y 軸に平行になるようにとり, 点 A の x 座標も y 座標も正であるようにする。

題意が成り立つためには, $A\left(\dfrac{a}{2}, \dfrac{a}{2}, 1\right)$, $B\left(-\dfrac{a}{2}, \dfrac{a}{2}, 1\right)$,

$C\left(-\dfrac{a}{2}, -\dfrac{a}{2}, 1\right)$, $D\left(\dfrac{a}{2}, -\dfrac{a}{2}, 1\right)$ とすればよい。

よって　$\left(\dfrac{a}{2}\right)^2 + \left(\dfrac{a}{2}\right)^2 < 1$　$a^2 < 2$　∴　$0 < a < \sqrt{2}$　→(88)(89)

このとき直方体の体積は

$$\text{AB} \cdot \text{AD} \cdot \text{AE} = a^2\left[1 - \left\{\left(\frac{a}{2}\right)^2 + \left(\frac{a}{2}\right)^2\right\}\right] = a^2\left(1 - \frac{a^2}{2}\right)$$

$$= -\frac{1}{2}a^4 + a^2 \quad \rightarrow\text{(90)}\sim\text{(95)}$$

▶(2)　題意が成り立つとき，$\text{A}\left(\dfrac{b}{2},\ y,\ 1\right)$，$\text{B}\left(-\dfrac{b}{2},\ y,\ 1\right)$，

$\text{E}\left(\dfrac{b}{2},\ y,\ 1-b\right)$ とおくことができる。したがって

$$1 - b = \left(\frac{b}{2}\right)^2 + y^2$$

$$\therefore\quad y^2 = -\frac{1}{4}b^2 - b + 1 = -\frac{1}{4}(b^2 + 4b - 4) > 0$$

よって　　$0 < b < -2 + \sqrt{2^2 + 4} = -2 + 2\sqrt{2}$　　→(96)～(101)

このとき，直方体の体積は

$$\text{AB} \cdot \text{AD} \cdot \text{AE} = b \cdot 2y \cdot b = 2b^2 y$$

$$= 2b^2 \sqrt{-\frac{1}{4}(b^2 + 4b - 4)}$$

$$= b^2 \sqrt{-b^2 - 4b + 4} \quad \rightarrow\text{(102)}\sim\text{(107)}$$

▶(3)　題意が成り立つのは，(1)の $a = c$，(2)の $b = c$，$2y = c$ のときである。
よって，(2)の関係式から

$$\left(\frac{c}{2}\right)^2 = -\frac{1}{4}c^2 - c + 1 \qquad c^2 + 2c - 2 = 0$$

$$\therefore\quad c = -1 + \sqrt{3} \quad (\because\ c > 0) \quad \rightarrow\text{(108)}\sim\text{(111)}$$

このとき，$a = c = -1 + \sqrt{3} < \sqrt{2}$ である。
立方体の体積は　　$c^3 = (-1 + \sqrt{3})^3 = -10 + 6\sqrt{3}$　　→(112)～(118)

VI　◆発想◆　まず領域を図示する。次に xy，x^2y をそれぞれ k，h
とおいて，境界線上の k，h の値の増減を調べる。

解答　(119)(120) 30　　(121)(122) 45　　(123)(124) 03　　(125)(126) 45　　(127)(128) 54
　　　　　(129)(130) 20　　(131)(132) 60　　(133)(134) 60　　(135)(136) 33

■■■◀ 解　説 ▶■■■

≪領域，関数の増減≫

$2x + 5y = 405$　　……(1)′

$x^2 + 75y = 6075$　　……(2)′

$x \geqq 0$　……(3)

$y \geqq 0$　……(4)

(1)′，(2)′ より，y を消去して

$x^2 - 30x = 0$

∴　$x = 0, \ 30$

よって，(1)，(2)，(3)，(4)を満たす領域は右図の網掛け部分のようになる（境界線上の点を含む）。→(119)〜(124)

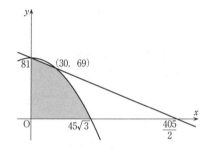

$xy = k$ とおくと

$y = \dfrac{k}{x}$　（$x > 0$ とする）

これを(1)′ に代入して

$2x + \dfrac{5k}{x} = 405$

∴　$5k = -2x^2 + 405x = -2\left(x - \dfrac{405}{4}\right)^2 + \dfrac{405^2}{8}$

$\dfrac{405}{4} > 30$ であるから，$0 < x \leqq 30$ の範囲で k が最大になるのは，$x = 30$ のときである。

このとき　　$k = 30 \cdot 69 = 2070$

次に，$y = \dfrac{k}{x}$ を(2)′ に代入すると

$x^2 + \dfrac{75k}{x} = 6075$

∴　$75k = -x^3 + 6075x$

$f(x) = -x^3 + 6075x$ とおくと

$f'(x) = -3x^2 + 6075$

$f'(x) = 0$ のとき　　$x = \pm 45$

よって，$f(x)$ の増減表は右のようになる。

x	0	$\cdots$	45	$\cdots$
$f'(x)$		+	0	−
$f(x)$	0	↗		↘

$30 \le x \le 45\sqrt{3}$ の範囲で $f(x)$ が最大になるのは，$x = 45$ のときである。

このとき(2)′より $\qquad y = 54$

そして $\qquad k = 45 \cdot 54 = 2430$

$2430 > 2070$ であるから，xy が最大になるのは，$(x,\ y) = (45,\ 54)$ のときである。→(125)〜(128)

$\qquad x + y = 93 \quad \cdots\cdots(5)′$

(1)′，(5)′ より $\qquad x = 20,\ y = 73$

(2)′，(5)′ より

$\qquad x^2 - 75x + 900 = (x - 60)(x - 15) = 0$

$\therefore \quad (x,\ y) = (60,\ 33),\ (15,\ 78)$

したがって，(1)，(2)，(3)，(4)，(5)を満たす領域は右図の網掛け部分のようになる（境界線上の点を含む）。

$\qquad\qquad\qquad\qquad$ →(129)〜(132)

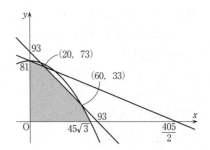

$x^2 y = h$ とおくと

$\qquad y = \dfrac{h}{x^2} \quad (x > 0$ とする$)$

これを(1)′に代入して

$\qquad 2x + \dfrac{5h}{x^2} = 405$

$\qquad 5h = -2x^3 + 405x^2$

$g(x) = -2x^3 + 405x^2$ とおくと

$\qquad g'(x) = -6x^2 + 810x = -6x(x - 135)$

$g(x)$ の増減表は右のようになる。

$0 \le x \le 20$ の範囲で $5h$ が最大になるのは，$x = 20$ のときである。

このとき $\qquad (x,\ y) = (20,\ 73)$

$\qquad h = 20^2 \cdot 73 = 29200$

$y = \dfrac{h}{x^2}$ を(2)′に代入すると

$\qquad x^2 + 75 \cdot \dfrac{h}{x^2} = 6075$

x	0	$\cdots$	135	$\cdots$
$g'(x)$	0	+	0	−
$g(x)$	0	↗		↘

$$75h = -x^4 + 6075x^2 = -X^2 + 6075X \quad (x^2 = X \text{ とおく})$$

$$= -\left(X - \frac{6075}{2}\right)^2 + \left(\frac{6075}{2}\right)^2$$

$60 \le x \le 45\sqrt{3}$ のとき　　$3600 \le x^2 = X \le 6075$

$\dfrac{6075}{2} < 3600$ なので，$75h$ は $x = 60$ のとき最大になる。

このとき　　$(x, \ y) = (60, \ 33),\ h = 60^2 \cdot 33 = 118800$

$y = \dfrac{h}{x^2}$ を(5)$'$ に代入すると

$$x + \frac{h}{x^2} = 93$$

$$h = -x^3 + 93x^2$$

$l(x) = -x^3 + 93x^2$ とおくと

$$l'(x) = -3x^2 + 186x$$

$$= -3x(x - 62)$$

x	0	$\cdots$	62	$\cdots$
$l'(x)$	0	+	0	−
$l(x)$	0	↗		↘

$l(x)$ の増減表は右のようになる。

$20 \le x \le 60$ の範囲で h が最大になるのは，$x = 60$ のときである。

このとき　　$(x, \ y) = (60, \ 33),\ h = 60^2 \cdot 33 = 118800$

以上から，h が最大になるのは，$(x, \ y) = (60, \ 33)$ のときである。

→(133)〜(136)

❖講　評

　2021 年度も例年どおりの形式で，大問 6 題の出題であった。

　Ⅰは図形の問題。途中で正接の加法定理を使うが，基本的には三角比の問題と考えてよい。決め手になる図形を見抜くセンスが必要である。

　Ⅱは簡単な順列・組合せの問題。

　Ⅲは確率の問題。試行の流れをうまく処理する方法，たとえば流れ図のようなものを描ければ容易である。

　Ⅳは取り組みにくい問題であろう。S の性質を見抜き，そこから $\{a_n\}$ の漸化式を導かなければならない。時間内に思考をきちんと整理するには，かなり難しい問題である。

　Ⅴは空間座標の中で図形をとらえる問題。決め手になる点の座標を正

確におさえれば解ける。

　Ⅵは領域と最大・最小をからめた問題。形は線形計画法の問題に似ているが，その手法では解けない。場合分けもしなければならないし，計算もやや面倒である。

　問題により難易度にばらつきがある。しかし，奇問の類は含まれていないので，思考力をきたえる上では良問である。

情報

Ⅰ 解答

(ア)(1)—(7)　(2)—(1)　(3)—(5)　(4)—(6)　(5)—(2)
(イ)(6)—(3)　(ウ)(7)—(3)　(エ)(8)—(5)

◀解　説▶

≪知的財産法（著作権法，特許法），個人情報保護法≫

▶(ア)　(1)(7)類似が正しい。問題文の3〜4行目に「原告作品の ⬚(2)⬚ 的表現が被告作品の表現に共通していること……が必要」とあるので，両者が似ているかどうか（類似性）が判断の基準となることがわかる。

(2)　(1)創作が正しい。著作権で保護されるのは「思想又は感情を創作的に表現したもの」（著作権法2条1項）である。

(3)　(5)アイデアが正しい。(3)が共通していても著作権侵害は否定される，という記述が手掛かりになる。著作権法上の保護の対象は，上述の通り「表現したもの」である。漫画ではキャラクターの絵は表現なので保護の対象となるが，名称・設定等はアイデアに過ぎないので保護の対象にならない。

(4)　(6)名前が正しい。「二次創作作品が原作のキャラの……等を用いるに過ぎない場合」は原作の権利を侵害しない，という記述が判断の材料になる。名前や設定，特徴のようなアイデアを用いる場合は著作権の侵害とならないが，絵やデザインのような表現を用いる場合は著作権の侵害とされる。

(5)　(2)二次的著作物が正しい。「独立の新たな著作物」とは評価されないものである点がヒントになる。二次的著作物は著作権の保護の対象ではあるが，ある著作物を基に翻案することで新たな創作性を加えて作られたものである。

▶(イ)　(3)が正しい。日本の社会においては，人間の生命を扱う医療は，営利を本旨とする産業とは一線を画した営為であるべきとする意識が強い。そのため特許庁は，特許法に明文規定のない「人間を治療する方法」については，特許の要件を満たさない（同法29条1項の「産業上利用することができる発明」に該当しない）との解釈を「特許・実用新案審査基準」で示し，特許権による保護の対象から除外している。(1)の特許権の期間は，

「特許出願の日から二十年をもつて終了する」（同法 67 条 1 項）ので誤り。
(2)は，守秘義務を負わない人に知られた場合は公知となるが，守秘義務を
負う場合には公知とならないと解されるので誤り。(4)は，適法に販売され
た特許製品は特許権が「消尽」すると考えられ，転売しても特許権の侵害
にならないので誤り。(5)の特許法にいう発明とは，「自然法則を利用した
技術的思想の創作のうち高度のもの」（同法 2 条 1 項）とされるので誤り。

▶(ウ)　(3)が正しい。著作権法は，「著作者は，その著作物及びその題号の
同一性を保持する権利を有し，その意に反してこれらの変更，切除その他
の改変を受けないものとする」（同法 20 条 1 項）と定めているので，これ
に反する行為は同一性保持権の侵害を構成する。(1)は，手書きであっても
授業内容をそのままノートに写すことは著作物の複製にあたるので，誤り。
(2)は，「放送され，又は有線放送される著作物（略）は，営利を目的とせ
ず，かつ，聴衆又は観衆から料金を受けない場合には，受信装置を用いて
公に伝達することができる。通常の家庭用受信装置を用いてする場合も，
同様とする」（同法 38 条 3 項）とされるが，有償の場合や映像を拡大する
場合には著作権者の許諾が必要なので，「著作権の侵害には該当しない」
とはいえない。(4)は，著作権は「著作者の死後（略）七十年を経過するま
での間，存続する」（同法 51 条 2 項）ので，誤り。(5)は，公表された著作
物は「入学試験その他……試験又は検定の目的上必要と認められる限度に
おいて，当該試験又は検定の問題として複製……できる」（同法 36 条 1
項）という規定により，著作権者の許諾は必要ないので，誤り。

▶(エ)　(5)が正しい。要配慮個人情報とは「本人の人種，信条，社会的身分，
病歴，犯罪の経歴，犯罪により害を被った事実その他本人に対する不当な
差別，偏見その他の不利益が生じないようにその取扱いに特に配慮を要す
るものとして政令で定める記述等が含まれる個人情報」（個人情報の保護
に関する法律 2 条 3 項）とされるが，個人情報保護委員会は，「特定の政
党が発行する新聞や機関誌等を購読しているという情報」は「それが個人
的な信条であるのか，単に情報の収集や教養を目的としたものであるのか
判断することが困難であり，『信条』を推知させる情報にすぎないため，
当該情報のみでは要配慮個人情報には該当しない」（同委員会「個人情報
の保護に関する法律についてのガイドライン」および「個人データの漏え
い等の事案が発生した場合等の対応について」に関するQ＆A）としてい

る。

　個人情報保護委員会は，同Ｑ＆Ａによれば，以下の立場をとっている。
⑴の同姓同名の人が生存している場合の氏名につき，「氏名のみであって
も，社会通念上，特定の個人を識別することができるものと考えられ」る
としているので，誤り。⑵の「新聞に掲載された公知の情報」につき，
「既に公表されている情報も他の個人情報と区別せず，保護の対象」とす
るとしているので，誤り。⑶の「外国に居住する外国人の個人情報」につ
き，「居住地や国籍を問わず，日本の個人情報取扱事業者が取り扱う個人
情報は，個人情報保護法による保護の対象となり得」るとしているので，
誤り。⑷の「顧客との電話の通話内容を録音すること」につき，「個人情
報保護法上は，利用目的を通知又は公表する義務はありますが，録音して
いることについて伝える義務まではありません」としているので，誤り。

Ⅱ　解答　(9) 1　　(10) 5　　(11)(12) 30

(13)(14) ・ (15)(16)—(11)，(16)（順不同）　(17)(18)—(18)

(19)(20)—(22)　(21)(22)—(21)　(23)(24)—(11)　(25)(26)—(13)

◀解　説▶

≪待ち行列モデルにおけるリトルの公式≫

以下のグラフにおいて，□□□の横幅は系内にいる人の系内時間を表し，
そのうちのサービスを受けている時間を網掛け部分で表す。

・1 時間のうち 30 分間は窓口でサービスを受けている人がいるだけで，
残り 30 分間は待っている人が 1 人だった場合

$$N = \frac{30 \times 1 + 30 \times 2}{60} = 1.5 \text{人}$$

になる。　→(9)，(10)

・1 時間のうちに 3 人の到着があり，1 人は待ち
時間 0 分で 20 分間窓口で対応を受け，残りの 2
人は，それぞれ 15 分待ってから窓口で 20 分間の
対応を受けたとすると

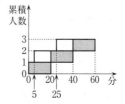

$$T = \frac{(0 + 20) \times 1 + (15 + 20) \times 2}{3}$$

$$= 30 \text{分}　→(11)(12)$$

● ある 1 人に着目した場合，その人が到着してから窓口を離れるまでの間に何人の人が到着するかを考えると，平均系内人数 N と平均系内時間 T と到着率 λ には

$$N = T\lambda \quad \rightarrow (13) \sim (16)$$

という関係が成立していることが直観的にわかるが，これは次のように説明できる。

到着客は，列が長くても，あきらめることなく，並ぶものとする。時刻 0 から t の間に到着した人数の合計を $A(t)$，サービスを終えて系から立ち去った人数の合計を $B(t)$ とすると，到着した人数より多い人数が立ち去ることはないから，常に

$$A(t) \geqq B(t) \quad \rightarrow (17)(18)$$

が成立する。

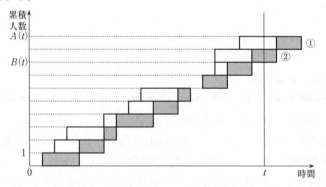

n 番目に立ち去った客の系内時間を T_n とすると，時刻 t でサービス中の客の分も含んだ系内時間の総和は，たかだか（最も多くて）

$$\sum_{i=1}^{A(t)} T_i$$

であり（上のグラフの場合，①は除くことになる），時刻 t でサービス中の客の分を含まない系内時間の総和は

$$\sum_{i=1}^{B(t)} T_i$$

である。また，時刻 t における系内人数（上のグラフの場合は①と②になる）は，$A(t) - B(t)$ なので，時刻 t でサービスを打ち切った場合の系内時間の総和 S は

$$S = \int_0^t \{A(x) - B(x)\}\,dx \quad \cdots\cdots③$$

である。このことを上のグラフの場合で簡単に説明する。上のグラフの場合，S は $0 \sim t$ の部分にある長方形の横の長さの総和であるが，各長方形の縦の長さが1であるから，結局，これら長方形の面積の総和になる（下図参照）。そして，$0 \leqq x \leqq t$ を満たす x を任意にとると，直線④と長方形の交わりの長さが $A(x) - B(x)$ となるから，これら長方形の面積の総和は，③の右辺で求められる。

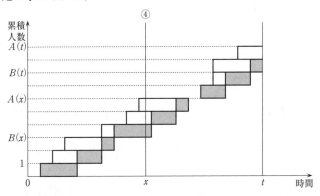

さらに，上の考察から

$$\sum_{i=1}^{B(t)} T_i \leqq S \leqq \sum_{i=1}^{A(t)} T_i \quad \rightarrow(19)\sim(22)$$

が成立することもわかる。

この不等式を変形すると

$$\frac{1}{t}\sum_{i=1}^{B(t)} T_i \leqq \frac{S}{t} \leqq \frac{1}{t}\sum_{i=1}^{A(t)} T_i$$

$$\therefore \quad \frac{B(t)}{t}\cdot\frac{1}{B(t)}\sum_{i=1}^{B(t)} T_i \leqq \frac{S}{t} \leqq \frac{A(t)}{t}\cdot\frac{1}{A(t)}\sum_{i=1}^{A(t)} T_i \quad \cdots\cdots⑤$$

ここで，$A(x) - B(x)$ は時刻 x における系内人数を表すから

$$\frac{S}{t} = \frac{1}{t}\int_0^t \{A(x) - B(x)\}\,dx$$

は，$0 \sim t$ における系内人数の合計の時間平均を表す。

よって，t を限りなく大きくすると，$\dfrac{S}{t}$ は平均系内人数 N に近づく。

→(23)(24)

また，$\dfrac{A(t)}{t}$ は，$0 \sim t$ における到着人数の合計の時間平均を表す。

よって，t を限りなく大きくすると，$\dfrac{A(t)}{t}$ は到着率 λ に近づく。　→(25)(26)

さらに，t を限りなく大きくするとき，$A(t)-B(t)$ が限りなく大きくなることはないだろうから，$\dfrac{A(t)-B(t)}{t}$ は 0 に近づく。

よって，t を限りなく大きくすると

$$\frac{B(t)}{t} = \frac{A(t)}{t} - \frac{A(t)-B(t)}{t}$$

も到着率 λ に近づく。　→(25)(26)

そして，$\dfrac{1}{A(t)}\sum\limits_{i=1}^{A(t)} T_i$ は，$0 \sim t$ において到着した人の系内時間の平均を表

し，$\dfrac{1}{B(t)}\sum\limits_{i=1}^{B(t)} T_i$ は，$0 \sim t$ において立ち去った人の系内時間の平均を表す。

よって，t を限りなく大きくすると，$\dfrac{1}{A(t)}\sum\limits_{i=1}^{A(t)} T_i$ と $\dfrac{1}{B(t)}\sum\limits_{i=1}^{B(t)} T_i$ は，ともに

平均系内時間 T に近づく。

したがって，⑤において t を限りなく大きくすると，$N=\lambda T$ が得られる。

Ⅲ　解答　(ア)(27)(28)(29) 014

(イ)(30)(31)(32) 003　　(33)(34)(35) 003　　(36)(37) 24　　(38)(39)(40) 032

(ウ)(41) 3　　(42) 1　　(43) 1　　(44)・(45)— 1，3　（順不同）

(46)(47)(48) 008　　(49)(50)(51) 000　　(52)(53)(54) 004　　(55)(56)(57) 005

◀解　説▶

≪ネットワークの経路表≫

▶(ア)　R1 の R3 側の IP アドレスが 192.168.2.13/30 より，このネットワークアドレスは 192.168.2.12 である。よって，このネットワークに設置できるホストは 192.168.2.13 と 192.168.2.14 のみ（192.168.2.15 はブロードキャストアドレスであるのでホストには使えない）。前者はすでに R1 で使われているので，R3 の R1 側の IP アドレスは 192.168.2.14/30 となる。　→(27)～(29)

▶(イ)　H1 から H2 に向けてパケットを送信したとき，R1 を経由してインターネットへ出ていることから，R4 の経路表の default は R1 を意味する 192.168.3.3 である。　→(30)～(35)

R4 に直接接続されているネットワークのうち 192.168.4.0 のネットワークの CIDR は図より/24 である。　→(36)(37)

192.168.1.38 にパケットを送信したとき，R4 から R2 へ送られていることから，R2 を意味する 192.168.4.5 へ送られるネットワークアドレスは，192.168.1.32/27 である。　→(38)～(40)

▶(ウ)　R4 の経路表では，N3 のネットワークアドレスである 192.168.8.0/24 が明示的に書かれていないため，H1 からネットワーク N3 には到達できないか，または遠回りすることとなる。その理由は，H1 から N3 に接続されているコンピュータに送信されたパケットは，R4 から R1 に送られるためである。一方，ネットワーク N1 に送られるパケットは，R1 と R3 を経由すれば遠回りせずに到達できる。　→(41)～(45)

また，ネットワーク N3 に遠回りせずにパケットを届けるためには，N3 のネットワークアドレスである 192.168.8.0/24 に対して R2 を意味する 192.168.4.5 を次ホップルータとして指定するエントリを R4 の経路表に追加すればよい。　→(46)～(57)

Ⅳ 解答　(ア)(58)(59) 05　(60)(61) 04　(62)(63) 04　(64)(65) 03　(66)(67) 09
　　　　　　　(68)(69) 08　(70)(71) 06　(72)(73) 07

(イ)(74)～(93)※

※(イ) (74)～(93)はどの選択肢も本問の適切な解答とならなかったため，「情報」を選択した全員が正解を解答したものとみなして採点を行ったと大学から発表があった。

◀解　説▶

≪マイクロマウスの探索アルゴリズム≫

▶(ア)　網掛けのマスを検索した時点での歩数マップは下左図，歩数マップの完成図は下右図になる。　→(58)～(73)

y				
3	7	8	9	G(0)
2	6	5	4	1
1	5	4	3	2
0	S	5	4	3
	0	1	2	3 x

y				
3	9	10	11	G(0)
2	8	9	8	1
1	7	6	7	2
0	S	5	4	3
	0	1	2	3 x

Ⅴ 解答

(94)(95)—(11)　(96)(97)—(17)　(98)(99)—(14)　(100)(101)—(22)　(102)(103)—(26)

(104)(105)—(27)　(106)(107)—(33)　(108)(109)—(35)　(110)(111)—(34)　(112)(113)—(24)

(114)(115)—(25)　(116)(117)—(23)　(118)(119)—(31)

◀解　説▶

≪トーナメント図を均等な配置にするアルゴリズム≫

トーナメント図を均等な配置にするアルゴリズムの考察である。最初にその手順とアルゴリズムが紹介され、次にいくつかの補題を証明し、最後にそのアルゴリズムが正しいことを証明している。証明には数学的考察が必要である。

＜アルゴリズムの完成＞

あなたがスポーツ大会を運営する側にいて、11 チームで行うトーナメント図のうち、各チームの対戦数（不戦勝はカウントしない）がなるべく公平なものを作成することになったとしよう。おそらく、次のように作成するのではないだろうか。

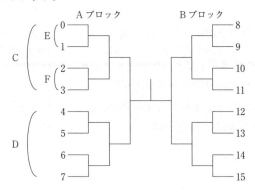

最初に，上図のような 16 チームで行う仮のトーナメント図（数字はスロット番号）を作成し，5 個の NULL を 3 個と 2 個に分け（NULL が奇数個だと半分に分けられないから，どちらかが 1 個だけ多い分け方になる），これらをそれぞれ A ブロックと B ブロックに割り振る。

次に，A ブロックに割り振られた 3 個の NULL を 2 個と 1 個に分け，これらをそれぞれ C ブロックと D ブロックに割り振る。

さらに，C ブロックに割り振られた 2 個の NULL を 1 個ずつに分け，これらをそれぞれ E ブロックと F ブロックに割り振る。

そして，ブロックに割り振られた NULL が 1 個になったら，そのブロックにあるスロットのうち番号が最小であるスロットに NULL を配置する。また，B ブロックについても同様の操作をすると，NULL を配置するスロット番号 0，2，4，8，12 が得られる。

手作業での操作はこれでいいが，アルゴリズムで 0 ～ 15 の 16 個から 0，2，4，8，12 の 5 個を拾い上げる処理の仕方については，この後の証明を理解する必要がある。証明は後まわしにして，ここでは概略のみ紹介してみる。0 ～ 15 の 16 個を 2 進法 4 桁（上位の桁が 0 の場合も含む）で表したもの x と，各桁の数字を逆順にしたもの $r_4(x)$ を表にまとめると次のようになる。

	x	$r_4(x)$			x	$r_4(x)$
0	0000	0000		8	1000	0001
1	0001	1000		9	1001	1001
2	0010	0100		10	1010	0101
3	0011	1100		11	1011	1101
4	0100	0010		12	1100	0011
5	0101	1010		13	1101	1011
6	0110	0110		14	1110	0111
7	0111	1110		15	1111	1111

この表から「x の値が拾い上げたい 0，2，4，8，12 のときの $r_4(x)$ のみが，拾い上げたい個数 5 の 2 進法表示 0101 より小さくなっている」ことに気づくだろう。そして，x から $r_4(x)$ を作成する操作がアルゴリズムの処理 B の繰り返しである（補題 1 の証明参照）。

以上のことを考慮すると，アルゴリズムを完成させることができる（この

後で述べる（注）も参照のこと）。

変数 n の値を与えられたチーム数とする。

g の値を「$\log_2 n$」（n を 2 進法で表したときの桁数）とする。 →(94)(95)

i の値を最初は 0 とし，1 ずつ増やしながら 2^g-1 まで処理Aを繰り返す。

処理Aの始め

　　a の値を i とする。

　　b の値を 0 とする。

　　処理Bを g 回繰り返す。

　　処理Bの始め

　　　　b の値を $2b+(a \bmod 2)$ とする。 →(96)(97)

　　　　a の値を $\lfloor \dfrac{a}{2} \rfloor$ とする。 →(98)(99)

　　処理Bの終わり

　　$b < 2^g - n$（右辺は NULL の個数）なら i の値を出力する。（命令C）

　　　　　　　　　　　　　　　　　　　　　　　　　　　→(100)(101)

処理Aの終わり

＜補題 1 の証明＞

処理Aの実行を開始する時点での i の値を

　　　　$i_{g-1}2^{g-1}+i_{g-2}2^{g-2}+\cdots+i_1 2^1+i_0 2^0$ （2 進法：$i_{g-1}i_{g-2}\cdots i_1 i_0$）

とする。ただし，$i_0, \cdots, i_{g-1}$ は 0 または 1 である。処理Bの 1 回目の実行を終了した時点では

　　　　$a=i_{g-1}2^{g-2}+i_{g-2}2^{g-3}+\cdots+i_1 2^0$ （2 進法：$i_{g-1}i_{g-2}\cdots i_1$）

　　　　$b=i_0 2^0$ （2 進法：i_0） →(102)(103)

であり，処理Bの 2 回目の実行を終了した時点では

　　　　$a=i_{g-1}2^{g-3}+i_{g-2}2^{g-4}+\cdots+i_2 2^0$ （2 進法：$i_{g-1}i_{g-2}\cdots i_2$）

　　　　$b=i_0 2^1+i_1 2^0$ （2 進法：$i_0 i_1$） →(104)(105)

である。以下同様にすれば，処理Bの g 回目の実行を終了した時点では

　　　　$a=0$

　　　　$b=i_0 2^{g-1}+i_1 2^{g-2}+\cdots+i_{g-2}2^1+i_{g-1}2^0=r_g(i)$

　　　　　　　　　　　　　　　　　（2 進法：$i_0 i_1 \cdots i_{g-2}i_{g-1}$）

となる。

（注）　処理Aを実行すると，最初に a の値を i（2 進法：$i_{g-1}i_{g-2}\cdots i_1 i_0$）と

し，次の a の値は 2 進法で $i_{g-1}i_{g-2}\cdots i_2i_1$ とし，その次の a の値は 2 進法で $i_{g-1}i_{g-2}\cdots i_2$ とし，…と続いていくから，処理Bにおいて，a の値は「最下位の数字を取り除く」すなわち「2で割って小数点以下を切り捨てる」という操作をしていけば求められることがわかる。　(98)(99)

また，最初に b の値を 0 とし，次の b の値は 2 進法で i_0 とし，その次の b の値は 2 進法で i_0i_1 とし，…と続いていくから，処理Bにおいて，b の値は「a から取り除いた数字を最下位に挿入する」すなわち「2 倍して a から取り除いた数字を加える」という操作をしていけば求められることがわかる。　(96)(97)

＜補題 2 の証明＞

$s' \in r_g(S)$ とすると，$s' = r_g(s)$ を満たす $s \in S$ が存在する。s を 2 進法 g 桁（上位の桁が 0 の場合も含む）で表すと，r_g の定義（各桁を逆順にする）から $s' = r_g(s)$ も 2 進法 g 桁（上位の桁が 0 の場合も含む）である。よって，$s' \in S$ となるから　　$r_g(S) \subseteq S$　……①

逆に，$s'' \in S$ とすると，r_g の定義から $s'' = r_g(r_g(s''))$ である（逆順の逆順は元に戻る）。　→(106)(107)

また，①より，$r_g(s'') \in r_g(S) \subseteq S$ である。

よって，$s'' = r_g(r_g(s'')) \in r_g(S)$ となるから　　$S \subseteq r_g(S)$　……②

①，②より，$S = r_g(S)$ である。

＜補題 3 の証明＞

g に関する帰納法で証明する。

〔1〕 $g=1$ のとき，2 回戦以降の試合がないので明らかに成り立つ。

〔2〕 $g=k-1$ のとき，補題 3 の主張が成り立つと仮定する。$g=k$ のときを考えるために，スロットが 2^k 個あるトーナメント図を用意し，$0 \le m \le 2^k$ を満たす整数 m に対して，$r_k(s) < m$ となるスロット番号 s $(0 \le s < 2^k)$ に NULL を配置しておく。

(i)　まず，k 回戦（決勝戦）が均等な配置の条件を満たすことを示す。対戦するのが準決勝第 1 試合 M' の勝者と準決勝第 2 試合 M'' の勝者であり

$$P(M') = \{0,\ 1,\ \cdots,\ 2^{k-1}-1\},\ P(M'') = \{2^{k-1},\ 2^{k-1}+1,\ \cdots,\ 2^k-1\}$$

であるとする（p.49 の表なら，$P(M')$ は左側，$P(M'')$ は右側になる）。2 進法 k 桁（上位の桁が 0 の場合も含む）で表すと，$P(M')$ の要素は $\underbrace{0*\cdots*}_{k桁}$ の形，$P(M'')$ の要素は $\underbrace{1*\cdots*}_{k桁}$ の形であるから，r_k の定義よ

り，$r_k(P(M'))$ の 要 素 は $\underbrace{*\cdots*0}_{k桁}$ の 形，$r_k(P(M''))$ の 要 素 は

$\underbrace{*\cdots*1}_{k桁}$ の 形 で あ る（表 も 参 照）。よ っ て，$r_k(P(M'))$ の 要 素 は 偶 数，

$r_k(P(M''))$ の 要 素 は 奇 数 で あ る。　→(108)〜(111)

補題 2 より

$$r_k(P(M')\cup P(M''))=P(M')\cup P(M'')=\{0,\ 1,\ \cdots,\ 2^k-1\}$$

で あ る か ら，$r_k(s)$ が 小 さ い s か ら 順 に NULL を 配 置 し て い く と，$P(M')$ と $P(M'')$ に 交 互 に 配 置 す る こ と に な る（表 な ら，$r_4(x)$ が 小 さ い 順 に た ど る と 左 右 交 互 に 現 れ る と い う こ と）。

さ て，$r_k(s)<m$（$0\le m\le 2^k$）と な る ス ロ ッ ト 番 号 s（$0\le s<2^k$）は m 個 あ る。よ っ て，m が 偶 数 の と き は，$P(M')$ と $P(M'')$ の 中 に 配 置 さ れ る NULL の 個 数 は 同 数 ず つ あ る か ら

$$f(M')=f(M'')=\frac{m}{2}\quad\cdots\cdots③\quad →(112)(113)$$

と な る。ま た，m が 奇 数 の と き は，$P(M')$ と $P(M'')$ の 中 に 配 置 さ れ る NULL の 個 数 は，先 に 配 置 さ れ る $P(M')$ の 方 が 1 個 多 い か ら

$$f(M')=\frac{m+1}{2},\ f(M'')=\frac{m-1}{2}\quad\cdots\cdots④\quad →(114)〜(117)$$

と な る。③，④ い ず れ の 場 合 も $|f(M')-f(M'')|\le 1$ が 成 り 立 つ か ら，k 回 戦（決 勝 戦）は 均 等 な 配 置 の 条 件 を 満 た す。

(ii)　次 に，$k-1$ 回 戦（準 決 勝 戦）ま で は そ れ ぞ れ，ス ロ ッ ト が 2^{k-1} 個 あ る ト ー ナ メ ン ト 図 と し て 均 等 な 配 置 に な る こ と を 示 す。

こ こ で，$s\in P(M')\cup P(M'')$ を

$$s=s_{k-1}2^{k-1}+s_{k-2}2^{k-2}+\cdots+s_12^1+s_02^0$$

と 表 し て お く。た だ し，$s_0,\ \cdots,\ s_{k-1}$ は 0 ま た は 1 で あ る。

こ の と き，$s\in P(M')$ な ら $s_{k-1}=0$ で あ る か ら，s は $0\le s<2^{k-1}$ を 満 た し

$$r_{k-1}(s)=s_02^{k-2}+s_12^{k-3}+\cdots+s_{k-3}2^1+s_{k-2}2^0$$

$$=\frac{s_02^{k-1}+s_12^{k-2}+\cdots+s_{k-3}2^2+s_{k-2}2^1}{2}$$

$$=\frac{s_02^{k-1}+s_12^{k-2}+\cdots+s_{k-3}2^2+s_{k-2}2^1+s_{k-1}2^0}{2}$$

$$=\frac{r_k(s)}{2}\quad →(118)(119)$$

また，$s \in P(M'')$ なら $s_{k-1}=1$ であるから，$s'=s-2^{k-1}$ は $0 \leqq s' < 2^{k-1}$ を満たし

$$r_{k-1}(s') = s_0 2^{k-2} + s_1 2^{k-3} + \cdots + s_{k-3} 2^1 + s_{k-2} 2^0$$

$$= \frac{s_0 2^{k-1} + s_1 2^{k-2} + \cdots + s_{k-3} 2^2 + s_{k-2} 2^1}{2}$$

$$= \frac{(s_0 2^{k-1} + s_1 2^{k-2} + \cdots + s_{k-3} 2^2 + s_{k-2} 2^1 + s_{k-1} 2^0) - 1}{2}$$

$$= \frac{r_k(s) - 1}{2}$$

• m が奇数のときを考える。

$s \in P(M')$ のときは $r_{k-1}(s) = \dfrac{r_k(s)}{2}$ であるから，m が奇数であることを考えると

$$r_k(s) < m \iff r_{k-1}(s) < \frac{m}{2} \iff r_{k-1}(s) < \frac{m+1}{2}$$

であることがわかる。よって，$r_k(s) < m$ $(0 \leqq m \leqq 2^k)$ となる $s \in P(M')$ は

$$r_{k-1}(s) < \frac{m+1}{2}, \ 0 < \frac{m+1}{2} \leqq 2^{k-1}$$

を満たすから，$P(M')$ の中に配置される $\dfrac{m+1}{2}$ 個の NULL のスロット番号は，準決勝第 1 試合までをスロットが 2^{k-1} 個あるトーナメント図として $\dfrac{m+1}{2}$ 個の NULL を配置するときのスロット番号と一致する。したがって，帰納法の仮定より，準決勝第 1 試合まではスロットが 2^{k-1} 個あるトーナメント図として均等な配置になる。

一方，$s \in P(M'')$ のときは $r_{k-1}(s') = \dfrac{r_k(s) - 1}{2}$ であるから

$$r_k(s) < m \iff r_{k-1}(s') < \frac{m-1}{2}$$

であることがわかる。ただし，$s' = s - 2^{k-1}$ である。よって，$r_k(s) < m$ $(0 \leqq m \leqq 2^k)$ となる $s \in P(M'')$ は

$$r_{k-1}(s') < \frac{m-1}{2}, \ 0 \leqq \frac{m-1}{2} < 2^{k-1}$$

を満たすから，$P(M'')$ の中に配置される $\dfrac{m-1}{2}$ 個の NULL のスロット番号は，準決勝第 2 試合までをスロットが 2^{k-1} 個あるトーナメント図として $\dfrac{m-1}{2}$ 個の NULL を配置するときのスロット番号に 2^{k-1} を加えたものと一致する。したがって，帰納法の仮定より，準決勝第 2 試合まではスロットが 2^{k-1} 個あるトーナメント図として均等な配置になる。

• m が偶数のときを考える。

$s \in P(M')$ のときは $r_{k-1}(s) = \dfrac{r_k(s)}{2}$ であるから

$$r_k(s) < m \iff r_{k-1}(s) < \frac{m}{2}$$

であることがわかる。よって，$r_k(s) < m$ $(0 \le m \le 2^k)$ となる $s \in P(M')$ は

$$r_{k-1}(s) < \frac{m}{2}, \ 0 \le \frac{m}{2} \le 2^{k-1}$$

を満たすから，$P(M')$ の中に配置される $\dfrac{m}{2}$ 個の NULL のスロット番号は，準決勝第 1 試合までをスロットが 2^{k-1} 個あるトーナメント図として $\dfrac{m}{2}$ 個の NULL を配置するときのスロット番号と一致する。したがって，帰納法の仮定より，準決勝第 1 試合まではスロットが 2^{k-1} 個あるトーナメント図として均等な配置になる。

一方，$s \in P(M'')$ のときは $r_{k-1}(s') = \dfrac{r_k(s) - 1}{2}$ であるから，m が偶数であることを考えると

$$r_k(s) < m \iff r_{k-1}(s') < \frac{m-1}{2} \iff r_{k-1}(s') < \frac{m}{2}$$

であることがわかる。ただし，$s' = s - 2^{k-1}$ である。よって，$r_k(s) < m$ $(0 \le m \le 2^k)$ となる $s \in P(M'')$ は

$$r_{k-1}(s') < \frac{m}{2}, \ 0 \le \frac{m}{2} \le 2^{k-1}$$

を満たすから，$P(M'')$ の中に配置される $\dfrac{m}{2}$ 個の NULL のスロット番号

は，準決勝第 2 試合までをスロットが 2^{k-1} 個あるトーナメント図として $\dfrac{m}{2}$ 個の NULL を配置するときのスロット番号に 2^{k-1} を加えたものと一致する。したがって，帰納法の仮定より，準決勝第 2 試合まではスロットが 2^{k-1} 個あるトーナメント図として均等な配置になる。

(i), (ii)より，$g = k$ のときも補題 3 の主張が成り立つ。

以上〔1〕，〔2〕より，補題 3 は証明された。

＜アルゴリズムの証明＞

処理 A は，i の値を順に 0，1，…，$2^g - 2$，$2^g - 1$ として繰り返すので，補題 1 から命令 C で出力される数の集合は $\{i \mid 0 \le i < 2^g,\ r_g(i) < 2^g - n\}$ となる。補題 3 から，この番号のスロットに NULL を配置すると，均等な配置になる。

小論文

解答例　問1．1—(エ)　2—(ア), (イ), (ウ)　3．2021

問2．1．内容：各家庭で消費しきれない量の食品が購入され，本来なら食べられるはずの食品が多く捨てられている。

理由：食品の生産・加工にかかったコストを無駄にした挙句，廃棄処理にも余分なコストをかけることは合理的でないから。

課題ジャンル：(a), (c)

2．内容：東日本大震災を経てもなお，原子力発電所の運用が続き，再稼働が進んでいる。

理由：地震や火山活動によるリスクの高い日本において，重大な事故の可能性を低く見積もることは理性的でないから。

課題ジャンル：(c)

3．内容：発展途上国から先進国への輸出において，原料や製品が不当に安い価格で買いたたかれている。

理由：発展途上国の労働者の権利が侵害され，適切な開発が抑制されていることと引き換えに，先進国に利益がもたらされているから。

課題ジャンル：(b)

4．内容：SNS 上で複数のユーザーから攻撃を受け，心を傷つけられる人が後を絶たない。

理由：SNS が悪意を増幅しやすい構造をもつにもかかわらず，そのプラットフォーマーが統治責任を果たそうとしないから。

課題ジャンル：(a), (b)

5．内容：公的組織や業界団体を取材するために，大手メディアが排他的な記者クラブをつくっている。

理由：本来ならば権力を監視し事実を明らかにすべきメディアが，権力側の与える情報を流すだけになっているから。

課題ジャンル：(b)

6．内容：義務教育課程の9年間にわたり，多人数学級で学習指導要領に縛られた一斉授業が行われる。

理由：個性の重視をうたいながら，素質も将来の目標も全く異なる児童・生徒らが，画一的な枠組みへの順応を強いられているから。

課題ジャンル：(b)

7．内容：人種や性別や年齢といった属性に基づく差別によって，個人の自己実現が阻害されている。

理由：当人の資質・能力や意思を無視し，根拠のない社会通念に基づいて個人を評価することは，非合理であり分別のないことだから。

課題ジャンル：(a), (b)

8．内容：プラスチックに依存する人間の活動によって，マイクロプラスチックが海水中を漂い，生態系に悪影響を及ぼしている。

理由：安価で加工しやすいというだけでプラスチックを使い続け，海洋を汚染し，間接的に人間自身の健康をも脅かすことは合理的でないから。

課題ジャンル：(a), (c)

9．内容：都市部にヒト・モノ・カネが一極集中し，地方からそれらを吸い上げる構造ができあがっている。

理由：都市部の経済や利便性だけが優先された結果，人口集中によってむしろ住環境が悪化し，地方との共倒れになりつつあるから。

課題ジャンル：(b), (c)

10．内容：選択的夫婦別姓が認められておらず，婚姻に伴って夫婦の姓を同じにしなければならない。

理由：家父長制的な慣習に基づくもので，姓を変更する側のアイデンティティやキャリアの連続性を脅かす場合があり，合理的でないから。

課題ジャンル：(a), (b)

11．内容：生まれた家庭の経済的困難などに伴う子どもの貧困の実態が把握されておらず，十分な支援が行われていない。

理由：教育の機会均等を保障し，貧困の再生産を止めるために重要な分野への支援が十分でないことは，社会福祉として合理性を欠くから。

課題ジャンル：(b)

12．内容：外国人技能実習制度によって国外からやってきた労働者らが，劣悪な労働環境のもとで働かされている。

理由：建前としては発展途上国への技能転移による国際協力をうたいながら，低賃金の労働者を国外から確保するための方便となっているから。

課題ジャンル：(b)

13. 内容：本来ならば拘置所に送られるべき被疑者が警察の管理する留置所に長期間拘束され，不当な取り調べを受けている。

理由：代用監獄は自白強要を含む人権侵害の温床であるだけでなく，まず自白させてから裏付け証拠を集める捜査方法自体が合理的でないから。

課題ジャンル：(b)

14. 内容：過度な森林伐採によって荒廃した山地を修復するためにスギ・ヒノキの造林を進めた結果，花粉症の患者が急増している。

理由：元の山林の生態系や生物多様性を無視し，人間の都合で木材としての利用価値を求めた結果，人間自身の健康に被害が及んでいるから。

課題ジャンル：(c)

15. 内容：環境に優しく適度な運動にもつながる交通手段であるはずの自転車が，歩行者からも自動車からも邪魔者扱いされている。

理由：自転車自体が悪いわけではないにもかかわらず，一部の危険運転や交通規範の軽視が一般化されていることは，理にかなっていないから。

課題ジャンル：(a), (b)

問3．1．(a), (c)

解決の方向性：食品を各家庭で消費できる適切な量だけ購入しやすいようにする。

解決の方法：スーパーマーケットの生鮮食品売り場において，大容量パックなどの一度に大量購入せざるを得なくなる販売形態を廃止し，下図のような量り売りのシステムを導入する。

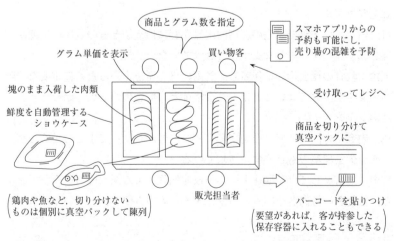

　これにより，食品を一度に大量消費しない単身世帯などのニーズに応えるほか，購入にひと手間かかることで熟考の余地が生まれ，無駄のない計画的な買い物と消費が促される。結果的に食品の直接廃棄が減り，その処理にかかっていたコストや環境負荷も軽減される。

8．(a), (c)

解決の方向性：脱プラスチック社会への移行を推進する。

解決の方法：使い捨てプラスチックを有料化し，その収益を代替素材の開発支援に充てるとともに，使い捨てを前提とする消費習慣を改めていく。

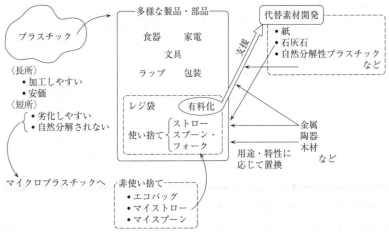

　上図のように，プラスチックは多様な製品・部品に使われているが，劣化しやすい一方で自然分解されない性質をもつため，それがマイクロプラスチックの問題につながっている。使い捨てプラスチックについて，布製エコバッグや金属製のマイ食器を持ち歩く習慣を定着させるだけでなく，全てのプラスチックを用途・特性に応じて新素材や既存の素材と置換していくことが肝要である。

15．(a), (b)

解決の方向性：交通規範における自転車の立ち位置を明確にする。

解決の方法：ハード面では自転車道や駐輪場の整備，ソフト面では交通教育を徹底し，危険運転に対する取り締まりを強化する。

　自転車は，歩行の延長である一方で車両の一種でもあり，人々の意識の上では，歩行者側と自動車側のどっちつかずの状態にある。次図のように

それを解消することで，実際の道路上での住み分けに加えて，自転車に対する交通手段としての特性に基づく正しい理解が得られる。

| ハード面 | ソフト面 |

・自転車道の整備

歩道｜自転車道｜車道

歩行車・自転車・自動車を物理的に
分離してトラブルを低減

・駐輪場の整備
　自転車の利用台数に見合うスペースを
　確保し，放置自転車を減らす

・交通教育の徹底
　小中学校で…
　　自分も自転車の運転手になるという
　　前提でルールを学ぶ

　自動車教習所で…
　　路上における自転車との関係を
　　ふまえてルールを学ぶ

　自転車を単に危険で注意すべき
　対象としない

自転車への悪印象を軽減 ←

・取り締まりの強化
　危険運転や整備不良などを
　自動車と同様に厳しく取り締まる

意識の上でも自転車独自の立ち位置を定着させる

◀解　説▶

≪世の中の「不条理」と向かい合う≫

▶問1．1．$A-B=(46+x)-(49-x)=2x-3$

よって
$$\begin{cases} 0<x<\dfrac{3}{2} \Rightarrow A<B \\[2mm] x=\dfrac{3}{2} \quad\Rightarrow A=B \\[2mm] x>\dfrac{3}{2} \quad\Rightarrow A>B \end{cases}$$

2．問題の条件から
$$f=sf', \quad c=fc' \quad (f', c' \text{ は整数})$$
とおける。

(ア)　$f^2=s^2f'^2=s\cdot sf'^2$

よって，s は f^2 の因数である。

(イ)　$fc=(sf')\cdot c=s\cdot f'c$

よって，s は fc の因数である。

(ウ)　　$f - c = sf' - fc' = sf' - sf'c' = s \cdot f'(1 - c')$

よって，s は $f - c$ の因数である。

3.　$\left(\dfrac{1}{x}\right)\left(\dfrac{1}{y^3} + \dfrac{1}{y} + 1\right) - 1$

$= \dfrac{1}{2^{-1}}\left(\dfrac{1}{10^{-3}} + \dfrac{1}{10^{-1}} + 1\right) - 1$

$= 2(10^3 + 10 + 1) - 1 = 2 \cdot 1011 - 1 = 2022 - 1$

$= 2021$

▶問 2．設問の要求は，この世の中で不条理だと感じていることを 15 個挙げ，また，なぜそれらを不条理だと感じるのか，個々の不条理の内容と理由を，それぞれ簡潔に 1 文で記述することである。なお，課題ジャンルとして，(a)人間の慣習に関すること，(b)社会のしくみやルールに関すること，(c)人間と環境の関係に関すること，の 3 つが指定されており，これらのいずれか，もしくは複数に関わる内容であること，および，挙げた全ての不条理を通して(a)～(c)の全てを網羅することが条件となっている。

　「この世の中で不条理だと感じていること」を具体的に列挙する前に，まずは「不条理」の定義を正しく把握しておく。リード文の注には，「ここでいう『不条理な』とは，英語の『Irrational』を意味し，『理性のない，分別のない，道理のわからない，不合理な』という意味を表すとします」とある。ここから，答案作成に当たっては，個々の不条理について，理性・分別のなさ，道理のわからなさ，不合理さを明示する必要があるとわかるだろう。個々の不条理が抱える問題の構造を見抜いたうえで，論理的におかしいといえる点を端的に指摘しなければならない。

　次いで，具体的な不条理を探すことになるが，日ごろの科目学習，特に「現代社会」や「政治・経済」で扱われているような社会問題の多くは，先に見た不条理を含んでいるといえる。また，設問文に「個人的かつ情緒的な内容…ではなく」とあるものの，身近なところで自分が経験し，かつ他の人も同様の経験をしていると考えられる，小さな不条理を挙げることもできるだろう。とりあえずは 15 個を超えて構わないので，思いついたものから列挙していき，その後，答案を作成しやすいものを選ぶとよい。

　〔解答例〕で挙げたものの他にも，年功序列の給与体系，学歴社会，死刑制度の存続，少数派の意見が反映されない多数決，理不尽な校則，研究よ

りも予算の確保に時間を割かざるを得ない科学の在り方など，様々な例が考えられるだろう。ただし，問題が複雑すぎると１文で記述することができなくなってしまう。単純な論理構造に落とし込めるものを選ぶことが肝要である。

　なお，個々の不条理が抱える問題の構造が把握できていれば，どの課題ジャンルに関わるものなのかを判別するのは難しくない。しかし，多くの問題には複数の要素が絡んでおり，全ての不条理が(a)～(c)の全てに関わっているという結論に陥りかねない。不条理の中核，論理的におかしく，解消されなければならない点が，(a)～(c)のどれに関わるかを考えよう。

▶問３．問２で挙げた不条理のうち３つを取り上げ，その解決の方向性と方法について，「解決のカギとなる技術革新・アイデアを含め，できるだけ具体的，定量的，かつヴィジュアルに説明」することが求められている。

　設問要求に明示的に応じるためには，まず，「解決の方向性」と「解決の方法」とを区別しておく必要がある。設問文ではカップラーメンの例が挙がっているが，そこから，「解決の方向性」とは，課題ないし問題と直接対応する（例では「麺がほぐれていない」という問題がある）大まかで抽象的な方針のことであり，「解決の方法」とは，それを実現・達成するための具体的な手段のことであるとわかるだろう。

　問２の段階で，個々の不条理が抱える問題の構造が把握できていれば，「解決の方向性」を示すことは難しくない。たとえば，「○○が不足している」という問題状況に対しては，「○○を増やす」という「方向性」を示せばよいだけである。

　一方で，「解決の方法」については，「解決のカギとなる技術革新・アイデアを含め」る必要があり，それが答案作成の大きなポイントとなる。もちろん，それらの技術革新やアイデアは今のところ実現できないものであっても構わないが，それによってどのような問題がどう解消し，不条理の解決につながるのかを，論理的にわかりやすく説明できなければならない。翻って，問２と同様に，こうした説明を組み立てやすい不条理を選んで取り上げることも必要である。

　また，「できるだけ具体的，定量的，かつヴィジュアルに」という条件についても，具体的な技術革新やアイデアについて，論理的にわかりやすく，図やイラストを適宜用いて説明すれば満たすことができる。ただ，定

量的な説明とは，本来，物事の量的側面に着目し，数値を用いて分析・記述したもののことをいう。その意味では，具体的なデータを提示し，数理的に論を展開することが望ましいだろう。しかし，資料もなく，細かいデータを全て覚えておけるはずもないので，主観的・情緒的・感情的判断を排し，論理的で合理的な説明ができていれば十分である。

〔解答例〕では，食品ロスについては技術革新に支えられた量り売りのアイデアを，マイクロプラスチックについては代替素材の技術革新を支援するアイデアを，自転車の扱いについては自転車の立ち位置を明確にするというアイデアを軸として説明した。他にも，様々な不条理について，様々な解決の方向性と方法が考えられるが，個々の不条理の解決に向けた筋道が一目でわかるよう，構成を工夫することが肝要である。

❖講　評

　2021 年度は，例年複数提示される資料文がなく，短いリード文のみによる出題であった。この世の中の「不条理」と向かい合い解決することをテーマに，3 つの小問が課されている。

　問 1 はいわばウォームアップであり，問題解決の第一歩として，論理的・合理的・定量的な思考を促し，その基礎となる数理的な素養を試すものであった。あくまでも初歩的な問題で，慶應義塾大学の受験生にとっては難しいものではない。1 は 2 つの数式の大小を問うもの。不等式の基本問題である。2 は整数に関するものであるが，「因数」の意味がわかっていれば何の問題もない。3 は簡単な指数計算である。

　続く問 2 は問題発見，問 3 は問題解決というオーソドックスな構成になっているものの，上述の通り資料文が与えられていないため，具体的にどのような問題を取り上げるかは，ほぼ受験生の裁量に任されていたと言えよう。しかしながら，限られたリード文や設問文の中で，守るべき思考様式は示されており，その意味では，例年通りの読解力が試されるところであった。その上で，15 もの不条理を示すことを求める問 2 では，受験生の問題関心の広さが，解決策の説明を求める問 3 では，問題関心の深さが試されている。また，問 3 では，問題の構造を読み解く洞察力に加えて，アイデアの創造力，ヴィジュアルな表現力をも求められており，総じて環境情報学部らしい出題であったと言えよう。

2020
年度

解答編

解答編

英語

I **解答**　[31]－2　[32]－1　[33]－3　[34]－2　[35]－2
[36]－1　[37]－1　[38]－2　[39]－2　[40]－3
[41]－3　[42]－4　[43]－4　[44]－3　[45]－4

◆全　訳◆

≪自動運転車の普及と歩行者≫

1　通りを横断するとき，ほとんどの歩行者が近づいてくる車を見たときに最初に行うことの1つは，ドライバーと目を合わせることである。これは，ドライバーがこちらを見ていることを確認する1つの方法である。ドライバーに見られることは，確実に通りを安全に横断できるようにするのに重要なのだ。ここで，同じシナリオを，歩行者であるあなたがドライバーとアイコンタクトをとろうとした際に車両にドライバーがいないことに気づいた場合に実行することを想像してみよう。通りを渡るだろうか？そのような状況は，自動運転車（AV）の普及に伴って日常的に発生する可能性がある。先の質問に対する答えは，その自動運転車が通り過ぎるのを待ってから通りを渡ることではありえない。AV が我々の社会に完全に組み込まれるためには，AV は他の車両とほぼ同じ方法で運行される必要がある。

2　歩行者と手動運転車との相互作用に関する研究は，歩行者とドライバーとの間の安全な関わり方を確保する上で，双方のコミュニケーションが果たす重要な役割を強調している。このコミュニケーションは，多くの場合，歩行者と車両のドライバーとの間の，口頭でのやり取り，手でのジェスチャー，またはアイコンタクトを通じて行われる。車両からドライバーがいなくなることは，歩行者の安全を確保するために必要なコミュニケーションの促進に対して，新たな課題を提示する。歩行者と AV のコミュニケーションに関する研究は，AV から歩行者にむけてのコミュニケーシ

ョンを調べるものと，歩行者から AV にむけてのコミュニケーションを調べるものに分けることができる。

3　まず，AV 側での歩行者とのコミュニケーションに関する研究では，AV に搭載される諸装置の使用を活用して歩行者とのコミュニケーションを促進することに焦点を当てている。最も一般的に研究されている装置は，発光ダイオード（LED）のメッセージボードである。これらの LED メッセージボードは，AV のさまざまな部分（車体側部，フロントガラス，ルーフなど）に設置されている。AV に LED ボードを配置する最適な場所を決定するための研究が行われている。また，これらのメッセージボードに表示すべき情報に関する研究も進行中である。たとえば，AV が現在何をしているのか（停止中，など），または歩行者が何をしているべきなのか（今すぐ横断せよ，など）を表示する必要がある。LED メッセージの使用に関する最大の制限の1つは，拡張性（スケーラビリティ）に関連している。LED ボードは，ある歩行者にむけてメッセージを表示しても，別の歩行者に読まれることがあるかもしれない。たとえば，AV の LED ボードには，歩行者「A」が横断しても安全であるというメッセージが表示されるが，AV が気づいておらず，横断が安全であることを伝えようとしていない歩行者「B」によってそのメッセージが読まれてしまうことがあるかもしれないのだ。これにより，少なくとも1人の歩行者が AV の意図を誤解する可能性がある。拡張性に関する問題の別の例は，LED ボードを搭載した AV の数が増加するにつれて歩行者に押し付けられる認知負荷が増加することである。歩行者が遭遇する AV の数が増えるにつれて，読み取るべき LED メッセージの潜在数も増える。歩行者が1台の AV からの1つのメッセージを読むのは確かに処理しやすいことだが，2台，3台，4台の AV からのメッセージとなると幾分難度が高まる。これは，メールを打っていたり読んでいたりするなど，多くの歩行者に関連する習慣や行動を考慮すると，特に当てはまる。さらに，最初の拡張性の問題を2番目の拡張性の問題と組み合わせると，拡張性に関連する問題がどのように拡大しうるかが簡単にわかるようになる。拡張性の諸問題は克服できないものではないが，それらは，単独の解決策としての LED ボードの使用に対して，現在進行中の課題を突き付けているのだ。

4　第二に，車両からドライバーがいなくなることには別の問題もある。

それは，歩行者が AV とコミュニケーションする能力だ。共通点や共有された理解は，コミュニケーションの促進に役立つ。歩行者とドライバーとの共通基盤を形作る重要な源泉の1つは，共有された経験に基づくものだ。多くの場合，ドライバーはときに歩行者であり，歩行者は，車両を運転したことがないとしても，少なくとも車両に乗ったことはある。これにより，ドライバーと歩行者の間に共通の基盤ができ，コミュニケーションが容易になる。しかし，AV は歩行者になった経験はなく，AV は行動や意思決定において常に人間のドライバーを模倣するわけでもない。これらはともに，AV と歩行者が共通の基盤を確立することを困難にする。研究者は，歩行者が身体言語と行動を通じて，どのように自分の意図を暗黙裡に伝えているかを究明するための研究を行っている。機械学習を使用するモデルが，歩行者からの暗黙のコミュニケーションに AV が正しく反応できるように，それらを正しく解釈する方法を AV に教えるために開発されている。ただし，これらの意思疎通はたえず変化して突発的に起こるものなので，モデリングが特に困難になるのである。

■■■■■■■■■ ◀解　説▶ ■■■■■■■■■

▶[31]　1.「乗客」　2.「ドライバー」　3.「観察者」
2つ後の文（That situation is …）で automated vehicles（AVs）「自動運転車」の普及に言及しているので，「ドライバーのいない車両」が適切。

▶[32]　1.「適応」　2.「規制」　3.「うわさ」
当該箇所を含む第1段第6文冒頭の "That situation" とは，通りを横断する際にドライバーのいない車両と出くわすことを指している。このような状況は自動運転車が社会に広く受け入れられること，つまり，普及することに伴って頻繁にみられるようになると考えられる現象であるので，1が適切。

▶[33]　1.「時限の」　2.「デジタルの」　3.「口頭の」
歩行者と車両のドライバーとの間でのコミュニケーションとして，手でのジェスチャー，アイコンタクトと列挙されるものとしては「口頭でのやり取り」が適切。1は意味を成さない。2も文脈から不適。

▶[34]　1.「用心深い」　2.「気づかない」　3.「独立した」
当該箇所を含む第3段第8文（An LED board …）は，直後の文（For example, …）と同様，自動運転車が想定していない歩行者にメッセージ

を読まれる可能性について言及している箇所。したがって，他の歩行者には「気づいていない」とするのが適切。

▶[35]　1.「均衡が保たれた」　2.「押し付けられた」　3.「移転された」

load「負荷，負担」という語と，直後の on がヒント。impose a load on ～ で「～に負荷を課す」，the load imposed on ～ で「～に押し付けられた負荷」の意。

▶[36]　1.「遭遇する」　2.「活用する」　3.「操作する」

AVs that the pedestrian（　　　）は「歩行者が（　　　）する AV」の意で，（　　　）の動詞は歩行者を主語とし，AV を目的語とするものである。2 や 3 では意味を成さない。

▶[37]　1.「組み合わせる」　2.「2 倍にする」　3.「比べる」

with が後続しているのがヒントになる。couple *A* with *B* で「*A* を *B* と組み合わせる」，compare *A* with *B* で「*A* を *B* と比較する」の意だが，後者では文意に合わない。拡張性に関する別個の 2 つの問題が重なり合うと，問題が一層難しくなるという文脈である。

▶[38]　1.「代わりがきかない」　2.「克服できない」　3.「落胆させるような」

but で「この問題は現在進行中の課題を突き付ける」が後続している点がポイント。拡張性に関する諸問題は「克服できない」ものではないが，課題がある，という流れにするのが適切。

▶[39]　1.「それにもかかわらず」　2.「～ではないにしても」　3.「～は言うまでもなく」

at least ～ if not … で「…とまでは言わないまでも少なくとも～」の意。当該箇所を含む第 4 段第 3 文（One important source …）は，歩行者とドライバーが共有している経験に関する文。歩行者は，自分で車両を運転したことがないとしても，同乗した経験はあるのだから，少なくとも車両に乗ったことはあるはずと考えればよい。

▶[40]　1.「支援する」　2.「正当性を疑う」　3.「模倣する」

歩行者とドライバーには共有している経験があるが，人間と自動運転車にはそのような共通基盤がない，という論旨を押さえる。人間はドライバーにも歩行者にもなれるが，AV は人間ではないので歩行者にはなれないし，

人間のドライバーをまねて学習できるわけではないのである。

▶ [41]　「本文によると，拡張性の問題に関する最も適切な説明は次のうちどれか？」

1．「問題の数が増えると，各問題は小さくなる」

2．「否定的な結果の頻度は，問題の数によって予測される」

3．「作用因子の数が増えると，問題はより複雑になる」

4．「問題の規模は，測定された変数の数によって決まる」

拡張性の問題については，第 3 段で 2 例説明されている。1 つ目の例は第 3 段第 8 ～ 10 文（An LED board … the AV's intention.）で，ここでは，歩行者と自動運転車とのコミュニケーションにおいて，歩行者の数（＝作用因子）が増えた場合，意図せざる歩行者に，自動運転車からのメッセージが読み取られる可能性が指摘されている。2 つ目の例は同段第 11 ～ 14 文（Another example of … and email reading.）で，ここでは，一人の歩行者が遭遇する自動運転車（＝作用因子）が増えた場合，読み取らなければいけないメッセージが増え認知負荷が高まることが指摘されている。第 13 文（A pedestrian reading …）で，メッセージを発する車の数（＝作用因子）が増えるほど become somewhat more difficult「幾分，複雑化する」とある。また，歩行者がスマホを操作している場合は，さらに難化する旨が述べられている。両例とも，作用因子が増えることで問題がより難しくなっていくことが示されていると理解できる。よって，3 が適切。

▶ [42]　「本文で言及されている 2 つ目の拡張性の問題は何か？」

1．「歩行者は AV を運転したことがない」

2．「各 AV は複数の歩行者に注意を払わなければならない」

3．「AV は歩行者になったことが一度もない」

4．「各歩行者は複数の AV に注意しなければならない」

第 3 段第 11 文（Another example of …）に「拡張性のもう一つの問題は，LED ボードを搭載した AV の数が増加するにつれて歩行者に押し付けられる認知負荷が増加することである」とあり，「歩行者に押し付けられる認知負荷が増加する」とは，「歩行者は複数の AV からのメッセージに注意しなければならない」ということなので，4 が適切。

▶ [43]　「本文によれば，人間のドライバーと歩行者にとって『共通の基盤』とみなされないものは何か？」

1．「両方とも口頭でコミュニケーションができる」

2．「ボディーランゲージを通じて意図を推測する」

3．「お互いの視点を経験したことがある」

4．「混雑した通りで互いに出会う」

1・2は第2段第2文（This communication is …）に，3は最終段第3
〜5文（One important source … which facilitates communication.）に
合致する。4は本文中に記述がない。

▶[44]「筆者が提示している中心的な考えは次のうちどれか？」

1．「AV の数を増やすと，都市計画に問題が生じる」

2．「歩行者の歩行習慣は，AV 時代には変わらなければならない」

3．「AV と人との間のコミュニケーションを改善する必要がある」

4．「AV は，人間の行動を再現できるように設計する必要がある」

最終段第8・9文（Researchers are conducting … to them correctly.）
で，①歩行者が身体言語と行動を通じて自分の意図を暗黙裡に伝える方法
を究明するための研究，②歩行者からの暗黙のコミュニケーションを正し
く解釈する方法を AV に教えるためのモデルの開発，の2例が紹介され
ている。これらの研究や開発は「AV と人との間のコミュニケーションの
改善」を目指すものなので，3が適切。

▶[45]「最後の段落で，人間と AV の意思疎通の『動的で差し迫った性
質』のモデル化を特に難しくさせているのは何か？」

1．「AV の数が増え続ける」

2．「歩行者は，AV から多くの種類の信号を読み取る必要がある」

3．「AV と歩行者にははっきりと異なる行動規則がある」

4．「歩行者と AV の動作は大部分予測できない」

最終段最終文（However, the dynamic …）が該当箇所。そこで言わんと
しているのは「the dynamic and emergent nature のためにヒト・AV 間
の意思疎通をモデル化するのが難しくなっている」ということである。そ
れに対して，設問文は the dynamic and emergent という性質がなぜモデル
化を難しくしているのか，ということであるので4が正解。「動的で差
し迫った性質」というのは「常に変化し，突発的である」ということだと
考えるとよい。同段第2文（Common ground or …）以降にコミュニケ
ーションの促進に役立つ common ground「共通の基盤」が人間と AV の

間にないことが述べられているので 3 と迷うところであるが，両者に共通
の基盤がないことについては現在解決するために研究中であることが同段
第 8 文（Researchers are conducting …）で述べられている。最終文は
「それにもかかわらず（However）」難しいと言っているので，common
ground の不在とは別の理由を挙げなければならない。

◆━◆━◆━◆━◆　●語句・構文●　◆━◆━◆━◆━◆━◆━◆━◆━◆

（第 1 段）　When crossing the street＝When（they are）crossing the
street と（they are）を補う。they は pedestrians を指す。ensure that
…「…ということを確認する，確実にする」　automated vehicle「自動運
転車，自動化車両」　answer to 〜「〜への答え」　integrated「統合され
た」　navigate「〜を航行する，操縦する」　much the same「ほぼ同じ」

（第 2 段）　manually driven vehicle「手動運転車両（人が運転する車両）」
highlight「〜を強調する，目立たせる」　The removal of the driver「ド
ライバーの除去」→「車両からドライバーがいなくなること」　facilitate
「〜を容易にする，促進する」　AV-to-pedestrian communication「AV
から歩行者への意思伝達」　pedestrian-to-AV communication「歩行者か
ら AV への意思伝達」

（第 3 段）　focus on 〜「〜に焦点を合わせる，〜に重点的に取り組む」
leverage「〜を利用する，てこ入れする」　promote「〜を促進する」　be
located on 〜「〜に位置している」　side panel「側板」　windshield「フ
ロントガラス」　overhead は「天井」であるが，本文では，LED ボード
が設置される部位であることを考慮すると，内装部ではなくて，外板であ
るルーフ部分を指すと考えられる。ongoing「進行中の，継続している」
be related to 〜「〜に関連している」　scalability「拡張性，スケーラビ
リティ」　have the message read by pedestrian "B"「そのメッセージが
歩行者 "B" によって読まれてしまう」　have A＋過去分詞で「A が〜さ
れるようにする，A を〜される」の意。result in 〜「結果的に〜に終わ
る」　cognitive「認識の，認知の」　load「負荷，重荷」　so <u>does</u> the
number of potential LED messages to read は so the number of
potential LED messages to read <u>increases</u> の increases を <u>does increase</u>
にして，does を前置させて increase を消去したもの。manageable「操作
できる，扱いやすい」　somewhat「幾分」　true「当てはまる」　factor in

～「～を考慮に入れる」 associated with ～「～と関係がある，～と関連している」 text messaging「メールを打つこと」 magnify「拡大する」 do present「確かに提供する」の do は助動詞で動詞の意味を強める。standalone「単独の，孤立した」

（第4段）be based on ～「～に基づいている」 decision-making「意思決定」 Both make it difficult for the AV and the pedestrian to establish common ground の it は仮目的語で真の目的語は後置された for the AV and the pedestrian to establish common ground であり，for the AV and the pedestrian と to establish common ground は意味上の主語・述語関係（「AVと歩行者が共通の基盤を確立する」という意味になる）にある。implicitly「それとなく，暗に」 machine learning「機械学習」 so that they can react to them correctly は so that … can ～ で目的を表し「…が～するために」の意。dynamic「動的な」 emergent「差し迫った，緊急の」 the dynamic and emergent nature of these interactions makes modeling these interactions particularly challenging は make を使った第5文型で modeling these interactions が目的語で particularly challenging が目的格補語。

Ⅱ　解答

[46]－2　[47]－1　[48]－1　[49]－3　[50]－1
[51]－3　[52]－1　[53]－3　[54]－3　[55]－2
[56]－2　[57]－1　[58]－4　[59]－4　[60]－2

◆全　訳◆

≪脳の神経適応と失読症の研究≫

1　それはすべての会話の開始時に存在している──脳が馴染みのない声に適応するのに要するわずかの時間のことである。ほんの1，2秒しか続かないが，その短い時間で，あなたの脳はラジオのダイヤルを回し，新しく耳にする声の独特の音程，リズム，アクセント，母音に合わせる。ダイヤルが合うと，会話が始まる。

2　このプロセスは迅速な神経適応と呼ばれており，絶えず起こる。新しい声，音，光景，手触り，味，臭いのすべてがこの脳の反応を引き起こす。努力を要することなく行われる反応なので，我々はそれが起こっていることに気づくことさえめったにない。しかし，テイラー＝ペラチオーネとそ

の同僚たちの新たな研究によると，神経適応に関する諸問題が失読症（ディスレクシア）の根源にある可能性がある。失読症とは，数百万人のアメリカ人が罹患している読字障害で，学童の推定5人に1人から20人に1人が含まれている。彼らの実験は，失読症の人と普通に読めている人の脳における神経適応を比較するために，脳の画像を使用した最初のものである。

3　このチームの最初の実験では，失読症を患っていない実験参加者に，話し言葉と画面上の画像を組み合わせるよう指示し，同時に研究者たちは機能的磁気共鳴画像法（fMRI）を使用して脳の活動を追跡した。被験者たちは2つの異なる方法でこの検査に取り組んだ。1つ目の形式では，彼らはさまざまな異なる声で話された言葉を聞いた。2つ目の形式では，すべて同じ声で話された言葉を聞いた。研究者らが予想したように，両方の検査の開始時に，被験者の脳の言語ネットワーク内の活動が初めに急激に高まることをfMRIが明らかにした。しかし，1つ目の検査の間，脳は新しい単語と声ごとに活性化し続けた。2つ目の検査で声がずっと同じであった場合，脳はそれほど懸命に働く必要はなかった。脳が適応したからだ。

4　しかしながら，失読症の被験者が同じ検査を受けたとき，彼らの脳の活動は決して落ち着かなかった。周波数を維持できないラジオのように，脳は同一の声に対しても適応せず，新奇なものであるかのように毎回新たに処理しなければならなかった。

5　この結果は，失読症の人々の脳は入ってくる光景や音を処理するために「典型的な」脳よりも一生懸命に働き，たとえどんなに簡単な作業でも付加的な認知的負荷を要するということを示唆している。「私が驚いたのは，その違いの大きさだった。これらは微細な違いではない」とペラチオーネは言う。この研究結果は，失読症の脳に関する彼の他の研究――失読症の人は音韻的作業記憶とも格闘していることがわかっている――と一致している。脳の過活動はほとんどの場合は目立たないかもしれないが，読むという活動には非常に顕著な影響を与えるようだ。

6　この結果は，失読症研究者を何十年も困惑させてきたパラドックスを解決できるかもしれない。「失読症の人は読み取りにある特定の問題を抱えているが，脳には『読み取りに特化した部位』はない」とMITの神経科学者ジョン=ガブリエリは述べている。脳の特定の部位が損傷すると，

それらの脳の領域にある特定のスキル，たとえば話す能力を失う可能性がある。しかし，脳には個別の読み取り中枢がないのだから，ある障害が読み取りにとって，そして読み取りにとってだけマイナスになる可能性があることを理解するのは困難である。

7　この新しい研究は，パラドックスを部分的には解決する。なぜならば，迅速な神経適応は脳の「低レベル」の機能であり，「高レベル」の抽象機能の構成要素として役割を果たすためだ。しかし，そのことからは別の謎が提出される，とガブリエリは言う。「読字困難な人々が非常に得意な他の領域があるのはなぜだろうか？」

8　答えは，我々がどのようにして字を読むことを習得するのかに関係している，と研究者たちは考えている。我々が学習することの中で，読むことほど複雑なことは他にはほとんどない。読字の習得は，精神的には面倒なことだからだ。人間の脳は読めるように進化したのではない——識字能力が当たり前のことになったのはほんのここ2世紀のことなのだ——したがって，脳はまったく異なる目的のために進化した諸領域を別目的で利用しなければならないのである。そして，読み取りは進化上新しい行為なので，脳は代替策がない状態のままかもしれない。「読み取りは多大な労力を要するため，同程度にうまく機能する代替経路はない」とガブリエリは言う。これは，釘を打つためにステープラーを使うようなものだ——ステープラーでもどうにか仕事を終わらせることはできるが，多くの余分の労力が必要となる。

9　fMRIの結果は，脳のどの部分が酷使されているかを示してはいるが，失読症の人々が異なる適応反応を示す理由を研究者に正確には教えてくれない。「脳全体に当てはまる基本的なことの発見は，生物学的モデルと心理学的モデルとの間の関係を探求し始める，よりよい機会を与えてくれる」とペラチオーネは言う。これらのつながりは，いつの日か失読症の子供を特定して治療するためのよりよい方法に通じているかもしれない。

■━━━◀解　説▶━━━■

▶[46]　1．「理解する」　2．「始まる」　3．「起き上がる」
第1段第1文（It's there, …）から，会話の前に脳が馴染みのない声に適応する時間が存在する，という旨が述べられている。したがって，2が適切。

▶[47]　1.「楽な，努力を要しない」　2.「要求が多い，注文が厳しい」
3.「押し付けがましい，差し出がましい」
that 以下に我々は脳が声に適応する反応が起こっていることに気づくことがめったにないという旨が述べられている。これは，その反応があまりにも容易に行われるからである。したがって1が適切。

▶[48]　1.「見積もりの，推定の」　2.「～もの少数の」　3.「正確に，まさに」
「5人に1人から20人に1人の学童」は少数とは言えない。また，4倍もの幅があるので正確な数値とも言えない。an estimated ～ で「推定～」の意である。

▶[49]　1.「支援する」　2.「高める」　3.「追跡する」
機能的磁気共鳴画像法（fMRI）は脳の活動の様子を画像化する装置なので，3が適切。

▶[50]　1.「初期の」　2.「緊急の」　3.「逆さの」
後続部分に at the start of both tests「両方の検査の開始時に」とあるので，1が適する。

▶[51]　各選択肢の原形の意味は，1.「制限する」，2.「避ける」，3.「要求する」である。
第4段で，失読症でない人の脳は同じ声なら次からは認識が容易になるのに対して，失読症の人の脳は同じ音声でも毎回それを新奇なものとして新たに処理しなければならないということが紹介されている。つまり，失読症の人の脳は簡単な作業を行うにも，余計な労力を払っていることになる。よって，3が適切。

▶[52]　各選択肢の原形の意味は，1.「困惑させる」，2.「啓発する」，3.「関係させる」である。
第6段最終文（But because the …）に「脳には読み取り中枢がないので，ある障害が読み取りにとってだけマイナスになることを理解するのは困難である」とあるので，このパラドックスは失読症研究者を何十年も「困惑させてきた」のである。

▶[53]　1.「取り組む」　2.「傷つける」　3.「妨げる」
主語 disorder の「障害」と目的語の reading「読み取り」をつなぐ動詞として適するのは，この場合，3しかない。

▶ [54] 空所の後の block と組み合わせると，1．chopping block は「まな板」，2．mounting block という表現はない。3．building block は「構成要素，構成単位」の意。当該箇所を含む第 7 段第 1 文（This new work …）にある the paradox の内容を押さえる。「低レベルの脳機能が組み合わさって，より高次の脳機能が働く」のであれば，「高次の脳機能を必要とする読字に特化した中枢がなくても，低レベルの脳機能に関する障害によって読字障害が生じる」ことが理解できる。3 を選べば，上記の文脈をつくることができる。

▶ [55] 1．has stuck with ～ で「～を堅持している」，2．has to do with ～ で「～と関係がある」，3．has problem with ～ で「～に関して問題がある」の意。

ここは前段落の問い（失読症の人々が他の領域で優れていることがあるのはなぜか？）に対する解答を考察している。第 2 文以降，読むという行為を習得することの難しさ・複雑さについて言及されており，要するに「読み取りの学習が複雑だから」というのがその直接の答え（理由・原因）ではないが，その答えにつながるヒントになる，つまり関係がありそうだということがわかる。よって，2 が適切。

▶ [56] 「筆者によると，迅速な神経適応の別の例は何か？」
1．「強い臭いに対して否定的に反応すること」
2．「熱い風呂の温度に慣れること」
3．「重傷による絶え間ない痛みがあること」
4．「第二言語で新しい語彙を覚えること」
第 1 段にあるように，迅速な神経適応とは，「慣れる」しくみのことである。第 2 段第 2 文（New voices, …）に「新しい声，音，光景，手触り，味，臭いがすべてこの脳の反応を引き起こす」とあり，「温度」には言及がないが，入りたての瞬間は熱い風呂でも少し時間が経てばその熱さも気にならなくなることを考えると，2 が適する。

▶ [57] 「第 4 段では，失読症の人たちに対する研究の結果はどうだったか？」
1．「参加者の脳の活動は絶え間ない努力を示した」
2．「被験者はその実験は簡単に完了するとわかった」
3．「参加者はその音量が聞き取りにくいとわかった」

4.「被験者は，古い単語よりも新しい単語の方を早く認識した」

第4段に「失読症の被験者が同じ検査を受けたとき，彼らの脳の活動は決して落ち着かず，脳は一貫した音声に適応せず，新奇なものであるかのように処理しなければならなかった」とあるので，1が適する。

▶[58]「第5段で，筆者は "dovetails" という言葉で何を意味しているか？」

1.「模倣する」

2.「矛盾する」

3.「証明する」

4.「合致する」

dovetail with は「～とぴったり一致する」の意だが，難単語。This finding「この研究結果」とは第5段第1文（The results suggest …）にあるように「失読症の脳は『典型的な』脳よりも一生懸命に働き，どんなに簡単な作業でも付加的な認知負荷がかかってしまう」ということであり，一方，his other work on the dyslexic brain からわかっているのは，which has found that individuals with dyslexia also struggle with phonological working memory「失読症の人は音韻的作業記憶とも格闘していることがわかっている」であるから，This finding と his other work on the dyslexic brain とは同じ結論を示している。したがって，align with ～「～と合致する」と同義であろうと推測できる。

▶[59]「本文によると，読み取りは不自然なプロセスと考えることができる，なぜならば…からである」

1.「高レベルと低レベルの両方の脳機能が必要である」

2.「脳の読み取り中枢が脳に位置していない」

3.「首尾よく成し遂げるには最小限の努力が必要である」

4.「それは人々によって作り出された概念であり実践である」

第8段第4文（The human brain …）で「人間の脳は読めるように進化したのではない」とあり，その直後に，「読むことは，直近の2世紀に一般化したにすぎない」とある。そのため読み取りでは，「脳は異なる目的のために進化した領域を別目的で利用しなければならない」ので，2ではなく4が適切。

▶[60]「ステープラーの例は何を例示するために使用されているか？」

１．「仕事に最適なツールが常に最速なものとは限らない」

２．「脳は適応力が高いが，必ずしも効率的ではない」

３．「進化は，同じ任務を達成するための複数の道具を生み出す」

４．「読むことを習得する方法は複数ある」

第８段の内容から，「脳は，多大な労力を要する読字を処理する中枢をもたないために，読字の際にはそれ以外の異なる目的のために進化した諸領域を再利用しなければならない」とわかる。「脳は間に合わせで読字という行為をなしているが，非常に骨折り（＝非効率的）だ」という主旨が，ステープラーの例えによって説明されていることを押さえればよい。２が適切。

◆━◆━◆━◆━◆ ●語句・構文● ◆━◆━◆━◆━◆━◆━◆

（第１段）　It's there, … の It は the moment it takes your brain to adjust to an unfamiliar voice を指している。thumb「～を親指で回す」pitch「音程，声の高さ」 vowel「母音」 once は接続詞として，「一旦～すると，～するとすぐに」の意。dial in「波長を合わせる」

（第２段）　trigger「～の引き金を引く，～を引き起こす」 according to ～「～によれば」 dyslexia「失読症」 impairment「機能障害」 compare *A* with *B*「*A* を *B* と比較する」 those who read normally = people who read normally

（第３段）　pair *A* with *B*「*A* を *B* と一組にする」 functional magnetic resonance imaging (fMRI)「機能的磁気共鳴画像法」 subject「被験者」 a variety of ～「さまざまな～」 reveal「～を明らかにする」 rev「調子を上げる，回転速度を急に上げる」 stay the same「同じ状態のままである」

（第４段）　ease off「和らぐ，軽くなる」 frequency「周波数」 adapt to ～「～に適合する」 consistent「一貫性のある」 fresh「新たに（＝freshly）」

（第５段）　magnitude「大きさ」 struggle with ～「～に取り組む，奮闘する」 phonological「音韻に関する，音韻体系の」 noticeable「容易に気づく，目立つ」 most of the time「大体の場合，ほとんど常に」 singularly「著しく，非常に」 prominent「目立つ，卓越した」 impact on ～「～に与える影響」

（第6段）paradox「逆説，背理，パラドックス」 for decades「数十年間」 neuroscientist「神経科学者」 region「領域」 discrete「個別の」 disorder「疾患，障害」

（第7段）partially「部分的に，ある程度」 abstract「抽象的な」 domain「領域，分野」

（第8段）learn to *do*「～するようになる，～することを学習する」 complicated「複雑な，込み入った」 cumbersome「厄介な，面倒な」 evolve「進化する」 commonplace「当たり前の，ありふれた」 repurpose「～に再度目的を持たせる，～を別の用途で使う」 demanding「要求が多い，注文が厳しい」 alternative「代わりの，他に取り得る」 pathway「経路，進路」 pound「何度も強打する」 nail「釘」

（第9段）strain「緊張する」 connections between *A* and *B*「*A* と *B* の関係」 lead to ～「～に通じる，～を引き起こす」

Ⅲ　解答

[61]－1	[62]－3	[63]－3	[64]－1	[65]－3
[66]－2	[67]－2	[68]－1	[69]－1	[70]－1

[71]－1	[72]－3	[73]－3	[74]－2	[75]－3	[76]－3
[77]－1	[78]－1	[79]－3	[80]－3	[81]－1	[82]－3
[83]－1	[84]－4	[85]－3	[86]－4	[87]－3	[88]－2
[89]－4	[90]－2				

〰〰〰〰〰〰〰◆全　訳◆〰〰〰〰〰〰〰〰〰〰〰〰〰〰〰

≪子供が数学の授業で指を使うべき理由≫

1　数週間前，ある母親が私に電話をかけてきて，5歳の娘が学校の先生に指で数を数えさせてもらえなかったという理由で泣きながら学校から帰ってきた，と伝えた。これは，まれな出来事ではない──全国の学校は，教室で数を数える際に指を使うことを通例禁止しているか，子供じみた行為であると生徒たちに伝えるかをしている。人々が数えるのに指を使う期間と年齢をはるかに過ぎても，指を「見る」脳の領域が重要だと示している，神経科学の説得力がありかなり驚くべき一分野があるにもかかわらず，指を使うことを禁止したり否定したりしているのだ。

2　昨年発表された研究で，研究者のイラリア=ベルテレッティとジェイ

On
On

ムズ=R. ブースは，体性感覚の手指領域として知られる，指の知覚と表現に専ら用いられる脳の特定領域を分析した。驚くべきことに，脳の研究者たちは，我々は計算で指を使用しなくても脳内で指の表現を「見る」ことを知っている。研究者たちは，生徒が指を使わなかったとしても，8歳から13歳の子供は複雑な引き算の問題を与えられると，体性感覚の手指領域が活性化することを発見した。彼らの研究によれば，この指の表現領域は，より大きい数や，より多くの操作を伴う，より複雑な問題にも大きく関与していた。他にも，1年生のときに生徒の指の知識が優れていればいるほど，2年生のときに習う数の比較と推定で成績が高くなることを発見した研究者もいる。大学生の指の知覚からでさえ，計算の成績が予測されたのだ。

3　行動研究と神経科学研究の双方からの証拠は，人々が自分の指を知覚し表現する方法についての訓練を受けると，そうすることがいっそう上手になり，より高い数学の成績につながることを示している。研究者たちは，6歳の子供が指の表現の質を向上させると，算数の知識，特に計数や数の順序付けなどのスキルが向上することを発見した。実際，6歳の子供の指の表現の質の方が，認知処理のテストの成績よりも，数学のテストにおける将来のパフォーマンスをよりよく予測するものであった。

4　神経科学者はしばしば，なぜ指の知識が数学の成績を予測するのかを議論するが，彼らは1つのことには疑いもなく同意している——この知識は決定的に重要な意味をもつということである。この分野の代表的研究者であるブライアン=バターワースが記しているように，生徒が自分の指について考えることを通して数を学ばない場合，数は「脳内で通常の表現をもつことはない」。

5　これら重要な研究を実施している神経科学者の推奨事項の1つは，学校が指の識別——指で数を数えることだけでなく，生徒がそれらの指を区別できるように手助けすること——に焦点を当てることである。それでも，学校は通常，指の識別には，全然，とまではいかないとしても，ほとんど注意を払っていない。そして，我々の知る限りでは，この種の数学的作業を奨励する公開カリキュラムはない。その代わり，主に学区とメディアのせいで，多くの教師は，指の使用は役に立たず，できるだけ早く放棄されるべきものであると信じるようになってしまった。たとえば，放課

後の個別指導プログラムである公文では，指で数えることは「やってはい
けないこと」であり，子供たちがそうしているのを見たら指導者に報告し
てください，と親に伝えている。

6　新しい脳の研究によれば，数を数える際に生徒に指を使わせないこと
は，彼らの数学的発達を止めるようなものだ。おそらく指は我々の最も有
用な視覚を補助する道具の１つであり，脳の中の手指領域は成人期になっ
てもよく使用されている。指の知覚の必要性と重要性は，ピアニストなど
のミュージシャンが，楽器を学んでいない人よりも数学的な理解力の高さ
を示すことがよくある理由にさえなりうるかもしれない。

7　指の研究は，数学への視覚的取り組みの重要性を示す，認知および脳
関連のより広範な研究グループに属している。我々の脳は「分散ネットワ
ーク」で構成されており，知識を扱うとき，脳のさまざまな領域が互いに
通信しあう。特に数学に取り組むときは，脳の活動は多くの異なるネット
ワークに分散される。このネットワークには腹側視覚経路と背側視覚経路
の内部の領域が含まれるが，これらはいずれも視覚に関するものである。
神経画像検査では，12×25 などの数値計算を記号としての数字（12 およ
び 25）で行う場合でさえも，数学的思考は視覚的処理に基づいているこ
とが示されている。

8　視覚的数学の重要性を示す顕著な例が，ある研究から得られている。
その研究では，数列のゲームを１回 15 分で４回プレイした後，低所得者
層の学生と中所得者層の学生との間の知識の違いが取り除かれたことを示
している。数量を数列に表現することは，数に関する知識の発達にとって
特に重要であることが示されており，生徒が数列を学習することは，子供
の学問的成功の先駆けと考えられている。

9　視覚による数学はすべての学習者にとって効果を発揮する。数年前，
ハワード＝ガードナーは多重知能理論を提案し，人々は，視覚，運動感覚，
論理など，学習に対するさまざまなアプローチを有していることを示唆し
た。このアイデアは，知性と能力に関する人々の思考を広げるのに役立っ
たが，学校現場では不幸な方法で使用されることが多く，その後，特定の
タイプの学習者として生徒を分類することにつながり，彼らは異なる方法
で教えられることとなった。しかし，視覚を使って思考する傾向が強いわ
けではない人こそ，おそらく誰よりも視覚的思考を必要とするのだ。数学

に取り組むとき，誰もが視覚的な経路を使う。問題なのは，それが数十年間，数字と記号からなる教科として提示されてきたことであり，生徒の数学経験を変容し，重要な脳経路を発達させるための視覚的数学の可能性を無視しているということである。

10 教室で抽象と数の世界に投げ込まれたとき，生徒が数学は近づきがたく，面白くないと感じることが多いのは，ほとんど驚くべきことではない。生徒は数学的事項を暗記し，数学の視覚的または創造的な表現をほとんど使用せずに，数に関する練習問題を苦労しながら進めていくように強制される。これは多くの場合，政策指令や誤った学習指導要領が原因である。生産的な視覚的思考に生徒を引き込むためには，彼らは，定期的に，彼らが数学的概念をどのように「見ている」かを尋ねられるべきだし，彼らが見ているものを描くように求められるべきである。生徒は視覚的な問いを伴う活動が提供されたり，質問に対する視覚的な解法を提供するように求められたりするかもしれない。ユーキューブド・チーム（スタンフォードに本部がある）は昨年の夏，3年生から9年生までの生徒用に無料の視覚的な公開数学講座を作成し，数学の美しさを味わうよう生徒たちに呼びかけた。その際，同コンテンツは教師たちに 250,000 回ダウンロードされ，米国中のすべての州で使用された。教師の 98 ％がその学習活動をもっと実施したいと言っており，生徒の 89 ％が視覚的活動が数学の学習を向上させたと報告した。一方，生徒の 94 ％は，課題が難しく間違えた場合でも継続して取り組むことができるようになったと答えた。このような取り組みは，深く没頭すること，新たな理解，視覚系に働きかける脳活動を提供するだけでない。数学というものは，融通が利かず，閉鎖的で，理解できない教科ではなく，開かれた美しい教科になり得ることを生徒に示してもくれるのである。

11 ビジネス，科学技術，芸術および科学の分野で可視化技術と手法を活用していく人こそ，視覚的思考を発達させた人の中でも，さらに世界の新たなハイテク職場において「その分野のトップ」にいることになる人たちだと，一部の研究者は指摘している。数学への取り組みは脳のさまざまな領域を利用するものであり，生徒は視覚，数字，記号，単語に強くなる必要があるのである。

━━━━━━━━━━◀解　説▶━━━━━━━━━━

▶[61]　1.「～にもかかわらず」　2.「～に加えて」　3.「～のせいで」
This は第1段第2文（This is not …）で紹介された，指で数を数える行
為は学校現場では禁止されたり，よくないことだとされたりしているとい
う風潮を指している。これは a compelling and … fingers to count で述
べられた「神経科学のある分野が，指で数える行為と脳との関連を指摘し
ている」ことを無視するものである。したがって，1が適する。ちなみに，
despite ～ の表現は歴史的には despise「～を軽蔑する，～を無視する」
から発生したものである。

▶[62]　1.「～をこえて」　2.「近づきつつある」　3.「～をこえて」
over と beyond はどちらも「～をこえて」と訳されるが，over は「（位置
的に）～を超えて，（量・長さ・年齢など）を上回って」の意で，beyond
は「～の範囲外で」という意味での「～を越えて」である。「人々が指を
使って数える期間と年齢」を「こえる」のは，その期間と年齢の範囲外に
出ることである。

▶[63]　1.「～によって支えられて」　2.「～によって制御されて」　3.
「～に専念して」
a specific region of our brain「脳の特定領域」と the perception and
representation of fingers「指の知覚と表現」との関係は，前者が後者に
支えられる関係でも，制御される関係でもない。前者が後者の機能を担っ
ている，という文意となる3が適切。

▶[64]　1.「～が上達する」　2.「～の機会を逃す」　3.「～を処分す
る」
空所後の doing so「そうすること」は，perceive and represent their
own fingers「自分の指を知覚し表現する」を受けている。自分の指を知
覚し表現する方法についての訓練を受けると，そうすることがいっそう上
達するのである。1が適切。

▶[65]　1.「不運にも」　2.「しかしながら」　3.「実際」
空所の前文（Researchers found that …）では「6歳の子供が指の表現の
質を向上させると，算数のスキルが向上する」と述べられており，空所の
後には「6歳の子供の指の表現の質は数学のテストの将来のパフォーマン
スを予測する」とある。前者の内容を，後者が裏付ける構造。したがって，

3が適切。

▶[66]　1.「どのように～かを無視する」　2.「なぜ～かを議論する」
3.「～ということに同意する」

but 以下の後続部分では「彼らは1つのことには疑いもなく同意している」とある。2を入れれば，空所を含む節は「神経科学者たちはしばしば議論をしている（＝さまざまな異なる意見をもっている）」という主旨になり，続く節にうまくつながる。

▶[67]　各選択肢の原形の意味は，1.「批判する」，2.「行う」，3.「直面する」である。

空所直後の「これらの重要な研究」とは，指を使って数えることが数学能力の向上にとって大事だと結論付ける一連の研究を指している。空所直前の neuroscientists「神経学者たち」は that 以下で指を使うことを推奨しているので，1や3では意味を成さない。2が適切。

▶[68]　little (,) if any (,) ～（＝little or no～）は定型表現で，「たとえあるとしてもほとんど～ない」の意である。（例）There's little if any room for a profit at the promotional price offered by the company.「その会社が提供するプロモーション価格では利益を得る余地はほとんどない」

▶[69]　1.「たとえば」　2.「それにもかかわらず」　3.「とにかく」

空所の前文（Instead, thanks largely…）に「多くの教師が指の使用に否定的である」とあり，空所直後には「公文では指で数えることは禁止している」という旨の記述がある。後者は前者の実例である。したがって，1が適する。

▶[70]　各選択肢の原形の意味は，1.「止める」，2.「刺激する」，3.「推奨する」である。

「数を数えるときに生徒に指を使わせないこと」と「彼らの数学的発達を（　　　）すること」を類似したものにする（be akin to）には，1が適切。

▶[71]　need for ～ で「～の必要性，～を必要とすること」の意で，「～」は need の目的・対象を示す。need of ～ は2つの用法があり，①need for ～ と同義，②「～が必要とすること」の意で「～」は need の主語・主体を示す。[71] では，for が適切である。仮に of だとすると，後

続部分に importance of があるために need of の of は省略されるのが普通
だからである。

▶[72]　1.「～に与える影響」　2.「～からの独立」　3.「～との関わ
り」

後続の第 7 段第 3 文（When we work …）に「我々が数学に取り組むと
きは，脳の活動は多くの異なるネットワークに分散されるが，このネット
ワークは視覚的経路内にある領域を含んでいる」という旨の記述があるの
で，数学と視覚認識は関連していることがわかる。

▶[73]　1.「～より前に」　2.「～から切り離されて」　3.「～に基づ
いて」

第 7 段第 3 文（When we work …）に，数学と視覚認識は関連している
ことが述べられているので，数学的思考は視覚的処理と関連しているので
ある。したがって，3 が適切。

▶[74]　1.「～の反映」　2.「～の前兆」　3.「～に対する妨害」

数列学習が，将来その子供の学問的成功へとつながっていくという文脈で
ある。したがって，2 が適する。

▶[75]　1.「誰も～ない」　2.「誰か」　3.「誰でも」

比較級＋than any ～ で「どんな～よりも…である（＝最も…である）」
の意の定型表現である。anyone の後ろに else を伴って使われることもあ
る。

▶[76]　1.「ひどく」　2.「かなり」　3.「ほとんど～ない」

後続の第 10 段第 2 文（Students are made …）で，学校現場での数学教
育の欠陥が指摘されている。3 を選び「数学の授業は，生徒にとって近づ
き難く，面白くないのも驚くべきことではない」とすればうまくつながる。

▶[77]　plough〔plow〕through ～ で「～を切り開いて進む，～を苦労
しながら進む」の意のイディオム的表現。

▶[78]　1.「生産的」　2.「わかりが早い」　3.「客観的」

筆者は視覚を用いた数学教育の効用を説いているのだから，1 が適する。

▶[79]　2 つの節（the YouCubed Team … beauty in mathematics と
they were downloaded … across the US）を結びつけるには接続詞が必
要である。2 の Then は副詞なので適さない。主節の they were 以下で
は，ユーキューブドが制作したコンテンツが教師たちによって 250,000 回

ダウンロードされた，という事実が述べられている。したがって，3の
When が適切。

▶[80]　1.「注意する，用心する」　2.「屈する，降参する」　3.「前
進し続ける，やり続ける」

第 10 段 第 6 文（Ninety-eight percent …）の 後 半 か ら 第 7 文
（Meanwhile, 94 percent …）で，視覚を使った数学の授業は生徒の圧倒
的多数に好意的に受け入れられていることがわかるので，3が適切。

▶[81]　「筆者によると，現在の数学教育の問題は何か？」

1.「多くの場合，手が届かない」

2.「あまりにも創造的に設計されている」

3.「多くの場合，視覚的に直感的だ」

4.「あまりにもとっつきやすい」

第 10 段第 1・2 文（It is hardly … faulty curriculum guides.）で，視覚
に頼らない数学教育を行っているせいで生徒にとって数学が近づきがたい
ものになっていることが述べられている。したがって，1が適する。

▶[82]　「生徒が指の識別を改善するのを助ける最良の方法として筆者は
何を提案するだろうか？」

1.「一度に1本の指でキーボードを入力させる」

2.「数えるときに指を使用するので，指を背中の後ろに隠させる」

3.「指に色付きのドットを付け，対応する色付きのピアノの鍵盤に触れ
る」

4.「指だけを使って，タッチスクリーン上の数字と色を一致させる」

第5段第1文（One of the …）で，研究者が推奨していることを正確に
読み取る。そこでは「指で数えるだけでなく，生徒がそれぞれの指を識別
することを補助する」ことが勧められている。したがって，3が適切。第
6段最終文（The need for …）に，「ピアニストや他のミュージシャンが，
楽器を学んでいない人よりも数学的な理解力が高いことを示す」という記
述があることもヒントになる。

▶[83]　「ベルテレッティとブースの研究により，体性感覚野は…という
ことがわかった」

1.「より複雑な数学的問題を扱うと，より懸命に働く」

2.「指の視覚的イメージを脳機能から切り離す」

３．「数学の計算を解いている間に人が指を使うのを助ける」

４．「生徒が年をとるにつれて関与が増加することを示す」

第 2 段第 3・4 文（The researchers found … and more manipulation.）に「生徒は複雑な引き算の問題が与えられると，体性感覚の指の領域が活性化することを発見し，この指の表現領域は，より大きな数とより多くの操作を伴うより複雑な問題にも大きく関与していた」とあるので 1 が適切。

▶[84]　「指の識別の訓練が重要なのはなぜか？」

１．「生徒が数学に指を使うようになるために必要である」

２．「楽器が演奏できるようになるための前提条件である」

３．「生徒が数学的思考で創造性を発揮するために必要である」

４．「数値スキルの脳の発達にとって極めて重要である」

第 6 段第 1 文（Stopping students from …）に「数を数えるときに生徒に指を使わせないことは，彼らの数学的発達を止めるに等しい」とあるので 4 が適する。

▶[85]　「第 5 段の "no no" で筆者は何を意味しているか？」

１．「不向きである」

２．「役に立たない」

３．「受け入れられない」

４．「必要ではない」

"no no" とは禁止するときの表現で「だめだめ」，そして名詞としては「やってはいけないこと」の意である。3 の Not acceptable は「条件を満たしていない，受け入れられない」なので同意表現である。

▶[86]　「本文によると，ガードナーの多重知能理論の問題点は何か？」

１．「教室での学習でうまく実践することは不可能である」

２．「視覚的および数学的知能に限定されている」

３．「能力と知性について我々がもっている定義を制限する」

４．「各生徒を特定のタイプの学習者として過度に一般化する」

第 9 段第 3 文（This idea helpfully …）に「このアイデア（＝多重知能理論）は，特定のタイプの学習者として生徒を分類することにつながった」という旨が述べられているので 4 が適切。

▶[87]　「本文によると，自分の指を知覚する能力は…に対する影響をもたない」

1．「数学的能力」

2．「視覚的思考」

3．「記憶のテクニック」

4．「脳経路の発達」

1は第6段第1文（Stopping students from …）より，指の知覚の影響を受けるとわかる。2の視覚的思考の代表例が数学的思考であるから，これも影響を受けるとわかる。4は第9段最終文（The problem is …）より影響を受けるとわかる。3に関する記述は本文中にない。

▶[88]「第7段で筆者が『分散ネットワーク』に言及しているのはなぜか？」

1．「神経画像検査の重要性を強調するため」

2．「数学をすることに関係しているものを説明するため」

3．「特定の脳経路のさまざまな機能を示すため」

4．「脳活動のよりよい制御の必要性を説明するため」

第7段第2・3文（Our brains are … which are visual.）に「我々の脳は『分散ネットワーク』で構成されており，知識を扱うとき，脳のさまざまな領域が互いに通信する。特に数学に取り組むときは，脳の活動は多くの異なるネットワークに分散される」とあるので，数学に取り組んでいるときに分散ネットワークが互いに通信しあっていることがわかる。したがって，2が適切。

▶[89]「第11段の『その分野のトップにいる』で筆者は何を意味しているか？」

1．「良い成績をとること」

2．「職場で有利な関係を結ぶこと」

3．「試験で最高の結果を達成すること」

4．「自分の分野をリードすること」

in the world's new high-tech workplace が後続していることからわかるように，the class とは「学校でのクラス」ではなく，「分野，部類」の意味である。その分野のトップにいるというのは，その分野をリードしていることである。したがって4が適切。

▶[90]「本文に最適なタイトルは次のうちどれか？」

1．「数学が創造的であると期待すること」

2.「子供が数学の授業で指を使うべき理由」

3.「数学のために脳のメカニズムを視覚化すること」

4.「指で数を数えることを教師が差別的に扱う様子」

第1段から，本文全編にわたって，指を使った計数が数学力の向上に役立つことを論証している。したがって2が適切。

━━━━━━━━━●語句・構文●━━━━━━━━━

（第1段）　count on *one's* fingers「指を折って数える」　isolated「まれな，類を見ない」　ban「～を禁止する」　compelling「抵抗し難い，説得力のある」　well「大いに，相当に」

（第2段）　somatosensory「体性感覚の」　remarkably「顕著に，意外なことに」　subtraction「引き算」　engaged with ～「～と関わり合って」　to a greater extent「おおいに」　manipulation「操作」　the better students' knowledge of their fingers was in the first grade, the higher they scored on number comparison and estimation in the second grade は the 比較級 …, the 比較級 ～「…であればあるほど，～である」の構文。predict「～を予測する，予知する」

（第3段）　behavioral studies「行動研究」　neuroscience studies「神経科学研究」　lead to ～「～に通じる，～を生み出す」　arithmetic「算数」　cognitive「認識の，認知に関する」

（第4段）　neuroscientist「神経科学者」　critical「決定的に重要な」　leading「一流の，有数の」

（第5段）　recommendation「推薦，提言」　focus on ～「～に焦点を合わせる，～に重点的に取り組む」　discrimination「区別，識別」　via ～「～によって，～を用いて」　helping students distinguish は help *A do*「*A* が～するのを支援する」の形。thanks largely to ～「主に～のおかげで」　been led to believe は lead *A* to *do*「*A* が～するよう誘導する」の形の受動態。abandon「～を放棄する，中止する」　tutoring program「個別指導プログラム」

（第6段）　stop *A* from *doing*「*A* が～するのを妨げる」　be akin to ～「～と同種である，～に類似している」　musical instrument「楽器」

（第7段）　cognition「認知，認識力」　made up of ～「～で構成されている」　distributed「分散型の」　in particular「特に（＝particularly）」

ventral pathway「腹側視覚経路」 dorsal pathway「背側視覚経路」
neuroimaging「神経画像検査」 digit「数字，（人間の手や足の）指」

（第8段） striking「顕著な，印象的な」 number line「数列，数直線」
eliminate「〜を取り除く，除外する」 numerical「数を表す，数字の」
academic success「学問的成功」

（第9段） multiple intelligences「多重知能（従来のテストによる知能だ
けではなく，それ以外の知能にも目を向けるべきだという主張）」
kinesthetic「運動感覚の」 expand「〜を拡大する，広げる」
competence「能力，力量」 labeling「ラベル付け，分類」 decade「10
年間」 ignore「〜を無視する」 potential「潜在力，可能性」 transform
「〜を変形する，変換する」

（第10段） inaccessible「手の届かない，近づきがたい」 plunge「〜を
突っ込む，押し込む」 abstraction「抽象」 made to *do*「〜するよう強
制される，〜せざるを得ない」 policy directive「政策指令」 faulty「欠
陥のある，誤った」 curriculum guide「カリキュラム指針，学習指導要
領」 at regular intervals「定期的に，一定の間隔をおいて」 invite *A* to
do「*A* が〜するよう誘導する」 enhance「〜を高める，増進する」
meanwhile「合間に，それと同時に」 rather than 〜「〜というよりはむ
しろ」 impenetrable「突き通せない，不可解な」

（第11段） note「〜に注目する，留意する」 it will be those（who
have developed visual thinking）（who will be "at the top of the class"
in the world's new high-tech workplace）that increasingly draws upon
visualization technologies and techniques, in business, technology, art,
and science の構文全体は分裂文（強調構文 it will be 〜 that …「…なの
は〜であるだろう」）となっている。また，2つの関係代名詞節（Ⓐ who
have …）と（Ⓑ who will …）は「Ⓐの中でなおかつⒷな」の意の二重限
定となっている。（例）Mike is the person that I know who is best
suited for the post.「マイクは私の知っている人の中で，その地位に最適
任者である」

❖講　評

　2020 年度も例年通り読解問題 3 題の構成だった。設問数が 60 問である点も変わりなく，問題英文全体の総語数は若干増加した（2019 年度は約 2400 語→2020 年度は約 2700 語）。

　レベル的には，Ⅰは標準的，ⅡとⅢはやや難度が高い。

　Ⅰは自動運転車の普及と歩行者をテーマとする英文で，Ⅱは失読症の研究に関する英文である。Ⅰ，Ⅱは 10 問の空所補充問題と 5 問の内容説明（Ⅰは内容真偽を含む）問題で構成されている。Ⅲは指を使って数を数える体験が数学の学力向上と関係していることを論証する英文で，20 問の空所補充問題と 10 問の内容説明，内容真偽，主題で構成されている。

　空所補充問題では，文脈的つながりを理解していないと解けない問題もあるが，語彙・語法の知識だけで解ける問題もある。

　内容説明問題，内容真偽問題では，英文全体の流れを大づかみにした上で，それを個別の設問に当てはめて考える必要がある。ただし，ⅡとⅢは内容が専門的で語彙レベルも高く，背景となる基礎知識がないとわかりにくい英文である。しかし，仮に細部まで完全に理解できなくとも部分的な理解でも正解できることもあるので，へこたれずに取り組みたい。

　120 分の試験時間を考えると，速読・速解力，豊かな語彙力，迅速な問題処理能力とともに，社会科学，人文科学，自然科学を問わず科学一般に関する基礎知識も磨いておく必要がある。

数学

I ◇発想◇　(1)最大・最小問題では相加・相乗平均の関係を使うことが多い。(3)桁数の問題は常用対数を使うことが基本だが，ここでは対数の値が与えられていないので，10^n との比較をする。

解答 (1)(1)(2) 06　(2)(3)(4) 16
(3)(5)(6) 10　(7) 8　(8) 2

◀解　説▶

≪2変数関数の最大値，部分集合の個数，大きい自然数の桁数≫

▶(1)　$x>0$，$y>0$ なので，相加・相乗平均の関係から

$$\frac{9x^2+16y^2}{2} \geqq \sqrt{9x^2 \cdot 16y^2} = 12xy$$

よって　　$xy \leqq \dfrac{144}{2 \cdot 12} = 6$　→(1)(2)

等号が成り立つのは，$9x^2+16y^2=144$ かつ $9x^2=16y^2$ のときであるから

$$9x^2=72,\ 16y^2=72$$

$x>0$，$y>0$ より　　$x=2\sqrt{2}$，$y=\dfrac{3\sqrt{2}}{2}$

別解　$x=4\cos\theta$，$y=3\sin\theta$ とおくと

$$xy=4\cos\theta \cdot 3\sin\theta = 6\sin 2\theta$$

$0<2\theta<\pi$ であるから　　$0<\sin 2\theta \leqq 1$

したがって　　$0<xy \leqq 6$

等号は，$2\theta=\dfrac{\pi}{2}$ すなわち $\theta=\dfrac{\pi}{4}$ のとき成り立つ。このとき

$$x=2\sqrt{2},\ y=\frac{3\sqrt{2}}{2}$$

▶(2)　部分集合を決定するためには，各要素について，当該の部分集合に属するか（○），属さないか（×）を決定すればよい。したがって，部分集合の個数は○と×の4個の順列の個数と等しい。よって

$$2^4=16 \text{ 個}　→(3)(4)$$

▶(3)　(2)と同様にして, 部分集合の個数は　　　2^{33} 個

$2^{10} = 1024$ であるから

$10^3 < 2^{10} < 10^3 + 30$

$10^9 < 2^{30} < (10^3 + 30)^3 = 10^9 + 3 \cdot 10^6 \cdot 30 + 3 \cdot 10^3 \cdot 900 + 27000$

$< 10^9 + 9 \cdot 10^7 + 3 \cdot 10^6 + 10^5$

∴　$10^9 < 2^{30} < 10^9 + 10^8$

$8 \cdot 10^9 < 2^{33} < 8(10^9 + 10^8) = 8 \cdot 10^9 + 8 \cdot 10^8$

$< 8 \cdot 10^9 + 10^9 = 9 \cdot 10^9$

よって, 2^{33} は 10 桁の数であり, 最上位桁の数は 8 である。　→(5)〜(7)

また, 2^1, 2^2, 2^3, 2^4, … の最下位桁の数を調べてみると

2, 4, 8, 6, 2, 4, 8, 6, …

となって, 周期 4 の数列を繰り返すことがわかる。2^{33} については

$33 = 4 \times 8 + 1$

であるから, 最下位桁の数は 2 である。　→(8)

Ⅱ　◆発想◆　S は定積分の計算で求められる。S_1 が求まれば, S_2 の 2 つの三角形については, 直線と放物線の交点の x 座標を S_1 の式に当てはめることで求めることができる。S_3 も同様である。

解答　(9)(10) 01　(11)(12) 06　(13) 3　(14)(15) 01　(16)(17) 08　(18) 3　(19)(20) 01

(21)(22) 04　(23)(24) 01　(25)(26) 04　(27)(28) 01　(29)(30) 04　(31)(32) 04

(33)(34) 03

◀解　説▶

≪放物線と直線で囲まれた部分の面積, 無限等比級数≫

直線 AB の方程式は

$y = \dfrac{\beta^2 - \alpha^2}{\beta - \alpha}(x - \alpha) + \alpha^2$

$y = (\alpha + \beta)x - \alpha\beta$

よって, 面積 S は

$S = \displaystyle\int_\alpha^\beta \{(\alpha + \beta)x - \alpha\beta - x^2\}\, dx = \left[(\alpha + \beta)\dfrac{x^2}{2} - \alpha\beta x - \dfrac{x^3}{3}\right]_\alpha^\beta$

$= \left\{\dfrac{\alpha + \beta}{2}(\beta^2 - \alpha^2) - \alpha\beta(\beta - \alpha) - \dfrac{1}{3}(\beta^3 - \alpha^3)\right\}$

$$= \frac{1}{6}(\beta - \alpha)\{3(\alpha + \beta)^2 - 6\alpha\beta - 2(\beta^2 + \alpha\beta + \alpha^2)\}$$

$$= \frac{1}{6}(\beta - \alpha)(\alpha^2 - 2\alpha\beta + \beta^2)$$

$$= \frac{1}{6}(\beta - \alpha)^3 \quad \rightarrow(9)\sim(13)$$

直線 $x = \dfrac{\alpha + \beta}{2}$ と直線 AB との交点を D とする。

$$CD = \left\{(\alpha + \beta) \cdot \frac{\alpha + \beta}{2} - \alpha\beta\right\} - \left(\frac{\alpha + \beta}{2}\right)^2 = \frac{1}{4}(\alpha + \beta)^2 - \alpha\beta$$

$$= \frac{1}{4}(\alpha^2 - 2\alpha\beta + \beta^2) = \frac{1}{4}(\beta - \alpha)^2$$

したがって

$$S_1 = (\triangle\mathrm{ACD} \text{ の面積}) + (\triangle\mathrm{BCD} \text{ の面積})$$

$$= \frac{1}{2} \cdot \frac{1}{4}(\beta - \alpha)^2\left(\frac{\alpha + \beta}{2} - \alpha\right) + \frac{1}{2} \cdot \frac{1}{4}(\beta - \alpha)^2\left(\beta - \frac{\alpha + \beta}{2}\right)$$

$$= \frac{1}{8}(\beta - \alpha)^3 \quad \rightarrow(14)\sim(18)$$

S_2 のうち，線分 AC と放物線で囲まれた領域に含まれるほうの三角形の面積を T_1，線分 CB と放物線で囲まれた領域に含まれるほうの三角形の面積を T_2 とする。

$S_1 = \dfrac{1}{8}(\beta - \alpha)^3$ であるから

$$S_2 = T_1 + T_2$$

$$= \frac{1}{8}\left(\frac{\alpha + \beta}{2} - \alpha\right)^3 + \frac{1}{8}\left(\beta - \frac{\alpha + \beta}{2}\right)^3$$

$$= \frac{1}{8}\left(\frac{\beta - \alpha}{2}\right)^3 + \frac{1}{8}\left(\frac{\beta - \alpha}{2}\right)^3$$

$$= \frac{1}{32}(\beta - \alpha)^3$$

$$\therefore \quad S_2 = \frac{1}{4}S_1 \quad \rightarrow(19)\sim(22)$$

S_1 と S_2 の関係を S_2 と S_3 の関係に適用すると

$$S_3 = \frac{1}{4}T_1 + \frac{1}{4}T_2 = \frac{1}{4}(T_1 + T_2) = \frac{1}{4}S_2 \quad \rightarrow(23)\sim(26)$$

以下，同様にして

$$S_{n+1}=\frac{1}{4}S_n \quad (n=1,\ 2,\ 3,\ \cdots)$$

数列 $\{S_n\}$ は，公比 $\frac{1}{4}$ の等比数列であるから

$$S=S_1+S_2+S_3+\cdots$$

$$=S_1\times\left\{1+\frac{1}{4}+\left(\frac{1}{4}\right)^2+\left(\frac{1}{4}\right)^3+\cdots\right\}\quad\rightarrow(27)\sim(30)$$

$$=S_1\times\frac{1}{1-\frac{1}{4}}$$

$$=\frac{4}{3}S_1\quad\rightarrow(31)\sim(34)$$

参考　$S_1=\frac{1}{8}(\beta-\alpha)^3$ であるから

$$S=\frac{4}{3}\cdot\frac{1}{8}(\beta-\alpha)^3=\frac{1}{6}(\beta-\alpha)^3$$

これで，$S=\frac{1}{6}(\beta-\alpha)^3$ であることを，アルキメデスの取り尽くし法で求めることができた。

Ⅲ　◇発想◇　(1)で具体的に数列を作り，そこから一般項を推測してみる。そのとき偶数番目の項と奇数番目の項は分けて考える。

解答　(1)(35)(36) 03　(37)(38) 09　(39)(40) 02　(41)(42) 06　(43)(44) 08　(45)(46) 10　(47)(48) 25　(49)(50) 02

(2)(51)(52) 27

(3)(53)(54) 08　(55)(56) 01　(57)(58) 03　(59)(60) 08　(61)(62) 02　(63)(64) 16　(65)(66) 02　(67)(68) 08　(69)(70) 07　(71)(72) -1

◀解　説▶

≪等差数列，等比数列，一般項≫

▶(1)　$a_1,\ a_2,\ a_3$ が等差数列であるから

$$a_3=a_2+(a_2-a_1)=2a_2-a_1=2\times2-1=3\quad\rightarrow(35)(36)$$

$a_2,\ a_3,\ a_4$ が等比数列であるから

$$a_4 = a_3 \times \frac{a_3}{a_2} = \frac{a_3{}^2}{a_2} = \frac{3^2}{2} = \frac{9}{2} \quad \rightarrow (37)\sim(40)$$

a_3, a_4, a_5 が等差数列であるから

$$a_5 = a_4 + (a_4 - a_3) = 2a_4 - a_3 = 2 \times \frac{9}{2} - 3 = 6 \quad \rightarrow (41)(42)$$

a_4, a_5, a_6 が等比数列であるから

$$a_6 = a_5 \times \frac{a_5}{a_4} = \frac{a_5{}^2}{a_4} = \frac{6^2}{\frac{9}{2}} = 8 \quad \rightarrow (43)(44)$$

a_5, a_6, a_7 が等差数列であるから

$$a_7 = a_6 + (a_6 - a_5) = 2a_6 - a_5 = 2 \times 8 - 6 = 10 \quad \rightarrow (45)(46)$$

a_6, a_7, a_8 が等比数列であるから

$$a_8 = a_7 \times \frac{a_7}{a_6} = \frac{a_7{}^2}{a_6} = \frac{10^2}{8} = \frac{25}{2} \quad \rightarrow (47)\sim(50)$$

▶(2)　a_1, a_2 および(1)で得た a_3, …, a_8 を書き換えると

$$\frac{2}{2}, \ \frac{4}{2}, \ \frac{6}{2}, \ \frac{9}{2}, \ \frac{12}{2}, \ \frac{16}{2}, \ \frac{20}{2}, \ \frac{25}{2}$$

よって

$$\frac{1 \cdot 2}{2}, \ \frac{2^2}{2}, \ \frac{2 \cdot 3}{2}, \ \frac{3^2}{2}, \ \frac{3 \cdot 4}{2}, \ \frac{4^2}{2}, \ \frac{4 \cdot 5}{2}, \ \frac{5^2}{2}$$

このことから，すべての自然数 m について

$$a_{2m-1} = \frac{m(m+1)}{2}, \quad a_{2m} = \frac{(m+1)^2}{2} \quad \cdots\cdots Ⓐ$$

となることが推測できる。

次に，Ⓐが正しいことを数学的帰納法で証明する。

〔ⅰ〕$m = 1$ のとき

$$a_1 = \frac{1 \cdot 2}{2} = 1, \ a_2 = \frac{2^2}{2} = 2$$

よって，$m = 1$ のときⒶは成り立つ。

〔ⅱ〕$m = k \ (k \geqq 1)$ のとき，Ⓐは成り立つと仮定すると

$$a_{2k-1} = \frac{k(k+1)}{2}, \ a_{2k} = \frac{(k+1)^2}{2}$$

このとき

$$a_{2k+1} = 2a_{2k} - a_{2k-1} = (k+1)^2 - \frac{k(k+1)}{2} = \frac{1}{2}(k+1)(k+2)$$

$$a_{2(k+1)} = \frac{a_{2k+1}{}^2}{a_{2k}} = \frac{1}{4}(k+1)^2(k+2)^2 \cdot \frac{2}{(k+1)^2} = \frac{1}{2}(k+2)^2$$

すなわち

$$a_{2(k+1)-1} = \frac{(k+1)\{(k+1)+1\}}{2}, \quad a_{2(k+1)} = \frac{\{(k+1)+1\}^2}{2}$$

よって，$m = k+1$ のときも Ⓐ は成り立つ。

〔 i 〕，〔 ii 〕より，すべての自然数 m について，Ⓐ は成り立つ。

数列 $\{a_n\}$ は

$$a_{n+1} > a_n \quad (n = 1,\ 2,\ \cdots)$$

であり

$$a_{26} = \frac{1}{2} \cdot 14^2 = 98, \quad a_{27} = \frac{1}{2} \cdot 14 \cdot 15 = 105$$

よって，$a_n \geqq 100$ となるのは $n \geqq 27$ のときである。 →(51)(52)

▶(3)　(2)の Ⓐ を利用して

(i) n が奇数のとき

$n = 2m - 1$ より　　　$m = \dfrac{n+1}{2}$

$$a_n = \frac{\dfrac{n+1}{2} \cdot \left(\dfrac{n+1}{2} + 1 \right)}{2} = \frac{1}{8}(n+1)(n+3) \quad →(53)\sim(58)$$

(ii) n が偶数のとき

$n = 2m$ より　　　$m = \dfrac{n}{2}$

$$a_n = \frac{\left(\dfrac{n}{2} + 1 \right)^2}{2} = \frac{1}{8}(n+2)^2 \quad →(59)\sim(62)$$

したがって

$$a_n = \begin{cases} \dfrac{1}{8}(n+1)(n+3) = \dfrac{1}{8}(n^2 + 4n + 3) & (n：奇数) \\[2mm] \dfrac{1}{8}(n+2)^2 = \dfrac{1}{8}(n^2 + 4n + 4) & (n：偶数) \end{cases}$$

よって

$$a_n = \frac{1}{8}\left\{ n^2 + 4n + \frac{7}{2} + \frac{1}{2}(-1)^n \right\}$$

$$= \frac{1}{16}\{2n^2 + 8n + 7 + (-1)^n\} \quad \rightarrow (63)\sim(72)$$

IV

◇発想◇　(2)は与えられた方程式を解 α および m の式ととらえて，m および 3 つの異なる解が正の整数であるという条件を使う。

解答　(1)(73)(74)(75) 011　(76)(77) 04　(78)(79) 05

(2)(80)(81)(82) 127　(83)(84) 04　(85)(86) 07　(87)(88) 09

◀解　説▶

≪3次方程式と整数解≫

▶(1)　$x^3 - mx^2 + 2(2m-3)x - (m+9)(m-9) = 0$ ……①

1 つの解が 2 なので，①に $x = 2$ を代入して

$$2^3 - m \cdot 2^2 + 2(2m-3) \cdot 2 - (m+9)(m-9) = 0$$

$$\therefore \quad m^2 - 4m - 77 = 0$$

$$(m-11)(m+7) = 0$$

$m > 0$ より　　$m = 11$　→(73)～(75)

このとき，①は

$$x^3 - 11x^2 + 38x - 40 = 0$$

$$(x-2)(x^2 - 9x + 20) = 0$$

$$(x-2)(x-4)(x-5) = 0$$

よって　　$x = 2,\ 4,\ 5$　→(76)～(79)

▶(2)　$x^3 - 20x^2 + mx - 2(m-1) = 0$ ……②

3 つの異なる正の整数解を $\alpha,\ \beta,\ \gamma\ (\alpha < \beta < \gamma)$ とする。解と係数の関係より

$$\alpha + \beta + \gamma = 20$$

$\alpha < \beta < \gamma$ より，$3\alpha < \alpha + \beta + \gamma$ であるから

$$3\alpha < 20$$

ゆえに　　$0 < \alpha < \dfrac{20}{3}$

したがって
$$\alpha = 1,\ 2,\ 3,\ 4,\ 5,\ 6$$
$f(x) = x^3 - 20x^2 + mx - 2(m-1)$ とおく。

$\alpha = 1$ のとき
$$f(1) = 1 - 20 + m - 2m + 2 = -m - 17 < 0$$
となり，不適。

$\alpha = 2$ のとき
$$f(2) = 8 - 80 + 2m - 2m + 2 = -70 \neq 0$$
となり，不適。

$\alpha = 3$ のとき
$$f(3) = 27 - 180 + 3m - 2m + 2 = m - 151$$
$f(3) = 0$ とすると　　$m = 151$

このとき
$$f(x) = x^3 - 20x^2 + 151x - 300$$
$$= (x-3)(x^2 - 17x + 100)$$
$$x^2 - 17x + 100 = \left(x - \frac{17}{2}\right)^2 - \frac{289}{4} + 100 = \left(x - \frac{17}{2}\right)^2 + \frac{111}{4} > 0$$

となり，$f(x) = 0$ は異なる 3 つの整数解をもたない。

$\alpha = 4$ のとき
$$f(4) = 64 - 320 + 4m - 2m + 2 = 2m - 254 = 2(m - 127)$$
$f(4) = 0$ のとき，$m = 127$ であるから
$$f(x) = x^3 - 20x^2 + 127x - 252$$
$$= (x-4)(x^2 - 16x + 63) = (x-4)(x-7)(x-9)$$
$f(x) = 0$ を解くと　　$x = 4,\ 7,\ 9$

$\alpha = 5$ のとき
$$f(5) = 125 - 500 + 5m - 2m + 2 = 3m - 373 = 3(m - 124) - 1$$
m は整数だから　　$f(5) \neq 0$

よって，不適。

$\alpha = 6$ のとき
$\beta \geq 7,\ \gamma \geq 8$ となり　　$\alpha + \beta + \gamma \geq 21$
これは $\alpha + \beta + \gamma = 20$ に反するので，不適。

したがって　　$m = 127$　→(80)～(82)

このとき，$f(x)=0$ を満たす x は小さい順に

$\quad$ 4, 7, 9　　→(83)〜(88)

別解　$x^3-20x^2+mx-2(m-1)=0$　……②

3つの異なる正の整数解を α, β, γ $(\alpha<\beta<\gamma)$ とすると，解と係数の関係より $\alpha+\beta+\gamma=20$ であるから

$\quad 1\leqq\alpha<\beta<\gamma\leqq17$　……③

次に，②を m について整理すると

$\quad (x-2)m+x^3-20x^2+2=0$

$x=2$ のとき，この等式は成り立たないので，$x\neq2$ である。

$$\therefore\quad m=-\frac{x^3-20x^2+2}{x-2}=-\frac{(x-2)(x^2-18x-36)-70}{x-2}$$

$$=-\left(x^2-18x-36-\frac{70}{x-2}\right)$$

m は正の整数で，x も正の整数なので，$x-2$ は70の約数でなければならない。さらに③も考慮すると，x, m について次の表が得られる。

$x-2$	-1	1	2	5	7	10	14
x	1	3	4	7	9	12	16
m	-17	151	127	127	127	115	73

したがって

$\quad m=127$, $x=4$, 7, 9

◇発想◇　空間図形の問題は様々な視点から立体を眺めることによって量的関係をとらえる。対称性などにも注目する。

解答　(1)(89)(90) 04　(91)(92)(93) 166　(94)(95)(96) 003　(97)(98) 71　(99)(100) 08
(101)(102) 03

(2)(103)(104) 21　(105)(106) 32　(107)(108) 12　(109)(110) 24　(111)(112) 03

◀解　説▶

≪立方体の切断，体積と表面積≫

▶(1)　立方体 ABCD-EFGH を V とする。平面 S_A による立方体 V の切断面を底面とし，点Aを頂点とする三角錐を W_A とし，同様にして，W_B, W_C, … を定める。

V は, $W_A \cap W_B$, $W_A - (W_A \cap W_B)$, $W_B - (W_A \cap W_B)$, $V - (W_A \cup W_B)$ の 4 個の立体に分けられる。 →(89)(90)

(ただし, $W_A - (W_A \cap W_B)$ は, W_A から $W_A \cap W_B$ に相当する部分を除いた立体を表す。以下同様。)

W_A の体積は

$$\frac{1}{3} \times \left(\frac{1}{2} \times 3^2 \right) \times 3 = \frac{9}{2}$$

同様にして, W_B の体積は　　$\dfrac{9}{2}$

$W_A \cap W_B$ は, 右図の網かけ部分の直角二等辺三角形を底面とし, 高さが 1 の三角錐であるから, 体積は

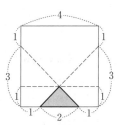

$$\frac{1}{3} \times \left\{ \frac{1}{2} \times (\sqrt{2})^2 \right\} \times 1 = \frac{1}{3}$$

$W_A - (W_A \cap W_B)$ と $W_B - (W_A \cap W_B)$ の体積はともに

$$\frac{9}{2} - \frac{1}{3} = \frac{25}{6}$$

$V - (W_A \cup W_B)$ の体積は

$$4^3 - \left(\frac{9}{2} \times 2 - \frac{1}{3} \right) = \frac{166}{3}$$

したがって, 立方体 V が分けられた 4 個の立体のうち最大となる立体の体積は

$$\frac{166}{3} \quad →(91)～(96)$$

また, $V - (W_A \cup W_B)$ の表面は次のような 4 種類の面から成り立っている。

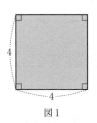

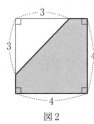

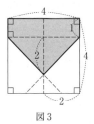

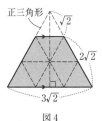

図 1　　　　　　　図 2　　　　　　　図 3　　　　　　　図 4

図 1 の面積は　　　　$4^2 = 16$

図 2 の面積は　　　　$4^2 - \dfrac{1}{2} \cdot 3^2 = \dfrac{23}{2}$

図 3 の面積は　　　　$4 \times 1 + \dfrac{1}{2} \times 4 \times 2 = 8$

図 4 の面積は　　　　$\dfrac{1}{2} \cdot (\sqrt{2})^2 \cdot \dfrac{\sqrt{3}}{2} \times 8 = 4\sqrt{3}$

したがって，求める立体の表面積は，上の図 1 〜図 4 の 4 種類の面がそれぞれ 2 個ずつあるから

$$2 \times \left(16 + \dfrac{23}{2} + 8 + 4\sqrt{3}\right) = 71 + 8\sqrt{3} \quad \rightarrow\text{(97)}\sim\text{(102)}$$

(注)　図 3 の面積は，全体の正方形の $\dfrac{1}{2}$ であることから

$$16 \times \dfrac{1}{2} = 8$$

としてもよい。図 4 の面積は，全体の正三角形から小さい正三角形の面積を引いて

$$\dfrac{1}{2} \cdot (3\sqrt{2})^2 \cdot \dfrac{\sqrt{3}}{2} \times \left\{1 - \left(\dfrac{1}{3}\right)^2\right\} = 4\sqrt{3}$$

としてもよい。

▶(2)　$W_A \cap W_B$ と合同な立体は各辺ごとに存在し，合計 12 個存在する。
$W_A - (W_A \cap W_B) - (W_A \cap W_D) - (W_A \cap W_E)$ と合同な立体は各頂点ごとに存在し，合計 8 個存在する。
また，$V - (W_A \cup W_B \cup W_C \cup W_D \cup W_E \cup W_F \cup W_G \cup W_H)$ が 1 個存在する。
したがって，立方体 V は，$12 + 8 + 1 = 21$ 個の立体に分けられる。　→(103)(104)

$W_A \cap W_B$ の体積は(1)より　　　$\dfrac{1}{3}$

$W_A - (W_A \cap W_B) - (W_A \cap W_D) - (W_A \cap W_E)$ の体積は，(1)より

$$\dfrac{9}{2} - 3 \times \dfrac{1}{3} = \dfrac{7}{2}$$

$V - (W_A \cup W_B \cup W_C \cup W_D \cup W_E \cup W_F \cup W_G \cup W_H)$ の体積は

$$4^3 - 12 \times \dfrac{1}{3} - 8 \times \dfrac{7}{2} = 32$$

よって，立方体 V が分けられた 21 個の立体のうち最大の立体の体積は

32　→(105)(106)

また，$V-(W_A \cup W_B \cup W_C \cup W_D \cup W_E \cup W_F \cup W_G \cup W_H)$ の表面は次のような 2 種類の面から成り立っている。

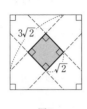

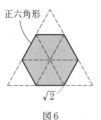

正六角形

図 5　　　　　　　　図 6

図 5 の面積は　　$(\sqrt{2})^2 = 2$

図 6 の面積は　　$\dfrac{1}{2} \cdot (\sqrt{2})^2 \cdot \dfrac{\sqrt{3}}{2} \times 6 = 3\sqrt{3}$

図 5 の正方形は，立方体の各面ごとに存在し，合計 6 個存在する。図 6 の正六角形は，立方体の各頂点ごとに存在し，8 個存在する。

よって，求める表面積は

$6 \times 2 + 8 \times (3\sqrt{3}) = 12 + 24\sqrt{3}$　　→(107)～(112)

Ⅵ

◇発想◇　確率の問題はつねに全体集合が何なのかを考えなければならない。その中のどの部分が問われている部分に該当するのかを考える。

解答　(1)(113)(114)09　(115)(116)20　(117)(118)03　(119)(120)10　(121)(122)01　(123)(124)04

(2)(125)(126)16　(127)(128)81　(129)(130)04　(131)(132)09　(133)(134)01　(135)(136)03　(137)(138)02

(139)(140)09

━━━◀解　説▶━━━

≪血液型の遺伝に関する確率，条件付き確率≫

▶(1)　X さんの遺伝子対は OO である。したがって，X さんから子に引き継がれる遺伝子は 100 ％ O 遺伝子である。子が O 型であるとき，X さんの配偶者の遺伝子対は，AO，BO，OO のいずれかとなる。よって，求める確率は

$\dfrac{30}{100} \times \dfrac{1}{2} + \dfrac{20}{100} \times \dfrac{1}{2} + \dfrac{20}{100} = \dfrac{45}{100} = \dfrac{9}{20}$　　→(113)～(116)

同様にして，子がA型であるとき，Xさんの配偶者の遺伝子対は，AA，AO，ABのいずれかとなる。よって，求める確率は

$$\frac{10}{100} + \frac{30}{100} \times \frac{1}{2} + \frac{10}{100} \times \frac{1}{2} = \frac{30}{100} = \frac{3}{10} \quad \rightarrow(117)\sim(120)$$

子がB型であるとき，Xさんの配偶者の遺伝子対は，BB，BO，ABのいずれかとなる。よって，求める確率は

$$\frac{10}{100} + \frac{20}{100} \times \frac{1}{2} + \frac{10}{100} \times \frac{1}{2} = \frac{25}{100} = \frac{1}{4} \quad \rightarrow(121)\sim(124)$$

▶(2) XさんはO型なので，両親のどちらからもO遺伝子を引き継いでいる。よって，両親の遺伝子対は AO（30％），BO（20％），OO（20％）のいずれかに限られる。

Xさんが O 型となる場合，両親の遺伝子対の組合せは

$$(父親, 母親) = (AO, AO), (AO, BO), (AO, OO),$$
$$(BO, AO), (BO, BO), (BO, OO),$$
$$(OO, AO), (OO, BO), (OO, OO)$$

であるから，XさんがO型となる確率は

$$\frac{30}{100} \times \frac{1}{2} \times \left(\frac{30}{100} \times \frac{1}{2} + \frac{20}{100} \times \frac{1}{2} + \frac{20}{100} \right)$$
$$+ \frac{20}{100} \times \frac{1}{2} \times \left(\frac{30}{100} \times \frac{1}{2} + \frac{20}{100} \times \frac{1}{2} + \frac{20}{100} \right)$$
$$+ \frac{20}{100} \times \left(\frac{30}{100} \times \frac{1}{2} + \frac{20}{100} \times \frac{1}{2} + \frac{20}{100} \right)$$
$$= \frac{15}{100} \times \left(\frac{15}{100} + \frac{10}{100} + \frac{20}{100} \right) + \frac{10}{100} \times \left(\frac{15}{100} + \frac{10}{100} + \frac{20}{100} \right)$$
$$+ \frac{20}{100} \times \left(\frac{15}{100} + \frac{10}{100} + \frac{20}{100} \right)$$
$$= \left(\frac{15}{100} + \frac{10}{100} + \frac{20}{100} \right) \times \left(\frac{15}{100} + \frac{10}{100} + \frac{20}{100} \right)$$
$$= \left(\frac{45}{100} \right)^2$$

両親がともにO型である確率は

$$\frac{20}{100} \times \frac{20}{100} = \left(\frac{20}{100} \right)^2$$

したがって，XさんがO型であるとき，両親がともにO型である確率は

$$\frac{\left(\dfrac{20}{100}\right)^2}{\left(\dfrac{45}{100}\right)^2} = \frac{20^2}{45^2} = \left(\frac{4}{9}\right)^2 = \frac{16}{81} \quad \rightarrow \text{(125)} \sim \text{(128)}$$

母親がO型，Xさんが O 型となる場合，両親の遺伝子対の組合せは

　　　(父親，母親) = (AO, OO), (BO, OO), (OO, OO)

であるから，母親が O 型，Xさんが O 型となる確率は

$$\frac{20}{100}\left(\frac{30}{100} \times \frac{1}{2} + \frac{20}{100} \times \frac{1}{2} + \frac{20}{100}\right) = \frac{20}{100} \times \frac{45}{100}$$

よって，Xさんが O 型であるとき，母親が O 型である確率は

$$\frac{\dfrac{20}{100} \times \dfrac{45}{100}}{\left(\dfrac{45}{100}\right)^2} = \frac{20}{45} = \frac{4}{9} \quad \rightarrow \text{(129)} \sim \text{(132)}$$

母親がA型，Xさんが O 型となる場合，両親の遺伝子対の組合せは

　　　(父親，母親) = (AO, AO), (BO, AO), (OO, AO)

であるから，母親が A 型，Xさんが O 型となる確率は

$$\frac{30}{100} \times \frac{1}{2}\left(\frac{30}{100} \times \frac{1}{2} + \frac{20}{100} \times \frac{1}{2} + \frac{20}{100}\right) = \frac{15}{100} \times \frac{45}{100}$$

よって，Xさんが O 型であるとき，母親が A 型である確率は

$$\frac{\dfrac{15}{100} \times \dfrac{45}{100}}{\left(\dfrac{45}{100}\right)^2} = \frac{15}{45} = \frac{1}{3} \quad \rightarrow \text{(133)} \sim \text{(136)}$$

母親がB型，Xさんが O 型となる場合，両親の遺伝子対の組合せは

　　　(父親，母親) = (AO, BO), (BO, BO), (OO, BO)

であるから，母親が B 型，Xさんが O 型となる確率は

$$\frac{20}{100} \times \frac{1}{2}\left(\frac{30}{100} \times \frac{1}{2} + \frac{20}{100} \times \frac{1}{2} + \frac{20}{100}\right) = \frac{10}{100} \times \frac{45}{100}$$

よって，Xさんが O 型であるとき，母親が B 型である確率は

$$\frac{\dfrac{10}{100} \times \dfrac{45}{100}}{\left(\dfrac{45}{100}\right)^2} = \frac{10}{45} = \frac{2}{9} \quad \rightarrow \text{(137)} \sim \text{(140)}$$

❖講　評

　2020 年度も出題形式は例年通りであった。

　Ⅰは小問集合であった。(1)は相加・相乗平均の関係を使うのが最も簡潔であろう。〔別解〕として三角関数を用いる方法も示した。(2)は部分集合の総数の基本問題。(3)は大きい数の桁数等に関する問題だが，常用対数の値が示されていないので，工夫が必要。応用力が試される。

　Ⅱは一見すると定積分の問題に見えるが，図形の関係を正確に把握できるかどうかが決め手である。最後は無限等比級数の和である。

　Ⅲはひねりをきかせた数列の問題。具体的な計算結果をもとに一般項を推測する。その際，解答の式の形に注目するとよい。

　Ⅳは高次方程式と整数問題の融合である。(1)は容易。(2)は m および3つの解が正の整数であることをうまく利用する。〔別解〕のように x の方程式を m の方程式として見方を変えるのもよい。この手法は定石なので，決して奇抜な問題ではない。

　Ⅴは立体図形の問題。これは対称性などに注目して，冷静に考えるしかない。図形的センスが試される問題である。

　Ⅵは確率の問題。血液型に関するもので，最初に血液型と遺伝子について説明があるが，ほとんどの受験生はこの知識を持っているはずである。確率の問題としては平易な問題と言ってよい。

　ⅠからⅥまで難易度にばらつきがあるが，決して奇問の類ではなく，基礎学力と応用力が問われる良問と言える。

情報

I 解答

(ア)(1)—(3)
(イ)(2)—(7) (3)—(6) (4)—(2) (5)—(9)
(ウ)(6)—(3) (エ)(7)—(5) (オ)(8)—(1)

◀解 説▶

≪知的財産法（著作権法・産業財産権法），個人情報保護法，プロバイダ責任法≫

▶(ア) (1)誤り。許諾を受けずに公の場で朗読することは，著作権のうちの口述権の侵害になる（著作権法 24 条）。

(2)誤り。著作権の侵害では既存の著作物に依拠することが要件であり，依拠せず結果として類似性が見られただけでは著作権の侵害とならない。

(4)誤り。著作権を侵害する書籍に対しては，出版の差止めを求めることができるとされている（同法 112 条）。

(5)誤り。同法 119 条で「10 年以下の懲役」，「1000 万円以下の罰金」と刑事罰を定めている。

▶(イ) 空欄(2)は前後に「報道・批評等の…の自由」とあるので，報道に関する自由である，(7)表現の自由について述べていることがわかる。空欄(3)は「他人の著作物を採録」とあるので，法律の範囲内で他人の著作物を利用する(6)引用とわかる。空欄(4)・(5)は条文を知らなくても，後ろにつながる「□□□された著作物」，「□□□な慣行」から，それぞれ(2)公表，(9)公正と類推できる。

▶(ウ) (3)が正しい。特許とは技術的思想の創作である「発明」が保護の対象であり，(2)の「公然と知られていた発明」や(3)の「通常の創作活動の範囲内にある発明」は特許の対象とならない（同法 29 条）。(1)誤り。特許権の趣旨は発明者の権利を保護しつつ，発明を広く公開することで産業の発展を目指すことである。特許法では，権利化の有無にかかわらず，特許出願の日から一年六月を経過すると，全ての出願について公開する出願公開制度を採用している（同法 64 条）。(4)誤り。特許製品が特許権者により適法に流通された時点で，特許権は消耗し尽くされた（特許権の消尽）と考

えるので，特許権者の承諾は不要である。(5)誤り。ジェネリック医薬品が，特許が切れたために安価に製造できることを知っていれば誤りとわかる。医薬品の開発には多大な費用と期間がかかるため，特許権により開発投資を回収でき製品・製法を一定期間独占できることがインセンティブとなる。

▶(エ)　(1)誤り。消去については「個人情報の目的外利用及び不正取得があったことを理由とする場合」に限られ，適法に取得した個人データについて応じる必要はない。

(2)誤り。オプトアウトによる個人情報の第三者提供を行う場合は，本人への通知と個人情報保護委員会への届出が必要である（個人情報保護法 23 条）。

(3)誤り。個人情報とは「生存する個人に関する情報であって」と定義されている（同法 2 条）。

(4)誤り。他の情報と容易に照合でき個人を識別できる情報も個人情報である。

▶(オ)　(1)が誤り。プロバイダ責任制限法は，情報通信による権利侵害が行われた際に，関係するプロバイダの責任を限定することと，プロバイダが持つ発信者情報の開示請求を可能とすることを目的としている。(1)はプロバイダ自身の責任によるものではなく，裁判所の判決による削除となるので同法の内容ではない。

Ⅱ　解答　(9)(10) 10　(11)(12) 07　(13)(14) 02　(15)(16) 02　(17)(18) 06

◀解　説▶

≪川渡のパズルの状態推移≫

制約条件を満たすように移動して到達できるすべての状態を考えると，最初の状態（nwcg）から最後の状態（NWCG）に到達する推移は次の図のようになる。

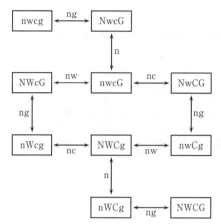

上の推移図から答えがわかる。

III　**解答**　㋐(a)(19)〜(25) 0032768　(26)(27) 16　(28)〜(34) 0000128
(35)(36) 08

㋑(a)(37)〜(43) 0000129　(44)(45) 08　(46)(47) 01

(b)(48)〜(55) 00001024　(56)(57) 08　(58)(59) 00

━━━━━━━━ ◀解　説▶ ━━━━━━━━

≪ハッシュ値の計算回数の期待値≫

▶㋐　(a)　一般に，ハッシュ関数 $y=h(x)$ のハッシュ値が n ビットの場合，与えられた n ビットの値 y_1 に対して $y_1=h(x_1)$ を満たす x_1 を選ぶのに必要なハッシュ値の計算回数の期待値は $2^{n-1}=\dfrac{1}{2}\cdot 2^n$ 回である。

よって，前半の答えは

$$\frac{1}{2}\cdot 2^{16}=32768 \text{ 回}　\rightarrow(19)〜(27)$$

また，ハッシュ値の上位 8 ビットが 0 で下位 8 ビットは何でもよい場合は実質 8 ビットと考えられるから，後半の答えは

$$\frac{1}{2}\cdot 2^{8}=128\text{回}　\rightarrow(28)〜(36)$$

▶㋑　(a)　1つ目のブロックが外部から与えられたとすると，ハッシュ値を1回計算して2つ目のブロックの pHash が決まる。また，2つ目のブロックの pHash と Data が決まっている状態で，3つ目のブロックの

pHash の上位 8 ビットが 0 のハッシュ値になるような 2 つ目のブロックの Nonce を選ぶのに必要なハッシュ値の計算回数の期待値は，㋐の後半と同じである。よって，求めるものは

$$1+\frac{1}{2}\cdot 2^8 = 129 \text{回} \quad \rightarrow (37)\sim(47)$$

(b)　(a)と同様にして，3 つ目のブロックの Nonce を選ぶのに必要なハッシュ値の計算回数の期待値は $\frac{1}{2}\cdot 2^8$ 回だから，4 つ目〜10 個のブロックも同様にして，求める回数は

$$\frac{1}{2}\cdot 2^8\cdot 8 = 1024 \text{回} \quad \rightarrow (48)\sim(59)$$

IV 解答

㋐(60)(61)—(43)　(62)(63)—(47)　(64)(65)—(45)　(66)(67)—(50)

㋑(68)(69)—(12)　(70)(71)—(11)　(72)(73)—(41)　(74)(75)—(19)

(76)(77)—(40)　(78)(79)—(23)　(80)〜(82) 060　(83)〜(85) 090

━━━━━ ◀解　説▶ ━━━━━

≪ロボットアームの制御方法≫

▶㋐　$\overrightarrow{OP} = \overrightarrow{OA} + \overrightarrow{AP}$

$= (L_1\cos\theta_1,\ L_1\sin\theta_1) + (L_2\cos(\theta_1+\theta_2),\ L_2\sin(\theta_1+\theta_2))$

$= (L_1\cos\theta_1 + L_2\cos(\theta_1+\theta_2),\ L_1\sin\theta_1 + L_2\sin(\theta_1+\theta_2))$

であるから

$x_1 = L_1\cos\theta_1 + L_2\cos(\theta_1+\theta_2) \quad \rightarrow (60)\sim(63)$

$y_1 = L_1\sin\theta_1 + L_2\sin(\theta_1+\theta_2) \quad \rightarrow (64)\sim(67)$

▶㋑　α は右図の角である。図より

$\theta_1 = \alpha - \angle POA \quad \rightarrow (68)(69)$

$\theta_2 = 180° - \angle PAO \quad \rightarrow (70)(71)$

さらに，三角形 OAP において余弦定理を用いると

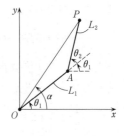

$$\cos\angle PAO = \frac{L_1{}^2 + L_2{}^2 - \overline{OP}^2}{2L_1L_2} \quad \rightarrow (72)\sim(75)$$

$$\cos\angle POA = \frac{L_1{}^2 + \overline{OP}^2 - L_2{}^2}{2L_1\overline{OP}} \quad \rightarrow (76)\sim(79)$$

$L_1 = \sqrt{3}$，$L_2 = 1$，$P(0,\ 2)$ のとき

$$\alpha = 90^\circ, \quad \overline{OP} = 2$$

$$\cos\angle PAO = \frac{(\sqrt{3})^2 + 1^2 - 2^2}{2 \cdot \sqrt{3} \cdot 1} = 0 \text{ より} \qquad \angle PAO = 90^\circ$$

$$\cos\angle POA = \frac{(\sqrt{3})^2 + 2^2 - 1^2}{2 \cdot \sqrt{3} \cdot 2} = \frac{\sqrt{3}}{2} \text{ より} \qquad \angle POA = 30^\circ$$

である。よって

$$\theta_1 = 90^\circ - 30^\circ = 60^\circ \quad \rightarrow(80)\sim(82)$$

$$\theta_2 = 180^\circ - 90^\circ = 90^\circ \quad \rightarrow(83)\sim(85)$$

Ⅴ　解答

(ア)(86)—(3)　(87)—(5)　(88)—(9)

(イ)(89)(90)—(18)　(91)(92)—(19)　(93)(94)—(20)　(95)(96)—(14)

(97)(98)—(21)　(99)(100)—(17)　(101)(102)—(26)

◀解　説▶

≪辞書順で次に現れる順列を求めるアルゴリズム≫

　辞書順で次に現れる順列を求めるアルゴリズムの考察である。(ア)ではその手順とアルゴリズムが紹介され，(イ)でそのアルゴリズムが正しいことを証明している。証明には数学的考察が必要である。

▶(ア)　手順1では，順列の末尾を含んで降順に並んでいる部分を考えたいから，$a_{i-1} \geqq a_i$ が成り立つ間は処理Aを繰り返して左に進むことになる。

$$\rightarrow(86)$$

処理Aを繰り返した後の i の値に対して $R = (a_i, \cdots, a_n)$ となるから，$i \geqq 2$ であれば手順2の x は a_{i-1} である。

手順3では，R の末尾から順に探して初めて現れる x より大きい数を見つけたいから，$a_j \leqq a_{i-1}$ が成り立つ間は処理Bを繰り返して左に進むことになる。　$\rightarrow(87)$

処理Bを繰り返した後の j の値に対して $y = a_j$ となるから，a_{i-1} と a_j の値を交換する処理が手順4である。

手順5では，x と y を入れ替えた後の R を逆順に並べ替えたいから，$i < j$ が成り立つ間は処理Cを繰り返して両端から内側へと交換を進めることになる。　$\rightarrow(88)$

ここで，処理の推移を具体例で考えてみる。

順列3，2，5，7，6，4，1を入力すると

$$a_1=3,\ a_2=2,\ a_3=5,\ a_4=7,\ a_5=6,\ a_6=4,\ a_7=1$$

最初は　　$i=7$

$a_6 \geqq a_7$ であるから処理Aを実行して　　$i=6$

$a_5 \geqq a_6$ であるから処理Aを実行して　　$i=5$

$a_4 \geqq a_5$ であるから処理Aを実行して　　$i=4$

$a_3 < a_4$ であるから処理Aを実行しない。

次に進んで　　$j=7$

$a_7 \leqq a_3$ であるから処理Bを実行して　　$j=6$

$a_6 \leqq a_3$ であるから処理Bを実行して　　$j=5$

$a_5 > a_3$ であるから処理Bを実行しない。

a_3 と a_5 の値を交換すると

$$a_1=3,\ a_2=2,\ a_3=6,\ a_4=7,\ a_5=5,\ a_6=4,\ a_7=1$$

次に進んで　　$j=7$

$4<7$ であるから処理Cを実行する。

$$a_1=3,\ a_2=2,\ a_3=6,\ a_4=1,\ a_5=5,\ a_6=4,\ a_7=7$$
$$i=5,\ j=6$$

$5<6$ であるから処理Cを実行する。

$$a_1=3,\ a_2=2,\ a_3=6,\ a_4=1,\ a_5=4,\ a_6=5,\ a_7=7$$
$$i=6,\ j=5$$

$6>5$ であるから処理Cを実行しない。

結果，3，2，6，1，4，5，7を出力してアルゴリズムを終了する。

▶(イ)　アルゴリズムが正しいことの証明である。

〈補題の証明〉　昇順に並び替えたものを $b_1,\ \cdots,\ b_m$ とする。これより辞書順で先に来る順列があると仮定し，それを $c_1,\ \cdots,\ c_m$ とする。辞書順の定義から，ある $i\,(1\leqq i\leqq m)$ があって，すべての $j\,(1\leqq j<i)$ について $b_j=c_j,\ b_i>c_i$ となる。　→⑻⑼⑼⑽

・$i=1$ の場合

$b_1,\ \cdots,\ b_m$ は昇順に並んでいるから

$$c_1<b_1<\cdots<b_m$$

よって，c_1 は $b_1,\ \cdots,\ b_m$ のどれとも等しくならないから，順列が与えられた数を並べ替えたものという仮定に反する。

・$i>1$ の場合

順列は与えられた数を並べ替えたものであり, b_1, …, b_m は昇順に並んでいるから, $b_i > c_i$ より, c_i は b_1, …, b_{i-1} のどれかに等しい。それを b_k とすると, $k < i$, $c_i = b_k$ である。ところが, すべての j ($1 \leq j < i$) について $b_j = c_j$ であるから $c_i = b_k = c_k$ となる。　→(91)(92)

これは与えられた数が互いに異なるという仮定に反する。

したがって, そのような c_1, …, c_m は存在せず, b_1, …, b_m は辞書順で最初である。降順に並び替えたものが辞書順で最後であることも同様に証明できる。

〈アルゴリズムの証明〉　順列の末尾 a_n を含んで降順に並んでいる部分を a_i, …, a_n とする。もし $i = 1$ ならば, 補題よりこれが辞書順で最後になるので, 以降は $i > 1$ とする。

a_i, …, a_n が降順 ($a_i > \cdots > a_n$) で, a_{i-1}, a_i, …, a_n は降順にならないから $a_{i-1} < a_i$ である。よって, a_i, …, a_n の中に a_{i-1} より大きいものが存在するから, それらの中で最も右にあるものを a_j とすると, a_j は次を満たす。

$i \leq j \leq n-1$ のとき　　$a_i > \cdots > a_j > a_{i-1} > a_{j+1} > \cdots > a_n$ ……①

$j = n$ のとき　　$a_i > \cdots > a_n > a_{i-1}$ ……②

さて, 辞書順で $A = (a_1, \cdots, a_n)$ の次の順列を $B = (b_1, \cdots, b_n)$ とする。また, 順列 $C = (c_1, \cdots, c_n)$ を, すべての k ($1 \leq k \leq i-2$) に対して $c_k = a_k$, $c_{i-1} = a_j$ である適当な順列とする。

$$(a_1, \cdots, a_{i-2}) = (c_1, \cdots, c_{i-2}), \quad a_{i-1} < a_j = c_{i-1}$$

であるから $A < C$ である。

（ステップ 1）　$b_k = a_k$ ($1 \leq k \leq i-2$) を背理法で示す。

そうでないと仮定して, $b_k \neq a_k$ となる k の中で最小のものを k' とすると

$$(a_1, \cdots, a_{k'-1}) = (b_1, \cdots, b_{k'-1}), \quad a_{k'} \neq b_{k'}$$

であるから, $A < B$ より $a_{k'} < b_{k'}$ となる。

そして, $c_k = a_k$ ($1 \leq k \leq i-2$), $1 \leq k' \leq i-2$ より

$$(c_1, \cdots, c_{k'-1}) = (a_1, \cdots, a_{k'-1}) = (b_1, \cdots, b_{k'-1})$$

$$c_{k'} = a_{k'} < b_{k'} \quad \text{→(93)(94)}$$

なので $C < B$ となる。$A < C$ と合わせて $A < C < B$ となるから, B が辞書順で A の次であるという仮定に反する。

よって, $b_k = a_k$ ($1 \leq k \leq i-2$) である。

（ステップ 2 ）　$b_{i-1}=a_j$ を背理法で示す。

・ある $k\,(1\leqq k\leqq i-2)$ に対して $b_{i-1}=a_k$ と仮定すると，（ステップ 1 ）より $a_k=b_k$ なので $b_k=b_{i-1}$ となる。　→⑼⑼

これは与えられた数がすべて異なるという仮定に反する。

・$b_{i-1}=a_{i-1}$ と仮定すると，（ステップ 1 ）と合わせて，すべての $k\,(1\leqq k\leqq i-1)$ に対して $a_k=b_k$ となる。　→⑼⑼

よって，$A<B$ より $(a_i,\ \cdots,\ a_n)<(b_i,\ \cdots,\ b_n)$ となるが，$a_i,\ \cdots,\ a_n$ は降順であるから補題に反する。

・ある $k\,(i\leqq k\leqq j-1)$ に対して $b_{i-1}=a_k$ と仮定する。$a_i,\ \cdots,\ a_n$ は降順であるから $a_k>a_j$ であり，（ステップ 1 ）や C の定義と合わせて

$$(c_1,\ \cdots,\ c_{i-2})=(a_1,\ \cdots,\ a_{i-2})=(b_1,\ \cdots,\ b_{i-2})$$
$$c_{i-1}=a_j<a_k=b_{i-1}\quad →⑼⑽$$

となる。よって，$C<B$ となり，$A<C$ と合わせて $A<C<B$ となる。これは B が辞書順で A の次であるという仮定に反する。

・ある $k\,(j+1\leqq k\leqq n)$ に対して $b_{i-1}=a_k$ と仮定する。　→⑽⑽

①より $a_{i-1}>a_k$ であるから $a_{i-1}>a_k=b_{i-1}$ となる。（ステップ 1 ）と合わせると $A>B$ となるが，これは $A<B$ という仮定に反する。

以上より，$k\neq j$ に対して $b_{i-1}\neq a_k$ であることがわかるから，$b_{i-1}=a_j$ である。

（ステップ 3 ）（ステップ 1 ）と（ステップ 2 ）より

$$(b_1,\ \cdots,\ b_{i-2},\ b_{i-1})=(a_1,\ \cdots,\ a_{i-2},\ a_j)$$

であるから，$b_i,\ \cdots,\ b_n$ は $a_{i-1},\ \cdots,\ a_n$ から a_j を除いた数を並べ替えたものである。その中で辞書順で最も前に来るのは，補題より昇順に並んでいる場合である。

・$i\leqq j\leqq n-1$ のとき

①より

$$a_i>\cdots>a_{j-1}>a_j>a_{i-1}>a_{j+1}>\cdots>a_n$$

であるから

$$a_n,\ \cdots,\ a_{j+1},\ a_{i-1},\ a_{j-1},\ \cdots,\ a_i$$

が昇順である。よって

$$B=(a_1,\ \cdots,\ a_{i-2},\ a_j,\ a_n,\ \cdots,\ a_{j+1},\ a_{i-1},\ a_{j-1},\ \cdots,\ a_i)$$

・$j=n$ のとき

②より

$$a_i > \cdots > a_{n-1} > a_n > a_{i-1}$$

であるから

$$a_{i-1},\ a_{n-1},\ \cdots,\ a_i$$

が昇順である。よって

$$B = (a_1,\ \cdots,\ a_{i-2},\ a_n,\ a_{i-1},\ a_{n-1},\ \cdots,\ a_i)$$

いずれの場合も B はアルゴリズムの出力に他ならないから，アルゴリズムが正しいことが証明された。

小論文

解答例 問1．【1】人間性をコミュニケーション能力としている。まず，人は，周囲の人や動物から気持ちという情報を汲み取るために共感力を育んだ。つぎに，道具を通して社会という環境を作り，人間関係を広げた。最後に，言葉によって，直接見聞きできない世界を想像するとともにその環境を共有した。

【2】人間性を振る舞い方やしゃべり方から読み取れるものとしている。つまり，人間らしい心情は，環境から推測できる情報としてある。だから，人は，心がないはずのアンドロイドの振る舞いに人間らしさを認められるのである。

【3】人間性を，体を動かしているときに無意識に機能している脳の働きとしている。脳が環境から得た知覚的な情報を体にフィードバックし，そのサイクルが繰り返されることで，人は体を動かせる。このおかげで，人は，意識的な計算を行わなくとも複雑な動作をたやすく行えるのである。

【4】人間性を，人が自己の全体像を他者の視線という環境からの情報で補完しようとするところに見て取っている。著者はその感受性の基準を設定するものとして「モード」を規定し，資本主義社会はそれを絶えず更新することで，人の欲望を刺激し続ける。

問2．資料2で論じられているように，私たち人間は，適切な場面で適切な振る舞いをする相手がいれば，そこに人間性を見て取る。これはおそらく，ロボットや子供だけではなく，犬や猫といった動物などに対しても同様であろう。資料1によれば，これは，共感力によるものである。そして近い将来，人工知能（AI）が本格的に社会で実用されるようになったとき，「彼ら」の振る舞いは，これまでにないくらいの人間らしさを私たちに感じさせるであろう。AIは人間の振る舞い方を学習し，場面に応じて最適な振る舞いができるからである。AIの進歩によって，私たちは，アンドロイドはもちろん，コンピューターゲームのような身体のない機械にも，人間性を認められるようになるだろう。

　このように，AIの出現は，人間に固有の特性としての人間性を脅かす。

　しかし，だからといって，AI が完全に人間に取って代わることはないで
あろう。人間には，自分の振る舞いに対する周囲からのフィードバックの
意味を読もうとする「想像力」がある。すなわち，自分の起こした行動に
対して他者の反応があったとき，人間はその他者の心情をも把握しようと
想像力を働かせるからだ。相手の応答や反応の表面には出力されない心情
を想像することは，AI にはまだ当分できないだろう。
　人間に固有のこの能力は，人間の人間らしい欲望にも歯止めをかけるも
のと思われる。たしかに，資料 4 で述べられているように，現代社会の人
間は，他者や社会から与えられた物語を「モード」として受動的に消費す
ることに没頭している。しかし，人間は，慣れ親しんだ道具から，それに
染みついた自分だけの物語を感じ取ることもできる。今後，資本主義の発
達につれて「モード」交代のサイクルはますます加速していくことだろう。
だが，「持続可能な発展」が唱えられてすでに久しい今日，誰もが欲望の
ままに行動していくことはできないということもまた自明である。古い記
号を脱ぎ捨て，新しい記号を身につけることが人間性の一側面である一方，
古びたモノに想像力を働かせ，それを大事にすることもまた人間性である。
古くなった道具，古くなったロボット，古くなった AI にすら人間らしさ
を読み取り，愛着を持ち，軽々しく捨てられない人間性こそが，持続可能
な社会を支えるのではないだろうか。記号として消費されない自分の物語
を生み出す想像力を，未来社会においても大事にしたいと私は考える。
（1000 字以内）

━━━━━━━━━━━◀解　説▶━━━━━━━━━━━

≪「環境」と「情報」の中心としての「人間性」について考える≫
▶問 1．設問の要求は，【1】〜【4】の 4 つの資料を読み，それぞれの著
者が論じている「人間性」とはどのようなものか，一目でわかりやすく表
現することである。それぞれの解答には，「人」「環境」「情報」という 3
つの言葉を必ず含むこと，という条件が付されている。また，図や記号な
どを用いてもよいとされている。「一目でわかりやすく」という条件があ
るので，文章にする場合にはできるだけ短くまとめよう。
　それぞれの資料の内容をまとめる。
【1】霊長類学の視点から，人間の発達の過程を述べている。ゴリラやチ
ンパンジーの子供が，母親一人で育てられる状態で生まれてくるのに対し

て，人間の子供は大きくかつひ弱で，成長が遅く，集団で保育しなければならない。人間は集団で子供を保育するために，大人同士の間でも大人と子供の間でも，気持ちを的確に読む必要性に迫られることになった。これを契機にして，人は他者への共感力を高めていった。それから，道具を開発し，それを介して社会生活を営むようになり，最終的には，言葉を介したコミュニケーションを発達させた。言葉によるコミュニケーションは，神や過去など見えない対象についての情報共有をも可能にさせ，その結果，人間は，直接見聞きできるものよりも言葉を信じるようになった。しかし，人間には，依然として言葉では説明できないものを感じ取る力が残っている。

【2】平田オリザの演劇『アンドロイド版「変身」』を題材に，ロボットと人間の「振る舞い」について述べられている。人間は子供の頃からさまざまな場面に応じた振る舞い方を学び，記憶していく。これと同じように，適切な振る舞い方やしゃべり方をするようにロボットを学習させると，そのロボットの所作に私たちは心の存在を感じる。ロボットが行為の意味を理解しているかどうかとは関係なく，私たちは，その振る舞いに対して「人間性」を読み取るのである。

【3】神経科学の学識から，人間の脳神経で働く無意識のネットワークの精巧さについて述べている。私たちの普段の何気ない動作も，周囲からの知覚情報を身体にフィードバックする脳の機構のおかげであり，同じことをコンピューターで制御されたロボットにやらせることは極めて困難である。手足の感覚を失ったイアンという男性は，このようなフィードバックを得られなくなった結果，全ての行動を意識的に計算して行わなければならなくなった。彼と過ごせば，私たちの無意識の動作が並外れて複雑であることに気づかされる，と著者は述べている。

【4】私たち人間は，自己のイメージを描きにくいため，他者の視線を「鏡」とすることで，セルフ・イメージを絶えず調整していかなければならない。資本主義社会は，繰り返し「モード」の交代を起こすことで，私たちの欲望を刺激し続ける。

　各資料を概観したが，ここから「人」「環境」「情報」というキーワードを織り込みつつ，「人間性」についてまとめなければならない。ここで，リード文に述べられている「人を取り巻くものは環境，そことやりとりす

ることは情報」というコンセプトがヒントとなる。「人を取り巻くもの」
には，他者である人間，動物，事物も含まれる。資料文の中で見出しやす
い構図は，人と環境との関わり方に「人間性」を見ているという構図であ
ろう。〔解答例〕では文章のみで表現したが，図や記号によって描く方が
解答しやすいかもしれない。

▶問 2．設問の要求は，これからの 30 年で起こり得る社会システムの変
容に私たちの「人間性」はどのように影響されるか，また，こうした「人
間性」を自覚した上で，未来社会においてどのように振る舞っていこうと
考えるか，という問いかけに対して，未来社会をよく生きるための自分の
考えを述べることである。

　「人間性」を論じるに当たってのヒントは，資料に散りばめられている。
あらたな「人間性」を自身の生活の中から見出して議論を展開してもよい
とされているが，その場合には独りよがりの「人間性」を定義した議論に
ならないように注意しなければならない。

　〔解答例〕では，資料からいくつかの「人間性」の側面を引き出してい
る。資料 1 で述べられている，想像する主体としての「人間性」を中心に，
資料 2 のロボットとの対比における人間，資料 4 の記号を欲望し消費する
人間を組み込んだ。

　このように，「人間性」というテーマを論じるには資料文中に豊富な材
料が存在するが，やや難しいのはむしろ今後 30 年の未来予想であろう。
人間はどの程度まで AI に置き換えられるのか，という議論が近年盛んだ
が，〔解答例〕では，AI の発展による人間性に対する「挑戦」と，持続可
能な発展という課題に触れている。多くの受験生に書きやすい議論だろう。

　この他，医療技術や遺伝子工学の発展によって，人間はどうあるべきか
という観点から「人間性」が揺さぶられることも考えられる。また，技術
的な側面のみならず，国内的・国際的な社会環境も大きく変化するものと
思われる。国内的には少子高齢化がまず考えられるが，それに伴い深化し
得る世代間の分断を回復するための「人間性」というテーマもよいだろう。
国際的には，グローバル化と民族ポピュリズムの分裂も，描きやすい未来
図である。

❖講　評

　2020 年度は，資料文の読み取りとそれを材料にした意見論述という，近年の環境情報学部では珍しいオーソドックスな出題であった。身構えていた受験生の中には，意外に思った人も多いのではないだろうか。

　ただし，例年よりも目立ちにくくはあるものの，2020 年度も環境情報学部らしい出題傾向は見て取れる。問 2 で求められている未来社会である。これからの 30 年という時間設定は，想像力の入る余地は十分にあるが，また一方では現在と地続きでもある。現在の傾向を読み取り，未来に投影して問題を発見し，解決を目指すというのは，決して例年の出題傾向から外れてはいない。

　小問は 2019 年度から一つ減り，2 問となった。数だけではなく構成もやや変化している。従来は一つの小問の解答が他の小問の解答にも繋がるという形で小問間に結びつきがあったが，2020 年度は結びつけるか否かは受験生が選択できる形であった。また，2019 年度までは与えられた資料の用い方に解答者の裁量の余地が大きかったが，2020 年度は問 1 が資料文読解という，ある程度の正答が存在する問題になっている。それでも，図や記号などを用いてもよいとされていること，単純な要約ではなくテーマに沿って構図を書くことが求められていることなどは，従来の出題の傾向を引き継いでいると言える。

慶應義塾大学
環境情報学部

別冊問題編

2025

矢印の方向に引くと
本体から取り外せます

教学社

目　次

$$\boxed{\text{問題編}}$$

2024
年度

問 題 編

一 般 選 抜

問 題 編

▶**試験科目・配点**

教　科	科　　　　　目	配　点
外国語 ・数学 ・情報	「数学または情報」，「外国語」，「数学および外国語」の３つの中から１つを選択（いずれも同一試験時間内実施） 　数　学－数学Ⅰ・Ⅱ・Ａ・Ｂ 　情　報－社会と情報・情報の科学 　外国語－(a)コミュニケーション英語Ⅰ・Ⅱ・Ⅲ，英語表現Ⅰ・Ⅱ 　　　　　(b)コミュニケーション英語Ⅰ・Ⅱ・Ⅲ，英語表現Ⅰ・Ⅱ， 　　　　　　　ドイツ語 　　　　　(c)コミュニケーション英語Ⅰ・Ⅱ・Ⅲ，英語表現Ⅰ・Ⅱ， 　　　　　　　フランス語 　　　　　の(a)，(b)，(c)のうち，いずれか１つを選択	200 点
小論文	発想，論理的構成，表現などの総合的能力を問う	200 点

▶**備　考**

- ドイツ語，フランス語は省略。
- 数学Ａは「場合の数と確率」・「整数の性質」・「図形の性質」を出題範囲とする。数学Ｂは「確率分布と統計的な推測」・「数列」・「ベクトル」を出題範囲とする。
- 小論文は，問いに対して自らの考えを論述する形式の試験で，受験生の発想，論理的構成，表現などを総合的に評価しようとするもの。どれだけ発想豊かに，自分の考えを論文として論理的に構成し，説得力のある表現ができるかを問う。
- 選択した受験教科の採点結果と，小論文の採点結果を組み合わせて最終判定を行う。

英　語

（120分）

（注意）

- 「**外国語選択者**」は，問題 I 〜 III の全問を解答すること。
- 「**数学および外国語選択者**」は，問題 I・II および数学の問題 I(2)・IV・V を解答すること。
- 問題 I は英語・ドイツ語・フランス語のいずれかひとつの言語だけを選択して解答すること（ドイツ語・フランス語は省略）。

英語 I

次の文章に関して、空欄補充問題と読解問題の二つがあります。まず、[31] から [40] の空所を埋めるのに、文脈的に最も適切な語を 1 から 3 の中から選び、その番号を解答欄 (31) から (40) にマークしなさい。次に、内容に関する [41] から [45] の設問には、1 から 4 の選択肢が付されています。そのうち、文章の内容からみて最も適切なものを選び、その番号を解答欄 (41) から (45) にマークしなさい。

1　　You have finally finished writing your article. You comb for errors, and by the time you publish you are absolutely certain that not a single typo survived. But, the first thing your readers notice isn't your carefully crafted message, it's the misspelled word in the fourth sentence. Typos suck. They are saboteurs, [31](1. overstating　2. clarifying　3. undermining) your intent, causing your resume to land in the "pass" pile, or providing sustenance for an army of pedantic critics. [32](1. Gratifyingly　2. Frustratingly　3. Timelessly), they are usually words you know how to spell, but somehow skimmed over in your rounds of editing. If we are our own harshest critics, why do we miss those annoying little details?

2　　The reason typos get through isn't because we're stupid or careless, it's because what we're doing is actually very smart, explains psychologist Tom Stafford, who studies typos at the University of Sheffield in the UK. "When you're writing, you're trying to express meaning. It's a very high-level task," he said. As with all high-level tasks, your brain generalizes simple, component parts so it can focus on more complex tasks. "We don't catch every detail, we're not like computers or databases," said Stafford. "Rather, we take in sensory information and combine it with what we expect, and we extract meaning."

3　　When we're reading other people's work, this helps us arrive at meaning faster by using less brain power. When we're proofreading our own work, we know the meaning we want to [33](1. dissemble　2. convey　3. inhibit). Because we expect that meaning to be there, it's easier for us to miss when parts of it are absent. The reason we don't see our own typos is because what we see on the screen is competing with the version that exists in our heads. This can be something as [34](1. trivial 2. momentous 3. callous) as transposing the letters in "the" to "hte," or something as significant as omitting the core explanation of your article.

4　　　Generalization is the [35](1. hallmark 2. bookmark 3. pockmark) of all higher-level brain functions. It's similar to how our brains build maps of familiar places, compiling the sights, smells, and feel of a route. That mental map frees your brain up to think about other things. Sometimes this works [36](1. for 2. without 3. against) you, like when you accidentally drive to work on your way to a barbecue, because the route to your friend's house includes a section of your daily commute. We can become unaware of details because our brain is operating on instinct. By the time you proofread your own work, your brain already knows the destination.

5　　　But even if [37](1. disorganization 2. interrogation 3. familiarization) interferes with your ability to pick out mistakes in the long run, we're actually pretty awesome at catching ourselves in the act. In fact, touch typists know they've made a mistake even before it [38](1. speaks out 2. simmers down 3. shows up) on the screen. Their brain is so used to turning thoughts into letters that it alerts them when they make even minor mistakes, like hitting the wrong key or swapping two characters. In a study published earlier this year, Stafford and a colleague covered both the screen and keyboard of typists and monitored their word rate. These touch typists slowed down their word rate just before they made a mistake. When the brain senses an error, it sends a signal to the fingers, slowing them down so they have more time to adjust.

6　　　As any typist knows, hitting keys happens too fast to divert a finger when it's in the process of making a mistake. However, Stafford says this evolved from the same mental [39](1. issue 2. obstruction 3. mechanism) that helped our ancestors' brains make micro adjustments when they were throwing spears. Unfortunately, that kind of instinctual [40](1. feedback 2. tailback 3. payback) doesn't exist in the editing process. When you're proofreading, you are trying to trick your brain into pretending that it's reading the thing for the first time. Stafford suggests that if you want to catch your own errors, you should try to make your work as unfamiliar as possible. Change the background color or print it out and edit by hand. "Once you've learned something in a particular way, it's hard to see the details without changing the visual form," he said.

—Based on Stockton, N. (2014). "Why it's so hard to catch your own typos," *Wired.com.*

[41] Which of the following is likely an example of the kind of errors described in this article?
1. making up or tampering with data
2. misinterpreting another author's text
3. deciding to exclude contrary evidence

4. forgetting to capitalize your own name

[42] What is the most likely meaning of the word "pass" in paragraph 1?

1. to meet the requirements of an exam

2. to be eliminated from a range of choices

3. to be relayed from one person to another

4. to move ahead of the competition

[43] According to the passage, it is easy for us to overlook mistakes in our own writing because

1. our brain already has an image of the writing that it is reviewing.

2. our brain does not have enough capacity to check texts carefully.

3. we are used to reading things written by others, not ourselves.

4. we do not spend enough time on rereading what we've written.

[44] What did the study by Stafford and his collaborator indicate about touch typists?

1. They subconsciously slow their typing speed when they are about to make errors.

2. They make more typos when their keyboards and screens are hidden from view.

3. They can make moderate corrections to their finger movements while they type.

4. They may sometimes drive to a familiar location instead of their destination.

[45] Which of the following methods of improving proofreading effectiveness is consistent with the advice in paragraph 6?

1. imagining you have read the text repeatedly already

2. practicing touch typing difficult words and phrases

3. changing the typeface of all the text in your document

4. reading the words aloud as you check the draft of the text

英語 II

次の文章に関して、空欄補充問題と読解問題の二つがあります。まず、[46]から[55]の空所を埋めるのに、文脈的に最も適切な語を1から3の中から選び、その番号を解答欄（46）から（55）にマークしなさい。次に、内容に関する[56]から[60]の設問には、1から4の選択肢が付されています。そのうち、文章の内容からみて最も適切なものを選び、その番号を解答欄（56）から（60）にマークしなさい。

1　　The invisible loss in climate change is the loss of natural areas. Genuine climate change renders moot the 20th century's many struggles to preserve and conserve the wilderness. There can be no [46](1. easy　2. true　3. useful) "wilderness" in a Greenhouse Earth. All creatures are under the same gray sky. There can be no refuge, nothing can go untouched. "Nature" is over; there is no [47](1. investment　2. regime　3. sanctity) left to defend; all that breathes is breathing unnatural air.

2　　But though the 21st century may have no nature, that does not imply that it will have no savagery. [48](1. As a consequence　2. For the time being　3. On the contrary), large and growing areas of the planet will have lost their value for technological instrumentalism. Abdicated as profit centers, they are too unstable for settlement and development. They might become slums. Or they could make good carbon-dioxide sumps.

3　　Consider the following scenario. Outflanked by rapid climate change, rain forests and national wildernesses will be badly damaged by floods, and periodically on fire. The CO_2 is a terrifying menace and must be put somewhere. Nature is beaten and no longer fit for the job, so humans must step [49](1. down　2. in　3. out). We can envision a harshly authoritarian government reshaping the landscape wholesale. They might create carbon-dioxide ration-states with zealous blood-and-soil ideological overtones. Because the Motherland is visibly imperiled, whole populations would be cybernetically [50](1. drafted　2. guarded　3. scanned) for the moral equivalent of a people's war. Massive deportations of population, internal visas, and living-space issues become political commonplaces. The remains of wilderness, and the newly drowning areas, are nervously [51](1. assessed　2. patrolled　3. rebuilt) by immigration authorities who hunt poachers and illegal aliens with infra-red and DNA sniffers.

4　　Since such areas can't be financially exploited, they are deliberately [52](1. overestimated　2. overgrown　3. overexposed) by government order. This makes sense. The faster they can suck up carbon, the more they will slow down climate change. The country's imperiled areas therefore become a new kind of landscape: Involuntary Parks. They bear some small resemblance to the twentieth century's national parks, those government-owned areas guarded by forest rangers. They are, for instance, very green, and probably full of wild animals. But the species mix is no longer natural. They are mostly fast-growing weeds, a cosmopolitan jungle of kudzu and bamboo, with perhaps many

2
0
2
4
年
度

一
般
選
抜

英
語

genetically altered species that can deal with seeping saltwater. Drowned cities that cannot be demolished for scrap will vanish into the unnatural vegetation. The idea is [53](1. derailed 2. farfetched　3. lighthearted), but not without precedent. Here are some contemporary examples of Involuntary Parks:

- The very large and slightly poisonous areas downwind of Chernobyl, which have been reported to feature wild boars and somewhat distorted vegetable and insect forms.

- The Green Line between Turkish Cyprus and Greek Cyprus. Intruders are shot or arrested there, and over the years the area has become reforested.

- Very old and decaying railroad lines in the United States, which [54](1. intentionally 2. obviously　3. paradoxically) contain some of the last untouched prairie ecosystems in North America.

5　　　Involuntary Parks are not representatives of untouched nature, but of vengeful nature, of natural processes reasserting themselves in areas of political and technological collapse. An [55](1. embarrassment　2. entitlement　3. entertainment) during the 20th century, Involuntary Parks could become a somber necessity during the 21st. A world map of Involuntary Parks would be an interesting and perhaps enlightening addition to new maps of our newly uninsurable world.

　　　　　　—Based on Sterling, B. (approx. 1998). "The world is becoming uninsurable, part 3," *Viridian.*

[56] Which of the following best captures the author's view of modern "nature" given in this article?
1. "Nature" may not be unlimitedly used to support our lifestyles.
2. Those in power no longer utilize "nature" in order to make profit.
3. "Nature" has come to involve a landscape deformed by humans.
4. What appears to be "nature" is a carefully planned landscape.

[57] Based on what is said in paragraph 3, the purpose of introducing "internal visas" is
1. to control the number of new immigrants.
2. to restrict citizens' freedom of domestic travel.
3. to promote tourism for economic regeneration.
4. to prevent the population from fleeing the country.

[58] What situation does the author mean by "cosmopolitan jungle" in paragraph 4?
1. The area is overseen not by a government but by an international organization.
2. City life serves as a new laboratory for experimenting with multiculturalism.
3. Genetically modified plants are introduced by the administration to soak up CO_2.
4. Indigenous lifeforms exist alongside newly introduced species from different locations.

[59] A possible example of an "Involuntary Park" is

1. the Usolyekhimprom chemical plant in Siberia. Now abandoned, its toxic waste inhibits all animals and plants from surviving.

2. an oasis in a large desert such as the Sahara. Travelers drop plant seeds from different countries, unintentionally creating an exotic vegetation.

3. a small quarter in a megalopolis such as Los Angeles, where people get together to take care of a green area. They do so spontaneously without instruction.

4. the Korean Demilitarized Zone, which is about a mile wide and stretches entirely across the Korean Peninsula. Non-native species have been discovered there.

[60] Which of the following would be the best subtitle of this article?

1. Wilderness strikes back

2. A chance to change our destiny

3. Cityscape as a scapegoat

4. Preserve nature, preserve dignity

英語Ⅲ

次の文章に関して、空欄補充問題と読解問題の二つがあります。まず、[61]から[80]の空所を埋めるのに、文脈的に最も適切な語を 1 から 3 の中から選び、その番号を解答欄（61）から（80）にマークしなさい。次に、内容に関する[81]から[90]の設問には、1 から 4 の選択肢が付されています。そのうち、文章の内容からみて最も適切なものを選び、その番号を解答欄（81）から（90）にマークしなさい。

1　　　In 1875, *Harper's Weekly* declared one Lomer Griffin of Lodi, Ohio, to be, "in all probability," the oldest man in the union. His age, allegedly, was 116. There were doubters. Lomer's own wife, for instance, said he was only 103. And William John Thoms, an English author and demographer who had just written a book on human longevity, expressed [61](1. skepticism of　2. support for　3. wonder at) all such centenarian claims. A human's maximum life span was about 100, Thoms asserted. Certainly no claim of an age over 110 had ever been verified.

2　　　"Evidence of any human being having attained the age, not of 130 or 140, but of 110 years … will be found upon examination utterly worthless," he wrote. Centuries of expert [62](1. advice 2. negotiations　3. testimony) (not to mention insurance company data) had established 100 years as the longest possible human lifetime, Thoms insisted—apart from a few "extremely rare" exceptions. He expressed bewilderment that some medical authorities still believed that a lifetime might exceed nature's rigorously imposed limit.

3　　　Yet even today, almost a century and a half after Lomer Griffin's death in 1878 (at age 119 by some accounts), scientists still [63](1. ignore   2. dispute   3. accept) what the oldest human age could ever be—and whether there is any limit at all. After all, more than a dozen people are alive today with validated ages over 110 (and many more that old are still around, just not documented). Yet in only one verified case has anyone lived beyond 120—the French woman Jeanne Calment, who died in 1997 at age 122. "The possible existence of a hard upper limit, a cap, on human lifetimes is [64](1. warmly 2. coolly   3. hotly) debated," write Léo Belzile and coauthors in a paper to appear in *Annual Review of Statistics and Its Application*. "There is sustained and widespread interest in understanding the limit, if there is any, to the human life span."

4   It's a question with importance beyond just whether people lie about their age to get recognized by *Guinness World Records*. For one thing, absence of an upper age limit could affect the viability of social security and pension systems. And determining whether human lifetimes have an [65](1. adulterated 2. inviolate   3. obsolete) maximum might offer clues to understanding aging, as well as aiding research on prolonging life. But recent studies have not yet resolved the issue, instead producing controversy [66](1. migrating   2. diverging   3. arising) from competing claims, note Belzile, a statistician at the business university HEC Montréal in Canada, and colleagues. Some of that controversy, they suggest, stems from incorrect methods of statistical analysis. Their own reanalysis of data on [67](1. extreme 2. interrupted   3. orthodox) lifetimes indicates that any longevity cap would be at least 130 years and possibly exceed 180. And some datasets, the authors report, "put no limit on the human life span." These analyses "suggest that the human life span lies well beyond any individual lifetime yet observed or that could be observed in the absence of major medical advances."

5   Such conclusions [68](1. reinforce   2. contradict   3. offset) the old claims of Thoms and others that nature imposed a strict limit to lifetime. Thoms supported that view by quoting the 18th century French naturalist Georges-Louis Leclerc, Comte de Buffon. Lifetime limits did not seem to vary much from culture to culture despite differences in lifestyles or diets, Buffon pointed out. "It will at once be seen that the duration of life depends neither upon habits, nor customs, nor the quality of food, that nothing can change the fixed laws which regulate the number of our years," he wrote. Thoms' own investigation into reports of super long lifetimes found that in every instance mistakes had been made— a father confused with a son, for instance, or a birth record identified with the wrong child. And of course, some people simply lied.

6   Even today, the lack of high-quality data [69](1. bolsters   2. outweighs   3. confounds) statistical attempts to estimate a maximum life span. "Age overstatement is all too frequent, as a very long life is highly respected, so data on supercentenarians must be carefully and individually validated to [70](1. refute   2. conceal   3. ascertain) that the reported age at death is correct," write Belzile and coauthors. Fortunately, some collections [71](1. remove   2. provide   3. obscure) verified data on the oldest of the old. One such collection, the International Database on Longevity, includes information

from 13 countries on supercentenarians (those living to age 110 or beyond) and for 10 countries on semi-supercentenarians (those reaching 105 but not making it to 110).

7   Analyzing such datasets requires skillful use of multiple statistical tools to infer maximum longevity. A key concept in that regard is called the "force of mortality," or "hazard function," a measure of how likely someone reaching a given age is to live a year longer. (A 70-year-old American male, for instance, has about a 2 percent chance of dying before reaching 71.) Of course, the hazard of dying changes over time—youngsters are generally much more likely to live another year than a centenarian is, for instance. By establishing how death rates change with age, statistical methods can then be applied to estimate the maximum possible life span.

8   From age 50 or so onward, statistics show, the risk of death increases year by year. In [72](1. contrast   2. short   3. fact), the death rate rises exponentially over much of the adult life span. But after age 80 or so, the rate of mortality increase begins to slow down (an effect referred to as late-life mortality deceleration). Equations that quantify changes in the hazard function show that it levels [73](1. off   2. down   3. up) at some age between 105 and 110. That means equations derived from lower age groups are unreliable for estimating life span limits; proper analysis requires statistics derived from those aged 105 and up. Analyses of those groups suggest that by age 110 or so, the rate of dying in each succeeding year is roughly 50 percent (about the same for men as for women). And the data so far do not [74](1. lock in   2. rule out   3. set off) an even smaller annual chance of death after that.

9   Depending on the details of the dataset (such as what age ranges are included, and for what country), a possible longevity cap is estimated in the range of 130 to 180. But in some cases the statistics imply a cap of at least 130, with no upper limit. Mathematically, that means the highest ages in a big enough population would be infinite—implying [75](1. immorality   2. immaturity   3. immortality). But in reality, there's no chance that anybody will beat Methuselah's Biblical old age record of 969. The lack of a mathematical upper bound does not actually allow a potentially infinite life span. "Every observed lifetime has been and always will be finite," Belzile and coauthors write, "so careful translation of mathematical truths into everyday language is required."

10   For one thing, a 50 percent chance of living to the next year makes the odds pretty [76](1. good   2. slim   3. even) that a 110-year-old will live to 130—about one chance in a million. That's the equivalent of tossing coins and getting 20 heads in a [77](1. line   2. row   3. wave). Nevertheless, if the math is correct in indicating no true longevity cap, the old-age record could continue to climb to ages now unimaginable. Other researchers have pointed out that, with an increasing number of supercentenarians around, it's [78](1. implausible   2. undeniable   3. conceivable) that someone will reach 130 in this century. "But a record much above this will remain highly unlikely," Belzile and colleagues note.

11　　　As for Lomer Griffin, claims of reaching age 119 were clearly exaggerated. By his (third) wife's reckoning he was 106 when he died, and his [79](1. gemstone　2. tombstone　3. keystone) agrees, giving his dates as 1772 to 1878. [80](1. So far　2. Thus　3. Alas), his birth record (recorded in Simsbury, Connecticut) shows that Lomer (short for his birth name, Chedorlaomer) didn't really reach 106 at all. He was born April 22, 1774, making him a mere 104 at death. But he still may very well have been the nation's oldest citizen, because anyone claiming to be older was probably lying about their age as well.

—Based on Siegfried, T. (2021). "Human life span may have no limit, analysis of supercentenarians suggests," *Knowable Magazine.*

[81] Based on his writing from about the same time period, how would William John Thoms most likely react to the *Harper's Weekly* account of Lomer Griffin's longevity?
1. He would guardedly agree that reaching such an age was possible.
2. He would wholeheartedly dismiss the information as preposterous.
3. He would call for an immediate study of Griffin's lifestyle.
4. He would view the story of Griffin as validation of his own work.

[82] Whose position would have most confused William John Thoms in the late 1800s?
1. a doctor who thought that humans could not reach 110 years of age
2. a doctor who thought that healthier lifestyles would extend life spans beyond a century
3. a doctor who felt that existing data implied a stringently confined human life span
4. a doctor who questioned the legitimacy of the *Harper's Weekly* Lomer Griffin story

[83] The author mentions *Guinness World Records* in order to
1. suggest a case in which someone might provide false personal information.
2. point out that the information gathered for world records is always changing.
3. argue that *Guinness World Records* functions as a modern-day *Harper's Weekly*.
4. illustrate the likelihood that human life spans will continue to elongate.

[84] When Léo Belzile and coauthors reconsider the upper limits of human life span, the numbers they arrive at
1. approach Lomer Griffin's purported age in 1875.
2. ultimately uphold the beliefs of William John Thoms.
3. are prolonged from current norms, but not significantly so.
4. suggest the possibility of unprecedented progression.

[85] In reference to the work of Buffon, which aspect of lifestyle is *not* mentioned when comparing the longevity of multiple cultures?

1. nutritional adequacy

2. daily behavior

3. national laws

4. cultural conventions

[86] According to the passage, which of the following portrays the type of mix-up that William John Thoms had encountered in his research?

1. A birth certificate wrongly identifies George Johnson as his younger sibling.

2. A government office misplaces Margaret Brown's important personal records.

3. A woman said to be Mary A. Davis is actually Mary B. Davis (no relation).

4. A birth certificate states William Miller is ten years older than his actual age.

[87] According to the author, what will the "hazard function" help researchers to better understand?

1. the likelihood of certain kinds of death at certain ages

2. the leading causes of death for US males in their 70s

3. the reasons the lives of adolescents are relatively secure

4. the probability of a person to pass before their next birthday

[88] Considering late-life mortality deceleration, which individual's data would be most useful in efforts to declare a possible longevity cap?

1. an 87-year-old man

2. a 97-year-old woman

3. a 57-year-old man

4. a 107-year-old woman

[89] When Léo Belzile and coauthors call for "careful translation of mathematical truths into everyday language," what issue are they addressing?

1. Discretion is needed when applying theoretical findings to actuality.

2. Based on their study, everyday human behavior needs to change.

3. We should exploit scientific calculations to produce enticing clickbait.

4. Claims of advanced age usually need to be heavily scrutinized.

[90] The author feels that if the calculations regarding prolonged life spans are reliable,

1. people will routinely reach the age of 130 years old.

2. the number of supercentenarians will eventually stabilize.

3. records of "oldest human" will need regular adjustment.

4. Lomer Griffin's exaggerated longevity will be further examined.

数　学

（120分）

（注意）

- 「**数学選択者**」は，問題 I 〜 V の全問を解答すること．
- 「**数学および外国語選択者**」は，問題 I (2)・IV・V および外国語の問題 I・II
  を解答すること．

注 意 事 項

問題冊子に数字の入った $\boxed{}$ があります．それらの数字は解答用紙の解答欄の番号をあらわしています．対応する番号の解答欄の 0 から 9 までの数字または − (マイナスの符号) をマークしてください．

$\boxed{}$ が 2 個以上つながったとき，数は右詰めで入れ，左の余った空欄には 0 を入れてください．負の数の場合には，マイナスの符号を先頭の $\boxed{}$ に入れてください．また，小数点以下がある場合には，左詰めで入れ，右の余った空欄には 0 を入れてください．

（例）　12　→　$\boxed{0}\boxed{1}\boxed{2}$　　　　　　　　−3　→　$\boxed{-}\boxed{0}\boxed{3}$

　　　　1.4　→　$\boxed{0}\boxed{0}\boxed{1}.\boxed{4}\boxed{0}$　　　　−5　→　$\boxed{-}\boxed{0}\boxed{5}.\boxed{0}\boxed{0}$

分数は約分した形で解答してください．マイナスの符号は分母には使えません．

（例）　$\dfrac{4}{8}$　→　$\dfrac{1}{2}$　→　$\dfrac{\boxed{0}\boxed{1}}{\boxed{0}\boxed{2}}$　　　　$-\dfrac{6}{9}$　→　$-\dfrac{2}{3}$　→　$\dfrac{\boxed{-}\boxed{2}}{\boxed{0}\boxed{3}}$

ルート記号の中は平方因子を含まない形で解答してください．

（例）　$\sqrt{50}$　→　$\boxed{0}\boxed{5}\sqrt{\boxed{0}\boxed{2}}$　　　　$-\sqrt{24}$　→　$\boxed{-}\boxed{2}\sqrt{\boxed{0}\boxed{6}}$

　　　　$\sqrt{13}$　→　$\boxed{0}\boxed{1}\sqrt{\boxed{1}\boxed{3}}$　　　　$-\dfrac{\sqrt{18}}{6}$　→　$\dfrac{\boxed{-}\boxed{1}\sqrt{\boxed{0}\boxed{2}}}{\boxed{0}\boxed{2}}$

数式については，つぎの例のようにしてください．分数式は約分した形で解答してください．

(例)　$\sqrt{12a}$　$\longrightarrow$　$\boxed{0}\ \boxed{2}\ \sqrt{\boxed{0}\ \boxed{3}\ a}$

$-a^2 - 5$　$\longrightarrow$　$\boxed{-}\ \boxed{1}\ a^2 + \boxed{0}\ \boxed{0}\ a + \boxed{-}\ \boxed{5}$

$\dfrac{4a}{2a-2}$　$\longrightarrow$　$\dfrac{-2a}{1-a}$　$\longrightarrow$　$\dfrac{\boxed{0}\ \boxed{0}\ + \boxed{-}\ \boxed{2}\ a}{1 - \boxed{0}\ \boxed{1}\ a}$

選択肢の番号を選ぶ問題では，最も適切な選択肢を 1 つだけ選んでください．また，同じ選択肢を複数
回選んでもかまいません．

数学 I

(1)　x, y を正の実数とするとき
$$27\,x + \frac{3\,x}{y^2} + \frac{2\,y}{x}$$
は，$x = \dfrac{\boxed{(1)}\ \boxed{(2)}}{\boxed{(3)}\ \boxed{(4)}}$, $y = \dfrac{\boxed{(5)}\ \boxed{(6)}}{\boxed{(7)}\ \boxed{(8)}}$ において最小値 $\boxed{(9)}\ \boxed{(10)}$ をとる.

(2)　実数 x, y, z が
$$\begin{cases} x > 1, \quad y > 1, \quad z > 1 \\ \log_x y + \log_y x + \log_y z + 4\,\log_z y \leqq 6 \\ 4\,x\,z + 3\,x - 7\,y - 5\,z = -5 \end{cases}$$
を満たしているとき
$$x = \frac{\boxed{(11)}\ \boxed{(12)}}{\boxed{(13)}\ \boxed{(14)}}, \quad y = \frac{\boxed{(15)}\ \boxed{(16)}}{\boxed{(17)}\ \boxed{(18)}}, \quad z = \frac{\boxed{(19)}\ \boxed{(20)}}{\boxed{(21)}\ \boxed{(22)}}$$
である.

数学Ⅱ

b_k を正の整数，$b_{k-1}, \cdots, b_1, b_0$ を負でない整数とする（k は負でない整数であり，$k=0$ のときは正の整数 b_0 のみを考える）．正の整数 n に対して，$b_k, b_{k-1}, \ldots, b_1, b_0$ が

$$2^k b_k + 2^{k-1} b_{k-1} + \cdots + 2^2 b_2 + 2 b_1 + b_0 = \sum_{i=0}^{k} 2^i b_i = n$$

を満たすとき，$\langle b_k, b_{k-1}, \ldots, b_1, b_0 \rangle$ を n の 2 べき乗表現と呼ぶことにする．これは 2 進法による数の表現と似ているが，2 進法の場合とは異なり，b_i $(i = 0, 1, \ldots, k)$ は 2 以上の値も取りうる．そのため $n \geqq 2$ において，n の 2 べき表現は 1 通りではない．

(1) $n = 3$ の 2 べき乗表現は，$\langle 3 \rangle$ と $\langle$ (23) , (24) $\rangle$ の 2 通りである．

(2) $\langle 3, 2, 1 \rangle$ は $n = $ (25)(26) の 2 べき乗表現である．

(3) m を正の整数とするとき，1 から m までの整数を順番に並べた $\langle 1, 2, \ldots, m \rangle$ は

$$2^{\left(m + \boxed{(27)(28)}\right)} + \boxed{(29)(30)} \, m + \boxed{(31)(32)}$$

の 2 べき乗表現である．

(4) n の 2 べき乗表現の個数を a_n とすると

$$a_4 = \boxed{(33)(34)}, \quad a_5 = \boxed{(35)(36)}, \quad a_6 = \boxed{(37)(38)}, \cdots, \quad a_{10} = \boxed{(39)(40)}, \cdots, \quad a_{20} = \boxed{(41)(42)}$$

である．

数学Ⅲ

四面体 ABCD において，$|\overrightarrow{AB}| = 3$，$|\overrightarrow{AC}| = |\overrightarrow{AD}| = |\overrightarrow{BC}| = |\overrightarrow{BD}| = 4$，$|\overrightarrow{CD}| = 5$ であるとき

$$\overrightarrow{AB} \cdot \overrightarrow{AC} = \frac{(43)(44)}{(45)(46)}, \quad \overrightarrow{AC} \cdot \overrightarrow{AD} = \frac{(47)(48)}{(49)(50)}, \quad \overrightarrow{AC} \cdot \overrightarrow{BD} = \boxed{(51)(52)}$$

である．ここで，頂点 D から △ABC に下ろした垂線の足を H とすると，$\overrightarrow{AH}$ は $\overrightarrow{AB}$ と $\overrightarrow{AC}$ を用いて

$$\overrightarrow{AH} = \frac{(53)(54)}{(55)(56)} \overrightarrow{AB} + \frac{(57)(58)}{(59)(60)} \overrightarrow{AC}$$

とあらわすことができる．垂線 DH の長さは

$$\frac{(61)(62)}{(63)(64)} \sqrt{(65)(66)}$$

であるから，四面体 ABCD の体積は

$$\frac{(67)(68)}{(69)(70)} \sqrt{(71)(72)}$$

である．

数学Ⅳ

互いに直交する x 軸，y 軸，z 軸をもつ座標空間を xyz 空間と呼ぶ．

(1) xyz 空間において，不等式

$$x^2 + y^2 + z^2 \leqq |x|$$

が定める立体の体積は $\dfrac{(73)(74)}{(75)(76)} \pi$ である．また，原点を中心とする球面がこの立体と共有点をもつとき，球面の半径の最大値は $\boxed{(77)}\boxed{(78)}$ である．

(2) xyz 空間において，不等式

$$x^2 + y^2 + z^2 \leqq |x| + |y|$$

が定める立体の体積は $\dfrac{(79)(80)}{(81)(82)} \pi$ である．また，原点を中心とする球面がこの立体と共有点をもつとき，球面の半径の最大値は $\sqrt{(83)(84)}$ である．

(3) xyz 空間において，不等式

$$x^2 + y^2 + z^2 \leqq |x| + |y| + |z| - \frac{1}{4}$$

が定める立体の体積は $\left(\dfrac{\boxed{(85)}\,\boxed{(86)}}{} + \dfrac{\boxed{(87)}\,\boxed{(88)}}{\boxed{(89)}\,\boxed{(90)}} \sqrt{\boxed{(91)}\,\boxed{(92)}} \right) \pi$ である．また，原点を中心と

する球面がこの立体と共有点をもつとき，球面の半径の最大値は $\dfrac{\boxed{(93)}\,\boxed{(94)}}{\boxed{(95)}\,\boxed{(96)}} \sqrt{\boxed{(97)}\,\boxed{(98)}} +$

$\dfrac{\boxed{(99)}\,\boxed{(100)}}{\boxed{(101)}\,\boxed{(102)}} \sqrt{\boxed{(103)}\,\boxed{(104)}}$ である（ただし，$\boxed{(97)}\,\boxed{(98)} < \boxed{(103)}\,\boxed{(104)}$ とする）.

数学V

(1) 6つの大学による野球の総当たり戦を考える．総当たり戦では，どの2つの大学も1試合ずつ対戦し，試合ごとに引き分けなしで勝敗が決定する．いま，各大学の実力は拮抗していて，勝敗の確率は $\dfrac{1}{2}$ ずつとする．このとき，全勝する大学が存在する確率は $\dfrac{\boxed{(105)}\,\boxed{(106)}}{\boxed{(107)}\,\boxed{(108)}}$ ，全勝する大学と全敗する大学が両方存在する確率は $\dfrac{\boxed{(109)}\,\boxed{(110)}\,\boxed{(111)}}{\boxed{(112)}\,\boxed{(113)}\,\boxed{(114)}}$ ，どの大学も1試合は勝って1試合は負ける確率は $\dfrac{\boxed{(115)}\,\boxed{(116)}\,\boxed{(117)}}{\boxed{(118)}\,\boxed{(119)}\,\boxed{(120)}}$ である．

(2) 4つの大学による野球の総当たり戦を考える．総当たり戦では，どの2つの大学も1試合ずつ対戦し，試合ごとに引き分けなしで勝敗が決定する．いま，4つの大学のうち K 大学の実力が他の3つの大学よりもまさっていて，K 大学が他の大学に勝つ確率は $\dfrac{3}{4}$，負ける確率は $\dfrac{1}{4}$ とする．一方で，K 大学以外の3つの大学の実力は拮抗していて，これらの大学同士の勝敗の確率は $\dfrac{1}{2}$ ずつとする．このとき，全勝する大学が存在する確率は $\dfrac{\boxed{(121)}\,\boxed{(122)}}{\boxed{(123)}\,\boxed{(124)}}$ ，全勝する大学と全敗する大学が両方存在する確率は $\dfrac{\boxed{(125)}\,\boxed{(126)}}{\boxed{(127)}\,\boxed{(128)}}$ ，どの大学も1試合は勝って1試合は負ける確率は $\dfrac{\boxed{(129)}\,\boxed{(130)}}{\boxed{(131)}\,\boxed{(132)}}$ である．

情　報

（120分）

注意事項

問題冊子に数字の入った ☐ があります．それらの数字は解答用紙の解答欄の番号をあらわしています．対応する番号の解答欄の 0 から 9 までの数字または － (マイナスの符号) をマークしてください．

☐ が 2 個以上つながったとき，数は右詰めで入れ，左の余った空欄には 0 を入れてください．負の数の場合には，マイナスの符号を先頭の ☐ に入れてください．また，小数点以下がある場合には，左詰めで入れ，右の余った空欄には 0 を入れてください．

（例）　12　⟶　| 0 | 1 | 2 |　　　　　－3　⟶　| - | 0 | 3 |

　　　　1.4　⟶　| 0 | 0 | 1 |.| 4 | 0 |　　　－5　⟶　| - | 0 | 5 |.| 0 | 0 |

分数は約分した形で解答してください．マイナスの符号は分母には使えません．

（例）　$\dfrac{4}{8}$　⟶　$\dfrac{1}{2}$　⟶　$\dfrac{\boxed{0\ 1}}{\boxed{0\ 2}}$　　　　$-\dfrac{6}{9}$　⟶　$-\dfrac{2}{3}$　⟶　$\dfrac{\boxed{-\ 2}}{\boxed{0\ 3}}$

ルート記号の中は平方因子を含まない形で解答してください．

（例）　$\sqrt{50}$　⟶　| 0 | 5 |$\sqrt{\boxed{0\ 2}}$　　　　$-\sqrt{24}$　⟶　| - | 2 |$\sqrt{\boxed{0\ 6}}$

　　　　$\sqrt{13}$　⟶　| 0 | 1 |$\sqrt{\boxed{1\ 3}}$　　　　$-\dfrac{\sqrt{18}}{6}$　⟶　$\dfrac{\boxed{-\ 1}\sqrt{\boxed{0\ 2}}}{\boxed{0\ 2}}$

数式については，つぎの例のようにしてください．分数式は約分した形で解答してください．

（例）　$\sqrt{12a}$　⟶　| 0 | 2 |$\sqrt{\boxed{0\ 3}\,a}$

　　　　$-a^2-5$　⟶　| - | 1 |a^2+| 0 | 0 |$a+$| - | 5 |

$$\frac{4a}{2a-2} \rightarrow \frac{-2a}{1-a} \rightarrow \frac{\boxed{0}\,\boxed{0}\,+\,\boxed{-}\,\boxed{2}\,a}{1-\boxed{0}\,\boxed{1}\,a}$$

選択肢の番号を選ぶ問題では，最も適切な選択肢を1つだけ選んでください．また，同じ選択肢を複数回選んでもかまいません．

情報 I

以下、法制度に関しては、日本のものについて考えるものとする。

次の文章を読み、設問に回答しなさい。

著作権法上「著作者」とは「著作物を創作する者」と定義されている。また、1つの著作物の作成に複数の者が関与している場合には、著作物の作成に創作的に寄与した者が著作者であると考えられる（著作権法第2条第1項第12号（共同著作物）参照）。

コンピュータ創作物の作成過程に関与する者としては、1) コンピュータ・システムの使用者、2) コンピュータ・システムにおいて実行されるプログラムの作成者、3) データ又はデータベースなどの形でコンピュータ・システムに入力される素材の作成者が考えられる。（中略）

(1) コンピュータ・システムの使用者

　コンピュータ創作物に著作物性が認められる場合、その著作者は具体的な結果物の作成に創作的に寄与した者と考えられるが、通常の場合、それは、コンピュータ・システムの使用者であると考えられる。①

　ただし、使用者が単なる操作者であるにとどまり、何ら創作的寄与が認められない場合には、当該使用者は著作者とはなり得ない。どのような場合に使用者が創作的寄与を行ったと評価でき、又は単なる操作者にとどまるかについては、個々の事例に応じて判断せざるを得ないが、一般に使用者の行為には入力段階のみならず、その後の段階においても　(1)　形式などにより各種の処理を行い、最終的に一定の出力がなされたものを選択して作品として固定するという段階があり、これらの一連の過程を総合的に評価する必要がある。

(2) プログラムの作成者

　プログラムの作成者は、プログラムがコンピュータ・システムとともに使用者により創作行為のための　(2)　として用いられるものであると考えられるため、一般的には、コンピュータ創作物の著作者とはなり得ないと考えられる（例えば、OSや汎用的プログラムの作成者）。

　ただし、プログラムの作成行為と使用者の創作行為に共同性が認められるとするならば、プログラムの作成者がコンピュータ・システムの使用者と共に共同著作者となる場合もあり得ると考えられる（例

えば、使用者とプログラマーが特定の創作物を共同して創作する意図の下に共同作業計画を策定し、それを踏まえてプログラマーが特定の創作物作成の用に供するためのプログラムを作成する場合）。

　また、プログラムの作成者が自ら特定の創作物の作成を意図して、そのために作成されたものであると客観的に認識できる程度の特定性があるプログラムを作成し、使用者は単なる ⑶ 者にとどまる場合には、当該プログラムの作成者が単独でコンピュータ創作物の著作者となることもあり得ると考えられる。

(3) 素材の作成者

　データ又はデータベースなどの形でコンピュータ・システムに入力される素材の作成者は、素材自体が ⑷ 物であり、コンピュータ創作物がその ⑸ 著作物に当たる場合には、原著作物の著作者たる地位を有するが、一般的には、コンピュータ創作物自体の著作者とはなり得ないと考えられる。

　ただし、プログラムの場合と同様、素材の作成行為と使用者の創作行為に共同性が認められるとするならば、素材の作成者がコンピュータ・システムの使用者と共に共同著作者となる場合もあり得ると考えられる。

　また、素材の作成者が、プログラムの作成者と共同して特定の創作物の作成を意図して、そのための特定のプログラム及び素材を作成していると認められ、使用者は単なる ⑶ 者であるに留まる場合には、素材の作成者とプログラムの作成者が共同著作者となる場合もあり得ると考えられる。

　なお、素材の作成者が単独でコンピュータ創作物の著作者となることはほとんどあり得ないと考えられる。②（後略）

　（出典：文化庁「著作権審議会第9小委員会（コンピュータ創作物関係）報告書」（1993年）を一部改変）

(ア) 空欄 ⑴ 〜 ⑸ に入るもっとも適した語を選択肢から選び、その番号を解答欄にマークしなさい。

　(1)　創作　　(2)　有体　　(3)　操作　　(4)　道具　　(5)　アイデア

　(6)　バイナリ　(7)　対話　(8)　二次的　(9)　著作　(0)　共同

(イ) 下線部①の理由として、もっとも適切なものを選択肢から選び、その番号を解答欄 ⑹ にマークしなさい。

　(1)　コンピュータ・システムの使用者は、物理的な操作を実施しているから。

　(2)　コンピュータ・システムの使用者は、ハードウェアの所有権を有しているから。

　(3)　コンピュータ・システムの使用者は、対価を支払ってプログラムの使用権を購入しているから。

　(4)　コンピュータ・システムの使用者は、システムの使用方法や結果物を選択して作品としての固定

を決定しているから。

(5) コンピュータ・システムの使用者は、プログラムの作成者と共同して作業を担当しているから。

（ウ）下線部②の理由として、もっとも適切なものを選択肢から選び、その番号を解答欄 $\boxed{(7)}$ にマークしなさい。

(1) 素材の作成者は、コンピュータ創作物の生成に際して付加される属性の内容に寄与していないから。

(2) 素材の作成者は、コンピュータ・システムの所有権を有していないから。

(3) 素材の作成者は、コンピュータ・システムの使用者から素材の対価を受け取っているから。

(4) 素材の作成者は、コンピュータ創作物の生成を認識していない場合があるから。

(5) 素材の作成者は、プログラムの作成者と共同して作業していない場合があるから。

情報Ⅱ

次の文章の空欄 $\boxed{(8)}$ $\boxed{(9)}$ 〜 $\boxed{(18)}$ $\boxed{(19)}$ に入るもっとも適したものを選択肢から選び、解答欄にマークしなさい。また、空欄 $\boxed{(20)}$ $\boxed{(21)}$ $\boxed{(22)}$ 〜 $\boxed{(23)}$ $\boxed{(24)}$ $\boxed{(25)}$ に入るもっとも適した数字を解答欄にマークしなさい。

一定時間内に切符売り場や ATM などの窓口にやって来る人の人数とそのモデル化について考える。窓口にはランダムな間隔で人が来るものとし、個々の到着は独立していて、依存関係はないものとする。ここで、単位時間あたりにどれだけの人が来るかの率を到着率と呼び、λ で表す。たとえば、平均して 100 秒に 1 人の到着率で人が来る場合、λ は 0.01 人毎秒になり、1000 秒間に来る人の数の期待値は 10 人になる。ここで、λ に対して十分に小さい時間、たとえば 1 秒を考えると、その間に人が来る確率はおよそ 100 分の 1 と考えられる。しかしながら、一定間隔で規則的に来るわけではないので、この場合、ある 100 秒の間に人が来る確率は 1 とはならないことに注意しなければならない。また、より長い時間を考えた場合、1000 秒の間にやってくる人数は 10 人とはかぎらず、ある 1000 秒間では 9 人だったり、別の 1000 秒間では 11 人だったりする。つまり、ある一定時間内に来る人の数の期待値は λ に時間を乗じたものになるが、ある一定時間内に来る人の数は、期待値どおりにはならない。このことは、コインを 10 回投げたときに表の出る回数の期待値が 5 回と考えられるが、10 回投げたときにいつも表が 5 回出るのではないことを考えると理解しやすい。

ここでは、このようなモデルにおける一定時間内に来る人数の分布を考える。このとき、前述のように、十分に短い時間に 1 人が到着する確率は到着率に比例し、2 人以上がこの短い時間内に来る確率は

無視できるほど小さいと考える。そこで、十分短い時間 Δt の間に窓口に人が来る確率は、$\lambda \Delta t$ になるとする。

ここで、時間 t の間に k 人が窓口に来る確率 $p_k(t)$ を考える。t を n 個に分割し、$\Delta t = t/n$ とする。そして、この n 個の短い時間 Δt のうち、どの時間に人が来て、どの時間には人が来ないかの確率を考える。n 個の中の特定の k 個で窓口に人が来て、残りの $(n-k)$ 個で窓口に人が来ない確率は、次のようになる。

$$\left(\boxed{(8)}\ \boxed{(9)}\right)^k \left(\boxed{(10)}\ \boxed{(11)}\right)^{n-k}$$

ここで、k 個の選び方は、${}_nC_k$ 通りあるので、

$$p_k(t) = {}_nC_k \left(\boxed{(8)}\ \boxed{(9)}\right)^k \left(\boxed{(10)}\ \boxed{(11)}\right)^{n-k}$$

が得られる。これを変形すると、

$$p_k(t) = \left(1 - \frac{\lambda t}{n}\right)^n \frac{\left(\boxed{(12)}\ \boxed{(13)}\right)^k}{k!} \left(1 - \frac{\lambda t}{n}\right)^{\boxed{(14)}\ \boxed{(15)}} \frac{n!}{n^k \left(\boxed{(16)}\ \boxed{(17)}\right)!}$$

となり、ここで十分大きな n を考えると次の式が得られることが知られている。

$$p_k(t) = \frac{(\lambda t)^k}{k!} e^{-\lambda t}$$

ここで、底 e は無理数になるが、以下の説明で必要な場合には近似値として $e = 2.718$, $e^{-1} = 0.3679$, $e^{-2} = 0.1353$ を用いて計算する。

また、$p_k(t)$ は確率なので、全事象の確率の和を計算すると 1 になり、次式が成り立つ。

$$\sum_{k=0}^{\infty} p_k(t) = 1$$

同様に、各事象の確率とその事象における到着人数の積の和は、時間 t の間に来る人の数の期待値になっている。この値は、最初に説明した一定時間内に来る人の数の期待値に等しく、次式が得られる。

$$\sum_{k=0}^{\infty} p_k(t)k = \boxed{(18)}\ \boxed{(19)}$$

次にこのモデルを用いた計算例を示す。到着率 λ を 10 分あたり 2 人とする。この場合、ある 10 分間に 1 人も来ない確率を小数第 4 位を四捨五入して小数第 3 位まで求めると、0. $\boxed{(20)}\boxed{(21)}\boxed{(22)}$ になる。また 1 人だけ来る確率を小数第 4 位を四捨五入して小数第 3 位まで求めると、0. $\boxed{(23)}\boxed{(24)}\boxed{(25)}$ になる。

【 (8) (9) ～ (18) (19) の選択肢】

(11) n	(12) $-n$	(13) $n-1$	(14) $n+1$	(15) k
(16) $-k$	(17) $k+1$	(18) $k-1$	(19) 0	(20) 1
(21) $n-k$	(22) $k-n$	(23) $n!$	(24) $(n-1)!$	(25) $k!$
(26) $(k-1)!$	(27) $\lambda\Delta t$	(28) $\lambda\Delta t - 1$	(29) $1-\lambda\Delta t$	(30) λt
(31) $1-\lambda t$	(32) $\lambda t - 1$	(33) $\dfrac{k}{n}$	(34) $\dfrac{n}{k}$	

情報Ⅲ

空欄 (26) (27) (28) ～ (49) に入るもっとも適した数字を解答欄にマークしなさい。

(ア) 16 進数 CD と 2 進数 0111 を加えた数は 8 進数で表現すると (26) (27) (28) となる。 また、8 進数 57 と 16 進数 3B をそれぞれ 2 進数として表現したものについて、各桁を真偽値として論理積を計算し、その結果を各桁とする 2 進数を 10 進数として表現すると (29) (30) (31) となる。ただし、0 は偽、1 は真を表しているものとする。

(イ) 生徒が 500 人いる学校において、生徒番号と氏名、それぞれの科目の成績が格納されているデータセットがあり、それに対して生徒番号から成績を検索するシステムを考える。生徒番号は 生徒 1 人に対して 1 つ与えられ、重複はないものとする。検索対象の生徒番号が与えられると、順にデータセットの中の生徒番号と等しいかどうか比較し、等しいものが見つかれば直ちにその成績を出力する。等しいものが見つからなかった場合は、「その生徒番号は存在しない」と出力する。検索対象の生徒番号がランダムに与えられ、与えられる生徒番号は 0.1 の確率でデータセットに存在しない場合において、生徒番号の比較が行われる回数の平均は (32) (33) (34) . (35) (36) である。ただし、小数第 3 位以下が存在する場合は小数第 3 位を四捨五入せよ。

(ウ) 30 人のクラスにおいて、クラス内に同じ誕生日の人が少なくとも 2 人以上いる場合の確率は以下のように表現される。ただし、1 年は 365 日とし、誕生日の分布は一様であるものとする。

$$1 - \frac{{}_a P_{29}}{b^c}$$

$$a = \boxed{(37)\ (38)\ (39)}, \ b = \boxed{(40)\ (41)\ (42)}, \ c = \boxed{(43)\ (44)\ (45)}$$

(エ) A, B, C のラベルがついた 3 つのふたがされた箱があり、その中から賞品が入っている箱を当てるゲームを考える。3 つの箱のうち 1 つの箱には賞品が入っており、残りの 2 つは空であることがわかっている。

最初に参加者は A の箱を選択すると宣言した。この時 A の箱も他の箱も開けられていない状態で、正解を知っているスタッフが C の箱のふたを開け、中が空であることを示した。この時点で参加者には選択した箱を変更する権利が与えられる。箱 A および B に賞品が入っている確率はそれぞれいくらか。なお最初の段階で A, B, C の箱には等しい確率で賞品が入れられるものとする。

- 箱 A に賞品が入っている確率 $\dfrac{(46)}{(47)}$

- 箱 B に賞品が入っている確率 $\dfrac{(48)}{(49)}$

情報IV

次の文章の空欄 (70) (71) (72) にあてはまる数字を解答欄にマークしなさい。また、(50) 〜 (68) (69) にはもっとも適したものを選択肢から選び、解答欄にマークしなさい。ただし、$A + B$ は A と B の論理和（OR）を表し、$A \cdot B$ は A と B の論理積（AND）を表す。また、$\overline{A}$ は A の否定（NOT）を表す。

コンピュータを構成する基本的な装置のひとつに、算術論理演算装置（Arithmetic Logic Unit、以下 ALU と表記）がある。ここでは、図 1 に示す 4 種類の演算を実行する簡単な ALU を設計しよう。

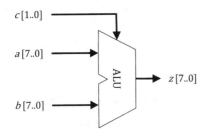

$c1$	$c0$	演算
0	0	AND
0	1	OR
1	0	ADD
1	1	SUB

図 1

4 種類の演算とは、論理積（AND）、論理和（OR）、算術演算として整数の加減算（ADD、SUB）である。ALU への入力は、2 組の 8 ビットのデータ $a[7..0]$、$b[7..0]$ および 2 ビットの制御信号 $c[1..0]$ であり、出力は 8 ビットのデータ $z[7..0]$ である。ここで、$c[1..0]$ は 2 個の信号 $c1$, $c0$ をまとめて表記し

たものである。同様に $a[7..0]$ は 8 個の信号をまとめて表記しており、算術演算 (ADD、SUB) を行うと

きは、信号 (0 または 1) を並べたビット列 $a7\ a6\ a5\ a4\ a3\ a2\ a1\ a0$ を 2 進法表現による整数と考える。

$b[7..0]$、$z[7..0]$ についても同じである。

　4 種類の演算のうち、どの演算の結果が出力されるかは、$c[1..0]$ により決定される。$c[1..0]$ と実行さ

れる演算の対応を図 1 右の表に示す。

(ア) この ALU の回路構造は図 2 のようになる。AND、OR は 8 ビットのデータ同士のビットごとの

論理積および論理和を実行する論理回路モジュールであり、ADD_SUB は 8 ビットの整数同士の算術加

減算回路モジュールである。1 ビットの制御信号（$subc$）が 1 のとき減算 $a[7..0] - b[7..0]$ を実行し、0

の場合は加算 $a[7..0] + b[7..0]$ が実行されるものとする。図 2 中 ア は (50) である。

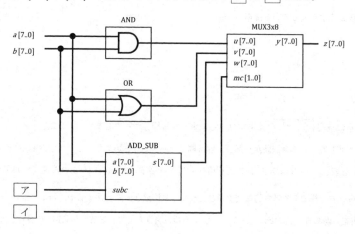

図 2

【 (50) の選択肢】

(1)　$c0$　(2)　$c1$　(3)　$c[1..0]$

(イ) AND、OR、ADD_SUB モジュールの出力である 8 ビット幅データを入力とし ALU としての出

力を選択する回路モジュールはマルチプレクサ（データセレクタ）と呼ばれ、図 2 中では MUX3x8 と

記載されている。MUX3x8 は、それぞれ 8 ビットの 3 つの入力から 1 つを選択し出力する 3-to-1 マル

チプレクサであり、制御信号 $mc[1..0]$ により、動作表（表 1）に示しすように出力が制御される。図 2

中 イ は (51) である。

表1

mc1	mc0	y
0	0	u
0	1	v
1	0	w
1	1	w

図3に示す、2つの入力の一方を選択し出力する1ビットの2-to-1マルチプレクサを考える。制御信号 MC が0のときに $A0$ が選択され、MC が1のときには $A1$ が選択されるものとすると、動作をまとめた真理値表は表2のようになる。ただし、ϕ は0と1のどちらでもよい（don't care）を意味する。

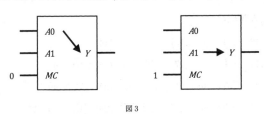

図3

表2

MC	A0	A1	Y
0	(52)	(53)	0
0	(54)	(55)	1
1	(56)	(57)	0
1	(58)	(59)	1

この真理値表より、1ビット2-to-1マルチプレクサの論理式は次のように導かれる。（ $\boxed{(60)}$ $\boxed{(61)}$ 、$\boxed{(62)}$ $\boxed{(63)}$ は順不同）

$$Y = \boxed{(60)}\ \boxed{(61)} + \boxed{(62)}\ \boxed{(63)} \tag{1}$$

この1ビット2-to-1マルチプレクサを入力のビットごとに8個準備し、同じ制御信号で動作させることで8ビット2-to-1マルチプレクサを構成することができる。

同様の設計方針から、上記のALUで必要となる1ビット3-to-1マルチプレクサの論理式は、入力を $A0$、$A1$、$A2$、出力を Y、制御信号を $MC0$、$MC1$ とすると、表1の $mc0$、$mc1$、u、v、w、y を $MC0$、$MC1$、$A0$、$A1$、$A2$、Y と読み替えることにより

$$Y = \boxed{{}^{(64)}\, {}^{(65)}} + \boxed{{}^{(66)}\, {}^{(67)}} + \boxed{{}^{(68)}\, {}^{(69)}} \tag{2}$$

となり（$\boxed{{}^{(64)}\,{}^{(65)}}$、$\boxed{{}^{(66)}\,{}^{(67)}}$、$\boxed{{}^{(68)}\,{}^{(69)}}$ は順不同）、図 1 の ALU で必要となる 8 ビット 3-to-1 マルチプレクサにおける AND、OR、NOT 回路の合計は $\boxed{{}^{(70)}\,{}^{(71)}\,{}^{(72)}}$ 個となる。ただし、回路内で使用する AND および OR に相当する論理回路は 2 入力 1 出力であるとする。

【$\boxed{{}^{(51)}}$ の選択肢】

(1)　$c0$　　(2)　$c1$　　(3)　$c[1..0]$

【$\boxed{{}^{(52)}}$ ～ $\boxed{{}^{(59)}}$ の選択肢】

(0)　0　　(1)　1　　(2)　ϕ

【$\boxed{{}^{(60)}\,{}^{(61)}}$ ～ $\boxed{{}^{(62)}\,{}^{(63)}}$ の選択肢】

(11)　MC　　　　(12)　$A0$　　　　(13)　$A1$　　　　(14)　$\overline{MC}$

(15)　$\overline{A0}$　　　　(16)　$\overline{A1}$　　　　(17)　$MC \cdot A0$　　(18)　$MC \cdot A1$

(19)　$A0 \cdot A1$　　(20)　$\overline{MC} \cdot A0$　　(21)　$\overline{MC} \cdot A1$　　(22)　$MC \cdot \overline{A0}$

(23)　$MC \cdot \overline{A1}$　　(24)　$\overline{MC} \cdot \overline{A0}$　　(25)　$\overline{MC} \cdot \overline{A1}$　　(26)　$\overline{MC} \cdot \overline{A0} \cdot \overline{A1}$

【$\boxed{{}^{(64)}\,{}^{(65)}}$ ～ $\boxed{{}^{(68)}\,{}^{(69)}}$ の選択肢】

(11)　$MC0 \cdot A0$　　　　(12)　$MC0 \cdot A1$　　　　(13)　$MC0 \cdot A2$

(14)　$MC1 \cdot A0$　　　　(15)　$MC1 \cdot A1$　　　　(16)　$MC1 \cdot A2$

(17)　$\overline{MC0} \cdot A0$　　　　(18)　$\overline{MC0} \cdot A1$　　　　(19)　$\overline{MC0} \cdot A2$

(20)　$\overline{MC1} \cdot A0$　　　　(21)　$\overline{MC1} \cdot A1$　　　　(22)　$\overline{MC1} \cdot A2$

(23)　$MC0 \cdot \overline{A0}$　　　　(24)　$MC0 \cdot \overline{A1}$　　　　(25)　$MC0 \cdot \overline{A2}$

(26)　$MC1 \cdot \overline{A0}$　　　　(27)　$MC1 \cdot \overline{A1}$　　　　(28)　$MC1 \cdot \overline{A2}$

(29)　$MC0 \cdot MC1 \cdot A0$　　(30)　$MC0 \cdot MC1 \cdot A1$　　(31)　$MC0 \cdot MC1 \cdot A2$

(32)　$\overline{MC0} \cdot MC1 \cdot A0$　　(33)　$\overline{MC0} \cdot MC1 \cdot A1$　　(34)　$\overline{MC0} \cdot MC1 \cdot A2$

(35)　$MC0 \cdot \overline{MC1} \cdot A0$　　(36)　$MC0 \cdot \overline{MC1} \cdot A1$　　(37)　$MC0 \cdot \overline{MC1} \cdot A2$

(38)　$\overline{MC0} \cdot \overline{MC1} \cdot A0$　　(39)　$\overline{MC0} \cdot \overline{MC1} \cdot A1$　　(40)　$\overline{MC0} \cdot \overline{MC1} \cdot A2$

情報V

フィボナッチ数列とは、$a_1 = 1$, $a_2 = 1$, $a_n = a_{n-1} + a_{n-2}$ $(n \geqq 3)$ となる数列 $\{a_n\}$ である。

ある正の整数 m が与えられたとき、a_m の値を計算するには、$a_1, a_2, a_3, \ldots$ と順に計算していくのが簡単であるが、ここでは敢えて a_m の定義式を展開していく方法で計算する。例えば、$m = 5$ の場合、a_5 の定義から $a_5 = a_4 + a_3$ である。次に a_3 を計算することにすると、a_3 の定義から $a_3 = a_2 + a_1$ であり、$a_1 = a_2 = 1$ であるから、$a_3 = 2$ である。同様にして $a_4 = 3$ であることが計算できるので、$a_5 = 3 + 2 = 5$ であることがわかる。

この方式をアルゴリズムの形で書くには、次のことに注意しなければならない。例えば、a_5 の計算には a_3 と a_4 の両方を計算することが必要であるが、そのためには、a_3 の計算をしている間は「a_4 の計算が必要」ということを別の場所に保存しておき、a_3 の計算が終わったらそれを取り出して a_4 の計算を実行する。また、a_4 の計算中は、先に計算した a_3 の結果はどこか別の場所に保存する必要がある。

そのような保存場所が何個必要になるかは前もってわからないので、スタックというデータの記憶方式を使用する。

- スタック $S = \{i, s_1, s_2, s_3, \ldots\}$ は、無限個の変数 $s_1, s_2, s_3, \ldots$ と変数 i が組になったものである。
- i の値は0以上の整数である。$i = 0$ の場合は何もデータが保存されていないことを意味し、$i > 0$ の場合は、$s_1, \ldots, s_i$ に何らかのデータが保存されている。
- S にデータ x を保存するには、i の値を1増やし、s_i の値を x にする。
- S からデータを取り出すには、s_i の値を取り出したデータとし、i の値を1減らす。

スタック $V = \{j, v_1, v_2, v_3, \ldots\}$ についても同様である。

S は、これから行うべき計算は何かということを記憶し、そこに保存するデータは、整数の他に'+'という記号も許されるものとする。S から取り出したデータが整数 n の場合は「a_n の計算をする」という意味で、計算結果は V に保存する。S から取り出したデータが記号'+'の場合は「V からデータを取り出す操作を2回行い、それを足す」という意味で、足した結果は再び V に保存する。

例えば、a_4 を計算する時は、$a_3 + a_2$ の計算が必要なので、S に'+', 3, 2 という値を保存する（表の1行目）。次に、S からデータを1個取り出して、それが示す計算を実行する。この場合は2が取り出されるので、a_2 の計算であるが、それは定義から1である。この計算結果は V に保存する（表の2行目）。これで a_2 の計算は終わったので、再び S からデータを1個取り出す。今度は3が取り出されるので、$a_3 = a_2 + a_1$ の計算が必要になり、S に'+', 2, 1 という値を保存する（表の3行目）。再び S から

データを 1 個取り出すと 1 なので、V に $a_1 = 1$ を保存する（表の 4 行目）。同様に S から 2 を取り出し、V に 1 を保存する（表の 5 行目）。次に S から取り出されるのは '+' なので、V からデータを 2 個取り出し、その足し算をする。結果は、また V に保存する（表の 6 行目）。最後に S から取り出されるのは '+' なので、V から 2 個取り出し、足し算の結果を V に保存する（表の 7 行目）。

s_1	s_2	s_3	s_4	v_1	v_2	v_3	v_4
'+'	3	2					
'+'	3			1			
'+'	'+'	2	1	1			
'+'	'+'	2		1	1		
'+'	'+'			1	1	1	
'+'				1	2		
				3			

(ア) 次の文章の空欄 (73) (74) ～ (91) (92) に当てはまるものを下の選択肢から選び、その番号を解答欄にマークしなさい。

整数 $m \geqq 3$ を入力とし、上の方式で a_m の値を計算して出力するアルゴリズムは次のようになる。

$\{i, s_1, s_2, s_3, \dots\}$, $\{j, v_1, v_2, v_3, \dots\}$ はスタックである。

s_1 の値を入力された整数 m、i の値を 1、j の値を 0 とする。

(73)(74) > 0 である間、処理 A を繰り返す。

処理 A の始め

　　もし s_i の値が整数なら処理 B を、記号'+'なら処理 E を、それぞれ実行する。

　　処理 B の始め

　　　　もし $s_i < 3$ なら処理 C を、そうでなければ処理 D を、それぞれ実行する。

　　　　処理 C の始め

　　　　　　(75)(76) の値を 1 とする。

　　　　　　i の値を (77)(78)、j の値を (79)(80) とする。

　　　　処理 C の終わり

　　　　処理 D の始め

　　　　　　s_{i+1} の値を $s_i - 1$、s_{i+2} の値を (81)(82) とする。

　　　　　　(83)(84) の値を'+'とする。

　　　　　　i の値を (85)(86) とする。

　　　　処理 D の終わり

　　処理 B の終わり

　　処理 E の始め

　　　　v_{j-1} の値を $v_{j-1} +$ (87)(88) とする。

　　　　i の値を (89)(90)、j の値を (91)(92) とする。

　　処理 E の終わり

処理 A の終わり

v_1 の値を出力する。

【 (73)(74) ～ (91)(92) の選択肢】

(11)　$i-2$　　(12)　$i-1$　　(13)　i　　(14)　$i+1$　　(15)　$i+2$

(16)　$j-2$　　(17)　$j-1$　　(18)　j　　(19)　$j+1$　　(20)　$j+2$

(21)　s_i-2　　(22)　s_i-1　　(23)　s_i　　(24)　s_i+1　　(25)　s_i+2

(26)　v_{j-2}　　(27)　v_{j-1}　　(28)　v_j　　(29)　v_{j+1}　　(30)　v_{j+2}

(31)　0　　　　(32)　1　　　　(33)　m

(イ) 次の文章の空欄 $\boxed{(93)}\boxed{(94)}$ ～ $\boxed{(99)}\boxed{(100)}$ に入るもっとも適切な数字を解答欄にマークしなさい。

- 処理 A の実行回数は、$m = 5$ の場合は $\boxed{(93)}\boxed{(94)}$ 回、$m = 8$ の場合は $\boxed{(95)}\boxed{(96)}$ 回である。
- アルゴリズム実行中の i の最大値は、$m = 5$ の場合は $\boxed{(97)}\boxed{(98)}$、$m = 8$ の場合は $\boxed{(99)}\boxed{(100)}$ である。

小 論 文

（120分）

慶應義塾大学環境情報学部および総合政策学部では、開設当初から入学試験に小論文を取り入れてきました。この小論文の試験では、資料として我々が入学試験で出してきた過去問題および要旨とその解答例・解法例を引用しました。以下の設問に解答してください。

設問1）
　過去問題1、2、3は、環境情報学部または総合政策学部の過去の入学試験で出題された小論文の問題の抜粋とその解答例です。これらの問題は受験生のどんな知的能力を測ろうとしてこれらの問題を出題したのでしょうか。過去問題1、2、3にある問題の抜粋および解答例から、これらの問題に共通する領域と構造、受験生に求めている知的能力について考え、300字以内で記述しなさい。
　（この設問ではそれぞれの小論文の問題が取り上げた資料を掲載していませんが、それらを読まずとも解答することができます）

設問2）
　過去問題4、5、6は、環境情報学部または総合政策学部の過去の入学試験で出題された数学の問題とその解法の例です（ただし解法はひとつとは限りません）。これらは高度な高校数学の計算手法を身につけていなくても正解できる問題ですが、これらの問題には通底する出題意図があります。受験生のどんな知的能力を測ろうとしてこれら問題を出題したのでしょうか。過去問題4、5、6の3つの問題と解法例から、これらの問題に共通する構造、受験生に求めている知的能力について考え、300字以内で記述しなさい。
　（この設問では引用したそれぞれの数学の問題について解答する必要はありません）

設問3）
　今から4年後の2028年2月に、湘南藤沢キャンパスで新しい大学入試のあり方を問うコンテストが開催されることになりました。環境情報学部に入学してからあなたが発揮してきた思考の特徴が評価され、あなたがそのコンテストの出場者に選ばれました。そのコンテストでは、新しい大学入試の土台となるようなプロトタイプ（試作品）としてのミニ試験を提案します。コンテストの当日には提案されたそれぞれのミニ試験を環境情報学部の1年生5名ずつが受験します。
　そしてすべてのミニ試験は以下の4つの要件を満たす必要があります。
[要件1]　設問1）および設問2）で解答した知的能力に加えて、あなた自身の思考の特徴を発揮できること
[要件2]　本番の入試では多くの入学希望者の中から合格者を選抜する必要があるため、

ミニ試験もそうした働きを備えるべく、受験する5名のある知的能力が何かしらの基準を上回っているかを調べるか（数値化する）、もしくはその5名をその知的能力の順番に従って並べ（相対化する）られること

[要件3]　そしてその数値化や相対化の作業を行うにあたって、第三者の誰かもしくは何かが採点や評価をしたり、受験者がお互いに比較したりする等の仕組みも考えること

[要件4]　慶應義塾大学の環境情報学部が実施する入学試験（この一般選抜および総合選抜（AO入試）など）と全く同じ形式は避けて新しい形式を考えること

　そのミニ試験はどのような形式であっても構いません。学科試験や論述試験、実技試験だけでなく、何かを制作したり何かを探し出したりするような試験であっても構いません。受験者の5名が同じ部屋で座ったまま行うものでも良いですし、試験会場内であれば移動しながら個別に行っても構いません。またそれらの組み合わせでも構いません。試験中にスマートフォンやパーソナルコンピュータ、インターネットやAIを使っても良いこととしますが、そのミニ試験によって受験者がどのような知的能力をどう発揮しているかを測れるか、そしてどのように受験者間の公平性を担保するか、をコンテストで明確に説明できなければいけません。

　そして、このミニ試験は日吉キャンパスの敷地内で実施し、午後1時に開始して遅くとも午後7時には終わるものとします。

設問3-1)

　①設問1）および②設問2）で解答した知的能力、③あなた自身の思考の特徴を簡潔に数文字から20文字程度で解答欄3-1①、3-1②、3-1③に書いた上で、そのミニ試験の出題意図を300字以内で解答欄3-1④で述べてください。

〔①～③の解答欄〕各約15.7cm×1行

設問3-2)

　そのミニ試験の内容を具体的に説明してください。例えば論述試験で用いる資料や学科試験や実技試験の問題の詳細まで書かれている必要はありませんが、どういった分野のどのような資料や問題や実技を組み合わせてどのような知的能力を測り、どのような仕組みでその能力を数値化もしくは相対化するものかを述べてください。解答には図や絵を用いても構いません。

　（文字は1マスに1文字を目安にしてください）

〔解答欄〕1マス：約0.8cm×約0.8cm　　ヨコ40マス×13行

過去問題1：総合政策学部　1993年　小論文・問題の抜粋および解答例）

<<問題>>

　西欧近代が生み出した「科学の知」は全人類的に普遍的な、唯一絶対の知であるという説に対して、最近では近代科学を相対化し、知の多様性と多元性を強調して、新しい知の可能性を模索する試みがさまざまな形で行われています。以下の3つの文章は、そうした最近の試みを示しています。3つの文章それぞれの論点に言及しながら、近代西欧の「科学の知」の主要な問題点を指摘し、「未来の知はどうあるべきか」について、きみ自身の考えを1000字以内で述べなさい。

資料1-1：中村雄二郎『臨床の知とは何か』
資料1-2：マーク＝ジョンソン『心のなかの身体』
資料1-3：村上陽一郎『近代科学を越えて』
　（それぞれの小論文の問題が取り上げたこれら資料の文章は掲載していません）

<<解答例>>

　科学の知はその論理性と普遍性と客観性による強力な説得力と、科学技術の驚異的業績のゆえに絶大な信頼を勝ち得てきた。だが現在科学の知に対する懐疑や批判が高まっている。科学の知への批判は既にパスカルの幾何学的精神に対する繊細な精神の優位の主張や実存主義の立場からもなされてきたが、今それが大きな声となっているのは、科学技術による自然破壊、環境汚染、大量殺人兵器、非情な生活環境が生む心身の歪みという危機的状況の急速な拡大からである。ここに紹介された三論文もこうした危機意識からの科学知偏重是正の提言である。

　中村氏は科学の知に対する「臨床の知」の存在を指摘し、これを重視する。科学の知が論理性、普遍性、客観性をもつ抽象的な知であるのに対して、「臨床の知」は有機的「領界」において、多様な意味を担う事物に囲まれ、他者と相互に影響しあいながら生活する人間が、直観と経験と類推を積み重ねて創出する「体性感覚的」な知である。またジョンソン氏は意味と合理性を純粋に概念的なものとみなす科学の客観主義に反対する。彼はこのような思考によって単純化された概念による理論構成によってではなく、それ以前の、そしてその基底となる身体的経験と、それをもとに「イメージ図式」や「隠喩的投射」などの「想像力」で構造化する客観的理解の存在に注意を喚起する。一方村上氏は現代の生態学的危機は科学の知が事象を孤立化し、継時的に把握することに起因するとみて、同時に生起する他の事象を共時的にとらえることの急務を説き、人間を含めた自然を地球的規模で制御する「協和」的な知を提言する。

　これらの論文は、いかに科学の知が強力で支配的にみえても、それは人間の知の一部であり、科学が開示する世界も存在の一側面に過ぎないことまた科学が排除し軽視している生活する人間の豊かで大切な領域があることを我々に再認識させる。我々は今こそこの領域の価値を復活させなければならない。それはもちろん科学の知の価値を全面的に否定することではない。ただ心と身体を備えた全人間的営みの中で適当な位置を科学に与えようというのである。換言すればそれは科学の知を「臨床の知」や「想像的理解」の根にしっ

かりと結びつけることであり、科学を人間を含めた自然と協和させることである。これこそが豊かな自然と人間性回復のための未来に向かっての叡智であると思う。（1000字以内）

<<要旨／ポイント>>

　ポイントとしては、資料1-1では「臨床の知」、資料1-2では「想像的理解」という概念で、科学の知とは別に、並存的あるいは重層的に、具体的身体的な人間の知があることを指摘している点、資料1-3では科学の知が孤立化した事象の継時的理解であるとして、共時的、協和的な知を提唱している点である。

　（<<解答例>>および<<要旨／ポイント>>は教学社　慶應義塾大学（総合政策学部）（大学入試シリーズ）　より引用・改変）

過去問題2：環境情報学部 1997年 小論文・問題の抜粋および解答例

<<問題>>

> 　以下の資料2-1から4はすべて「知識」と「情報」について論じたものであるが、これらの資料のそれぞれの論点に必ず言及しながら、来るべき21世紀の社会における「知識」と「情報」の関係について1000字以内で論じなさい。
>
> 　資料2-1：村井純『デジタルテクノロジーとその人間社会への貢献』
> 　資料2-2：公文俊平『ネットワーク社会』
> 　資料2-3：丸山真男『「文明論の概略」を読む』
> 　資料2-4：富永健一『近代化の理論−近代における西洋と東洋』
> 　（それぞれの小論文の問題が取り上げたこれら資料の文章は掲載していません）

<<解答例>>

　クリフォード=ストールが、その著書『インターネットはからっぽの洞窟』の中で、コンピュータの擬似体験による洞窟探険と、実際の洞窟探険とは全く別のものであることを指摘しているが、知識と情報の関係も、これと全く同値に考えてよいように思われる。すなわち、情報によって体験した「つもり」が、つもりのまま知識として個人の中に蓄積されてゆく。だが、実際の場面では、そのような知識はほとんど役に立たないのである。この「つもり知識」の蓄積が、資料2-3の「秀才バカ」、資料2-4の「情報には詳しいがものを考えない人種」を生み出してゆくのであろう。

　資料2-1は、マルチメディア社会の可能性を前向きにとらえ、デジタルコミュニケーションの欠点となり得る課題を克服し、人間社会にとって利点となる課題に取り組むことで、未来が切り開かれてゆくと述べている。ここでいう「欠点」の1つが、上に述べた「つもり知識」の蓄積を、無意識のうちに真の知識の蓄積と誤解してしまうことではな

かろうか。資料2-2でも 未来の社会はネットワークをベースに再編成されると述べられているが、その再編成も「つもり知識」 の蓄積が基盤になっていると考えると、あまり愉快なものとは思われない。

　「つもり知識」の蓄積を、真の知識の蓄積と容易に誤解してしまうのはなぜか。それは、情報の膨大な増加によって、我々が知識と情報の区別を見誤ってしまうことが原因のように思う。そして、そのことから我々を救ってくれるのが、資料2-3、資料2-4にあるように 「知識」と「情報」の区別を明確に意識することなのではなかろうか。情報を得ただけで安心し、情報に対する加工・解釈・推理の過程を忘れてはいないかと常に内省しつづけなければ、我々は情報の氾濫におぼれて知識を見失い、「情報最大・叡智最小」の傾向が強まるばかりであろう。

　21世紀は、マルチメディアがますます普及し、社会の基盤となってゆくことは資料2-1、資料2-2で述べられているとおりであろう。しかし、それは情報と知識の区別と連関への内省を忘れさせる方向でもある。その内省を忘れたとき、21世紀は情報のみで知識をもたない人間にあふれた、きわめて皮相で上滑りな社会になってしまうだろう。情報化社会だからこそ、情報におぼれず、常に内省しつづけてゆくことが、無限の可能性に満ちた明るい未来へとつながっていくのである。（1000字以内）

<<要旨／ポイント>>
資料2-1：デジタル技術の利用により、マルチメディア技術、インターネット環境が人や社会に大きく貢献するようになる。そのため、情報は膨大な量になってゆくが、デジタルコミュニケーションの欠点となる課題を克服し、人間社会に利点となる課題に取り組むことで、21世紀社会は明るい未来を切り開いてゆける。

資料2-2：21世紀社会は「通有」を基盤とするネットワークと、そのさまざまな複合体が、社会の中心的なシステムとなり、地域社会はもちろん、国家や国際社会も、ネットワークをベースに再編成されていくに違いない。

資料2-3：知識と情報は段階的な変化の中でその違いが把握されるが、現代社会ではその段階に逆転現象が起きており、 「情報最大・叡智最小」の形になっている。このような流れの中で、我々は複雑な事態に対する適確な判断力を失うばかりである。

資料2-4：情報と知識はあきらかに異なるものである。知識とは、主体的な内面の精神作用であり、反復され蓄積される。一方、情報は一回きりのもので反復され得ず、意思決定をより確実にするための道具にすぎない。したがって、情報の共有にはそれほどの意味はなく、情報の氾濫は、かえって「情報には詳しいがものを考えない人種」を生み出すばかりで、知識を生産する能力が、社会からどんどん失われてゆくのではないか。

（<<解答例>>および<<要旨／ポイント>>は教学社　慶應義塾大学（環境情報学部）（大学入試シリーズ）　より引用・改変）

過去問題3：総合政策学部 1995年 小論文・問題の抜粋および解答例

<<問題>>

　世界や日本のいたるところで、政治や経済や社会のさまざまな局面で、既存の秩序が崩
壊したり揺らいだりしています。この状況を、人は、"変革の時代"とも"転換期"ともいい
ます。しかし、また、時代の節目の向こうが未だ見えない"不確定性の時代"ともいえます。
　未来を構想し切り拓くには、一見混沌とした状況を洞察する知的心構えが必要です。以
下に示す2つの文章は、そうした状況について、それぞれの見方を提供しています。これ
から大学で学び、やがて未来にはばたいていくきみたちは、どのような心構えを持とうと
しているのでしょうか。提示されたそれぞれの文章の論点に言及しながら、きみ自身の考
えを1000字以内で述べなさい。

資料3-1：ニーナ＝ホール編（宮崎忠訳）『カオスの素顔』
資料3-2：合意形成研究会編『カオスの時代の合意学』
（それぞれの小論文の問題が取り上げたこれら資料の文章は掲載していません）

<<解答例>>
　現代は全世界的に政治・経済・社会に大変化が起こり、既存の秩序が崩壊し、将来の予
測が不可能になった「不確定性の時代」であると嘆かれている。人間はいつの時代でも安
定を求め、変化の中に法則を見出し、予測可能の範囲を拡大する努力をしてきた。ところ
が今、世界は混沌として先を見通せず、人間の予測能力さえも疑われている有様である。
いったい我々はこの不確定性の時代にどう対処すべきだろうか。厳密な法則性や予測性の
思想は自然科学においては既に破綻していた。科学は複雑多様な自然現象の中に法則性を
見出し、これを制御することに成功してきたが、それは1920年代量子力学における不確
定性原理の発見で覆された。それにまた物質はある状況においてカオス的運動をするこ
と、すなわち物理の基本法則に従いながらも無秩序な運動をすることも明らかになった。
結局のところ物理世界はカオス系と非カオス系から成り立ち、しかも両者の基底に量子現
象の不確定性が存在していることになる。この事実は自然界では不確定性が常態であり、
法則性や予測性は特定の限られた範囲にすぎないことを示している。
　また、人間社会における秩序について考えてみると、社会を構成する個人の行動に際し
て、状況を 「意味づけ」る個人の考え方や感じ方は、それぞれの個性・経歴・知識など
の差異による不確定性を含んでいる。だが、その不確定性とはまったくのデタラメではな
く、人間性や文化の共有等による部分的秩序性を持つものである。この不確定性と秩序性
の協働こそが、人間のコミュニケーションの基盤となる。だからこそ、互いにズレが生じ
ても、それを調整することができるのである。
　それでは我々はこのような状況にどう対処すべきか。新しい絶対的法則を追い求めるべ
きか。不確定性が存在することは事実であるから、それを排除するような絶対的法則を見
い出したところで何の解決にもならないだろう。むしろ、不確定性の既存秩序に対する攪
乱的側面ばかりに注目せず、不確定ゆえに可能となる創造性や生産性に注目し、それを受
け入れられるような姿勢を持つことが大切なのではないか。不確定性こそ無限の可能性を

宿し、それに柔軟な知性で立ち向っていくところに人間の自由と創造があるのだから。
（1000字以内）

<<要旨／ポイント>>
2つの資料文から、まず自然界も人間社会も不確定性が真実相であること、そして秩序性と不確定性の相互関係を読み取ること。次にその不確定にどう対処すべきかを、両資料文から推察し、それを基に自分の論述を進めていけばよい。 あくまで資料文を踏まえて論述し、ひとりよがりな飛躍は慎むべきであろう。もちろんただの資料文の要約に終わってはならないので、難しいところだ。 論述は常に論旨を一貫することに心がけること。 細部にこだわると1000字に収まらず, 時間もない。ここでは、まず自分流にテーマを導き出したのち、二つの文章を利用して秩序性と不確定性に関する把握を示し、最後にそれに向かうスタンス、つまり最初に提起したテーマに対する回答を行うという、オーソドックスなパターンで<<解答例>>を作ってみた。 「それぞれの文章の論点に言及しながら」としか問題で指示されていないので、両文章からの引用や内容への言及はもっと抑えることも可能である。 最終的に求められているのは「きみ自身の考え」なのだから、自分のもつさまざまな経験や知識を前面に押し出してもいい。「知的心構え」もあらゆるものが考えられるが、明確に示すことを忘れないように。

（<<解答例>>および<<要旨／ポイント>>は教学社　慶應義塾大学（総合政策学部）（大学入試シリーズ）　より引用・改変）

過去問題4：総合政策学部 2008年 数学・問題および解法例

<<問題>>

　慶應義塾大学湘南藤沢キャンパス（SFC）では、毎年夏休みに高校生向けにオープンキャンパスを開催し、総合政策学部と環境情報学部について説明している。その開催期間、場所、説明役のSFC生の所属と出身を次のように決めた。
　1. 開催期間を4日とする。
　2. 場所は、κ（カッパ）、ε（イプシロン）、ι（イオタ）、o（オミクロン）の4棟の建物とする。
　3. 説明役の所属は、総合政策学部（P）、環境情報学部（E）、大学院政策・メディア研究科修士課程（M）、大学院政策・メディア研究科博士課程（D）とする。
　4. 説明役の出身地は、東北地区（n）、関東地区（e）、関西地区（w）、九州四国地区（s）とする。

このように4日間で4つの棟で行うオープンキャンパスにおいて、所属あるいは出身が一致しない16名のSFC生を各棟および各日ごとに1名ずつ配置した。次の配置は各棟および各日に4つの所属と4つの出身地が必ず一度は現れる配置である。ただし例えば P-n は総合政策学部の東北地区出身者の意味である。番号のある空欄を埋めなさい。
（2008年の試験時には空欄に入るアルファベットをマークシートに記入）

	κ	ε	ι	o
1日目	P-n	E-e	☐-☐	☐-☐
2日目	(77)-(78)	D-w		
3日目	(79)-(80)	(81)-(82)	E-s	
4日目	(83)-(84)	(85)-(86)	(87)-(88)	M-e

　［解法の例］4日目のεに注目すると、説明役の所属は1、2日目に E、D、4日目のo に M が配置されているので P と決まる。これより、3日目のεの説明役の所属は M と決まる。3日目のεに注目すると、説明役の出身地区は1、2日目に e、w、3日目のι に s が配置されているので n と決まる。これより、4日目のεの説明役の出身地区は s と決まる。よって、3日目のεの説明役は M-n、4日目のεの説明役は P-s である。以降、順次、所属または出身地区を決めていけば、すべての配置を求めることができる。

過去問題5：環境情報学部 2005年 数学・問題および解法例

<<問題>>

　16都市が下図のように道路でつながっている。ある人が都市[1]から出発し、最初に都市[12]を訪問し、他の14都市をちょうど一度ずつ訪ねて戻る計画を立てた。この旅程を都市の番号でたどると次のようになる。

　（2005年の試験時には下図の空欄（3）（4）（5）（6）に入る1～2桁の整数をマークシートに記入）

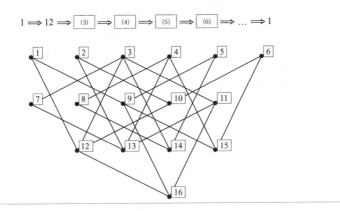

$$1 \Longrightarrow 12 \Longrightarrow \boxed{(3)} \Longrightarrow \boxed{(4)} \Longrightarrow \boxed{(5)} \Longrightarrow \boxed{(6)} \Longrightarrow \ldots \Longrightarrow 1$$

　［解法の例］与えられた道路を使って、14都市を一筆書きで結ぶ経路を求める問題である。最初の2都市の順序が決まっているので、一筆書きする方向が決められており逆回りは許されていない。ある都市に到着し、到着時とは別の道路を使って次の都市に出発するには2本の道路が要るので、ある都市に接続する道路が2本だけであったなら、その両方が旅程に含まれていることがわかる。接続する道路が2本だけの都市は、[1][2][5][6][7][8]の6都市ある。この6都市につながる道路は必ず旅程に含まれる。右図では、それらの道路を実線で、それ以外の道路を点線で描いた。都市[9][10][13][14]には旅程に含まれる実線の道路が2本接続しているため、これらの都市に接続する他の道路は旅程に含まれない。また、旅程には下の2つの経路が含まれることもわかる。

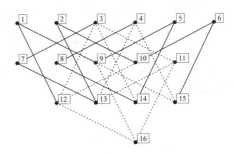

　　[4]-[8]-[14]-[5]-[9]-[1]-[12]
　　[3]-[7]-[13]-[2]-[10]-[6]-[15]

旅程に含まれない道路を除外した上で同じ推論を繰り返すことで、完全な旅程を求めることができる。

過去問題6：総合政策学部 1999年 数学・問題および解法例

<<問題>>

　下図のように9つの水槽①～⑨があり、それらの間で矢印が示すように水が移動している。矢印がなければ水の移動はないものとする。水槽①からは毎秒12ℓの水が湧き出ており、どこからも水は流入していない。水槽⑤に流入した水はすべて排水される。ほかの7つの水槽では、流入する水と流出する水量は同量で釣りあっている。矢印についた分数は、ひとつの水槽から他の水槽への流出量をその水槽からの全流出量に対する比率で表したものである。たとえば、水槽③から水槽⑦への流出量は水槽③からの全流出量の 1/5 となっている。このとき、水槽④から水槽⑦への流出量はその水槽の全流出量の（ア）/（イ）である。さて、水槽⑥に注目しよう。この水槽から水槽②への水の流出量は毎秒（ウ）ℓ であり、水槽⑦からの流入量は毎秒（エ）、そして水槽⑨からの流入量は毎秒（オ）ℓ である。
（1999年の試験時には（ア）から（オ）に入る1～2桁の整数をマークシートに記入）

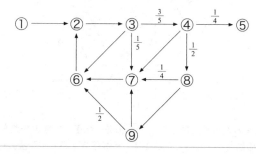

　[解法の例] 水槽①～⑨からなる装置全体に流れ込む水量は、水槽①に流れ込む毎秒12ℓ だけであり、水槽①～⑨のすべてで、流入量と流出量がつりあっているので、水槽⑤から流れ出す水量も毎秒12ℓ である。したがって、水槽④から水槽⑤に流れ込む水量も毎秒12ℓ である。水槽④の流入と流出に注目すると、水槽④に水を流入させている水槽は③のみ、水槽④から水が流入している水槽は⑤⑦⑧の3つである。水槽④の全流出量の1/4が水槽⑤に流れこみ、それが毎秒12ℓ なので、水槽④の全流出量は毎秒48ℓ とわかる。水槽④から水槽⑧への流出量はその 1/2 なので毎秒24ℓ、残る水槽⑦への流出量は毎秒12ℓ とわかる。水槽④への全流入量は全流出量とつりあっているので、水槽③から水槽④への流入量は毎秒48ℓ とわかる。このように計算していくことで、すべての矢印の流入・流出量を求めることができる。

//////////////// · **memo** · ////////////////

//////////////// · memo · ////////////////

2023
年度

問 題 編

■一般選抜

問題編

▶試験科目・配点

教　科	科　　　　　目	配　点
外国語 ・数学 ・情報	「数学または情報」,「外国語」,「数学および外国語」の3つの中から1つを選択（いずれも同一試験時間内実施） 　数　学―数学Ⅰ・Ⅱ・Ａ・Ｂ 　情　報―社会と情報・情報の科学 　外国語―(a)コミュニケーション英語Ⅰ・Ⅱ・Ⅲ，英語表現Ⅰ・Ⅱ 　　　　　(b)コミュニケーション英語Ⅰ・Ⅱ・Ⅲ，英語表現Ⅰ・Ⅱ， 　　　　　　ドイツ語 　　　　　(c)コミュニケーション英語Ⅰ・Ⅱ・Ⅲ，英語表現Ⅰ・Ⅱ， 　　　　　　フランス語 　　　　　の(a)，(b)，(c)のうち，いずれか1つを選択	200 点
小論文	発想，論理的構成，表現などの総合的能力を問う	200 点

▶備　考

• ドイツ語，フランス語は省略。

• 数学Ａは「場合の数と確率」・「整数の性質」・「図形の性質」を出題範囲とする。数学Ｂは「確率分布と統計的な推測」・「数列」・「ベクトル」を出題範囲とする。

• 小論文は，問いに対して自らの考えを論述する形式の試験で，受験生の発想，論理的構成，表現などを総合的に評価しようとするもの。どれだけ発想豊かに，自分の考えを論文として論理的に構成し，説得力のある表現ができるかを問う。

• 選択した受験教科の採点結果と，小論文の採点結果を組み合わせて最終判定を行う。

■英語■

(120 分)

(注意)

- 「外国語選択者」は，問題Ⅰ～Ⅲの全問を解答すること。
- 「数学および外国語選択者」は，問題Ⅰ・Ⅱおよび数学の問題Ⅱ・Ⅴ・Ⅵを解答すること。
- 問題Ⅰは英語・ドイツ語・フランス語のいずれかひとつの言語だけを選択して解答（ドイツ語・フランス語は省略）。

英語Ⅰ

次の文章に関して、空欄補充問題と読解問題の二つがあります。まず、[31]から[40]の空所を埋めるのに、文脈的に最も適切な語を 1 から 3 の中から選び、その番号を解答欄 (31) から (40) にマークしなさい。次に、内容に関する[41]から[45]の設問には、1 から 4 の選択肢が付されています。そのうち、文章の内容からみて最も適切なものを選び、その番号を解答欄 (41) から (45) にマークしなさい。

1　　　　Doctor Edward Smith does some fiendishly difficult surgeries. A pediatric neurosurgeon at Boston Children's Hospital, he often removes tumors and blood vessels that have grown in gnarled, tangled shapes. "It's really complicated, defusing-a-bomb-type surgery," he says. So these days, Smith prepares for his work by using an unusual tool: a 3-D printer. Days [31](1. in advance 2. after the fact　3. in between) hospital techs use standard imaging to print a high-resolution copy of the child's brain, tumor and all. Smith will examine it for hours, slowly developing a nuanced, [32](1. immaterial　2. tactile　3. abstract) feel for the challenge. "I can hold the problem in my hand," Smith says. "I can rehearse the surgery as many times as I want."

2　　　　During the operation, Smith keeps the printed brain next to him for reference. As a visualization tool, it's so powerful that it has reduced the length of his surgeries by an average of 12 percent. Smith's work is cool—and it should also make you look at 3-D printers in a new way. Most of the time, they're pitched as tiny artisanal factories, useful for [33](1. toning down　2. cranking out 3. turning up) one-off products and niche objects: a desktop-sized industrial revolution.

3　　　　But what if it's more? What if the 3-D printers are going to be equally useful—or even more so—as thinking tools? I've come to believe that their intellectual impact is going to be like that of the ink jet printer. We (correctly) do not [34](1. reproduce　2. reclaim　3. regard) printers as replacements for industrial presses. Few people print a whole newspaper or book. No, we use printers as cognitive aids. We print documents so we can [35](1. array　2. overlook　3. conceal) them on our desks, ponder them, and show them to other people.

4　　　That's exactly how Smith uses his 3-D printer. He doesn't print the brain so he can have a product. He prints the way you'd print an email—as a document, yes, but more as a way to understand data and solve problems. Doctors have long used MRIs and CT scans to help visualize tumors, of course. But when the visualization is physical, it has a haptic impact that screens do not. You learn new things. That's why architects build scale models of their buildings: Only by [36](1. nosing　2. skirting　3. peering) around a structure do you "get" what's going on. "You see these spatial relations and depth of field that aren't possible onscreen," Smith says. It works for more than brains. Last winter, NASA astronomers printed a model of a binary-star system to help them visualize its complex solar winds, and "we discovered a number of things we hadn't fully [37](1. accumulated　2. alienated　3. appreciated)," says Thomas Madura, a NASA visiting scientist.

5　　　3-D prints are also terrific for accessibility, giving the blind a new way to grasp astronomy. (Math too: An enterprising San Diego father printed fractions so his blind daughter could learn them.) To really [38](1. sustain　2. curb　3. unlock) the power of 3-D printers, though, the tech will have to improve. If we're going to use physical "documents" the way we use paper ones—glancing at them for an hour, or perhaps only a moment, then tossing them aside—we'll need printing material to be recyclable, even biodegradable. Imagine the 3-D printing equivalent of a Post-it note!

6　　　[39](1. What's more　2. On the contrary　3. Comparatively), we need our intellectual culture to evolve. Right now, we don't value or teach spatial reasoning enough; "literacy" generally only means writing and reading. It doesn't have to. I can envision all sorts of delightful and curious uses for 3-D data. Courts could print forensic evidence that juries could handle. You could render a sales report not as a chart but as a [40](1. manipulating　2. manipulable　3. manipulative) sculpture. 3-D printers aren't just factories for products—they're factories for thought.

—Based on Thompson, C. (2015). "3-D printers give us a new way to think," *Wired*.

[41] According to the 1st paragraph, Dr. Smith uses a 3-D printer pre-surgery to create
1. a copy of what the patient's brain would look like if perfectly healthy.
2. a copy of a previous patient's blood vessels to use as a guide in surgery.
3. a copy of the patient's brain, including the tumor that will be removed.
4. a copy of the blood vessels that are due to be removed from the patient.

[42] What aspect of Dr. Smith's work is **_NOT_** mentioned as being affected by the use of 3-D printing technology?
1. He has been able to reduce the time it takes to perform a surgery.
2. He is able to record more detailed accounts of his past surgeries.
3. He is able to use more sophisticated tools to prepare for a surgery.

4. He has access to better models he can consult during a surgery.

[43] Why does the author compare 3-D printers to ink jet printers?
1. to point out that ink jet printers are still preferable in some cases
2. to suggest that 3-D printers may provide a similar utility to ink jet printers
3. to downplay the significance of 3-D printing as a breakthrough technology
4. to illustrate that ink jet printers are unsatisfactory for advanced tasks

[44] What requirement does the author propose to boost his way of using 3-D prints?
1. The printing devices should not be overly expensive.
2. The printing substance should not be disposable after one use.
3. The produced objects need to be more detailed and accurate.
4. The printed objects need to be more durable than they are now.

[45] Which shift in educational focus does the author suggest in order to promote the understanding of 3-D printing?
1. 3-D designing techniques being more widely taught
2. more consideration given to geometric understanding
3. a return to a more conventional concept of literacy
4. a greater focus on applied science and technology

英語 II

次の文章に関して、空欄補充問題と読解問題の二つがあります。まず、[46]から[55]の空所を埋めるのに、文脈的に最も適切な語を 1 から 3 の中から選び、その番号を解答欄（46）から（55）にマークしなさい。次に、内容に関する[56]から[60]の設問には、1 から 4 の選択肢が付されています。そのうち、文章の内容からみて最も適切なものを選び、その番号を解答欄（56）から（60）にマークしなさい。

1　　　　International development aid is based on the Robin Hood principle: take from the rich and give to the poor. National development agencies, multilateral organizations, and NGOs currently transfer more than $135 billion a year from rich countries to poor countries with this idea in mind. A more formal term for the Robin Hood principle is "cosmopolitan prioritarianism," an ethical rule that says we should think of everyone in the world in the same way, no matter where they live, and then focus help where it [46](1. contradicts　2. helps　3. hinders) the most. Those who have less have priority over those who have more. This philosophy implicitly or explicitly guides the aid for economic development, aid for health, and aid for humanitarian emergencies.

2　　　　On its face, cosmopolitan prioritarianism makes sense. People in poor countries have needs that are more pressing, and price levels are much lower in poor countries, so that a dollar or euro [47](1. goes　2. turns　3. comes) twice or three times further than it does at home. Spending at home is not only more expensive, but it also extends to those who are already well off (at least relatively, judged by global standards), and so does [48](1. more　2. less　3. some) good.

3　　　　Huge strides have undoubtedly been made in reducing global poverty, more through growth and globalization than through aid from abroad. The number of poor people has fallen in the past 40 years from more than two billion to just under one billion—a remarkable [49](1. decay　2. feat　3. surge), given the increase in world population and the long-term slowing of global economic growth, especially since 2008. While impressive and wholly welcome, poverty reduction has not come without a [50](1. reason　2. bonus　3. cost). The globalization that has rescued so many in poor countries has harmed some people in rich countries, as factories and jobs migrated to where labor is cheaper. This seemed to be an ethically acceptable price to pay, because those who were losing were already so much wealthier (and healthier) than those who were gaining.

4　　　　A long-standing cause of discomfort is that those of us who make these judgments are not exactly well placed to assess the costs. Like many in academia and in the development industry, I am among globalization's greatest [51](1. casualties　2. adversaries　3. beneficiaries)—those who are able to sell our services in markets that are larger and richer than our parents could have dreamed of. Globalization is less splendid for those who not only don't reap its rewards, but suffer from its impact. We have long known that less-educated and lower-income Americans, for example, have seen little economic gain for four decades, and that the bottom end of the US labor market can be a brutal environment. But just how badly are these Americans suffering from globalization? Are they much better off than the Asians now working in the factories that used to be in their hometowns?

5 Most [52](1. wholeheartedly 2. dubiously 3. undoubtedly) are. But several million Americans—black, white, and Hispanic—now live in households with *per capita* income of less than $2 a day, essentially the same standard that the World Bank uses to define destitution-level poverty in India or Africa. Finding shelter in the United States on that income is so difficult that $2-a-day poverty is almost certainly much worse in the US than $2-a-day poverty in India or Africa.

6 Beyond that, America's much-vaunted equality of opportunity is [53](1. above 2. under 3. beyond) threat. Towns and cities that have lost their factories to globalization have also lost their tax base and find it hard to maintain quality schools—the **escape route** for the next generation. Elite schools recruit the wealthy to pay their bills, and court minorities to redress centuries of discrimination; but this no doubt fosters resentment among the white working class, whose kids find no place in this brave new world.

7 Citizenship [54](1. comes 2. hides 3. sides) with a set of rights and responsibilities that we do not share with those in other countries. Yet the "cosmopolitan" part of the ethical guideline ignores any special obligations we have toward our fellow citizens. We can think about these rights and obligations as a kind of **mutual *insurance* contract**: We refuse to tolerate certain kinds of inequality for our fellow citizens, and each of us has a responsibility to help—and a right to expect help— [55](1. in accordance with 2. head-over-heels with 3. in the face of) collective threats. These responsibilities do not invalidate or override our responsibilities to those who are suffering elsewhere in the world, but they do mean that if we judge only by material need, we risk leaving out important considerations.

8 When citizens believe that the elite care more about those across the ocean than those across the train tracks, insurance has broken down, we divide into factions, and those who are left behind become angry and disillusioned with a politics that no longer serves them. We may not agree with the remedies that **they** seek, but we ignore their real grievances at their peril and ours.

—Based on Deaton, A. (2016). www.project-syndicate.org.

[56] In the 6th paragraph, what "escape route" is the author referring to?

1. illegal immigration border crossing points

2. a short cut to emigration out of America

3. the path to upward mobility for young people

4. quick access to welfare in the United States

[57] In the 7th paragraph, what does the author mean by "mutual *insurance* contract"?

1. Poor countries that receive help from rich countries have special obligations to fulfill.

2. Emergency support should be shared between people in need in every country.

3. People in rich countries should be able to get support from others of the same country.

4. We should prioritize ensuring help for those who are suffering in poor countries first.

[58] In the last paragraph, who does "they" refer to?

1. underprivileged people in the United States

2. famished people in developing countries

3. influential elites in the developed world

4. NGO staff providing humanitarian aid

[59] Which of the following is ***NOT*** true according to the author?

1. Blue-collar workers might feel their needs are disregarded compared to the poor in the developing world.

2. The Robin Hood Principle includes the idea that less developed countries should be prioritized to receive support.

3. The poor in developed countries are better off than those in developing countries due to the Robin Hood principle.

4. Attempting to save the poor in developing countries negatively impacts those who are in need in the U.S.

[60] Which of the following would be the best title for this article?

1. Rethinking Robin Hood

2. Rebooting Robin Hood

3. Rescuing Robin Hood

4. Reversing Robin Hood

英語Ⅲ

次の文章に関して、空欄補充問題と読解問題の二つがあります。まず、[61]から[80]の空所を埋めるのに、文脈的に最も適切な語を 1 から 3 の中から選び、その番号を解答欄 (61) から (80) にマークしなさい。次に、内容に関する[81]から[90]の設問には、1 から 4 の選択肢が付されています。そのうち、文章の内容からみて最も適切なものを選び、その番号を解答欄 (81) から (90) にマークしなさい。

1　　　　There's an essential, intangible something in start-ups—an energy, a soul. Company founders sense its presence. So do early employees and customers. It inspires people to contribute their talent, money, and enthusiasm and fosters a sense of deep connection and mutual purpose. As long as this spirit persists, engagement is high and start-ups remain agile and innovative, [61](1. spurring 2. diminishing　3. restraining) growth. But when it vanishes, ventures can falter, and everyone perceives the loss—something special is gone.

2　　　　The first person I heard talk about "the soul of a start-up" was a *Fortune* 500 CEO, who was trying to revive one in his organization. Many large companies undertake such "search and rescue" initiatives, which reflect an unfortunate truth: As a business matures, it's hard to keep its original spirit alive. Founders and employees often [62](1. upgrade　2. confuse　3. embrace) soul with culture and, in particular, the freewheeling ethos of all-nighters, flexible job descriptions, T-shirts, pizza, free soda, and a family-like feel. **They notice and wax nostalgic about it only when it wanes**. Investors sometimes run roughshod over a company's emotional core, pushing a firm to "professionalize" and to pivot in response to market demands. And organizations trying to recover an "entrepreneurial mindset" tend to take a superficial approach, addressing behavioral norms but failing to [63](1. zoom out　2. break even　3. home in) on what really matters.

3　　　　Over the past decade, I've studied more than a dozen fast-growth ventures, conducting 200-plus interviews with their founders and executives, in an attempt to better understand this problem and how it can be overcome. I've learned that while many companies struggle to retain their original essence, creativity, and innovativeness, some have managed to do so quite effectively, thereby sustaining strong stakeholder relationships and ensuring that their ventures continue to [64](1. ramble 2. backtrack　3. thrive). So often entrepreneurs, consultants, and scholars like myself emphasize the need to implement structure and systems as a business grows, missing the importance of preserving its spirit. We can and should focus on both. With effort and determination, leaders can nurture and protect what's right and true in their organizations.

4　　　　Most founders, [65](1. by contrast　2. as a result　3. on occasion), believed that their start-ups were about something more than their missions, business models, and talent, even if those founders couldn't articulate it precisely. For example, in his book *Onward*, Howard Schultz described the spirit of Starbucks this way: "Our stores and partners [employees] are at their best when they collaborate to provide an oasis, an [66](1. upstaged　2. upstream　3. uplifting) feeling of comfort, connection, as well as a deep respect for the coffee and communities we serve." I interviewed another founder who identified "loyalty to customers and the company" as the "core essence" of what made his business great. A third spoke about this essence as "a shared purpose built around an [67](1. obsolete 2. audacious　3. erratic) goal and a set of common values." Early employees told me that they identified intensely with their enterprises, feeling what Sebastian Junger, in his book *Tribe*, refers to as "loyalty and belonging and the eternal human quest for meaning."

5　　　My investigation pointed to three elements that combine to create a unique and inspiring context for work: business intent, customer connection, and employee experience. These are not simply cultural norms designed to shape behavior. Their effects run deeper, and they [68](1. nullify　2. spark 3. derail) a different, more intense kind of commitment and performance. They shape the meaning of work, rendering work relational instead of merely transactional. Employees connect with a [69](1. galvanizing　2. patronizing　3. demoralizing) idea, with the notion of service to end users, and with the distinctive, intrinsic rewards of life on the job. People form emotional ties to the company, and those ties energize the organization.

6　　　All the ventures I studied had their own animating purpose. Usually this "business intent" originated with the entrepreneur, who communicated it to employees to persuade them to trade stable jobs for long hours and low pay. Although many factors—including the desire for an eventual [70](1. firewall　2. windfall　3. waterline)—drove the people I interviewed to join their companies, all had a **loftier** desire to "make history" in some way, to be part of something bigger. They wanted to build businesses that improved people's lives by changing the way products or services were created, distributed, or consumed. Many ventures define their mission or business scope, but the intent I [71](1. uncovered　2. unloaded　3. unleashed) went further, taking on an almost existential significance—a reason for being.

7　　　Consider Study Sapuri, a Japanese enterprise started in 2011 within the multibillion-dollar information-service and staffing company Recruit Holdings. Seeking to turn around Recruit's declining education business, Fumihiro Yamaguchi, a relatively new employee at the time, [72](1. refuted　2. hatched　3. averted) a plan to create a website that helped students by giving them free access to study guides to university exams. When he presented the idea to an internal group charged with [73](1. arresting　2. launching　3. preventing) in-house ventures, he explained that the website would address educational inequity in Japan by providing more people access to learning materials—an intent that aligned well with Recruit's long-standing mission of creating new value for society.

8　　　Since its launch, Study Sapuri has continued to evolve but always with [74](1. deference 2. exposure　3. resistance) to its original intent. Among other moves, it has marketed its services as a college prep service and a tool for high school teachers to use with remedial students, and has expanded its content to include elementary- and junior-high-school material and academic coaching.

In April 2015, through its parent company, it acquired Quipper, which offered similar services mainly in Southeast Asian markets. Quipper's founder, Masayuki Watanabe, remarked that he liked the deal because of Study Sapuri's intent: "We believed that learning is a right and not a privilege. We shared the same vision." Top talent felt the same way. "I was drawn to the idea of addressing these issues," one employee told me. "My motivation to join was to offer true value to customers; the users and their parents can actually see that their academic ability is improving." By early 2019, Study Sapuri had [75](1. contracted　2. stagnated　3. emerged) as a central brand of Recruit's educational business, with 598,000 paid subscribers.

9　　　Often, it takes a crisis for people to notice that a company's soul is disappearing or gone. Recently, Facebook and Uber both publicly apologized to customers for losing their way. In 2018 hundreds of Google employees demanded that the tech giant [76](1. execute　2. formulate 3. shelve) plans to develop a search engine that would facilitate the stifling of dissent in China. "Many of us accepted employment at Google with the company's values in mind," they noted in a letter to the company, "including…an understanding that Google was a company willing to place its values above its profits."

10　　　When damage to the soul is especially [77](1. dismissible　2. temperate　3. grave), founders have sometimes returned to restore it. In 2008, Howard Schultz resumed the CEO role at Starbucks because, as he explained in his book, he "sensed something intrinsic to the Starbucks brand was missing." In the ensuing months, he undertook a number of measures to [78](1. nurse　2. police 3. doctor) the company's spirit back to life. Notably, he convened an off-site session at which leaders thought broadly about the brand and focused specifically on customer relationships. As he told his team, "The only filters to our thinking should be: Will it make our people proud? Will this make the customer experience better? Will this enhance Starbucks in the hearts and minds of our customers?" Weeks later, when presenting a transformation plan to investors, he [79](1. invoked　2. neglected 3. renounced) a return to the company's original business intent, saying, "There are people in this audience…who believed in a young entrepreneur's dream that we could create a national brand around coffee, that we also could build the kind of company that had a social conscience. It's time to convince you and many other people…to believe in Starbucks again."

11　　　Safeguarding the organization's soul is a critical if little appreciated part of the founding cohort's job, on par with such key decision areas as governance and equity splits. Study Sapuri and Starbucks both blossomed as start-ups thanks to their founders' deliberate efforts to preserve the alchemy that made them great enterprises from the beginning. Over the long term, a strong soul will draw [80](1. off　2. in　3. away) and fire up various stakeholders. Even as companies institute processes, discipline, and professionalization, they should strive to retain the spiritual trinity of business intent, customer connection, and employee experience. It's the secret to not only growth but also greatness.

—Based on Gulati, R. (2019). "The soul of a start-up," *Harvard Business Review.*

[81] Which of the following sentences best expresses the essential information in the underlined sentence in the 2nd paragraph?

1. Large companies find it more difficult to retain their soul when they become older and bigger.

2. Founders and employees tend to look towards outside investment to revive the company's soul.

3. Large companies introduce a range of initiatives as an answer to any decline in corporate soul.

4. Founders and employees start to reminisce about their organization's soul when it starts to decline.

[82] Which of the following is *NOT* mentioned in the 3rd paragraph?

1. The author promotes a dual approach of systems implementation and soul preservation.

2. The author has done numerous case studies into the loss and retention of soul in companies.

3. The author believes that academics tend to overlook the conservation of a company's soul.

4. The author has been engaged in extensive research on the soul of declining start-ups.

[83] Why does the author mention the Sebastian Junger reference in the 4th paragraph?

1. to explain that early employees value mutual collaboration as the essence of business success

2. to provide support for the concept that early employees of successful companies feel a close connection to their organizations

3. to argue that loyalty with early employees is integral to basic tribal human desires

4. to contradict the idea that early employees of Starbucks place more value on connecting with customers in their local communities

[84] The underlined word "loftier" in the 6th paragraph is closest in meaning to

1. dominant

2. upraised

3. pretentious

4. visionary

[85] Which of the following statements is *NOT* true of the Japanese company Study Sapuri?

1. Its founding principle is essentially to offer education to all and not the few.

2. Its product range has remained fixed since their services launched.

3. It caters to students both domestically and internationally.

4. It offers services tailored to both secondary and tertiary education levels.

[86] The author mentions Facebook and Uber in order to

1. give examples of big companies that had admitted to making mistakes.

2. provide a link in the narrative from struggling to successful companies.

3. illustrate that a crisis within a company can lead to management errors.

4. show that these companies were not in danger of losing their soul and energy.

[87] Which of the following would best represent the views of Howard Schultz?

1. Undergoing a period of rapid expansion nationally helped Starbucks to regain the trust of both our

employees and customers.

2. We had to make wholesale changes to the original spirit of Starbucks to guide the company back to a position of market strength.

3. Starbucks needed to make minor revisions to our governance systems in order to revitalize our organization's soul and profit margins.

4. Starbucks performs optimally when we have a close bond with and admiration for both our products and our customers.

[88] Which of the following statements would the author most likely support?

1. Employee experience is a key aspect that helps to associate effective relationship building with strong sales performance.

2. Close connections between Google employees ensure they understand the need to maximize profits while promoting corporate values.

3. Employees that form passionate connections with their companies help to strengthen and stimulate company performance.

4. Professionalization initiatives for employees can do more to shape and protect company soul than business intent.

[89] What does the author conclude about safeguarding the soul of organizations?

1. It serves as an essential function in setting and maintaining the operational rules and processes of successful companies.

2. It holds far more significance than other principal decision-making areas to ensure a company's rapid growth.

3. It is a vital role of the early employees and is of equal importance to other fundamental business elements.

4. It was and still is the driving force behind the governing policies and overseas expansion of Study Sapuri and Starbucks.

[90] Which of the following summaries is the central idea being presented by the author?

1. The soul of start-ups must be preserved to ensure the prolonged success of the company.

2. Founders of start-ups must ensure their soul meets the needs of employees and investors.

3. The triangular nexus of intent, connection, and experience limits the protection of a start-up's soul.

4. If the original soul of a start-up is forgotten, this can weaken management structures.

数学

（120 分）

（注意）

- 「数学選択者」は，問題Ⅰ〜Ⅵの全問を解答すること．
- 「数学および外国語選択者」は，問題Ⅱ・Ⅴ・Ⅵおよび外国語の問題Ⅰ・Ⅱを解答すること．

注 意 事 項

問題冊子に数字の入った □ があります．それらの数字は解答用紙の解答欄の番号をあらわしています．対応する番号の解答欄の 0 から 9 までの数字または − (マイナスの符号) をマークしてください．

□ が 2 個以上つながったとき，数は右詰めで入れ，左の余った空欄には 0 を入れてください．負の数の場合には，マイナスの符号を先頭の □ に入れてください．また，小数点以下がある場合には，左詰めで入れ，右の余った空欄には 0 を入れてください．

（例）　12　⟶　$\boxed{0}\;\boxed{1}\;\boxed{2}$　　　　　−3　⟶　$\boxed{-}\;\boxed{0}\;\boxed{3}$

　　　　1.4　⟶　$\boxed{0}\;\boxed{0}\;\boxed{1}.\boxed{4}\;\boxed{0}$　　　−5　⟶　$\boxed{-}\;\boxed{0}\;\boxed{5}.\boxed{0}\;\boxed{0}$

分数は約分した形で解答してください．マイナスの符号は分母には使えません．

（例）　$\dfrac{4}{8}$　⟶　$\dfrac{1}{2}$　⟶　$\dfrac{\boxed{0}\;\boxed{1}}{\boxed{0}\;\boxed{2}}$　　　$-\dfrac{6}{9}$　⟶　$-\dfrac{2}{3}$　⟶　$\dfrac{\boxed{-}\;\boxed{2}}{\boxed{0}\;\boxed{3}}$

ルート記号の中は平方因子を含まない形で解答してください．

（例）　$\sqrt{50}$　⟶　$\boxed{0}\;\boxed{5}\sqrt{\boxed{0}\;\boxed{2}}$　　　$-\sqrt{24}$　⟶　$\boxed{-}\;\boxed{2}\sqrt{\boxed{0}\;\boxed{6}}$

　　　　$\sqrt{13}$　⟶　$\boxed{0}\;\boxed{1}\sqrt{\boxed{1}\;\boxed{3}}$　　　$-\dfrac{\sqrt{18}}{6}$　⟶　$\dfrac{\boxed{-}\;\boxed{1}\sqrt{\boxed{0}\;\boxed{2}}}{\boxed{0}\;\boxed{2}}$

数式については，つぎの例のようにしてください．分数式は約分した形で解答してください．

(例) $\sqrt{12a} \longrightarrow \boxed{0}\,\boxed{2}\sqrt{\boxed{0}\,\boxed{3}\,a}$

$-a^2 - 5 \longrightarrow \boxed{-}\,\boxed{1}\,a^2 + \boxed{0}\,\boxed{0}\,a + \boxed{-}\,\boxed{5}$

$\dfrac{4a}{2a-2} \longrightarrow \dfrac{-2a}{1-a} \longrightarrow \dfrac{\boxed{0}\,\boxed{0} + \boxed{-}\,\boxed{2}\,a}{1 - \boxed{0}\,\boxed{1}\,a}$

選択肢の番号を選ぶ問題では，最も適切な選択肢を 1 つだけ選んでください．また，同じ選択肢を複数回選んでもかまいません．

数学 I

(1) 正の整数 m と n の最大公約数を効率良く求めるには，m を n で割ったときの余りを r としたとき，m と n の最大公約数と n と r の最大公約数が等しいことを用いるとよい．たとえば，455 と 208 の場合，次のように余りを求める計算を 3 回行うことで最大公約数 13 を求めることができる．

$$455 \div 208 = 2 \cdots 39, \qquad 208 \div 39 = 5 \cdots 13, \qquad 39 \div 13 = 3 \cdots 0$$

このように余りを求める計算をして最大公約数を求める方法をユークリッドの互除法という．

(a) 20711 と 15151 のような大きな数の場合であっても，ユークリッドの互除法を用いることで，最大公約数が $\boxed{^{(1)}}\boxed{^{(2)}}\boxed{^{(3)}}$ であることを比較的簡単に求めることができる．

(b) 100 以下の正の整数 m と n (ただし $m > n$ とする) の最大公約数をユークリッドの互除法を用いて求めるとき，余りを求める計算の回数が最も多く必要になるのは，$m = \boxed{^{(4)}}\boxed{^{(5)}}$，$n = \boxed{^{(6)}}\boxed{^{(7)}}$ のときである．

(2) 正の整数 m と n は，不等式 $\dfrac{2022}{2023} < \dfrac{m}{n} < \dfrac{2023}{2024}$ を満たしている．このような分数 $\dfrac{m}{n}$ の中で n が最小のものは，$\dfrac{\boxed{^{(8)}}\boxed{^{(9)}}\boxed{^{(10)}}\boxed{^{(11)}}}{\boxed{^{(12)}}\boxed{^{(13)}}\boxed{^{(14)}}\boxed{^{(15)}}}$ である．

数学Ⅱ

関数 $f(x)$ と $g(x)$ が

$$f(x) = -x^2 \int_0^1 f(t)\,dt - 12\,x + \frac{2}{9}\int_{-1}^0 f(t)\,dt$$

$$g(x) = \int_0^1 (\,3\,x^2 + t\,)\,g(t)\,dt - \frac{3}{4}$$

を満たしている．このとき

$$f(x) = \boxed{(16)}\boxed{(17)}\,x^2 - 12\,x + \boxed{(18)}\boxed{(19)}$$

$$g(x) = \boxed{(20)}\boxed{(21)}\,x^2 + \boxed{(22)}\boxed{(23)}$$

である．また，xy 平面上の $y = f(x)$ と $y = g(x)$ のグラフの共通接線は

$$y = \boxed{(24)}\boxed{(25)}\,x + \frac{\boxed{(26)}\boxed{(27)}\boxed{(28)}}{\boxed{(29)}\boxed{(30)}\boxed{(31)}}$$

である．なお，n を 0 または正の整数としたとき，x^n の不定積分は $\displaystyle\int x^n\,dx = \frac{1}{n+1}\,x^{n+1} + C$ (C は積分定数) である．

数学Ⅲ

(1) 図1の9つのマスに，縦，横，斜めにならんだ3つの数の積がいずれも等しくなるように，相異なる正の整数を1つずつ割り当てる．ただし，4と9は図1のように割り振られており，$\boxed{(32)}\boxed{(33)} < \boxed{(34)}\boxed{(35)}$ となっているものとする．

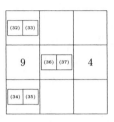

図1

$\boxed{(32)}\boxed{(33)}$ と $\boxed{(34)}\boxed{(35)}$ と $\boxed{(36)}\boxed{(37)}$ に入る数を求めなさい．

(2) まず，図2の9つのマスに，縦，横，斜めにならんだ3つの数の和がいずれも等しくなるように，相異なる1〜9の正の整数を1つずつ割り当てる．複数の割り当て方が考えられるが，その1つを選び割り当てるものとする．

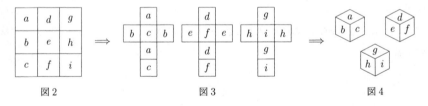

図2   図3   図4

この9つの数を，図3に示すように3つのサイコロの展開図に書き写し，図4のように3つのサイコロを作成する．サイコロは，振ると等しい確率で目(書き写した数)が出るものとする．

いま，2人のプレーヤーが3つのサイコロから異なるものを1つずつ選び，そのサイコロを振り，出た目が大きいほうが勝つとする．あなたの対戦相手が9を含むサイコロを選んだとき，あなたがこのゲームに，より高確率に勝つために選ぶべきサイコロは，$\boxed{(38)}$ を含むサイコロである．

数学Ⅳ

xy 平面上で x 座標も y 座標も整数である点を格子点とい
う. この格子点上を, 次のように点 A と点 B が移動する.

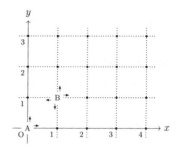

- 点 A は, 時刻 $t = 0$ において原点 O にあり, 時刻 t が
  1 増えるごとに, x 軸正方向に 1 あるいは y 軸方向
  に 1 のいずれかに等確率 $\dfrac{1}{2}$ で移動する.

- 点 B は, 時刻 $t = 0$ において点 $(1,1)$ にあり, 時刻 t
  が 1 増えるごとに, x 軸正方向に 1 あるいは x 軸負方
  向に 1 あるいは y 軸正方向に 1 あるいは y 軸負方向に 1 のいずれかに等確率 $\dfrac{1}{4}$ で移動する.

ここで, 時刻 $t = k \ (k = 0, 1, 2, 3, \ldots)$ 以前に点 A と点 B が一度も接触しない (同じ時刻に同じ座標を
取らない) 確率を $P(k)$ とする.

(1) $k = 0, 1, 2$ のとき

$$P(0) = 1, \qquad P(1) = \frac{\boxed{(39)}\,\boxed{(40)}}{\boxed{(41)}\,\boxed{(42)}}, \qquad P(2) = \frac{\boxed{(43)}\,\boxed{(44)}}{\boxed{(45)}\,\boxed{(46)}}$$

である.

(2) $k = 3$ のとき

(a) 点 A が点 $(1,0)$ と点 $(2,0)$ を経由して点 $(3,0)$ に移動する場合, $t = 3$ で初めて点 A と点 B が
接触するような点 B の移動パターンは $\boxed{(47)}\,\boxed{(48)}$ 通り, $t = 3$ より前に点 A と点 B が少なくと
も一度は接触するような点 B の移動パターンは $\boxed{(49)}\,\boxed{(50)}$ 通り,

(b) 点 A が点 $(1,0)$ と点 $(2,0)$ を経由して点 $(2,1)$ に移動する場合, $t = 3$ で初めて点 A と点 B が
接触するような点 B の移動パターンは $\boxed{(51)}\,\boxed{(52)}$ 通り, $t = 3$ より前に点 A と点 B が少なくと
も一度は接触するような点 B の移動パターンは $\boxed{(53)}\,\boxed{(54)}$ 通り,

(c) 点 A が点 $(1,0)$ と点 $(1,1)$ を経由して点 $(2,1)$ に移動する場合, $t = 3$ で初めて点 A と点 B が
接触するような点 B の移動パターンは $\boxed{(55)}\,\boxed{(56)}$ 通り, $t = 3$ より前に点 A と点 B が少なくと
も一度は接触するような点 B の移動パターンは $\boxed{(57)}\,\boxed{(58)}$ 通り,

(d) 点 A が点 $(0,1)$ と点 $(1,1)$ を経由して点 $(2,1)$ に移動する場合, $t = 3$ で初めて点 A と点 B が
接触するような点 B の移動パターンは $\boxed{(59)}\,\boxed{(60)}$ 通り, $t = 3$ より前に点 A と点 B が少なくと
も一度は接触するような点 B の移動パターンは $\boxed{(61)}\,\boxed{(62)}$ 通り

であるから, $P(3) = \dfrac{\boxed{(63)}\,\boxed{(64)}\,\boxed{(65)}}{\boxed{(66)}\,\boxed{(67)}\,\boxed{(68)}}$ である.

数学 V

xyz 空間において, O$(0,0,0)$, A$(1,0,0)$, B$(1,1,0)$, C$(0,1,0)$, D$(0,0,1)$, E$(1,0,1)$, F$(1,1,1)$, G$(0,1,1)$ を頂点とする立方体 OABC–DEFG が存在する.

　いま, 球面が原点 O を通る球 S が, 立方体 OABC–DEFG のいくつかの辺と接している. 以下のそれぞれの場合について, 球 S の半径と中心の座標を求めなさい.

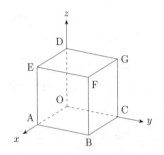

(1) 3 つの辺 BF, EF, FG と接する場合

半径: $\boxed{(69)}\sqrt{\boxed{(70)}}-\boxed{(71)}\sqrt{\boxed{(72)}}$　　中心: $\left(\sqrt{\boxed{(73)}}-\boxed{(74)},\sqrt{\boxed{(75)}}-\boxed{(76)},\sqrt{\boxed{(77)}}-\boxed{(78)}\right)$

(2) 6 つの辺 AB, AE, BC, CG, DE, DG と接する場合

半径: $\sqrt{\boxed{(79)}}-\sqrt{\boxed{(80)}}$　　中心: $\left(\sqrt{\boxed{(81)}}-\boxed{(82)},\sqrt{\boxed{(83)}}-\boxed{(84)},\sqrt{\boxed{(85)}}-\boxed{(86)}\right)$

(3) 4 つの辺 AB, BC, EF, FG と接する場合

半径: $\dfrac{\sqrt{\boxed{(87)}\boxed{(88)}-\boxed{(89)}\boxed{(90)}\sqrt{\boxed{(91)}\boxed{(92)}}}}{\boxed{(93)}\boxed{(94)}}$　　中心: $\left(\sqrt{\boxed{(95)}}-\boxed{(96)},\sqrt{\boxed{(97)}}-\boxed{(98)},\dfrac{\boxed{(99)}}{\boxed{(100)}}\right)$

(4) 4 つの辺 DE, EF, FG, DG と接する場合

半径: $\dfrac{\sqrt{\boxed{(101)}\boxed{(102)}}}{\boxed{(103)}\boxed{(104)}}$　　中心: $\left(\dfrac{\boxed{(105)}}{\boxed{(106)}},\dfrac{\boxed{(107)}}{\boxed{(108)}},\dfrac{\boxed{(109)}}{\boxed{(110)}}\right)$

数学 Ⅵ

いま，A 国の部品会社 A 社から B 国のメーカー B 社が一定量の部品の取引を行うために，その取引価格 p を交渉している．A 社の生産コスト c は事前の投資額 x に依存し，$c = \dfrac{1}{8}x^2 - 10x + 220$ が成り立っているものとすると，A 社の利益は $p - c - x$ とあらわすことができる．一方，B 社はこの部品を使用し生産を行うことで 308 の売上を得ることができるものとすると，A 社から部品を輸入する際に 10% の関税が課せられるため，B 社の利益は $308 - \dfrac{11}{10}p$ とあらわすことができる．

ところで，交渉は常に成立するわけではなく決裂することもあるから，A 社および B 社は共に決裂した場合のことを考慮しながら互いに交渉しなければならない．そこで，交渉が成立したときの A 社 (B 社) の利益から，交渉が決裂したときの A 社 (B 社) の利益 (負の場合は損失を意味する) を引いた値を，A 社 (B 社) の純利益と呼び，A 社の純利益と B 社の純利益の積を最大化するように p の値が定まるものとする．また，A 社は，以上のことをふまえて，自らの利益 $p - c - x$ を最大化するような x の大きさの投資を，事前に行っておくものとする．

次に，交渉が決裂した場合の 2 つのシナリオについて考える．

(1) 交渉が決裂したとき，A 社は生産を行わず生産コスト c はかからないが，事前の投資額 x の分だけ損失を被るので，A 社の利益は $-x$ となり，B 社は B 国内の他の部品会社から，価格 220 で同量の同じ部品を調達できるとすると，(この場合は関税がかからないことから) B 社の利益は $308 - 220 = 88$ となる．この場合の投資額 x は $\boxed{(111)}\boxed{(112)}$ となり，価格 p は $\boxed{(113)}\boxed{(114)}\boxed{(115)}$ となる．

(2) 交渉が決裂したとき，A 社は国内の他のメーカーに価格 250 で部品を販売できるとすると，A 社の利益は $250 - c - x$ となり，B 社は生産が行えなくなるとすると，B 社の利益は 0 となる．この場合の投資額 x は $\boxed{(116)}\boxed{(117)}$ となり，価格 p は $\boxed{(118)}\boxed{(119)}\boxed{(120)}$ となる．

最後に，交渉が成立した場合の「(2) の A 社の利益」−「(1) の A 社の利益」= $\boxed{(121)}\boxed{(122)}\boxed{(123)}$ である．

（120 分）

注 意 事 項

問題冊子に数字の入った ☐ があります．それらの数字は解答用紙の解答欄の番号をあらわしています．対応する番号の解答欄の 0 から 9 までの数字または − (マイナスの符号) をマークしてください．

☐ が 2 個以上つながったとき，数は右詰めで入れ，左の余った空欄には 0 を入れてください．負の数の場合には，マイナスの符号を先頭の ☐ に入れてください．また，小数点以下がある場合には，左詰めで入れ，右の余った空欄には 0 を入れてください．

（例）　12　⟶　| 0 | 1 | 2 |　　　−3　⟶　| - | 0 | 3 |

　　　1.4　⟶　| 0 | 0 | 1 |.| 4 | 0 |　　　−5　⟶　| - | 0 | 5 |.| 0 | 0 |

分数は約分した形で解答してください．マイナスの符号は分母には使えません．

（例）　$\frac{4}{8}$ ⟶ $\frac{1}{2}$ ⟶ $\frac{|0|1|}{|0|2|}$　　$-\frac{6}{9}$ ⟶ $-\frac{2}{3}$ ⟶ $\frac{|-|2|}{|0|3|}$

ルート記号の中は平方因子を含まない形で解答してください．

（例）　$\sqrt{50}$ ⟶ | 0 | 5 | $\sqrt{|0|2|}$　　$-\sqrt{24}$ ⟶ | - | 2 | $\sqrt{|0|6|}$

　　　$\sqrt{13}$ ⟶ | 0 | 1 | $\sqrt{|1|3|}$　　$-\frac{\sqrt{18}}{6}$ ⟶ $\frac{|-|1|\sqrt{|0|2|}}{|0|2|}$

数式については，つぎの例のようにしてください．分数式は約分した形で解答してください．

（例）　$\sqrt{12a}$ ⟶ | 0 | 2 | $\sqrt{|0|3|a}$

　　　$-a^2-5$ ⟶ | - | 1 | a^2+ | 0 | 0 | $a+$ | - | 5 |

$$\frac{4a}{2a-2} \longrightarrow \frac{-2a}{1-a} \longrightarrow \frac{\boxed{0}\,\boxed{0} + \boxed{-}\,\boxed{2}\,a}{1 - \boxed{0}\,\boxed{1}\,a}$$

選択肢の番号を選ぶ問題では，最も適切な選択肢を 1 つだけ選んでください．また，同じ選択肢を複数回選んでもかまいません．

情報 I

以下、法制度に関しては、日本のものについて考えるものとする。

(ア) 次の文章を読み、空欄 (1) ～ (5) に入るもっとも適した語を選択肢から選び、その番号を解答欄にマークしなさい。

ツイッターで過去に投稿された自分の逮捕歴が閲覧できる状態になっているとして、男性がツイッター社に削除を求めた裁判で、最高裁判所は「逮捕から時間がたっていて公益性は小さくなっている」などとして、今回のケースは (1) の保護が優先すると判断し、削除を命じる判決を言い渡しました。

2012 年に建造物侵入の疑いで逮捕された男性は、略式命令を受けて罰金 10 万円を納めましたが、その後もツイッターで名前や容疑が分かる逮捕時の報道を引用した投稿が閲覧できる状態になっていて、就職活動に支障が出たなどとしてツイッター社に削除を求めました。（中略）

24 日の判決で、最高裁判所第 2 小法廷の草野耕一裁判長は「逮捕から時間がたっていて、すでに刑の効力はなく、ツイートに引用された報道もすでに削除されていて公益性は小さくなっている」と指摘しました。そのうえで「投稿はいずれも逮捕の事実を速報することを目的にしていたとみられ、長期間にわたり閲覧されることを想定していたとは認めがたく、男性は公益的な立場でもない」として、今回の投稿については (1) の保護が社会に情報を提供し続ける必要性を上回ると判断し、2 審判決を取り消し、投稿を削除するよう命じました。（中略）

2 審判決がツイッターの投稿について、 (2) サイトと同様に厳格に考えるべきだとして削除を認めなかったことについては「ツイッターが提供しているサービスの内容や利用実態を考慮しても、そのようには判断できない」と否定しました。（中略）

インターネット上で公開された書き込みや個人情報などは (3) されると消し去ることが困難なため、入れ墨に例えて「デジタルタトゥー」とも呼ばれています。こうしたネット上の情報をプラットフォームの提供事業者が削除できるのはどのような場合か、最高裁判所は 2017 年に、グーグルに対する仮処分の決定で考え方を初めて示しました。（中略）

決定で最高裁は「 ⑵ サイトは膨大な情報から必要なものを入手することを支援する情報流通の ⑷ だ」として、削除は ⑵ サイトのそうした役割や ⑸ 行為の制約につながると指摘しました。そのうえで、判断にあたっては、社会的な関心の高さや本人が受ける損害といった事情をもとに、情報を社会に提供する事業者の役割や ⑸ の自由より ⑴ の保護が明らかに優先される場合は削除できるという基準を示しました。(後略)

　(出典：NHK NEWS WEB「ツイッターの逮捕歴に関する投稿最高裁が削除命じる初の判決」
(https://www3.nhk.or.jp/news/html/20220624/k10013686711000.html) より一部改変)

【 ⑴ ～ ⑸ の選択肢】

(1) 信仰 (2) 基盤 (3) 辞書 (4) 著作権 (5) プライバシー
(6) 隠匿 (7) 表現 (8) 検索 (9) 障壁 (0) 拡散

(イ) 産業財産権に関する説明として、正しいものを次の選択肢から 1 つ選び、その番号を解答欄 ⑹ にマークしなさい。

(1) 商標登録出願は、商標の使用をする一又は二以上の商品又は役務を指定して、商標ごとにしなければならない。
(2)「意匠」とは、自然法則を利用した技術的思想の創作のうち高度のものをいう。
(3) 文化庁長官は、審査官に意匠登録出願を審査させなければならない。
(4) 営業秘密の不正取得は、特許法で禁止されている。
(5) 容易に考案することができる商標は、商標登録を受けることができない。

(ウ) 著作権法に関する説明として、正しいものを次の選択肢から 1 つ選び、その番号を解答欄 ⑺ にマークしなさい。

(1) データベースは、その情報の選択又は体系的な構成に創作性が認められるものでも、著作物としては保護されない。
(2) 小説は著作物に該当するが、講演は著作物に該当しない。
(3) 印刷、写真、複写、録音、録画その他の方法により有形的に再製することを、翻案という。
(4) 著作権法にいう「公衆」には、特定かつ多数の者は含まれない。
(5) 著作者は、公衆送信されるその著作物を受信装置を用いて公に伝達する権利を専有する。

(エ) 個人情報の保護に関する法律（個人情報保護法）に関する説明として、正しいものを次の選択肢から 1 つ選び、その番号を解答欄 ⑻ にマークしなさい。

(1) データ入力の受託に伴い委託元から個人データの提供を受けた事業者は、本人の同意がなくて
   も、その個人データを利用して自社の広告を本人へ送付してよい。

(2) 個人情報取扱事業者は、本人の同意なく個人情報を取得してはならない。

(3) コンピュータを利用していない事業者には、個人情報保護法は適用されない。

(4) 防犯カメラの録画に顔の映像が記録されていても、本人の氏名が記録されていなければ、個人情
   報には該当しない。

(5) 法人その他の団体は「個人」に該当しないため、法人等の団体そのものに関する情報は、個人情
   報には該当しない。

情報Ⅱ

  次の文章は、情報を圧縮する技術として、記号列を 1 つの数値に変換して表現する方法について説明
したものである。空欄 (9) (10) (11) ～ (32) に入るもっとも適した数字を解答欄にマークしなさい。また、
空欄 (33) ～ (35) に入るもっとも適した語を選択肢から選び、その番号を解答欄にマークしなさい。

  4 種類の記号 A,B,C,D があるとし、これを半開区間 $[0,1)$ 内の区間に対応づけて、数値に変換して表
現することにする。ただし半開区間 $[a,b)$ は、$\{x \mid a \leqq x < b,\ x\ は実数 \}$ で表わされる数の集合を示
す。4 種類の記号を変換するために区間 $[0,1)$ を 4 分割し、各記号を次のように分割された各区間に対
応づける。

記号	A	B	C	D
区間	$[0, 0.25)$	$[0.25, 0.5)$	$[0.5, 0.75)$	$[0.75, 1)$
区間幅	0.25	0.25	0.25	0.25

  この場合、記号 A を 0 に変換したり、0.1 に変換したり、区間内の任意の数値に変換して表現できる。
0 も 0.1 も区間 $[0, 0.25)$ に含まれているので、どちらも元の記号 A に復元できる。また、記号 B の場
合、例えば 0.25 に変換して表現できるが、0.25 を 2 進法の小数で表すと 0. (9) (10) (11) になる。

  2 個以上の記号の並びを数値に変換して表現するには、次のような計算を行う。AB という記号列を
変換するには、まず 1 個目の A に対して区間 $[0, 0.25)$ を対応させる。2 個目の B は、この狭くなった
区間 $[0, 0.25)$ を最初の分割と同様に 4 分割し、その 2 番目の区間を対応させる。以下の説明では、対応
付けの順序に変更はなく、区間の開始する値が小さい方から順番に A、B、C、D が対応するものとす
る。つまり、記号列 AA,AB,AC,AD に対応する区間は次のようになる。

記号列	AA	AB	AC	AD
区間	$[0, 0.0625)$	$[0.0625, 0.125)$	$[0.125, 0.1875)$	$[0.1875, 0.25)$
区間幅	0.0625	0.0625	0.0625	0.0625

　ここで、$[0, 1)$ 内の数値を 2 進法の小数のある桁数で切り捨てて表現したときに、それがどの記号列に対応するかを一意的に区別できるようにするために必要な桁数について考察する。上記のように 4 種類の記号を 2 個使って構成される記号列は、全部で (12)(13) とおりあるので、少なくとも 2 進法の小数第 (14) 位までが必要になる。

　4 種類の記号 A,B,C,D の出現頻度が等しくない場合には、出現頻度に比例した長さの区間を用いて対応づけを行なって変換すると、色々な記号列に対する数値表現に必要な小数の桁数の期待値が小さくなり、情報を圧縮する技術として使えることが知られている。以下の説明では、2 進法の小数としては循環小数になり、有限の桁数では正確に表現できない数が扱われているが、説明を簡単にするため考慮せず、10 進法の小数で正確に計算が行なわれて処理されているものとする。

　例えば、記号列中の記号 A,B,C,D の出現頻度が次のようになっていたとする（この表の頻度を後の説明で使うので、頻度表 X と呼ぶ）。

記号	A	B	C	D
出現頻度	0.4	0.3	0.2	0.1

これに対し、次のように出現頻度に比例した長さの区間を割り当てる。

記号	A	B	C	D
区間	$[0, 0.{\tiny(15)})$	$[0.{\tiny(15)}, 0.{\tiny(16)})$	$[0.{\tiny(16)}, 0.{\tiny(17)})$	$[0.{\tiny(17)}, 1)$
区間幅	0.4	0.(18)	0.2	0.1

　ここで、BAC の 3 個の記号からなる記号列を数値に変換して表現することを考える。1 個目の B には、区間 $[0.{\tiny(15)}, 0.{\tiny(16)})$ が対応する。2 個目までを含む BA はこの区間を同様に分割して、区間 $[0.{\tiny(15)}, 0.{\tiny(19)(20)(21)(22)})$ が対応する。また、3 個目までを含む BAC は、区間 $[0.{\tiny(23)(24)(25)(26)}, 0.{\tiny(27)(28)(29)(30)})$ が対応する。

　次に、この頻度表 X を使って変換された数値を記号列に戻す手順について考える。数値 0.8 が与えられたとする。この値は、区間 $[0.{\tiny(31)}, 0.{\tiny(32)})$ に含まれるので、最初の記号は (33) であることが分かる。同様に考えて、2 個目まで元の記号列に戻すと、(33)(34) が得られ、3 個目まで元の記号列に戻すと、(33)(34)(35) が得られる。ここから分かるように、この戻す手順は無限に続けることができるので、

実際に利用するには、元々何個の記号を数値に変換したのかが分かるようにする、あるいは終端を示す記号を追加する、などの工夫が必要になる。この他にも、有限桁数での計算にとどめる工夫や、小数の計算にともなう丸め誤差などの考慮が必要になる。

【 (33) 〜 (35) の選択肢】

(1) A　(2) B　(3) C　(4) D

情報Ⅲ

次の文章の空欄 (36) (37) 〜 (50) (51) に入るもっとも適した数字を解答欄にマークしなさい。

ニューラルネットワークは人間の神経細胞をモデル化したネットワークであり、従来のコンピュータプログラムでは難しかったような複雑な情報処理を実現する技術として応用が進んでいる。

神経細胞に相当するニューロンは、入力と出力があり、入力値に応じて出力値が決定される。あるニューロンの出力を別のニューロンの入力に接続してネットワーク構造にしたものをニューラルネットワークと呼ぶ。

(ア) 図 1 に示す簡単なニューラルネットワークを考える。図左側 2 つの円は入力層のニューロンと呼び、外部からの入力 x_1, x_2 をその入力値とする。x_1, x_2 はそれぞれ 1 または 0 の値を持つ。右側の 1 つの円を出力層のニューロンと呼び、その出力値 z を外部に出力するものとする。

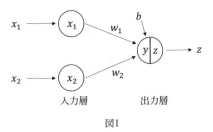

図1

入力層のニューロンは外部からの入力 x_1, x_2 をそのまま出力する。出力層は、入力層の出力 x_1, x_2 に対してそれぞれ変数 w_1, w_2 を掛けたものに変数 b を加えた値を入力として受け取り、これを元に出力値を決定する。出力層への入力を y とすると次のように表現される。

$$y = x_1 w_1 + x_2 w_2 + b$$

出力層のニューロンは、次の関数によって入力 y から出力 z を決定する。

$$z = \begin{cases} 1 & (y > 0) \\ 0 & (y \leqq 0) \end{cases}$$

このニューラルネットワークで各変数が $w_1 = 1$, $w_2 = 2$, $b = -2$ という値を持つとすると、$x_1 = 1$, $x_2 = 0$ を入力として与えた場合、$y = \boxed{(36)}\boxed{(37)}$, $z = \boxed{(38)}\boxed{(39)}$ となる。

次に、入力値 x_1, x_2 および出力値 z については真を 1、偽を 0 と表現しているものと考え、x_1, x_2 の論理和を z として出力するようにしたい。そのためには $w_1 = \boxed{(40)}\boxed{(41)}$, $w_2 = \boxed{(42)}\boxed{(43)}$, $b = -2$ とすればよい。ただし、w_1, w_2 は -3, -2, -1, 0, 1, 2, 3 のいずれかの値を取るものとする。

(イ) 次に、ニューラルネットワークを用いて下の真理値表に示す排他的論理和（XOR）と呼ばれる論理演算を実現することを考える。なお x_1, x_2, z_3 については真を 1、偽を 0 と表現しているものとする。

x_1	x_2	z_3
0	0	0
0	1	1
1	0	1
1	1	0

この場合図 1 よりも複雑なネットワークが必要となる。これを実現するために図 2 のようにネットワークを拡張した。

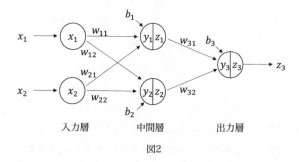

図2

入力層のニューロンは外部より受け取る入力 x_1, x_2 をそのまま出力する。中間層のニューロンに対する入力はそれぞれ

$$y_1 = x_1 w_{11} + x_2 w_{21} + b_1$$

$$y_2 = x_1 w_{12} + x_2 w_{22} + b_2$$

と計算される。中間層のニューロンはそれぞれの入力 y_1, y_2 に対して次の関数で示される値 z_1, z_2 を出力する。

$$z_1 = \begin{cases} 1 & (y_1 > 0) \\ 0 & (y_1 \leqq 0) \end{cases}, \quad z_2 = \begin{cases} 1 & (y_2 > 0) \\ 0 & (y_2 \leqq 0) \end{cases}$$

出力層に対する入力は次のように計算される。

$$y_3 = z_1 w_{31} + z_2 w_{32} + b_3$$

出力層への入力 y_3 に対して出力 z_3 は次のように計算される。

$$z_3 = \begin{cases} 1 & (y_3 > 0) \\ 0 & (y_3 \leqq 0) \end{cases}$$

　このニューラルネットワークが、x_1 および x_2 の各入力値に対して上記真理値表に示す排他的論理和の論理演算結果を出力するようにしたい。そのためには各変数の値を次のようにすればよい。ただし、各変数は $-3, -2, -1, 0, 1, 2, 3$ のいずれかの値を取るものとする。

$$w_{11} = \boxed{\text{(44)}}\,\boxed{\text{(45)}} \qquad b_1 = 2$$

$$w_{12} = \boxed{\text{(46)}}\,\boxed{\text{(47)}} \qquad b_2 = -2$$

$$w_{21} = \boxed{\text{(48)}}\,\boxed{\text{(49)}} \qquad b_3 = -3$$

$$w_{22} = 3$$

$$w_{31} = \boxed{\text{(50)}}\,\boxed{\text{(51)}}$$

$$w_{32} = 1$$

情報Ⅳ

ロボットに搭載されたレーザレンジセンサから得られる周囲の障害物に関する距離情報と、ロボットの位置情報から、動的に地図を構築する方法を考えよう。レーザレンジセンサとは、レーザを一点だけでなく周囲に照射し、それぞれの方向におけるレーザの反射状況から周囲の距離測定を行うセンサである。今回構築する地図は二次元のものとし、センサから得られる対象物の測距データも二次元平面上の測定値を利用するものとする。

次の文章の空欄 (52)(53) ～ (62)(63) にもっとも適したものを選択肢から選び、解答欄にマークしなさい。

(ア) レーザレンジセンサ等の距離センサから得られるひとまとまりのデータをスキャンと呼ぶ。レーザレンジセンサであれば、センサ内のミラーが 1 回転することにより得られたデータであり、次のように回転するレーザビームの方向 ϕ_i と距離 d_i の列として表すことができる。ただし、ミラー 1 回転ごとに n 個の点位置を取得できるとする。

$$(\phi_0 , d_0), (\phi_1 , d_1), \ldots, (\phi_{n-1} , d_{n-1})$$

以下では、固定された原点と座標軸を持つ地図座標系と、現在のロボット位置を原点としロボットの進行方向を x 軸とするロボット座標系の 2 種類の座標系を用いる。地図座標系とロボット座標系は図 1 (左)に示す関係にある。スキャンデータはロボット座標系を用いて表されている。

時刻 j の地図座標系におけるロボットの位置と進行方向を

$$(Rx_j , Ry_j , \theta_j)$$

としよう。図 1 (右)ではロボットの位置を R_j で表しているが、その x 軸方向の値を Rx_j、y 軸方向の値を Ry_j と書くことにする。θ_j は、地図座標系の x 軸とロボットの進行方向（ロボット座標系の x 軸）の成す角度である。

ロボットの位置を推定する手法の 1 つがオドメトリである。オドメトリは、与えられた初期位置から微小変位を積分して現在位置を求めるしくみであり、実際のロボットでは車輪の回転数から移動量を求める手法がよく用いられる。

図 1 (右)を例に考えてみよう。時刻 j から時刻 $j+1$ の間にオドメトリから得られた移動量を、ロ

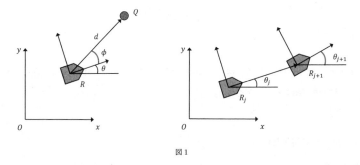

図1

ボット座標系での移動距離 Δs_j と回転量 $\Delta \theta_j$ で表現すると、

$$(\Delta s_j \,,\, 0 \,,\, \Delta \theta_j)$$

となる。ただし、オドメトリで得られる移動量は短時間の微小量であるため、ロボットは直進しているとみなし、ロボット座標系での y 軸方向の移動量は 0 とみなす。このとき、ロボットの地図座標系での位置と進行方向は次のように計算できる。

$$Rx_{j+1} \;=\; \boxed{(52)}\boxed{(53)}$$
$$Ry_{j+1} \;=\; \boxed{(54)}\boxed{(55)}$$
$$\theta_{j+1} \;=\; \Delta \theta_j + \theta_j$$

(イ) 時刻 j において、レーザレンジセンサによるスキャンと、オドメトリで得られたロボットの位置情報が次のように得られたとする。ただしスキャンはロボット座標系を用い、ロボットの位置情報は地図座標系を用いている。

$$(\phi_{j,0} \,,\, d_{j,0}),\, (\phi_{j,1} \,,\, d_{j,1}),\, \ldots,\, (\phi_{j,n-1} \,,\, d_{j,n-1}),\; Rx_j,\, Ry_j,\, \theta_j$$

スキャンデータ $(\phi_{j,i} \,,\, d_{j,i})$ に対応する点 $Q_{j,i}$ のロボット座標系での座標 $(Qx_{j,i} \,,\, Qy_{j,i})$ は次のように計算できる。

$$Qx_{j,i} \;=\; \boxed{(56)}\boxed{(57)}$$
$$Qy_{j,i} \;=\; \boxed{(58)}\boxed{(59)}$$

これを、ロボットの位置情報を用いて地図座標系の座標 $(Px_{j,i} \,,\, Py_{j,i})$ に変換するには、次のようにする。

$$Px_{j,i} = \boxed{(60)}\boxed{(61)}$$

$$Py_{j,i} = \boxed{(62)}\boxed{(63)}$$

すべてのスキャンデータについて同様に地図座標系での座標を求め、点群として二次元平面上に描画することで、地図を構築することができる。

【 $\boxed{(52)}\boxed{(53)}$ 〜 $\boxed{(62)}\boxed{(63)}$ の選択肢】

(11)　$\cos\theta_j \cdot \Delta s_j$　　　　　(12)　$\sin\theta_j \cdot \Delta s_j$　　　　　(13)　$\cos\Delta\theta_j \cdot \Delta s_j$

(14)　$\sin\Delta\theta_j \cdot \Delta s_j$　　　　(15)　$\cos\theta_j \cdot \Delta s_j + Rx_j$　　(16)　$\sin\theta_j \cdot \Delta s_j + Ry_j$

(17)　$\cos\theta_j \cdot \Delta s_j + Ry_j$　(18)　$\sin\theta_j \cdot \Delta s_j + Rx_j$　(19)　$\cos\theta_{j+1} \cdot \Delta s_j + Rx_j$

(20)　$\sin\theta_{j+1} \cdot \Delta s_j + Ry_j$　(21)　$\cos\theta_{j+1} \cdot \Delta s_j + Ry_j$　(22)　$\sin\theta_{j+1} \cdot \Delta s_j + Rx_j$

(23)　$\cos\phi_{j,i} \cdot d_{j,i}$　　　　(24)　$\sin\phi_{j,i} \cdot d_{j,i}$　　　　(25)　$\cos\phi_{j,i} \cdot d_{j,i} + Qx_{j-1,i}$

(26)　$\sin\phi_{j,i} \cdot d_{j,i} + Qy_{j-1,i}$　(27)　$\cos\phi_{j,i} \cdot d_{j,i} + Qy_{j-1,i}$　(28)　$\sin\phi_{j,i} \cdot d_{j,i} + Qx_{j-1,i}$

(29)　$\cos\theta_j \cdot Qx_{j,i} - \sin\theta_j \cdot Qy_{j,i} + Rx_j$　(30)　$\sin\theta_j \cdot Qx_{j,i} + \cos\theta_j \cdot Qy_{j,i} + Ry_j$

(31)　$\cos\theta_j \cdot Qx_{j,i} + \sin\theta_j \cdot Qy_{j,i} + Rx_j$　(32)　$\sin\theta_j \cdot Qx_{j,i} - \cos\theta_j \cdot Qy_{j,i} + Ry_j$

情報V

ある整数 m と関数 f が与えられている。ただし、f は、$1 \leqq x \leqq m$ であるようなすべての整数 x に対して $f(x)$ が整数で $1 \leqq f(x) \leqq m$ を満たすとする。

$1 \leqq a_1 \leqq m$ であるような整数 a_1 に対して、数列 $\{a_1,\ a_2 = f(a_1),\ a_3 = f(a_2), \ldots\}$ を考える。ある整数 $n \geqq 1$ が存在して、$a_1 = a_{n+1}$ となるとき、部分数列 $\{a_1, \ldots, a_n\}$ を「循環列」と呼ぶことにする。

例えば、$m = 3, f(1) = 2, f(2) = 1, f(3) = 3$ であれば、数列 $\{1, 2\}$、数列 $\{2, 1\}$、数列 $\{3\}$ が循環列となる。しかし数列 $\{1, 2\}$ と数列 $\{2, 1\}$ は実質的に同じものであるから、ひとまとめにして考えたい。そこで、循環列に含まれる数の中で最小の数が先頭にあるものを「代表循環列」と呼ぶことにする。この例では代表循環列は数列 $\{1, 2\}$ と数列 $\{3\}$ である。

(ア) 空欄 (64) ～ (66) に当てはまるものを下の選択肢から選び、その番号を解答欄にマークしなさい。

$1 \leqq a \leqq m$ であるような 1 個の整数 a を与えて、a から始まる（代表とは限らない）循環列があればそれを出力するアルゴリズムを次のように書いた。ただし、各行の左端の数字は、変更箇所を示すための行番号である。

1: 関数 f は与えられているものとする。

2: 変数 a の値を与えられた数とする。

3: 変数 b の値を $f(a)$ とする。

4: 変数 c の値を長さ 1 の数列 $\{a\}$ とする。

5: $a \neq b$ である間、処理 A を繰り返し実行する。

6: 処理 A の始め

7:    c の値を、c の末尾に b を付け加えた数列とする。

8:    b の値を $f(b)$ とする。

9: 処理 A の終わり

10: c の値を出力する。

しかし、このアルゴリズムは正しくない。その理由は (64) からである。

この欠点を解消するためには、6 行目の次に『もし (65) ならば「a から始まる循環列はない」と出力してアルゴリズムを終了する。』という命令を追加すればよい。

次に、代表でない循環列を出力しないように変更したい。そのためには、上で追加した行の次にさらに『もし (66) ならば「a から始まる代表循環列はない」と出力してアルゴリズムを終了する。』という命

令を追加すればよい。

【(64) の選択肢】

(1) 循環列でないものが出力される場合がある

(2) b の値が $1 \leqq b \leqq m$ の範囲から外れる場合がある

(3) 処理 A が 1 回も実行されないことがある

(4) 処理 A を無限に繰り返して、実行が終了しない場合がある

【(65) ～ (66) の選択肢】

(1) $a < b$ (2) $a > b$

(3) $a = b$ (4) $a \neq b$

(5) $1 \leqq b \leqq m$ (6) $b < 1$ または $m < b$

(7) b が c の中に含まれている   (8) b が c の中に含まれていない

(イ) 空欄 (67) ～ (72) に当てはまるものを下の選択肢から選び、その番号を解答欄にマークしなさい。

すべての代表循環列を出力するアルゴリズムを、上のアルゴリズムの a を 1 から m まで順に増やしていく形で次のように書いた。

```
1: 関数 f と定数 m は与えられているものとする。
2: 変数 a の値を最初は 1 とし、1 ずつ増やしながら m になるまで処理 B を繰り返す。
3: 処理 B の始め
4:     変数 b の値を f(a) とする。
5:     変数 c の値を長さ 1 の数列 {a} とする。
6:     a ≠ b である間、処理 C を繰り返し実行する。
7:     処理 C の始め
8:         もし (65) ならば (67) 。
9:         もし (66) ならば (68) 。
10:        c の値を、c の末尾に b を付け加えた数列とする。
11:        b の値を f(b) とする。
12:     処理 C の終わり
13:     c の値を出力する。
14: 処理 B の終わり
```

しかし、このアルゴリズムは無駄な実行をする場合がある。ある代表循環列が既に見つかって出力されていれば、その代表循環列に含まれる数についてはもはや処理 B を実行する必要はない。無駄な実行を減らすためには、次のように変更すればよい。（注意：処理 C についても無駄な実行を減らすことが可能であるが、ここでは処理 B についてのみ考えることにする）

- 3 行目の後に『もし (69) ならば (70) 。』という命令を追加する。
- (71) の後に『c に含まれるすべての数 i について d_i の値を 1 とする。』という命令を追加する。
- (72) の後に『変数 $d_1, \ldots, d_m$ の値を 0 とする。』という命令を追加する。

【 (67) ～ (70) の選択肢】

(1) $d_a = 0$

(2) $d_a = 1$

(3) 処理 C の残りの部分は実行せず、「処理 C の始め」から次の繰り返しを実行する

(4) 処理 C の繰り返しを中止し、「処理 C の終わり」の次の命令から実行する

(5) 処理 B の残りの部分は実行せず、「処理 B の始め」から次の繰り返しを実行する

(6) 処理 B の繰り返しを中止し、「処理 B の終わり」の次の命令から実行する

(7) アルゴリズムを終了する

【 (71) 、 (72) の選択肢】

(1) 1 行目 (2) 5 行目 (3) 7 行目 (4) 12 行目

小論文

（120 分）

文献 1〜3 は「生きる」とはどういうことかを問うもの、文献 4 はそもそも科学とはどういう営みかを論じるもの、文献 5〜6 は「生きること」に向きあう学問的態度のありかたを問うものです。文献 6 からは、文献 1〜5 の重要な論点を総合的に含む文章を抜粋しています。6 つの文献を熟読し、以下の設問 1〜6 に答えてください。

設問 1：文献 1 と文献 2 に通底することを論じてください（150 字以内）。

設問 2：文献 1 と文献 3 に通底することを論じてください（200 字以内）。

設問 3：文献 4 のいう定性的研究の重要さを、文献 3 の著者の主張と関係づけて論じてください（250 字以内）。

設問 4：文献 2 と文献 5 に通底することを論じてください（150 字以内）。

設問 5：文献 5 が論じる「生きることに向きあうための学問的態度」は、文献 4 の主張する定性的研究のやりかたにも相通じるものがあります。それについて論じてください（250 字以内）。

設問 6：Aさんは建築を専門とする大学院生で、これまで室内環境、特に断熱や熱対流のシミュレーションの研究に従事してきました。Bさん（50代前半）はAさんが所属するサークルのOBです。数年前の同窓会でAさんとBさんは知り合い、その後、親交を深めるようになりました。

　Aさんは、Bさん夫妻が最近東京郊外に家を建てたと聞きました。お話を伺ったところ、最寄り駅までバスで15分の閑静な住宅地で、周辺環境は、一級河川の支流がさらに枝分かれするように丘陵地帯に入りこむアップダウンの多い地形をなしているそうです。近所には野菜畑を営む農家もたくさんあり、3〜4km歩けば里山風景や未開拓の自然山林もあります。なんでも、Bさん夫妻は数年前にひょんなことから文献1〜3に出逢って感銘を受け、それまでの都心のマンション暮らしとは環境が異なるこの地に家を建て、移り住むことにしたというのです。

　このような環境のなかで暮らすのは初体験なので、自分たちらしい住まいかた・暮らしかたを模索しつつあるとのこと。Bさんは、最近、とある文学賞にノミネートされ注目されてい

る小説家です。Bさんの妻（50代前半）は彫刻家で、アトリエとなる小屋を近くの農家から借りたそうです。二人とも基本的に在宅ワークです。

　親しい知り合いのそんな話を聞くと、建築の学生として居てもたってもいられません。Aさんも文献1〜3を読んで同じく強い感銘を受けました。さらにその過程で文献4〜6にも出逢いました。6つの文献を俯瞰し、自身の研究にひきつけて考えた結果、研究のやりかたを見直そうと決心しました。これまでは室内環境だけに目を向けた研究をしてきましたが、より広い視座や多様な着眼点からひとの住まいかた・暮らしかたを探究する必要があると痛感したのです。

　以下の2つの問いに答えてください。

設問6(a)：
この新しい土地で、Bさん夫妻の住まいかた・暮らしかたはどのようなものになりつつある、あるいはこれからなっていくとあなたは考えますか？　できるだけ具体的に記述してください（300字以内）。

設問6(b)：
Aさんは、Bさん夫妻の住まいかた・暮らしかたがどう変化していくのかに興味を抱き、住まいかた・暮らしかたのありさまを詳細に調査させていただく了承を得ました。

　ただ、とても難しい研究になりそうであるとAさんは直観しています。Bさん夫妻が触発された文献にAさんも触発されたということもあって、Bさん夫妻がどのような住まいかた・暮らしかたをつくりあげていくのかについて、Aさんは共感的に想像することはできます。しかし、Bさん夫妻の住まいかた・暮らしかたが実際にその通りになると仮定して研究方法を計画するわけにもいきません。

　Bさん夫妻の住まいかた・暮らしかたのありさまを調査するために、Aさんがどのような工夫を盛り込んだ研究方法を考案するであろうとあなたは考えますか？　できるだけ具体的に記述してください（500字以内）。

文献1：土井善晴、中島岳志著『料理と利他』（ミシマ社：2020）
（補足：本書は料理研究家の土井氏と政治学者中島氏の対談形式で展開します）

人の暮らしのなかから美しいものができてくる（p.96~98 の一部を抜粋）

中島　私が土井先生のものを読ませていただいたときに、やはり家庭料理をはじめるきっか
け、お父さまから家庭料理の料理学校を継ぐようにと言われたときに、最初は「料理人にな
ろうとしているのに、なんで家庭料理やねん」と思ったと。そのときに、京都で河井寛次郎の
民藝の世界に出会われて、「家庭料理こそが民藝である」という世界が、土井先生の料理観を
下支えしているのではないかと思って、そのお話も前回させていただきました。

土井　家庭料理と民藝というものは、人の暮らしのなかから美しいものができてくる。なに
も美しくしようと思って生活しているんじゃないけども。実際に京都の河井寛次郎記念館に
行ったら、なんとも美しいものに、じかに触れることができる環境があって。美しい暮らし
というものが、民藝のような、意識はしないけれども一生懸命仕事するという河井寛次郎の
生活ぶりのなかに生まれてくる。これって家庭料理も同じじゃないか、と考えたわけです。

中島　民藝という言葉自体は、柳宗悦がつくった言葉で、柳、河井寛次郎、濱田庄司は民藝運
動の重要な担い手たちです。彼らが考えたことの根底には、日本の仏教、とくに浄土教の世
界があって。今、土井先生がおっしゃられたように、美しいものをつくろうとするから美が
逃げていく。それが自力という問題です。それに対して「用の美」。人間が器になったときに、
まさにそこに他力としての美がやってくる。この浄土教の世界と、土井先生がおっしゃる「い
じりすぎない」とか、「力まかせの料理はやめておこう」という世界観が深く結びついている
んだなと思った次第です。

土井　まったくですね、料理というのは美の問題なんです。西洋でも、料理は芸術になりた
かった。実際にそのような料理も生まれている。日本料理というものは芸術とはまた違うん
ですけれども、とにかく美の問題であるということには違いないんです。食材を選ぶとか、
こういう夏野菜ひとつをとってみても、常に「ああ、ええ感じやな」とか「きれいだな」と
か、これは目に見えてますでしょ。そういうところから美の問題が関わっているんだという
ことです。そうするとね、なにからなにまで楽しくなってくる。

和食の「和える」と「混ぜる」は違う（p.101~104 の一部を抜粋）

土井　（前略）　和食では「和物（あえもの）」という料理があります。だから、和食では混ぜることを、
和えると言います。和えると混ぜるは違います。料理の基本で、和物は和えたてを食べると
いうことがあります。和食には、精進料理で「和え混ぜ」というのがあるんです。ぜんまいを
薄味で煮たものと、きゅうり揉みとか、油揚げの焼いたものとか、胡麻と豆腐をつぶしたも
のをそのまま鉢に盛り込んで、自分で和えて食べるというお料理です。それは、調理を食べ
る人に委ねているのです。これは理にかなってて、それがいちばんおいしい。和えたてだか
ら。（中略）

中島　そこに入れる野菜は、やはり季節のものとか旬のものになるんですか。

土井　それは自由です。じゃがいもと、きゅうりとか歯切れのあるもの、そしてタンパク質のハム、にんじんは彩り、季節感はとうもろこしで出ています。春だったら、ここにアスパラガスや空豆を少し入れる。枝豆を入れたら秋っぽくなる。季節感で、それぞれ一年中できると思うんです。

器に盛ったときにいちばんおいしい状況をつくる（p.104~105 の一部を抜粋）

土井　食卓であればこのガラス鉢のままでいいですが、これを盛ろうとなったら、また混ぜることになるじゃないですか。だから手前で止めておいて、器に盛ったときにいちばんおいしい状況をつくりたい。

　それから、器をどっちにしようか。夏の盛りだったら透明のガラスでもいいけれども、ちょっと色ガラスを使ってもいい気分じゃないか。このへんがね、季節感と器との関係性を楽しむことになってくる。……こっちのほうがいいな……（ランチョンマットの選択）。こうやっていろんなことを考えるんです。サラダと器の関係性、器と背景にあるマットとの関係性。常にはたらきかけ合ってるんですよ。これが美の問題ということです。

食材は頭じゃないところを使ってどんどん選ぶ（p.108~111 の一部を抜粋）

土井　素材を選ぶのは、自分が素材を見て、味を予測しているわけですね。そしてそれを買ってくる。男の人も「お父さんが買ってきたきゅうりおいしいね」と言われたら、鼻高々になるでしょう。「そやろ、俺の目に狂いはないんや」と。料理のなかには予測が入っているんです。そこで大事なポイントは、お父さんは、なんでそれがわかるようになったのか？　なんです。子どもはまだそれがわからない。お父さんにはわかる。これが、料理をすることの大きな意味のひとつですね。

中島　そうですね。

土井　お父さんは、無意識でも経験の蓄積がものすごくなされていて。自分の無限の経験と今目の前にあるものから受ける刺激を重ねて悟性がはたらくんです。感性は感覚所与の違いを発見する能力ですが、悟性は経験と重ねて確信的にわかること、それが予測です。これはだいたいこんなものや、と、見たらわかる。触れなくても、固さまで、おいしさまでわかる。そういうものが、食べる経験で、体の神経のどこかで定数として残る。それが物を判断する基準になるんです。

　基準や比較対象がなかったら、なにも判断できない。判断するトレーニングを、朝、昼、晩、ずっと子どもは大人になるまでやるんです。これが非常に重要な問題として、家庭料理に含まれているんです。でもその経験は、自然と自分のあいだにある。自然と人のあいだにある。

いつも変えられるのが本物です（p.111~112 の一部を抜粋）

中島　土井先生がおっしゃっていることで非常におもしろかったことは、献立というのは料理名から入るのではないと。その日の天気、気分、体調、素材から今晩なにをつくろうかとい

うのを考えていく。服を選ぶように、お料理を決めていく。お店で実際に素材を見てきれいだなと思ったら、そこからお料理を考えていく。私たちはどうしても、このレシピでこれをつくるんだということで身構えて、それでものを買いに行くと見えなくなるものがあるかもしれないですね。

土井 先に結果を考えていると、自分の感覚所与をほとんど使わない。結果がレシピのようなもので決まっているとしたら、それは料理をしていることになるのかということですよね。私でさえ自分のレシピを利用すると、感覚を使わなくなります。なにかに頼った瞬間に自分はサボりだす。自分のレシピであるとしても、レシピどおりつくったとしたら、それは七〇点以上にはならない。自分の感覚を使いながらつくると、一〇〇点、あるいは一二〇点のものが出てくる可能性もある。

中島 先生は、レシピはあくまでも目安だと。雨の日と晴れの日で入れる分量は違ってくるでしょう、とおっしゃっていて、それを感じる力というんですかね。

土井 さっきも言った美の問題というのが、ちょうどよい加減というものです。それは自分ひとりで決めるんじゃなくて、空を見上げて、今日のお吸い物は塩で決めるのか醤油で決めるのかという、これを感じて、その気分で味を決めるわけです。これはいつも違うんですよ。だから、プロの料理人は毎日同じ仕事ができる、ぱっと握ったら米粒を何粒握れる、というふうに言うけれど、それがいいんじゃなくて、いつも変えられるのが本物です。いつもちょうどよく、相手の顔を見て、「ああ、ちょっと……」ということで握りを変えるとか、水加減を変えるということが、なにか頭で考えるのではなくて、「想う」ことにすごく大事なことがあるんです。

中島 それが、土井先生の料理が自力の料理じゃないというんですかね。力まかせに料理をやるのではなくて、今日のテーマなのですが、自然に沿うということですね。自然のほうからやってくるものとどう呼応するのか、という人間のあり方ですね。よく先生は「だいたいええ加減でええんですわ」とおっしゃっているんですが、この「ええ加減」というのは、実はすごく前向きでポジティブな、すごく哲学的な、ハーモニーという意味ですよね。

土井 オー、うれしい。ありがとうございます。

文献２：鷲田清一著『生きながらえる術』（講談社：2019）（p.107~113 の一部を抜粋）

　三〇年以上も前のことになろうか、のちに舞踏集団・白虎社のダンサーになる青山美智子さんが、入団希望書にこんなふうに書いていた—

　　最近自分の体が、とてつもなく萎縮しているのを感じます。東京で生活するようになって特にひどくなったと思うのですが、気がついてみたら二十一歳にもなって自分の体ひとつまともに思うように動かせず、声さえ出せず、まったくのでくのぼうになってしまっているのです。色々なものを恐れたり、いろんなことに迷ったりして、すっかり萎縮してしまって、何一つうまく表現できない自分の体に気がついて、苛立っていたのです。

　高度消費社会というものに多くの人たちが浮かれていた時代の証言である。じぶんという存在の《萎縮》、つまり「自分の体ひとつまともに思うように動かせず、声さえ出せず、まったくのでくのぼうになってしまっている」ことの感知は、それからうんと時を経て、別のかたちで多くの人たちに共有された。二〇一一年三月、東日本が大地震に見舞われた直後、「東京」で暮らす人びとは、移動も思うにまかせず、飲料水や食料や電池の確保もかなり困難になって、生活を一から自力で立て直すことすらおぼつかなくなっているじぶんに愕然としたのである。

　人は家族や仲間とともに生きのびてゆくために、土を耕して米や豆や野菜を作り、それに使う道具を作り、身につける衣装を作り、物を運ぶ車や船を作り、雨風や夜露をしのぐ家を造ってきた。体を使って何かを作ること、ずっとここに、生きることの基本があった。

　が、近代の工業社会は、この「作るヒト〔ホモ・ファーベル〕」を「買うヒト」に変えてゆく。「作る」手間を省いて、作られたものを「買う」ほうに身を移していったのだ。生活の手立てのほぼすべてを製造と流通のシステムに委ねることで、サービスの購買者もしくは消費者へと、である。

　便利である。より快適になった。が、そうしたシステムに漫然とぶら下がっているうち、「作る」という、生業の基本ともいうべき能力を損なってしまった。体を使い何かを作るのではなく、金を使い物とサービスを買うのが、生活の基本となった。そのことで体は自然とのじかのやりとりを免除され、いわば仮死状態に置かれることになった。

　（中略）

　宮城県で生まれ育った山内さんは、東北には「ケガチの風土」があると書いている。地元の人たちは「ケガズ」と言うそうだ。ケ（日常）の暮らしに欠くことのできない食糧が欠けがちであるという意味である。長く冷害や日照り、大雪や津波にくりかえし苦しみ、飢饉の不安に苛まれてきたこの風土にあって、土に雨水がしみ込むことをじぶんの体が「福々しく」膨らむことと感じる、そうした土や海と人とのつながりへの深い思いを、この地の人びとは分かち持ってきた。いいかえると、「土や海が傷ついたなら、それをちゃんと回復してやることが、そこで暮らしをたてていくために、なにより大事なことだった」。そういう人たちであれ

ば、土や海の汚染もわが痛みとして感じたはずだというのである。

　あの原発事故による放射能汚染は、その東北という地では、農業や漁業、つまり人と土や穀物・野菜との、人と海や魚とのつながりを断ち、一方、「東京」という地では、人びとに食糧の安全に神経をすり減らさせることになった。　（中略）　傷つけられた土や海の「痛み」をじぶんの体のそれとして感じられない、その「鈍感」を思い知らされたのだった。「自分のからだが土にも海にも、そしてコメにも、いもにもなりうるという感覚」が「わたしたちには、ない」と。

　おなじことはじつは「作る」ことにおいても生じていた。「作る」は「ものづくり」へと、純化されて、「創る」こととして神棚に上げられていった。そう、匠（たくみ）の技として、道具が工芸品や美術品にまつりあげられていった。用いられるはずのものが鑑賞されるものになった。道具は、用いられるものとして、人びとの繋がり、物たちの連なりに根を生やしていたはずなのに。こうして「作る」こともまたわたしたちから遠ざかっていった。

　（中略）

　言葉こそちがえ、おなじこの違和感に向きあうのが、美術家の鴻池朋子さんだ。彼女は著書『どうぶつのことば』（羽鳥書店）のなかで、震災後、じぶんがこれまで取り組んできた〈芸術〉をもはや「自由」や「自己表現」といった悠長なことばでは語りえなくなったという。〈芸術〉の現在を、知らぬまに仮死状態になっていた〈動物〉としてのじぶんと切り離せなくなったと。そして猟師の世界にふれ、猟師の顔がときに動物のそれに見えることに衝撃を受ける。猟師たちは獲物たちがみずから罠にかかりにやって来てくれたかのように話す。それは「まるでどこかの位相で猟師と動物が事前に連絡を取り合っているかのよう」だったと。

　それ以後、動物を絵のなかに寓意的に配して満足していたころのじぶんを見限り、食うか食われるかの〈動物〉の世界にじぶんも〈動物〉としてじかにつながっている、そういう連続のなかにこそ、アートの立ち上がる場所があると思うようになった。

　（中略）

　リアルの岩盤はわたしたちの身体の内にある。このリアルは、システムという装置や媒体を介してではなく、自己の身体と他の生きものや人たちのそれらが生身であいまみえ、交感するなかで、時間をかけて形成されるものだ。そう、複数のいのちがぶつかり、きしみあい、相互に調整しあうなかで、リアルは立ち上がる。それを岩盤に社会のリアルも生成する。それが損なわれた……。

文献３：穂村弘著『はじめての短歌』（河出書房新社：2016）

（補足：本書は穂村氏が選者をする日経新聞の短歌欄に掲載された短歌を取り上げ、解説するものです。普通ならついそう詠んでしまいそうな改悪例を敢えて穂村氏が作り、それと比較することによって選出作品の秀逸さを論じています）

(1) p.44 から始まる一節を抜粋

鯛焼の縁のばりなど面白きもののある世を父は去りたり　　　　　高野公彦
ほっかほかの鯛焼きなど面白きもののある世を父は去りたり　　改悪例１
霜降りのレアステーキなど面白きもののある世を父は去りたり　改悪例２

お父さん死んだんだよね。で、そのお父さんの死を悼んでいる歌で、「鯛焼きの縁のばりみたいなものを、もうおやじは食えなくなっちまったんだなあ」っていう。

奇妙な歌ですね。

普通、多くの人が作るのは、改悪例１のような歌ですね。「おやじ酒飲めなかったけど、鯛焼き好きでよく食ってたけど、もう食えなくなっちまったなあ」とか。

だけど、たまにこの改悪例２のような歌を作る人がいる。

どういう人かというと、昨日まで営業部長をやっていたけど、定年になったから短歌でも作ってみようかなと思って短歌を作り始めたおじさん。

昨日までいた世界の価値観に、まだひっぱられているのね。霜降りのステーキがいいものだという。

いや、霜降りのステーキは実際にいいもので、ぼくも三者択一でこの中から選ぶなら、霜降りのステーキを選ぶけれども、それは生身だから選ぶんであって、短歌的には、それはぜんぜん違う。

だから社会的には取引先のお客さんに向かって、「霜降りのステーキがおいしい店があるんですけど、今度行きませんか？」って言うのは OK。

「鯛焼きのおいしい店があるんですけど、これ差し入れです」と。これはこれでなんかいい感じですよね。

でも、「ちょっと残業のお供に」とか言って差し出して、相手が包みを開けるとなんかせんべい状のものが入っていて、「これせんべいだと思うでしょ、でもばり。鯛焼きのばりなんです、ばり」とか言うと、もうかなり出世は望めない。会社をやめて詩人になったってうわさを聞くと、さもありなんって思われる。

だからみんな、わかってる。このベクトルは。

ということは、短歌においては、非常に図式化していえば、社会的に価値のあるもの、正しいもの、値段のつくもの、名前のあるもの、強いもの、大きいもの。これが全部、NG になる。社会的に価値のないもの、換金できないもの、名前のないもの、しょうもないもの、ヘンなもの、弱いもののほうがいい。

そのことを、短歌を作る人はみんな経験的によく知っているので、鯛焼きのしっぽみたいなものを、短歌に詠むわけです。

(2) p.23 から始まる一節を抜粋

ぼくくらいの年齢の男性が、住宅地にしゃがんでじーっとしていますと、三十分くらいすると、おまわりさんが来る。多分、誰かが通報するんですよね。

「平日の午後になんか中年の男性が道にしゃがんでいる。なんにもしていないんです」「なんにもしてない！　ふむ、怪しい」みたいな。

それでおまわりさんが来て、とてもていねいな口調で「何をなさっているんですか？」と。

（中略）

それで「いやあ、コンタクトレンズ落としちゃって」って言うと「それはお困りですね。本官も一緒に探しましょう」みたいになる。一秒ですよ、一秒。「コンタクトレンズ落として探しています」って言えば、おまわりさんも超オープンマインドで、味方になってくれる。

でもここで「ダンゴムシを探しています」って言うと相手の顔が曇りますね。「ダンゴムシ……」っていう感じに。そこで私が名刺を出して、なんとか大学の昆虫学の教授であると名乗ると、一応いい感じになります。「それは大変ですね」とか。

でもコンタクトレンズのときほどすっきりしない感じね。コンタクトレンズだと身元も聞かれずにすっきりしてもらえるのに、ダンゴムシだと、大学の偉い教授だという名刺を渡しても、一回くらい振り返って見られたりしますね。「ダンゴムシ？」っていう感じね。

で、最後に「蝶々の唇を探しています」と答えるパターン。これはもう NG。完全に NG。

それで「ちょっと署まで来ていただけませんか？」みたいになったときに、「いや、私は本を出している歌人なんだ」と言ったりしてもダメですね。

ということは、「歌人とか詩人とかいうことは、かなり NG だ」ということなんですよ。

読者とか講演会の参加者とかは、だいたいぼくの味方でしょ。だから人前でも先生みたいな感じでいられますけど、一歩、家や会場の外に出れば、社会的にはかなり NG なんですよ。いつも蝶々の唇のこととか考えているわけですから。

だけど、ぼくは今日までそれで生きてきたんです。

今の話で、じゃあコンタクトレンズってなんなのか。

コンタクトレンズ探すために生まれてきた人とか、コンタクトレンズをはめるために生まれてきた人なんて、いないんですよ。

それなのにコンタクトレンズがそんなに強いカードである理由は何か？

それは、コンタクトレンズはツールだから。何かするためには、何をするためにも、コンタクトレンズはなきゃ困るからってことなのね。

つまり「生きのびる」ためにはそれがないと困ると、万人がそう思っているものだから。メ

ガネとかなんでもね、ないと困るもの。お金ですよ、究極的にはね。

　でもぼくらは、「生きのびる」ために生まれてきたわけじゃない。では何をするために生まれてきたのか。

　それはですね、「生きる」ためと、ひとまず言っておきます。

　言っておきますけど、それは「生きのびる」ための明確さに比べて、不明瞭なんです。「生きのびる」ためには、ご飯を食べて、睡眠をとって、お金稼いで、目が悪ければコンタクトレンズを入れて……しなきゃいけないでしょ、はっきりしているよね。だけど「生きる」ってことは、はっきりとはわからない。一人ひとり答えが違う。

　しかも世の中には、「生きのびる人」と「生きる人」がいるわけじゃないしね。

　全員がまず「生きのび」ないと、「生きる」ことはできない。ぼくらの生の構造として、第一義的には、生命体としてサバイバルしないといけない。その一方で「生きのびる」ために「生きる」わけじゃない。けれども、じゃあなんのため？　と言われるとわからない。

(3) p.54 から始まる一節を抜粋

「煤」「スイス」「スターバックス」「すりガラス」「すぐむきになるきみがすきです」
　　　　　　　　　　　　　　　　　　　　　　　　　　　　　　　　　　やすたけまり

「煤」「スイス」「スターバックス」「すりガラス」「<u>すてきなえがおのきみがすきです</u>」
　　　　　　　　　　　　　　　　　　　　　　　　　　　　　　　　　　改悪例

　これはしりとりですね。しかもただのしりとりじゃなくて、「す」を「す」で返す非常に意地悪な形ですね。そしてしりとりの形をした短歌。

　改悪例のほうがダメな歌。原作のほうがいい歌。なぜかというと、改悪例のほうが社会的な価値に結びついているから。

　ここでいう社会的な価値とは何かというと、「すてきなえがお」。その証拠に、写真撮ったりするとき、笑えって言われるじゃないですか。写真の中の人はほとんど笑ってますよね。それは「社会的に承認された価値」っていうことなんです。

　それが短歌の中では、反転する。

　「すぐむきになる」というのは、社会的にはマイナス。欠点。会社とかで、すぐむきになる人とは、一緒に仕事したくない。すてきなえがおの人とは、一緒に仕事したい。

　だけど、愛の告白として有効なのは原作のほう。「すてきなえがおのきみがすきです」と言われても、「すてきなえがおはみんなが好きです」って思うけど、「すぐむきになるきみがすきです」って言われると、ちょっとぐっとくる。

　なぜかというと、すぐむきになるというのは、欠点だから。「この人、私の欠点も愛してくれるんだ」みたいな流れですね。

　もうひとつは、これ、実際に短歌の中でむきになっているからね。「煤」「スイス」「スターバックス」って、しりとりに負けまいとして。

　「今まさにしりとりで負けまいとしてむきになっている君が好きです」って言いながら、

戦いはまだ続いていく。だからこれは、非常にテクニカルな短歌です。

　これ、今、言葉で説明しているから長いけど、直感的に、どっちがいい短歌で、どっちが愛の告白として有効か、わかりますよね。

文献 4：中谷宇吉郎著『科学の方法』（岩波書店：第 75 刷 2019 年（第 1 刷は 1958 年））
（第 8 章「定性的と定量的」の一部を抜粋）

定性的と定量的という言葉も、科学でよく使われる。これらも科学の方法を論ずる場合には、一応考察しておくべき言葉である。

定性的というのは英語のクォーリタティヴの訳語であって、クォーリティ、すなわちものを質的に見ることである。定量的というのは、クォンティタティヴ、すなわちものの量を測って、量的に調べる場合に使われている。

（中略）

通俗科学書などを見ると、この頃科学が非常に進歩して、自然界のことは、もうたいてい分ってしまったように書いてある。分子のことも分り、原子のこともわかった、原子核のことも、更に進んで素粒子のことまでも、だいたい分ったような印象を受ける。電磁波の方でも、放送などに使われる長波長のものから、短波、マイクロウェーブ、普通の光、X 線、ガンマ線と、全部のものが分っている。こういう面をみると、何だか今日の物理学は、自然の究極まで極めたように思われやすい。しかし自然というものは、そう簡単なものではないのであって、普通に人間が想像する以上のものなのである。現在の科学は、なるほど今いったように、物質の究極のところまで、　見きわめている面もある。しかしこれは、たとえてみると、菌糸のような発達のしかたである。非常にうねうねしながら、無数に枝分れして、ずいぶん広い範囲にわたって伸びていっている。それである方向には、非常に深く入っている。それからまた枝分れも非常にたくさんあって、ありとあらゆる分野にまで、それぞれの知識が行きわたっている。しかしその間に、取り残された領域が、まだまだたくさんある。いわば線の形をとって進歩しているのであって、面積全体をおおう、すなわち自然界全体をおおうという形にはなっていないのである。

（中略）少くともわれわれの身のまわりに毎日起きている現象の中に、いまだに解けていない問題がたくさんあることは知っておく必要がある。それで自然現象自身を、注意深く観察することは、まだまだ必要である。「それは単なる観察の記録にすぎない」というような一言で、ものごとを片づけてしまってはいけないのである。一応分っているように思われることでも、自然現象というものは、もっと複雑なものだということを、始終念頭において、自分の眼で観察していくことが大切である。観察は科学の方法としては、一番原始的な方法であるが、今日の科学においても、やはり大切な一つの方法なのである。普通には観察というと、肉眼で見ることだけと思われ易い。しかし科学の場合においては、それをもう少し拡げて、顕微鏡とか、あるいは望遠鏡とか、その他の機械を用いて見るということも、もちろん含まれている。

（中略）

こういうふうに、観察によって、自然界に起っている現象なり、物の本態なりをよく見ておいて、その中のある性質について、いろいろな測定を行うわけである。測定ということは、

ある性質が分ったときに、その性質を、どういうふうにして、数であらわすかということである。それで測定をする前に、それがどういう性質のものかということを、十分よく知る必要がある。それにはまず観察によって、ある現象なり、ものなりの性質をよく見ることが第一になさるべきことである。この第一歩のところが、すなわち定性的な研究である。測るべきある性質がきまった場合に、測定によって、それを数であらわす。数であらわされたら、それに数学を使って、知識を整理統合していく。この方の研究は、あるものの性質を、量的に調べるわけであるから、定量的の研究といわれている。

　こういうふうに考えると、定性的の研究は、まず第一歩の研究であって、定量的な研究の方が、更に進んだ研究ということになる。そして事実そのとおりであるが、この初歩のところ、まず自然界を定性的に見るというようなことは、現在のように進歩した科学では、もう必要がなくなったとはいえないのである。科学のどの面においても、定量的な研究が、いつでも進歩した形であり、しかも数字の桁数がたくさん並んでいるほど精密だというふうに、一般には思われているが、そう簡単に割り切ってはいけないのである。測定された桁数が、たくさん並んでいるとき、それがほんとうに意味がある場合には、もちろんそれは精密な研究である。しかし測定しているものの性質があまりはっきりしていないような場合には、いわゆる定量的に、いくらくわしく測ってあっても、それは全く意味がない場合もある。測定によって得られた数字が、自然の実態をあらわしていないか、あるいは実態のうちのごく一部の性質しかあらわしていない場合は、科学的の価値は少ないのである。

　（中略）

　定性的な研究、すなわち測定の対象についてその性質を常に見守っているということは、研究の初歩の時期と限らず、全期間を通じて、常に大切なことである。

文献 5：内田義彦著『生きること学ぶこと 〈新装版〉』（藤原書店：2013）
　（p.58~61 の一部を抜粋）
　（補足：経済学者として、「生きる」ということに向きあう学問的態度のありかたを論じた一
節です）

　志村ふくみさんという染織家がいます。日本の独得の美しさをたたえた布を織り上げる大
家で、その方から伺った桜の色を出すコツの話です。もっとも、志村さんのお仕事は、別に桜
が中心ではなく、さまざまな草木を使っての、さまざまに美しい日本の染織であるようで、
現に『一色一生』というご本（これはいい本です。ぜひ読んで下さい）では、桜のことはチラ
と出るにすぎないのですけれども、この本の大佛次郎賞授賞式で伺った、桜の色のことが印
象深かったので、それをもとにお話しします。
　私は、桜の色を出すというのは、桜の花を集めて、煮詰めるんだとばかり思っていました
が、そうじゃないらしいんですね。幹なんだそうですよ。桜の幹を煮詰めて色を取る。
　桜はある時突然パッと咲き揃いますね。花の山となる。
　つまり、あれだけ大量の花にあれだけ見事な桜色を出させるだけの――質と量をもった
――樹液が幹の中に用意されているから、ある日、気象条件という外的な条件が揃ったとき
に、あの美しい桜がいちどきに咲き揃うので、問題は幹なんだそうですね、花ではなくて。そ
れで、いつ、どこで、どういう幹を切り取るかが染料作りのコツなんだそうです。
　花が咲いちゃったらもう駄目なんですよ。
　花に吸いとられちゃって、幹の中は空っぽだから。といって、早すぎればもちろん駄目。気
象という外的な条件がととのったとき、花が一時に咲きうるように、満を持して、過飽和状
態になっている。正しくその時に――その時というのが私には皆目分かりませんが――条件
をみたしている幹を見定めて切る。そういう幹を集めるところにコツがある。
　もちろん、それだけで染織の仕事が終わるわけではない。その後の――さまざまな、それ
ぞれコツを要する――工程を経て、はじめて布はできる。それがなければ、染料だけではど
うしようもない。むしろ、私など素人がたまたま織物工場を見に行って感心するのは、そこ
のところでしょう。が、その工程の奥に材料の調整という根があって、その基礎があって初
めて、その後の仕事が仕事として生きてくる。その意味で、幹集めがコツなんだ――という
話を聞いて私はうなりました。
　私など出来上がった製品を見て、初めて美しさを知る。せいぜいのところ、製品にごく近
い部分だけを見て感心している。が、それじゃ、本当は製品を見たことにはなりませんね。根
のところを知って、初めて製品を見る眼が出来てくる。（中略）　織物のことは分かりません
が、学問という自分の仕事にかこつけて考えると、反省の材料になりました。ものの奥が見
えてきて初めてものが見えてくる、そのようにものを見なくちゃ駄目だ、と思いました。
ボヤッと、眼の前にある製品を見ていても、ものは見えてこない。
　（中略）
　ところが――志村さんの話はまだ次があります――そうやって仕事を続けているうちに、
だんだん、こういうことでいいんだろうかという気がでてきた、というんです。
　たしかに、それでいい染料が出来、美しい織物が出来るようになった。しかし、桜の方か

らいうと、話は別でしょう。せっかく美しい花をと思ってたくわえてきた材料が取られちゃうわけですから。で、だんだん桜に申し訳ないような気がしてきたというんです。おそらく、桜の幹を真剣に見ているうちに、桜そのものに身が入ってきたんでしょう。その見方の変化が、ある時、意識の表面に出た。

桜に成仏してもらえるような仕事、つまり、花は咲かせられなかったけれど、おかげでこういう美しい織物が出来た、これならいいと納得してくれるであろうような美しい織物を作らにゃ申し訳ない、そう思って、いっそう精進する。

こういう心境と見方の変化によって、おそらくは志村さんの作品は、作品としていっそう見事なものになったし、なっていくだろうと思います。

ということは、どういうことかといいますと、——いよいよ私の独断と偏見をもとに、我田引水で学問論の領域に話をすすめるわけですが——いままでは桜を染料を作る手段と考え、その立場から手段として桜の幹をみてきた。ところが、いまや、桜を手段として見るのではなく、ともに生物である桜とともに生き、桜とともに考える。そのように、桜の身になって、内から、自分がいまあるところの状態として幹を見る。そのような立場に立って見ることで初めて幹の状態が悉細[1]に見える。

もう一度、概念的に整理しなおしておきますと、桜の幹を色の材料を出すための手段として、外から観察していた。しかし、その程度のことでは、見えないものがある。桜とともに生き、桜の身になって考える。桜とともに生きる、というのは難しいことですが、この場合に初めて非常に深い観察ができ、それによって初めて真に美しい布を染め出す材料が取れる。つまり、物を外から、手段として考え、手段として見るかぎり、手段としても役に立たない。手段としてではなく、その中に入って、（中略）その気持ちを理解するようになって初めて、染織の手段としても役に立つ。

私はこの話を聞いて「そうだなあ」と思いました。だいぶ前からですが、調査のほうでも、そういうことが問題になっています。調査を単に外からやっていたのではダメだ、中へ入って、一緒にそこで暮らしながらやらなければ無理だといわれます。一緒に暮らし、喜怒哀楽をともにすることによってしか見えてこないものがある。外からの「学問調査」だけでは、学問の手段としても役立たない。

---

[1] 「悉く（ことごとく）詳細に」という意味で昔使われていたことば

文献6：三宅陽一郎著『人工知能が「生命」になるとき』（株式会社PLANETS／第二次惑星開発委員会：2020）

（補足：三宅氏はゲーム開発の世界に本格的に人工知能を持ち込んだ先駆者です。ゲームの世界をリアルなものにしようとする探究は、知能とは何か、ひとはどういう存在かを問う「人間研究」そのものであるというのが著者のスタンスです。その意味で、著者は、「ひとが生きること」に真摯に向きあう人工知能研究のありかたを問うていると言えます。「存在」、「物事の連環」、「根を張る・張らせる」、「事事無碍」、といったことばと文献1〜5の関係性を熟考しながら読んでください）

(1) p.182-183の一部を抜粋

　人が人と話すとき、ある言葉は相手の心の浅瀬まで、ある言葉は深い心の海まで届きますが、それが一体、どのような機構によるものなのか、まだわかっていません。会話する人工知能の最も遠い目標は言葉によって人と心を通わすことにあります。

　しかし、言葉によってだけでは不可能なのです。そこに存在がなければならない。そこに身体、あるいは実際の身体でなくても、同じ世界につながっている、という了解があってはじめて、人工知能は人の心に働きかけることができます。それは言葉だけを追っていては見えないビジョンですが、我々は言葉を主軸に置きながらも、その周りに表情を、振る舞いを、身体を、そして社会を持っています。

　人が人に接するということは、大袈裟に言えば、その背景にある、あるいは、その前面にある世界を前提にしています。言葉というエレガントな記号だけで情報システムは回っているために、どうしても人間のネットワークもそのように捉えたくなります。しかし、それは世界の根底にある混沌の表層であるとも言えます。発話者の存在が、また一つひとつの言葉が世界にどのように根を張っているか、また根を張っていない流動的な自由さを持っているかが、何かを伝える力を言葉に宿すことになります。

　言葉だけ見ていてはいけない、しかし言葉を見ないといけない。言葉は人間関係と社会の潤滑油であり、時に言葉が伝えられる、という事実そのものが、その内容よりも重要なことがあります。暑中見舞いの葉書が来るだけでも、その人が自分を気にかけてくれているとわかります。LINEのスタンプだけでも温かさを感じます。言葉という超流動性を獲得することで、人は、世界の存在の深い根から解放されお互いに干渉することができます。しかし、同時に言葉はいつもそんな人間の根の深い部分へと降りていくのです。（中略）

　人工知能に言葉を与えるということは、ただ言葉を学習させるだけではありません。その言葉にどのような重みを与えるのか、世界にどれぐらい深く人工知能を実装させようとするのか、根を張らせようとするのかを判断し実装する必要があります。深ければいいというわけでも、浅ければ簡単というわけでもなく、人工知能を最初から言葉を喋る「だけの」マシンとして捉えてしまうことは、工学的にも、サービスとしてもさまざまな弊害をもたらします。

(2) 結語 (p.296-297) を引用

　知能を作ることは、宇宙を知ることと同じぐらいの深さがあります。人類が最初、宇宙をとても単純に考えていたように、我々は知能をあまりにも単純に考える癖があります。人体

に対しても、医学の発展が複雑な身体の機構を徐々に解き明かしていますが、まだまだ知らないことがたくさんあります。知能の探求も、医学と同じように、細かな積み上げと組み合わせが必要とされます。そのためには、まず正しい探求の仕方を始める必要があります。それは、これまでの科学のアプローチの延長ではなく、因果律から事事無碍²の世界へ、機能だけではなく存在の根を含んだ形成を軸とするアプローチです。

　科学は鋭い刃で世界を断片化し知識を与えてくれました。しかしさまざまな人類の知見を総動員して知能を作るときには、物事の連環の不思議の中に入っていかねばなりません。物事がどのようにつながっているかについて、我々はまだ多くを知り得ていません。西洋哲学も、東洋哲学も、その点については充分な知見を持っていません。それは我々人間が形成された不思議とつながっています。存在することの驚異と、つながることの不思議に繊細に気をつけながら、徐々に要素を融合していく和の力が必要です。東洋の持つ生成の力、西洋の持つ統合の力を合わせて、人工精神、人工生物を生成する長い道のりが始まろうとしています。その長い旅路の中で、我々は自分自身を形作っている力と向き合っていくことになります。それは宇宙を探求することと知能を作ることに共通する問いである「我々はどこから来て、どこへ行くのか」の答えを知る旅でもあります。だからこそ、人工精神、人工生物を作り出すという行為は、これまでにない倫理的な問題に人間を立たせることになります。それは、人の倫理を問い直すことでもあり、人を新しい倫理の段階に昇らせる過程でもあるのです。

---

² 「じじむげ」と読む。世界のすべてのものごとは碍（さまた）げあうことなく融合しているという仏教界の考え方。

2022
年度

問 題 編

■一般選抜

問題編

▶試験科目・配点

教　科	科　　　　　目	配　点
外国語 ・数学 ・情報	「数学または情報」,「外国語」,「数学および外国語」の3つの中から1つを選択（いずれも同一試験時間内実施） 　数　学—数学Ⅰ・Ⅱ・Ａ・Ｂ 　情　報—社会と情報・情報の科学 　外国語—(a)コミュニケーション英語Ⅰ・Ⅱ・Ⅲ，英語表現Ⅰ・Ⅱ 　　　　　(b)コミュニケーション英語Ⅰ・Ⅱ・Ⅲ，英語表現Ⅰ・Ⅱ， 　　　　　　ドイツ語 　　　　　(c)コミュニケーション英語Ⅰ・Ⅱ・Ⅲ，英語表現Ⅰ・Ⅱ， 　　　　　　フランス語 　　　　　の(a)，(b)，(c)のうち，いずれか1つを選択	200 点
小論文	発想，論理的構成，表現などの総合的能力を問う	200 点

▶備　考

- ドイツ語，フランス語は省略。
- 数学Aは「場合の数と確率」・「整数の性質」・「図形の性質」を出題範囲とする。数学Bは「確率分布と統計的な推測」・「数列」・「ベクトル」を出題範囲とする。
- 小論文は，問いに対して自らの考えを論述する形式の試験で，受験生の発想，論理的構成，表現などを総合的に評価しようとするもの。どれだけ発想豊かに，自分の考えを論文として論理的に構成し，説得力のある表現ができるかを問う。
- 選択した受験教科の得点と，小論文の採点結果を組み合わせて最終判定を行う。

■英語■

(120 分)

〈注意〉

• 「外国語選択者」は，問題 I ～ III の全問を解答すること。

• 「数学および外国語選択者」は，問題 I・II および数学の問題 I・IV・VI を解答すること。

• 問題 I は英語・ドイツ語・フランス語のいずれかひとつの言語だけを選択して解答（ドイツ語・フランス語は省略）。

英語 I

次の文章に関して、空欄補充問題と読解問題の二つがあります。まず、[31]から[40]の空所を埋めるのに、文脈的に最も適切な語を 1 から 3 の中から選び、その番号を解答欄 (31) から (40) にマークしなさい。次に、内容に関する[41]から[45]の設問には、1 から 4 の選択肢が付されています。そのうち、文章の内容からみて最も適切なものを選び、その番号を解答欄 (41) から (45) にマークしなさい。

1　　　First articulated in a 1965 white paper by Ivan Sutherland, titled "The Ultimate Display," augmented reality (AR) lay beyond our technical capacities for 50 years. That changed when smartphones began providing people with a combination of cheap sensors, powerful processors, and high-bandwidth networking—the trifecta needed for AR to generate its spatial illusions. Among today's emerging technologies, AR [31](1. lags behind　2. falls flat　3. stands out) as particularly demanding—for computational power, for sensed data, and, I'd argue, for attention to the danger it poses.

2　　　Unlike virtual-reality (VR) gear, which creates for the user a completely synthetic experience, AR gear adds to the user's perception of her environment. To do that [32](1. effectively　2. manually 3. incidentally), AR systems need to know where in space the user is located. VR systems originally used expensive and fragile systems for tracking user movements from the outside in, often requiring external sensors to be set up in the room. But the new generation of VR accomplishes this through a set of techniques collectively known as simultaneous localization and mapping (SLAM). These systems [33](1. diminish　2. harvest　3. advocate) a rich stream of observational data—mostly from cameras affixed to the user's headgear, but sometimes also from sonar, lidar, structured light, and time-of-flight sensors—using those measurements to update a continuously evolving model of the user's spatial environment.

3　　　For safety's [34](1. account　2. sake　3. part), VR systems must be restricted to certain tightly constrained areas, lest someone blinded by VR goggles tumble down a staircase. AR doesn't hide the real world, though, so people can use it anywhere. That's important because the purpose of AR is to add helpful (or perhaps just entertaining) digital illusions to the user's perceptions. But AR has a second, less appreciated, [35](1. origin　2. facet　3. sect): It also functions as a sophisticated mobile surveillance system.

4　　　　This second quality is what makes Facebook's recent Project Aria experiment so [36](1. unattainable　2. unnerving　3. unsophisticated). Nearly four years ago, Mark Zuckerberg announced Facebook's goal to create AR "spectacles"—consumer-grade devices that could one day rival the smartphone in utility and ubiquity. That's a substantial technical ask, so Facebook's research team has taken [37](1. an incremental　2. an elemental　3. a static) approach. Project Aria packs the sensors necessary for SLAM within a form factor that resembles a pair of sunglasses. Wearers collect copious amounts of data, which is fed back to Facebook for analysis. This information will presumably help the company to refine the design of an eventual Facebook AR product.

5　　　　The concern here is obvious: When **it** comes to market in a few years, these glasses will transform their users into data-gathering [38](1. contenders　2. proponents　3. minions) for Facebook. Tens, then hundreds of millions of these AR spectacles will be mapping the contours of the world, along with all of its people, pets, possessions, and peccadilloes. The prospect of such intensive surveillance at planetary scale presents some tough questions about who will be doing all this watching and why.

6　　　　To work well, AR must look through our eyes, see the world as we do, and record what it sees. There seems no way to avoid this [39](1. firm tradition　2. soft option　3. hard reality) of AR technology. So, we need to ask ourselves whether we'd really welcome such pervasive monitoring, why we should trust AR providers not to misuse the information they collect, or how they can earn our trust. Sadly, there's not been a lot of consideration of such questions in our rush to [40](1. embrace　2. emulate　3. embellish) technology's next big thing. But it still remains within our power to decide when we might allow such surveillance—and to permit it only when necessary.

　　　　—Based on Pesce, M. (2020). "Augmented reality and the surveillance society," *IEEE Spectrum*.

[41] Which of the following is ___NOT___ stated in the 1st paragraph?

1. Despite the inherent challenges, AR is now an established technology.

2. There is a concern that AR is not an entirely safe form of technology.

3. Since its conception, it has taken a long time to realize the potential of AR.

4. Smartphones were especially instrumental in the development of AR.

[42] According to the 2nd paragraph, AR is different from VR in that

1. VR need not have access to the posture and location of the user.

2. AR does not present the user with an alternate, simulated world.

3. VR integrates virtual experience with the outside world seamlessly.

4. AR employs more advanced technology to create realistic experience.

[43] In the 3rd paragraph, the author states that

1. VR systems should be used in more limited spaces than AR systems.

2. VR systems are safer than AR systems in most situations.

3. AR systems are less likely than VR to be used to monitor public spaces.

4. AR systems are not as valued as VR systems by ordinary users.

[44] In the 5th paragraph, what does "**it**" refer to?

1. Facebook

2. Project Aria

3. SLAM

4. VR technology

[45] Which of the following best captures the purpose of the 6th paragraph?

1. To contradict the information on AR presented in the preceding paragraphs.

2. To question the sustainability and practicality of AR in our lives.

3. To propose caution on how AR is used and accepted into people's lives.

4. To provide additional information on the uses of AR technology.

英語 Ⅱ

次の文章に関して、空欄補充問題と読解問題の二つがあります。まず、[46]から[55]の空所を埋めるのに、文脈的に最も適切な語を1から3の中から選び、その番号を解答欄 (46) から (55) にマークしなさい。次に、内容に関する[56]から[60]の設問には、1から4の選択肢が付されています。そのうち、文章の内容からみて最も適切なものを選び、その番号を解答欄 (56) から (60) にマークしなさい。

1　　Seven countries have laid claim to parts of Antarctica and many more have a presence there. Why do they all want a piece of this frozen wasteland? I pick a path between rock pools and settle my bottom on a boulder. A spectacular, silent view unfolds across a mountain-fringed bay. Then there is a flash in the shallows by my feet—an arrow of white and black. What on earth is that fish? My slow brain [46](1. ponders　2. plummets　3. protrudes), as before my eyes a gentoo penguin slips out of the water, steadies itself on a rock, eyes me cheekily, squawks and patters off into the snow.

2　　Antarctica is the hardest place I know to write about. Whenever you try to pin [47](1. on　2. up　3. down) the experience of being there, words dissolve under your fingers. There are no points of reference. In the most literal sense, Antarctica is inhuman. Other deserts, from Arabia to Arizona, are peopled: humans live in or around them, find sustenance in them, shape them with their imagination and their ingenuity. No people shape Antarctica. It is the driest, coldest, windiest place in the world.

3　　So why, then, have Britain, France, Norway, Australia, New Zealand, Chile and Argentina drawn lines on Antarctica's map, [48](1. smashing through　2. carving up　3. slicing across) the empty ice with territorial claims? Antarctica is not a country: It has no government and no indigenous population. [49](1. Nonetheless　2. Likewise　3. Instead), the entire continent is set aside as a scientific preserve. The Antarctic Treaty, which came into force in 1961, enshrines an ideal of intellectual exchange. Military activity is banned, as is prospecting for minerals. Fifty states—including Russia, China and the US—have now ratified the treaty and its associated agreements. Yet one legacy of earlier imperial expeditions, when the British explorer Ernest Shackleton (1874-1922) and the rest battled blizzards to plant their flags, is national greed.

4　　Science drives human investigation in Antarctica today, yet there's a reason why geologists often take centre-stage. Governments really want to know what's under the ice. Whisper the word: oil. Some predictions suggest the amount of oil in Antarctica could be 200 billion barrels, far more than Kuwait or Abu Dhabi. Antarctic oil is extremely difficult and, at the moment, [50](1. prohibitively　2. presumably　3. pragmatically) expensive to extract—but it's impossible to predict what the global economy will look like in 2048, when the protocol banning Antarctic prospecting comes up for renewal. [51](1. By　2. For　3. With) that stage, an energy-hungry world could be desperate.

5　　The Antarctic Treaty has put all territorial claims into suspension, but that hasn't stopped rule-bending. The best way to get a [52](1. backdrop　2. toehold　3. headhunt) on what may lie beneath is to act as if you own the place. One of the things nation-states do is stamp passports—so when Antarctic tourists visit the British station at Port Lockroy, they can have their passport stamped. This is despite the fact that international law doesn't recognise the existence of the British Antarctic Territory—indeed, both Chile and Argentina claim the same piece of land, and have their own passport stamps at the ready. Another thing states do—or used to—is operate postal services.

6　　　　At Ukraine's Vernadsky base, I wrote myself a postcard, bought a decorative Ukrainian stamp with a cow on it, and dropped it into their post box. It took two months to arrive—not bad, from the ends of the earth. But tourist fun hides all the flag-waving. Russia has made a point of building bases all round the Antarctic continent. The US operates a base at the South Pole, which conveniently [53](1. signifies　2. surrenders　3. straddles) every territorial claim. This year China built its fourth base. Next year it will build a fifth.

7　　　　All Antarctica's 68 bases are professedly peaceful research stations, established for scientific purposes—but the ban on militarisation is widely flouted. Chile and Argentina, [54](1. in contrast 2. for instance　3. of course), both maintain a permanent army presence on the Antarctic mainland, and the worry is that some countries are either not reporting military deployment, or may instead be recruiting civilian security contractors for essentially military missions. Antarctic skies are unusually clear and also unusually free from radio interference—they are ideal for deep-space research and satellite tracking. But they are also ideal for establishing covert surveillance networks and remote control of offensive weapons systems.

8　　　　Many governments reject Antarctica's status quo, built on European endeavour and entrenched by Cold War geopolitics that, some say, give undue influence to the superpowers of the past. Iran has said it intends to build in Antarctica, Turkey too. India has a long history of Antarctic involvement and Pakistan has approved Antarctic expansion—all in the name of scientific cooperation. But the status quo [55](1. depends on　2. covers up　3. phases out) self-regulation. The Antarctic Treaty has no teeth. Faced with intensifying competition over abundant natural resources and unforeseen intelligence-gathering opportunities, all it can do—like my penguin—is squawk, and patter off into the snow.

　　　　—Based on Teller, M. (2014). *BBC News.*

[56] What comparison does the author make between Antarctica and other deserts in the 2nd paragraph?

1. People are more able to discover food and drink for nourishment in other deserts.

2. Weather conditions in the former provide a more sustainable living environment.

3. People are attracted to the latter because the populations are more creative and innovative.

4. A lower population density ensures a continuous lack of development in Antarctica.

[57] Which of the summaries below best expresses the information in the first sentence from the 5th paragraph?

1. Countries have mostly been obeying the treaty's rules on territorial claims; however, flexibility on restrictions will be required in future.

2. Despite the temporary stoppage of territorial claims resulting from the treaty, countries are still manoeuvring for influence.

3. The treaty allows for limited territorial claims; nevertheless, adhering to these limitations is likely to cause friction between states.

4. Although the treaty permanently bans territorial claims, regulations will not prevent state collaboration in the area.

[58] Which of the following statements does **_NOT_** reflect the information contained in the 7th paragraph?

1. A few countries extensively disregard the ban on military activities in Antarctica.

2. Supposedly, every settlement in Antarctica is for scientific research.

3. The Antarctic atmosphere provides a perfect environment for the deployment of military systems.

4. Some nations are not being honest about the work carried out by their citizens in Antarctica.

[59] What does the author claim about the Antarctic Treaty?

1. The treaty intentionally ignores the interests of traditionally dominant powers.

2. The treaty fails to predict military or espionage intentions in the region.

3. The treaty encourages too much competition between nations for local resources.

4. The treaty lacks authoritative power and is essentially ineffectual.

[60] Which of the following would be the best title for this article?

1. Antarctica's Ecosystem Has Richer Variety than You Think

2. Humankind Starts to Develop the Last Frontier in Antarctica

3. Why Do So Many Nations Want a Piece of Antarctica?

4. How Can We Turn Antarctica into an International Science Lab?

英語Ⅲ

次の文章に関して、空欄補充問題と読解問題の二つがあります。まず、[61]から[80]の空所を埋めるのに、文脈的に最も適切な語を 1 から 3 の中から選び、その番号を解答欄 (61) から (80) にマークしなさい。次に、内容に関する[81]から[90]の設問には、1 から 4 の選択肢が付されています。そのうち、文章の内容からみて最も適切なものを選び、その番号を解答欄 (81) から (90) にマークしなさい。

1　　　In 1950, New York and Tokyo were the only urban agglomerations on the planet with populations in excess of 10 million. By 2030, the number of megacities is projected to surpass 40, with seven of the world's top ten megacities in Asia. Cities of around 2-5 million are also becoming far more [61](1. commonplace　2. peripheral　3. stagnant) and will present challenges and opportunities for policy makers.

2　　　This is a metropolitan century. Already today, more than 50% of the world's population lives in cities. This figure is projected to reach 85% by 2100. Within 150 years, the urban population [62](1. will have been　2. will have　3. will be) increased from less than 1 billion in 1950 to 9 billion by 2100. In much of Europe and North America, most of the urbanisation and basic city forms have already been set. Developing and emerging countries, however, have an unprecedented [63](1. window of opportunity　2. uphill battle　3. game plan) to shape their urban futures.

3　　　If the world is to meet ambitious goals, we need to work with cities. Whether it is for meeting the UN targets of limiting global warming or achieving the 17 Sustainable Development Goals, cities must be [64](1. ruled out　2. put in place　3. front and centre) of our efforts. Now more than ever, the world needs to understand urbanisation and its consequences for economic, social and environmental performance, and the New Urban Agenda of Habitat III in October 2016 can become a milestone by setting the agenda for the next 20 years.

4　　　Cities strongly influence the prosperity and well-being of city residents as well as people in rural areas. As such, they should be a national policy [65](1. management　2. priority　3. committee). Workers in cities have higher productivity and wages, an effect that increases with city size. With the right approach, cities can therefore contribute to productivity growth, even in less advanced countries. Non-urban regions, particularly those close to large cities, tend to be more prosperous and record higher economic growth than regions that are more remote. There are many reasons for this, but even smaller cities are important for rural areas by serving as market towns and centres of service provision.

5　　　Cities do not operate in [66](1. functionality　2. tandem　3. isolation); they are part of a system of cities. OECD (Organisation for Economic Co-operation and Development) countries with multiple large cities, such as Germany, instead of concentration in one or two dominant cities, tend to have higher per capita GDP. After all, a larger number of major metropolitan areas means a greater part of the national territory can benefit from proximity to a major city. [67](1. To summarize　2. Moreover　3. However), the presence of several big cities may reduce the likelihood that a shock in any one place seriously hurts national performance. Furthermore, in Europe where cities tend to be smaller, it is possible to replicate some of the productivity bonus of big cities by being well connected instead. In our metropolitan age, interconnected cities are therefore key.

6　　　[68](1. Generally　2. As a result　3. Still), some cities struggle to realise that potential in terms of prosperity, innovation and well-being. Even some large OECD cities—such as Birmingham or Detroit—underperform their national economies. During the dozen years up to the global financial crisis, 15 of the worst performing OECD regions in terms of growth were [69](1. predominantly 2. prematurely　3. potentially) urban. There is also the particular challenge of addressing inequality within cities. Large cities are often characterised by highly successful business districts alongside [70](1. magnets　2. pockets　3. pitfalls) of very high unemployment and even poverty. Inequality between rich and poor tends to be higher in larger cities, and this gap appears to have widened in recent decades. In other words, policies to address inequality should also focus on cities. But policies should not only focus on the problems but consider the potential of cities, too. Policies all too often target only what are deemed to be particularly "problematic" cities or neighbourhoods. The broader needs of cities are often poorly catered to, including the role they can play in the national (and indeed international) economy.

7　　　National policies have a profound impact [71](1. on　2. against　3. from) cities, and must be increasingly seen through an "urban lens". National urban policy frameworks need to consider the wider range of policies that are important for cities, not only those labelled "urban". Given the large number of ministries with portfolios that influence city development, many countries have inter-ministerial committees to improve dialogue on urban issues. [72](1. Originally　2. Eventually 3. Typically) these should include transport, housing, economy, finance and the environment.

8　　　National governments [73](1. estimate　2. eliminate　3. establish) most of the ground rules for cities. National (and, in some federal systems, state/provincial) legislation typically defines city responsibilities, powers and, crucially, revenue sources. Attention to the basic legislative framework for cities is essential but is too often overlooked, even though these frameworks influence, if not determine, what a mayor can do and what incentives she/he has to proceed. The trouble is, different strands of policy often work at cross-purposes with one another. [74](1. Similarly　2. In addition 3. For example), property tax systems in many OECD countries may favour single-family homes over multi-occupancy dwellings or owner-occupied housing over rental accommodation. The evidence shows that preference for single-family units stimulates costly sprawl, while privileging home ownership tends to reduce labour-market efficiency. Both have impacts on inequality. Moreover, such tax systems can undermine other national and city-level policies intended to curb sprawl, improve labour-market efficiency and [75](1. reduce　2. protect　3. define) inequalities.

9　　　Another issue is fragmentation of government. In the Paris region they call it the "mille-feuilles," after a famous multi-layered custard pastry. Or take the greater Chicago tri-state metropolitan area, for example, which is home to no fewer than 1,700 governmental authorities of various kinds. Even relatively modest-sized metropolitan areas are [76](1. rarely 2. often 3. sporadically) fragmented. This not only makes policy making difficult, but hurts both productivity and inclusiveness, as narrow interests are often privileged over the common good and weaker interests are easily overlooked. For a given population size, a metropolitan area with twice the number of municipalities is found to [77](1. fade 2. miss 3. cross) out on 6% of its potential economic productivity each year. Some of this loss can be [78](1. mitigated 2. enhanced 3. distorted) if institutions such as metropolitan authorities can ensure certain important decisions are taken in the interest of the whole metropolitan area. However, setting up such cross-jurisdictional institutions may require new legislation or wider government incentives and support.

10   National governments can therefore play a [79](1. confidential 2. crucial 3. captivating) role in devising better policies for cities if they have a coherent framework in place to help them. Different cities and countries will have different needs depending on their development levels, structure and preferences, but all countries [80](1. should 2. would 3. will) at least examine the urban impact of their policies, not just in areas such as national transport infrastructure planning and the environment, but in policy domains often left to cities but in which national governments typically intervene, such as housing. In short, coherent national urban policies can not only help to make our cities prosperous, livable, inclusive and sustainable, but our countries and our planet too.

> —Based on Ahrend, R. (2016). "Building better cities: Why national urban policy frameworks matter,"
> *OECD Observer*.

[81] New York and Tokyo are mentioned at the start of the article to
1. provide historical context for the rapid rise of population in those cities.
2. show a contrast between American and Japanese urban centers.
3. highlight the continuous proliferation of highly populated urban areas.
4. illustrate the complex global nature of urbanization in the 20th century.

[82] The author uses the phrase "This is a metropolitan century" in the 2nd paragraph in order to
1. contrast European and North American cosmopolitan populations.
2. argue that poorer nations will experience significant urban population growth.
3. reinforce the fact that urbanization is occurring at a faster rate in developed countries.
4. make it clear that the majority of people today reside in cities.

[83] In the 3rd paragraph, what is meant by "milestone"?
1. a landmark to celebrate a new era
2. a turning point in urban planning
3. a mechanism by which cities expand
4. a monument that urbanites admire

[84] Which of the sentences below best summarizes the information contained in the 4th paragraph?

1. Economic productivity of big cities should be a major focus of national urban policy.

2. The affluence and welfare of residents in both urban and non-urban areas is affected by cities.

3. People who live in secluded areas have fewer opportunities to work in service industries.

4. Big cities are home to more workers with significantly higher salaries than rural areas.

[85] It can be inferred from the 5th paragraph that

1. countries with networked cities tend to have stronger and more stable economies.

2. smaller European cities tend to exhibit better economic performance than larger cities.

3. Germany has the highest per capita GDP compared to other OECD member states.

4. the EU economy is dominated by the coordinated economic activities of capital cities.

[86] According to the 6th paragraph, which of the following is ___NOT___ mentioned about cities?

1. Economic disparities have been expanding in cities which are larger in size.

2. Some major urban areas do not match the economic achievements of the state.

3. Cities with large wealth gaps have been overlooked by urban policy makers.

4. Some cities do not recognize the benefits of bridging economic activities.

[87] In the 7th paragraph, why does the author use the term "urban lens"?

1. to provide a transition from national policy city frameworks to government decision-making

2. to emphasize that government ministries must be based in urban centers

3. to point out the importance of focusing on national policy from a city perspective

4. to introduce a range of problems that need to be addressed by urban planners

[88] The author's purpose of using the term "mille-feuilles" in the 9th paragraph is to

1. demonstrate the decentralized, stratified nature of executive structures.

2. show that the relationships between economic productivity and city populations are often layered.

3. indicate that French and American government structures are very different.

4. provide an example of the problems associated with effectively managing metropolitan areas.

[89] The author uses the word "coherent" twice in the final paragraph. Which of the following words match both usages?

1. structurally complex

2. reasonably aware

3. aesthetically balanced

4. logically sound

[90] Which of the following statements would the author most probably support?

1. Local, and not national policy makers must make decisions on urban housing projects.

2. Collaboration and partnerships between cities is more likely to create regional tensions.

3. Nations should prioritize job creation measures in cities over rural areas.

4. Effective national urban policies benefit not just cities, but the state as a whole.

■数学■

（120 分）

（注意）

- 「数学選択者」は，問題Ⅰ～Ⅵの全問を解答すること．
- 「数学および外国語選択者」は，問題Ⅰ・Ⅳ・Ⅵおよび外国語の問題Ⅰ・Ⅱを解答すること．

注 意 事 項

問題冊子に数字の入った $\boxed{}$ があります．それらの数字は解答用紙の解答欄の番号を表しています．対応する番号の解答欄の 0 から 9 までの数字または − (マイナスの符号) をマークしてください.

$\boxed{}$ が 2 個以上つながったとき，数は右詰めで入れ，左の余った空欄には 0 を入れてください．負の数の場合には，マイナスの符号を先頭の $\boxed{}$ に入れてください．また，小数点以下がある場合には，左詰めで入れ，右の余った空欄には 0 を入れてください.

$$(例)\quad 12 \;\longrightarrow\; \boxed{0}\,\boxed{1}\,\boxed{2} \qquad\qquad -3 \;\longrightarrow\; \boxed{-}\,\boxed{0}\,\boxed{3}$$

$$1.4 \;\longrightarrow\; \boxed{0}\,\boxed{0}\,\boxed{1}.\boxed{4}\,\boxed{0} \qquad -5 \;\longrightarrow\; \boxed{-}\,\boxed{0}\,\boxed{5}.\boxed{0}\,\boxed{0}$$

分数は約分した形で解答してください．マイナスの符号は分母には使えません.

$$(例)\quad \frac{4}{8} \;\longrightarrow\; \frac{1}{2} \;\longrightarrow\; \frac{\boxed{0}\,\boxed{1}}{\boxed{0}\,\boxed{2}} \qquad -\frac{6}{9} \;\longrightarrow\; -\frac{2}{3} \;\longrightarrow\; \frac{\boxed{-}\,\boxed{2}}{\boxed{0}\,\boxed{3}}$$

ルート記号の中は平方因子を含まない形で解答してください.

$$(例)\quad \sqrt{50} \;\longrightarrow\; \boxed{0}\,\boxed{5}\sqrt{\boxed{0}\,\boxed{2}} \qquad -\sqrt{24} \;\longrightarrow\; \boxed{-}\,\boxed{2}\sqrt{\boxed{0}\,\boxed{6}}$$

$$\sqrt{13} \;\longrightarrow\; \boxed{0}\,\boxed{1}\sqrt{\boxed{1}\,\boxed{3}} \qquad -\frac{\sqrt{18}}{6} \;\longrightarrow\; \frac{\boxed{-}\,\boxed{1}\sqrt{\boxed{0}\,\boxed{2}}}{\boxed{0}\,\boxed{2}}$$

数式については，つぎの例のようにしてください．分数式は約分した形で解答してください.

$$(例)\quad \sqrt{12a} \;\longrightarrow\; \boxed{0}\,\boxed{2}\sqrt{\boxed{0}\,\boxed{3}\,a}$$

$$-a^2 - 5 \;\longrightarrow\; \boxed{-}\,\boxed{1}\,a^2 + \boxed{0}\,\boxed{0}\,a + \boxed{-}\,\boxed{5}$$

$$\frac{4a}{2a-2} \quad \longrightarrow \quad \frac{-2a}{1-a} \quad \longrightarrow \quad \frac{\boxed{0}\,\boxed{0} + \boxed{-}\,\boxed{2}\,a}{1 - \boxed{0}\,\boxed{1}\,a}$$

また，選択肢の番号を選ぶ問題では，最も適切な選択肢を 1 つだけ選んでください．同じ選択肢を複数回選んでもかまいません．

数学 I

ある学校では，ドミソシの 4 つの音を 4 つ組み合せてチャイムを作り，授業の開始・終了などを知らせるために鳴らしている．チャイムは，図 1 のように 4×4 の格子状に並んだ 16 個のボタンを押すことによって作ることができる．縦方向は音の種類を表し，横方向は時間を表している．例えば，ドミソシという音を 1 つずつ，順番に鳴らすチャイムを作るには，図 2 のようにボタンを押せばよい (押したボタンを◎で表している)．

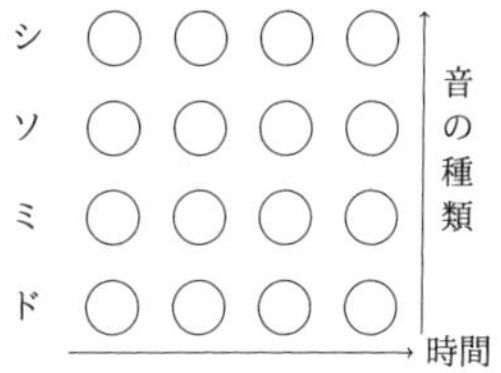

図 1

図 2

ただし，鳴らすことのできる音の数は縦 1 列あたり 1 つだけであり，音を鳴らさない無音は許されず，それぞれの列で必ず 1 つの音を選ばなければならないとする．

このとき

(1) 4 つの音を 1 回ずつ鳴らすことを考えた場合，チャイムの種類は $\boxed{(1)}\,\boxed{(2)}\,\boxed{(3)}$ 通りになる．

(2) (1) に加えて，同じ音を連続して 2 回繰り返すことを 1 度だけしてもかまわない (例：ドミミソ) とした場合，チャイムの種類は合わせて $\boxed{(4)}\,\boxed{(5)}\,\boxed{(6)}$ 通りになる．ただし，連続する音以外は高々 1 回までしか鳴らすことはできず，それらは連続する音とは異ならなければならないものとする．

(3) (1) と (2) に加えて，同じ音を連続して 4 回繰り返すチャイムを許すと，可能なチャイムの種類は合わせて $\boxed{(7)}\,\boxed{(8)}\,\boxed{(9)}$ 通りになる．

数学 II

$0 \leqq \theta < \pi$ のとき，関数 $y = \sin 3\theta - 3\cos\left(\theta - \dfrac{\pi}{6}\right)$ の最大値と最小値をもとめたい.

(1) $x = \cos\left(\theta - \dfrac{\pi}{6}\right)$ とおくと，もとの関数は

$$y = \boxed{}\boxed{}\,x^3 + \boxed{}\boxed{}\,x^2 + \boxed{}\boxed{}\,x + \boxed{}\boxed{}$$

と書きなおすことができる.

(2) このことから，もとの関数の最大値は $\theta = \dfrac{\boxed{}\boxed{}}{\boxed{}\boxed{}}\pi$ のときに $\boxed{}\boxed{}\sqrt{\boxed{}\boxed{}}$ であり，最

小値は $\theta = \dfrac{\boxed{}\boxed{}}{\boxed{}\boxed{}}\pi$ のときに $\boxed{}\boxed{}\sqrt{\boxed{}\boxed{}}$ であることがわかる.

数学 III

xy 平面上の曲線 C を $y = x^2(x-1)(x+2)$ とする.

(1) C に 2 点で下から接する直線 L の方程式は

$$y = \dfrac{\boxed{}\boxed{}\boxed{}}{\boxed{}\boxed{}\boxed{}}\,x + \dfrac{\boxed{}\boxed{}\boxed{}}{\boxed{}\boxed{}\boxed{}}$$

である.

(2) C と L が囲む図の斜線部分の面積は

$$\dfrac{\boxed{}\boxed{}\boxed{}\sqrt{\boxed{}\boxed{}\boxed{}}}{\boxed{}\boxed{}\boxed{}}$$

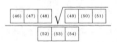

となる.

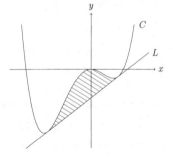

ただし，次の公式を使ってもかまわない (m, n は正の整数).

$$\int_{\alpha}^{\beta} (x-\alpha)^m (x-\beta)^n \, dx = \dfrac{(-1)^n \, m! \, n!}{(m+n+1)!}(\beta-\alpha)^{m+n+1}$$

数学 IV

(1) xyz 空間において

$$|x| + |y| + |z| \leqq 1$$

を満たす立体の体積は $\dfrac{\boxed{(55)}\,\boxed{(56)}}{\boxed{(57)}\,\boxed{(58)}}$ である.

(2) a を実数としたとき，xyz 空間において

$$|x-a| + |y-a| + |z| \leqq 1, \qquad x \geqq 0, \qquad y \geqq 0, \qquad z \geqq 0$$

を満たす立体の体積 $V(a)$ は

(a) $a < \dfrac{\boxed{(59)}\,\boxed{(60)}}{\boxed{(61)}\,\boxed{(62)}}$ のとき，$V(a) = 0$,

(b) $\dfrac{\boxed{(59)}\,\boxed{(60)}}{\boxed{(61)}\,\boxed{(62)}} \leqq a < 0$ のとき，$V(a) = \dfrac{\boxed{(63)}\,\boxed{(64)}\,a^3 + \boxed{(65)}\,\boxed{(66)}\,a^2 + \boxed{(67)}\,\boxed{(68)}\,a + \boxed{(69)}\,\boxed{(70)}}{\boxed{(71)}\,\boxed{(72)}}$,

(c) $0 \leqq a < \dfrac{\boxed{(73)}\,\boxed{(74)}}{\boxed{(75)}\,\boxed{(76)}}$ のとき，$V(a) = \dfrac{\boxed{(77)}\,\boxed{(78)}\,a^3 + \boxed{(79)}\,\boxed{(80)}\,a + \boxed{(81)}\,\boxed{(82)}}{\boxed{(83)}\,\boxed{(84)}}$,

(d) $\dfrac{\boxed{(73)}\,\boxed{(74)}}{\boxed{(75)}\,\boxed{(76)}} \leqq a < \boxed{(85)}\,\boxed{(86)}$ のとき，$V(a) = \dfrac{\boxed{(87)}\,\boxed{(88)}\,a^3 + \boxed{(89)}\,\boxed{(90)}\,a^2 + \boxed{(91)}\,\boxed{(92)}\,a}{\boxed{(93)}\,\boxed{(94)}}$,

(e) $\boxed{(85)}\,\boxed{(86)} \leqq a$ のとき，$V(a) = \dfrac{\boxed{(95)}\,\boxed{(96)}}{\boxed{(97)}\,\boxed{(98)}}$

となる.

数学 Ⅴ

複数人でジャンケンを何回か行い勝ち残った 1 人を決めることを考える．

　最初は全員がジャンケンに参加して始める．それぞれのジャンケンでは，そのジャンケンの参加者がそれぞれグー，チョキ，パーのどれかを出し，もしだれか 1 人が他の全員に勝った場合にはその 1 人が勝者となりジャンケンはそこで終了する．そうでない場合，全員が同じ手を出したか，グー，チョキ，パーのそれぞれを誰かが出した場合には‘あいこ’となり，そのジャンケンの参加者全員が次のジャンケンに進む．上記以外で，2 つの手に分かれた場合には，負けた手を出した人を除いて勝った手を出した人だけが次のジャンケンに進む．このように，ジャンケンを繰り返し行い，1 人の勝者が決まるまで続けるものとする．

　ただし，ジャンケンの参加者全員，グー，チョキ，パーのどれかを等しい確率で毎回ランダムに出すものとする．また，通常のジャンケンのように，グーはチョキに勝ち，チョキはパーに勝ち，パーはグーに勝つものとする．

(1) 3 人でジャンケンを複数回行い 1 人の勝者を決める場合，1 回目のジャンケンで勝者が決まる確率は $\dfrac{(99)\,(100)}{(101)\,(102)}$ であり，ちょうど 2 回のジャンケンで勝者が決まる確率は $\dfrac{(103)\,(104)}{(105)\,(106)}$ であり，ちょうど 3 回のジャンケンで勝者が決まる確率は $\dfrac{(107)\,(108)}{(109)\,(110)}$ である．

(2) 4 人でジャンケンを複数回行い 1 人の勝者を決める場合，1 回目のジャンケンで勝者が決まる確率は $\dfrac{(111)\,(112)\,(113)}{(114)\,(115)\,(116)}$ であり，ちょうど 2 回のジャンケンで勝者が決まる確率は $\dfrac{(117)\,(118)\,(119)}{(120)\,(121)\,(122)}$ である．

数学 VI

ある大学で来学期の授業の形式をどうするかを検討している。授業形式の選択としては，通常の対面形式 (授業形式 u と呼ぶことにする)，Web 上で資料を閲覧できたり課題を行ったりできるオンデマンド形式 (授業形式 v と呼ぶことにする)，Web 会議システムを使用するオンライン配信形式 (授業形式 w と呼ぶことにする) の 3 つがあるとする。

　また，来学期の新型ウイルスの感染状況については，急激に拡大している状況 (感染状況 x と呼ぶことにする)，ピークは過ぎたが十分な収束にはいたっていない状況 (感染状況 y と呼ぶことにする)，ある程度収束した状況 (感染状況 z と呼ぶことにする) の 3 つが考えられるとする。

　いま，この大学は授業形式と新型ウイルスの感染状況の組み合わせについて，次の表に示す評価値 (値が高いほど評価も高い) を定めているものとする。

	感染状況 x	感染状況 y	感染状況 z
授業形式 u	0	2	5
授業形式 v	3	0	0
授業形式 w	3	2	2

　来学期の感染状況について，感染状況 x である確率を p_x，感染状況 y である確率を p_y，感染状況 z である確率を p_z とすると，xyz 空間において点 $p = (p_x, p_y, p_z)$ は $(1,0,0)$，$(0,1,0)$，$(0,0,1)$ を頂点とする正三角形上の点として表すことができる。この正三角形上において，点 p から各辺に垂線を下ろしたとき，$(1,0,0)$ と向かいの辺に下ろした垂線の長さを l_x，$(0,1,0)$ と向かいの辺に下ろした垂線の長さを l_y，$(0,0,1)$ と向かいの辺に下ろした垂線の長さを l_z とする。

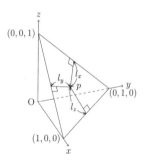

(1) このとき

$$p_x = \frac{\sqrt{\frac{\boxed{(123)}\ \boxed{(124)}}{}}}{\boxed{(125)}\ \boxed{(126)}} l_x, \qquad p_y = \frac{\sqrt{\frac{\boxed{(123)}\ \boxed{(124)}}{}}}{\boxed{(125)}\ \boxed{(126)}} l_y, \qquad p_z = \frac{\sqrt{\frac{\boxed{(123)}\ \boxed{(124)}}{}}}{\boxed{(125)}\ \boxed{(126)}} l_z$$

が成り立つ。

　いま，正三角形上の点 $p = (p_x, p_y, p_z)$ に対して，上記の評価の期待値を最大にする授業形式のラベルをつけることにする。ただし，p によっては評価値を最大にする選択が複数ある場合もあり，その場合には p に複数のラベルをつけることにする。

　さらに，原点と $(0,1,0)$，$(0,0,1)$ を頂点とする yz 平面上の直角二等辺三角形の頂点，辺，内部からなるすべての点に x という感染状況のラベルをつけ，原点と $(1,0,0)$，$(0,0,1)$ を頂点とする xz 平面上

の直角二等辺三角形の頂点，辺，内部からなるすべての点に y という感染状況のラベルをつけ，原点と $(1,0,0)$，$(0,1,0)$ を頂点とする xy 平面上の直角二等辺三角形の頂点，辺，内部からなるすべての点に z という感染状況のラベルをつけることにする．

すると，正三角形と 3 つの直角二等辺三角形からなる四面体の面上 (頂点，辺も含む) のそれぞれの点には，1 つもしくは複数のラベルがつくことになる．例えば，原点には $\{\, x, y, z \,\}$ の 3 つのラベルがつく．

(2) このとき，正三角形の面上 (頂点，辺も含む) の各点 p につけられるラベルの可能性を列挙すると，以下の通りとなる．ただし，複数のラベルがつけられる場合には，それぞれの中括弧内では，アルファベット順に書くものとする．(127) ～ (143) に入るラベルについて下記の選択肢から選びなさい．

単一のラベルがつく場合: $\{\, \boxed{(127)} \,\}$, $\{\, w \,\}$

2 つのラベルがつく場合: $\{\, \boxed{(128)}, w \,\}$, $\{\, u, \boxed{(129)} \,\}$, $\{\, \boxed{(130)}, y \,\}$, $\{\, w, y \,\}$, $\{\, \boxed{(131)}, z \,\}$

3 つのラベルがつく場合: $\{\, \boxed{(132)}, w, \boxed{(133)} \,\}$, $\{\, \boxed{(134)}, \boxed{(135)}, \boxed{(136)} \,\}$

4 つのラベルがつく場合: $\{\, u, \boxed{(137)}, \boxed{(138)}, \boxed{(139)} \,\}$, $\{\, \boxed{(140)}, \boxed{(141)}, \boxed{(142)}, \boxed{(143)} \,\}$

選択肢: (1) u　　(2) v　　(3) w　　(4) x　　(5) y　　(6) z

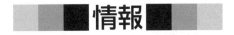

（120 分）

注 意 事 項

問題冊子に数字の入った ☐ があります．それらの数字は解答用紙の解答欄の番号を表しています．対応する番号の解答欄の 0 から 9 までの数字または －（マイナスの符号）をマークしてください．

　☐ が 2 個以上つながったとき，数は右詰めで入れ，左の余った空欄には 0 を入れてください．負の数の場合には，マイナスの符号を先頭の ☐ に入れてください．また，小数点以下がある場合には，左詰めで入れ，右の余った空欄には 0 を入れてください．

（例）　12　⟶　| 0 | 1 | 2 |　　　　　－3　⟶　| - | 0 | 3 |

　　　1.4　⟶　| 0 | 0 | 1 |.| 4 | 0 |　　　－5　⟶　| - | 0 | 5 |.| 0 | 0 |

分数は約分した形で解答してください．マイナスの符号は分母には使えません．

（例）　$\dfrac{4}{8}$ ⟶ $\dfrac{1}{2}$ ⟶ $\dfrac{\boxed{0}\,\boxed{1}}{\boxed{0}\,\boxed{2}}$　　　$-\dfrac{6}{9}$ ⟶ $-\dfrac{2}{3}$ ⟶ $\dfrac{\boxed{-}\,\boxed{2}}{\boxed{0}\,\boxed{3}}$

ルート記号の中は平方因子を含まない形で解答してください．

（例）　$\sqrt{50}$ ⟶ $\boxed{0}\,\boxed{5}\sqrt{\boxed{0}\,\boxed{2}}$　　　$-\sqrt{24}$ ⟶ $\boxed{-}\,\boxed{2}\sqrt{\boxed{0}\,\boxed{6}}$

　　　$\sqrt{13}$ ⟶ $\boxed{0}\,\boxed{1}\sqrt{\boxed{1}\,\boxed{3}}$　　　$-\dfrac{\sqrt{18}}{6}$ ⟶ $\dfrac{\boxed{-}\,\boxed{1}\sqrt{\boxed{0}\,\boxed{2}}}{\boxed{0}\,\boxed{2}}$

数式については，つぎの例のようにしてください．分数式は約分した形で解答してください．

（例）　$\sqrt{12a}$　⟶　$\boxed{0}\,\boxed{2}\sqrt{\boxed{0}\,\boxed{3}\,a}$

　　　$-a^2-5$　⟶　$\boxed{-}\,\boxed{1}\,a^2+\boxed{0}\,\boxed{0}\,a+\boxed{-}\,\boxed{5}$

　　　$\dfrac{4a}{2a-2}$　⟶　$\dfrac{-2a}{1-a}$　⟶　$\dfrac{\boxed{0}\,\boxed{0}+\boxed{-}\,\boxed{2}\,a}{1-\boxed{0}\,\boxed{1}\,a}$

　また，選択肢の番号を選ぶ問題では，最も適切な選択肢を 1 つだけ選んでください．同じ選択肢を複数回選んでもかまいません．

情報 I

以下、法制度に関しては、日本のものについて考えるものとする。

(**ア**) 次の文章を読み、空欄 (1)〜(5) にあてはまるものを選択肢から選び、その番号を解答欄にマークしなさい。

音楽教室での (1) の際、(2) や (3) の楽曲演奏で (4) に著作権料を支払う必要があるかが争われた訴訟の控訴審判決が18日、知財高裁(菅野雅之裁判長)であった。判決は、(4) 側の主張を認めて (2) や (3) の演奏に著作権が及ぶとした一審判決を一部変更。(3) の演奏には著作権が及ばず、(4) に著作権料の請求権はないと判断した。

音楽教室を運営する約 240 の事業者・個人が (4) を相手取り、著作権料を徴収する権利がないことを確認するよう求めていた。音楽教室での演奏が著作権法が規定する「(5) に直接聞かせることを目的とする演奏」にあたるかが争点だった。

判決は、(3) の演奏について「自らの技術の向上が目的」とし、本質は「(2) に演奏を聞かせ、指導を受けることにある」と指摘。(5) に聞かせる目的とはいえないと結論づけた。一方、(2) の演奏については、教室を運営する事業者の管理下にあり、事業者が演奏しているとみなせると判断。事業者から見れば、(3) は不特定の「(5)」にあたり、(2) の演奏は (5) に聞かせるのが目的だと認めた。

(出典:朝日新聞 2021 年 3 月 19 日朝刊記事を一部改変)

【(1)〜(5) の選択肢】

   (1) 文化庁   (2) 公衆   (3) 講師   (4) 発表会   (5) 生徒
   (6) ストリーミング (7) 人工知能 (8) 保護者 (9) レッスン (0) 日本音楽著作権協会

(**イ**) 産業財産権に関する説明として、正しいものを次の選択肢から1つ選び、その番号を解答欄 (6) にマークしなさい。

   (1) 意匠とは、物品の形状であって、触覚を通じて快感を起こさせるものをいう。
   (2) 意匠を創作した者は、登録を受けていなくても意匠権を行使することができる。
   (3) 特許法の定める「物」の発明には、プログラム等の発明も含まれる。
   (4) 発明者は、特許権を他人に譲渡することができない。
   (5) 商標は、人の視覚によって認識することができるものでなければならないから、聴覚によって認識される音は含まれない。

(**ウ**) 著作権法に関する説明として、正しいものを次の選択肢から1つ選び、その番号を解答欄 (7) にマークしなさい。

   (1) バレエの振り付けは、「文芸、学術、美術又は音楽の範囲に属するもの」にあたらないから、著作権法による保護の対象ではない。
   (2) プログラム言語は、プログラムを表現する手段であるから、著作権による保護の対象ではない。
   (3) 美術工芸品は、鑑賞だけでなく実用にも供する物品であるから、著作権による保護の対象ではない。
   (4) 株式会社は、「思想又は感情」を持つことができないから、著作者になることはできない。
   (5) データベースは、その情報の選択又は体系的な構成によって創作性を有する場合でも、著作権による保護の対象ではない。

(エ) 個人情報の保護に関する法律（個人情報保護法）に関する説明として、<u>誤っているもの</u>を次の選択肢から 1 つ選び、その番号を □(8) にマークしなさい。

(1) 個人情報取扱事業者は、利用目的の達成に必要な範囲内において、個人データを正確かつ最新の内容に保つとともに、利用する必要がなくなったときは、当該個人データを遅滞なく消去するよう努めなければならない。

(2) 個人情報取扱事業者は、その取り扱う個人データの漏えい、滅失又はき損の防止その他の個人データの安全管理のために必要かつ適切な措置を講じなければならない。

(3) 個人情報取扱事業者は、合併その他の事由により他の個人情報取扱事業者から事業を承継することに伴って個人情報を取得した場合は、承継前における当該個人情報の利用目的の達成に必要な範囲を超えて、当該個人情報を取り扱うことができる。

(4) 個人情報取扱事業者は、偽りその他不正の手段により個人情報を取得してはならない。

(5) 個人情報取扱事業者は、利用目的を変更する場合には、変更前の利用目的と関連性を有すると合理的に認められる範囲を超えて行ってはならない。

情報 II

プログラム言語における剰余演算について記述した次の文章の空欄 □(9) □(10) ～ □(15) □(16) に入るもっとも適切な数字を解答欄にマークし、空欄 □(17) ～ □(19) にはもっとも適切な選択肢を選び、その番号を解答欄にマークしなさい。

多くのプログラム言語には、加減乗除の四則演算を記述するための 2 項演算子がある。また、これらの他に、整数演算における剰余の計算を記述するための剰余演算子がある。ここで剰余演算子について着目すると、その計算の仕方や結果はプログラム言語によって異なるので、あるプログラム言語で書かれた剰余演算子を含んだ式や手順を、別のプログラム言語で使うには注意が必要である。

多くのプログラム言語では、剰余を求める式を、剰余演算子として % 記号を用いて次のように表現する。

$$7 \% 3$$

この式の値は、多くのプログラム言語で同じであり、7 を 3 で除したときの商が 2 で、剰余が 1 であることから、1 となる。

以下の説明では、a, b, r, q はすべて整数を表すものとする。

$a > 0$ かつ $b > 0$ の場合を考えると、

$$a = bq + r$$
$$0 \leqq r < b$$

を満たす r が剰余として、$a \% b$ の式の値になる。

これ以外の場合は、プログラム言語によって扱いが異なる。

Python(v3.9.7) の剰余演算子 % では、$b < 0$ の場合、

$$a = bq + r$$

$$b < r \leqq 0$$

を満たす r が剰余として、$a \% b$ の式の値になるので、a が 7、b が -3 のとき、$a \% b$ の式の値は $\boxed{\text{(9)}}$ $\boxed{\text{(10)}}$ になり、a が -7、b が -3 のときの $a \% b$ の式の値は $\boxed{\text{(11)}}$ $\boxed{\text{(12)}}$ になる。

　また、$b > 0$ の場合は、

$$a = bq + r$$
$$0 \leqq r < b$$

を満たすように式の値が計算される。

　C 言語では、古くは実装依存であったが、標準で動作が規定されるように変わり、標準 (ISO/IEC 9899:2011) では、$a > 0$ の場合、

$$a = bq + r$$
$$0 \leqq r < |b|$$

を満たす r が剰余として、$a \% b$ の式の値になるので、a が 7、b が -3 のとき、$a \% b$ の式の値は $\boxed{\text{(13)}}$ $\boxed{\text{(14)}}$ になる。

　また、$a < 0$ の場合には、

$$a = bq + r$$
$$-|b| < r \leqq 0$$

を満たす r が剰余として、$a \% b$ の式の値になるので、a が -7、b が -3 のときの $a \% b$ の式の値は $\boxed{\text{(15)}}$ $\boxed{\text{(16)}}$ になる。

　まとめると、ここで説明した Python の剰余演算子 $\%$ では、剰余の符号は、$\boxed{\text{(17)}}$ となり、C 言語では、$\boxed{\text{(18)}}$ となる。ただし、剰余が 0 になる場合は除いて考えるものとする。

　したがって、整数 n が与えられたときに、それが奇数であるかどうかを調べる方法として、n を 2 で割ったときの剰余、$n \% 2$ を計算し、それが 1 と等しいかどうかを調べるようなプログラムを記述した場合、$\boxed{\text{(19)}}$ では、うまく処理が行われない可能性がある。

【 $\boxed{\text{(17)}}$ 〜 $\boxed{\text{(19)}}$ の選択肢】
　(1) 常に正　(2) 除数と同一　(3) 被除数と同一　(4) C 言語　(5) Python

情報 III

次の文章の空欄 (20) ～ (54) には、選択肢からもっとも適切なものを選び、その番号を解答欄にマークしなさい。

加算を $+$、減算を $-$、乗算を $*$、除算を $/$ という演算子で表し、a, b, c を数値とすると、

$$a + b * c \tag{1}$$

という計算式の計算をコンピュータで行う場合には $b * c$ の乗算を先に計算して、その結果を a と加算して、計算結果を得る。この計算式表記法を自然記法と呼ぶ。計算式全体をまず調査して、計算の実行順を決めることで、自然記法のままでも計算できるが処理アルゴリズムは複雑となる。

そこで、自然記法の計算式を中間的記法に書き換え、書き換えた計算式に、スタックと呼ぶ一時的記憶領域を用いた単純な手順を繰り返し当てはめることで、計算結果を得ることを考える。スタックは書き込み（push）と取り出し（pop）を用いた記憶方式である。pop すると、最後に push した要素が取り出される。中間的記法における要素は演算子あるいは数値である。スタックの記憶領域は必要なだけ得られるものとする。

コンピュータは中間的記法で記述された計算式に対して、その先頭から要素を一つずつ取り出し、以下の手順を繰り返すことで計算を行う。

1. 取り出した要素が数値の場合には、その数値をスタックに push する。
2. 取り出した要素が演算子の場合には、スタックから 2 つ数値を pop して、その演算子をあてはめた計算結果を push する。計算時には先に pop した数値が演算子の後に配置されるとする。
3. これを計算式の最後まで繰り返し、最後にスタックに残った値が計算式の計算結果となる。

自然記法計算式 $a + b * c$ は

$$a\,b\,c * +$$

と中間的記法に変換したのち、この手順を適用することで計算が可能となる。この記法変換を $\Rightarrow$ を用いて以下のように表す。

$$a + b * c \Rightarrow a\,b\,c * +$$

この中間的記法は逆ポーランド記法と呼ばれており、コンピュータ内部での中間的記法として使われる。図 1 に処理中の逆ポーランド記法計算式とスタックの状態例を示す。図中「計算」と書いてある部分は pop した 2 つの数値を所定の演算子を用いて計算することを意味している。push(a) は a をスタックに push すること、 push($b * c$) は $b * c$ の計算結果をスタックに push することである。

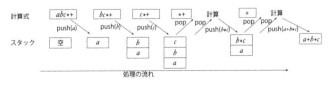

図 1　逆ポーランド記法を用いた計算例

式 (1) は

$$a + b * c \Rightarrow bc * a +$$

などに変換しても同じ計算結果が得られるが、以下の（ア）、（イ）とも、数値の出現順は自然記法と逆ポーランド記法で変えないことにする。

　自然記法における要素は、演算子、数値、括弧のいずれかとなる。自然記法で括弧がある計算式は、逆ポーランド記法を用いると括弧なしで表記できる。例えば以下のようである。

$$(a + b) * c \Rightarrow ab + c *$$

(ア) 以下の自然記法の計算式を 4 つの数値と 3 つの演算子から成る逆ポーランド記法に書換えなさい。

- $a + b * c + d \Rightarrow$ (20) (21) (22) (23) (24) d (25)
- $a + b * (c + d) \Rightarrow$ (26) (27) (28) (29) (30) (31) (32)
- $(a + b) * (c + d) \Rightarrow$ (33) (34) (35) (36) (37) (38) (39)
- $a * b / c + d \Rightarrow$ (40) (41) (42) c (43) (44) (45)

【 (20) ～ (45) の選択肢】

(1) a 　(2) b 　(3) c 　(4) d

(5) $+$ 　(6) $-$ 　(7) $*$ 　(8) $/$

(イ) 次に自然記法で書かれた計算式を入力とし、その先頭から要素（演算子、数値、括弧のいずれか）を順次取り出してスタックを用いて処理し、逆ポーランド記法計算式を出力するアルゴリズムを作成する。アルゴリズムを以下の処理 A と処理 B で構成する。自然記法で書かれた計算式から順次取り出す要素を x、pop するとスタックから取り出せる要素を p とする。

[処理 A]：数値を自然記法計算式に現われる順で出力し、括弧や演算の優先順を考慮して、演算子の出力順をスタックで調整する。括弧は逆ポーランド記法出力に含まれないので適切なタイミングで破棄する。

[処理 B]：処理 A を行った後にスタックに要素が残る場合は、順に pop して出力する。

　処理 A において、次の条件の場合に最も適した操作を下の選択肢から選び、その番号を解答欄にマークしなさい。ただし、p が何であるかは pop せずに分かるものとする。また、処理が p に対してのみ行われる場合には x は保持し、新たに自然記法計算式から要素を取り出さないとする。さらに、与えられた自然記法計算式に誤り（式として成り立たないような演算子、数値、括弧の並び）はないものとする。

条件	処理
x が数値の場合	(46)
x が (の場合	(47)
x が)、かつ p が (の場合	(48)
x が)、かつ p が (でない場合	(49)
x が演算子、かつ スタックが空の場合	(50)
x が * あるいは /、かつ p が * あるいは / の場合	(51)
x が * あるいは /、かつ p が * や / でない場合	(52)
x が + あるいは -、かつ p が演算子の場合	(53)
x が + あるいは -、かつ p が演算子でない場合	(54)

【(46)〜(54) の選択肢】

  (1) x を push する

  (2) x を出力する

  (3) p を pop して廃棄し、x を廃棄する

  (4) x を廃棄する

  (5) p を pop して出力する

  (6) p を pop して出力し、x を出力する

  (7) x を出力し、p を pop して出力する

情報 IV

  7 個の LED をサイコロの目に見立てた表示器を用いて、1 から 6 のどれかの目を表示する回路を設計する。次の文章の空欄 (57) 〜 (80) には適切な数字を、空欄 (55) (56) および (61) (82) 〜 (93) (94) にはもっとも適したものを選択肢から選び、解答欄にその番号をマークしなさい。ただし、$A + B$ は A と B の論理和（OR）を表し、$A \cdot B$ は A と B の論理積（AND）を表す。また、$\overline{A}$ は A の否定（NOT）を表す。論理式における優先順位は、否定、論理積、論理和の順となる。

  回路全体のブロック図は次図のようになる。スタートスイッチを押している間、発振回路で発生した矩形波（C_P）を入力として 6 進カウンタ回路を動作させる。6 進カウンタ回路の 2 進法出力 $A_2 A_1 A_0$（$000_2 \sim 101_2$）は、デコーダ回路によって表示器への入力信号 $F_0 \sim F_6$ へ変換され、対応する LED を点灯させる。点灯するサイコロの目は 1 から 6 を順に繰り返すことになるが、発振周波数が十分に高ければ肉眼では確認できないため、スタートスイッチをオフにしたとき、結果として予想できないサイコロの目が表示されることになる。

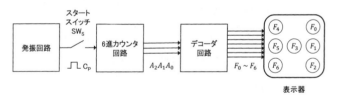

表示器

(ア) 発振回路からの信号 C_P の個数を数え、3 ビットの情報 $A_2 A_1 A_0$ を出力する 8 進カウンタをベースとし、6 進カウンタ回路を設計する。ただし、カウンタ回路は信号 C_P の立ち上がり（0 から 1 への遷移）をカウントするものとする。8 進カウンタ回路の動作表は次図（左）のようになる。この 8 進カウンタ回路を 6 進カウンタ回路として動作させるには、次図（右）のように、6 個目の信号 C_P が入力されたことを検出し、強制的に全ての出力ビットを 0 にリセットする信号 R を生成する回路を作ればよい。信号 R が 1 のとき、直ちに $A_2 A_1 A_0 = 000_2$ にリセットされるとすると、リセット信号を出力する論理式は次式のようになる。ただし、配線上での信号伝達の遅延はないものとする。

$$R = \boxed{(55)}\ \boxed{(56)}$$

C_P	A_2	A_1	A_0
0	0	0	0
1	0	0	1
2	0	1	0
3	0	1	1
4	1	0	0
5	1	0	1
6	1	1	0
7	1	1	1
8	0	0	0

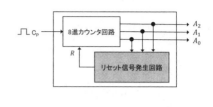

(イ) 次に、6 進カウンタ回路からの 2 進法出力 $A_2 A_1 A_0$（000_2〜101_2）を入力とし、サイコロ型の表示器の 1 から 6 の点灯パターンに対応させるデコーダ回路を設計しよう。LED の配置と表示パターンは次図のようにし、各 LED（F_0〜F_6）は入力値 0 で消灯、入力値 1 で点灯とする。

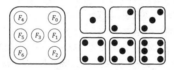

このとき、デコーダ回路の真理値表は次のようになる。

目	A_2	A_1	A_0	F_6	F_5	F_4	F_3	F_2	F_1	F_0
1	0	0	0	(57)	(58)	(59)	(60)	0	0	0
2	0	0	1	(61)	(62)	(63)	(64)	0	0	1
3	0	1	0	(65)	(66)	(67)	(68)	0	0	1
4	0	1	1	(69)	(70)	(71)	(72)	1	0	1
5	1	0	0	(73)	(74)	(75)	(76)	1	0	1
6	1	0	1	(77)	(78)	(79)	(80)	1	1	1
未使用	1	1	0	ϕ (don't care)						
	1	1	1							

真理値表から論理式を導出し、論理演算における分配の法則や吸収の法則を用いて変形することで得られる F_0〜F_6 に関する論理式は次のようになる。ここで、真理値表中の ϕ（don't care）は、デコーダ回路の動作に無関係なことを意味し、論理式を変形する際に 0、1 のどちらとして扱ってもよい。論理式の変形には、以下に示す論理演算の諸定理を用いることができる。

$$F_0 \;=\; \boxed{\text{(81)}}\ \boxed{\text{(82)}}$$

$$F_1 \;=\; \boxed{\text{(83)}}\ \boxed{\text{(84)}}$$

$$F_2 \;=\; \boxed{\text{(85)}}\ \boxed{\text{(86)}}$$

$$F_3 \;=\; \boxed{\text{(87)}}\ \boxed{\text{(88)}}$$

$$F_4 \;=\; \boxed{\text{(89)}}\ \boxed{\text{(90)}}$$

$$F_5 \;=\; \boxed{\text{(91)}}\ \boxed{\text{(92)}}$$

$$F_6 \;=\; \boxed{\text{(93)}}\ \boxed{\text{(94)}}$$

公理	恒等の法則
$1 + A = 1$	$0 + A = A$
$0 \cdot A = 0$	$1 \cdot A = A$
同一の法則	**補元の法則**
$A + A = A$	$A + \overline{A} = 1$
$A \cdot A = A$	$A \cdot \overline{A} = 0$
交換の法則	**結合の法則**
$A + B = B + A$	$A + (B + C) = (A + B) + C$
$A \cdot B = B \cdot A$	$A \cdot (B \cdot C) = (A \cdot B) \cdot C$
分配の法則	**吸収の法則**
$A \cdot (B + C) = A \cdot B + A \cdot C$	$A \cdot (A + B) = A$
$(A + B) \cdot (A + C) = A + B \cdot C$	$A + A \cdot B = A$
	$A + \overline{A} \cdot B = A + B$
	$\overline{A} + A \cdot B = \overline{A} + B$
復元の法則	**ド・モルガンの定理**
$\overline{\overline{A}} = A$	$\overline{A \cdot B} = \overline{A} + \overline{B}$
	$\overline{A + B} = \overline{A} \cdot \overline{B}$

【 $\boxed{\text{(55)}}\ \boxed{\text{(56)}}$ 、 $\boxed{\text{(81)}}\ \boxed{\text{(82)}} \sim \boxed{\text{(93)}}\ \boxed{\text{(94)}}$ の選択肢】

(11)　A_0　　　　(12)　$\overline{A_0}$　　　　(13)　A_1　　　　(14)　$\overline{A_1}$

(15)　A_2　　　　(16)　$\overline{A_2}$　　　　(17)　$A_0 \cdot A_1$　　　(18)　$A_0 \cdot A_2$

(19)　$A_0 \cdot \overline{A_1}$　(20)　$A_0 \cdot \overline{A_2}$　(21)　$\overline{A_0} \cdot A_1$　(22)　$\overline{A_0} \cdot A_2$

(23)　$\overline{A_0} \cdot \overline{A_1}$　(24)　$\overline{A_0} \cdot \overline{A_2}$　(25)　$A_1 \cdot A_2$　　　(26)　$A_1 \cdot \overline{A_2}$

(27)　$\overline{A_1} \cdot A_2$　(28)　$\overline{A_1} \cdot \overline{A_2}$　(29)　$A_0 + A_1$　　　(30)　$A_0 + A_1 + A_2$

(31)　$A_0 \cdot A_1 \cdot A_2$　(32)　$A_1 + A_0 \cdot A_2$　(33)　$A_2 + A_0 \cdot A_1$

情報 V

いくつかのグループの人々があるパーティーに参加している。パーティーの参加者は全員どれかのグループに属していて、2 つ以上のグループに属している人はいない。誰がどのグループに属しているかは判らないが、同じグループに属す人が出会った時は握手をし、違うグループに属す人は出会っても握手しないということが判っている。このパーティーを観察し、誰と誰が握手をしたかを記録することによって、任意に指定した 2 人が同じグループに属するかどうかを判定するアルゴリズムを考える。

実は同じグループに属していても、たまたまパーティーで出会わなかったために握手の記録が無いということもあり得るので、握手の記録が無いから同じグループでないと言うことはできない。したがって、アルゴリズムの出力は「同じグループに属している」か「同じグループに属すか不明」のどちらかとなる。

パーティーの参加者は n 人 (ただし $n \geqq 2$) とし、各参加者には 1 から n までの番号が付けられているものとする。握手記録は握手した 2 人の番号の組であり、握手記録列は握手記録を並べた列である。

(ア) 次の文章の空欄 (95)〜(97) に入るもっとも適切なものを下の選択肢から選び、その番号を解答欄にマークしなさい。

単純に考えると次のようになる。

- 各参加者に対してグループ番号を割り当てる。最初は全員異なるグループ番号にしておく。
- アルゴリズムは、握手の記録を読み込む部分と、指定された 2 人が同じグループか判定する部分に分かれる。前者を 1a、後者を 1b と呼ぶことにする。
- アルゴリズム 1a では、握手をした人が同じグループ番号になるように、グループ番号を書き換える。
- アルゴリズム 1b では、指定された 2 人のグループ番号が同じかどうか比較する。

これをアルゴリズムの形で書くと次のようになる。

アルゴリズム 1a:

変数 n の値を参加者の数、変数 $g_1, \ldots, g_n$ の値をそれぞれ $1, \ldots, n$ とする。

握手記録列を先頭から順に読み込み、各握手記録に対して処理 A を実行する。

処理 A の始め

　変数 a, b の値を、握手した 2 人の番号とする。

　変数 c の値を (95) とする。

　変数 i の値を最初 1 とし、1 ずつ増やしながら n まで処理 B を繰り返す。

　処理 B の始め

　　もし $g_i =$ (96) なら処理 C を実行する。

　　処理 C の始め

　　　(97) の値を g_a とする。

　　処理 C の終わり

　処理 B の終わり

処理 A の終わり

アルゴリズム 1b:

> 変数 $g_1, \ldots, g_n$ は、アルゴリズム 1a と共有している。
> 変数 d, e の値を、指定された 2 人の番号とする。
> もし $g_d = g_e$ なら「同じグループに属している」と出力し、
> そうでなければ「同じグループに属すか不明」と出力する。

【 (95) 〜 (97) の選択肢】

(1) a　　(2) b　　(3) c　　(4) i

(5) g_a　　(6) g_b　　(7) g_c　　(8) g_i

(イ) 次の文章の空欄 (98) 〜 (100) に入るもっとも適切なものを下の選択肢から選び、その番号を解答欄
にマークしなさい。

　アルゴリズム 1a は、握手記録 1 個ごとに処理 B を n 回繰り返すので、n が大きくなると効率が悪い。
そこで、次のような別の考え方をする。

- 各参加者が、別の参加者の番号をデータとして持つ。例えば 1 番の参加者が 2 番というデータを
  持つ時、「1 番が 2 番を指す」と呼ぶ。「誰も指していない」ことも可能で、その場合は 0 番をデー
  タとして持つことにする。
- A が B を指し、B が C を指し、…と指している参加者を順番にたどっていき、誰も指していない
  参加者 X にたどり着いた場合、X を A の代理人と呼ぶことにする。A が誰も指していない場合
  は、A が自分自身の代理人となる。
- アルゴリズムは、握手の記録を読み込む部分、指定された 2 人が同じグループか判定する部分、任
  意の参加者に対してその代理人を求める部分に分かれる。それぞれ 2a, 2b, 2c と呼ぶことにする。
- アルゴリズム 2a では、同じグループに属す参加者は代理人が同じになるようにする。それは、A
  と B が握手した時、(A と B が既に同じグループになっていなければ)A の代理人が B の代理人を
  指すようにすることで実現される。
- アルゴリズム 2b では、指定された 2 人の代理人が同じかどうか比較する。

　これをアルゴリズムの形で書くと次のようになる。

アルゴリズム 2a:

> 変数 n の値を参加者の数、変数 $p_1, \ldots, p_n$ の値をすべて 0 とする。
> 握手記録列を先頭から順に読み込み、各握手記録に対して処理 A を実行する。
> 処理 A の始め
> 　変数 a, b の値を、握手した 2 人の番号とする。
> 　変数 c, d の値を、a, b をそれぞれ入力としてアルゴリズム 2c を実行した結果とする。
> 　もし $c = d$ でなければ処理 B を実行する。
> 　処理 B の始め
> 　　p_c の値を d とする。
> 　処理 B の終わり
> 処理 A の終わり

アルゴリズム 2b:

> 変数 e, f の値を、指定された 2 人の番号とする。
> 変数 g, h の値を、e, f をそれぞれ入力としてアルゴリズム 2c を実行した結果とする。
> もし $g = h$ なら「同じグループに属している」と出力し、
> そうでなければ「同じグループに属すか不明」と出力する。

アルゴリズム 2c:

> 変数 $p_1, \ldots, p_n$ は、アルゴリズム 2a と共有している。
> 変数 i の値を、入力された番号とする。
> $p_i \neq$ (98) が成り立つ間、処理 C を繰り返す。
> 処理 C の始め
> i の値を (99) とする。
> 処理 C の終わり
> (100) の値を出力する。

【(98)～(100) の選択肢】

(1) $i-1$ (2) i (3) $i+1$ (4) 0

(5) p_{i-1} (6) p_i (7) p_{i+1}

(ウ) 次の文章の空欄 (101)(102)～(105)(106) に入るもっとも適切な数字を解答欄にマークしなさい。

あるパーティーでは、$n = 32$ で、32 人全員が同じ 1 つのグループに属している。これ以降は、この パーティーに対して、誰がどのグループかわからない状態からアルゴリズム 2a, 2b, 2c を適用し、全員 が同じグループであると判定できるようにすることを考える。

握手記録列 H が「十分大きい」とは、アルゴリズム 2a が H を読み取って処理した状態で、アルゴリ ズム 2b がどの 2 人に対しても「同じグループに属している」という出力を出すことと定義する。十分 大きい握手記録列は、最低でも (101)(102) 個の握手記録を含んでいる。

十分大きい握手記録列は複数存在するが、その効率には違いがある。十分大きい握手記録列 H をア ルゴリズム 2a が読み取って処理した状態で、x を入力としてアルゴリズム 2c を実行した時の、処理 C の実行回数を $s(H, x)$ で表す。さらに、ある H を固定して $1 \leqq x \leqq 32$ の範囲での $s(H, x)$ の最大値を $t(H)$ で表す。すると、H の範囲をすべての十分大きい握手記録列とした時の $t(H)$ の最大値は (103)(104) であり、最小値は (105)(106) となる。

■■■小論文■■■

（120 分）

　慶應義塾大学環境情報学部では併設される総合政策学部と共に、創設時より、社会の発展とともに複雑化する様々な問題に対応し、より良い社会を実現する「問題発見解決型人材の育成」を目標として掲げ、教育研究活動を行ってきました。社会が直面する重大な問題にはあらかじめ定義された正解が存在しない場面が多くあります。それどころか何が問題かも定義されておらず、その問題を自ら発見、定義し、それを解決していくことが求められます。

　また、学生が既成概念にとらわれずに教職員とともに未来を創造する両学部の学生像を表現するキャッチフレーズとして「未来からの留学生」を掲げてきました。環境情報学部の入学生に対してはこの「未来からの留学生」としての資質が期待されています。

　以上をふまえ、以下の問いに答えてください。

　問 1.

　様々な問題解決の取り組みにおいては、事前に十分なデータが入手できないことがあります。そのような場面では手に入る限られた情報から仮説を立て、おおよその数値を推定することが求められます。限られた情報から数値を推定する試みについて以下の問いに答えてください。

問 1-1.

2021 年に日本国内で購入されたシャープペンシルの本数を推定しその数値を解答欄 1-1 に記入してください。

問 1-2.

問 1-1 で解答した推定値を算出した根拠を解答欄 1-2 で説明してください。その際、なるべく分かりやすく読者が納得できるよう具体的な根拠を示してください。数式、図や表を使っても構いません。推定にあたっては受験生自身が持っている知識を用いることを前提としていますが、手がかりとして以下の参考データに示す数値を使用しても構いません。

【参考データ】

年齢（各歳）人口推計（総務省 2019 年（令和元年）10 月 1 日現在）

(単位：千人)

年齢(歳)	人口	年齢(歳)	人口	年齢(歳)	人口	年齢(歳)	人口
0	894	25	1,273	50	1,842	75	1,553
1	941	26	1,240	51	1,800	76	1,484
2	962	27	1,243	52	1,794	77	1,501
3	1,001	28	1,232	53	1,403	78	1,432
4	961	29	1,252	54	1,728	79	1,272
5	975	30	1,278	55	1,617	80	1,078
6	1,012	31	1,318	56	1,575	81	1,115
7	1,018	32	1,353	57	1,521	82	1,106
8	1,046	33	1,375	58	1,495	83	1,062
9	1,050	34	1,428	59	1,503	84	967
10	1,061	35	1,473	60	1,529	85	865
11	1,081	36	1,494	61	1,485	86	811
12	1,074	37	1,496	62	1,441	87	733
13	1,066	38	1,511	63	1,511	88	648
14	1,068	39	1,576	64	1,558	89	554
15	1,106	40	1,618	65	1,553	90	485
16	1,125	41	1,680	66	1,645	91	416
17	1,159	42	1,725	67	1,734	92	349
18	1,188	43	1,807	68	1,826	93	289
19	1,242	44	1,887	69	1,950	94	222
20	1,255	45	1,990	70	2,124	95	166
21	1,284	46	2,024	71	2,089	96	126
22	1,283	47	1,985	72	1,966	97	84
23	1,275	48	1,931	73	1,216	98	59
24	1,290	49	1,872	74	1,291	99	44
						100歳以上	69
						総数	126,167

文部科学省令和3年度学校基本調査（速報）

（単位：校）

区分	学校数
小学校	19,340
中学校	10,077
義務教育学校※	151
高等学校	4,857
中等教育学校	56
特別支援学校	1,160
高等専門学校	57
短期大学	315
大学	803
専修学校	3,084
各種学校	1,073

全産業企業数

　（平成28年経済センサス‐活動調査（確報））

3,856,457企業

法人企業数（令和元年度国税庁会社標本調査）

（単位：社）

資本金階級	法人企業数
1,000万円以下	2,383,332
1,000万円超1億円以下	354,025
1億円超10億円以下	15,185
10億円超	5,878
合計	2,758,420

※小中一貫校の一種

問2.

　【注意】以下の記述は出題上の架空の設定です。大学および学部による実際の取り組みとなるとは限りません。また「問1」と「問2」は独立した問題であり関連づける必要はありません。

　環境情報学部では2022年度より「未来からの留学生派遣制度」の導入を検討しています。「未来からの留学生派遣制度」では2022年度入学生の一部を2年前の2020年4

月入学生として過去の時空間に派遣し2年間を過ごしていただきます。対象者は2022年4月1日時点の記憶を持った状態で2020年4月1日に向かいます。そこで皆さんが経験する出来事は皆さんの働きかけによって変化しうる（皆さんが知っている歴史を変えることができる）ものとします。なお過去に持ち物を持っていくことはできません。また、この2年の間にさらに過去や未来に移動することはできません。

　環境情報学部ではこのような特別な機会を最大限有意義に活用し、よりよい世界を実現する意欲と力のある人に入学してもらいたいと考えています。特に他の人と異なる視点や創造的なアイデアなどを高く評価します。

　以上を前提として以下の問に答える形で活動計画を記述してください。なお時間移動に伴い発生する矛盾点（タイムパラドックス）等については各自で考えた設定を用いてください。

　問2-1.
　入学後この「未来からの留学生派遣制度」にあなたが参加し2020年4月に行くことができた場合に、この機会を活かして解決したい、あるいは解決できると考える問題について、分かりやすく印象的な名称を考え解答欄2-1に記述してください。

　問2-2.
　問2-1で記述した問題の解決について、過去に移動できる「未来からの留学生派遣制度」という特別な機会を通じて取り組むことの意義を200文字以内で解答欄2-2に記述してください。

問2-3.

問2-1で記述した問題を解決する方法の具体的なアイデアを解答欄2-3の枠内に記述してください。必要に応じて図や絵を用いてもかまいません。柔軟な発想や奇抜なアイデアを歓迎します。

〔解答欄〕　ヨコ約16.7cm×タテ約13.5cm

問2-4.

その問題解決の実現に向け2年間にどのような活動を行うのか具体的な手順を解答欄2-4に記述してください。解答欄の左端に時系列を示す直線が用意されていますので利用してください。図や絵を使用してもかまいません。創造性豊かな構想を期待します。

〔解答欄〕　ヨコ約32.4cm×タテ約17.0cm（※）

　　　　　　※右上部にヨコ17.7cm×タテ4.4cmの欠けあり。

　　　　　　時系列を示す直線は以下のような形式。

2020.04.01

2022.03.31

2021
年度

問題編

■一般選抜

問題編

▶試験科目・配点

教　科	科　　　　　目	配　点
外国語 ・数学 ・情報	「数学または情報」，「外国語」，「数学および外国語」の３つの中から１つを選択（いずれも同一試験時間内実施） 　数　学―数学Ⅰ・Ⅱ・Ａ・Ｂ 　情　報―社会と情報・情報の科学 　外国語―(a)コミュニケーション英語Ⅰ・Ⅱ・Ⅲ，英語表現Ⅰ・Ⅱ 　　　　　(b)コミュニケーション英語Ⅰ・Ⅱ・Ⅲ，英語表現Ⅰ・Ⅱ， 　　　　　　ドイツ語 　　　　　(c)コミュニケーション英語Ⅰ・Ⅱ・Ⅲ，英語表現Ⅰ・Ⅱ， 　　　　　　フランス語 　の(a)，(b)，(c)のうち，いずれか１つを選択	200 点
小論文	発想，論理的構成，表現などの総合的能力を問う	200 点

▶備　考

- ドイツ語，フランス語は省略。
- 数学Ａは「場合の数と確率」・「整数の性質」・「図形の性質」を出題範囲とする。数学Ｂは「確率分布と統計的な推測」・「数列」・「ベクトル」を出題範囲とする。
- 小論文は，問いに対して自らの考えを論述する形式の試験で，受験生の発想，論理的構成，表現などを総合的に評価しようとするもの。どれだけ発想豊かに，自分の考えを論文として論理的に構成し，説得力のある表現ができるかを問う。
- 選択した受験教科の得点と，小論文の採点結果を組み合わせて最終判定を行う。

（120 分）

（注意）

- 「外国語選択者」は，問題 I ～Ⅲの全問を解答すること。
- 「数学および外国語選択者」は，問題 I・Ⅱおよび数学の問題Ⅲ・Ⅴ・Ⅵを解答すること。
- 問題 I は英語・ドイツ語・フランス語のいずれかひとつの言語だけを選択して解答（ドイツ語・フランス語は省略）。

英語 I

次の文章に関して、空欄補充問題と読解問題の二つがあります。まず、[31]から[40]の空所を埋めるのに、文脈的に最も適切な語を 1 から 3 の中から選び、その番号を解答欄 (31) から (40)にマークしなさい。次に、内容に関する[41]から[45]の設問には、1 から 4 の選択肢が付されています。そのうち、文章の内容からみて最も適切なものを選び、その番号を解答欄 (41) から (45)にマークしなさい。

1　　Here is an example of extreme cognitive dissonance. Teachers are striking across the United States. Thousands of educators have been walking off the job in protest at radical public budget cuts over the past several years. These cuts have left them under-paid, overworked, and using their own money to supplement [31](1. extravagant　2. minuscule　3. balanced) budgets that result in books held together with duct tape and rain pouring into classrooms through ceiling holes.

2　　At the same time, business leaders, who have spent the past year successfully lobbying for tax "reform," are complaining that politicians have to do something about the [32](1. bitter taste　2. happy medium　3. sad state) of American schools. They complain that the failing American education system has made it impossible to find the workers needed to maintain their competitiveness on the international stage.

3　　**They** are right about that. While the US will probably have created about 15 million new jobs in the decade leading up to 2020, 65% will require post-secondary education and training beyond high school. Meanwhile, only 54% of Americans who enter tertiary education receive a degree within six years, a rate that reflects both cost inflation and the lack of preparedness with which many of them enter degree programs.

4　　Yet there is a huge irony here: Businesses want both tax cuts and educational reform. But they refuse to acknowledge the [33](1. elephant in the room　2. snake in the grass　3. wolf in sheep's clothing):

the incompatibility between those two things. Recent tax cuts did not cause the state teacher strikes. Education is mainly funded by state and local governments. However, they are part of a decades-long pattern of cuts in the public sector, made mainly at the [34](1. upheaval　2. behest　3. perusal) of business lobbyists, that has battered public education, which is and always has been the great equalizer in American society.

5　　State funding for education hit a peak in the 1980s and has been falling ever since, a decline that has [35](1. nevertheless　2. of course　3. inexplicably) created a huge class and skills gap. While the cost of a degree has risen for everyone, it has hit families in the lowest quartile of the socio-economic [36](1. spectrum　2. prism　3. continuity) the hardest. They paid 44.6% of their income for a degree in 1990, compared with 84% today. No wonder so many drop out with no diploma but huge amounts of debt—a situation that has become a "headwind" to economic growth, according to the US Federal Reserve.

6　　This, combined with the fact that US education has not been retooled in decades and does not churn out graduates equipped to compete in the digital economy, means that there is a large class of under-employed and under-skilled American workers. According to many chief executives, economists and civil society leaders, this has become the most pressing single problem for business.

7　　"There are a lot of individual efforts on the part of business to address the skills gap," says Darren Walker, the president of Ford Foundation. "And yet we must acknowledge that, when we prioritize tax cuts above all other policy, we risk [37](1. spiking　2. starving　3. stimulating) the public sector, and that ultimately leads to lower educational outcomes, higher inequality, and more polarized politics."

8　　Changing this is [38](1. something other than　2. anything other than　3. nothing short of) a national security issue. Economic research shows that only when education stays ahead of technology can countries prosper. Yet in the US, the system is so broken that the quest for education is itself leading to rising inequality and a $1.3 trillion student debt pile. This is terrible for business in a number of ways—from the fact that unskilled, low-paid workers cannot [39](1. drive　2. lift　3. stretch) growth in an economy dominated by consumer spending, to the reality that less educated people vote for populist politicians.

9　　Business must acknowledge this cognitive dissonance. America's major corporate lobbying groups should take on educational reform as a national competitiveness issue, just as they did tax reform. Members should create a task force to [40](1. lay low　2. roll out　3. draw in) their own best practices at a national level and declare that they will not support tax cuts that strip education of funding. It would be good for business—and society.

—Based on Faroohar, R. (2018). "Business must step up and help fix American education," *The Financial Times*.

[41] In the 3rd paragraph, who does "**they**" refer to?

1. Teachers on strike

2. Business leaders

3. Politicians

4. American schools

[42] Which of the following is _**NOT**_ given as a consequence of cuts to public education?

1. Large gaps are forming between skilled and unskilled workers.

2. Populist politicians are being elected into power.

3. The cost of a college degree is continuing to rise for everyone.

4. Businesses are unable to compete internationally.

[43] In the 5th paragraph, what is meant by "headwind"?

1. An advantage

2. A penalty

3. A guide

4. An obstacle

[44] Which of the following best expresses the overall meaning of the 6th paragraph?

1. The American college system is more concerned with giving people degrees than educating them.

2. American education is falling behind when it comes to preparing students to work in technology.

3. Graduates from American colleges make less money than skilled workers in other countries.

4. Businesses are taking issue with the abundance of executives, economists, and society leaders.

[45] What is the cognitive dissonance that the article is referring to?

1. Teacher strikes in the United States are not the result of tax reform.

2. American businesses seeking tax cuts make it impossible for education to improve.

3. Education should be prioritized over technology for the US to compete internationally.

4. America has both one of the strongest economies and weakest education systems in the world.

英語 II

次の文章に関して、空欄補充問題と読解問題の二つがあります。まず、[46]から[55]の空所を埋めるのに、文脈的に最も適切な語を 1 から 3 の中から選び、その番号を解答欄（46）から（55）にマークしなさい。次に、内容に関する[56]から[60]の設問には、1 から 4 の選択肢が付されています。そのうち、文章の内容からみて最も適切なものを選び、その番号を解答欄（56）から（60）にマークしなさい。

1　　"Techlash" is the rising animosity toward large technology companies and their impacts on society. Government leaders are becoming exasperated at the inability of traditional policymaking to keep up with the speed and scale of change. In that governance [46](1. direction　2. bubble　3. vacuum), corporate leaders are recognizing a growing crisis of trust with the public that requires more aggressive self-regulation.

2　　In response, some companies are creating new executive positions, such as a chief ethics officer, to ensure that ethical considerations are integrated across product development and deployment. These executives are working through some of the most [47](1. disingenuous　2. contentious　3. innocuous) issues in the public eye, and the ways to drive cultural change within organizations that pride themselves on their willingness to "move fast and break things."

3　　While accountability for harmful products often happens at the executive level, decisions that lead to them are often made by engineers and developers on product teams. If you look at the recent tech scandals, most did not involve a moment when someone decided to proceed with a product despite knowing how it could be abused. Rather, they usually emanate from a design decision that had unintended impacts.

4　　Most tech developers have a natural bias toward imagining the ways their products can benefit society. To [48](1. counteract　2. normalize　3. conceal) this, employees need tools to help them predict a range of harms, from discrimination to tech addiction, and develop strategies to mitigate those outcomes.

5　　Identifying red flags is just the first step. A process is necessary to ensure that they are raised to an appropriate level of seniority and [49](1. judged　2. implemented　3. embraced) transparently and consistently. Some ethics executives experimented with creating a new process for these "ethics checkpoints," but quickly realized that this burdened the tight product development cycle, or was ignored altogether.

6　　What's proven to be more effective is piggy-backing on processes that are already [50](1. irrelevant to　2. ingrained in　3. independent of) the product development road map, such as those created in recent years related to cybersecurity, environmental sustainability, and accessibility. This allows straightforward concerns to be addressed quickly, while more complex or sensitive ones can be escalated for deeper review.

7　　　　As tempting as it may be to see a new "ethics office" as the [51](1. placebo 2. panacea 3. pacifier) for a company's problems, ethics executives realized that they could not keep up with the demands for support from across the company, no matter how big their new department grew. Devoting your whole ethics teams to a few controversial topics or complex new products for a few months is useful to initially [52](1. refute 2. refine 3. retire) a methodology. But that approach doesn't scale when there is a need for attention and consideration across all products and features.

8　　　　[53](1. Instead 2. Otherwise 3. Nevertheless), companies like Microsoft are now finding success with training "ambassadors" or "champions" embedded in teams to heighten sensitivity toward unintended impacts, and help their teams navigate raising issues and concerns. Empowering people within teams ensures that they have the contextual intelligence and credibility needed to be trusted and effective.

9　　　　You can create the most well-designed process, but no one will follow it, or they will turn it into a superficial [54](1. nit-picking 2. bug-fixing 3. box-checking) exercise, if they aren't incentivized to do so. The priority for most engineers is to ship their products fast. To get real about responsible innovation, companies need to build these practices into individual and team objectives and performance reviews, as well as criteria for promotions, raises, bonuses, and even hiring.

10　　　These hard incentives need to be [55](1. contested 2. contradicted 3. complemented) with a range of soft incentives. Think about how your company celebrates a new product or feature launch. Maybe the team is congratulated over email or at the weekly meeting. How can you do something similar when a new product isn't launched because an ethical concern was surfaced? Employees have a keen sense of what is valued in an organization, and ethics executives are seeing that subtle cues like these can go a long way in changing behavior to avoid further "techlash".

　　　　—Based on Krieger, Z. (2020). "A practical guide for building ethical tech," *Wired.com*.

[56] In the 3rd paragraph, what does the author believe caused recent scandals involving technology companies?
1. Insufficient foresight rather than malicious intentions.
2. The desire to pursue maximum economic profits.
3. Intentional decisions to release dangerous products.
4. Tight schedules and severely overworked employees.

[57] According to the article, what is the problem with processes created to address ethical issues?
1. Giving employees extra duties to perform is unreasonable.
2. They are not effective at preventing the issues they are meant to solve.
3. They are not followed because they take too much time to implement.
4. Developers are too biased in favor of their products to focus on ethical issues.

[58] According to the author, which of the following is likely *NOT* a duty that ethics "ambassadors" or

"champions" would perform?

1. Considering how a new user interface might disadvantage people with disabilities.

2. Helping an advertiser use the company's facial recognition system to prevent theft.

3. Preparing a report on potential racial bias in an AI algorithm for the executives.

4. Analyzing privacy problems that have arisen in the company's other tech products.

[59] How does the author think companies should ensure their technology products are developed in an ethical manner?

1. By consistently providing both concrete and abstract rewards for ethical behavior.

2. By giving financial incentives, such as bonuses, when employees behave ethically.

3. By creating an ethics office to handle ethical questions for the entire company.

4. By giving control of development projects to ethics champions or ambassadors.

[60] Based on the article, which of the following would be an example of "techlash"?

1. A government banning a foreign application for reasons of national policy.

2. A technology company criticizing another company for monopolistic practices.

3. Users boycotting a social media app because they think it causes cyberbullying.

4. Artists suing a company for using their intellectual property without permission.

英語Ⅲ

次の文章に関して、空欄補充問題と読解問題の二つがあります。まず、[61]から[80]の空所を埋めるのに、文脈的に最も適切な語を 1 から 3 の中から選び、その番号を解答欄 (61) から (80) にマークしなさい。次に、内容に関する[81]から[90]の設問には、1 から 4 の選択肢が付されています。そのうち、文章の内容からみて最も適切なものを選び、その番号を解答欄 (81) から (90) にマークしなさい。

1   "We are drowning in information, while starving for wisdom." Those were the words of the American biologist E. O. Wilson [61](1. at 2. for 3. in) the turn of the century. Fast-forward to the smartphone era, and it's easy to believe that our mental lives are now more fragmentary [62](1. yet 2. and 3. although) scattered than ever. The "attention economy" is a phrase that's often used to make sense of what's going on: It puts our attention as a limited resource at the center of the informational ecosystem, with our various alerts and notifications locked in a constant battle to capture it.

2   That's a helpful narrative in a world of information overload, and one in which our devices and apps are intentionally designed to get us hooked. [63[(1. Nonetheless 2. Moreover 3. Consequently), besides our own mental wellbeing, the attention economy offers a way of looking at some important social problems: from the worrying declines in measures of empathy through to the "weaponization" of social media. The problem, though, is that this narrative [64](1. assumes 2. denies 3. demands) a certain kind of attention. An economy, after all, deals with how to allocate resources

efficiently in the service of specific objectives (such as maximizing profit). Talk of the attention economy relies on the notion of *attention-as-resource*: Our attention is to be applied in the service of some goal, which social media and other ills are bent on diverting us from. Our attention, when we fail to [65](1. give 2. take 3. put) it to use for our own objectives, becomes a tool to be used and exploited by others.

3　　　　However, conceiving of attention as a resource [66](1. encourages 2. misses 3. seizes) the fact that attention is not *just* useful. It's more fundamental than that: Attention is what joins us with the outside world. "Instrumentally" attending is important, sure. But we also have the capacity to attend in a more "exploratory" way: to be truly open to whatever we find before us, without any particular agenda.

4　　　　During a recent trip to Japan, for example, I found myself with a few unplanned hours to spend in Tokyo. Stepping out into the busy district of Shibuya, I wandered aimlessly [67](1. amid 2. inside 3. under) the neon signs and crowds of people. My senses met the wall of smoke and the cacophony of sound as I passed through a busy pachinko parlor. For the entire morning, my attention was in "exploratory" mode. That stood in [68] (1. relation 2. addition 3. contrast) to, say, when I had to focus on navigating the metro system later that day.

5　　　　Treating attention as a resource, as implied by the attention-economy narrative, tells us only half of the overall story—specifically, the left half. According to the British psychiatrist and philosopher Iain McGilchrist, the brain's left and right hemispheres "deliver" the world to us in two [69](1. fundamentally 2. allegedly 3. marginally) different ways. An instrumental mode of attention, McGilchrist contends, is the mainstay of the brain's left hemisphere, which tends to divide up whatever it's presented with into component parts: to analyze and categorize things so that it can utilize them towards some ends. By contrast, the brain's right hemisphere naturally adopts an exploratory mode of attending: a more embodied awareness, one that is open to whatever makes itself present before us, in all its fullness. This mode of attending comes into play, for instance, when we pay attention to other people, to the natural world, and to works of art. None of those [70](1. save the day 2. fare too well 3. dash our hopes) if we attend to them as a means to an end. And it is this mode of paying attention, McGilchrist argues, that offers us the broadest possible experience of the world.

6　　　　So, as well as attention-as-resource, it's important that we retain a clear sense of *attention-as-experience*. I believe that's what the American philosopher William James had in mind in 1890 when he wrote that "what we attend to is reality": the simple but profound idea that what we pay attention to, and how we pay attention, shapes our reality, moment to moment, day to day, and so on. It is also the exploratory mode of attention that can connect us to our deepest sense of purpose. Just note how many non-instrumental forms of attention practice lie [71](1. at the heart 2. on the verge 3. off the top) of many spiritual traditions. In *Awareness Bound and Unbound* (2009), the American Zen teacher David Loy characterizes an unenlightened existence (*samsara*) as simply the state in which one's attention becomes "trapped" as it grasps from one thing to another, always looking for the next thing to [72](1. give way 2. latch on 3. make up) to. Nirvana, for Loy, is simply a free and open attention that is completely liberated from such fixations. Meanwhile, Simone Weil, the French Christian mystic, saw prayer as attention "in its pure form"; she wrote that the "authentic and pure" values in the activity of a human being, such as truth, beauty and goodness, all [73](1. diverge　2. abstain　3. result) from a particular application of full attention.

7　　　　The problem, then, is twofold. First, the deluge of stimuli competing to grab our attention almost certainly inclines us towards instant [74](1. wretchedness　2. discontentment　3. gratification). This crowds out space for the exploratory mode of attention. When I get to the bus stop now, I automatically reach for my phone, rather than stare into space; my fellow commuters (when I do raise my head) seem to be doing the same thing. Second, on top of this, an attention-economy narrative, for all its usefulness, reinforces a conception of attention-as-resource, rather than attention-as-experience. At one extreme, we can imagine a scenario in which we gradually lose touch with attention-as-experience altogether. Attention becomes solely a thing to utilize, a means of getting things done, something [75](1. in　2. of　3. from) which value can be extracted. This scenario entails, perhaps, the sort of disembodied, inhuman dystopia that the American cultural critic Jonathan Beller talks about in his essay "Paying Attention" (2006) when he describes a world in which "humanity has become its own ghost".

8　　　　While such an outcome is extreme, there are hints that modern psyches are moving in this direction. One study found, for instance, that most men chose to receive an electric shock rather than be left to their own devices: when, in other words, they had no entertainment [76](1. to　2. on　3. within) which to fix their attention. Or take the emergence of the "quantified self" movement, in which "life loggers" use smart devices to track thousands of daily movements and behaviors in order to [77](1. amass　2. allocate　3. disperse) self-knowledge. If one adopts such a mindset, data is the only valid input. One's direct, felt experience of the world simply does not compute.

9　　　　Thankfully, no society has reached this dystopia—yet. But faced with a [78](1. stream　2. lack　3. parity) of claims on our attention, and narratives that invite us to treat it as a resource to mine, we need to work to keep our instrumental and exploratory modes of attention in balance. How might we do this? To begin with, when we talk about attention, we need to defend framing it as an experience, not a mere means or implement to some other end. Next, we can reflect on how we spend our time. Besides expert advice on "digital hygiene", we can be [79](1. reactive　2. introspective　3. proactive) in making a good amount of time each week for activities that nourish us in an open, receptive, undirected way: taking a stroll, visiting a gallery, listening to a record.

10　　　　Perhaps most effective of all, though, is simply to return to an embodied, exploratory mode of attention, just for a moment or two, as often as we can throughout the day. Watching our breath, say, with no agenda. In an age of fast-paced technologies and instant hits, that might sound a little … [80](1. underwhelming　2. overwhelming　3. whelming). But there can be beauty and wonder in the unadorned act of "experiencing". This might be what Weil had in mind when she said that the correct application of attention can lead us to "the gateway to eternity … The infinite in an instant."

　　　　—Based on Nixon, D. (2018). *Aeon.*

[81] Which of the following is ***NOT*** given as a characteristic of an "attention economy" discussed in the 2nd paragraph?

1. It involves how to manage the large amount of information that constantly surrounds us.

2. It is based on both attention resource allocation and the illusion of choice in how it is spent.

3. It concerns how to distribute resources in the most beneficial and economical ways.

4. It explains that once not utilized for our own goals, our attention gets used by someone else.

[82] In the 4th paragraph, the author used his story about being in Shibuya to show

1. that it is confusing to walk amongst crowds in a busy area without purpose.

2. that attention can be as much exploratory as it is utilitarian.

3. how he failed to notice the connection between different modes of attention.

4. how loud noise and crowded places demanded constant attention.

[83] Which of the following is ***NOT*** true according to Dr. McGilchrist in the 5th paragraph?

1. The exploratory mode of attention enables us to experience comprehensive life encounters.

2. Analyzing and cataloguing events is comparable with treating attention as a resource.

3. The exploratory mode of attention is handled in the right hemisphere of the brain.

4. One must have a well-balanced mode of attention-as-resource and attention-as-experience.

[84] Which of the following best depicts what the author thinks of the exploratory mode of attention as shown in the 6th paragraph?

1. It prompts us to look for functional goals.

2. It affects how we perceive our place in the world.

3. It helps us to identify what is considered authentic in society.

4. It is regarded as a means to search for purity in our lives.

[85] Why does the author think attention-as-a-resource is problematic as discussed in the 7th paragraph?

1. Subjecting people to sensory overload will leave no room for exploration.

2. One can no longer utilize attention as a resource once exploratory mode takes effect.

3. It weakens our connection to the spiritual world.

4. It is insufficient for supporting an attention-economy theory.

[86] What does Jonathan Beller mean by "humanity has become its own ghost" in the 7th paragraph?

1. Society is becoming more detached as people stop paying attention to the world around them.

2. As a result of individualism slowly dying off, human beings are behaving like machines.

3. Global internet companies are encouraging people to become addicted to the internet like zombies.

4. Humans are primarily influenced by digital media in their decision-making processes.

[87] What is meant by the phrase "one's direct, felt experience of the world simply does not compute" in the 8th paragraph?

1. Feelings are not quantifiable.

2. Sensory data are not predictable.

3. Experiences are not shareable.

4. Behaviors are not trackable.

[88] What would be an example of "digital hygiene" as mentioned in the 9th paragraph?

1. Disinfecting our computers each week.

2. Deleting our browsing history.

3. Updating the operating system regularly.

4. Turning off notifications on a mobile phone.

[89] What is the author's interpretation of the quote by Weil in the 10th paragraph?

1. Paying attention to your own self is likely to lead you to spiritual enlightenment.

2. It is difficult to clear our minds to new insights when inundated by information.

3. Constant distractions and interruptions make full attention unachievable.

4. You can appreciate a lot about the world around you by experiencing it.

[90] Which of the following would be the best title for this article?

1. Identifying attention is a recipe for achieving a fulfilled life

2. Exploration of attention as a means to meet the demands of society

3. Attention is not a resource but a way of being alive to the world

4. The role of attention as a resource for organizing data in the digital world

数学

（120 分）

（注意）

- •「数学選択者」は，問題Ⅰ～Ⅵの全問を解答すること．
- •「数学および外国語選択者」は，問題Ⅲ・Ⅴ・Ⅵおよび外国語の問題Ⅰ・Ⅱを解答すること．

注 意 事 項

問題冊子に数字の入った ☐ があります．それらの数字は解答用紙の解答欄の番号を表しています．対応する番号の解答欄の 0 から 9 までの数字または − (マイナスの符号) をマークしてください．

☐ が 2 個以上つながったとき，数は右詰めで入れ，左の余った空欄には 0 を入れてください．負の数の場合には，マイナスの符号を先頭の ☐ に入れてください．また，小数点以下がある場合には，左詰めで入れ，右の余った空欄には 0 を入れてください．

(例)　12　⟶　| 0 | 1 | 2 |　　　　　−3　⟶　| − | 0 | 3 |

　　　1.4　⟶　| 0 | 0 | 1 . | 4 | 0 |　　　−5　⟶　| − | 0 | 5 . | 0 | 0 |

分数は約分した形で解答してください．マイナスの符号は分母には使えません．

(例)　$\dfrac{4}{8}$　⟶　$\dfrac{1}{2}$　⟶　$\dfrac{\boxed{0\ 1}}{\boxed{0\ 2}}$　　　$-\dfrac{6}{9}$　⟶　$-\dfrac{2}{3}$　⟶　$\dfrac{\boxed{-\ 2}}{\boxed{0\ 3}}$

ルート記号の中は平方因子を含まない形で解答してください．

(例)　$\sqrt{50}$　⟶　$\boxed{0\ 5}\sqrt{\boxed{0\ 2}}$　　　$-\sqrt{24}$　⟶　$\boxed{-\ 2}\sqrt{\boxed{0\ 6}}$

　　　$\sqrt{13}$　⟶　$\boxed{0\ 1}\sqrt{\boxed{1\ 3}}$　　　$-\dfrac{\sqrt{18}}{6}$　⟶　$\dfrac{\boxed{-\ 1}\sqrt{\boxed{0\ 2}}}{\boxed{0\ 2}}$

数式については，つぎの例のようにしてください．分数式は約分した形で解答してください．

(例)　$\sqrt{12a}$　⟶　$\boxed{0\ 2}\sqrt{\boxed{0\ 3}\,a}$

　　　$-a^2 - 5$　⟶　$\boxed{-\ 1}\,a^2 + \boxed{0\ 0}\,a + \boxed{-\ 5}$

$$\frac{4a}{2a-2} \quad \rightarrow \quad \frac{-2a}{1-a} \quad \rightarrow \quad \frac{\boxed{0}\,\boxed{0} + \boxed{-}\,\boxed{2}\,a}{1 - \boxed{0}\,\boxed{1}\,a}$$

　また，選択肢の番号を選ぶ問題では，最も適切な選択肢を 1 つだけ選びなさい．同じ選択肢を複数回選んでもかまいません．

数学 I

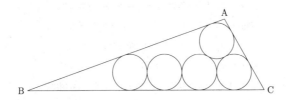

図のように三角形 ABC の内部に半径 1 の円が 5 つ含まれている．4 つの円は辺 BC に接しながら横一列に互いに接しながら並び，左端の円は辺 AB に接し，右端の円は辺 AC に接している．また，もう一つの円は，辺 AB と辺 AC に接し，4 つの円の右側の 2 つの円に接している．このとき

$$AB = \frac{\sqrt{\boxed{(1)}\,\boxed{(2)}}}{\boxed{(3)}\,\boxed{(4)}}\, BC \qquad\qquad AC = \frac{\boxed{(5)}\,\boxed{(6)}}{\boxed{(7)}\,\boxed{(8)}}\, BC$$

$$BC = \frac{\boxed{(9)}\,\boxed{(10)} + \boxed{(11)}\,\boxed{(12)}\,\sqrt{\boxed{(13)}\,\boxed{(14)}} + \boxed{(15)}\,\boxed{(16)}\,\sqrt{\boxed{(17)}\,\boxed{(18)}}}{\boxed{(19)}\,\boxed{(20)}}$$

である．ただし，$\boxed{(13)}\,\boxed{(14)} < \boxed{(17)}\,\boxed{(18)}$ とする．

数学Ⅱ

トランプを使って行うゲームの一つであるポーカーは，プレイヤーのもつ 5 枚のカードの組合せの強さ
を競うゲームである．トランプはジョーカーを除いた，スペード (♠)・クラブ (♣)・ダイヤモンド (♢)・
ハート (♡) の 4 つのスート (あるいはスーツとも呼ばれる) のそれぞれに 1 から 13 までの数が書かれた
52 枚のカードからなる (1, 11, 12, 13 の代わりに，A, J, Q, K の記号を用いることが多い)．

　5 枚のカードの組合せには，強い順に以下の種類がある．

- **ストレートフラッシュ**: 同じスートのカードが 5 枚順番に並ぶ
- **フォーカード**: 同じ数のカードが 4 枚揃い，それ以外のカードが 1 枚
- **フルハウス**: 同じ数のカードが 3 枚揃い，別の数のカードが 2 枚揃う
- **フラッシュ**: 同じスートのカードが 5 枚揃うが，順番ではない
- **ストレート**: 数が 5 枚順番に並ぶが，スートはひとつに揃っていない
- **スリーカード**: 同じ数のカードが 3 枚揃うが，残り 2 枚はそれぞれ別の数
- **ツーペアー**: 同じ数のカードが 2 枚揃う組がふたつ別の数であり，残りの 1 枚もそれらとは別の数
- **ワンペアー**: 同じ数のカードが 2 枚揃い，残りはそれぞれ別の数
- **カードハイ**: 上記以外

なお，A を 1 と考えて A, 2, 3, 4, 5 がストレートおよびストレートフラッシュとなるだけでなく，A を
K に続く数と考えて 10, J, Q, K, A もストレートおよびストレートフラッシュとして許す．しかし，
A を超えて J, Q, K, A, 2 のように 2 まで含めるものは許さない．

　52 枚のカードから 5 枚を抜き出す組合せの数は ${}_{52}C_5 = 2598960$ 通りあるが，それがストレー
トフラッシュとなる組合せの数を求めてみよう．ストレートフラッシュの 5 枚のカードの最小の数
は $1, 2, \ldots,$ (21)(22) のどれかであるから，それぞれのスートごとに (21)(22) 通り考えられる．よって，
$4 \times$ (21)(22) $=$ (23)(24) 通りのストレートフラッシュの組合せがある．また，ストレートについては，
数は順番に並んでいるが，スートが揃っていない組合せの数なので (25)(26)(27)(28)(29) 通りある．

　次に，フルハウスとなる組合せの数を求めてみよう．同じ数のカードが 3 枚と 2 枚のふたつの組があ
り，3 枚の組を選ぶ組合せは (30)(31) $\times {}_4C_3$，残りの 2 枚のカードを選ぶ組合せは (32)(33) $\times {}_4C_2$ である
から，フルハウスとなる組合せの数は (30)(31) $\times {}_4C_3 \times$ (32)(33) $\times {}_4C_2 =$ (34)(35)(36)(37) 通りである．
ただし (30)(31) $\geqq$ (32)(33) とする．

数学Ⅲ

(1)　各面が白色あるいは黒色で塗られた正四面体について，いずれか 1 つの面を等確率 $\frac{1}{4}$ で選択し，選択した面を除いた 3 つの面の色を，白色であれば黒色に，黒色であれば白色に塗り直す試行を繰り返す．正四面体のすべての面が白色の状態から開始するとき

  (a) 2 つの面が白色，2 つの面が黒色になる最小の試行回数は (38)(39) 回であり，この試行回数で同状態が実現する確率は $\dfrac{(40)(41)}{(42)(43)}$ である．

  (b) すべての面が黒色になる最小の試行回数は (44)(45) 回であり，この試行回数で同状態が実現する確率は $\dfrac{(46)(47)}{(48)(49)}$ である．

(2)　各面が白色あるいは黒色で塗られた立方体について，いずれか 1 つの面を等確率 $\frac{1}{6}$ で選択し，選択した面を除いた 5 つの面の色を，白色であれば黒色に，黒色であれば白色に塗り直す試行を繰り返す．立方体のすべての面が白色の状態から開始するとき

  (a) 3 つの面が白色，3 つの面が黒色になる最小の試行回数は (50)(51) 回であり，この試行回数で同状態が実現する確率は $\dfrac{(52)(53)}{(54)(55)}$ である．

  (b) すべての面が黒色になる最小の試行回数は (56)(57) 回であり，この試行回数で同状態が実現する確率は $\dfrac{(58)(59)(60)}{(61)(62)(63)}$ である．

数学IV

$A_n = \{1, 2, \ldots, n\}$ を，1 から n までの自然数の集合とする．S を A_n の部分集合 (空集合および A_n 自身も含む) としたとき，S' を S の要素それぞれに 1 を加えてできた集合とする．また，S'' を S' の要素それぞれにさらに 1 を加えてできた集合とする．たとえば，$A_3 = \{1, 2, 3\}$ の部分集合 $S = \{1, 3\}$ の場合，$S' = \{2, 4\}$ および $S'' = \{3, 5\}$ となる．

(1) $A_4 = \{1, 2, 3, 4\}$ の部分集合 $S = \{1, 2, 3\}$ は $S \cup S' = A_4$ となる．このように A_4 の部分集合 S で $S \cup S' = A_4$ となるものは，$\{1, 2, 3\}$ と $\{1, \boxed{\scriptsize(64)}\}$ の 2 つである．

(2) A_n の部分集合 S で $S \cup S' = A_n$ となるような S の個数を a_n とすると，(1) から分かるように $a_4 = 2$ であり

$$a_5 = \boxed{\scriptsize(65)}\boxed{\scriptsize(66)}, \quad a_6 = \boxed{\scriptsize(67)}\boxed{\scriptsize(68)}, \quad a_7 = \boxed{\scriptsize(69)}\boxed{\scriptsize(70)}, \quad a_8 = \boxed{\scriptsize(71)}\boxed{\scriptsize(72)}, \quad \ldots, \quad a_{16} = \boxed{\scriptsize(73)}\boxed{\scriptsize(74)}\boxed{\scriptsize(75)}$$

となる．

(3) $A_4 = \{1, 2, 3, 4\}$ の部分集合 S で $S \cup S'' = A_4$ となるものは，$S = \{1, \boxed{\scriptsize(76)}\}$ だけである．

(4) A_n の部分集合 S で $S \cup S'' = A_n$ となるような S の個数を b_n とすると，(3) から分かるように $b_4 = 1$ であり

$$b_5 = \boxed{\scriptsize(77)}\boxed{\scriptsize(78)}, \quad b_6 = \boxed{\scriptsize(79)}\boxed{\scriptsize(80)}, \quad b_7 = \boxed{\scriptsize(81)}\boxed{\scriptsize(82)}, \quad b_8 = \boxed{\scriptsize(83)}\boxed{\scriptsize(84)}, \quad \ldots, \quad b_{16} = \boxed{\scriptsize(85)}\boxed{\scriptsize(86)}\boxed{\scriptsize(87)}$$

となる．

数学Ⅴ

xyz 空間において，直方体 ABCD–EFGH が $z \geqq x^2 + y^2$ $(0 \leqq z \leqq 1)$ を満たす立体の周辺および内部に存在する．この直方体の面 ABCD，EFGH は xy 平面に平行であり，頂点 A, B, C, D は平面 $z = 1$ 上に，頂点 E, F, G, H は曲面 $z = x^2 + y^2$ 上に存在する．

(1) 直方体 ABCD–EFGH の面 ABCD および EFGH が 1 辺の長さ a の正方形のとき，正の実数である a の取り得る値の範囲は $0 < a < \sqrt{\boxed{(88)}\boxed{(89)}}$ であり，この直方体の体積は $\dfrac{\boxed{(90)}\boxed{(91)}}{\boxed{(92)}\boxed{(93)}} a^4 + \boxed{(94)}\boxed{(95)} a^2$ である．

(2) 直方体 ABCD–EFGH の面 ABFE および DCGH が 1 辺の長さ b の正方形のとき，正の実数である b の取り得る値の範囲は $0 < b < \boxed{(96)}\boxed{(97)} + \boxed{(98)}\boxed{(99)}\sqrt{\boxed{(100)}\boxed{(101)}}$ であり，この直方体の体積は $b^2 \sqrt{\boxed{(102)}\boxed{(103)} b^2 + \boxed{(104)}\boxed{(105)} b + \boxed{(106)}\boxed{(107)}}$ である．

(3) 直方体 ABCD–EFGH のすべての面が 1 辺の長さ c の正方形のとき，すなわち直方体 ABCD–EFGH が立方体のとき，正の実数である c の値は $\boxed{(108)}\boxed{(109)} + \sqrt{\boxed{(110)}\boxed{(111)}}$ であり，立方体 ABCD–EFGH の体積は $\boxed{(112)}\boxed{(113)}\boxed{(114)} + \boxed{(115)}\boxed{(116)}\sqrt{\boxed{(117)}\boxed{(118)}}$ である．

数学Ⅵ

ある国の有識者会議が，経済活性化に資する公共サービスの供給量 x と，医療・公衆衛生に関する公共
サービスの供給量 y の組合せの検討を行っている．供給量の組合せ (x, y) は，予算やマンパワー，既存
の法律など，さまざまな要因により，その実現可能性に制約を受け，次の不等式を満たすものとする．

$$\begin{cases} 2x + 5y \leqq 405 & \cdots\cdots(1) \\ x^2 + 75y \leqq 6075 & \cdots\cdots(2) \\ \quad\quad x \geqq 0 & \cdots\cdots(3) \\ \quad\quad y \geqq 0 & \cdots\cdots(4) \end{cases}$$

供給量の組合せ (x, y) を x 軸と y 軸の 2 次元座標で表わすと，実現可能な供給量の組合せ (x, y) の領域
は，$0 \leqq x \leqq \boxed{(119)(120)}$ の範囲で (1) と (4) を満たす (x, y) の部分の領域と，$\boxed{(119)(120)} \leqq x \leqq \boxed{(121)(122)}\sqrt{\boxed{(123)(124)}}$
の範囲で (2) と (4) を満たす (x, y) の部分の領域の 2 つからなることが分かる．

　いま，有識者会議の目標が xy の最大化であるとすると，供給量の組合せを

$$(x, y) = \left(\boxed{(125)(126)}, \boxed{(127)(128)} \right)$$

とする結論を得る．

　次に，情勢の変化に伴って，上記の (1), (2), (3), (4) に新たな不等式

$$x + y \leqq 93 \quad \cdots\cdots(5)$$

が加わったとすると，実現可能な (x, y) の領域は，$0 \leqq x \leqq \boxed{(129)(130)}$ の範囲で (1) と (4) を満たす
(x, y) の部分の領域と，$\boxed{(129)(130)} \leqq x \leqq \boxed{(131)(132)}$ の範囲で (5) と (4) を満たす (x, y) の部分の領域と，
$\boxed{(131)(132)} \leqq x \leqq \boxed{(121)(122)}\sqrt{\boxed{(123)(124)}}$ の範囲で (2) と (4) を満たす (x, y) の部分の領域の 3 つに分けるこ
とができる．また，政府の方針にそって，有識者会議の目標が x^2y の最大化に変更されたとすると，供
給量の組合せを

$$(x, y) = \left(\boxed{(133)(134)}, \boxed{(135)(136)} \right)$$

とする結論を導くことになる．

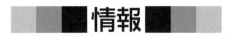

（120 分）

注意事項

問題冊子に数字の入った □ があります．それらの数字は解答用紙の解答欄の番号を表しています．対応する番号の解答欄の 0 から 9 までの数字または − (マイナスの符号) をマークしてください．

□ が 2 個以上つながったとき，数は右詰めで入れ，左の余った空欄には 0 を入れてください．負の数の場合には，マイナスの符号を先頭の □ に入れてください．また，小数点以下がある場合には，左詰めで入れ，右の余った空欄には 0 を入れてください．

(例)　12 $\longrightarrow$ 　$\boxed{0}\,\boxed{1}\,\boxed{2}$ 　　　　−3 $\longrightarrow$ 　$\boxed{-}\,\boxed{0}\,\boxed{3}$

　　　 1.4 $\longrightarrow$ 　$\boxed{0}\,\boxed{0}\,\boxed{1}.\boxed{4}\,\boxed{0}$ 　　−5 $\longrightarrow$ 　$\boxed{-}\,\boxed{0}\,\boxed{5}.\boxed{0}\,\boxed{0}$

分数は約分した形で解答してください．マイナスの符号は分母には使えません．

(例)　$\dfrac{4}{8}$ $\longrightarrow$ $\dfrac{1}{2}$ $\longrightarrow$ $\dfrac{\boxed{0}\,\boxed{1}}{\boxed{0}\,\boxed{2}}$ 　　$-\dfrac{6}{9}$ $\longrightarrow$ $-\dfrac{2}{3}$ $\longrightarrow$ $\dfrac{\boxed{-}\,\boxed{2}}{\boxed{0}\,\boxed{3}}$

ルート記号の中は平方因子を含まない形で解答してください．

(例)　$\sqrt{50}$ $\longrightarrow$ $\boxed{0}\,\boxed{5}\sqrt{\boxed{0}\,\boxed{2}}$ 　　$-\sqrt{24}$ $\longrightarrow$ $\boxed{-}\,\boxed{2}\sqrt{\boxed{0}\,\boxed{6}}$

　　　 $\sqrt{13}$ $\longrightarrow$ $\boxed{0}\,\boxed{1}\sqrt{\boxed{1}\,\boxed{3}}$ 　　$-\dfrac{\sqrt{18}}{6}$ $\longrightarrow$ $\dfrac{\boxed{-}\,\boxed{1}\sqrt{\boxed{0}\,\boxed{2}}}{\boxed{0}\,\boxed{2}}$

数式については，つぎの例のようにしてください．分数式は約分した形で解答してください．

(例)　$\sqrt{12a}$ $\longrightarrow$ $\boxed{0}\,\boxed{2}\sqrt{\boxed{0}\,\boxed{3}\,a}$

　　　 $-a^2-5$ $\longrightarrow$ $\boxed{-}\,\boxed{1}\,a^2+\boxed{0}\,\boxed{0}\,a+\boxed{-}\,\boxed{5}$

　　　 $\dfrac{4a}{2a-2}$ $\longrightarrow$ $\dfrac{-2a}{1-a}$ $\longrightarrow$ $\dfrac{\boxed{0}\,\boxed{0}+\boxed{-}\,\boxed{2}\,a}{1-\boxed{0}\,\boxed{1}\,a}$

また，選択肢の番号を選ぶ問題では，最も適切な選択肢を 1 つだけ選びなさい．同じ選択肢を複数回選んでもかまいません．

情報 I

以下、法制度に関しては、日本のものについて考えるものとする。

(ア) 次の文章を読み、空欄 ⑴ ~ ⑸ にあてはまるものを選択肢から 1 つ選び、その番号を解答欄に
マークしなさい。

二次創作につき特に問題となるのは ⑴ 性の判断、裁判例の表現によれば「表現上の本質的な特徴を
直接感得」できるか (中略)、との点である。

⑴ 性については、少なくとも原告作品の ⑵ 的表現が被告作品の表現に共通していること (⑵ 的
表現の共通性) が必要となる。事実・ ⑶ ・ ⑵ 性のない表現が共通するに過ぎない場合には侵害が否
定される (中略)。そして一般に、漫画等のキャラクターの名称・性格・設定等は抽象的な ⑶ と評価さ
れ、著作権法上保護されるのはキャラクターの具体的表現 (漫画の絵等) に限られる (中略) と解されて
いる。

つまり、二次創作作品が原作のキャラの ⑷ や設定、短い決め台詞、容姿の抽象的な特徴等を用いる
に過ぎない場合 (中略)、原作の著作権・著作者人格権を侵害するものではない。このように二次創作作
品の中には、原作の ⑸ (著作権法 2 条 1 項 11 号) ではなく、独立の新たな著作物と評価されるものが
少なからず存在する。

(出典：金子敏哉「二次創作と著作権法」法学教室 449 号 (2018 年) を一部改変)

【 ⑴ ~ ⑸ の選択肢】

(1) 創作　(2) 二次的著作物　(3) 新規　(4) 剽窃　(5) アイデア

(6) 名前　(7) 類似　(8) デザイン　(9) 共同著作物　(0) 進歩

(イ) 特許法に関する説明として、正しいものを次の選択肢から 1 つ選び、その番号を解答欄 ⑹ に
マークしなさい。

(1) 特許権は、原則として設定登録から 70 年をもって消滅する。

(2) 発明の内容を、守秘義務を伴う契約に基づいて委託先の従業員に開示した場合、その発明は公知
となるから、特許を受けることができない。

(3) 特許庁の審査基準は、人間を治療する方法を、特許権による保護の対象から除外している。

(4) 特許権者が適法に販売した特許製品は、特許権者の許諾なく転売することはできない。

(5) 自然法則を利用した技術的思想は、発明には該当しない。

(ウ) 著作権法に関する説明として、正しいものを次の選択肢から 1 つ選び、その番号を解答欄 ⑺ に
マークしなさい。

(1) 授業の内容をそのまま手書きでノートに書き写す行為は、著作物の複製にはあたらない。

(2) 飲食店に設置したテレビにより、放送されているテレビ番組をその店の客に見せる行為は、著作
権の侵害には該当しない。

(3) 著作物や題号に対し、著作者の意に反する変更、切除、その他の改変を加える行為は、同一性保
持権の侵害を構成する。

(4) 著作権の存続期間は、原則として、著作物の創作から 20 年で満了する。

(5) 入学試験の問題として著作物を複製する場合には、事前に著作権者の許諾を得なければなら
ない。

(エ) 個人情報の保護に関する法律（個人情報保護法）に関する説明として、正しいものを次の選択肢から 1 つ選び、その番号を解答欄 (8) にマークしなさい。

(1) 氏名は、同姓同名の人が生存している場合に特定の個人を識別することができないから、個人情報には該当しない。

(2) 新聞に掲載された公知の情報は、個人情報には該当しない。

(3) 外国に居住する外国人の個人情報は、個人情報保護法による保護の対象には該当しない。

(4) 個人情報取扱事業者が、顧客との電話の通話内容を録音することは、書面での同意がない限り、個人情報保護法に違反する。

(5) 特定の政党が発行する新聞や機関誌等を購読しているという情報は、要配慮個人情報に該当しない。

情報 Ⅱ

切符売り場や ATM などの窓口での処理とそのモデル化について述べている次の文章の空欄 (9) , (10) 〜 (11) (12) について、空欄に入るもっとも適切な数字をマークしなさい。また、空欄 (13) (14) 〜 (25) (26) に入るもっとも適した語を選択肢から選び、選択肢の番号を解答欄にマークしなさい。ただし、(13) (14) と (15) (16) は順不同である。

窓口が一つだとし、窓口でのサービスを受けるために人が次々とやってくる状況を考える。単位時間あたりにやってくる人の数の時間平均を到着率と呼び、λ とする。この場合、個々の人の到着する間隔は必ずしも等間隔ではないものとし、到着した人は、窓口がサービスを受けている人で埋まっていたら、必ず列に並んで待つものとする。また、窓口でサービスを受けている人 (0 人または 1 人) と列に並んでいる人 (0 人以上) の合計人数の時間平均を、平均系内人数と呼び、N とする。たとえば、1 時間のうち 30 分間は窓口でサービスを受けている人がいるだけで、残りの 30 分間は、待っている人が 1 人だった場合、N は (9) . (10) 人になる。さらに、サービスを受けにやってきて、窓口あるいは列に並び始めてから窓口でのサービスを受け終わって離れるまでの時間の各利用者に関する平均を平均系内時間と呼び、T とする。たとえば、1 時間のうちに 3 人の到着があり、1 人は待ち時間 0 分で 20 分間窓口で対応を受け、残りの 2 人は、それぞれ 15 分待ってから窓口で 20 分間の対応を受けたとすると、T は (11) (12) 分になる。

ある 1 人に着目した場合、その人が到着してから、窓口を離れるまでの間に、何人の人が到着するかを考えると、平均系内人数 N と平均系内時間 T と到着率 λ には、

$$(13)\,(14) = (15)\,(16)$$

という関係が成立していることが直感的に分かるが、これは次のように説明できる。

到着客は、列が長くても、あきらめることなく、並ぶものとし、時刻 0 から t の間に到着した人数の合計を、$A(t)$ とし、同じく、サービスを終えて系から立ち去った人数の合計を $B(t)$ とする。

このとき、常に

$$A(t)\ (17)\,(18)\ B(t)$$

が成立する。

n 番目に立ち去った客の系内時間を T_n とすると、時刻 t でサービス中の客の分も含んだ系内時間の総和は、たかだか、

$$\sum_{i=1}^{A(t)} T_i$$

である。また、時刻 t でサービス中の客の分を含まない系内時間の総和は、

$$\sum_{i=1}^{B(t)} T_i$$

になる。

また、時刻 t における系内人数は、$A(t) - B(t)$ なので、x 軸を時間とし、y 軸を人数として、$A(x)$ および $B(x)$ のグラフを描くと、$x = 0$ から $x = t$ の間の $A(x)$ と $B(x)$ で囲まれた領域の面積は、時刻 t でサービスを打ち切った場合の系内時間の総和 S になる。

別の表現をすると、

$$\int_0^t (A(x) - B(x))dx = S$$

である。

この S に関して、次の不等式が成立する。

$$\boxed{(19)}\,\boxed{(20)} \leqq S \leqq \boxed{(21)}\,\boxed{(22)}$$

この式を t で割り算すると、中辺は、$\dfrac{S}{t}$ となるが、十分に大きな t に対して、これは、$\boxed{(23)}\,\boxed{(24)}$ を表している。

このとき、両辺を、$\dfrac{A(t)}{t}$ または、$\dfrac{B(t)}{t}$ が表れるように変形してやると、十分に t を大きくすると、$\dfrac{A(t)}{t}$ および $\dfrac{B(t)}{t}$ は、ともに $\boxed{(25)}\,\boxed{(26)}$ に近づく。したがって、左辺と右辺が同じ値に近づくことになり、等式が得られ、最初の式、

$$\boxed{(13)}\,\boxed{(14)} = \boxed{(15)}\,\boxed{(16)}$$

が得られる。

【$\boxed{(13)}\,\boxed{(14)}$～$\boxed{(25)}\,\boxed{(26)}$ の選択肢】

(11) N　(12) T　(13) λ　(14) NT

(15) $N\lambda$　(16) $T\lambda$　(17) $\leqq$　(18) $\geqq$

(19) $=$　(20) $\neq$　(21) $\sum_{i=1}^{A(t)} T_i$　(22) $\sum_{i=1}^{B(t)} T_i$

情報Ⅲ

次のようなネットワークがある。

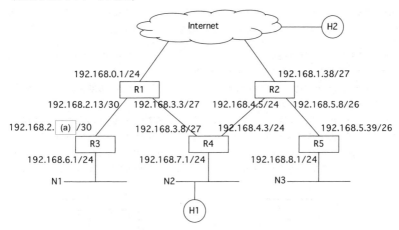

(**ア**) 図の空白 (a) に入るもっとも適切な数字を解答欄 (27) (28) (29) にマークしなさい。

(**イ**) ネットワーク N2 に接続されているコンピュータ H1 から H2 に向けてパケットを送信したところ、R4 → R1 →インターネットとパケットが中継されてインターネットに出ていった。また、192.168.1.38 にパケットを送信したところ、R4 → R2 とパケットが中継された。次に示す R4 の経路表の (30) (31) (32) ～ (38) (39) (40) に入るもっとも適切な数字を解答欄にマークしなさい。

ネットワーク	次ホップルータ
default	192.168. (30) (31) (32) . (33) (34) (35)
192.168.3.0/27	直接続
192.168.4.0/ (36) (37)	直接続
192.168.7.0/24	直接続
192.168.1. (38) (39) (40) /27	192.168.4.5

(**ウ**) 次の文章の (41) ～ (55) (56) (57) に入るもっとも適切な数字を解答欄にマークしなさい。

　上に示す R4 の経路表では、H1 からネットワーク N (41) には到達できないか、または遠回りすることとなる。その理由は H1 から N (41) に接続されているコンピュータに送信されたパケットは、R4 から R (42) に送られるためである。一方、ネットワーク N (43) に送られるパケットは R (44) と R (45) の経路が正しく設定されていれば、遠回りすることなく到達することができる。

　ネットワーク N (41) に遠回りせずにパケットを届けるためには、R4 の経路表に下記のエントリを追加する必要がある。

ネットワーク	次ホップルータ
192.168. (46) (47) (48) . (49) (50) (51) /24	192.168. (52) (53) (54) . (55) (56) (57)

[情報Ⅳ]

　自律型のロボットが $n \times n$ 区画の迷路を走行するマイクロマウスの探索アルゴリズムを考える。次の文章の空欄 (58)(59) から (72)(73) には適切な数字を解答欄にマークしなさい。また、空欄 (74)(75) から (92)(93) にはもっとも適したものを選択肢から選び、解答欄にマークしなさい。

(ア) 実際のマイクロマウス競技では、16×16（もしくは 32×32）区画の迷路中央にゴール地点が存在するため、迷路解析の代表的な手法である左手法等ではゴールまで到達することができない可能性がある。また、走行可能な持ち時間と回数も限られている。このような状況でも迷路の探索と最短経路の導出を同時に行える方法を考えてみよう。

　簡単のため、次図（左）のような 4×4 の迷路を想定し、スタート座標 $S(0,0)$、ゴール座標 $G(3,3)$ とする。最初の状態ではスタート地点周囲以外の壁はどこにあるかわからないため、スタート地点周囲以外に壁は無いと仮定して最短経路を考えると、次図（右）のように、一歩進んだ後、ゴールに向かって斜めギザギザに進む、もしくは 3 マス直進し、右折後 3 マス直進する経路などが最短経路となる。

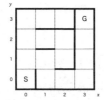 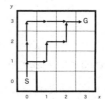

　実際には予定していた経路上に壁があれば通れないため、その時点で把握している迷路情報から導き出されるゴールへの最短経路を進み、必要に応じて最短経路を再導出する、次のような手順をとることにしよう。

1. ゴールへの最短経路に沿って 1 マス進む
2. 壁を読み取る
3. 最短経路を導き直す

これをゴールに到達するまで繰り返せばよい。

　ここで、ゴールの歩数を 0 とし、移動可能な隣接マスを 1、その隣を 2、… と、ゴールからの歩数をマップ化したものを歩数マップと呼ぼう。最初にマウスが認識している壁はスタート地点のもののみであり、この段階での歩数マップは次図（左）のようになる。

　既知の壁情報をもとに歩数マップを作成し、順次現在のマスより歩数の小さいマスへ移動し、1 マス移動するごとに壁情報と歩数マップを更新し、次に進む方向を決定する。グレーのマスを探索した時点での歩数マップの一部は次図（中）のようになる。このときマス A、B、C、D に入る歩数は、それぞれ (58)(59) 、 (60)(61) 、 (62)(63) 、 (64)(65) となる。壁の探索が終わると次図（右）のような歩数マップが完成する。このときマス W、X、Y、Z に入る歩数は、それぞれ (66)(67) 、 (68)(69) 、 (70)(71) 、 (72)(73) となる。タイムアタックでは歩数マップにしたがって進めば最短経路でゴールに到達する。

(イ) 上記の方針に従い、8×8 区画の迷路を対象とした探索アルゴリズムを記述すると次のようになる。ここで、$M_{i,j}$ は座標 (i,j) の歩数を、$W_{i,j,n}$、$W_{i,j,e}$、$W_{i,j,s}$、$W_{i,j,w}$ はそれぞれ座標 (i,j) の北・東・南・西側の壁情報を保持する変数である。ただし、マップの上方向が北であり、壁情報は 0（壁なし）、1（壁あり）、2（未探索）のいずれかの値をとる。スタート位置は座標 $(0,0)$ とし、スタート位置東側の壁は既知であるとする。

```
北方向に 1 マス直進する
到達マスがゴールでなければ次の処理 A を繰り返す
処理 A の始まり
    壁の情報を取得・更新する
    歩数マップを更新する　【歩数マップ作成・更新アルゴリズム】
    前進方向マスの歩数マップの値が最小かつ移動可能であれば 1 マス前進する
    そうでなければ処理 B を実行する
    処理 B の始まり
        左隣接マスの歩数マップの値が最小かつ移動可能であれば左へ転回、1 マス進む
        そうでなければ処理 C を実行する
        処理 C の始まり
            右隣接マスの歩数マップの値が最小かつ移動可能であれば右へ転回、1 マス進む
            そうでなければ処理 D を実行する
            処理 D の始まり
                180 度転回し 1 マス戻る
            処理 D の終わり
        処理 C の終わり
    処理 B の終わり
    進行方向と座標を更新する
処理 A の終わり
```

【歩数マップ作成・更新アルゴリズム】

ゴール $M_{m,n}$ の値（歩数）を 0 とし、ゴール以外の全てのマス $M_{x,y}$ の値を未定義を意味する 255 とする

処理 A の始まり

　　変数 f、変数 i の値をともに 0 にする

　　条件 $i < 8$ が成立する間、処理 B を実行する

　　処理 B の始まり

　　　　変数 j の値を 0 にする

　　　　条件 (74)(75) が成立する間、処理 C を実行する

　　　　処理 C の始まり

　　　　　　条件 (76)(77) が成立する場合、処理 H に飛ぶ

　　　　　　条件 (78)(79) が成立する場合、処理 D を実行する

　　　　　　処理 D の始まり

　　　　　　　　$M_{i,j+1}$ の値が 255 である場合、$M_{i,j+1}$ の値を (80)(81) にする

　　　　　　　　変数 f の値を 1 にする

　　　　　　処理 D の終わり

　　　　　　条件 (82)(83) が成立する場合、処理 E を実行する

　　　　　　処理 E の始まり

　　　　　　　　$M_{i+1,j}$ の値が 255 である場合、$M_{i+1,j}$ の値を (84)(85) にする

　　　　　　　　変数 f の値を 1 にする

　　　　　　処理 E の終わり

　　　　　　条件 (86)(87) が成立する場合、処理 F を実行する

　　　　　　処理 F の始まり

　　　　　　　　$M_{i,j-1}$ の値が 255 である場合、$M_{i,j-1}$ の値を (88)(89) にする

　　　　　　　　変数 f の値を 1 にする

　　　　　　処理 F の終わり

　　　　　　条件 (90)(91) が成立する場合、処理 G を実行する

　　　　　　処理 G の始まり

　　　　　　　　$M_{i-1,j}$ の値が 255 である場合、$M_{i-1,j}$ の値を (92)(93) にする

　　　　　　　　変数 f の値を 1 にする

　　　　　　処理 G の終わり

　　　　　　処理 H: 変数 j の値に 1 を加える

　　　　処理 C の終わり

　　　　変数 i の値に 1 を加える

　　処理 B の終わり

　　変数 f が 1 であれば処理 A の先頭に飛ぶ

処理 A の終わり

【(74)(75)～(92)(93) の選択肢】

(11)　$j < 8$　　　　(12)　$i < 8$　　　　(13)　$j < i$　　　　(14)　$i < j$

(15)　$M_{i,j}$ の値が 255 である　　　　(16)　$M_{i,j}$ の値が 0 である

(17)　$W_{i,j,n}$ の値が 1 である　　　　(18)　$W_{i,j,n}$ の値が 0 または 2 である

(19)　$W_{i,j,e}$ の値が 1 である　　　　(20)　$W_{i,j,e}$ の値が 0 または 2 である

(21) $W_{i,j,s}$ の値が 1 である   (22) $W_{i,j,s}$ の値が 0 または 2 である

(23) $W_{i,j,w}$ の値が 1 である   (24) $W_{i,j,w}$ の値が 0 または 2 である

(25) $M_{i,j}$ (26) $M_{i,j}+1$ (27) $M_{i,j}-1$ (28) $M_{i+1,j}$

(29) $M_{i+1,j}+1$ (30) $M_{i+1,j}-1$ (31) $M_{i,j+1}$ (32) $M_{i,j+1}+1$

(33) $M_{i,j+1}-1$ (34) $M_{i-1,j}$ (35) $M_{i-1,j}+1$ (36) $M_{i-1,j}-1$

(37) $M_{i,j-1}$ (38) $M_{i,j-1}+1$ (39) $M_{i,j-1}-1$

> ※ (74) ～ (93) はどの選択肢も本問の適切な解答とならなかったため、「情報」を選択した全
> 員が正解を解答したものとみなして採点を行ったと大学から発表があった。

情報Ⅴ

空欄に入るもっとも適切なものを下の選択肢から選び、その番号をマークしなさい。

スポーツ大会などで行われるトーナメントについて考える。トーナメント図とは、図 1 のようにチーム名を一列に並べ、コの字型の線で対戦する 2 チームを結んだものである。図 1 の例では、チーム A とチーム B が試合 M_1 で対戦、チーム C とチーム D が試合 M_2 で対戦、さらに M_1 の勝者と M_2 の勝者が試合 M_3 で対戦することを表している。チーム名が入る箇所をスロットと呼び、端から順に 0 から始まる番号を付ける。また、ある試合 M に対して、M まで勝ち上がってくる可能性のあるスロット番号の集合を $P(M)$ とする。図 1 では $P(M_1) = \{0,1\}$, $P(M_3) = \{0,1,2,3\}$ である。

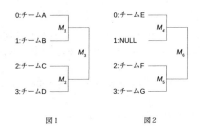

図1   図2

ここでは、次のようなトーナメント図を作ることにする。

参加チーム数を n とすると、$n = 2^h$ となる整数 h がある場合は、すべてのチームが h 回の試合に勝つと優勝となるようなトーナメント図を作る。なお、対戦を表す線は交差しないように作るものとする。この場合、どの試合においても対戦する 2 チームは同じ回数の試合に勝っているため、最初の試合が 1 回戦、1 回戦の勝者同士の対戦が 2 回戦、というように、ある試合が何回戦であるかを不整合なく定義できる。

$n = 2^h$ となる整数 h がない場合は、$2^{g-1} < n < 2^g$ を満たす整数 g に対して $2^g - n$ 個の NULL という仮想的なチームを追加して、チーム数が 2^g のトーナメント図を上で述べたように作る。そして、NULL と対戦する試合を不戦勝と考えることにする。例えば、図 2 ではチーム E の最初の試合が不戦勝となる。なお、NULL 同士の対戦がある場合は、その試合の勝者を NULL として、2 回戦以降の対戦でも同様に NULL と対戦するチームを不戦勝とする。

どのスロットに NULL を配置するかについては、トーナメント図のどの部分をとってもなるべく同じ割合で NULL が含まれるようにしたい。これを正確に定義するため、試合 M に対して $f(M)$ を、$P(M)$ の中に配置される NULL の個数とする。例えば、図 2 では $f(M_4) = 1$, $f(M_5) = 0$, $f(M_6) = 1$ となる。あるトーナメント図が均等な配置であるとは、2 回戦以降の任意の試合 M に対して、M が M'

の勝者と M'' の勝者の対戦であるならば、$|f(M') - f(M'')| \leqq 1$ が成り立つことであると定義する。

次のアルゴリズムは、チーム数 n が与えられた時に、均等な配置になるよう NULL を配置するスロット番号を出力するアルゴリズムである。均等な配置は複数あり得るが、その中の 1 つを出力するものとなっている。ただし、$\lceil x \rceil$ は x より大きいか等しい整数のうち最小のもの、$\lfloor x \rfloor$ は x より小さいか等しい整数のうち最大のもの、$x \bmod y$ は x を y で割った余りを表すものとする。

変数 n の値を与えられたチーム数とする。

変数 g の値を $\boxed{(94)}\ \boxed{(95)}$ とする。

変数 i の値を最初 0 とし、1 ずつ増やしながら $2^g - 1$ まで処理 A を繰り返す。

処理 A の始め

　変数 a の値を i とする。

　変数 b の値を 0 とする。

　処理 B を g 回繰り返す。

　処理 B の始め

　　変数 b の値を $2b + \left(\left\lfloor \boxed{(96)}\ \boxed{(97)} \right\rfloor \right)$ とする。

　　変数 a の値を $\boxed{(98)}\ \boxed{(99)}$ とする。

　処理 B の終わり

　もし $b < \boxed{(100)}\ \boxed{(101)}$ なら i の値を出力する。（命令 C）

処理 A の終わり

上のアルゴリズムが正しいことは次のようにして証明できる。

まず、$0 \leqq x < 2^g$ である整数 x に対して、x を 2 進法 g 桁（上位の桁が 0 の場合も含む）で表現して各桁の数字を逆順に並べた数を $r_g(x)$ と定義する。つまり、$x = x_{g-1}2^{g-1} + x_{g-2}2^{g-2} + \ldots + x_1 2^1 + x_0 2^0$ だとすると、$r_g(x) = x_0 2^{g-1} + x_1 2^{g-2} + \ldots + x_{g-2}2^1 + x_{g-1}2^0$ である。ただし $x_0, \ldots, x_{g-1}$ は 0 または 1 とする。また、整数の集合 X のすべての要素 x が $0 \leqq x < 2^g$ を満たす時、$r_g(X) = \{r_g(x) \mid x \in X\}$ と定義する。

補題 1: 命令 C を実行する時、$b = r_g(i)$ という関係が成り立っている。

補題 1 の証明:

処理 A の実行を開始する時点での i の値を $i_{g-1}2^{g-1} + i_{g-2}2^{g-2} + \ldots + i_1 2^1 + i_0 2^0$（ただし $i_0, \ldots, i_{g-1}$ は 0 または 1）とする。処理 B の 1 回目の実行を終了した時点では、$a = i_{g-1}2^{g-2} + i_{g-2}2^{g-3} + \ldots + i_1 2^0$ かつ $b = \boxed{(102)}\ \boxed{(103)}$ となる。2 回目の実行を終了した時点では、$a = i_{g-1}2^{g-3} + i_{g-2}2^{g-4} + \ldots + i_2 2^0$ かつ $b = \boxed{(104)}\ \boxed{(105)}$ となる。同様に g 回目の実行まで考えると、g 回目の実行を終了した時点では $b = i_0 2^{g-1} + i_1 2^{g-2} + \ldots + i_{g-2}2^1 + i_{g-1}2^0 = r_g(i)$ となる。

補題 2: 整数 $g > 0$ に対して $S = \{s \mid 0 \leqq s < 2^g, s$ は整数$\}$ とすると、$S = r_g(S)$ が成り立つ。

補題 2 の証明:

まず $s' \in r_g(S)$ とする。s' は r_g の定義から 2 進法で表した時に g 桁（上位の桁が 0 の場合も含む）なので $0 \leqq s' < 2^g$ である。したがって $s' \in S$ となるから $S \supseteqq r_g(S)$ である。

次に $s'' \in S$ とする。r_g の定義から $s'' = \boxed{(106)}\ \boxed{(107)}$ である。上で述べたことから $r_g(s'') \in S$ であるので $s'' \in r_g(S)$ となり、したがって $S \subseteqq r_g(S)$ である。

上記 2 つのことから $S = r_g(S)$ である。

補題 3: スロットが 2^g 個あるトーナメント図と、任意の整数 $m\ (0 \leqq m \leqq 2^g)$ に対して、$r_g(s) < m$ となるスロット番号 s に NULL を配置すると、均等な配置になる。

補題 3 の証明：

g に関する帰納法で証明する。

$g = 1$ の場合、2 回戦以降の試合がないので明らかに成り立つ。

$g = k - 1$ の場合に成り立つと仮定し、$g = k$ の場合を考える。

まず、k 回戦（決勝戦）が均等な配置の条件を満たすことを示す。対戦するのが M' の勝者と M'' の勝者であり、$P(M') = \{0, 1, \ldots, 2^{k-1} - 1\}$、$P(M'') = \{2^{k-1}, 2^{k-1} + 1, \ldots, 2^k - 1\}$ であるとする。2 進法 k 桁で表現すると、$P(M')$ の要素は最上位桁が 0、$P(M'')$ の要素は最上位桁が 1 となる。したがって r_k の定義から $r_k(P(M'))$ の要素は (108)(109)、$r_k(P(M''))$ の要素は (110)(111) となる。補題 2 から $r_k(P(M') \cup P(M''))$ には 0 から $2^k - 1$ までのすべての数が含まれるので、$r_k(s)$ が小さい s から順に NULL を配置していくと $P(M')$ と $P(M'')$ に交互に配置することになる。m が偶数の時は $f(M') = f(M'') = $ (112)(113) となり、m が奇数の時は $f(M') = $ (114)(115)$, f(M'') = $ (116)(117) となるので、$|f(M') - f(M'')| \leqq 1$ が成り立つ。

次に、帰納法の仮定を利用するため、全体を $g = k$ のトーナメント図と考えて NULL を配置するスロットが、$P(M')$ と $P(M'')$ をそれぞれ $g = k - 1$ のトーナメント図と考えて NULL を配置するスロットと同じであることを示す。

m が奇数の場合の $P(M')$ の部分をまず考える。$P(M')$ の部分には (114)(115) 個の NULL が配置されるので、集合 $T = \{s \mid 0 \leqq s < 2^{k-1}, r_k(s) < m\}$ が集合 $T' = \{s \mid 0 \leqq s < 2^{k-1}, r_{k-1}(s) < $ (114)(115) $\}$ と同じであることを示せばよい。T の要素 s が $0 \leqq s < 2^{k-1}$ ということは、s の 2 進法 k 桁の表現から最上位の 0 を削ると s の 2 進法 $k - 1$ 桁の表現になる。したがって $r_{k-1}(s) = $ (118)(119) であり、$r_k(s) < m$ という条件は $r_{k-1}(s) < \dfrac{m}{2}$ と同値であるが、m が奇数なのでこれは $r_{k-1}(s) < $ (114)(115) とも同値である。ゆえに $T = T'$ となる。

m が偶数の場合の $P(M')$ の部分についても同様である。また、$P(M'')$ の部分については、$g = k - 1$ のトーナメント図と考えた時のスロット番号は 2^{k-1} を引いたものになっていることに注意すれば同様に考えることができる。

したがって帰納法の仮定を利用することができ、$g = k$ の場合に配置した NULL は $P(M')$ と $P(M'')$ の部分でそれぞれ均等な配置になっている。k 回戦が均等な配置の条件を満たすことも最初に示したので、全体として均等な配置になっていることがわかる。

アルゴリズムの証明：

処理 A は、i の値を順に $0, 1, \ldots, 2^g - 2, 2^g - 1$ として繰り返すので、補題 1 から命令 C で出力される数の集合は $\{i \mid 0 \leqq i < 2^g, r_g(i) < $ (100)(101) $\}$ となる。補題 3 から、この番号のスロットに NULL を配置すると、均等な配置になる。

【(94)(95) ～ (118)(119) の選択肢】

(11) $\lceil \log_2 n \rceil$　　(12) $\lfloor \log_2 n \rfloor$　　(13) $\lceil \frac{a}{2} \rceil$　　(14) $\lfloor \frac{a}{2} \rfloor$　　(15) $a + b$

(16) $a - b$　　(17) $a \bmod 2$　　(18) $b \bmod 2$　　(19) g　　(20) n

(21) 2^g　　(22) $2^g - n$　　(23) $\frac{m-1}{2}$　　(24) $\frac{m}{2}$　　(25) $\frac{m+1}{2}$

(26) $i_0 2^0$　　(27) $i_0 2^1 + i_1 2^0$　　(28) $i_0 2^{g-1}$　　(29) $i_0 2^{g-1} + i_1 2^{g-2}$　　(30) $2 r_k(s)$

(31) $\frac{r_k(s)}{2}$　　(32) $r_g(s'')$　　(33) $r_g(r_g(s''))$　　(34) 奇数　　(35) 偶数

(36) 2^{k-1} 未満　　(37) 2^{k-1} 以上

小論文

（120 分）

　慶應義塾大学 SFC 環境情報学部は、残すに値する未来を一緒に創造できる人を求めています。

　私たちが生きるこの世の中では、たくさんのことが目まぐるしく変化しています。私たち一人ひとりは、望む、望まないにかかわらず、目まぐるしく変化するこの世の中で、生きていくことになります。

　この世の中には、不条理な（※1）ことがたくさんありますが、それら臭いものに蓋をしても、隠し通すことはできません。近い未来、私たちが生きているうちに、必ずそれらの不条理と向かい合う日がやってきます。

　腰がひけたまま、他人事のように未来をただ待つのではなく、私たち一人ひとりが、どうすればそれらの不条理を解決し、残すに値する未来を創造できるのかを考え、できることから仕掛けていくことが大切です。

　（※1）ここでいう「不条理な」とは、英語の「Irrational」を意味し、「理性のない、分別のない、道理のわからない、不合理な」という意味を表すとします。

　以上のことを理解した上で、次の問1～3に答えてください。

問1. 不条理を解決する第一歩は、論理的にあり得ない問題を発見し、定量的な観点から、合理的な答えを導き出すことです。

このことを踏まえ、問1―1、問1―2、問1―3に答えてください。

問1－1．数量Ａは $46+x$ 、数量Ｂは $49-x$ で、$x>0$ であるとします。この数量Ａと数量Ｂを比べたとき、次の（ア）～（エ）のどれが論理的に正しいか、一つ選んで解答欄に記入してください。

（ア）　数量Ａの方が数量Ｂよりも大きい。

（イ）　数量Ｂの方が数量Ａよりも大きい。

（ウ）　数量Ａと数量Ｂは等しい。

（エ）　与えられた情報だけでは決定できない。

問1－2．それぞれ異なる整数 s, f, c があり、いずれも正の整数であるとします。整数 s は f の因数、f は c の因数であるとき、以下の（ア）、（イ）、（ウ）の記述のうち、どれが正しいでしょうか。（ア）、（イ）、（ウ）の記述のうち、正しいと思われるものをすべて選んで、解答欄に記号で記入してください。

（ア）　s は f の２乗の因数である。

（イ）　s は fc の因数である。

（ウ）　s は $f-c$ の因数である。

問1－3．$x=2^{-1}, y=10^{-1}$ であるとき、$\left(\frac{1}{x}\right)\left(\frac{1}{y^3}+\frac{1}{y}+1\right)-1$ の値とは何か、解答欄に数値を記入してください。

問2．あなたがこの世の中で不条理だと感じていることを１５個挙げてください。また、なぜそれらを不条理だと感じるのか、個々の不条理の内容と理由をそれぞれ簡潔に１文で記述してください。

　なお、不条理は、個人的かつ情緒的な内容（例えば、夜起きていたいのに眠くなる、○○をみるとカッとする、など）ではなく、下記の課題ジャンル（a）～

(c) のいずれか、もしくは、複数に関わる内容を記述してください。

　不条理ごとに、各解答欄右の四角（□）内に課題ジャンルを付記し、挙げた全ての不条理を通して(a)～(c)の全てを網羅してください。

課題ジャンル：

　(a)　人間の慣習に関すること

　(b)　社会のしくみやルールに関すること

　(c)　人間と環境の関係に関すること

　問3．問2であなたが回答した不条理のうち3つを取り上げ、その解決の方向性と方法（※2）について、解決のカギとなる技術革新・アイデアを含め、できるだけ具体的、定量的、かつヴィジュアルに説明してください。

　記述する際は、各解答欄の左上の四角（□）内に、問2のどの不条理を取り上げたのか、その番号と(a)～(c)の課題ジャンルを記入してください。

　（※2）例えば、カップラーメンを食べる場合、麺を食べられるようにほぐすというのが解決の方向性、お湯をかけて待つ、もしくは、水を入れて電子レンジにかける、というのが解決の方法の例です。

2020
年度

問
題
編

■一般入試

▶試験科目・配点

教　科	科　　　　　目	配　点
外国語 ・数学 ・情報	「数学または情報」,「外国語」,「数学および外国語」の３つの中から１つを選択（いずれも同一試験時間内実施） 　数　学―数学Ⅰ・Ⅱ・Ａ・Ｂ 　情　報―社会と情報・情報の科学 　外国語―(a)コミュニケーション英語Ⅰ・Ⅱ・Ⅲ, 英語表現Ⅰ・Ⅱ 　　　　　(b)コミュニケーション英語Ⅰ・Ⅱ・Ⅲ, 英語表現Ⅰ・Ⅱ, 　　　　　　ドイツ語 　　　　　(c)コミュニケーション英語Ⅰ・Ⅱ・Ⅲ, 英語表現Ⅰ・Ⅱ, 　　　　　　フランス語 　　　　　の(a), (b), (c)のうち, いずれか１つを選択	200 点
小論文	発想, 論理的構成, 表現などの総合的能力を問う	200 点

▶備　考

• ドイツ語, フランス語は省略。

• 数学Ａは「場合の数と確率」・「整数の性質」・「図形の性質」を出題範囲とする。数学Ｂは「確率分布と統計的な推測」・「数列」・「ベクトル」を出題範囲とする。

• 選択した受験教科の得点と, 小論文の採点結果を組み合わせて最終判定を行う。

英語

(120 分)

〈注意〉
- 「外国語選択者」は，問題 I ～ III の全問を解答すること。
- 「数学および外国語選択者」は，問題 I・II および数学の問題 I・III・VI を解答すること。
- 問題 I は英語・ドイツ語・フランス語のいずれかひとつの言語だけを選択して解答（ドイツ語・フランス語は省略）。

英語 I

次の文章に関して、空欄補充問題と読解問題の二つがあります。まず、[31]から[40]の空所を埋めるのに、文脈的に最も適切な語を 1 から 3 の中から選び、その番号を解答欄（31）から（40）にマークしなさい。次に、内容に関する[41]から[45]の設問には、1 から 4 の選択肢が付いています。そのうち、文章の内容からみて最も適切なものを選び、その番号を解答欄（41）から（45）にマークしなさい。

1　　　When crossing the street one of the first things most pedestrians do when they see an oncoming vehicle is make eye contact with the driver. This is one way to ensure that the driver has seen you. Being seen by the driver is important to ensuring that you can cross the street safely. Now imagine doing the same scenario as a pedestrian, only when you attempt to make eye contact with the driver you discover that the vehicle has no [31](1. passenger　2. driver　3. observer). Do you cross the street? That situation is likely to become an everyday occurrence with the widespread [32](1. adaptation　2. regulation　3. hearsay) of automated vehicles (AVs). The answer to that question cannot be to wait and let the AV pass and then cross the street. To be fully integrated into our society, AVs need to be navigated in much the same way as other vehicles.

2　　　Research on pedestrians' interactions with manually driven vehicles has highlighted the important role of communication between pedestrians and vehicle drivers in ensuring safe interactions. This communication is often done through [33](1. timed　2. digital　3. verbal) exchanges, hand gestures, or eye contact between pedestrians and vehicle drivers. The removal of the driver presents new challenges to facilitating the communication needed to ensure pedestrian safety. The research on pedestrian-AV communication can be divided into those examining AV-to-pedestrian communication and those examining pedestrian-to-AV communication.

3　　　First, research on AV communication with pedestrians focuses on leveraging the use of devices on the AV to promote communication with the pedestrians. The most commonly studied devices are light-emitting diode (LED) message boards. These LED message boards are located on various parts of the AV (e.g., side panels, windshields, and overhead). Research is being conducted to determine the best locations for placing the LED boards on AVs. There is also ongoing research on what information these message boards should display. For example, should they display what the AV is currently doing (i.e., stopping) or what the pedestrian should be doing (i.e., cross now). One of the biggest limitations to the use of LED messages is related to scalability. An LED board might display a message intended for one pedestrian but be read by another pedestrian. For example, an AV's LED board might display a message that it is safe for pedestrian "A" to cross but also have the message read by pedestrian "B" whom the AV was [34](1. cautious 2. unaware 3. independent) of and to whom the AV did not intend to communicate that it was safe to cross. This could result in at least one pedestrian misreading the AV's intention. Another example of the scalability problem is the increase in the cognitive load [35](1. balanced 2. imposed 3. transferred) on a pedestrian as the number of AVs with LED boards increases. As the number of AVs that the pedestrian [36](1. encounters 2. utilizes 3. maneuvers) increases, so does the number of potential LED messages to read. A pedestrian reading one message from one AV is certainly manageable but messages from two, three, or four become somewhat more difficult. This is especially true when you factor in the habits and behaviors associated with many pedestrians such as text messaging and email reading. In addition, when you [37](1. couple 2. double 3. compare) the first scalability problem with the second scalability problem it becomes easy to see how issues related to scalability can magnify. Scalability problems are not [38](1. irreplaceable 2. insurmountable 3. discouraging), but they do present ongoing challenges with the use of LED boards as a standalone solution.

4　　　　Second, the removal of the driver presents another problem – the ability of the pedestrian to communicate with the AV. Common ground or a shared understanding helps to promote communication. One important source of common ground between pedestrians and drivers is based on their shared experiences. In many cases drivers have been pedestrians and pedestrians have at least ridden in a vehicle, [39](1. and yet 2. if not 3. let alone) driven a vehicle. This creates common ground between the driver and the pedestrian, which facilitates communication. However, AVs have not been pedestrians and AVs do not always [40](1. assist 2. challenge 3. mimic) human drivers in their behavior or decision-making. Both make it difficult for the AV and the pedestrian to establish common ground. Researchers are conducting studies to determine how pedestrians communicate their intention implicitly through their body language and behavior. Models employing machine learning are being developed to teach AVs how to interpret implicit communication from the pedestrians so that they can react to them correctly. However, the dynamic and emergent nature of these interactions makes modeling these interactions particularly challenging.

　　　　—Based on Robert, L.P. (2019). "The future of pedestrian-automated vehicle interactions," *Crossroads.*

[41] According to the article, which of the following is the most appropriate description of the issue of scalability?

1. As the number of problems increases, the smaller each problem becomes.

2. The frequency of negative outcomes is predicted by the number of problems.

3. As the number of agents increases, the problem becomes more complex.

4. The scale of the problems is determined by the number of measured variables.

[42] What is the second scalability problem mentioned in the article?

1. Pedestrians have never driven AVs.

2. Each AV has to pay attention to multiple pedestrians.

3. AVs have never been pedestrians.

4. Each pedestrian has to pay attention to multiple AVs.

[43] According to the article, what would **_NOT_** count as "common ground" for human drivers and pedestrians?

1. They are both able to communicate orally.

2. They infer intentions through body language.

3. They have experienced each other's perspective.

4. They encounter each other on crowded streets.

[44] Which of the following is the central idea being presented by the author?

1. Increasing the number of AVs will pose a problem for city planning.

2. Pedestrians' walking habits must change in the AV age.

3. Refining communication between AVs and people is needed.

4. AVs should be designed in such a way that they can reproduce human behaviors.

[45] In the last paragraph, what makes "the dynamic and emergent nature" of human-AV interactions particularly challenging to model?

1. The number of AVs will keep increasing.

2. Pedestrians must read many types of signals from AVs.

3. AVs and pedestrians have distinct rules of behavior.

4. Pedestrian and AV behavior is largely unpredictable.

英語 II

次の文章に関して、空欄補充問題と読解問題の二つがあります。まず、[46]から[55]の空所を埋めるのに、文脈的に最も適切な語を 1 から 3 の中から選び、その番号を解答欄（46）から（55）にマークしなさい。次に、内容に関する[56]から[60]の設問には、1 から 4 の選択肢が付されています。そのうち、文章の内容からみて最も適切なものを選び、その番号を解答欄（56）から（60）にマークしなさい。

1　　　It's there, at the start of every conversation: the moment it takes your brain to adjust to an unfamiliar voice. It only lasts for a second or two, but in that brief time, your brain is thumbing its radio dial, tuning in to the unique pitch, rhythm, accent, and vowel sounds of a new voice. Once it is dialed in, the conversation can [46](1. make out　2. take off　3. get up).

2　　　This process is called rapid neural adaptation, and it happens constantly. New voices, sounds, sights, feelings, tastes, and smells all trigger this brain response. It is so [47](1. effortless　2. demanding　3. intrusive) that we are rarely even aware it's happening. But, according to new work from Tyler Perrachione and colleagues, problems with neural adaptation may be at the root of dyslexia, a reading impairment that affects millions of Americans, including [48](1. an estimated　2. as few as　3. precisely) one-in-five to one-in-twenty schoolchildren. Their experiments are the first to use brain imaging to compare neural adaptation in the brains of people with dyslexia and those who read normally.

3　　　In the team's first experiment, volunteers without dyslexia were asked to pair spoken words with images on a screen while the researchers used functional magnetic resonance imaging (fMRI) to [49](1. support　2. enhance　3. track) their brain activity. The subjects tried the test two different ways. In one version, they listened to words spoken by a variety of different voices. In the second version, they heard the words all spoken by the same voice. As the researchers expected, the fMRI revealed an [50](1. initial　2. urgent　3. inverted) spike of activity in the brain's language network at the start of both tests. But during the first test, the brain continued revving with each new word and voice. When the voice stayed the same in the second test, the brain did not have to work as hard. It adapted.

4　　　When subjects with dyslexia took the same tests, however, their brain activity never eased off. Like a radio that can't hold a frequency, the brain did not adapt to the consistent voice and had to process it fresh every time, as if it were new.

5　　　The results suggest that dyslexic brains have to work harder than "typical" brains to process incoming sights and sounds, [51](1. limiting　2. avoiding　3. requiring) additional mental overhead for even the simplest tasks. "What was surprising for me was the magnitude of the difference. These are not subtle differences," says Perrachione. This finding dovetails with his other work on the dyslexic brain, which has found that individuals with dyslexia also struggle with phonological working memory. The extra brainwork might not be noticeable most of the time, but it seems to have a singularly prominent impact on reading.

6   The results could solve a paradox that has [52](1. stumped 2. enlightened 3. implicated) dyslexia researchers for decades. "People with dyslexia have a specific problem with reading, yet there is no 'reading part' of our brain," says MIT neuroscientist John Gabrieli. Injuries to specific parts of the brain can cause people to lose particular skills, like the ability to speak, that sit in those brain regions. But because the brain doesn't have a discrete reading center, it's hard to understand how a disorder could [53](1. tackle 2. injure 3. handicap) reading and only reading.

7   This new work partially solves the paradox because rapid neural adaptation is a "low-level" function of the brain, which acts as a [54](1. chopping 2. mounting 3. building) block for "higher-level", abstract functions. Yet that opens up another mystery, says Gabrieli: "Why are there other domains that are so well done by people with reading difficulty?"

8   The answer [55](1. has stuck 2. has to do 3. has problems) with the way we learn to read, the researchers think. There's almost nothing we learn that's as complicated as reading. That's because learning to read is mentally cumbersome. The human brain did not evolve to read – literacy has been commonplace only in the last two centuries – so the brain must repurpose regions that evolved for very different ends. And the evolutionary newness of reading may leave the brain without a backup plan. "Reading is so demanding that there's not a successful alternative pathway that works as well," says Gabrieli. It's like using a stapler to pound a nail – the stapler can get the job done, but it takes a lot of extra effort.

9   The fMRI results show which parts of the brain are straining but don't tell researchers exactly why people with dyslexia have a different adaptation response. "Finding a basic thing that's true in the whole brain gives us a better opportunity to start looking for connections between biological models and psychological models," says Perrachione. Those connections may one day lead to better ways to identify and treat kids with dyslexia.

—Based on Becker, K. (2017). "The dyslexia paradox," *The Brink.* Boston University.

[56] According to the author, what would be another example of rapid neural adaptation?
1. Reacting negatively to a strong smell
2. Getting used to the temperature of a hot bath
3. Being in constant pain from a severe injury
4. Memorizing new vocabulary in a second language

[57] In the 4th paragraph, what was the result of the study for those with dyslexia?
1. The participants' brain activity showed constant effort.
2. The subjects found the experiment easy to complete.
3. The participants found the volume difficult to hear.
4. The subjects recognized new words faster than old words.

[58] In the 5th paragraph, what does the author mean by "dovetails"?

1. To copy
2. To contradict
3. To prove
4. To align

[59] According to the article, reading can be considered an unnatural process because
1. it requires both high- and low-level brain functionality.
2. the reading center of the brain has not been located.
3. it takes minimal effort to accomplish successfully.
4. it is a concept and practice invented by people.

[60] What is the example of a stapler being used to exemplify?
1. The right tool for the job is not always the fastest.
2. The brain is highly adaptive, but not always efficient.
3. Evolution yields multiple tools for accomplishing the same tasks.
4. There is more than one way to learn to read.

英語III

次の文章に関して、空欄補充問題と読解問題の二つがあります。まず、[61]から[80]の空所を埋めるのに、文脈的に最も適切な語を 1 から 3 の中から選び、その番号を解答欄（61）から（80）にマークしなさい。次に、内容に関する[81]から[90]の設問には、1 から 4 の選択肢が付されています。そのうち、文章の内容からみて最も適切なものを選び、その番号を解答欄（81）から（90）にマークしなさい。

1　　　A few weeks ago a mother called me to report that her 5-year-old daughter had come home from school crying because her teacher had not allowed her to count on her fingers. This is not an isolated event – schools across the country regularly ban finger use in classrooms or communicate to students that they are babyish. This is [61](1. despite　2. in addition to　3. due to) a compelling and rather surprising branch of neuroscience that shows the importance of an area of our brain that "sees" fingers, well [62](1. over　2. approaching　3. beyond) the time and age that people use their fingers to count.

2　　　In a study published last year, the researchers Ilaria Berteletti and James R. Booth analyzed a specific region of our brain that is [63](1. supported by　2. controlled by　3. dedicated to) the perception and representation of fingers known as the somatosensory finger area. Remarkably, brain researchers know that we "see" a representation of our fingers in our brains, even when we do not use fingers in a calculation. The researchers found that when 8-to-13-year-olds were given complex subtraction problems, the somatosensory finger area lit up, even though the students did not use their fingers. This finger-representation area was, according to their study, also engaged to a greater extent with more complex problems that involved higher numbers and more manipulation. Other researchers have found that the better students' knowledge of their fingers was in the first grade, the higher they scored on number comparison and estimation in the second grade. Even university students' finger perception predicted their calculation scores.

3   Evidence from both behavioral and neuroscience studies shows that when people receive training on ways to perceive and represent their own fingers, they [64](1. get better at   2. miss out on 3. do away with) doing so, which leads to higher mathematics achievement. Researchers found that when 6-year-olds improved the quality of their finger representation, they improved in arithmetic knowledge, particularly skills such as counting and number ordering. [65](1. Unfortunately 2. However 3. In fact), the quality of the 6-year-old's finger representation was a better predictor of future performance on math tests than their scores on tests of cognitive processing.

4   Neuroscientists often [66](1. disregard how   2. debate why 3. concur that) finger knowledge predicts math achievement, but they clearly agree on one thing: that knowledge is critical. As Brian Butterworth, a leading researcher in this area, has written, if students aren't learning about numbers through thinking about their fingers, numbers "will never have a normal representation in the brain."

5   One of the recommendations of the neuroscientists [67](1. criticizing 2. conducting 3. facing) these important studies is that schools focus on finger discrimination – not only on number counting via their fingers but also on helping students distinguish between those fingers. Still, schools typically pay little [68](1. if 2. or 3. from) any attention to finger discrimination, and to our knowledge, no published curriculum encourages this kind of mathematical work. Instead, thanks largely to school districts and the media, many teachers have been led to believe that finger use is useless and something to be abandoned as quickly as possible. The after-school tutoring program Kumon, [69](1. for example 2. nevertheless 3. regardless), tells parents that finger-counting is a "no no" and that those who see their children doing so should report them to the instructor.

6   Stopping students from using their fingers when they count could, according to the new brain research, be akin to [70](1. halting   2. stimulating   3. advocating) their mathematical development. Fingers are probably one of our most useful visual aids, and the finger area of our brain is used well into adulthood. The need [71](1. for   2. of 3. with) and importance of finger perception could even be the reason that pianists, and other musicians, often display higher mathematical understanding than people who don't learn a musical instrument.

7   The finger research is part of a larger group of studies on cognition and the brain showing the importance of visual [72](1. effects on 2. independence from 3. engagement with) math. Our brains are made up of "distributed networks," and when we handle knowledge, different areas of the brain communicate with each other. When we work on math, in particular, brain activity is distributed among many different networks, which include areas within the ventral and dorsal pathways, both of which are visual. Neuroimaging has shown that even when people work on a number calculation, such as 12 x 25, with symbolic digits (12 and 25), our mathematical thinking is [73](1. prior to   2. separated from

3. grounded in) visual processing.

8　　　A striking example of the importance of visual mathematics comes from a study showing that after four 15-minute sessions of playing a game with a number line, differences in knowledge between students from low-income backgrounds and those from middle-income backgrounds were eliminated. Number-line representation of number quantity has been shown to be particularly important for the development of numerical knowledge, and students' learning of number lines is believed to be a [74](1. reflection of 2. precursor of 3. hindrance on) children's academic success.

9　　　Visual math is powerful for all learners. Years ago Howard Gardner proposed a theory of multiple intelligences, suggesting that people have different approaches to learning, such as those that are visual, kinesthetic, or logical. This idea helpfully expanded people's thinking about intelligence and competence, but was often used in unfortunate ways in schools, leading to the labeling of students as particular type of learners who were then taught in different ways. But people who are not strong visual thinkers probably need visual thinking more than [75](1. no one 2. someone 3. anyone). Everyone uses visual pathways when we work on math. The problem is it has been presented, for decades, as a subject of numbers and symbols, ignoring the potential of visual math for transforming students' math experiences and developing important brain pathways.

10　　　It is [76](1. woefully 2. rather 3. hardly) surprising that students so often feel that math is inaccessible and uninteresting when they are plunged into a world of abstraction and numbers in classrooms. Students are made to memorize math facts, and plough [77](1. through 2. around 3. over) worksheets of numbers, with few visual or creative representations of math, often because of policy directives and faulty curriculum guides. To engage students in [78](1. productive 2. receptive 3. objective) visual thinking, they should be asked, at regular intervals, how they "see" mathematical ideas, and to draw what they see. They can be given activities with visual questions and they can be asked to provide visual solutions to questions. [79](1. If 2. Then 3. When) the YouCubed Team (a center at Stanford) created a free set of visual and open mathematics lessons for grades three through nine last summer, which invited students to appreciate the beauty in mathematics, they were downloaded 250,000 times by teachers and used in every state across the US. Ninety-eight percent of teachers said they would like more of the activities, and 89 percent of students reported that the visual activities enhanced their learning of mathematics. Meanwhile, 94 percent of students said they had learned to [80](1. take heed 2. give in 3. keep going) even when the work was hard and they made mistakes. Such activities not only offer deep engagement, new understandings, and visual-brain activity, but they show students that mathematics can be an open and beautiful subject, rather than a fixed, closed, and impenetrable subject.

11　　　Some scholars note that it will be those who have developed visual thinking who will be "at the top of the class" in the world's new high-tech workplace that increasingly draws upon visualization technologies and techniques, in business, technology, art, and science. Work on mathematics draws from different areas of the brain and students need to be strong with visuals, numbers, symbols, and words.

—Based on Boaler, J., & Chen, L. (2016). *The Atlantic.*

[81] According to the author, what is the problem with current math instruction?

1. It is often unreachable.

2. It is too creatively designed.

3. It is often visually intuitive.

4. It is too accessible.

[82] What might the author suggest as the best way to help students improve finger discrimination?

1. Have them type on a keyboard using one finger at a time.

2. Make them hide their fingers behind their back as they use them for counting.

3. Place colored dots on their fingers and touch corresponding colored piano keys.

4. Match numbers and colors on a touchscreen using only their fingers.

[83] Berteletti and Booth's study found that the somatosensory area

1. works harder with more complex mathematical problems.

2. disengages the visual image of fingers from brain function.

3. helps people use their fingers while solving mathematical calculations.

4. shows increased engagement as students get older.

[84] Why is training in finger discrimination important?

1. It is necessary in order for students to learn to use their fingers for math.

2. It is a prerequisite for learning to play a musical instrument.

3. It is needed for students to demonstrate creativity in mathematical thinking.

4. It is crucial for brain development of numerical skills.

[85] What does the author mean by "no no" in the 5th paragraph?

1. Not adequate

2. Not helpful

3. Not acceptable

4. Not necessary

[86] According to the article, what is the problem with Gardner's theory of multiple intelligences?

1. It is impossible to successfully implement in classroom learning.

2. It is limited to visual and mathematical intelligences.

3. It restricts the definition we have for competence and intelligence.

4. It overgeneralizes each student as a specific type of a learner.

[87] According to the article, the ability to perceive one's fingers does ***NOT*** have an effect on

1. mathematical ability.

2. visual thinking.

3. memorization techniques.

4. development of brain pathways.

[88] Why does the author mention "distributed networks" in the 7th paragraph?

1. To stress the importance of neuroimaging

2. To explain what is involved in doing math

3. To show the different functions of specific brain pathways

4. To illustrate the need for better control of brain activity

[89] What does the author mean by "at the top of the class" in the 11th paragraph?

1. Getting good grades

2. Making advantageous connections at work

3. Achieving the best results on exams

4. Leading one's field

[90] Which of the following would be the best title for this article?

1. Counting on math to be creative

2. Why kids should use their fingers in math class

3. Visualizing brain mechanisms for math

4. How teachers make finger counting discriminatory

数学

（120 分）

（注意）

- 「数学選択者」は，問題Ⅰ～Ⅵの全問を解答すること．
- 「数学および外国語選択者」は，問題Ⅰ・Ⅲ・Ⅵおよび外国語の問題Ⅰ・Ⅱを解答すること．

注 意 事 項

問題冊子に数字の入った □ があります．それらの数字は解答用紙の解答欄の番号を表しています．対応する番号の解答欄の 0 から 9 までの数字または − (マイナスの符号) をマークしてください．

□ が 2 個以上つながったとき，数は右詰めで入れ，左の余った空欄には 0 を入れてください．負の数の場合には，マイナスの符号を先頭の □ に入れてください．

（例）　12　⟶　│ 0 │ 1 │ 2 │

　　　　−3　⟶　│ - │ 0 │ 3 │

分数は約分した形で解答してください．マイナスの符号は分母には使えません．

（例）　$\dfrac{4}{8}$　⟶　$\dfrac{1}{2}$　⟶　$\dfrac{\boxed{0}\ \boxed{1}}{\boxed{0}\ \boxed{2}}$

　　　　$-\dfrac{6}{9}$　⟶　$-\dfrac{2}{3}$　⟶　$\dfrac{\boxed{-}\ \boxed{2}}{\boxed{0}\ \boxed{3}}$

ルート記号の中は平方因子を含まない形で解答してください．

（例）　$\sqrt{50}$　⟶　$\boxed{0}\ \boxed{5}\ \sqrt{\boxed{0}\ \boxed{2}}$

　　　　$-\sqrt{24}$　⟶　$\boxed{-}\ \boxed{2}\ \sqrt{\boxed{0}\ \boxed{6}}$

　　　　$\sqrt{13}$　⟶　$\boxed{0}\ \boxed{1}\ \sqrt{\boxed{1}\ \boxed{3}}$

数式については，つぎの例のようにしてください．分数式は約分した形で解答してください．

（例）　$-a^2 - 5$　⟶　$\boxed{-}\ \boxed{1}\ a^2 + \boxed{0}\ \boxed{0}\ a + \boxed{-}\ \boxed{5}$

$$\frac{4a}{2a-2} \quad \longrightarrow \quad \frac{-2a}{1-a} \quad \longrightarrow \quad \frac{\boxed{0}\,\boxed{0} + \boxed{-}\,\boxed{2}\,a}{1 - \boxed{0}\,\boxed{1}\,a}$$

選択肢の番号を選ぶ問題では，最も適切な選択肢を 1 つだけ選びなさい．また，同じ選択肢を何回選ん
でもかまいません．

数学 I

(1) 正の実数 x と y が $9x^2 + 16y^2 = 144$ を満たしているとき，xy の最大値は $\boxed{\text{(1)}}\,\boxed{\text{(2)}}$ である．

(2) 集合 $\{1, 2, 3, 4\}$ の部分集合は $\boxed{\text{(3)}}\,\boxed{\text{(4)}}$ 個ある．ただし，全体集合および空集合も部分集合と数え
るものとする．

(3) 集合 S の要素が 33 個のとき，S の部分集合の個数を 10 進数であらわすと $\boxed{\text{(5)}}\,\boxed{\text{(6)}}$ 桁の数であり，
その最上位桁にあらわれる数は $\boxed{\text{(7)}}$，最下位桁にあらわれる数は $\boxed{\text{(8)}}$ である．ただし，全体集合
および空集合も部分集合と数えるものとする．

数学Ⅱ

放物線 $y = x^2$ とそれに 2 点で交わる直線で囲まれた右図の
濃い色の部分の面積 S は，放物線と直線の交点を $A(\alpha, \alpha^2)$，
$B(\beta, \beta^2)$ $(\alpha < \beta)$ としたとき

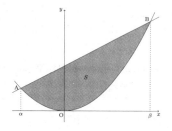

$$S = \frac{\boxed{(9)}\,\boxed{(10)}}{\boxed{(11)}\,\boxed{(12)}}(\beta - \alpha)^{\boxed{(13)}}$$

である．以下では，同じ面積を，アルキメデスが使った取
り尽くし法で求める．

　点 A と点 B の間の放物線上に点 C をとり，三角形 ABC
を考えたとき，AB を底辺とし高さが最大となるのは，点 C
の x 座標が $\dfrac{\alpha + \beta}{2}$ のときであり，そのとき，三角形 ABC
の面積 S_1 は

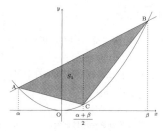

$$S_1 = \frac{\boxed{(14)}\,\boxed{(15)}}{\boxed{(16)}\,\boxed{(17)}}(\beta - \alpha)^{\boxed{(18)}}$$

である．

　S から S_1 を取り除くと，線分 AC と放物線で囲まれた領
域と線分 CB と放物線で囲まれた領域の 2 つができるが，
同じように，それぞれに含まれる高さが最大の三角形を考
えたとき，その 2 つの三角形を合わせた面積 S_2 は

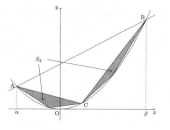

$$S_2 = \frac{\boxed{(19)}\,\boxed{(20)}}{\boxed{(21)}\,\boxed{(22)}}S_1$$

である．

　さらに，S から S_1，S_2 を取り除いた部分に，同じように，
それぞれに含まれる高さが最大の三角形を考えたとき，そ
の 4 つの三角形を合わせた面積 S_3 は

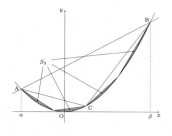

$$S_3 = \frac{\boxed{(23)}\,\boxed{(24)}}{\boxed{(25)}\,\boxed{(26)}}S_2$$

である．

　このように，順次，高さが最大の三角形を考え，その三角形を合わせた面積を計算していくことで

$$S = S_1 + S_2 + S_3 + \cdots = S_1 \times \left\{ 1 + \frac{\boxed{(27)}\,\boxed{(28)}}{\boxed{(29)}\,\boxed{(30)}} + \left(\frac{\boxed{(27)}\,\boxed{(28)}}{\boxed{(29)}\,\boxed{(30)}} \right)^2 + \left(\frac{\boxed{(27)}\,\boxed{(28)}}{\boxed{(29)}\,\boxed{(30)}} \right)^3 + \cdots \right\}$$

となることがわかる．

このように，図形に内接する一連の多角形を描き，それらの面積を合計することで元の図形の面積を求める方法を取り尽くし法という．アルキメデスは取り尽くし法を使い，直線と放物線に囲まれた部分の面積は，その直線の線分を底辺とし放物線に内接する高さが最大の三角形の面積の $\dfrac{\boxed{(31)}\ \boxed{(32)}}{\boxed{(33)}\ \boxed{(34)}}$ 倍であることを発見した．

数学Ⅲ

数列 $\{a_n\}$ $(n = 1, 2, 3, \ldots)$ は，$a_1 = 1, a_2 = 2$ であり，n が 3 以上の奇数のとき a_{n-2}, a_{n-1}, a_n が等差数列となり，n が 4 以上の偶数のとき a_{n-2}, a_{n-1}, a_n が等比数列となっている．

(1) このとき，$a_3, a_4, \ldots, a_8$ は

$$a_3 = \boxed{(35)}\ \boxed{(36)}, \ a_4 = \frac{\boxed{(37)}\ \boxed{(38)}}{\boxed{(39)}\ \boxed{(40)}}, \ a_5 = \boxed{(41)}\ \boxed{(42)}, \ a_6 = \boxed{(43)}\ \boxed{(44)}, \ a_7 = \boxed{(45)}\ \boxed{(46)}, \ a_8 = \frac{\boxed{(47)}\ \boxed{(48)}}{\boxed{(49)}\ \boxed{(50)}}$$

である．

(2) $a_n \geqq 100$ となるのは，$n \geqq \boxed{(51)}\ \boxed{(52)}$ のときである．

(3) 一般に

$$a_n = \begin{cases} \dfrac{1}{\boxed{(53)}\ \boxed{(54)}} \left(n + \boxed{(55)}\ \boxed{(56)} \right) \left(n + \boxed{(57)}\ \boxed{(58)} \right) & (n \text{ は奇数, ただし } \boxed{(55)}\ \boxed{(56)} \leqq \boxed{(57)}\ \boxed{(58)}) \\[2mm] \dfrac{1}{\boxed{(59)}\ \boxed{(60)}} \left(n + \boxed{(61)}\ \boxed{(62)} \right)^2 & (n \text{ は偶数}) \end{cases}$$

であり，奇数と偶数の場合を合わせると

$$a_n = \frac{1}{\boxed{(63)}\ \boxed{(64)}} \left\{ \boxed{(65)}\ \boxed{(66)}\, n^2 + \boxed{(67)}\ \boxed{(68)}\, n + \boxed{(69)}\ \boxed{(70)} + \left(\boxed{(71)}\ \boxed{(72)} \right)^n \right\}$$

となる．

数学Ⅳ

(1) ある正の整数 m に対して，x に関する方程式

$$x^3 - mx^2 + 2(2m-3)x - (m+9)(m-9) = 0$$

の 1 つの解が 2 であった．このとき，$m = \boxed{(73)}\boxed{(74)}\boxed{(75)}$ であり，他の 2 つの解は小さい順に

$$\boxed{(76)}\boxed{(77)}, \qquad \boxed{(78)}\boxed{(79)}$$

である．

(2) ある正の整数 m に対して，x に関する方程式

$$x^3 - 20x^2 + mx - 2(m-1) = 0$$

の解が 3 つの異なる正の整数となった．このとき，$m = \boxed{(80)}\boxed{(81)}\boxed{(82)}$ であり，3 つの解は小さい順に

$$\boxed{(83)}\boxed{(84)}, \qquad \boxed{(85)}\boxed{(86)}, \qquad \boxed{(87)}\boxed{(88)}$$

である．

数学 V

1 辺の長さが 4 である立方体 ABCD–EFGH
について，頂点 A を含む辺 AB, AD, AE を
3 : 1 に内分する 3 点を考え，これらの内分点
を通る平面を S_A とする．また，頂点 B を含
む辺 BA, BC, BF を 3 : 1 に内分する 3 点を
考え，これらの内分点を通る平面を S_B とす
る．同様に，頂点 C を含む辺 CB, CD, CG,
頂点 D を含む辺 DA, DC, DH，頂点 E を含
む辺 EA, EF, EH，頂点 F を含む辺 FB, FE,
FG，頂点 G を含む辺 GC, GF, GH，頂点 H
を含む辺 HD, HE, HG を 3 : 1 に内分する

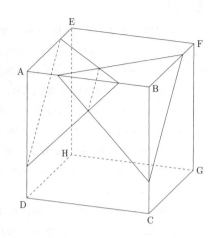

3 点をそれぞれ考え，これらの内分点を通る平面をそれぞれ $S_C, S_D, S_E, S_F, S_G, S_H$ とする．

(1) 2 つの平面 S_A と S_B によって，立方体 ABCD–EFGH は $\boxed{(89)}\,\boxed{(90)}$ 個の立体に分けられる．そのう
ち最大となる立体の体積は $\dfrac{\boxed{(91)}\,\boxed{(92)}\,\boxed{(93)}}{\boxed{(94)}\,\boxed{(95)}\,\boxed{(96)}}$ であり，その表面積は $\boxed{(97)}\,\boxed{(98)} + \boxed{(99)}\,\boxed{(100)}\sqrt{\boxed{(101)}\,\boxed{(102)}}$
である．

(2) 8 つの平面 $S_A, S_B, S_C, S_D, S_E, S_F, S_G, S_H$ によって，立方体 ABCD–EFGH は $\boxed{(103)}\,\boxed{(104)}$ 個
の立体に分けられる．そのうち最大となる立体の体積は $\boxed{(105)}\,\boxed{(106)}$ であり，その表面積は
$\boxed{(107)}\,\boxed{(108)} + \boxed{(109)}\,\boxed{(110)}\sqrt{\boxed{(111)}\,\boxed{(112)}}$ である．

数学VI

ABO 式血液型には，A 型，B 型，AB 型，O 型の 4 種類が存在し，血液型に関わる遺伝子には，A 遺伝子，B 遺伝子，O 遺伝子の 3 種類が存在する．すべての人は，これらの遺伝子を 1 対もっており，A 遺伝子と A 遺伝子の対 (AA) あるいは A 遺伝子と O 遺伝子の対 (AO) をもつ人は A 型，B 遺伝子と B 遺伝子の対 (BB) あるいは B 遺伝子と O 遺伝子の対 (BO) をもつ人は B 型，A 遺伝子と B 遺伝子の対 (AB) をもつ人は AB 型，O 遺伝子と O 遺伝子の対 (OO) をもつ人は O 型になる．ここで，対をなす 2 つの遺伝子に順序はなく，すべての遺伝子対は AA, AO, BB, BO, AB, OO のいずれかであらわされる．子は，母親の遺伝子対の一方と父親の遺伝子対の一方を引き継ぎ，新たに遺伝子対を形成することで血液型が決まる．このとき，母親においても父親においても，遺伝子対のうちいずれの遺伝子を子に引き継ぐかは等確率である．

以下に登場する人物の住む国の血液型の遺伝子対の割合は，AA が 10%，AO が 30%，BB が 10%，BO が 20%，AB が 10%，OO が 20% であり，これは時と共に変化せず常に一定であるとする．

血液型	A 型		B 型		AB 型	O 型
遺伝子対	AA	AO	BB	BO	AB	OO
割合	10%	30%	10%	20%	10%	20%

いま，X さんの血液型が O 型であることだけがわかっているとき，X さんと血縁関係にある人の血液型について考えてみよう．

(1) X さんとこの国の人との間に生まれてくる子の血液型が，O 型である確率は $\dfrac{(113)(114)}{(115)(116)}$，A 型である確率は $\dfrac{(117)(118)}{(119)(120)}$，B 型である確率は $\dfrac{(121)(122)}{(123)(124)}$ と推定することができる．

(2) X さんの血液型がわからないときには，X さんの両親がともに O 型である確率は，この国の血液型の割合から $\dfrac{1}{5} \times \dfrac{1}{5} = \dfrac{1}{25}$ と推定される．しかし，X さんが O 型であることがわかっているため，両親がともに O 型である確率は $\dfrac{(125)(126)}{(127)(128)}$ と推定することができる．また，X さんの母親のみの血液型を考える場合，X さんが O 型であることから，母親の血液型が AB 型であることはなく，母親の血液型が O 型である確率は $\dfrac{(129)(130)}{(131)(132)}$，A 型である確率は $\dfrac{(133)(134)}{(135)(136)}$，B 型である確率は $\dfrac{(137)(138)}{(139)(140)}$ と推定することができる．

情報

（120 分）

注 意 事 項

問題冊子に数字の入った □ があります．それらの数字は解答用紙の解答欄の番号を表しています．対応する番号の解答欄の 0 から 9 までの数字または −（マイナスの符号）をマークしてください．

□ が 2 個以上つながったとき，数は右詰めで入れ，左の余った空欄には 0 を入れてください．負の数の場合には，マイナスの符号を先頭の □ に入れてください．

(例)　$12 \longrightarrow$ ⟨ 0 1 2 ⟩

　　　$-3 \longrightarrow$ ⟨ - 0 3 ⟩

分数は約分した形で解答してください．マイナスの符号は分母には使えません．

(例)　$\dfrac{4}{8} \longrightarrow \dfrac{1}{2} \longrightarrow \dfrac{\boxed{0\ 1}}{\boxed{0\ 2}}$

　　　$-\dfrac{6}{9} \longrightarrow -\dfrac{2}{3} \longrightarrow \dfrac{\boxed{-\ 2}}{\boxed{0\ 3}}$

ルート記号の中は平方因子を含まない形で解答してください．

(例)　$\sqrt{50} \longrightarrow \boxed{0\ 5}\sqrt{\boxed{0\ 2}}$

　　　$-\sqrt{24} \longrightarrow \boxed{-\ 2}\sqrt{\boxed{0\ 6}}$

　　　$\sqrt{13} \longrightarrow \boxed{0\ 1}\sqrt{\boxed{1\ 3}}$

数式については，つぎの例のようにしてください．分数式は約分した形で解答してください．

(例)　$-a^2 - 5 \longrightarrow \boxed{-\ 1}a^2 + \boxed{0\ 0}a + \boxed{-\ 5}$

　　　$\dfrac{4a}{2a-2} \longrightarrow \dfrac{-2a}{1-a} \longrightarrow \dfrac{\boxed{0\ 0} + \boxed{-\ 2}a}{1 - \boxed{0\ 1}a}$

選択肢の番号を選ぶ問題では，最も適切な選択肢を 1 つだけ選びなさい．また，同じ選択肢を何回選んでもかまいません．

情報 I

以下、法制度に関しては、日本のものについて考えるものとする。

(ア) 著作権法に関する説明として、正しいものを次の選択肢から選び、その番号を解答欄 [(1)] にマークしなさい。

(1) 書店で購入した小説を公の場で朗読することは、著作権の侵害にあたらない。

(2) 既存の著作物に依拠せず、独自に創作した作品でも、結果として表現が類似している場合には、著作権の侵害となる。

(3) 著作権法上、複製とは、印刷、写真、複写、録音、録画その他の方法により有形的に再製することをいう。

(4) 著作権を侵害する書籍が販売されている場合でも、出版の差止めは認められないが、著作権者は損害賠償を請求することができる。

(5) 著作権を侵害する行為には、刑事罰は定められていない。

(イ) 次の文章を読み、空欄 [(2)] から [(5)] にあてはまるものを選択肢から選び、その番号をそれぞれの解答欄にマークしなさい。

　文化は先人の文化的所産を利用しながら発展し、新しい著作物や作品を創作する際に、他人の著作物を採録することが必要な場合はよくある。とりわけ、報道・批評等の場合には [(2)] の自由を保障する意味でも [(3)] の必要性が高い。そこで、著作権法 32 条は、[(4)] された著作物について、[(5)] な慣行に合致し、かつ報道等のその他の [(3)] の目的上正当な範囲内で行われる [(3)] の場合には利用できると、抽象的な要件を規定している。

（出典：駒田泰土・潮海久雄・山根崇邦『知的財産法 II 著作権法』（有斐閣、2016 年）

【[(2)]～[(5)] の選択肢】

(1) 平等　(2) 公表　(3) 流用　(4) 信仰　(5) 隠匿
(6) 引用　(7) 表現　(8) 営業　(9) 公正　(0) 私的

(ウ) 特許法に関する説明として、正しいものを次の選択肢から選び、その番号を解答欄 [(6)] にマークしなさい。

(1) 特許出願した発明の内容は、特許庁の審査により特許権が認められない場合には公開されない。

(2) 特許出願前に公然と知られていた発明であっても、自分で技術を発明した者であれば、他の人が特許出願をしていない限り、特許権を取得することができる。

(3) 当該技術分野の平均的な知識を有する技術者が、既存の技術に基づいて容易に考えられる発明については、特許権は取得できない。

(4) 特許権の技術的範囲に含まれる製品は、特許権者から適法に購入したものであっても、特許権者の承諾なく転売することができない。

(5) 医薬品を製造するための技術は、人道的な見地から、特許権により独占することはできない。

(エ) 個人情報保護法（個人情報の保護に関する法律）に関する説明として、正しいものを次の選択肢から選び、その番号を解答欄 [(7)] にマークしなさい。

(1) 個人情報取扱事業者は、適法に取得して利用目的の達成に必要な範囲内で利用している個人データについても、本人から利用の停止又は消去の請求を受けたときは、これに応じなければなら

ない。

(2) 個人情報取扱事業者は、本人の求めに応じて個人データの第三者への提供を停止することとしている場合、届出や通知等の措置をとることなく、当該個人データを第三者に提供することができる。

(3) 生存する個人に関する情報ではなく、もっぱら死亡した個人のみに関する情報も、個人情報に該当する。

(4) 情報に含まれる氏名、生年月日その他の記述等により特定の個人を識別することができない場合、他の情報と容易に照合することができ、それにより特定の個人を識別することができるとしても、その情報は個人情報に該当しない。

(5) 個人情報取扱事業者は、本人の同意なく個人情報の利用目的を変更する場合には、変更前の利用目的と関連性を有すると合理的に認められる範囲を超える変更をしてはならない。

(オ) プロバイダ責任制限法（特定電気通信役務提供者の損害賠償責任の制限及び発信者情報の開示に関する法律）が定めるルールの説明として、誤っているものを次の選択肢から選び、その番号を解答欄 ⑻ にマークしなさい。

(1) プロバイダが、第三者の名誉を毀損する内容のファイルの発信者による掲載を放置している場合に、裁判所がプロバイダにファイルの削除を命令するときのルール。

(2) プロバイダが、第三者からの著作権侵害の主張を信じて記事を削除した場合に、実際には著作権を侵害していなかった発信者がプロバイダに損害賠償を請求したときのルール。

(3) プロバイダが、第三者からの名誉毀損の主張を受けて発信者に削除の可否を照会したにもかかわらず、発信者が照会を無視したため記事を削除したプロバイダに、発信者が損害賠償を請求したときのルール。

(4) プロバイダが、第三者から名誉毀損に基づく発信者情報の開示請求を受けたものの、違法性の判断がつかないため情報を開示しなかった場合に、後日裁判所で名誉毀損の被害が認められた第三者がプロバイダに損害賠償を請求したときのルール。

(5) プロバイダが、第三者から著作権侵害に基づく発信者情報の開示請求を受けた場合に、開示の可否について発信者の意見を聴くときのルール。

情報 II

古くから知られている川渡のパズルについて説明した次の文章を読み、空欄 (9)(10) から (17)(18) に入る数字をそれぞれの解答欄にマークしなさい。

　川渡のパズルとは、たとえば、川の手前側の岸 (A) に、人 (n)、狼 (w)、キャベツ (c)、ヤギ (g) が存在し、ボートに乗って対岸 (B) に、ある制約条件の下で全部が渡るには、どのような順番でボートに乗って渡ればいいかを考える問題である。

　ここでは、次のような制約条件の元でパズルを解くことを考える。

　制約条件 1：人がいない状況でヤギと狼が片方の岸に揃うとヤギが狼に食べられてしまうので、そのような状況になってはいけない。

　制約条件 2：人がいない状況でヤギとキャベツが片方の岸に揃うとヤギがキャベツを食べてしまうので、そのような状況になってはいけない。

　制約条件 3：ボートには、人だけ乗って対岸に移動するか、人の他に一つだけ、つまり、狼、キャベツ、ヤギのうちの一つと一緒に乗って対岸に移動するしかできない。

　状態を簡単に表現するために、A に存在するものは英小文字で、B に存在するものを英大文字で表すことにすると、4 つ全部が A に存在することは、nwcg と表せ、全部が B に渡った状況を NWCG と表わせる。大文字小文字が混ざった 4 つの文字は、そのいずれでもない状態を表すことになる。

　上記の制約条件から、Nwcg のような到達してはいけない状態にならずに、nwcg という状態から NWCG という状態に変化させる手順を探すことが、このパズルを解くことになる。

　パズルを解くために、制約条件を満たす状態と、ある状態から別の状態へどのようにボートを使って変化させられるかを図で表すことにする。最初の状態、nwcg から、人がヤギと一緒に川を渡った場合の状態の変化を示す図は状態とそれを結ぶ矢印で表される。

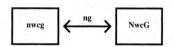

　渡ったのと同じように川を渡って戻れば、変化する前の状態に戻るので、矢印は双方向になっていて、移動する人とヤギを表す文字が矢印に付加されている。

　さらに移動して得られる状態を一つ付け加えると次のような、状態が 3 個になった図が得られる。

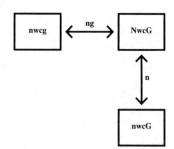

　最初の状態（nwcg）から、制約条件を満たすように移動して到達できるすべての状態を考え、それらの状態間の変化を示す図を完成させると、パズルが解け、ある状態から別の状態に変化するのに、必要なボートでの移動の最小回数が分かる。

　図を完成させたとき、図中の状態の数は、 (9) (10) 個になる。nwcg から NWCG になるためには、最低でも (11) (12) 回の状態の変化、つまり、この回数だけボートによる移動が必要なことが分かる。また、この最低の変化数で済む状態変化の手順は (13) (14) 通りになる。

　次に、この完成された図の各状態につながっている矢印の数を考える。矢印が一つの状態は (15) (16) 個あり、矢印が二つの状態は (17) (18) 個ある。

情報Ⅲ

(ア) $y = h(x)$ を、任意のビット列 x を引数にとり、16 ビットの値 (ハッシュ値)y を返すハッシュ関数とする。ただし、y を与えて x を求める方法は知られていない。

(a) 任意のビット列 a と 20 ビットの値 b から成るデータにおいて、a はそのままに b だけを変化させて、ハッシュ値 $y_1 = h(concat(a, b))$ を任意の値にすることを考える。ここで、関数 $concat$ は 2 つのビット列を連結する関数であり、 例えば $concat(001111, 00)$ は 00111100 となる。

　ハッシュ関数の特性から、y_1 からハッシュ関数に渡す引数 $concat(a, b)$ を計算することはできず、そのため b も計算することはできない。よってハッシュ値が y_1 となるような b を選ぶためには、任意の b を選んでハッシュ値を計算する作業を、計算したハッシュ値が y_1 になるまで繰り返す必要がある。ハッシュ関数 $y = h(x)$ は、x から y を計算したときに y の出現確率が同じでなければならないとすると、この方法でハッシュ値が y_1 になるように b を選ぶのに必要なハッシュ値の計算回数の期待値は (19) (20) (21) (22) (23) (24) (25) 回である。これは、次のようにして求めることができる。

$$\frac{1}{2} \cdot 2^{\boxed{(26)}\boxed{(27)}}$$

　また、ハッシュ値 y_2 の上位 8 ビットが 0 になるような b を選ぶのに必要なハッシュ値の計算回数の期待値は (28) (29) (30) (31) (32) (33) (34) 回である。ただし、y_2 の下位 8 ビットは何でもよいものとする。これは、次のようにして求めることができる。

$$\frac{1}{2} \cdot 2^{\boxed{(35)}\boxed{(36)}}$$

(イ) 16 ビットの値 pHash、任意のビット列 Data、32 ビットの値 Nonce から成るデータセットを考え、pHash, Data, Nonce を連結したビット列をブロックと呼ぶこととする。ここで、ハッシュ関数 h を用いて下図のように pHash に前のブロックのハッシュ値を入れることによってブロックのチェーンを作ることを考える。ただし、チェーンの 1 つ目のブロックの pHash は 0 が 16 個並んだものとする。また、それぞれのブロックのハッシュ値の上位 8 ビットは 0 でなければならないものとする。ただし、ハッシュ値の下位 8 ビットは何でもよいものとする。

| pHash=0000000000000000 |
| Data |
| Nonce |

| pHash |
| Data |
| Nonce |

| pHash |
| Data |
| Nonce |

(a) 1 つ目のブロックが外部から与えられたとする。2 つ目のブロックの Data が決まっている状態で、2 つ目のブロックを生成するために 2 つ目のブロックの Nonce を選ぶのに必要なハッシュ値の計算回数の期待値は $\boxed{\text{(37)}}\boxed{\text{(38)}}\boxed{\text{(39)}}\boxed{\text{(40)}}\boxed{\text{(41)}}\boxed{\text{(42)}}\boxed{\text{(43)}}$ 回である。これは、次のようにして求めることができる。

$$\frac{1}{2} \cdot 2^{\boxed{\text{(44)}}\boxed{\text{(45)}}} + \boxed{\text{(46)}}\boxed{\text{(47)}}$$

(b) 10 個のブロックが外部から与えられたとき、3 つ目のブロックの Data を変更することを考える。10 個のブロック全ての辻褄が合うようにするために必要なハッシュ値の計算回数の期待値は $\boxed{\text{(48)}}\boxed{\text{(49)}}\boxed{\text{(50)}}\boxed{\text{(51)}}\boxed{\text{(52)}}\boxed{\text{(53)}}\boxed{\text{(54)}}\boxed{\text{(55)}}$ 回である。これは、次のようにして求めることができる。

$$\frac{1}{2} \cdot 2^{\boxed{\text{(44)}}\boxed{\text{(45)}}} \cdot \boxed{\text{(56)}}\boxed{\text{(57)}} + \boxed{\text{(58)}}\boxed{\text{(59)}}$$

情報IV

図のような 2 つの関節 O と A を持つロボットアームを制御する方法を考える。次の文章の空欄 $\boxed{\text{(60)}}\boxed{\text{(61)}}$ から $\boxed{\text{(78)}}\boxed{\text{(79)}}$ にはもっとも適したものを選択肢から選び、解答欄にマークしなさい。また、空欄 $\boxed{\text{(80)}}\boxed{\text{(81)}}\boxed{\text{(82)}}$ および $\boxed{\text{(83)}}\boxed{\text{(84)}}\boxed{\text{(85)}}$ には適切な数字を解答欄にマークしなさい。ただし、このロボットアームは全ての関節および腕が $x \geqq 0$, $y \geqq 0$ の範囲で動作するものとする。

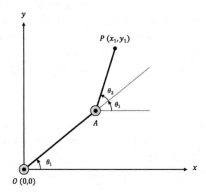

(ア) 各関節の関節角度を θ_1 および θ_2、2 つの腕の長さ $\overline{OA}$、$\overline{AP}$ をそれぞれ L_1、L_2 とすると，手先の位置 $P(x_1, y_1)$ は次の式で求められる。

$$x_1 = L_1 \boxed{\text{(60)}}\boxed{\text{(61)}} + L_2 \boxed{\text{(62)}}\boxed{\text{(63)}}$$
$$y_1 = L_1 \boxed{\text{(64)}}\boxed{\text{(65)}} + L_2 \boxed{\text{(66)}}\boxed{\text{(67)}}$$

(イ) 次にロボットアームを動かして座標 (x_1, y_1) にあるコーヒーカップを掴む状況を考える。この

場合は逆に、移動させたい手先の位置 (x_1, y_1) から、各関節に指示する関節角度 (θ_1, θ_2) を計算しなければならない。図のように、座標原点を O、手先位置を $P(x_1, y_1)$ とすると、各関節角度は次式の様に表すことができる。ただし、$\cos\alpha = \dfrac{x_1}{\overline{OP}}$ とする。また、各関節の可動範囲は、$0\,° \leqq \theta_1 \leqq 90\,°$、$0\,° \leqq \theta_2 \leqq 180\,°$ であり、座標 (x_1, y_1) はロボットアームの可動範囲で指定されるものとする。

$$\theta_1 = \alpha - \boxed{(68)}\boxed{(69)}$$

$$\theta_2 = 180\,° - \boxed{(70)}\boxed{(71)}$$

ここで、三角形 OAP に関して、$\overline{OP}$ と $\angle PAO$ および $\angle POA$ の間には、次式に示す関係が成立する。

$$\cos\angle PAO = \frac{\boxed{(72)}\boxed{(73)}}{\boxed{(74)}\boxed{(75)}}$$

$$\cos\angle POA = \frac{\boxed{(76)}\boxed{(77)}}{\boxed{(78)}\boxed{(79)}}$$

いま、腕の長さがそれぞれ $L_1 = \sqrt{3}$、$L_2 = 1$ であるとき、手先位置 $P(x_1, y_1)$ を $(0, 2)$ に移動させるために必要となる関節角度は、それぞれ次のようになる。

$$\theta_1 = \boxed{(80)}\boxed{(81)}\boxed{(82)}\,°$$

$$\theta_2 = \boxed{(83)}\boxed{(84)}\boxed{(85)}\,°$$

【 $\boxed{(60)}\boxed{(61)}$ ～ $\boxed{(78)}\boxed{(79)}$ の選択肢】

(11) $\angle PAO$	(12) $\angle POA$	(13) $\angle OPA$	(14) θ_1
(15) θ_2	(16) L_1	(17) L_2	(18) $L_1 L_2$
(19) $2\,L_1 L_2$	(20) $3\,L_1 L_2$	(21) $4\,L_1 L_2$	(22) $L_1\overline{OP}$
(23) $2\,L_1\overline{OP}$	(24) $3\,L_1\overline{OP}$	(25) $4\,L_1\overline{OP}$	(26) $L_2\overline{OP}$
(27) $2\,L_2\overline{OP}$	(28) $3\,L_2\overline{OP}$	(29) $4\,L_2\overline{OP}$	(30) L_1^2
(31) L_2^2	(32) $\overline{OP}^2$	(33) $L_1 + L_2$	(34) $L_1 + \overline{OP}$
(35) $L_2 + \overline{OP}$	(36) $L_1^2 + L_2^2$	(37) $L_1^2 + \overline{OP}^2$	(38) $L_2^2 + \overline{OP}^2$
(39) $L_1^2 + L_2^2 + \overline{OP}^2$	(40) $L_1^2 - L_2^2 + \overline{OP}^2$	(41) $L_1^2 + L_2^2 - \overline{OP}^2$	(42) $L_2^2 - L_1^2 + \overline{OP}^2$
(43) $\cos\theta_1$	(44) $\cos\theta_2$	(45) $\sin\theta_1$	(46) $\sin\theta_2$
(47) $\cos(\theta_1 + \theta_2)$	(48) $\cos(\theta_1 - \theta_2)$	(49) $\cos(\theta_2 - \theta_1)$	(50) $\sin(\theta_1 + \theta_2)$
(51) $\sin(\theta_1 - \theta_2)$	(52) $\sin(\theta_2 - \theta_1)$		

$\boxed{\text{情報 V}}$

互いに異なる n 個の数が与えられている。ただし $n \geqq 2$ である。以後、「順列」とは、与えられた数を並べ替えた数列を意味するものとする。

　順列 P, Q に対して、辞書順で P が Q より前に来ることを $P < Q$ と書くことにする。ただし辞書順とは、2 つの順列 $p_1, p_2, \ldots, p_n$ と $q_1, q_2, \ldots, q_n$ の順序を決める際、まず p_1 と q_1 を比較し、もし $p_1 = q_1$ なら p_2 と q_2 を比較し、もし $p_2 = q_2$ なら p_3 と q_3 を比較し、と順に比較していって、最初に異なる数が出てきた時に小さい方の順列を前にするという方式である。例えば、1,5,8,4 が与えられている場合は $(1,4,5,8) < (1,4,8,5) < (1,5,4,8) < (1,5,8,4) < (1,8,4,5) < \cdots < (8,5,1,4) < (8,5,4,1)$ となる。

(ア) 順列 $a_1, a_2, \ldots, a_n$ に対して、辞書順でそのすぐ後に来る順列を求める（例えば、上の例で 1,5,8,4 に対して 1,8,4,5 と答える）には、次のようにすればよいことが知られている。

1. 順列の末尾を含む、降順に並んでいる部分を R とする（1,5,8,4 が与えられた時は 8,4 の部分）。もし、それが順列全体なら、この順列が辞書順で最後である。
2. R のすぐ左の数を x とする（1,5,8,4 が与えられた時は 5）。
3. 順列の末尾から順に探して初めて現れる x より大きい数を y とする（1,5,8,4 が与えられた時は 8）。
4. x と y を入れ替える。
5. 入れ替えた後の R を逆順に並べ替える（1,5,8,4 が与えられた時は、上の入れ替えで 1,8,5,4 になり、R の位置にある 5,4 を逆順にして 1,8,4,5）。

この手順をアルゴリズムの形で書くと次のようになる。空欄に入るもっとも適切なものを下の選択肢から選び、その番号をマークしなさい。

変数 $a_1, a_2, \ldots, a_n$ の値は、入力された順列とする

変数 i の値を n にする

条件 $\boxed{\text{(86)}}$ が成り立つ間、次の処理 A を繰り返す

処理 A の始め

　i の値を 1 減らす

　もし $i = 1$ ならば、「辞書順で最後です」と出力してアルゴリズムを終了する

処理 A の終わり

変数 j の値を n にする

条件 $\boxed{\text{(87)}}$ が成り立つ間、次の処理 B を繰り返す

処理 B の始め

　j の値を 1 減らす

処理 B の終わり

a_{i-1} と a_j の値を交換する

j の値を n にする

条件 $\boxed{\text{(88)}}$ が成り立つ間、次の処理 C を繰り返す

処理 C の始め

　a_i と a_j の値を交換する

---

i の値を 1 増やす
j の値を 1 減らす
処理 C の終わり
$a_1, a_2, \ldots, a_n$ の値を出力する

【$\boxed{\text{(86)}}$～$\boxed{\text{(88)}}$ の選択肢】

(1) $a_i \geqq 1$　　(2) $a_{i-1} \geqq 1$　　(3) $a_{i-1} \geqq a_i$

(4) $a_j \geqq a_i$　　(5) $a_j \leqq a_{i-1}$　　(6) $a_j \leqq a_n$

(7) $i > 1$　　(8) $j > 1$　　(9) $i < j$

(イ) 上のアルゴリズムが正しいことの証明は次のようにしてできる。空欄に入るもっとも適切なものを下の選択肢から選び、その番号をマークしなさい。

補題: 互いに異なる m 個の数が与えられた時、辞書順で最初の順列は与えられた数を昇順に並び替えたもの、最後の順列は降順に並び替えたものである。

補題の証明: 昇順に並び替えたものを $b_1, \ldots, b_m$ とする。これより辞書順で先に来る順列があると仮定し、それを $c_1, \ldots, c_m$ とする。辞書順の定義から、ある i があって、すべての $j < i$ について $b_j = \boxed{\text{(89)}\,\text{(90)}}$、$b_i > c_i$ となる。

- $i = 1$ の場合、$b_1, b_2, \ldots, b_m$ は昇順に並んでいるから、$b_1 > c_1$ は順列が与えられた数を並べ替えたものという仮定に反する。

- $i > 1$ の場合、順列は与えられた数を並べ替えたものであり、$b_1, b_2, \ldots, b_m$ は昇順に並んでいるから、$b_i > c_i$ ということは、ある $k < i$ について $c_i = b_k$ が成り立つ。ところが、すべての $j < i$ について $b_j = \boxed{\text{(89)}\,\text{(90)}}$ なので、$c_i = b_k = \boxed{\text{(91)}\,\text{(92)}}$ となる。これは与えられた数が互いに異なるという仮定に反する。

したがって、そのような $c_1, \ldots, c_m$ は存在せず、$b_1, b_2, \ldots, b_m$ は辞書順で最初である。降順に並び替えたものも同様に証明できる。

アルゴリズムの証明: a_n を含んで降順に並んでいる部分を $a_i, \ldots, a_n$ とする。もし $i = 1$ ならば、補題よりこれが辞書順で最後である。以後は $i > 1$ とする。

$a_i, \ldots, a_n$ が降順で、$a_{i-1}, \ldots, a_n$ は降順にならないことから $a_{i-1} < a_i$ となる。したがって $a_i, \ldots, a_n$ の中に必ず a_{i-1} より大きい数が存在する。その中で最も右にあるものを a_j とする。

辞書順で $A = (a_1, \ldots, a_n)$ の次の順列を $B = (b_1, \ldots, b_n)$ とする。また、順列 $C = (c_1, \ldots, c_n)$ を、すべての $k \leqq i-2$ に対して $c_k = a_k$、$c_{i-1} = a_j$ である適当な順列とする。$a_{i-1} < a_j = c_{i-1}$ であるから、辞書順の定義より $A < C$ となる。

まず、すべての $k \leqq i-2$ に対して $b_k = a_k$ であることを示す。そうでないと仮定して、$b_k \neq a_k$ となる k の中で最小のものを k' とする。$A < B$ であるから、$a_{k'} < b_{k'}$ となる。ところが、$k' \leqq i-2$ かつ $\boxed{\text{(93)}\,\text{(94)}} = a_{k'} < b_{k'}$ なので $C < B$、したがって $A < C < B$ となり、B が辞書順で A の次の順列という仮定に反する。

次に、$b_{i-1} = a_j$ であることを示す。そうでないと仮定して、b_{i-1} が $a_1, \ldots, a_n$ のどれと等しいかによって場合分けする。

- ある $k \leqq i-2$ に対して $b_{i-1} = a_k$ と仮定する。$a_k = \boxed{\text{(95)}\,\text{(96)}}$ なので $\boxed{\text{(95)}\,\text{(96)}} = b_{i-1}$ となり、与えられた数がすべて異なるという仮定に反する。

- $b_{i-1} = a_{i-1}$ と仮定する。すべての $k \leq$ (97)(98) に対して $a_k = b_k$ となるから、$A < B$ であるためには $(a_i,\ldots,a_n) < (b_i,\ldots,b_n)$ でなければならない。ところが $a_i,\ldots,a_n$ は降順であるから補題よりそのような $b_i,\ldots,b_n$ は存在しない。

- ある k があって $i \leq k \leq j-1$ かつ $b_{i-1} = a_k$ と仮定する。$a_i,\ldots,a_n$ は降順であるから $a_k > a_j$ となる。すると (99)(100) $= a_j < a_k = b_{i-1}$ であるから $C < B$、したがって $A < C < B$ となり、B が辞書順で A の次の順列という仮定に反する。

- ある k があって (101)(102) $\leq k \leq n$ かつ $b_{i-1} = a_k$ と仮定する。a_j の選び方と、$a_i,\ldots,a_n$ が降順であることから $a_{i-1} > a_k$ となる。すると $a_{i-1} > a_k = b_{i-1}$ となり、$A < B$ という仮定に反する。

上の 4 つの場合はすべて仮定に反するので、$b_{i-1} = a_j$ であることがわかる。

　B の残りの部分 $b_i,\ldots,b_n$ は、$a_{i-1},\ldots,a_n$ から a_j を除いた数を並べ替えたものである。その中で辞書順で最も前に来るのは、補題より昇順に並んでいる場合である。$a_i,\ldots,a_n$ は降順であり、a_j の選び方から、a_j の代わりに a_{i-1} を入れた $a_i,\ldots,a_{j-1},a_{i-1},a_{j+1},\ldots,a_n$ も降順となり、それを逆にした $a_n,\ldots,a_{j+1},a_{i-1},a_{j-1},\ldots,a_i$ が昇順となるので、これが $b_i,\ldots,b_n$ と一致する。

　以上のことから $B = (a_1,\ldots,a_{i-2},a_j,a_n,\ldots,a_{j+1},a_{i-1},a_{j-1},\ldots,a_i)$ となるが、これはアルゴリズムの出力に他ならない。

【 (89)(90) ～ (101)(102) の選択肢】

(11) b_i 　　(12) b_{i-1} 　(13) b_j 　　(14) b_k 　(15) $b_{k'}$

(16) c_i 　　(17) c_{i-1} 　(18) c_j 　　(19) c_k 　(20) $c_{k'}$

(21) $i-1$ 　(22) i 　　(23) $i+1$

(24) $j-1$ 　(25) j 　　(26) $j+1$

■■■小論文■

（120 分）

　慶應義塾大学環境情報学部は，「人を取り巻くものは環境，そことやりとりすることは情報」というコンセプトのもと，1990 年に創立されました．以降 30 年間，方法論に縛られることなく，ときにひとつの学問を徹底的に深掘りしながら，ときに複数の領域を柔軟に横断しながら，新たな知の創造に挑戦し続けてきました．その方法論の幅広さゆえに，「多様性」が環境情報学部を象徴する唯一無二のキーワードかのように捉えられがちですが，同時に，「環境」と「情報」という二大キーワードの中心に「人」の存在を意識していることも大きな特徴です．

　そこで，2020 年度入学試験の小論文では，環境情報学部において次の時代を切り拓くための学びを修めようという皆さんに，「人間性」について考えていただきます．ここでいう「人間性」とは，我々が生まれながらにして備えている「人間らしさ（humanity）」のことであり，個々人の「人柄（personality）」のことではありません．

　次頁からの 4 つの資料では，霊長類学／ロボット工学／神経科学／哲学という異なる学問領域の科学者たちが，それぞれの視点から「人間性」についての議論を展開しています．これらを熟読した上で，以下のふたつの問題に取り組んでください．

問 1.
4 つの資料と対応する番号の解答欄に，それぞれの著者が論じている「人間性」とはどのようなものか，一目でわかりやすく表現してください．文章に限らず，図や記号などを用いても構いません．ただし，【1】〜【4】のそれぞれの解答には，「人」「環境」「情報」という 3 つの言葉を必ず含むようにしてください．
〔解答欄〕

問 2.
これからの 30 年で起こり得る社会システムの変容に，私たちの「人間性」はどのように影響されるでしょうか？　また，こうした「人間性」を自覚した上で，あなたは未来社会においてどのように振る舞っていこうと考えますか？　合計 1000 文字以内で，これからの「人間性」を論じるとともに，未来社会をよく生きるためのあなたの考えを述べてください．問 1 において導かれた 4 つの「人間性」を十分に理解したうえで，このうちのひとつ（または複数）を選択して議論を深めても，あらたな「人間性」を自身の生活のなかから見出して議論を展開しても構いません．

【1】

子供を守るためのコミュニケーション

　ゴリラやチンパンジーは，熱帯雨林という安全な場所にいて，子供は小さく母親が軽々と運び歩くことができますし，子供の方も自力で母親に摑まる能力を持っていますから，少なくとも授乳期は母親一人で子供を育てることができます．一方で，人間の子供は非常にひ弱なまま生まれてきます．また，ゴリラの子供が一・六キログラムほどなのに対し，人間の赤ちゃんはその二倍ほどあります．

　なぜそんな状態で生まれてくるようになったのかというと，それはやはり人間がゴリラやチンパンジーと違って，肉食獣に襲われる可能性の高い，サバンナや草原に出てきたからです．森を出てすぐ，人間の乳幼児死亡率は高まったことでしょう．そのため，人口が激減しないために，たくさんの子供を産む必要が出てきました．しかし，一度にたくさんの子供を産むことはできませんから，出産間隔を縮めて，何度も子供を産むという方法になりました．そのためには，いち早く離乳させる必要があります．なぜなら，授乳中に分泌されるプロラクチンというホルモンが，排卵を抑制して次の妊娠を妨げるからです．そこで，人間は子供をいち早く離乳させることで排卵を回復し，次の子供を産むことができるようになりました．

　その証拠として，人間の母親は毎年でも子供を産む能力を持っています．ところが，ゴリラもチンパンジーも四年か五年おきにしか子供を産めません．また，ゴリラもチンパンジーも離乳する頃には永久歯が生えており，大人と同じものを食べることができるようになっています．ところが，人間の子供に永久歯が生えるのは六歳頃ですから，もともと人間はその頃まで授乳していたと考えられます．しかし，今では，人間の子供は乳歯のまま離乳しますから，大人と同じものが基本的には食べられません．つまり，離乳食を食べさせる必要があるわけですが，農耕牧畜以前の長い長い狩猟採集の時代，子供用にわざわざ柔らかいフルーツなどを採ってくるのは，大変なコストだったはずです．それでも子供を早く離乳させたのは，やはり子供をたくさん産む必要があったからだと思います．

　また，二〇〇万年前に脳が大きくなり始めたものの，すでに直立二足歩行が完成していたことにより骨盤の形が変化して，あまり産道を広げることができなくなっていました．ですから，なるべく小さな頭の子供を産み，難産を回避した上で，脳は生まれた後に急速に発達させるという方法が選ばれました．しかし，脳は胎児の速度で発達させるには多大な栄養が必要になります．そのため，栄養が不足しないよう，体に分厚い脂肪をまとわりつかせて生まれてくるようになりました．

　この戦略により体が大きく重くなった結果，頭でっかちでひ弱な，成長の遅い子供がたくさん生まれることになりました．こうなると母親一人ではとても手が足りません．そこで，子供が離乳した母親や男たちが寄ってたかって子供を集団で，つまり共同保育するようになりました．しかも，保育の対象である人間の子供は未熟でひ弱で，いろいろなケアが必要ですから，大人同士の間でも大人と子供の間でも，気持ちを的確に読んで行動する必要が出てきます．（中略）

　この共感力の増加によって，ゴリラやチンパンジーにはない，離れた仲間に思いを馳せ，見えない者に想像力を働かせることができるようになりました．さらに人間は道具を発達させました．石器が初めて登場するのは，二六〇万年前で，これは人間の脳が大きくなる少し前に当たります．道具は手の延長，足の延長，指の延長としての機能を持つものですから，道具があるだけでまだ起こっていない活動を想像することができます．そのこ

とが，まだ見ていない世界をお互いが共有するという結果につながりました．ですから，道具の出現もまた，人間の新たなコミュニケーション能力をもたらしただろうと思います．

　逆に言えば，道具から人間を見ることができるということです．例えば，食物の量を増やしたり，食物の分配を変えたりすることによって人間関係が変わりますから，食物自体も道具として作用し，人間関係を調整する媒体となりえます．また，道具の使い方をあらかじめ予想し，あるいは道具が貸し借りして使われることによって，社会的な場面で人間関係を調整するきっかけにもなりえます．つまり，物を介して人と人がコミュニケーションできるようになる．それによって，新たな社会関係が始まります．

　結果的に，人間の移動を頻繁にさせ，人間の集団自体を拡大させました．人間の脳は，恐らく道具を使い始めてから大きくなりました．それが意味するのは，人間の活動範囲が増え，人間同士の関係が道具を介在させることによって，あるいは物を介在させることによって複雑化したということです．これが人間の言葉の発生前に起こった現象で，これが言葉につながっていったのだと思います．そして，言葉ができたことによって，人間はさらに新たな領域に入りました．

重さを持たないコミュニケーションの道具

　言葉というのは，重さを持たないコミュニケーションの道具です．それまでは物を使ってしか，あるいはジェスチャーを使ってしかコミュニケーションできなかったものが，言葉という全く重さのない音声によって伝えられるようになったことは，非常に大きなことです．つまり，人間は時間と空間というものを，言葉によって自由自在に操ることができるようになったわけです．

　この世界は言葉によって始まった，言葉は神であったと聖書に記されたように，言葉を喋り始めた人間の前には，全く新しい地平が開かれました．つまり，現実のものよりも，言葉を信じるようになったわけです．初めのうちは，言葉の真実を目で見て確かめるということを伴っていたと思いますが，次第にそれを見ずして，言葉によって場面や事態を想像して，それで済ますことができるようになりました．つまり，視覚や聴覚よりも言葉が主力になっていったということです．

　人間はサルや類人猿と共通の祖先を持っていますから，サルや類人猿のような五感を使って，つまり視覚優位で真実を把握するようにできています．まずは視覚，次に聴覚，ところが嗅覚，味覚，触覚は個人的な感覚で，他者とはなかなか共有できません．しかし，言葉が視覚と聴覚を乗っ取り，見える世界，聞こえる世界を言葉によって人間は共有できるようになりました．

　言葉がない時代，人間は言葉を持たないいろいろな生物と感応することが，簡単に言えば，会話することができました．鳥の声を聞いて鳥の気分がわかり，他の動物の声を聞いて，あるいは他の動物の姿を一瞬でも見るだけで，その動物が何をしようとしているかを直観で理解しながら，その動物たちと共存できるように振る舞うことが，人間にはできました．そこでは，人間と他の動物は対等でした．ところが，人間にとっては言葉によってつくられる世界の方がよりリアリティを持ってしまい，人間は次第にそちらの方を信じるようになりました．それが神の言葉です．

　神の言葉は最初に，お前たちにこの世界を管理する権利を与える，しかし代わりに収穫物の一部をよこせですとか，そういうことを言っています．そして契約をするわけです．

その契約はまさに，言葉によってつくられた世界を人間に与えるもの，すなわち，人間は言葉を持つことによって，この世界の主人公に，もはや動物と対等ではないものになったということです．ここから人間独自の世界観や環境観が始まります．家畜が生まれ，栽培植物が生まれて，人間は食料を生産するようになりました．そして，それが人間の活動自体を定めるようになります．

　一番大きなことは未来を予測するようになったことです．時空を飛び越えて，先のことを予想することができるようになりました．また，過去の事実も言葉によって伝えられますから，本当に起こったかどうかなんて，誰にもわかりません．私はそれが宗教の出発点だと思っています．ですから，言葉が最初にある，それはまさに宗教の真実だと思います．

　人間は，サルや類人猿とも共通に持ち，祖先から受け継いだ五感を言葉に預けてしまったということです．それはロゴス，すなわち論理の世界ですが，しかし，人間は未だにロゴスからこぼれ落ちたものをたくさん持っています．しかも，それによって人間のビビッドな生命観がつくられています．例えば愛情，これは言葉になりません．好き，愛していると言っても，それは気持ちを端的に表しただけであって，一体好きとは何なのか，愛とはどういうものなのかということを，全部説明できるわけではありません．それは，会って，手で触れて，嗅ぎ合って，同じものを食べて，同じものを見て，という身体的な接触の中で紡ぎだされるもので，そうやってお互いの一体感を楽しむということを，人間は未だにやっているわけです．

（山極寿一・小原克博著，『人類の起源，宗教の誕生　ホモ・サピエンスの「信じる心」が生まれたとき』，平凡社新書，2019 年 5 月発行，一部編集・改変）

【2】
世界初のアンドロイド演劇
　劇団「青年団」主宰の平田オリザ先生が作・演出を手がけた二〇〇八年の『働く私』以来，僕らはロボットやアンドロイドを使った演劇に関わってきた．やればやるほどおもしろく，大きな刺激を受けている．

　ロボットを作る側にとっては，演劇で学ぶことは非常に大きい．認知科学や心理学をいくら勉強しても，人とかかわるロボットが日常のどういった場面，どういった状況，どういった目的において，どう目を動かせばいいのか，どう立ち位置を取ればいいのかは，わからない．状況に応じて人間らしく振る舞う方法は，専門書にも正確に記録されたり，記述されているわけではない．認知科学や心理学，脳科学で行われている「人間らしさ」の研究は，実験室の中で行われ，日常生活のさまざまな条件や環境を一切排除した，統制された実験のなかで調べられている．それゆえに，日常生活のよく起こりうる場面においてどうアンドロイドを振る舞わせると，より人間らしくなるのかに応用するのは，むずかしい．ロボット工学者が実用的なロボットを作るのにほしい知識は，実のところ非常に少ない．

　しかしながらロボットを演劇に使ってもらうことで，日常生活の現実的な場面でどう動けばより人間っぽくなるのか，その知識がふんだんに得られることになる．
　演劇は映画と違って銀幕のなかではなく，目の前の空間で起こるものである．演劇は，

現実と架空の世界の狭間にあるのだ．そこで十分な経験を積ませることは，ロボットが一般的な社会に出るための準備として，重要なのである．

　「人生は演劇の積み重ねだ」とも言われる．人間は幼少の頃からさまざまな場面でたくさんの人と関わりながら，場面場面で振る舞い方を勉強し，記憶していく．田舎で生まれれば田舎のクセ，田舎の文化が織り込まれていく．都会で生活すれば，都会の文化になじんでいく．われわれは，シーンごとにふさわしいしゃべり方を覚え，いわば小さな演劇をいくつも学ぶことで成長し，他人に失礼なことをせず適切に振る舞えるようになっていく．それが「人は成長する」ということなのであれば，アンドロイド演劇を経験しているアンドロイドも，人間と同じように経験の積み重ねを始めていると考えることもできる．どういった場面で，どういうしゃべりかたをするか——これらのデータを集めていけば，ロボットはより自然に人間と話をすることができるようになる．そうして自然な話ができれば，人はそのロボットに心を感じることになるだろう．

　オリザ先生が手がけた，2015 年時点での最新作『アンドロイド版「変身」』は，カフカの『変身』を原作に，主人公が目覚めると虫ではなくアンドロイドになっていた，というシチュエーションから物語が始まる．

　主人公は慌てふためきながら，家族と対話していく．そのうちにまず妹が「これはお兄ちゃんだ」とだんだん認めるようになる．最初は「誰かがいたずらして遠隔操作しているんだろう」などと疑う．だがいくら調べてもそんな根拠はみつからない．そこに，その家に下宿している医者が登場する．その家では，この医者から家賃を取らなければ生活が苦しい状態にある．しかし脳外科の医者は「息子がロボットになってしまった」と話す母を見て「精神障害だ」と言い出す．家族は「こんな医者に部屋を貸すのはやめよう」と決める．しかし部屋を貸すのをやめると，今度は家計が苦しくなり，ご飯を食べられなくなる．ロボットになった息子は「もう電源を切ってくれ」と言う．自分が一家の家計を，精神を苦しめる存在になっているからだ．だがその時点で家族はもうすでに，ロボットになった主人公を家族として扱っている．だからスイッチを切って止めることはできない．

　こんな光景は，遠い未来の話ではないかもしれない．

人間らしくない身体や表情が，より人間らしい？

　この演劇に出てくるロボットは，能面のように無表情である（図 1）．しかし，観た者はロボットが複雑な表情をしているように感じる．もちろんこのロボットはプログラムに合わせ，脚本に合わせ，役者と会話しているかのように見せているだけだ．だが，とても感動的なのである．この中途半端で人間らしくない身体，人間らしくない表情が，そうであるがゆえに，よけいに人間らしく感じられるのだ．（中略）

　人は想像によって相手を補って関係する．観客は無表情なアンドロイドの発する声から，彼の心を想像する．すると，本当に泣いたり笑ったりしているように見えてくるのだ．アンドロイドの顔の物理的な特徴はなにひとつ変わっていないにもかかわらず，そう思えるのは，受け手の想像力が勝手に「人間っぽさ」を補完しているからである．（中略）

　演技をするロボットのなかに，心のメカニズムがあるのではない．心とは，他者との関係性のなかで「感じられる」ものだ．心は，見る者の想像のなかにある．見る側の想像をどれだけ豊かにするかが，ロボットに心があると思わせるかどうかを決めるのだ．それが，これからのロボットが人とかかわれるかどうかを左右する．

図1 アンドロイド版『変身』

　心に実体はない．実体がないのに「あるように見える」のは，複雑さを感じさせるからである．ロボットにしろ人間にしろ，ある程度以上に機構が複雑になると，なぜそれが動いているのか，いかにしてこんな動きをしているのかがわからなくなる．だから，そこに何かがある，と思いたくなるだけなのだ．（中略）

アンドロイド演劇が映し出す「心」の正体

　アンドロイド演劇のシナリオは，徹底して作り込まれている．

　「あと○・三秒，間をあけて」

　「そのセリフを言うときにはもう二歩前に出て」

　人間の俳優に対するのと全く変わらないオリザ先生の演出にしたがって，ロボットを製作するスタッフはプログラムを調整する．

　ここでは，ロボットも俳優も内発性や意思は必要とされていない．けれども観客は十分に，ロボットに対しても，人間の俳優に対しても「ここには人間の心がある」と感じることができる．オリザ先生がしていることは，何も知らない小さい子どもに対し，シーンごとに適切な振る舞い方やしゃべり方を覚えさせていくことと変わりがない．問題はロボットや子どもが「その行為の意味を理解しているかどうか」ではなく，そう動けるかどうかなのだ．見た目が複雑さを感じる動きさえマネできれば，他者からは心があるように思える．

　子どもは「食事をしているときにはこういうふうに振る舞うもの」だとか「目上の人にはこうやってしゃべるもの」といったことを，親やまわりの人間たちがしていることを見て真似していくなかで，徐々に覚えていく．誰かと別れるときに，大人を真似して幼児が手を振る．たったそれだけで「この子は賢い」「状況に応じて考える力がある」と感じられる．子どもの振る舞いに心（意図）があると感じることと，ロボットに心があると感じることとのあいだには，なんら差がない．

オリザ先生の演出指示に沿ってシーンごとに振る舞いをプログラミングされながら，少しずつ動作が複雑化していくロボットは，観客から見れば十分に心を持っているように思え

る．人の心，意識，感情と呼ばれているものの正体は，これなのだ．

（石黒浩著，『アンドロイドは人間になれるか』，文春新書，2015 年 12 月発行，一部編集・改変）

【3】

　私たちが夜空を見つめて想像していたよりも，宇宙は大きいことがわかった．同様に，私たちの頭の内側には，意識にのぼる経験の範囲をはるかに超える宇宙が広がっている．現在，私たちはこの内なる宇宙の広大さをはじめて垣間見ている．あなたにとって，友だちの顔を認識したり，車を運転したり，ジョークを理解したり，冷蔵庫から取り出すものを決めたりするのは，ごくたやすいことに思える——が，実際は，そういうことは意識下での膨大な計算があってはじめて可能なのだ．この瞬間も，人生のあらゆる瞬間と同様，あなたの脳のネットワークが忙しく活動している．何百億という電気信号が細胞を駆け巡り，何兆というニューロンの接合部で化学的なパルスを引き起こしている．単純な動作でさえ，ニューロンの大量の労働力に支えられている．あなたはその活動に気づかずにのほほんとしているが，あなたの人生は内部で起きていることによって決定され，潤色される．あなたがどう振る舞うか，あなたにとって何が重要か，あなたの反応，愛情と欲望，何が本当で何が嘘だと信じるか．あなたの経験は隠れたネットワークの最終出力である．では，いったい誰が船の舵をとっているのだろう？（中略）

意識にのぼらないが活動する脳

　あなたと私が一緒にコーヒーショップにすわっているとしよう．おしゃべりをしながら，あなたは私がコーヒーをすするためにカップを持ち上げることに気づく．その行動はごく当たり前なので，私がシャツにコーヒーをこぼしでもしないかぎり，ふつうは気にとめられることもない．しかし，認めるべき功績は認めよう．カップを口に運ぶのは至難の業なのだ．ロボット工学の分野ではいまだに，この種の仕事をスムーズに実行させることに悪戦苦闘している．なぜ？　この単純な行動は，脳によって綿密にまとめ上げられている何兆もの電気インパルスに支えられているからだ．

　まず私の視覚系が目の前のカップを特定するためにその場を見渡し，長年にわたる経験から，ほかの状況でのコーヒーの記憶がよみがえる．私の前頭皮質が運動皮質に信号を送り出し，それが胴体，腕，前腕，そして手の筋肉収縮を正確に連携させるので，私はカップをつかむことができる．私がカップに触ると，神経がカップの重さ，位置，温度，取っ手の滑りやすさなど，一連の情報を送り返す．その情報が脊髄をさかのぼって脳に流れ込むと，補完情報がまた下へと流れる．両面通行道路を高速で流れる交通のようだ．この情報は，基底核，小脳，体性感覚皮質，その他さまざまな名前のついた脳の部位どうしの，複雑なやり取りから生じる．ほんの一瞬で，私の持ち上げる力や握力が調整される．集中的な計算とフィードバックによって，カップを上に向かって長い弧を描くようにスムーズに動かすあいだ，カップを水平に保つように筋肉を調整する．そしてずっと微調整を続けて，カップが唇に近づくと，やけどせずに液体を取り出せるくらいカップを傾ける．

　この妙技をやってのけるのに必要な計算力に匹敵するものを生み出すには，世界最速のスーパーコンピューターが何十台も必要だろう．それでも，私は脳内のこの電光石火の嵐

をまったく知覚しない．神経ネットワークは忙しくて悲鳴を上げているのに，私の意識はまったくちがうことを経験する．どちらかというと，まったくの無関心に近い．意識のある私は，あなたとの会話に夢中になっている．あまりに夢中で，込み入った会話を続けながら，カップを持ち上げてフーフーしていることさえある．

　私にわかるのは，コーヒーが口に入るかどうかだけである．完璧に実行されれば，その行動を取ったことさえ，まったく気づかない可能性がある．

　脳の意識にのぼらない機構はつねに働いているが，とてもスムーズに動いているので，私たちは通常その営みを自覚しない．結果的に，その動きが止まってはじめて理解されることが多い．一見単純そうな歩くという行為など，ふだんは当たり前と思っている簡単な行動について意識的に考えなくてはならなかったら，どんなふうになるだろう？　それを解明するために，私はイアン・ウォーターマンという男性と話をした．

　イアンは十九歳のとき，胃腸に来る流感が重症化したせいで，まれなタイプの神経障害に見舞われた．触覚だけでなく，（固有受容覚と呼ばれる）自分の手足の位置について脳に伝える感覚神経も失ったのだ．その結果，イアンは無意識に体を動かすことがまったくできない．筋肉はどこも悪くないにもかかわらず，これから一生，車いす生活を強いられることになる，と医師から告げられた．人は自分の体がどこにあるかわからなくては，どうしても動きまわれない．あらためて意識することはめったにないが，私たちは世界と自分の筋肉から受け取るフィードバックのおかげで，一日中刻一刻，複雑な動きをすることができるのだ．

　しかしイアンは，病気のせいで動けない人生を送るつもりはなかった．だから立ち上がって前進したが，目覚めて生活しているあいだずっと，自分の体の動きすべてを意識的に考えなくてはならない．自分の手足がどこにあるか自覚がないので，体を動かすには集中して意識的に決意しなくてはならない．視覚系を使って手足の位置を監視する．歩くときは，できるだけよく足が見えるように頭を前に傾ける．バランスを保つために，必ず腕を後ろに伸ばすようにする．足が床に触れるのを感じられないので，一歩の正確な距離を予想し，倒れないように踏ん張りながら足を床に下ろす．一歩一歩が意識によって計算され，調整されている（図2）．

図2　イアン・ウォーターマンはある希少疾患が原因で，体が発する感覚信号を失った．彼の脳はもはや，触覚と固有受容覚へのアクセスを持たない．その結果，歩くときには動きのプランを一歩ごとに意識して立てねばならず，絶えず四肢のありかを目で見て確かめなければならなくなった．

　イアンの場合，一瞬でも気をそらせば，あるいは関係のない考えが頭に浮かんだら，ころぶ可能性が高い．地面の傾斜や脚の振りなど，ごく細かいことに集中しているあいだ，けっして気を散らしてはならない．

　一，二分でもイアンと一緒に過ごしたら，ふだんは話題にしようと考えもしないような日常の動作が，並たいていではないほど複雑であることがわかるだろう．起き上がる，部

屋を横切る，ドアを開ける，握手をするために手を伸ばす．一見そうは思えないが，これらの動作はちっとも単純ではない．だからあなたも，人が歩いている，ジョギングしている，スケートボードをしている，あるいは自転車に乗っているのを見たら，人間の体の美しさだけでなく，それを見事にまとめ上げている無意識の脳の力にも，あらためて驚愕してほしい．ごく基本的な動きでも精緻な細かい部分は，人の目に見えないほど小さい空間で行われている．人には理解できないほど複雑な何兆もの計算によって実現している．人間の能力に近い性能をもつロボットは，まだできていない．そしてスーパーコンピューターは膨大な光熱費を食うが，私たちの脳は六〇ワットの電球ほどのエネルギーで，計り知れないほど効率よく，やるべきことをなし遂げる．

（デイヴィッド・イーグルマン著，大田直子訳，『あなたの脳のはなし　神経科学者が解き明かす意識の謎』，早川書房，2017 年 9 月発行，一部編集・改変）

【4】
現代社会に浸透しているモードの論理

　わたしたちは服を，よれよれになったり，すり切れたりというふうに，着られるぎりぎりのところまで着ることはめったにありません．とくに上着は，流行遅れな感じがしだすとなんとなく着にくくなります．マイカーでも，ポンコツになってエンストばかり，もう動かないというところまで乗るひとは，めずらしいようです．モード変換（モデルチェンジ）がなされると，ついそちらに気がなびいて，買い換えてしまうというひとがほとんどではないでしょうか．

　まだ着られるけれど，もう着られない．まだ乗れるけれど，もう乗れない．物へのわたしたちの欲望は，どうしてこんな動きをするのでしょうか．

　たんなる物的な対象ではなく，欲望の対象となっているような物を，モノというふうに，仮にかたかなで表記してみましょう．モノには，たんなる物的な特性だけではなく，イメージ的な特性や象徴的な意味といった，社会的な記号としてのはたらきがあるからです．そして現代のような高度消費社会においては，そういう社会的な記号を消費するということが，モノを選び，購入するときの基本的な動機になっている場合がほとんどです．他人によく思われたい，あんなものをもっているなんて羨ましい，ステータスをワンランク・アップしたい……などといった思いで，ひとは商品を選ぶわけです．

　売る側から言うと，こうなります．テレビや洗濯機，音響機器とか自動車といった，たいていの耐久消費財がどの家庭にもゆきわたって，商品としては飽和状態になり，そして品質もほとんど差異がないということになってくると，売る側は機能にいろいろとプラス・アルファをつけたり，さらにイメージや記号としての特性をいろいろに付加したりします．現代の TV コマーシャルを見てもすぐわかるように，モノは，現代では，その機能とは別の次元でひとを誘惑するようになっています．商品が飽和状態になったとき，販売者は，モノの機能的価値に差異はほとんどないわけですから，こんどはモノへの欲望をい

かにかきたてるかという方向に，関心をシフトしていきます．欲望の対象ではなくて，欲望そのものの生産です．

　現代のコマーシャルで商品の機能をこと細かに説明しているようなものはほとんどありません．いろんなタレントを使って，さまざまな映像や音楽を使って，イメージでひとびとの欲望を疼かせることにやっきになっています．

　モノの魅惑をその機能性から遊離したところで決定する因子，それがモードです．とりわけ，他者の視線を〈鏡〉としてセルフ・イメージを調整しているわたしたちは，そのイメージをじかに構成する服飾にはとくに敏感にならざるをえません．よれよれになっていなくても，今年はもうはずかしくって着られないということが，服には起こるわけです．

　モードのそういう論理に巻き込まれないものは，現代社会には存在しません．自動車や建築，歌謡曲や飲食品，はてはボディやメイクや顔そのもの，アートや建築や文学や思考まで，モードの波をかぶります．流行りものとして，消費されるわけです．この波はすさまじいものです．モードの対極にあるものさえ，それを呑み込み，モードの一例にしてしまうくらいの強制力があります．

　流行りのスリムなボディを夢みて極端なダイエットにはまり，その結果，摂食障害に陥ってしまうといった例は事欠きません．モードのためにじぶんの身体を傷めるひとがいるわけです．あるいは，モードなんてどうだっていい，モードにひきずりまわされるなんてダサいという反モードの姿勢そのものが，モードのなかに組み込まれていきます．自然や無印というのが流行になったり，わざとみすぼらしいかっこう，だらしないかっこうをするドレスダウンや，ときにはパンクのような過激な反社会性のスタイルですら，流行となってコマーシャル映像に欠くことのできない存在になったりするのです．すさまじい浸透力です．（中略）

セルフ・イメージは更新される

　モードは，わたしたちがじぶんの存在をイメージとして思い描くときに——わたしたちにとって，じぶんの身体は知覚情報に乏しく，その全体は想像で補いつつ〈像〉として経験するのでした——，そのモデルとして社会に流通するものです．つまりその時代，その社会で標準となるセルフ・イメージのモデルを作り上げるのです．その理想というべきマヌカン，ファッション雑誌のページを飾るマヌカンのことを，モデルと呼ぶのはそういう理由からです．

　だれが命じるわけでもないのに，わたしたちの意識や感受性はいつもモードに感染します．知らないうちにみなが同じ感覚で世界に接し，同じ感覚でじぶんを感じるようになります．こういう個人を超えたある共通の感受性のありかた（様相），それがモードなのです．こうした感受性の基準，セルフ・イメージの基準を設定するモードは，たえず更新される運命にあります．モードは世界への新しいセンシビリティのありかたを提示し，それを煽り（あおり），社会のすみずみまで流通させては，やがてそれを冷酷に棄却します．資本主義社会では，このように，ひとびとの欲望が萎えないよう，たえず別の新しいものに向けて欲望を刺激し，活性化しつづける必要があるのです．

　資本主義社会を特徴づけるこうした傾向は，しばしばネオマニー［新しいもの好き］と呼ばれます．何がぴかぴか輝いて見えるかを決定する感受性の基準が，このようにころころと変わるということには，じつはなんの必然性も認められません．服飾の変化，自動車のデザインの変化を見ればすぐわかるように，それらは改良に改良を重ねながら，なにか

ある理想的な形態へとかぎりなく接近していくわけではなくて，単純に新しいということ，これまでのものとは肌ざわりやムードが違うということをしか，メッセージとして送ってきません．まったくの気まぐれなのです．

　この気まぐれに必然性のような印象を与えるためには，物語が必要になります．といっても，その物語じたいがなにか必然的な理由をもって交替するわけではないのですから，必然性を演出するようなテクニックが必要になると言ったほうがいいかもしれません．

モードの変換は，物語の交替

　モノを感受するときのそのモードの変換は，モノについて語りだす物語の変換というかたちで進行します．なにか素敵な物語を紡ぎだしては，そのイメージとしての魅力が摩耗してくると，それを廃棄してまた別の物語にとり換えるというふうにです．そのためには，（物語じたいになにか変化の必然性というものがあるわけではないのですから）いま何かが終わり，別の新しい何かが始まりつつあるという感情を，鮮烈なものとして煽る必要があります．

　一時期「ナウい」という言葉が流行したことがありました．かっこいいもの，モーディッシュなものを愛でる言葉です．この言葉がモードのこうした時間形式をなによりもよく表現していたように思います．ゲオルク・ジンメルというドイツの思想家は，モードの世紀ともいうべき二十世紀のとば口で，すでに時間という次元におけるモードのこの狡智について，するどい指摘をしていました．「流行はつねに過去と現在の分水嶺（ぶんすいれい）に立ち，そうすることによって，流行が栄えているかぎりは，他の現象にまれにしかないほどに，強烈な現在の感情をあたえる」というのです．（「文学の哲学」『ジンメル著作集・7』円子修平・大久保健治訳，白水社，1976 年）．つまり過去からきっぱりと切断される「分水嶺」としての現在にたいして向けられる鮮やかな感情が，「ナウい」とのちに表現されることになるようなファッション感覚の核にあるのだというのです．

　こうして，何かが去りゆき別の何かが来るという感覚，ある物語が終焉し別の物語が始まるという意識が，物語の交替，つまり世界にたいする感受性のスタンダードがはっきりと交替しつつあるという意識を，ひとびとのうちに深く浸透させていくことになるわけです．

（鷲田清一著，『ひとはなぜ服を着るのか』，ちくま文庫，2012 年 10 月発行，一部編集・改変）

//////////////// · memo · ////////////////

//////////////// · memo · ////////////////

教学社 刊行一覧

2025年版　大学赤本シリーズ
国公立大学（都道府県順）

374大学556点 全都道府県を網羅

> 全国の書店で取り扱っています。店頭にない場合は，お取り寄せができます。

1 北海道大学（文系－前期日程）
2 北海道大学（理系－前期日程）医
3 北海道大学（後期日程）
4 旭川医科大学（医学部〈医学科〉）医
5 小樽商科大学
6 帯広畜産大学
7 北海道教育大学
8 室蘭工業大学／北見工業大学
9 釧路公立大学
10 公立千歳科学技術大学
11 公立はこだて未来大学 総推
12 札幌医科大学（医学部）医
13 弘前大学 医
14 岩手大学
15 岩手県立大学・盛岡短期大学部・宮古短期大学部
16 東北大学（文系－前期日程）
17 東北大学（理系－前期日程）医
18 東北大学（後期日程）
19 宮城教育大学
20 宮城大学
21 秋田大学 医
22 秋田県立大学
23 国際教養大学 総推
24 山形大学 医
25 福島大学
26 会津大学
27 福島県立医科大学（医・保健科学部）医
28 茨城大学（文系）
29 茨城大学（理系）
30 筑波大学（推薦入試）医総推
31 筑波大学（文系－前期日程）
32 筑波大学（理系－前期日程）医
33 筑波大学（後期日程）
34 宇都宮大学
35 群馬大学 医
36 群馬県立女子大学
37 高崎経済大学
38 前橋工科大学
39 埼玉大学（文系）
40 埼玉大学（理系）
41 千葉大学（文系－前期日程）
42 千葉大学（理系－前期日程）医
43 千葉大学（後期日程）医
44 東京大学（文科）DL
45 東京大学（理科）DL 医
46 お茶の水女子大学
47 電気通信大学
48 東京外国語大学DL
49 東京海洋大学
50 東京科学大学（旧 東京工業大学）
51 東京科学大学（旧 東京医科歯科大学）医
52 東京学芸大学
53 東京藝術大学
54 東京農工大学
55 一橋大学（前期日程）
56 一橋大学（後期日程）
57 東京都立大学（文系）
58 東京都立大学（理系）
59 横浜国立大学（文系）
60 横浜国立大学（理系）
61 横浜市立大学（国際教養・国際商・理・データサイエンス・医〈看護〉学部）

62 横浜市立大学（医学部〈医学科〉）医
63 新潟大学（人文・教育〈文系〉・法・経済科・医〈看護〉・創生学部）
64 新潟大学（教育〈理系〉・理・医〈看護を除く〉・歯・工・農学部）医
65 新潟県立大学
66 富山大学（文系）
67 富山大学（理系）医
68 富山県立大学
69 金沢大学（文系）
70 金沢大学（理系）医
71 福井大学（教育・医〈看護〉・工・国際地域学部）
72 福井大学（医学部〈医学科〉）医
73 福井県立大学
74 山梨大学（教育・医〈看護〉・工・生命環境学部）
75 山梨大学（医学部〈医学科〉）医
76 都留文科大学
77 信州大学（文系－前期日程）
78 信州大学（理系－前期日程）医
79 信州大学（後期日程）
80 公立諏訪東京理科大学 総推
81 岐阜大学（前期日程）医
82 岐阜大学（後期日程）
83 岐阜薬科大学
84 静岡大学（前期日程）
85 静岡大学（後期日程）
86 浜松医科大学（医学部〈医学科〉）医
87 静岡県立大学
88 静岡文化芸術大学
89 名古屋大学（文系）
90 名古屋大学（理系）医
91 愛知教育大学
92 名古屋工業大学
93 愛知県立大学
94 名古屋市立大学（経済・人文社会・芸術工・看護・総合生命理・データサイエンス学部）
95 名古屋市立大学（医学部〈医学科〉）医
96 名古屋市立大学（薬学部）
97 三重大学（人文・教育・医〈看護〉学部）
98 三重大学（医〈医〉・工・生物資源学部）医
99 滋賀大学
100 滋賀医科大学（医学部〈医学科〉）医
101 滋賀県立大学
102 京都大学（文系）
103 京都大学（理系）医
104 京都教育大学
105 京都工芸繊維大学
106 京都府立大学
107 京都府立医科大学（医学部〈医学科〉）医
108 大阪大学（文系）DL
109 大阪大学（理系）医
110 大阪教育大学
111 大阪公立大学（現代システム科学域〈文系〉・文・法・経済・商・看護・生活科〈居住環境・人間福祉〉学部－前期日程）
112 大阪公立大学（現代システム科学域〈理系〉・理・工・農・獣医・医・生活科〈食栄養〉学部－前期日程）医
113 大阪公立大学（中期日程）
114 大阪公立大学（後期日程）
115 神戸大学（文系－前期日程）
116 神戸大学（理系－前期日程）医

117 神戸大学（後期日程）
118 神戸市外国語大学DL
119 兵庫県立大学（国際商経・社会情報科・看護学部）
120 兵庫県立大学（工・理・環境人間学部）
121 奈良教育大学／奈良県立大学
122 奈良女子大学
123 奈良県立医科大学（医学部〈医学科〉）医
124 和歌山大学
125 和歌山県立医科大学（医・薬学部）医
126 鳥取大学 医
127 公立鳥取環境大学
128 島根大学 医
129 岡山大学（文系）
130 岡山大学（理系）医
131 岡山県立大学
132 広島大学（文系－前期日程）
133 広島大学（理系－前期日程）医
134 広島大学（後期日程）
135 尾道市立大学 総推
136 県立広島大学
137 広島市立大学
138 福山市立大学 総推
139 山口大学（人文・教育〈文系〉・経済・医〈看護〉・国際総合科学部）
140 山口大学（教育〈理系〉・理・医〈看護を除く〉・工・農・共同獣医学部）医
141 山陽小野田市立山口東京理科大学 総推
142 下関市立大学／山口県立大学
143 周南公立大学 新総推
144 徳島大学 医
145 香川大学 医
146 愛媛大学 医
147 高知大学 医
148 高知工科大学
149 九州大学（文系－前期日程）
150 九州大学（理系－前期日程）医
151 九州大学（後期日程）
152 九州工業大学
153 福岡教育大学
154 北九州市立大学
155 九州歯科大学
156 福岡県立大学／福岡女子大学
157 佐賀大学 医
158 長崎大学（多文化社会・教育〈文系〉・経済・医〈保健〉・環境科〈文系〉学部）
159 長崎大学（教育〈理系〉・医〈医〉・歯・薬・情報データ科・工・環境科〈理系〉・水産学部）医
160 長崎県立大学 総推
161 熊本大学（文・教育・法・医〈看護〉学部・情報融合学環〈文系型〉）
162 熊本大学（理・医〈看護を除く〉・薬・工学部・情報融合学環〈理系型〉）医
163 熊本県立大学
164 大分大学（教育・経済・医〈看護〉・理工・福祉健康科学部）
165 大分大学（医学部〈医・先進医療科学科〉）医
166 宮崎大学（教育・医〈看護〉・工・農・地域資源創成学部）
167 宮崎大学（医学部〈医学科〉）医
168 鹿児島大学（文系）
169 鹿児島大学（理系）医
170 琉球大学 医

2025年版　大学赤本シリーズ

国公立大学 その他

※No.171〜174の収載大学は赤本ウェブサイト(http://akahon.net/)でご確認ください。

私立大学①

2025年版 大学赤本シリーズ

私立大学③

医 医学部医学科を含む
総推 総合型選抜または学校推薦型選抜を含む
DL リスニング音声配信 新 2024年 新刊・復刊

掲載している入試の種類や試験科目,収載年数などはそれぞれ異なります。詳細については,それぞれの本の目次や赤本ウェブサイトでご確認ください。

akahon.net

赤本 検索

難関校過去問シリーズ

出題形式別・分野別に収録した
「入試問題事典」

20大学 73点

定価2,310~2,640円(本体2,100~2,400円)

先輩合格者はこう使った!
「難関校過去問シリーズの使い方」

61年,全部載せ!
要約演習で,総合力を鍛える
東大の英語 要約問題 UNLIMITED

いつも受験生のそばに──赤本

入試対策
赤本プラス

赤本プラスとは、過去問演習の効果を最大にするためのシリーズです。「赤本」であぶり出された弱点を、赤本プラスで克服しましょう。

大学入試 すぐわかる英文法 DL
大学入試 ひと目でわかる英文読解
大学入試 絶対できる英語リスニング DL
大学入試 すぐ書ける自由英作文
大学入試 ぐんぐん読める
　英語長文(BASIC) DL
大学入試 ぐんぐん読める
　英語長文(STANDARD) DL
大学入試 ぐんぐん読める
　英語長文(ADVANCED) DL
大学入試 正しく書ける英作文
大学入試 最短でマスターする
　数学I・II・III・A・B・C
大学入試 突破力を鍛える最難関の数学
大学入試 知らなきゃ解けない
　古文常識・和歌
大学入試 ちゃんと身につく物理
大学入試 もっと身につく
　物理問題集(①力学・波動)
大学入試 もっと身につく
　物理問題集(②熱力学・電磁気・原子)

入試対策
英検® 赤本シリーズ

英検®(実用英語技能検定)の対策書。
過去問集と参考書で万全の対策ができます。

▶過去問集(2024年度版)
英検®準1級過去問集 DL
英検®2級過去問集 DL
英検®準2級過去問集 DL
英検®3級過去問集 DL
▶参考書
竹岡の英検®準1級マスター DL
竹岡の英検®2級マスター CD DL
竹岡の英検®準2級マスター CD DL
竹岡の英検®3級マスター CD DL

CD リスニングCDつき　DL 音声無料配信
新 2024年新刊・改訂

入試対策
赤本プレミアム

赤本の教学社だからこそ作れた、過去問ベストセレクション

東大数学プレミアム
東大現代文プレミアム
京大数学プレミアム[改訂版]
京大古典プレミアム

入試対策
赤本メディカル シリーズ

過去問を徹底的に研究し、独自の出題傾向をもつメディカル系の入試に役立つ内容を精選した実戦的なシリーズ。

[国公立大]医学部の英語[3訂版]
私立医大の英語[長文読解編][3訂版]
私立医大の英語[文法・語法編][改訂版]
医学部の実戦小論文[3訂版]
医歯薬系の英単語[4訂版]
医系小論文 最頻出論点20[4訂版]
医学部の面接[4訂版]

入試対策
体系シリーズ

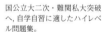

国公立大二次・難関私大突破へ、自学自習に適したハイレベル問題集。

体系英語長文　　体系世界史
体系英作文　　　体系物理[第7版]
体系現代文

入試対策
単行本

▶英語
Q&A即決英語勉強法
TEAP攻略問題集 CD
東大の英単語[新装版]
早慶上智の英単語[改訂版]
▶国語・小論文
著者に注目! 現代文問題集
ブレない小論文の書き方 樋口式ワークノート
▶レシピ集
奥薗壽子の赤本合格レシピ

入試対策　共通テスト対策

赤本手帳(2025年度受験用) プラムレッド
赤本手帳(2025年度受験用) インディゴブルー
赤本手帳(2025年度受験用) ナチュラルホワイト

入試対策
風呂で覚える シリーズ

水をはじく特殊な紙を使用。いつでもどこでも読めるから、ちょっとした時間を有効に使える!

風呂で覚える英単語[4訂版]
風呂で覚える英熟語[改訂新装版]
風呂で覚える古文単語[改訂新装版]
風呂で覚える古文文法[改訂新装版]
風呂で覚える漢文[改訂新装版]
風呂で覚える日本史(年代)[改訂新装版]
風呂で覚える世界史(年代)[改訂新装版]
風呂で覚える倫理[改訂版]
風呂で覚える百人一首[改訂版]

共通テスト対策
満点のコツ シリーズ

共通テストで満点を狙うための実戦的参考書。重要度の増したリスニング対策は「カリスマ講師」竹岡広信が一回読みにも対応できるコツを伝授!

共通テスト英語(リスニング)
　満点のコツ[改訂版] 新 DL
共通テスト古文 満点のコツ[改訂版] 新
共通テスト漢文 満点のコツ[改訂版] 新

入試対策　共通テスト対策
赤本ポケット シリーズ

▶共通テスト対策
共通テスト日本史[文化史]

▶系統別進路ガイド
デザイン系学科をめざすあなたへ

大学赤本シリーズ ———

赤本 ウェブサイト

過去問の代名詞として、70年以上の伝統と実績。

新刊案内・特集ページも充実！
受験生の「知りたい」に答える

akahon.net でチェック！

📅 志望大学の赤本の刊行状況を確認できる！

📖 「赤本取扱い書店検索」で赤本を置いている
書店を見つけられる！

赤本チャンネル & 赤本ブログ

▶ **赤本チャンネル**

YouTubeや
TikTokで受験対策！

人気講師の大学別講座や
共通テスト対策など、
受験に役立つ動画 を公開中！

YouTube

TikTok

✏ **赤本ブログ**

受験のメンタルケア、合格者の声など、
受験に役立つ記事 が充実。

詳しくは
こちら

英語の過去問、解きっぱなしにしていませんか？

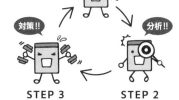

大学赤本シリーズ

別冊問題編

2025